한 비 자 (하)
(韓 非 子)

盧 在 昱
曺 康 煥 解釋

자유문고

차 례 (하)

제 5 권

제 30 편 외저설좌상(外儲說左上)

　저설(儲說)이란 앞편에서 밝혔듯이 이야기의 사례(事例)들을 모아 쌓아둔다는 뜻이다.

　내·외(內·外)편으로 구분한 것은 다른 문헌에서도 흔히 볼 수 있는 것으로 쉽게 분류하기 위한 것이다.

　다만 이곳의 내(內)·외(外)로 구분된 데에는 그 내용에 약간의 다른 점이 있을 뿐이다.

　내저설(內儲說)에서는 법술사상(法術思想)의 군신에 대한 본질을 구성하는 이론방법을 체계적으로 나타내려는 의도가 엿보이는 반면 외저설(外儲說)에서는 그러한 점이 보이지 않고, 법술사상에 있어서 중요하다고 여겨지는 항목을 하나 하나 별개의 것으로 정리하여 구분한 점이 다르다 하겠다.

　또 좌(左)와 우(右), 상(上)과 하(下)의 구분은 별로 의미가 없는 단순한 분류이고, 더욱 같은 편(篇) 경(經)의 글에서 서술한 주(注)는 그 설문(說文)에서 중복을 피하고자 생략한 것이라 하겠다.

　내저설(內儲說)과 외저설(外儲說)의 특징을 들면 다음과 같다. 내저설은 상·하 2편으로 나뉘어져 각기 임금의 술(術)과 신하의 미(微)에 대하여 설하면서 한비(韓非)의 눈을 통하여 체계화되고 망라된 항목과 내용을 갖춘 것이라면 외저설은 전체에 있어 한비의 법술사상 추진을 지향하는 항목으로 오히려 중점적인 것만을 들추고 있는 점이다.

1. 현실과 동떨어진 고매한 이론

첫째 경(經一)

현명한 임금이 다스리는 도(道)는 저 유명한 유약(有若)이 복자(宓子)에게 대답한 그대로다.

평범한 임금은 신하가 말하는 것을 들을 때는 그 변설의 유창함을 칭찬하고, 그 행동을 살필 때 고원함을 현명하다고 한다. 그래서 여러 신하들이나 선비·민중들이 입에 담는 언설은 거창하지만 실생활에는 들어맞지 않고, 그들이 하는 행동도 현실과 동떨어지게 된다.

이러한 것들을 설명하는 예증(例證)으로, 전구(田鳩)라는 사람이 형(荊:楚)나라 임금에게 대답한 일이 있다. 그러므로 묵자(墨子)가 나무로 연을 만들고 계(癸)라는 사람이 무궁(武宮)을 건축할 때 노래한 일이 있다.

무릇 약이 되는 술이나 도움이 되는 충고는 명군(明君)이나 성군(聖君)만이 그 효과를 알고 있을 따름이다.

둘째 경(經二)

임금이 신하의 말을 들을 때, 공용(功用:보람)을 목적으로 삼지 않으면 말하는 사람은 가시〔棘〕 끝에 원숭이를 새긴다거나 흰말은 말(馬)이 아니라는 헛소리를 늘어놓는 경우가 많다.

활을 쏠 때 일정한 표적을 세워놓지 않으면 쏘는 사람 모두가 예(羿)와 같은 명궁수가 될 것이다.

임금이 유세(遊說)에 대한 태도에 표준이 없으면 연(燕)나라 임금이 도(道)를 익히려다 속임수를 눈치채지 못한 것과 같이 되고, 한편 언설만 늘어놓는 것은 정(鄭)나라 사람이 나이를 다투는 것과 같다.

이러한 까닭에 말이 섬세하고 꾸밈이 많으며, 미묘하여 알아듣기 어려우면 쓸모가 없으니 그러므로 계진(季眞)·혜시(惠

施)·송연(宋鈃)·묵적(墨翟)같은 이는 모두 언설은 교묘하지
만 대나무 지팡이에 그림을 그리는 것과 같다.

논설이 심오하고 광대하면 실용성이 없으니 그러므로 위모
(魏牟)·장로자(長盧子)·첨하(瞻何)·진변(陳駢)·장주(莊周)
는 모두 괴짜들로, 고정되어 있지 않은 그들의 허황된 말은 임
의로 조작이 가능하고 그 행동이 인정에 거슬려 딱딱하고 이해
하기 어려운 것으로 아무런 실효성이 없다. 그러므로 무광(務
光)·변수(卞隨)·포초(鮑焦)·개자추(介子推)·묵적(墨翟)은
껍질이 딱딱하고 두꺼운 호리병박과 같아 쓸모가 없다.

또한 우경(虞慶)은 목수를 설득해 자기 뜻대로 집을 지었으
나 무너져 버렸고, 범저(范且)는 공인(工人)을 설득했지만 활이
부러지고 말았다. 이로써 진실을 구하고자 한다면 개구쟁이 아
이들이 때가 되면 집에 돌아와 식사를 하듯 허문(盧文)을 버리
고 실용을 바탕삼지 않으면 안 된다.

셋째 경(經三)

사람이란 상대를 위해 일을 하게 되면 보답을 바라게 되고
보답이 없으면 원망을 하지만, 자기를 위해 일할 때는 좋은 결
과를 얻도록 노력한다.

그러므로 부자(父子)간에도 서로 원망하고 꾸짖는 일이 생기
며, 남을 고용하여 일을 시킬 때 마음에 들도록 일을 잘하면 맛
있는 음식을 대접하는 것이다.

이러한 일을 설명하는 예증(例證)으로, 진(晋)나라 문공(文
公)이 송(宋)나라를 치려고 생각했을 때 먼저 그 나라 임금의
허물을 선언한 일이나 월(越)나라 임금 구천(句踐)이 오(吳)나
라를 칠 때 여황대(如皇臺)의 구축을 트집잡은 일이 있다.

제(齊)나라 환공(桓公)은 채(蔡)나라에 대한 분노를 감춘 채
초(楚)나라를 먼저 쳤고, 위(魏)나라 오기(吳起)는 부하가 건강
해지면 자기에게 도움이 되기에 종기의 고름을 입으로 빨아주
었다.

또 선왕(先王)을 기리는 송시(頌詩), 그리고 종(鍾)이나 솥에 새긴 글은 모두 조(趙)나라의 주보(主父)가 반오산(潘吾山)에 남겨놓은 발자취와 진(秦)나라 소왕(昭王)이 화산(華山)에 만들어놓은 주사위와 같이 자신을 선전한 것이다.

선왕(先王)이 실제로 바랐던 것은 이득(利得)으로, 그것에 쓰인 것은 민중의 힘(力)이었고, 진나라 문공(文公)이 나라로 돌아왔을 때 사직(社稷)을 세울 때의 속담을 들려 준 것은 그것으로 자기를 변명한 것이다.

그런데 지금의 학자들이 선왕(先王)들이 사용한 실용성이 없는 망막한 방법을 사용한다면 요즘의 시대에는 맞지 않는 방법이 되지 않을까? 이와 같이 옛일에 매달리는 것은 시대에 부합해서 변화하지 못하는 것이다.

정(鄭)나라 현비(縣鄙)에 사는 사람이 수레의 멍에를 얻었던 일과, 위(衞)나라 사람으로 사냥꾼을 돕던 이야기가 있고, 복자(卜子)의 아내가 새로 바지를 지으면서 누더기로 만든 이야기와, 젊은 사람이 어른들의 술마시는 흉내를 냈던 일이 있다.

선왕(先王)의 말중에 대수롭지 않은 것을 요즘 사람은 크게 생각하는 경우가 있고, 중요시했던 일을 요즘에 이르러서는 대수롭지 않게 가벼이 여기는 경우가 있으니 옳은 것이 무엇인지 모르고 있다.

그 설명을 하기 위한 예증(例證)으로서, 송(宋)나라 사람이 옛 책(古書)을 글자에서부터 잘못 풀이한 이야기나, 양(梁)나라 사람이 옛날 문헌을 글자부터 잘못 읽은 이야기가 있다.

그래서 선왕(先王)의 글에, 초나라 도읍인 영(郢)에 사는 사람의 글이 있었다면 후세의 사람들은 연(燕)나라로 해석하는 일이 생겨나게 된다.

무릇 현재 나라의 정치에 알맞지도 않은데 선왕의 계책을 모방하는 일은, 마치 신발을 사러 저자에 갔다가 치수를 잊었다고 다시 집으로 돌아오는 것과 같다.

넷째 경(經四)

이로움이 있는 곳에는 민중들이 모여들게 마련이고, 이름을 빛낼 수 있는 일이라면 선비는 목숨을 건다. 이렇기 때문에 공적이 법을 벗어났는데도 상을 주게 되면 임금은 아래로부터 이로움을 얻지 못하게 되고, 또 명예가 법을 벗어났는데도 세상에 널리 떨치게 되면 선비는 다만 명성을 얻으려고 애쓸 뿐 임금을 섬기려 하지 않는다.

그래서 조(趙)나라의 선비 중장(中章)과 서기(胥己)같은 사람이 발탁되어 벼슬을 하게 되자 중모(中牟)땅의 민중 가운데 논밭을 버리고 학문을 익히려는 사람이 그 절반에 이르렀고, 진(晉)나라 평공(平公)이 신하인 숙향(叔向) 앞에서 발이 저려도 감히 앉은 자세를 흐트러뜨리지 않는 것을 보고는 진나라에서 관직을 그만두고 숙향을 따르는 신하가 3분의 1이나 되었다.

이 세 사람의 선비는 그 말이 법에 들어맞는다 해도 관청에 보관되어 있는 전적(典籍)에 불과하고, 그들의 행동이 사리에 맞는다 해도 법령에 순종하는 민중일 따름인데도 두 임금은 지나친 예우를 한 것이다.

만약 그들의 말이 법을 거역하고, 행동이 실생활과 거리가 멀었다면 법을 벗어난 민중이 되는데 그때 두 임금은 이들을 어떻게 예우해야 하겠는가? 이와 같은 예우는 나라를 망하게 하는 것이다.

또한 숨어서 학문을 익히는 선비란 나라에 일이 없을 때는 노력을 하지 않고, 나라에 전란(戰亂)같은 어려움이 있어도 갑옷을 입고 싸우려 하지 않는다. 임금이 이들을 예우하면 농부와 군사는 각기 그 임무에 태만할 것이고, 이들을 예우하지 않으면 임금의 법령을 해칠 것이다.

그들은 나라가 태평하면 존경과 영예를 누릴 것이고, 나라가 위급할 때는 정(鄭)나라 굴공(屈公)처럼 겁쟁이가 될 것이니, 임금이 벼슬을 버리고 학문만을 익히는 그들에게서 무엇을 얻을 수 있겠는가?

그래서 명석한 임금은 조나라 신하인 이자(李疵)가 중산(中山)을 치기에 앞서 미리 시찰한 일을 논의하는 것이다.

다섯째 경(經五)

『시경(詩經)』에 이르기를 "임금이 몸소 정사를 행하지 않으면 민중들은 임금을 믿지 않는다."고 했다.

제나라 환공(桓公)에게 관중(管仲)이 자주색 옷을 입지 않도록 설명한 일이 있었고, 또 정(鄭)나라 간공(簡公)과 송(宋)나라 양공(襄公)의 이야기가 증명하는 것은 존귀한 지위에 있는 임금이 몸소 농사일이나 전쟁을 하는 것을 비난하려 했던 것이다.

무릇 임금이 직분을 뚜렷이 깨닫지 못하고, 신하에게 그 실적에 따른 책임을 묻지 않으면서, 몸소 신하들을 관리·감독한다면, 제(齊)나라 경공(景公)처럼 수레에서 내려 뛰어 간다거나, 위(魏)나라 소왕(昭王)처럼 법령집을 읽다가 잠이 들거나, 남이 알아보지 못하게 하기 위하여 임금이 천민의 옷을 입거나하는 것이다.

공구(孔子)는 성현이면서도 이러한 사실을 알지 못해 임금은물이 넘치는 사발이고 민중은 사발에 넘치는 물과 같다고 했으며, 정(鄭)나라 임금 또한 이러한 일을 터득하지 못했기 때문에자기 스스로 갓끈을 잘라 먼저 자기를 욕되게 했다.

그러므로 현명한 임금이 다스리는 도(道)는 숙향(叔向)처럼공로의 많고 적음에 따라 상을 주고, 한나라 소후(昭侯)처럼 청원을 들어주지 않고 오직 법에 의해 일을 처리하는 것이다.

여섯째 경(經六)

임금이 조그마한 일에도 신의가 온전하면 큰 신의가 확립되므로 현명한 임금은 신의를 거듭하여 쌓는다. 상(賞)과 벌(罰)이 믿음성 있게 확립되지 않으면 금제(禁制)와 명령은 제대로 실행되지 않을 것이다.

그 설명의 예증(例證)으로서, 진(晋)나라 문공(文公)이 원(原)을 친 일과, 진나라 기정(箕鄭)이 민중을 굶주림으로부터 구해낸 일이 있다.

이로써 오기(吳起)는 약속한대로 친구를 기다렸다가 식사를 했고 위(魏)나라 문후(文侯)는 사냥터의 관리인을 만났다. 그래서 현명한 임금은 신의를 나타내는데 이는 증자(曾子)가 아이들과의 약속대로 돼지를 잡은 것과 같다.

신의를 지키지 않아 오는 폐해의 예증(例證)으로는, 초(楚)나라 여왕(厲王)이 경계의 북을 쳤던 일과, 이회(李悝)라는 사람이 좌·우의 군문을 지키는 군사를 속여 뒷날 군대가 전멸당한 일이 있다.

經一　明主之道　如有若之應宓子也　時主之聽言也　美其辯[1]　其觀行也　賢其遠[2]　故群臣士民之道言者迂弘[3]　其行身也離世　其說在田鳩[4]對荊王也　故墨子爲木鳶　謳癸築武宮[5]　夫藥酒忠言　明君聖主之所獨知也

經二　人主之聽言也　不以功用爲的　則說者多棘刺　白馬之說不以儀的爲關　則射者皆如羿也　人主於說也　皆如燕王學道也　而長說者　皆如鄭人爭年也　是以言有纖察微難[6]　而非務也　故秉惠宋墨皆畫策[7]也　論有迂深閎大　非用也　故魏長瞻陳莊皆鬼魅也　行有拂難堅确[8]　非功也　故務卜鮑介墨翟皆堅瓠也[9]　且虞慶詘匠而屋壞　范且窮工而弓折　是故求其誠者　非歸餉也[10]不可

經三　挾夫相爲則責望　自爲則事行　故父子或怨譙　取庸作者進美羹　說　在文公之先宣言　與句踐之稱如皇也　故桓公藏蔡怒而攻楚　吳起懷戰實而吮傷　且先王之賦頌[11]　鍾鼎之銘[12]　皆播吾之迹華山之博[13]也　然先王所期者　利也　所用者　力也　築社之諺　自辭說也　請許學者而行宛曼於先王　或者不宜今乎　如是　不能更也　鄭縣人得車軛也　衞人佐弋[14]也　卜子妻寫弊褲　而其少者也　先王之言　有其所爲小　而世意之大者　有其所爲大　而世意之小者

未可必知也 說 在宋人之解書 與梁人之讀記也 故先王有郢 書
而後世多燕說 夫不適國事 而謀先王 皆歸取度者也

經四 利之所在 民歸之 名之所彰 士死之 是以功外於法 而賞
加焉 則上不能得所利於下 名外於法 而譽加焉 則士勸名而不畜[15]
於君 故中章 胥己仕[16] 而中牟之民棄田圃而隨文學者 邑之半
平公腓痛足痺而不敢壞坐 晋國之辭仕託者 國之錘[17] 此三士者
言襲法[18] 則官府之籍也 行中事 則如令之民也 二君之禮太甚
若言離法而行遠功 則繩外民也 二君又何禮之 禮之 當亡 且居
學之士 國無事不用力 有難不被甲 禮之 則惰耕戰之功 不禮 則
害主上之法 國安則尊顯 危則爲屈公之威 人主奚得於居學之士
哉 故明主論李疵視中山也

經五 詩[19]曰 不躬不親 庶民不信 說之以無衣紫 援之[20]以鄭簡
宋襄 責之以尊厚耕戰 夫不明分 不責誠 而以躬親涖下 且爲下
走 睡臥 與夫揜弊微服[21] 孔丘不知 故稱猶盂 鄒君不知 故先自
僇 明主之道 如叔向之賦祿 與昭侯之奚聽也

經六 小信成則大信立 故明主積於信 賞罰不信 則禁令不行
說在文公之攻原 與箕鄭救饑也[22] 是以吳起須故人 而食 文侯會
虞人[23]而獵 故明主表信 如曾子殺彘也 患在厲王擊警鼓 與李
悝謾兩和也

1) 美其辯(미기변) : 그 변설의 유창함을 칭찬하다의 뜻.

2) 賢其遠(현기원) : 고원(高遠)한 것을 뛰어나다고 한다는 뜻.

3) 迂弘(우홍) : 세상 일에 어둡고, 거창하고 광대하다는 뜻.

4) 田鳩(전구) : 제(齊)나라 사람으로 묵자의 제자이며, 『여씨춘추』 8람
    (覽) 수시(首時)편과 『회남자』 도응훈편에 전구(田鳩)는 진(秦)나라
    에 3년간 있었으나 혜왕(惠王)을 만나지 못하고 초나라로 갔는데 그
    곳에서 초왕으로부터 장군의 칭호를 받은 뒤에 혜왕을 만났다는 기
    록이 있다.

5) 謳癸築武宮(구계축무궁) : 구(謳)는 마디를 붙여 노래를 부르는 것을
    말하며, 계(癸)는 사람 이름이다. 무궁(武宮)이란 무공(武功)을 기념
    하는 건물을 말한다.

6) 纖察微難(섬찰미난) : 너무 섬세하고 미묘하여 분간하기가 어렵다는 뜻으로 이론학파를 비판한 말.

7) 畫策(화책) : 대나무 지팡이에 그림을 그린다는 뜻. 설(說)에는 책(策)은 책(筴)으로 썼다.

8) 拂難堅确(불난견각) : 불난(拂難)은 인정(人情)에 거슬리는 것을 뜻하고, 견각(堅确)은 딱딱하게 굳어 메말랐다는 뜻.9) 堅瓠也(견호야) : 딱딱하게 굳어 속이 꽉 찬 호로병박을 말한다. 곧 쓸모가 없다는 뜻.

10) 歸餉也(귀향야) : 식사 시간이 되면 개구쟁이 아이들도 집으로 돌아온다는 뜻.

11) 先王之賦頌(선왕지부송) : 선왕(先王)은 앞선 성현(聖賢)을 뜻한다. 전체의 뜻은 선왕의 훌륭한 일들을 노래한 시(詩). 『주례(周禮)』 대사편(大師)과 『시경(詩經)』 대서(大序)에 보면 시의 수사(修辭)와 시체(詩體)로, 풍(風)·부(賦)·비(比)·흥(興)·아(雅)·송(頌)이 있는데, 부(賦)는 사실을 그대로 읊은 시이며, 송(頌)은 제례 때 사용하는 것.

12) 鍾鼎之銘(종정지명) : 종정(鍾鼎)에 글을 새기는데 대하여는 『예기』 제통(祭統)에 의하면 "조선(祖先)의 미덕을 찬양하고 그것을 후세에 남기기 위한 것이며, 잘못(惡)은 말하지 않는다"고 정의했다. 『묵자』에도 이와 비슷한 내용이 있는데 기록의 현창적(顯彰的) 역할을 한다고 했다. 흔히 절의 범종에 보면 시주한 사람들의 이름을 새겨 놓음도 이에 유래했다고 여겨진다.

13) 博(박) : 주사위를 던져 하는 도박을 말한다.

14) 佐弋(좌익) : 주살을 관장하는 관리이며, 익(弋)은 오늬에 줄을 매어 쏘는 화살이며 주로 날짐승을 잡는데 쓴다.

15) 勸名而不畜(권명이불축) : 권명(勸名)은 명예에만 치중하여 애쓴다(勸)는 뜻이고, 불축(不畜)은 섬기지 아니한다는 말이다.

16) 中章胥己仕(중장서기사) : 중장(中章)과 서기(胥己)는 다같이 선비로서 수행(修行)과 학덕(學德)이 높아 현령인 임등(任登)이 추천하여 중대부(中大夫)에 등용되었다는 설(說)이 있다.

17) 國之錘(국지수) : 나라의 한 부분 곧 3분의 1을 뜻한다고 했는데, 수 (錘)를 수(垂)의 뜻으로 해석하여 나라의 한부분 곧 3분의 1로 보았다. 또 어떤 문헌에는 나라의 반(半)으로 해석하는 경우도 있다.

18) 襲法(습법) : 습(襲)은 마땅하다는 뜻이므로 법에 어긋나지 않고 합당하면 이라는 뜻.

19) 詩(시) : 『시경(詩經)』 소아(小雅) 절피남산(節彼南山)에 나온다. 그 원문은 불궁불친(弗躬弗親) 서민불신(庶民弗信)으로 되어 있다.

20) 援之(원지) : 인용(引用)한다는 뜻인데, 송건도본에는 완(緩)으로 도장본과 원본(元本)에는 수(綏), 또는 수(授)로도 되어 있다.

21) 微服(미복) : 임금이 그 신분을 가리기 위하여 평민복(平民服)으로 몰래 갈아입는 것.

22) 箕鄭救饑也(기정구기야) : 기정(箕鄭)은 진(晋)나라의 대부(大夫)로 신상군(新上軍)의 좌(佐)에서 상군의 장(將)이 되었다가 대부간의 다툼으로 죽음을 당했다. 구기(救饑)는 굶주림에서 구했다는 말.

23) 虞人(우인) : 산(山)과 못(澤) 곧 산하(山河)를 관리하는 관리를 말하며 여기서는 사냥터의 관리인을 뜻한다.

2. 첫째 전(傳一)

가. 풍류를 즐기며 나라를 다스리는 법

공자의 제자인 복자천(宓子賤)이 노(魯)나라의 선보(單父)라는 고을을 다스리고 있을 때 동문 수학(修學)한 유약(有若)이라는 친구가 그를 보고 말하기를

"자네는 왜 그렇게도 야위었는가?"

하자 복자가 대답하기를

"우리 임금이 나의 어리석음을 살피지 못하시고 선보를 다스리게 하셨는데 관청의 공무에 너무 분주하고 마음속으로 근심이 많아 이렇게 야위었소."

라 했다. 이에 유약이 다시 말했다.

"옛날 순(舜)임금은 오현(五絃)의 거문고를 타고, 남풍의 시

(詩)를 읊조리며 여유있는 나날을 보냈지만 세상은 잘 다스려 졌소. 그런데 지금 자네는 선보(單父)와 같이 작은 고을을 다스리는데도 그토록 걱정스러워하니 더 넓은 세상을 다스리게 된다면 어떻게 하겠소?

적절한 법술(法術)을 터득하여 다스리면 몸은 묘당(廟堂)에 앉아 처녀와 같이 아름다운 얼굴빛을 하고도 세상을 다스림에는 아무런 장해가 없지만, 법술을 쓰지 않고 민중을 다스리게 되면 몸은 비록 야위고 쇠약해져도 아무런 도움이 되지 않는 법이오."

초(楚)나라 임금이 묵자(墨子)의 제자인 전구(田鳩)에게 물었다.

"묵자(墨子)는 세상에 널리 알려진 학자로 그 품행은 훌륭하나 그 언설(言說)을 보면 미묘한 능변(能辯)이 아닌데 그 까닭이 무엇인가?"

전구가 이에 대답했다.

"옛날 진(秦)나라 임금 목공(穆公)이 그의 딸을 진(晉)나라 공자인 중이(重耳)에게 시집보낼 때, 온갖 장식을 다하게 했고, 아름답게 수놓은 비단옷을 입은 몸종 70명을 딸려 보냈는데 진나라 공자(公子)는 첩(妾)을 더 사랑하고 공주를 박대했습니다.

이것은 진(秦)나라 임금이 첩이 된 시녀를 좋은 곳으로 시집보냈다고는 할 수 있지만 공주를 훌륭하게 시집보냈다고는 할 수 없는 것입니다.

또 초(楚)나라 사람이 정(鄭)나라에 가서 진주를 팔려고, 목란(木蘭)으로 만든 상자에 계숙(桂椒)같은 향료를 넣고, 그 겉은 갖가지 구슬로 꿰고 붉은 구슬로 장식하고 비취를 박은 후, 그 상자에 진주를 담아 사고자 하는 사람에게 내밀었습니다. 그랬더니 정나라 사람은 그 상자만 사고 진주는 되돌려 주었습니다. 이것은 초나라 사람이 상자를 파는 일에는 훌륭했지만 진주를 파는 솜씨는 서툴렀다고 할 수 있습니다.

이로 미루어 요즘 세상의 학자들이 말하는 담론(談論)을 평하자면, 모두 교묘한 변설로 꾸미기를 잘하므로 임금께서는 그 미사(美辭) 여구(麗口)에 홀려 그 실용성을 잊고 계십니다.

묵자(墨子)의 언설(言說)은 선왕(先王)의 도(道)를 전하고, 성현(聖賢)들의 말씀을 세상 사람들에게 널리 알립니다. 만약 그것을 꾸미게 되면 아마도 세상 사람들은 그 꾸민 말에만 뜻을 품고 그 실용성을 잊게 될 것이니 꾸밈(修飾)으로 말미암아 그 실용(實用)을 해치게 되는 것입니다.

이것은 마치 초나라 사람이 진주를 팔고, 진나라 임금이 딸을 시집보낸 일과 다를 바가 없는 것입니다. 그렇기 때문에 미묘한 능변(能辯)이 아닌 것입니다."

묵자(墨子)가 나무로 연(鳶)을 만들기 시작하여 3년만에 완성하였는데 겨우 하루를 날리고 그만 망가지고 말았다.

이를 본 제자가 말하기를

"선생님의 솜씨는 참 기묘하십니다. 나무로 연을 만들어 날리시다니."

하니 이에 묵자가 말하였다.

"나는 수레의 축을 만드는 사람의 기묘한 솜씨를 따를 수가 없다. 겨우 여덟 치나 한 자밖에 되지 않는 짧은 나무를 깎아 한 나절이 지나기 전에 수레축을 만드는데 서른 섬이나 되는 무거운 짐을 싣고 끌어 먼 곳까지 운반하는 힘이 있으며, 또 오랫동안 쓸 수가 있다. 그런데 지금 나는 나무연을 3년이나 걸려 완성하였는데 겨우 하루만에 망가지고 말았다."

혜자(惠子)가 이 말을 전해 듣고 말하였다.

"묵자는 참으로 뛰어난 솜씨를 지닌 사람이다. 실용성 있는 수레축을 만드는 일은 훌륭하다고 말하고, 실용성 없는 나무연을 만든 자기의 솜씨를 졸렬하다고 했다니 그는 진정한 솜씨를 아는 사람이다."

송(宋)나라 임금이 제(齊)나라 임금과 싸워 이기자 이를 기념하기 위하여 무궁(武宮)을 지었다. 이때 노래꾼인 계(癸)라는 사람이 가락을 뽑자 지나가는 사람은 그 소리에 발걸음을 멈추었고, 일하는 사람들은 피로를 느끼지 않았다.

임금이 이 말을 듣고 계를 불러 상을 내리니 계가 말하였다.

"저의 스승인 사계(射稽)의 노래는 저보다 훨씬 뛰어납니다."

이에 임금은 사계를 불러 노래를 부르게 했는데 길가는 사람은 걸음을 멈추지 않았고, 일하는 사람들은 피로를 느끼는 것 같았다.

이를 본 임금이 말하기를

"길가는 사람이 멈추지 않고, 일하는 사람도 피로해 하니 그렇다면 그의 노래는 계보다 못한 것 같은데 어찌된 까닭인가?"

하고 문자 계가 대답했다.

"임금께서는 두 사람이 노래를 부르는 동안 일꾼들이 일한 실적을 조사해 보십시오."

이에 실적을 살펴보니 계가 노래를 부르는 동안에는 담장을 네 판을 쌓았는데, 사계가 부르는 동안에는 그 배가 되는 여덟 판을 쌓았다.

"견고함을 살펴보십시오."

하여 쌓은 담장을 찔러보았더니 계가 노래할 때 쌓은 담장은 다섯 치나 구멍이 뚫렸는데, 사계가 노래할 때 쌓은 담장은 겨우 두 치 밖에 되지 않았다.

무릇 좋은 약(藥)은 입에 쓰지만 사물(事物)의 도리(道理)를 터득한 사람은 애써 이를 마시는데, 그것은 약이 몸에 들어가면 자신의 병을 고친다는 사실을 알기 때문이다. 충고(忠告)하는 말은 귀에 거슬리지만 현명한 임금은 이를 마다 않고 듣는데, 그것은 들으면 들을수록 공적을 이룰 수 있음을 알고 있기 때문이다.

傳一 宓子賤治單父[1] 有若見之曰 子何臞也 宓子曰 君不知不齊不肖 使治單父 官事急 心憂之 故臞也 有若[2]曰 昔者舜鼓五絃[3] 歌南風之詩 而天下治 今以單父之細也 治之而憂 治天下將

奈何乎 故有術而御之 身坐廟堂[4]之上 有處女子之色 無害於治
無術而御之 身雖痤瘤 猶未有益

楚王謂田鳩曰 墨子者 顯學也 其身體則可 其言多不辯 何也
曰 昔秦伯嫁其女於晉公子[5] 爲之飾裝 從衣文之媵[6]七十人 至晉
晉人愛其妾 而賤公女 此可謂善嫁妾 而未可謂善嫁女也 楚人有
賣其珠於鄭者 爲木蘭之櫃[7] 薰以桂椒[8] 綴以珠玉 飾以玫瑰[9] 輯
以翡翠 鄭人買其櫃 而還其珠 此可謂善賣櫝矣 未可謂善鬻珠
也 今世之談也 皆道辯說文辭之言 人主覽其文 而忘其用 墨子
之說 傳先王之道 論聖人之言 以宣告人 若辯其辭 則恐人懷其
文 忘其用 直以文害用 此與楚人鬻珠 秦伯嫁女同類 故其言
多不辯

墨子爲木鳶 三年而成 蜚一日而敗 弟子曰 先生之巧 至能使
木鳶飛 墨子曰 吾不如爲車輗者巧也 用咫尺之木 不費一朝之事
而引三十石之任 致遠力多 久於歲數 今我爲鳶 三年成 蜚一日
而敗 惠子聞之曰 墨子大巧 巧爲輗 拙爲鳶

宋王與齊王仇也[10] 築武宮 謳發倡 行者止觀 築者不倦 王聞
召而賜之 對曰 師射稽之謳 又賢於癸 王召射稽使之謳 行者不
止 築者知倦 王曰 行者不止 築者知倦 其謳不勝如癸美 何也
對曰 王試度其功 癸四板[11] 射稽八板 撅其堅 癸五寸 射稽二寸

夫良藥苦於口 而智者勸而飮之 知其入而已己疾也 忠言拂於
耳 而明主聽之 知其可以致功也

1) 宓子賤治單父：(복자천치선보)：복자천(宓子賤)의 이름은 부제(不
   齊)로 앞의 경(經)에서 복자(宓子)로 나왔는데, 노(魯)나라 사람으로
   공자의 제자이며 자천(子賤)은 그의 자이다. 선보(單父)는 선보로 읽
   으며 춘추시대 노나라의 한 고을.
2) 有若(유약)：춘추시대 노나라 사람으로 복자(宓子)와 동문수학한 공
   자의 제자로 자를 자유(子有)라 했다.
3) 鼓五絃(고오현)：고(鼓)는 현악기를 연주하다는 뜻이고, 오현(五絃)
   은 거문고를 말한다.
4) 廟堂(묘당)：여기서는 정치를 행하는 곳. 즉 조정(朝廷)을 뜻한다.

5) 秦伯嫁其女於晉公子(진백가기여어진공자) : 진백(秦伯)은 진나라 목
  공(穆公)을 가리키며, 딸은 회영(懷嬴)이고 진공자(晉公子)는 진나라
  중이(重耳)로 곧 문공을 말한다.

6) 從衣文之媵(종의문지잉) : 의문(衣文)은 비단에 수놓은 옷을 말하며,
  잉(媵)은 옛날 귀한 사람의 부인이 시집갈 때 딸려 보내는 시녀(侍
  女). 남편이 원하면 그의 첩이 되는 조건.

7) 爲木蘭之櫝(위목란지독) : 목란은 껍질을 벗겨도 죽지 않는 특징이
  있으며 목재에 애용되는 나무. 독은 상자를 뜻한다.

8) 薰以桂椒(훈이계숙) : 훈(薰)은 훈(熏)과도 통하는데 향(香)을 태우
  는 냄새를 뜻하고, 계숙(桂椒)은 향기나는 나무를 말한다.

9) 玫瑰(매괴) : 붉은빛을 띤 아름다운 구슬(珠玉)로 중국의 남방에서
  생산된다.

10) 宋王與齊王仇也(송왕여제왕구야) : 송왕(宋王)은 언(偃) 때의 일이
  다. 『사기』 송미자세가(宋微子世家)에 따르면 왕언(王偃)이 동쪽의
  제나라를 정벌했다는 기록이 있다. 구(仇)는 적(敵)과 같은 뜻.

11) 癸四板(계사판) : 사판(四板)이란 옛날 성곽을 쌓을 때, 지금의 판넬
  과 같이 판을 짜 그 속에 흙을 넣어 쌓았는데 이것을 판축(板築)이
  라 했다. 한 판의 넓이가 대충 두 자(尺) 정도였다 한다.

3. 둘째 전(傳二)

가. 끝까지 우기는 사람이 승리한다.

송(宋)나라 사람이 연(燕)나라 임금을 위하여 나무의 가시
(棘) 끝에다 원숭이의 모습을 새기겠다고 자청하며 반드시 3개
월 동안 임금이 목욕재계해야 볼 수 있다고 했다. 이에 임금은
그에게 삼승(三乘)이나 되는 땅을 주어 극진히 대우했다.

임금 가까이에서 시종하던 대장장이가 아뢰기를

"신(臣)이 듣기로는 군주가 열흘 동안 주연(酒宴)을 끊고 재
계하는 일은 없다고 합니다. 지금 그 송나라 사람은 임금께서
오랫동안 재계하시면서까지 무용지물의 물건을 구경하려 하지

않을 것을 알기 때문에 3개월이라는 긴 기간을 정한 것입니다.
  무릇 조각에 사용하는 칼은 반드시 조각할 물건보다 작아야
하는데, 신은 대장장이 생활을 하면서 지금까지 그렇게 작은
칼을 만들어 본 적이 없습니다. 그 송나라 사람이 말하는 일은
실제로 있을 수 없는 일이니 임금께서 반드시 이를 잘 살피셔
야 합니다."
  고 말했다. 이 말을 들은 임금은 송나라 사람을 잡아들여 문
초한 결과 허망한 말로 드러나 곧 죽이고 말았다.
  이에 대장장이는 다시 임금에게 말하였다.
  "유세자(遊說者)의 계책을 세밀히 살피지 않으면 많은 사람
들이 가시 끝에 원숭이를 새기겠다는 식의 허황된 말을 할 것
입니다."
  일설에 이러한 이야기가 있다.
  연(燕)나라 임금은 본래 정교한 공예품을 좋아했는데, 위
(衛)나라 사람이 찾아와 가시 끝에다 원숭이 모습을 조각하겠
다고 자청하므로 연나라 임금이 기뻐하며 오승(五乘)에 해당하
는 넓은 땅을 하사했다. 그리고 그 위나라 사람에게 말하기를
  "그대는 나에게 반드시 가시 끝에다 원숭이를 새긴 조각품을
보여주오."
  라 당부했다. 위나라에서 온 그 나그네는 대답하기를
  "임금께서 그것을 보시려면, 반드시 반 년 동안 후궁(后宮)
에 들지 마시고, 술과 육식을 금하시며, 비가 오지 않는 맑은
날에 그늘에서 보시면 가시 끝에 조각한 원숭이를 보실 수 있
을 것입니다."
  라고 말했다.
  임금은 위나라 사람을 극진히 대우해주었는데, 그는 이런 핑
계를 대며 좀체로 원숭이 조각품을 보여주지 않았다.
  그 무렵 정(鄭)나라의 궁궐 아래 한 대장장이가 살고 있었는
데, 연나라 임금을 찾아와 말하기를
  "신(臣)은 조각칼을 만드는 사람입니다. 모든 물건은 조각

칼로 조각하기 마련인데, 조각칼은 반드시 조각할 물건보다 작아야 합니다. 지금 가시의 끝은 작아 조각칼로 깎기 어렵습니다. 조각칼로 깎기 어려운 가시의 끝에 어떻게 원숭이를 조각할 수 있겠습니까. 임금께서는 시험삼아 그 사람에게 먼저 조각칼을 보여달라고 하십시오. 그렇게 되면 조각을 할 수 있는지 없는지를 알 수 있을 것입니다."

라고 했다. 이에 임금은

"옳도다."

하고 쾌히 승낙한 뒤 위나라의 나그네를 불러

"객은 가시 끝에다 원숭이를 조각할 때, 어떤 연장을 쓰는가?"

물으니, 그가 대답하기를

"조각칼로 조각합니다."

라고 했다. 그래서 임금이 말하기를

"과인은 그 조각칼을 보고 싶다."

고 하니, 나그네가 대답하기를

"신의 객사에 두고 왔으니 곧 가져 오겠습니다."

하고는 그 길로 도망쳐 버렸다.

아열(兒說)이라는 송(宋)나라 사람은 말을 아주 잘하는 변설가로 "흰말은 말(馬)이 아니다."라는 이론을 주장하여 제(齊)나라 직하(稷下)에 모인 변설가(辯說家)들을 설복시켰다.

그러나 실제로 그가 흰말(白馬)을 타고 국경의 관문을 지날 때는 문지기가 요구한대로 마세(馬稅)를 물지 않을 수 없었다.

그러므로 공리(空理) 공론(空論)으로는 나라 안의 모든 학자들을 이길 수 있지만, 실제적인 일을 고찰하거나 구체적인 일을 논하는데는 한 사람도 속일 수 없다.

무릇 화살을 숫돌에 날카롭게 갈아 큰 활에 메겨 쏠 경우, 눈을 감고 아무렇게나 날려도 그 화살이 터럭 만한 물건에 적중하는 수가 있다.

그러나 다시 그 물건에 적중하지는 못할 것이므로 명사수라고 할 수는 없는데 그것은 일정한 과녁없이 제멋대로 쏘아 명중시킨 것이기 때문이다.

지금 직경 다섯 치의 과녁을 만들어 놓고 열 걸음쯤 떨어져 활을 쏘면, 옛날 활쏘기의 명인인 예(羿)나 봉몽(逢蒙)같은 명궁(名弓)이 아니면 반드시 명중시키지 못한다는 것은 일정한 표적을 사용하기 때문이다.

이와 마찬가지로 모든 사물은 기준이 되는 법도가 있으면 어렵고 법도가 없으면 쉽다. 정해진 과녁이 있으면 활쏘기의 명인인 예나 봉몽이 다섯 치의 표적을 맞혀도 훌륭한 솜씨라고 하지만, 일정한 과녁이 없으면 함부로 쏘아 가을에 새로 나는 짐승의 터럭과 같이 미세한 물건을 맞힌다 해도 훌륭한 솜씨라 하지 않는다.

그러므로 아무런 법도가 없이 응대하면 변설을 일삼는 선비는 함부로 지껄이지만 법도가 엄연하면 설령 지자(知者)라 할지라도 어쩌다 실수할 것을 두려워하여 감히 함부로 말하지 못한다.

그런데 요즘 임금들은 남의 말을 들음에 있어 법도를 바탕으로 응대하지 않고 그 유창한 변설만을 좋아하여 실제의 효과를 헤아려 보지도 않은 채, 밖으로 드러나는 행위만을 칭찬하기 때문에 기준에 들어맞지 않게 된다.

이것이 임금이 변설가에게 속는 까닭이며, 변설가들은 이를 이용해 오래도록 임금으로부터 봉록을 받아먹게 되는 것이다.

어떤 나그네가 연(燕)나라 임금에게 불사(不死)의 도를 닦는 방법을 가르쳐 주겠다고 해 임금은 사람을 보내 배워오게 했는데, 갔던 사람이 아직 다 배우기도 전에 그 나그네가 죽어 버렸다. 이에 임금은 크게 화가 나 배우러 갔던 사람을 처벌했다.

그것은 임금이 나그네가 자기를 속인 줄은 모르고, 배우러 갔던 사람이 나그네가 죽기 전에 빨리 배우지 못했음을 탓했기 때문이다.

무릇 진실되지 못한 일을 믿고 죄없는 신하를 처벌한다는 것은 사물의 도리를 잘 살피지 못한데서 오는 재앙인 것이다.

사람에게 있어 무엇보다도 소중한 것으로 자기 생명 만한 것이 없는데, 그 나그네는 자신조차 죽음을 모면할 수 없었으면서 어떻게 임금이 불로장생(不老長生)을 누리도록 하겠는가?

정(鄭)나라 사람으로 자기가 연장자라고 우기면서 서로 다투는 사람들이 있었는데, 그 중 한 사람이 말하기를

"나는 요임금과 나이가 같다."

고 하니까 또 한 사람이 말했다.

"나는 황제(黃帝)의 형과 나이가 같다."

이러한 논쟁은 판결을 내릴 수 없는 것으로 마지막까지 쉬지 않고 우기는 사람이 이긴다고 할 수밖에 없다.

한 나그네가 주(周)나라 임금을 위해 대나무 지팡이에다 그림을 그리겠다고 하여 3년만에야 완성했는데, 임금이 그것을 보니 단순히 옻칠한 지팡이와 다를 바가 없어 크게 화를 냈다.

그러자 지팡이에다 그림을 그렸던 그 나그네가 말했다.

"십판(十版)이나 되는 담을 쌓고, 거기에 직경 여덟 자의 창문을 뚫어 해가 뜨는 무렵 그것을 창문위에 놓고 햇빛에 비추어 보십시오."

이에 주나라 임금이 그렇게 갖추고 그 형상을 본 결과 과연 용·뱀·새·짐승·수레·말같은 온갖 모양이 고루 갖추어져 있었으므로 임금은 크게 기뻐하였다.

이로 미루어 생각할 때, 대나무 지팡이에 그림을 그린다는 것은 참으로 미묘하고 어려운 일이지만, 실용적인 면에서 본다면 단순히 옻칠한 지팡이와 다를 바 없는 것이다.

한 나그네가 제(齊)나라의 임금을 위하여 그림을 그리겠다는 말에 임금이 묻기를

"그림 그리는데 무엇을 그리기가 가장 어려운가?"

고 물었다. 그 화가가 대답하기를

"개와 말(馬)이 가장 어렵습니다."

고 했다. 이에 임금이 다시 묻기를

"그렇다면 무엇이 가장 그리기 쉬운가?"

하니 그는 대답했다.

"도깨비 그리기가 가장 쉽습니다."

무릇 개나 말같은 것은 사람이면 누구나 다 알고 있는 것으로, 아침 저녁으로 눈 앞에 보는 짐승이라 똑같이 그리지 않으면 안 되기 때문에 어려운 것이다. 그러나 도깨비는 형체가 없어 아무도 볼 수 없기 때문에 아무렇게나 그려도 되므로 쉬운 것이다.

傳二 宋人有請爲燕王以棘刺之端爲母猴者¹⁾ 必三月齋²⁾ 然後
能觀之 燕王因以三乘養之³⁾ 右御冶工⁴⁾謂王曰 臣聞人主無十日
不燕之齋 今知王不能久齋 以觀無用之器也 故以三月爲期 凡刻
削者 以其所以削必小 今臣 冶人也 無以爲之削 此不然物也 王
必察之 王因囚而問之 果妄 乃殺之 冶人又謂王曰 計無度量 言
談之士多棘刺之說也

一曰 燕王好微巧 衛人請以棘刺之端爲母猴 燕王說之 養之以
五乘之奉 王曰 吾試觀客爲棘刺之母猴 客曰 人主欲觀之 必半
歲不入宮 不飮酒食肉 雨霽日出 視之晏陰⁵⁾之間 而棘刺之母猴
乃可見也 燕王因養衛人 不能觀其母猴 鄭有臺下之冶者 謂燕王
曰 臣爲削者也 諸微物必以削之 而所削必大於削 今棘刺之端
不容削鋒 削鋒難以治棘刺之端 王試觀客之削 則能與不能可知
也 王曰 善 謂衛人曰 客爲棘削之 曰 以削 王曰 吾欲觀見之
客曰 臣請之舍取之 因逃

兒說⁶⁾ 宋人 善辯者也 持白馬非馬⁷⁾也 服齊稷下之辯者⁸⁾ 乘白
馬而過關 則顧白馬之賦 故籍之虛辭 則能勝一國 考實按形 不
能謾於一人

夫新砥礪殺矢⁹⁾ 彀弩而射¹⁰⁾ 雖冥而妄發 其端未嘗不中秋毫也
然而莫能復其處 不可謂善射 無常儀¹¹⁾的也 設五寸之的 引十步
之遠 非羿 逢蒙不能必全者¹²⁾ 有常儀的也 有度難 而無度易也
有常儀的 則羿 逢蒙以五寸爲巧 無常儀的 則以妄發而中秋毫爲

拙 故無度而應之 則辯士繁說 設度而持之 雖知者猶畏失也 不
敢妄言 今人主聽說 不應之以度 而說其辯 不度之以功 而譽其
行 而不入關 此人主所以長欺 而說者所以長養也

　　客有敎燕王爲不死之道者 王使人學之 所使學者未及學 而客
死 王大怒 誅之 王不知客之欺己 而誅學者之晩也 夫信不然之
物 而誅無罪之臣 不察之患也 且人所急 無如其身 不能自使其
身無死 安能使王長生哉

　　鄭人有相與爭年者 一人曰 吾與堯同年 其一人曰 我與黃帝之
兄同年 訟此而不決 以後息者爲勝耳

　　客有爲周君畫筴者 三年而成 君觀之 與髹筴者同狀 周君大怒
畫筴者曰 築十版之牆 鑿八尺之牖[13] 而以日始出時 加之其上以
觀 周君爲之 望見其狀 盡成龍蛇禽獸車馬 萬物之狀備具 周君
大悅 此畫筴之功 非不微難也 然其用與素髹筴同

　　客有爲齊王畫者 齊王問曰 畫孰最難者 曰 犬馬最難 孰最易
者 曰 鬼魅最易 夫犬馬 人所知也 旦暮罄於前 不可不類之 故
難 鬼魅 無形者 不罄於前 故易之也

1) 棘刺之端爲母猴者(극자지단위모후자) : 극(棘)은 가시를 뜻하며, 자
   (刺)는 새기다는 말이고, 모후(母猴)는 원숭이의 일종으로 목후(沐
   猴) 또는 미후(獼猴)로도 부른다.

2) 齋(재) : 제사를 지내기에 앞서 몸과 마음을 정결하게 하는 것을 뜻
   한다. 결재(潔齋) 또는 재계(齋戒)라고도 한다.

3) 三乘養之(삼승양지) : 승(乘)이란 수레 한 대가 나갈 수 있는 토지를
   봉록(俸祿)으로 주는 것을 뜻하는데, 『관자(管子)』 승마편에는 사방
   6리를 1승이라 했다. 양(養)은 봉록을 주어서 잘 지내도록 대우한다
   는 뜻.

4) 右御冶工(우어야공) : 우어(右御)는 임금 측근에 있는 신하를 뜻하며,
   야공(冶工)은 쇠붙이를 다루는 대장장이를 말한다.

5) 晏陰(안음) : 해가 쨍쨍 쬐는 맑은 날의 그늘을 말하는 것으로 『회남
   자(淮南子)』 시즉후에는 미음(微陰)이라 했고, 『열자』에는 저녁 때라
   고 풀이하였다.

6) 兒說(아열) : 송(宋)나라 원왕(元王) 때의 사람으로 나중에 대부(大夫)의 벼슬에 올랐다.

7) 持白馬非馬(지백마비마) : 지(持)는 주장(主張) 또는 지지(支持)하다는 뜻이고, 백마비마(白馬非馬)는 "색깔을 나타내는 흰것(白)과 형체를 나타내는 말(馬)을 합쳐 백마(白馬)라고 했기 때문에 순수한 말(馬)과는 다르다"는 이론인데, 『공손룡자(公孫龍子)』에는 이밖에도 '지물론(指物論)'·'통변론(通變論)'·'견백론(堅白論)'·'명실론(名實論)'이 있으나 '백마비마론(白馬非馬論)'은 공손룡의 이론이 아니라 그 이전에 이미 아열(兒說)에 의하여 주장되어 왔다는 설이 있었다.

8) 服齊稷下之辯者(복제직하지변자) : 복(服)은 설복(說服)시킨다는 뜻이고, 제직하(齊稷下)란 제나라 선왕(宣王)이 문학과 변설하는 선비를 좋아하여 추연(騶衍)·전병(田騈)·접여(接予)·신도(愼到)·환연(環淵)같이 쟁쟁한 학사(學士) 76명을 모두 상대부(上大夫)로 삼고, 자유로운 토론과 변설을 하게 하여 이로써 직하(稷下)라는 곳으로 모여드는 선비가 수 백, 수 천에 이르렀다 한다. 직하(稷下)는 직산(稷山)아래 직문이 있었는데 그 곳에 집을 짓고 선비들이 공부하였으므로 직하(稷下)라 했다.

9) 夫新砥礪殺矢(부신지려살시) : 지려(砥礪)는 숫돌에 갈다는 뜻이며, 살시(殺矢)는 화살을 숫돌에 갈아 날카롭게 한다는 말인데, 살(殺)이란 날카롭다는 뜻.

10) 彀弩而射(구노이사) : 구(彀)는 활을 힘껏 당기는 것을 뜻함. 노(弩)는 쇠뇌라고도 하는데 화살이나 돌멩이를 연이어 쏘는 큰 활을 말함.

11) 常儀(상의) : 일정한 표적, 의(儀)는 여기에서 표준 또는 과녁의 뜻

12) 逢蒙不能必全者(봉몽불능필전자) : 봉몽(逢蒙)은 예(羿)로부터 활솜씨를 배운 제자로 전한다. 나중에 봉몽은 그의 스승인 예를 죽였다. 예부터 활의 명인을 말할 때는 이 두 사람을 함께 들어 말한다. 필전(必全)은 필중(必中)과 같은 뜻으로 반드시 맞힌다는 것.

13) 鑿八尺之牖(착팔척지유) : 유(牖)는 들창(窓戶)을 뜻하고, 착(鑿)은 뚫는다는 뜻. 곧 사방 여덟 자의 들창을 낸다는 뜻.

나. 쓸모없는 표주박이 되었다.

제(齊)나라에 전중(田仲)이라는 은사(隱士)가 살고 있었는데, 송(宋)나라 굴곡(屈穀)이 그를 만나 말하기를

"곡(穀 : 굴곡 자신)이 듣기에는 선생께서 주장하는 이론은 남의 신세를 지지 않고 모든 의·식·주를 스스로 해결한다고 했습니다. 지금 곡은 표주박 심는 법을 터득하여 그 방법대로 했더니 돌처럼 단단한 표주박을 따게 되었는데 껍질이 두꺼워 구멍을 뚫을 수가 없습니다. 이것을 선생님께 드리고자 합니다."

고 했다. 이에 전중이 말하기를

"무릇 표주박이 귀하게 쓰이는 것은 구멍을 뚫어 물건을 담을 수 있기 때문이오. 그런데 껍질이 두꺼워 구멍을 뚫지 못한다니 물건을 담을 수가 없을 것이고, 돌과 같이 단단하다니 두 쪽으로 쪼개 물을 뜰 수도 없지 않겠소. 그러한 표주박은 나에게 아무런 쓸모가 없소."

하니 굴곡이 말했다.

"그렇습니다. 곡 또한 그것을 버리려고 생각했습니다."

지금 전중(田仲)이 남을 의지하지 않고 살아 가는데 그것은 나라를 위하여 아무런 도움이 되지 않는 것으로, 마치 너무 견고하여 아무데도 쓸모없는 표주박과 같은 존재라고 하겠다.

조(趙)나라 우경(虞慶)이 새로 집을 지었는데, 목수를 보고 말하기를

"지붕이 너무 높지 않은가 ?"

했다. 목수가 대답하기를

"이것은 아직 새집이므로 벽에 바른 흙은 아직 마르지 않았고 서까래 또한 생나무입니다. 무릇 벽의 흙이 마르고 서까래의 생나무가 말라 줄어들면 차차 집이 낮아질 것입니다."

고 하니 우경이 다시 말하기를

"그렇지 않다. 시일이 오래 지나면 물론 벽과 서까래는 마를 것이다. 흙이 마르면 가벼워지고 서까래도 마르면 반듯해지기

마련인데, 그렇게 되면 가벼워진 흙을 반듯해진 서까래가 올려 받치게 되어 집은 오히려 높아질 것이다.”

했다. 목수가 대꾸할 말이 없어 우경이 원하는대로 손질을 했더니 집은 무너지고 말았다.

일설에 이러한 이야기가 있다.

우경이 집을 짓는데, 목수가 말하기를

“재목은 생나무고 벽에 바를 흙은 마르지 않았는데, 무릇 생나무를 서까래로 삼고 마르지 않은 흙으로 벽을 치면, 그 무게 때문에 서까래가 휘어질 것이므로 비록 집이 잘 지어진 것 같이 보이지만 오래 지나지 않아 반드시 무너질 것입니다.”

고 했다. 그러나 우경은 말하기를

“재목은 마르면 반듯해질 것이고 흙은 마르면 가벼워질 것이다. 이제 집이 완성되어 마르게 되면, 날이 갈수록 흙은 가벼워지고 나무는 반듯해질 것이니 오래 가더라도 반드시 집은 무너지지 않을 것이다.”

하니 목수가 할 말을 잃고 집짓기를 완성했는데, 얼마 지나지 않아 지붕이 무너지고 말았다.

활 만드는 공인(工人)이 범저(范且)에게 말하기를

“활을 만들 때 부러지는 일은 반드시 그것을 완성하는데 있어 끝맺을 때 생기는 것이지 시작할 때 생기는 것은 아니다. 무릇 궁사(弓師)가 활을 메길 때에는 먼저 나무를 구부려 30일 동안이나 틀에 넣어둔 다음 발로 밟고 시위(弦)를 걸고 하루가 지난 다음에 비로소 활을 쏘아보는데, 이것은 처음에 천천히 다루다가 나중에는 거칠게 다루는 것이니 어찌 부러지지 않겠는가？”

했다. 범저(范且)가 말하기를

“그렇지 않다. 나무를 구부려 틀 속에 하루만 두고, 그런 뒤에 발로 밟아 시위를 걸었다가 30일이 지난 뒤에 비로소 활을 쏘게 하면 이것은 앞의 방법과는 반대로 처음에는 함부로 다루다가 끝맺을 때는 조심스럽게 다루는 격이니 이렇게 하면 활이

부러지지 않을 것이다."

하니 공인은 그대로 했는데 결국 활은 부러지고 말았다.

범저(范且)와 우경(虞慶)의 말은 모두 변설로는 교묘하고, 말솜씨는 훌륭하지만 실정에는 맞지 않는데도 임금은 그러한 이론을 좋아하여 금하지 않기 때문에 실패하는 것이다.

무릇 나라의 질서를 세워 잘 다스리고 군사를 강하게 하는 실효를 꾀하지는 않고 교묘한 변설이나 늘어놓고 화려한 언사만 좋아하는 것은, 마치 정치의 법술을 터득한 선비를 물리치고 집을 허물며 활을 부러뜨리는 사람에게 나라를 맡기는 것과 같다.

그러므로 임금이 나라를 다스림에 있어 범저나 우경이 활 만들고 집 짓는 일에 통달하지 못한 것과 같다.

그러함에도 법술을 터득한 선비들이 범저나 우경같은 사람에게 굴복하는 것은 공허한 이론이 쓰일 바가 없는데도 승리하는 경향이 있고, 실질적인 일이 확실한데도 그들 앞에서 기를 펴지 못하기 때문이다. 임금이 쓸모없는 공론을 소중히 여기고, 바꿀 수 없는 확실한 진리의 말을 가볍게 여기는 까닭에 나라가 어지러워지는 것이다.

요즘 세상에도 범저나 우경과 같은 사람이 사라지지 않고 있을 뿐 아니라 임금들은 그러한 사람을 환영함을 그치지 않으니 이는 집을 부수고 활을 부러뜨리는 결과를 초래하는 공론을 존중하고, 정치의 법술을 터득하고 나라에 도움이 되는 선비는 궁사(弓師)나 목수같이 얕잡아 보는 것과 같다.

궁사나 목수가 실제의 솜씨를 발휘할 수 없게 됨으로써 집은 무너지고 활은 부러지는 것이며, 나라 다스리는 법술을 터득한 선비가 그 술(術)을 실천할 수 없기 때문에 나라는 어지러워지고 임금은 위태로워지는 것이다.

무릇 어린아이들의 소꿉장난을 보면 먼지같은 흙을 밥이라 하고, 흙탕물을 국이라 하며, 나무를 잘라 고기라 하여 놀다가도 해가 지고 날이 저물면 반드시 집으로 돌아와 식사를 한다.

이것은 흙으로 만든 밥이나 흙탕물의 국이나 나무를 잘라 만든 고기는 소꿉장난의 도구는 될지언정 실제로 먹지는 못하기 때문이다.

　무릇 세상에는 아득한 옛날부터 전해오는 성현의 도(道)가 찬양되고 있는데 그 말이 아무리 능변이라도 실용성이 없고, 선왕(先王)이 부르짖던 인의(仁義)의 업적을 아무리 찬양한다 해도 나라를 바르게 다스리지 못하면 소꿉장난에 불과하여 나라를 잘 다스리는 데는 아무 쓸모가 없다.

　무릇 인의(仁義)를 너무 숭상한 나머지 나라가 약해지고 어지러워진 것은 한(韓)나라·위(魏)나라·조(趙)나라의 삼진(三晋)이며, 인의를 숭상하지 않고도 그 나라가 잘 다스려지고 부강해진 나라는 진(秦)이었다. 그러나 진나라가 이와 같이 부강하면서도 천하 통일의 제왕(帝王)이 되지 못한 것은 나라 다스리는 술(術)이 모자랐기 때문이다.

　齊有居士田仲者[1] 宋人屈穀見之 曰 穀聞先生之義 不恃仰人而食 今穀有巨瓠[2] 堅如石 厚而無竅 獻之 仲曰 夫瓠所貴者 謂其可以盛也 今厚而無竅則不可以盛物 堅如石 則不可以剖而斟[3] 吾無以瓠爲也 曰 然穀將欲棄之 今田仲不恃仰人而食 亦無益人之國 亦堅瓠之類也

　虞慶[4]爲屋 謂匠人曰 屋大尊[5] 匠人對曰 此新屋也 塗濡而椽生 夫濡塗重而生椽橈 以橈椽任重塗 此宜卑 虞慶曰 不然 更日久 則塗乾而椽燥 塗乾則輕 椽燥則直 以直椽任燥塗 此益尊 匠人詘 爲之而屋壞

　一日 虞慶將爲屋 匠人曰 材生而塗濡 夫材生則橈 塗濡則重 以橈任重 今雖成 久必壞 虞慶曰 材乾則直 塗乾則輕 今誠得乾 日以輕直 雖久必不壞 匠人詘 作之成 有間 屋果壞

　工人謂范且曰[6] 弓之折 必於其盡也 不於其始也 夫張弓也 伏檠三旬而蹈弦 一日犯機[7] 是節之其始 而暴之其終也 焉得無折 范且曰 不然 伏檠一日而蹈弦 三旬而犯機 是暴之其始 而節之

其盡也 工人窮也 爲之 弓折

范且虞慶之言 皆文辯辭勝 而反事之情 人主說而不禁 此所以
敗也 夫不謀治强之功 而艷乎辯說文麗之聲[8] 是却有術之士 而
任壞屋 折弓也 故人主之於國事也 皆不達乎工匠之構屋張弓也
然而士窮乎范且虞慶者 爲虛辭其無用而勝 實事其無易而窮也
人主多無用之辯 而少無易之言 此所以亂也 今世之爲范且 虞慶
者不輟 而人主說之不止 是貴敗折之類 而以知術之人爲工匠也
工匠不得施其技巧 故屋壞弓折 知術之人不得行其方術[9] 故國亂
而主危

夫嬰兒相與戲也 以塵爲飯 以塗爲羹 以木爲胾 然至日晩必歸
饟者 塵飯塗羹 可以戲 而不可食也 夫稱上古之傳頌 辯而不慤
道先王仁義 而不能正國者 此亦可以戲 而不可以爲治也 夫慕仁
義而弱亂者 三晋也 不慕仁義而治强者 秦也 然而秦强而未帝者
治未畢也

1) 居士田仲者(거사전중자) : 거사(居士)란 학식이나 기예(技藝)가 있으
   면서 벼슬을 마다하고 은거(隱居)하는 선비를 가리킨다. 전중(田仲)
   은 『맹자』에는 진중자(陳仲子)로 나와 있고, 형제와 부모마저 피하여
   제나라 어룽(於陵)이란 땅에서 자급 자족하며 살았다 한다.

2) 今穀有巨瓠(금곡유거호) : 곡(穀)은 굴곡(屈穀) 자신을 말한 것으로
   그의 사적(事跡)은 분명하지 않고, 호(瓠)는 표주박을 뜻한다.

3) 剖而斟(부이짐) : 부(剖)는 두 쪽으로 쪼갠다는 뜻이며, 짐(斟)은 물
   이나 술을 푸는 바가지를 말한다.

4) 虞慶(우경) : 경(慶)은 경(卿)과 통하여 우경(虞卿)으로, 전국시대 유
   세에 뛰어난 선비였는데 조(趙)나라의 상경(上卿)이었다.

5) 屋大尊(옥대존) : 대존은 높다는 뜻이다. 옥은 지붕을 말한다.

6) 工人謂范且曰(공인위범저왈) : 범저(范且)는 곧 범수(范雎)를 말하는
   것인데, 전국시대의 위(魏)나라 사람으로 중대부(中大夫)의 지위에
   있었던 사람, 이 구절은 구본에는 공인위(工人謂)라는 세 글자가 없
   다.

7) 一日犯機(일일범기) : 여기서는 시험삼아 활을 쏘아보는 것을 뜻한다.

8) 而孊戶辯說文麗之聲(이염호변설문여지성) : 교묘한 변설과 밖으로만 아름답게 꾸민 평판이 칭찬받는다는 뜻인데, 염(孊)은 아름답다와 같다.

9) 方術(방술) : 방술(方術)이란 한대(漢代)에는 도가(道家)의 방사(方士)들이 행하는 점술같은 술(術)을 뜻했는데, 여기서는 방법·기술(技術)을 말한다. 한비적인 술이 강조되고 있다.

4. 셋째 전(傳三)

가. 송나라의 민중을 구하기 위해 침략한다.

어렸을 때 부모의 보살핌이 허술했다면 그 자식이 자라서 부모를 원망한다.

자식이 장성하여 성인이 된 후 부모 봉양을 소홀히 하면 부모는 화가 나 그 자식을 책망하게 된다.

자식과 부모사이는 원래 가장 친밀한 관계인데도 혹은 책망하고 혹은 원망하게 되는 것은 서로가 자기를 위해 주기를 바라는데 그 바램을 상대가 충분히 채워주지 못하기 때문이다.

무릇 품삯을 주고 머슴을 들여 씨를 뿌리고 밭을 갈게 할 때, 주인이 가산(家産)을 축내가면서 좋은 음식을 먹이고 많은 품삯과 용돈까지 주는 것은 밖에서 데려온 머슴을 사랑하기 때문이 아니다. 그렇게 잘해주면 머슴이 힘을 다해 밭을 깊이 갈 것이고, 김을 알뜰하게 매리라고 생각하기 때문이다.

머슴이 힘을 내 열심히 김을 매고 있는 힘을 다해 밭갈이를 하는 것은 그 고용주를 사랑하기 때문이 아니다. 그렇게 일해주면 따뜻한 국과 맛있는 음식을 대접받고 그 위에 넉넉한 품삯을 받을 수 있다고 생각하기 때문이다.

이렇게 서로 공력을 기르는 것은 부자간의 은정에도 있으니 반드시 모두가 자신의 공력을 사용하는 것은 대개 자신을 위하는 마음이 있기 때문이다.

그러므로 사람이 일을 하거나 물건을 주고 받는 세상사를 처

리함에 있어 상대에게 이롭게 하려는 마음을 바탕으로 삼는다
면, 멀리 월(越)나라 사람이라도 친할 수 있고, 해롭게 하려는
마음을 바탕으로 삼는다면 천륜으로 맺어진 부자간도 멀어지고
원망하게 될 것이다.

진(晋)나라 임금 문공(文公)이 송(宋)나라를 치기에 앞서 선
언했다.

"내가 듣기로는 송(宋)나라 임금은 무도(無道)하여 어른들
〔長老〕을 업신여기고 재물의 분배를 공평하게 하지 않으며, 가
르치고 명령하는 바도 믿을 수 없다고 하니, 나는 송나라 민중
을 구하기 위해 그를 처벌하러 온 것이다."

월(越)나라 왕이 오(吳)나라를 치기에 앞서 선언했다.

"내가 듣기로는 오나라 임금이 여황(如皇)의 누대(樓臺)를
쌓고 깊은 연못을 파는 등 민중을 괴롭혀 지치게 하고, 재화(財
貨)를 헛되게 쓰면서 민중의 힘을 다 뺀다고 하니, 나는 오나라
민중을 구하기 위해 그를 처벌하러 온 것이다."

채(蔡)나라 공주가 제(齊)나라의 임금 환공(桓公)에게 시집
가 왕후가 되었다.

어느 날 환공이 부인과 함께 배를 탔을 때 부인은 물에 익숙
하여 배를 흔들어 몹시 흔들리게 하였다. 환공은 두려워 만류
했지만 그만두지 않고 계속하자 화가 나 부인을 친정으로 쫓아
버렸다.

얼마 지난 뒤 환공은 부인을 다시 불렀는데 채나라에서는 이
미 인연이 끊어진 것으로 여기고 다른 곳에 다시 시집을 보내
버렸다. 이에 환공은 크게 화가 나 채나라를 치려고 생각했다.

이때 중보(仲父)인 관중(管仲)이 간하여 말하기를

"부부간의 장난으로 인해 생긴 일로 해서 이웃 나라를 친다
는 것은 그 명분이 서지 않으며, 이렇듯 사소한 일로 군사를 일
으킨다는 것은 더 큰 공적을 기대할 수 없습니다. 바라건대 이
러한 이유로 일을 도모함은 그만두도록 하십시오."

라고 했으나 환공은 듣지 않았다. 그러자 관중이 다시 말했

다.

"도저히 참기가 어려우시면 방도가 있습니다. 초(楚)나라는 해마다 그 나라에서 생산되는 정모(菁茅)라는 푸성귀를 헌상하여 천자(天子)를 섬기는데, 이 예를 실행하지 못한 지가 3년이나 되었으니, 임금께서는 군사를 일으켜 천자를 위하여 초나라를 치십시오. 초나라가 항복해 오면 돌아오는 길에 채나라를 습격하면서 핑계하여 말하기를 '내가 천자를 위하여 초나라를 정벌할 때 채나라도 마땅히 천자를 위하여 군사를 보내야 함에도 그렇게 하지 않았으니 마침내 멸망시키리라'라고 하는 것이 의로운 명분이고 실질적으로도 이롭습니다. 그렇게 되면 반드시 천자를 위하여 징벌(懲罰)했다는 명분도 서고, 자신의 적에게 복수했다는 실리도 얻게 되는 것입니다."

오기(吳起)라는 사람이 위(魏)나라의 장수(將帥)가 되어 중산(中山)을 공격했을 때, 그 부하 군인 가운데 종기를 앓는 사람이 있었는데 오기는 스스로 무릎을 꿇고 입으로 그 종기의 고름을 빨아주었다.

그 종기난 군인의 어머니가 이를 보고 있다가 울음을 터뜨렸다. 이를 본 어떤 사람이 묻기를

"장군이 그대 아들을 이토록 사랑하는데 어째서 우는 거요?"

했다. 그 어머니가 대답하기를

"오기는 지난날 저 아이 아버지의 종기도 빨아준 일이 있었는데 그 아버지는 장군의 은의(恩義)를 갚기 위하여 용감하게 싸우다가 죽었지요. 지금 이 자식도 또한 그렇게 죽을 것이므로 슬피 우는 것이오."

조(趙)나라의 주보(主父 : 武靈王)가 공인(工人)에게 명령하여 갈고리가 달린 사다리를 타고, 반오산(潘吾山)에 올라가 너비가 석 자, 길이가 다섯 자나 되는 사람의 발자국을 새기게 하고는 '주보(主父)가 여기에서 일찍이 노닐었다'는 글자를 새겨놓게 했다.

진(秦)나라 소왕(昭王)은 공인에게 명령하기를 갈고리가 달린 사다리를 타고, 화산(華山)에 올라 오래도록 썩지 않는 소나무와 잣나무로 노름에 쓰이는 주사위를 만들게 했는데, 산대〔箭〕길이가 여덟 자, 바둑〔綦〕길이는 여덟 치나 되었다. 또한 글자를 새기기를 '진나라 소왕은 일찍이 이곳에서 천신(天神)과 더불어 박(博)을 즐겼다.'고 했다.

진(晉)나라 문공(文公)이 망명길에서 여러 나라를 돌아다니다가 귀국하면서 황하(黃河)에 이르러 명령을 내리기를

"지금까지 사용하던 대나무나 나무로 만든 밥그릇을 버리고 깔개나 방석도 버릴 것이며, 종자(從者)중에 손발이 부르트고, 피곤하여 얼굴이 검게 된 사람은 보기에 흉하니 뒷줄에 세우도록 하라."

고 말했다. 구범(咎犯)이 이 말을 듣고 밤중에 통곡을 했다. 이에 문공은 의아해 묻기를

"과인이 나라를 떠나 망명한 지 20년, 이제 겨우 돌아왔는데, 구범은 이를 듣고 기뻐하기는 커녕 소리내어 울고 있으니 그것은 과인이 귀국한 것을 못마땅하게 여기는 뜻이 아니냐?"

고 말했다. 이에 구범은 대답하기를

"그렇지 않습니다. 밥그릇은 음식을 먹는데 요긴하게 사용되는 것인데 임금께서는 버리라고 하셨고, 깔개나 방석은 휴식을 취하는데 필요한 것으로 지금까지 요긴하게 사용한 것을 임금께서는 버리라 명령하셨으며, 일을 하여 손발이 부르트고 피곤하여 얼굴빛이 검붉게 탄 사람은 애쓰고 공적이 많은 사람인데도 그들을 뒷줄로 세우셨습니다.

지금 신(臣) 또한 그러한 몰골이므로 뒤에 서야 할 처지이니 마음 깊이 슬퍼져 통곡하는 것입니다.

지금까지 임금의 환국을 위해 신(臣)이 도모했던 크고 작은 속임수들을 신(臣) 스스로도 미워하거늘 항차 임금께서야 어떠하시겠습니까?"

하며 두 번 절하고 물러가려 했다. 문공이 이를 만류하면서

말하기를

"속담에 이르기를 '사직(社稷)을 세울 때는 일하는 사람이 옷같은 겉모양에 마음을 두지 말고 걷어붙이고 열심히 일해야 되지만, 사직에 제사를 지낼 때는 의관(衣冠)을 단정하게 차려 입고 지내야 한다.'고 했소.

지금 그대는 과인과 함께 고생하여 나라를 되찾았으면서도 나와 더불어 나라를 다스리지 않고, 과인과 함께 사직을 세웠으면서도 나와 더불어 사직에 제사를 지내지 않겠다고 하니 과인은 어떻게 하면 좋겠는가?"

라고 하면서 문공은 자기가 탄 수레의 왼쪽에 맨 말을 풀어 황하에 희생물로 바치면서 구범을 버리지 않겠다고 맹세했다.

　　傳三　人爲嬰兒也　父母養之簡　子長而怨　子盛壯成人　其供養薄　父母怒而誚之　子父　至親也　而或譙或怨者　皆挾相爲　而不周於爲己也　夫買庸而播耕者　主人費家而美食　調錢布而求易者　非愛庸客也　曰　如是　耕者且深　耨者且熟云也　庸客致力而疾耘耕[1]盡功而正畦陌者[2]　非愛主人也　曰　如是　羹且美　錢布且易云也　此其養功力　有父子之澤矣　而必周於用者　皆挾自爲心也　故人行事施予　以利之爲心　則越人易和　以害之爲心　則父子離且怨

　　文公伐宋　乃先宣言曰　吾聞宋君無道　蔑侮長老　分財不中　敎令不信　余來爲民誅之

　　越伐吳　乃先宣言曰　我聞吳王築如皇之臺　掘淵泉之池[3]　罷苦百姓　煎靡[4]財貨　以盡民力　余來爲民誅之

　　蔡女爲桓公妻　桓公與之乘舟　夫人蕩舟[5]　桓公大懼　禁之不止怒而出之　乃且復召之　因復更嫁之　桓公大怒　將伐蔡　仲父諫曰夫以寢席之戲[6]　不足以伐人之國　功業不可冀也　請無以此爲稽也桓公不聽　仲父曰　必不得已　楚之菁茅[7]不貢於天子三年矣　君不如擧兵爲天子伐楚　楚服　因還襲蔡　曰　余爲天子伐楚　而蔡不以兵從　因遂滅之　此義於名　而利於實　故必有爲天子誅之名　而有報讎之實

吳起爲魏將而攻中山 軍人有病疽者 吳起跪而自吮其膿 傷者
之母立泣 人問曰 將軍於若子如是 尙何爲而泣 對曰 吳起吮其
父之創而父死 今是子又將死也 吾是以泣

趙主父令工施鉤梯而緣潘吾[8] 刻疎[9]人迹其上 廣三尺 長五尺
而勒之[10]曰 主父常遊於此

秦昭王[11]令工施鉤梯而上華山 以松柏之心爲博[12] 箭長八尺[13]
棊長八寸[14] 而勒之曰 昭王嘗與天神博於此矣

文公反國至河 令 籩豆捐之[15] 席蓐捐之 手足胼胝 面目黧黑者
後之 咎犯聞之而夜哭 公曰 寡人出亡二十年 乃今得反國 咎氏
聞之 不喜而哭 意不欲寡人反國邪 犯對曰 籩豆 所以食也 而君
捐之 席蓐 所以臥也 而君棄之 手足胼胝 面目黧黑 勞有功者也
而君後之 今臣與在後 中不勝其哀 故哭 且臣爲君行詐僞以反國
者衆 臣尙自惡也 而況於君 再拜而辭 文公止之 曰 諺曰 築社
者 攓撅[17]而置之 端冕[18]而祀之 今子與我而取之 而不與我治之
與我置之 而不與我祀之 焉可 乃解左驂盟於河

1) 疾耘耕(질운경) : 힘써 김을 매고, 밭을 간다는 말인데, 질(疾)은 여
   기에서 힘쓰다는 뜻.

2) 正畦陌者(정휴맥자) : 정휴맥(正畦陌)은 밭과 밭의 경계를 바르게 하
   고, 논두렁 길을 반듯하게 한다는 말인데, 여기서는 밭갈이를 잘하고,
   논두렁 길을 잘 고른다는 뜻.

3) 掘淵泉之池(굴연천지지) : 이 구절은 구본에서 심지(深池)로만 되어
   있으나 『태평어람(太平御覽)』 177쪽에 따라 굴연천지지(掘淵泉之池)
   그대로 이 책에 썼다.

4) 煎靡(전미) : 써버린다는 뜻.

5) 蕩舟(탕주) : 배가 흔들린다는 뜻.

6) 寢席之戲(침석지희) : 부부간에 일어나는 사적인 일을 말한다.

7) 菁茅(정모) : 향기가 나는 부추과에 속하는 푸성귀로 옛날 제사를 지
   낼 때 술을 붓는데 썼고 초나라에서 생산되어 천자에게 바치는 공물
   의 하나였다.

8) 鉤梯而緣潘吾(구제이연반오) : 구제(鉤梯)는 갈고리가 있는 사다리를

말하며 반오(潘吾)는 전국시대 조나라의 반오읍(潘吾邑)이란 곳에
있는 아주 험한 산이름이다.

9) 刻疎(각소) : 소(疎)는 발(足)이란 뜻과 같다. 그래서 발자국을 새긴
다는 말이며, 구본에는 인적(人迹)이 없다로 되어 있다.

10) 勒之(륵지) : 여기에서 새기다와 뜻이 같다.

11) 秦昭王(진소왕) : 진나라 소양왕(昭襄王)을 말함인데, 서기전306년에
서 전251년까지 재위한 임금으로 이름을 직(稷)이라 했으며, 범수(范
雎)를 재상으로 기용하여 이웃 여러 나라를 정벌했다.

12) 心爲博(심위박) : 심(心)은 나무 속의 심(心)을 말하며, 박(博)은 노
름(도박)에 쓰이는 주사위를 말한다.

13) 箭長八尺(전장팔척) : 전(箭)은 육저(六箸)라고도 하는 산대(算竹)
인데 옛날의 주사위는 육저(六箸)와 십이기(十二棊)로 되어 있다 한
다.

14) 棊長八寸(기장팔촌) : 기(棊)는 주사위의 바둑(棊)을 말함인데, 흑
(黑)이 여섯, 백(白)이 여섯이라 했다.

15) 籩豆捐之(변두연지) : 변두는 대오리를 결어 만든 제기(祭器)를 말
하는데, 일반적으로 대나무나 나무로 만든 식기(食器)를 가리킴. 연
(捐)은 버리다는 뜻.

16) 胼胝(변지) : 손발에 못이 박히고 부르트는 것을 말한다.

17) 攐撅(건궤) : 옷소매와 바지가랭이를 걷어 붙인다는 뜻인데 건(攐)
은 걷을 건(褰)자와 같은 뜻.

18) 端冕(단면) : 의관을 단정히 한다는 뜻인데 면(冕)은 대부(大夫) 이
상의 벼슬아치가 쓰는 예관(禮冠)을 말한다.

나. 수레의 멍에로 인해 싸운 사람들
정(鄭)나라의 한 시골사람이 수레의 멍에를 얻었는데 그 이
름을 알지 못하여 어떤 사람에게
"이것은 무엇입니까?"
라고 물었다. 그 사람이 대답하기를
"이것은 수레의 멍에입니다."

고 말했다. 잠시 뒤에 그 시골 사람은 다시 그와 비슷한 물건 하나를 또 얻었는데, 앞서 그 사람에게 묻기를
"이것은 무엇입니까?"
라고 물었다. 대답하기를
"그것도 수레의 멍에입니다."
고 말했다. 이에 그 시골 사람은 크게 화를 내며 말하기를
"조금 앞서도 수레의 멍에라 하더니 이번에도 또 수레의 멍에라니 그렇다면 어째서 같은 물건이 이렇게도 흔할 수가 있는가? 당신은 분명히 나를 속이고 있는 것이다."
라고 말해 마침내 두 사람은 싸움이 벌어졌다.

위(衛)나라에 주살로 새를 잡는 사냥꾼을 돕는 사람이 있었다. 어느 날 새가 날아왔을 때 먼저 새를 유인하려고 자기의 두건을 사용하니 새는 놀라서 달아났고 사냥꾼은 주살을 쏘아보지도 못했다.

정(鄭)나라 시골에 사는 복자(卜子)가 자기 아내에게 바지를 만들어 달라고 하자 그 아내가 묻기를
"이번 바지는 어떻게 만들면 되겠습니까?"
고 했다. 이에 남편이 말하기를
"내가 입던 헌바지 그대로 만드시오."
고 하자 아내는 새옷감을 찢어 시키는대로 헌바지와 같게 만들었다.

정(鄭)나라 시골의 복자(卜子)라는 사람의 아내가 저자거리에서 자라를 사가지고 돌아오다가 영수(潁水)라는 강가를 지나는데, 자라가 목이 마를 것 같아 물을 마시게 하려고 놓아주었더니 마침내 그 자라는 도망쳐 버렸다.

무릇 나이 어린 사람이 어른 앞에서 술을 마시고 있었는데, 어른이 한 잔을 마시면, 자기도 따라서 한 잔을 마시면서 어른 흉내를 내고 있었다.

일설에 의하면 이러한 말도 있다.
노(魯)나라에 자중(自重) 자애(自愛)하여 수양을 쌓고 있는

사람이 있었는데, 어느 날 어른이 술을 마시다가 이기지 못하여 토하는 것을 보고, 자기도 어른을 흉내내어 토해 버렸다.

또 일설에 이러한 이야기가 있다.

송(宋)나라에 나이 어린 사람이 있었는데, 남의 좋은 점이면 무엇이나 본받으려고 하여, 어른이 술을 남기지 않고 마시는 것을 보고는 술을 감당하지도 못하면서 단숨에 마시느라 애를 썼다.

옛책(古書)에 이르기를 "띠를 허리에 매고 남은 부분을 늘어뜨린다."는 말이 있다 그런데 송(宋)나라에 그 글귀를 익히는 사람이 있었는데, 뜻을 잘못 해석하여 띠를 두 겹으로 하여 허리에 동여매었다.

이에 어떤 사람이 말하기를

"어째서 그렇게 했는가?"

고 묻자, 그가 대답했다.

"옛책에 그렇게 쓰여 있으니 그렇게 함이 마땅하지 않소."

옛책에 이르기를 "새기고 갈고 다듬은 것보다 본래의 질박한 상태가 최고로 아름답다."고 했는데, 양(梁)나라에 옛책을 연구하는 사람이 이 글귀를 읽고는 말하고 행동하고 학습하는 일을 이 글귀에 의거하여 그대로 실행했더니 날이 갈수록 곤란해졌다. 그것은 그 구절의 실제 의미를 잃었기 때문이다. 이에 어떤 사람이

"어째서 그렇게 했는가?"

고 묻자 양나라 사람이 대답했다.

"옛책에 이르기를 본래 그렇다고 했소."

초(楚)나라 도읍인 영(郢)에 사는 사람이 연(燕)나라의 재상(宰相)에게 보내려고 밤에 편지를 쓰는데, 불빛이 밝지 못하여 옆에 등촉을 가진 사람에게 말하기를 "등촉을 좀 돋우라."고 말하고는 그대로 편지에도 '등촉을 좀 돋우라'고 쓰는 실수를 하고 말았다.

사실 '등촉을 돋우라'고 쓴 편지 사연은 전혀 본의가 아니었

던 것이다.

그러나 연나라 재상은 그 편지를 받고는 해설하여 말하기를

"등촉을 돋우라는 것은 더욱 밝히라는 뜻인 바 명(明)을 숭상하는 것이요, 명을 숭상한다는 것은 현명(賢明)한 사람을 등용하여 나라의 정치를 맡기라는 뜻이다."

하고 연나라 재상은 이 일을 임금에게 아뢰니 임금은 크게 기뻐하여 그대로 했던 바 나라가 잘 다스려졌다.

나라가 다스려지기는 잘 다스려졌으나 그것은 편지의 본뜻과는 전혀 상관이 없는 일이었다.

요즘 세상의 학자들도 옛책을 해석하되 그 뜻을 왜곡하여 비슷하게 하는 따위가 많다.

정(鄭)나라에 신발을 사러 가려는 사람이 있었는데, 먼저 자기 발의 치수를 재어 종이에 적었으나 앉은 자리에 두고 나왔다.

저자거리에 이르러 신발을 사려고 할 때에야 비로소 치수를 적은 종이를 집에 놓고 왔다는 사실을 알고 이내 말하기를

"내가 발의 치수를 적은 것을 잊고 가지고 오지 않았으니 돌아가 이를 가지고 오겠다."

하고는 집으로 돌아갔다. 다시 저자거리로 왔을 때는 이미 파장한 뒤여서 신발을 사지 못했다. 이에 어떤 사람이 말하기를

"어째서 신발을 신어보지 않았소?"

하고 물으니, 대답했다.

"치수를 적은 쪽지는 믿을 수 있지만 내 발은 믿을 수가 없었기 때문이오."

鄭縣人有得車軛者 而不知其名 問人曰 此何種也 對曰 此車軛也 俄又復得一 問人曰 此是何種也 對曰 此車軛也 問者大怒曰 曩者[1]曰車軛 今又曰車軛 是何衆也 此女欺我也 遂與之鬪

衛人有佐弋者 鳥至 因先以其裷麾之 鳥驚而不射也

鄭縣人卜子使其妻爲袴 其妻問曰 今袴何如 夫曰 象吾故袴[2]

妻因毀新 令如故袴

鄭縣人卜子妻之市 買鼈以歸 過潁水以爲渴也 因縱而飮之 遂
亡其鼈

夫少者侍長者飮 長者飮 亦自飮也

一曰 魯人有自喜者³⁾ 見長年飮酒不能釂則唾之⁴⁾ 亦效唾之

一曰 宋人有少者欲效善 見長者飮無餘 非堪酒飮也 而亦欲盡
之

書曰⁵⁾ 紳之束之⁶⁾ 宋人有治者 因重帶自紳束也 人曰 是何也
對曰 書言之固然

書曰 旣雕旣琢 還歸其樸 梁人有治者 動作言學 擧事於文 曰
難之⁷⁾ 顧失其實⁸⁾ 人曰 是何也 對曰 書言之固然

郢人有遺燕相國書者 夜書 火不明 因謂持燭者曰 擧燭 云 而
過書 擧燭 擧燭 非書意也 燕相受書而說之 曰 擧燭者 尙⁹⁾明也
尙明也者 擧賢而任之 燕相白王 王大悅 國以治 治則治矣 非書
意也 今世學者 多似此類

鄭人有欲買履者 先自度其足 而置之其坐 至之市 而忘操之
已得履 乃曰 吾忘持度 反歸取之 及反 市罷 遂不得履 人曰 何
不試之以足 曰 寧信度¹⁰⁾ 無自信也

1) 曩者(낭자) : 조금 앞서 곧 아까라는 말과 같으며, 지난번이란 뜻.

2) 象吾故袴(상오고고) : 내가 입던 옛날 바지와 같이 만들라는 말인데,
   상(象)은 그 모습대로라는 뜻.

3) 自喜者(자희자) : 스스로를 사랑하고 소중하게 생각하면서 몸을 가꾸
   는 것을 뜻한다.

4) 釂則唾之(조즉타지) : 조(釂)는 잔에 있는 술을 다 마신다는 뜻. 타
   (唾)는 일반적으로 침을 뱉는 것을 말하지만 여기서는 술을 토한다
   는 뜻.

5) 書曰(서왈) : 여기서는 『상서(尙書)』를 말함이 아니라 옛책의 뜻.

6) 紳之束之(신지속지) : 『논어(論語)』같은 문헌에 나오는 신(紳)은 큰
   띠(大帶)를 가리켰다. 형병(刑昺)의 소(疏)에 의하면 큰띠로 허리를
   매고, 그 나머지 끈을 늘어뜨려 장식하는 것을 말한다. 그래서 신
   (紳)은 늘어뜨린 띠를 뜻하고 속(束)은 허리에 둘러 매는 것을 뜻한

다

7) 日難之(일난지) : 이 구절은 구본에 일(日)을 왈(曰)로 썼으나 이대
   로가 마땅하며, 날이 지날수록 더욱 어렵다는 뜻이다. 어떤 설에는
   난지(難之)를 배워 익힘을 뜻한다고도 한다.

8) 顧失其實(고실기실) : 고(顧)는 오히려의 뜻과 통하고, 실기실(失其
   實)은 그 본질(바탕)을 잃었다는 뜻.

9) 尙(상) : 상(上)과도 통하며 귀(貴)하게 여긴다는 뜻이며, 또한 숭상
   (崇尙)하다는 뜻.

10) 甯信度(영신도) : 영(甯)은 차라리의 뜻으로 영(寧)과 같은 글자이
    고, 도(度)는 치수를 잰다는 뜻.

5. 넷째 전(傳四)

가. 논과 밭을 팔고 학문에 열중한 농민들

왕등(王登)이라는 사람이 중모(中牟)라는 고을의 현령(縣令)
이 되었을 때, 양왕(襄王)에게 상소하기를

"중모에는 중장(中章)과 서기(胥己)라는 선비가 살고 있는
데, 그 몸가짐이 대단히 단정하고 그 학문은 아주 깊고 넓으니
그들을 등용하심이 어떻겠습니까 ?"

했다. 임금이 말하기를

"그렇다면 그들을 나에게 보이도록 하라. 내 장차 그들을 중
대부(中大夫)로 삼으리라."

고 했는데, 재상(宰相)이 간하기를

"중대부라는 벼슬은 우리 진(晋)나라에서 중요한 요직입니
다. 지금 그들은 아무 공적이 없는데도 그러한 벼슬을 받는다
면 진나라 신하들의 뜻에 어긋나는 일입니다. 임금께서는 그들
에 대하여 말만 들었을 뿐 실제 만나 눈으로 확인한 것은 아니
지 않습니까 ?"

하자 양왕은 말하기를

"과인이 왕등(王登)을 등용할 때는 귀로 그 명성을 듣고 뒤

에 눈으로 실제를 확인했는데, 이번에 그 왕등이 추천하는 사
람을 또다시 귀로 명성을 듣고 눈으로 확인해야 한다면 귀로
듣고 눈으로 확인하는 일은 영원히 끝이 없을 것이오."

라 대답했다. 그래서 왕등은 하루만에 두 사람의 중대부를
임금에게 배알시켰고 그들에게는 논밭과 집이 주어졌다.

그렇게 되자 중모(中牟) 사람들 가운데 논밭을 버려 농사짓
기를 그만두고, 집터와 채소밭을 남에게 팔아 학문을 일삼는
사람이 고을의 반수를 차지하게 되었다.

진(晉)나라 숙향(叔向)이 임금 평공(平公) 옆에서 나라 일을
말씀드리고 있을 때, 임금은 너무 오래 단정히 앉아 있어서 종
아리가 쑤시고 근육이 아파 다리가 저렸으나 감히 앉은 자리를
흐트러뜨리지 못했다.

진나라 사람들은 이 말을 듣고 모두 말했다.

"숙향은 뛰어나게 현명한 사람이기 때문에 임금인 평공은 그
를 예의로 대우하느라고 저려도 앉은 자리를 흐트러뜨리지 못
했을 것이다."

이러한 일이 있은 뒤, 진나라에는 관청에 의탁하여 벼슬을
살던 사람들이 물러나 숙향(叔向)을 흠모하여 가르침을 받고자
모여드는 사람이 나라의 3분의 1에 가까웠다.

정(鄭)나라 시골에 굴공(屈公)이라는 사람이 있었다. 그는
적군이 쳐들어 왔다는 말만 듣고도 겁에 질려 기절했다가 적이
이미 지나갔다고 하면 곧 두려움에서 벗어나 깨어나고는 했다.

조(趙)나라의 주보(主父)는 이자(李疵)라는 사람을 시켜 중
산국(中山國)을 공격하여도 좋을지 어떠할지를 미리 알아보고
오도록 했는데, 이자는 돌아와 보고하기를

"중산을 공격하셔도 좋을 것입니다. 임금께서 서둘지 않으시
면 장차 제(齊)나라와 연(燕)나라에 뒤지게 될 것입니다."

고 말했다. 이에 주보(主父)가 묻기를

"어째서 공격해도 좋다는 것인가?"

고 하자 이자가 대답하기를

"그 나라의 임금은 바위 굴에 숨어 지내는 선비들을 즐겨 만나며, 그들을 만나기 위해 수레를 걷어젖히고 초라한 좁은 길로 찾아가는 일이 수십 번이나 되며, 아무 벼슬도 없는 선비를 예우한 일도 수백 차례나 됩니다."

고 아뢰었다. 이 말을 듣고 임금은

"너의 말을 들으니 그 나라 임금은 현명한 임금임이 분명한데 어째서 공격해도 좋다고 하는가?"

하자 이자가 대답하기를

"그렇지 않습니다. 무릇 바위 굴 속에 숨어 지내는 선비를 임금이 조정에 불러 세상에 드러나게 하면 병사들은 전장(戰場)에서 힘써 싸우려 들지 않고, 임금이 학자만 존중하고 처사(處士)를 관직에 등용하면 농부들은 그를 부러워하여 농사일을 게을리하게 됩니다.

병사가 전장에서 나태하여 힘써 싸우지 않으면 곧 군대는 약화될 것이고, 농부가 농사를 게을리하면 곧 나라가 가난하게 될 것입니다. 적국의 병사가 약하고 그 나라안이 가난하면 망하지 않은 예가 아직 있지 않았으니, 지금이 중산국을 치기에는 가장 마땅하지 않겠습니까?"

이에 주보는 말하기를

"옳도다."

하고 군사를 일으켜 중산국을 공격했는데, 중산국은 그대로 멸망하고 말았다.

傳四 王登爲中牟令[1] 上言於襄主曰 中牟有士曰中章 胥己者 其身甚修 其學甚博 君何不擧之 主曰 子見之 我將以爲中大夫 相室[2]諫曰 中大夫 晋重列也[3] 今無功而受 非晋國之故 君其耳而未之目邪 襄主曰 我取登 旣耳而目之矣 登之所取 又耳而目之 是耳目人終無已也 王登一日而見二中大夫 予之田宅 中牟之人棄其田耘 賣宅圃 而隨文學者 邑之半

叔向御坐平公請事 公腓痛足痺 轉筋而不敢壞坐[4] 晋國聞之

皆曰 叔向 賢者 平公禮之 轉筋而不敢壞坐 晋國之辭仕託 慕叔
向者 國之錘矣

鄭縣人有屈公者 聞敵恐 因死[5] 恐已 因生

趙主父使李疵視中山可攻不也 還報曰 中山可伐也 君不亟伐
將後齊燕 主父曰 何故可攻 李疵對曰 其君見好巖穴之士 所傾
蓋與車以見窮閭隘巷之士以十數 伉禮[6] 下布衣之士以百數矣 君
曰 以子言論 是賢君也 安可攻 疵曰 不然 夫好顯巖穴之士而朝
之 則戰士怠於行陳[7] 上尊學者 下士居朝 則農夫惰於田 戰士怠
於行陳者 則兵弱也 農夫惰於田者 則國貧也 兵弱於敵 國貧於
內 而不亡者 未之有也 伐之不亦宜乎 主父曰 善 擧兵而伐中山
遂滅之

1) 王登爲中牟令(왕등위중모령) : 왕등(王登)은 『여씨춘추』의 지도편(知
度篇)에 의하면 임등(任登)이란 기록이 있는데 임(任)은 임(壬)과
같은 글자로 본다. 여기서는 왕등(王登) 그대로 쓴다. 중모(中牟)는
춘추시대 진나라의 도움으로 지금의 하북성 형대(邢臺)와 한단(邯
鄲) 사이에 있는 지방.

2) 相室(상실) : 재상(宰相)을 뜻하지만 가신(家臣)이란 말로도 통한다.

3) 晋重列也(진중열야) : 중열(重列)의 열(列)은 지위(地位)이고, 중(重)
은 요직(要職)을 뜻한다.

4) 轉筋而不敢壞坐(전근이불감괴좌) : 전근(轉筋)이란 종아리의 근육이
경련을 일으키는 것을 말하며 괴좌(壞坐)는 앉은 자리를 흐트러뜨리
는 것을 뜻한다.

5) 因死(인사) : 여기서는 기절(氣絶)함을 뜻한다.

6) 伉禮(항례) : 짝이 될만한 예우 곧 동등(同等)한 예우를 뜻한다.

7) 行陳(행진) : 군열(軍列) 곧 전쟁터를 뜻한다.

6. 다섯째 전(傳五)

가. 온 나라가 자색옷을 좋아하였다.

제(齊)나라 임금 환공(桓公)이 자색옷 입기를 좋아하니 나라

안의 모든 사람이 자색옷을 입게 되었다. 그래서 그당시 흰비단 다섯 필 값으로 자색비단 한 필을 사지 못할 정도였다. 환공은 이를 걱정하여 관중(管仲)에게 말하기를

"과인이 자색옷을 좋아했더니 자색천 값이 크게 올랐는데도 온 나라 백성이 자색옷만 입으려 하니 과인은 대체 어찌하면 좋겠는가?"

고 물으니 관중이 대답하기를

"임금께서 그 일을 중지하기를 바라신다면 시험삼아 자색옷을 당분간 입지 않으시도록 하심이 어떻겠습니까?"

고 아뢰자 임금이 말하기를

"그렇게 하리다."

했다. 환공은 좌우 측근에게

"과인은 이제 자색옷이 아주 싫어졌다."

하고 자색옷을 입은 신하가 가까이 오면

"이제 자색은 보기도 싫으니 물러가라."

고 했다. 임금이 그렇게 한 날부터 측근의 신하 중에 자색옷을 입는 사람이 없어졌고, 그 다음날부터는 도성 안에 자색옷 입은 사람이 없어졌으며, 사흘 뒤에는 온 나라 안에 자색옷 입는 사람이 없어지게 되었다.

일설에 이러한 이야기가 있다.

제나라 환공(桓公)이 자색옷을 즐겨 입었더니 제나라의 온 백성이 모두 즐겨 입게 되었다. 이렇게 되자 제나라에서는 흰비단 다섯 필을 주고도 자색비단 한 필을 얻지 못하는 사태에 이르러 제나라 임금은 자색 옷감의 값이 오르는 일을 크게 걱정했다.

이에 사부(師傅)인 열(說)이 임금에게 말했다.

"『시경(詩經)』에 이르기를 '임금이 몸소 정사를 다스리지 않으면 민중은 믿지 아니한다'는 말이 있습니다. 지금 임금께서 만약 백성들이 자색옷을 입지 않기를 바라신다면 임금께서 몸소 자색옷을 벗으시고 조정에 나오십시오. 신하 가운데 자색옷

을 입고 출사(出仕)하는 사람이 있거든 '저멀리 물러가라 과인
은 자색을 보기만 해도 싫증이 난다'고 하십시오."

임금은 사부가 시키는대로 했더니 그 날로 측근의 신하 가운
데 자색옷을 입는 사람이 없어졌고, 그 달로 도성안의 백성중
에 자색옷을 입은 사람이 없어졌으며, 그 해 안에 온 나라안에
자색옷을 입은 민중이 없게 되었다.

정(鄭)나라 임금 간공(簡公)이 자산(子產)에게 말하기를

"우리는 작은 나라로 진(晋)나라와 형(荊:楚)나라의 사이에
서 항상 위협을 느끼고 있으면서도 지금 성곽의 경비는 완전하
지 않고, 무기도 허술하니, 이래서야 뜻밖의 사태에 대응할 수
있을지 걱정이오."

하니 자산이 대답했다.

"신(臣)은 오래 전부터 이웃 나라에 대해서는 쉽사리 침공하
지 못하도록 우호책을 써서 멀리 물러나 있게 했고, 나라 안으
로는 정치를 안정시켜 수비하고 있으니 비록 우리 나라가 작지
만 위태로운 일은 없을 것입니다. 임금께서는 걱정하지 마십시
오."

이로써 간공은 살아 있는 동안 걱정할 일이 없었다.

일설에 이러한 이야기가 있다.

정(鄭)나라 자산(子產)이 재상(宰相)으로 있을 때, 임금인 간
공(簡公)이 자산에게 말하기를

"잔치에 술을 마셔도 즐거운 마음이 일어나지 않고, 제사를
모시는데 제수(祭需)도 훌륭하지 못하며, 음악에 필요한 종(鐘)
이나 북, 피리나 거문고를 갖추지 못하여 연주하지 못한다면,
이것은 임금인 과인의 잘못이오.

그리고 나라가 안정되지 못하고, 백성이 잘 다스려지지 않으
며, 농사 짓는 농부와 전장의 군사가 서로 화목하지 못하여 단
결되지 않는다면 재상인 그대의 허물이오. 그대에게는 그대가
해야 할 직분이 있고, 과인은 과인 나름대로의 직분이 또한 있
으니 이제부터 각기 맡은 바 직분을 잘 수행하도록 합시다."

라고 했다. 이로부터 자산이 물러나 정사(政事)를 바로잡았는데 5년이 지나자 나라 안에는 도둑이 없어지고, 길에 물건이 떨어져 있어도 줍는 사람이 없었으며, 복숭아나 대추가 무르익어 길거리를 덮어도 남의 것을 따가는 사람이 없고, 송곳같이 하찮은 물건을 길에서 잃어버려도 며칠 뒤 그곳에 가보면 되찾을 수 있었다. 자산이 이렇게 선정(善政)을 베풀기 3년이 되어도 아무런 재앙(災殃)은 일어나지 않았고 민중들의 생활은 안정되어 굶주리는 사람이 없었다.

송(宋)나라 임금 양공(襄公)이 초(楚)나라 군대와 탁곡(涿谷) 부근에서 싸울 때, 송나라 군대는 이미 전열을 가다듬었으나 초나라 군대는 아직 강을 건너지 못했다.

이때 우사마(右司馬)인 구강(購彊)이 달려와 양공에게 간하여 말하기를

"초나라 군사는 많고 우리 송나라의 군사는 적습니다. 지금 초나라 군사는 절반 밖에 강을 건너지 못했으니 그들이 전열을 가다듬기 전에 우리가 서둘러 공격하면 그들은 반드시 패할 것입니다"

고 아뢰었다. 이에 양공은

"과인이 들은 바에 따르면 군자(君子)가 이르기를 '이미 부상당한 사람을 거듭 상하게 하지 않고, 백발 노인을 포로로 잡지 않으며, 상대를 험난한 곳으로 몰아넣지 않고, 또한 곤란한 처지의 적을 핍박하지 않으며, 전열을 가다듬지 않은 적을 공격해서는 안 된다.'고 했다. 지금 초나라 군사가 아직 강을 건너지 않았는데 이를 공격한다는 것은 도의(道義)에 어긋나는 짓이니 과인은 초나라 군사가 완전히 강을 건너 전열을 가다듬은 다음에야 북을 쳐 군사들에게 공격토록 할 것이다."

라고 말했다. 우사마가 다시 말하기를

"그렇다면 임금께서는 송나라 민중을 사랑하지 않고, 임금을 의지하고 충성을 다하는 송나라 군사의 안전을 돌보지 않은 채 다만 도의만을 앞세우는 것이 되십니다."

했다. 임금은 말하기를

"그대가 군열로 돌아가지 않으면 군법으로 다스리리라."

고 하여 우사마는 할 수 없이 진영으로 돌아갔다. 그동안 초나라가 군열을 가다듬어 싸울 채비가 끝나자 양공은 그때서야 북을 쳐 공격을 명했다.

송나라 군사는 크게 패하고 양공은 다리에 상처를 입고 사흘만에 죽었다.

이 일이야말로 임금 스스로가 몸소 인의(仁義)를 흠모하여 행하다가 입은 재앙(災殃)인 것이다.

무릇 임금이 신하의 말을 듣지 않고 스스로 몸소 실천한 뒤에, 비로소 민중으로 하여금 이에 따르도록 하는 것은 마치 임금이 농부가 되어 농사를 지어 먹을 것을 수확하고, 전쟁터에 나가 싸우는 병사가 되는 셈이다.

이렇듯 임금이 농사를 짓고 전쟁터에서 싸워 시범을 보이게 되면, 임금으로서 어찌 위태롭지 않겠으며, 신하로서는 어찌 편안할 수 있겠는가?

제(齊)나라 임금인 경공(景公)이 소해(少海)라는 곳을 유람했는데, 도읍으로부터 전령(傳令)이 급히 달려와 아뢰기를

"재상인 안영(晏嬰)의 병세가 아주 위독하여 임금께서 빨리 돌아가시지 않으면 살아 만나지 못할까 걱정입니다."

하기에 경공이 서둘러 자리에서 일어섰을 때, 도읍에서 또 파발마가 달려왔다.

이에 경공은 급히 번차(煩且)에 수레를 매고 한추(韓樞)로 하여금 말을 몰게 했다. 그렇게 얼마를 가다가 경공은 조급한 나머지 빨리 달리지 않는다고 손수 고삐를 빼앗아 말을 몰았고 수백 보쯤 가서는 말이 느리게 간다며 수레에서 내려 달리기 시작했다.

경공은 번차라는 좋은 말을 한추라는 명기수에게 몰게 하고도 자기 스스로 수레에서 내려 달려가는 것이 더 빠르다고 생각했던 것이다.

위(魏)나라 임금 소왕(昭王)이 몸소 관리가 하는 일을 해보
고자 재상인 맹상군(孟嘗君)에게 말하기를
"과인도 직접 관리들이 하는 일을 집무해 보고 싶소."
라고 하자 맹상이 말했다.
"임금께서 직접 관리가 하는 일을 하시려면 먼저 그에 관한
법전(法典)을 익히도록 하심이 어떻겠습니까?"
소왕은 법전을 십 여 장쯤 읽고는 지쳐 누웠다가 잠이 들었
다. 그리고는 임금이 말하기를
"과인은 법전을 읽는 따위는 못하겠다."
하고는 책을 팽개치고 말았다.
무릇 임금이 스스로 실천궁행해야 할 권세의 자루(權柄)는
장악하지 않고 신하가 해야 할 관리의 집무를 하고자 하니 졸
음이 오는 것도 마땅하지 않은가?
공자가 말했다.
"비유하자면 임금은 사발과 같고 민중은 물과 같다. 사발이
네모면 물도 네모가 되고 사발이 둥글면 물도 둥글게 된다."
추(鄒)나라 임금은 긴 갓끈을 즐겨 매고 다녔는데, 가까이에
서 모시던 신하들도 긴 갓끈을 매게 되니 갓끈 값이 매우 오르
게 되었다. 이에 추나라 임금은 크게 걱정하여 측근의 신하에
게 그 까닭을 물으니 신하들이 대답하기를
"임금께서 좋아하시니 백성들도 따라 긴 갓끈을 매는 사람이
많아졌기 때문에 값이 오르게 된 것입니다."
고 말했다. 그래서 임금은 앞장서서 스스로 갓끈을 짧게 끊
고 조정에 나갔는데, 도성의 모든 사람들도 임금을 본받아 긴
갓끈을 매지 않았다.
임금이 명령을 내려 민중의 의복에 대한 제도를 제정하여 그
에 따라 금지하지는 않고, 오히려 임금이 몸소 갓끈을 짧게 자
르고 조정에 나가 민중에게 모범을 보이는 것은, 이것이 곧 자
기 자신을 먼저 욕되게 하고 민중의 위에 임하고자 하는 처사
인 것이다.

일설에 이러한 이야기가 있다.

전영(田嬰)이 제(齊)나라의 재상으로 있을 때 어떤 사람이 임금에게 권고하기를

"모든 연말결산 장부를 임금께서 수일 내에 몸소 검열하지 않으시면 관리들의 간사함과 실수를 알지 못하실 것입니다."

하니 임금이 말했다.

"옳은 말이오."

전영이 이 말을 듣고는 즉시 임금에게 연말결산 장부를 검열하도록 청하니 임금이 그렇게 하겠다고 결정했다.

이에 전영은 관리들에게 양곡출납 장부와 증빙자료들을 준비하게 했다. 임금이 친히 그 장부를 검열하는데 그 분량이 매우 방대하여 전부 살펴보기가 쉽지 않아 점심 먹고 다시 앉아서 검열해야 했고 저녁 먹을 시간도 없었다.

이에 전영이 임금에게 말하기를

"여러 신하들이 1년 동안 밤낮으로 태만하지 않고 일한 것을 임금께서 하루만에 검열하신다면 여러 신하들은 더욱 임무에 충실할 것입니다."

하니 임금은

"옳은 의견이구나."

라고 말했으나 오래지 않아 왕은 잠들어 버렸다.

관리들은 그 틈을 이용하여 장부와 자료들의 내용을 빼고 더하여 변조했다. 이는 임금이 몸소 검열함으로써 이러한 폐단이 발생한 것이다.

숙향(叔向)은 진(晉)나라의 대부였는데, 관리에게 봉록을 나누어 줄 때 공적이 많은 사람에게는 많이 주고 공적이 적은 사람에게는 적게 주어 나라를 공정하게 다스렸다.

한(韓)나라 임금 소후(昭侯)가 재상인 신자(申子)에게 말하기를

"법률의 법도는 실행하기 매우 쉽지 않은 일이오."

하자 신자가

"법이란 공적이 있으면 상(賞)을 주고, 능력이 있으면 그에 알맞은 관직(官職)을 주면 되는 것입니다. 지금 임금께서는 법률의 제도를 만들어 놓고도 공적과 능력을 헤아리지 않고 측근에 있는 신하들의 청(請)을 들어주기 때문에 법도를 실행하기가 어려운 것입니다."

대답하니 소후가 말했다.

"나는 이제부터 법을 실행하는 도(道)를 터득했는데 어찌 측근들의 청하는 말을 듣겠는가?"

그런 어느날 신자(申子)가 그 종형(從兄)을 관직에 임명하여 주십사고 임금에게 청했다. 소후가 말하기를

"내가 그대에게 배운 바와는 다르지 않은가? 그대의 청을 들어주어 그대의 도(道)를 버려도 되겠는가? 아니면 그대의 도를 받아들여 그대의 청을 버려야 되겠는가?"

하니 신자는 그 자리에서 물러나와 임금에게 죄에 대한 벌을 청했다.

　傳五　齊桓公好服紫　一國盡服紫　當是時也　五素不得一紫　桓公患之　謂管仲曰　寡人好服紫　紫貴甚　一國百姓好服紫不已　寡人奈何　管仲曰　君欲止之　何不試勿衣紫也　公曰　諾　謂左右曰　吾甚惡紫之臭　於是左右適有衣紫而進者　公必曰　少卻[1]　吾惡紫臭　於是日　郎中[2]莫衣紫　其明日　國中莫衣紫　三日　境內莫衣紫也

　一曰　齊桓公好衣紫　齊人皆好也　齊國五素不得一紫　齊王患紫貴　傅說[3]王曰　詩云　不躬不親　庶民不信　今王欲民無衣紫者　王請自解紫衣而朝　群臣有紫衣進者　曰　盍遠[4]　寡人惡紫臭　是日也　郎中莫衣紫　是月也　國中莫衣紫　是歲也　境內莫衣紫

　鄭簡公謂子產曰　國小　迫於荊晉之間　今城郭不完　兵甲不備　不可以待不虞[5]　子產曰　臣閉其外也已遠矣[6]　而守其內也已固矣[7]　雖國小　猶不危之也　君其勿憂　是以沒簡公身無患

　一曰　子產相鄭　簡公謂子產曰　飲酒不樂[8]　俎豆不大[9]　鐘鼓竽瑟不鳴　寡人之事也　國家不定　百姓不治　耕戰不輯睦　亦子之罪

子有職 寡人亦有職 各守其職 子產退而爲政五年 國無盜賊 道
不拾遺 桃棗蔭於街者莫有援也 錐刀[10]遺道三日可反 三年不變
民無飢也

宋襄公與楚人戰於涿谷上[11] 宋人成列矣 楚人未及濟 右司馬
購強[12]趨而諫曰 楚人衆而宋人寡 請使楚人半涉未成列而擊之
必敗 襄公曰 寡人聞君子曰 不重傷 不擒二毛[13] 不推人於險 不
迫人於阨 不鼓不成列 今楚未濟而擊之 害義 請使楚人畢涉成陳
而後鼓士進之 右司馬曰 君不愛宋民 腹心不完 特爲義耳 公曰
不反列 且行法 右司馬反列 楚人已成列撰陳矣 公乃鼓之 宋人
大敗 公傷股 三日而死 此乃慕仁義之禍 夫必恃人主之自躬親
而後民聽從 是則將令人主耕以爲食 服戰雁行也 民乃肯耕戰 則
人主不泰危乎 而人臣不泰安乎

齊景公游少海[14] 傳騎從中來謁曰[15] 嬰疾甚 且死 恐公後之 景
公遽起 傳騎又至 景公趨駕煩且之乘[16] 使騶子韓樞[17]御之 行數
步 以騶爲不疾 奪轡代之御 可數百步 以馬爲不進 釋車而走 以
煩且之良 而騶子韓樞之巧 而以爲不如下走也

魏昭王欲與官事[18] 謂孟嘗君曰 寡人欲與官事 君曰 王欲與官
事 則何不試習讀法 昭王讀法十餘簡 而睡臥矣 王曰 寡人不能
讀此法 夫不躬親其勢柄 而欲爲人臣所試爲者也 睡不亦宜乎

一曰 田嬰相齊 人有說王者曰 終歲之計 王不一以數日之間自
聽之 則無以知吏之姦邪得失也 王曰 善 田嬰聞之 卽遽請於王
而聽其計 王將聽之矣 田嬰令官具押券斗石參升之計 王自聽計
計不勝聽 罷食後復坐 不復暮食矣 田嬰復謂曰 群臣所終歲日夜
不敢偸怠之事也 王以一日聽之 則群臣有爲勸勉矣 王曰 諾 俄
而王已睡矣 吏盡揄刀削其押券升石之計 王自聽之 亂乃始生

孔子曰 爲人君者猶盂也 民猶水也 盂方水方 盂圜水圜

鄒君好服長纓[19] 左右皆服長纓 纓甚貴 鄒君患之 問左右 左
右曰 君好服 百姓亦多服 是以貴 君因先自斷其纓而出 國中皆
不服長纓 君不能下令以爲百姓服度以禁之 乃斷纓出以示民 是
先戮以莅民也

叔向賦祿 功多者受多 功少者受少

韓昭侯謂申子曰 法度甚不易行也 申子曰 法者 見功而與賞
因能而授官 今君設法度 而聽左右之請 此所以難行也 昭侯曰
吾自今以來 知行法矣 寡人奚聽矣 一日 申子請仕其從兄官 昭
侯曰 非所學於子也 聽子之謁 敗子之道乎 亡其用子之謁 申子
辭舍請罪

1) 少卻(소각) : 좀 물러가라는 뜻.

2) 郎中(낭중) : 벼슬 이름이기도 하지만 여기서는 궁궐안(廊中)에 있는
   신하를 통칭한다

3) 傅說(부열) : 부(傅)는 임금을 경호하는 관리를 말함인데, 사부(師傅)
   라 하여 태부(太傅), 소부(少傅)같은 계급이 있다. 열(說)은 사부의
   이름.

4) 盍遠(합원) : 다른 원전에 익원(益遠)으로도 썼는데 더욱 멀리 물러
   서라는 뜻.

5) 待不虞(대불우) : 미리 대비하다 또는 방비를 뜻하고 불우는 뜻밖의
   재난(災難)을 말한다.

6) 閉其外也已遠矣(폐기외야이원의) : 폐기외(閉其外)는 외국에 대하여
   교묘한 수단으로 우호(友好)적인 문서를 써 침공하거나 내정(內政)
   에 간섭하지 못하게 하는 뜻이고, 이원(已遠)이란 멀리 물러나게 했
   다는 말.

7) 守其內也已固矣(수기내야이고의) : 수기내(守其內)는 나라 안의 다스
   림을 뜻한다. 전체의 뜻으로는 나라 안의 공고함에 있어 권세가는 교
   묘하게 억제하고 민중에게는 욕망껏 하도록 하여 농어업의 생산을
   증대하는 정책을 말하는데, 자산(子產)의 이 정책은 『논어』나 『좌씨
   전』에도 기록이 있다.

8) 飮酒不樂(음주불락) : 이 구절은 여러 가지 설이 있는데, 일반적으로
   는 술을 마셔도 즐겁지 아니하다로 말하겠으나, 전체 글뜻과 관련시
   켜 보면 '향연(饗宴)·제사(祭祀)·예악(禮樂)'을 뜻하기도 한다.

9) 俎豆不大(조두불대) : 조두(俎豆)는 제사를 모실 때 쓰는 그릇(祭器)
   를 뜻하는데, 조(俎)는 고기를 얹는 쟁반이고, 두(豆)는 음식물을 담

는 그릇을 뜻했다. 대(大)는 풍성하다는 뜻.

10) 錐刀(추도) : 송곳을 말함인데, 여기서는 하찮은 물건이란 뜻.

11) 宋襄公與楚人戰於涿谷上(송양공여초인전어탁곡상) : 송양공(宋襄公)
   은 춘추시대 송나라의 임금으로 환공(桓公)의 아들이며 이름은 자부
   (玆父), 서기전650년에서 전637년까지 재위했다. 탁곡(涿谷)은 지금
   의 하남성 탁현(柘縣)을 말하며, 이 전투는 『춘추』에서 희공(僖公)22
   년 11월의 일이라도 기록했다.

12) 右司馬購强(우사마구강) : 우사마(右司馬)는 군대의 사령관격으로 대
   사마(大司馬)와 좌·우사마가 있어 중군(中軍)를 비롯하여 좌·우군
   으로 나누어 그 군을 통솔하는 장군을 가리켰다. 구강(購强)은 공자
   (公子) 목이(目夷)로서 자는 자어(子魚)였고, 양공의 서형(庶兄)이다.

13) 不擒二毛(불금이모) : 금(擒)은 사로잡는다는 뜻과 같고, 이모(二毛)
   란 머리카락이 희고(白) 검은(黑) 것이 섞여 있는 모습을 뜻하는데
   곧 나이 먹은 사람을 가리킨다.

14) 齊景公游少海(제경공유소해) : 제경공(齊景公)은 춘추시대 임금으로
   서기전547년에서 전490년까지 재위했고, 영공(靈公)의 아들이며, 장
   공(莊公)의 이복 아우로 이름을 오구(杵臼)라 했다. 소해(少海)는
   『산해경(山海經)』의 동산경에 나오는 유해(幼海)를 말한다고 했는데
   곧 발해(渤海)를 가리킨다.

15) 傳騎從中來謁曰(전기종중래알왈) : 전기(傳騎)는 파발마를 뜻하며,
   중(中)은 도성(都城)을 말하며, 알(謁)은 임금을 뵙고 아뢴다는 뜻.

16) 煩且之乘(번차지승) : 번차(煩且)는 준마(駿馬)의 이름으로 『안자춘
   추(晏子春秋)』에는 번차(繁且)로 기록되어 있고 흰말을 뜻하며, 승
   (乘)은 말 네필을 매는 수레를 말한다.

17) 騶子韓樞(추자한추) : 추자(騶子)는 말을 모는 마부를 뜻하며, 한추
   (韓樞)란 당대의 유명한 말몰이의 이름이다.

18) 魏昭王欲與官事(위소왕욕여관사) : 위소왕(魏昭王)은 애왕(哀王)의
   아들로 이름은 속(漱)이며, 서기전295년에서 전277년까지 재위했다.
   여(與)는 간여(干與)하다는 뜻.

19) 鄒君好服長纓(추군호복장영) : 추군(鄒君)은 추나라 임금이란 말인

데 추는 주왕조(周王朝) 때에는 주나라(邾國) 또는 주루(邾婁)라 했
다가 뒷날 추(鄒)라 했고 마침내 초(楚)나라와 합병했다. 영(纓)은
갓끈.

7. 여섯째 전(傳六)

가. 원을 공격하고 위까지 얻은 문공

진(晋)나라 임금 문공(文公)이 원(原)이란 곳을 공격했을 때,
열흘분의 식량만을 준비시키면서, 장병들에게 열흘 안으로 성
을 함락할 기한을 정했다. 그러나 원에 도착한 지 열흘이 되었
어도 성을 함락시키지 못하자 기한을 정한대로 종을 울려 군사
를 철수하려고 했다.

그때 마침 성안으로 들여보냈던 첩자가 빠져나와 말하기를
"원(原)은 앞으로 사흘을 견디지 못하고 항복할 것입니다."
고 했다. 이에 측근에 있던 여러 신하가 간하기를
"원은 식량도 떨어지고, 병사들도 힘이 지쳤으니 임금께서는
철수하지 마시고 조금 더 기다림이 좋겠습니다."
고 했는데 임금은 대답하기를
"과인은 본래 장병들과 열흘을 ㄱ 한으로 성을 함락시키지 못
하면 철수하겠다고 약속했는데 만약 지금 철수하지 않으면 과
인은 믿음을 잃고 말 것이다. 원성(原城)을 얻고 믿음을 잃는
그런 일은 할 수 없다."
고 하여 마침내 군사를 철수시켰다.

원(原)의 사람들이 이 말을 듣고 말하기를
"임금의 믿음이 그와 같다면 항복하지 않을 수 없구나!"
하고 마침내 문공에게 항복했다.

한편 위(衞)나라 사람들도 이 말을 듣고
"임금으로서 그와 같은 믿음이 있다면 가히 따르지 않을 수
없구나!"
하고 마침내 문공에게 항복했다.

이 일을 듣고 공자(孔子)는 '원을 공격하여 위나라까지 얻은 것은 믿음〔信義〕이 있었기 때문이다.'라고 기록했다.

진(晋)나라 임금 문공(文公)이 대부(大夫)인 기정(箕鄭)에게

"흉년이 들어 민중이 굶주릴 때 그 구제하는 방법에는 어떤 것이 있는가?"

고 물으니 기정이 대답하기를

"오직 믿음을 얻는 일 뿐입니다."

라고 했다. 이에 임금이 다시 묻기를

"믿음을 얻는다는 것은 어떤 것인가?"

하자 기정이 대답했다.

"명분을 세우는데 명분과 농사일과 도의(道義)에 대하여 믿음을 얻어야 합니다. 명분에 대하여 믿음을 얻으면 모든 신하가 직분을 지켜 월권하지 않으며, 선(善)과 악(惡)을 뚜렷하게 구별하고 모든 일에 게으르지 않게 됩니다. 농사일에 대하여 믿음을 얻으면 자연(自然)의 계절을 잃지 않고, 백성이 자기 할 일에 게으르지 않게 됩니다. 도의(道義)에 대하여 믿음을 얻으면 가까운 사람들이 이를 본받아 열심히 일하게 되고, 멀리 있는 사람들까지도 몰려들어 임금을 따르게 됩니다."

오기(吳起)가 어느 날 집밖으로 나들이를 했다가 옛친구를 만나 식사를 대접하려고 했다. 그러나 그 친구는 말하기를

"고맙네, 내가 지금 볼일이 있어 가는 길이니 기다려 주게."

했다. 이에 오기가 대답했다.

"자네가 올 때까지 먹지 않고 기다리겠네."

이렇게 약속한 오기는 집에 돌아와 식사를 준비해 놓고 기다렸으나 해가 저물어도 친구가 오지 않아 이튿날 아침까지 식사를 하지 않고 기다렸다. 그래서 아침 일찍 사람을 시켜 옛친구를 불러 옛 친구가 오니 비로소 식사를 했다.

위(魏)나라 임금인 문후(文侯)가 사냥터를 관리하는 사람과 함께 사냥을 하기로 약속했는데, 마침 그날 폭풍이 불어 임금의 측근 신하들이 말렸으나 임금은 이를 듣지 않고 말하기를

"그것은 옳은 일이 아니다. 폭풍이 분다고 약속한 사냥을 그만둔다는 것은 신의(信義)를 저버리는 것이기 때문에 과인은 그렇게 할 수 없다."

고 하여 마침내 몸소 수레를 몰아 폭풍을 뚫고 사냥터에 나아가 관리인들에게 알리고 해산시켰다.

증자(曾子)의 아내가 저자에 가려고 하는데 그 아들이 따라오면서 울자 그 어머니가 말하기를

"너는 집으로 돌아가거라. 내가 저자에 갔다. 돌아오면 너에게 돼지를 잡아 먹게 해 주겠다."

고 달래서 보냈다. 저자에 다녀와 보니 증자가 돼지를 잡으려 하여 말리면서 말하기를

"다만 어린아이를 달래려고 농담삼아 해본 말인데, 정말 돼지를 잡으려 하오."

했다. 증자가 말하기를

"어린아이에게 실없는 농담을 해서는 안 되오. 어린아이란 아무런 분별심이 없기 때문에 부모들이 하는대로 배우고 부모의 가르침을 따른다오. 지금 그대는 아이를 속이고 있으니, 그것은 자식에게 속임수를 가르치는 것이오. 어머니로서 자식을 속이고, 자식이 그 어머니를 믿지 않게 되면 앞으로 어떻게 가르칠 수 있겠소."

하고는 마침내 돼지를 삶아 아이에게 주어 그 어머니를 믿게 했다.

초(楚)나라 임금인 여왕(厲王)은 비상시에 경계할 필요가 있을 때 북을 쳐 알리기로 모든 민중과 약속을 해 두었는데, 어느 날 술에 취해 북을 치는 실수를 저질렀다. 민중들은 그 경계의 신호가 실수인 줄 모르고 크게 놀라 변경으로 달려가려고 했다. 이에 임금은 사람을 시켜 말하기를

"과인이 술에 취하여 측근의 신하를 희롱하느라 북을 치는 과실을 저질렀다."

하고 민중을 모두 해산시켰다.

그러한 일이 있은 몇 달 뒤에 이번에는 정말 경계를 해야 할 일이 생겨 북을 쳤으나 민중은 아무도 달려가지 않았다. 이에 임금은 다시 명령을 거듭 내리고 호령을 철저히 밝혀 다시는 민중을 속이지 않았으므로 비로소 민중은 믿음을 갖게 되었다.

위(魏)나라의 이회(李悝)는 좌·우 군문을 지키는 병사에게 말하기를

"엄중히 경계하라. 그렇지 않으면 머지않아 적군이 너희들을 공격할 것이다."

하고 겁을 주었는데, 이러한 말을 여러 차례 했는데도 적은 좀체로 공격해 오지 않았다. 이렇게 되자 두 군문을 지키는 병사들이 이회의 말을 믿지 않게 되어 경계를 게을리 하였다.

이러한 일이 있은 몇달 뒤에 진(秦)나라 군사가 습격하자 위군은 거의 전멸하고 말았다. 이렇게 된 까닭은 오직 이회의 말을 믿지 않은데서 온 폐단인 것이다.

일설(一說)에 이러한 이야기가 있다.

이회(李悝)가 이끄는 위나라 군사가 진(秦)나라 군대와 싸울 때, 왼쪽 군문을 지키는 병사에게 이회가 말하기를

"재빨리 성벽에 올라가라. 오른쪽 군문을 지키던 수비대는 이미 성벽에 올랐다."

고 격전하고는 다시 말을 달려 오른쪽 군문으로 와 말하기를

"왼쪽 군문의 수비대는 이미 성벽에 올랐으니 너희도 재빨리 성벽에 올라라."

하고 독전하니 좌·우 수비대는 다같이 "재빨리 오르자."하고 함성을 지르면서 모두 다투어 성벽에 올랐다. 그러나 뒤에 이회에게 속았음을 알았다.

이러한 일이 있은 이듬해에 진(秦)나라의 군사와 다시 싸우게 되었는데, 진나라 군대가 습격해 위나라 군사는 거의 전멸하고 말았다. 이 또한 호령을 불신한데서 온 재앙인 것이다.

傳六 晋文公攻原[1] 裹十日糧 遂與大夫期十日 至原十日 而原

不下 擊金²⁾而退 罷兵而去 士³⁾有從原中出者 曰 原三日卽下矣
群臣左右諫曰 夫原之食絶力盡矣 君姑待之 公曰 吾與士期十日
不去 是亡吾信也 得原失信 吾不爲也 遂罷兵而去 原人聞曰 有
君如彼其信也 可無歸乎 乃降公 衛人聞曰 有君如彼其信也 可
無從乎 乃降公 孔子聞而記之曰 攻原得衛者 信也

文公問箕鄭⁴⁾曰 救饑奈何 對曰 信 公曰 安信 對曰 信名 信
事⁵⁾ 信義 信名則群臣守職 善惡不踰 百事不怠 信事則不失天時
百姓不偸⁶⁾ 信義則近親勸勉 而遠者歸之矣

吳起出遇故人 而止之食 故人曰 諾 今返而御⁷⁾ 吳子曰 待公
而食 故人至暮不來 起不食而待之 明日早 令人求故人 故人來
方與之食

魏文侯與虞人期獵 是日會天疾風⁸⁾ 左右止 文侯不聽曰 不可
以風疾之故而失信 吾不爲也 遂自驅車往 犯風而罷⁹⁾虞人

曾子之妻之市 其子隨之而泣 其母曰 女還 顧反 爲女殺彘 妻
適市來 曾子欲捕彘殺之 妻止之曰 特與嬰兒戲耳 曾子曰 嬰兒
非與戲也 嬰兒非有知也 待父母而學者也 聽父母之敎 今子欺之
是敎子欺也 母欺子 子而不信其母 非所以成敎也 遂烹彘也

楚厲王有警鼓 與百姓爲戒 飮酒醉 過而擊 民大驚 使人止之
曰 吾醉而與左右戲 過而擊之也 民皆罷 居數月 有警 擊鼓而民
不赴 乃更令明號 而民信之

李悝警其兩和¹⁰⁾曰 謹警 敵人旦暮且至擊汝 如是者再三 而敵
不至 兩和懈 而不信李悝 居數月 秦人來襲之 至幾奪其軍 此不
信之患也

一曰 李悝與秦人戰 謂左和曰 速上 右和已上矣 又馳而至右
和曰 左和已上矣 左右和曰 上矣 於是皆爭上 其明年與秦人戰
秦人襲之 至幾奪其軍 此不信之患也

1) 原(원) : 지금의 하남성 제원현(濟源縣) 서부지방을 가리킨다. 이와
   비슷한 이야기는 『좌씨전』과 『국어』에도 실려있다.
2) 擊金(격금) : 종(鍾)을 친다는 말인데, 옛날에는 군사를 진격시킬 때
   는 북(鼓)을 쳐 격려하고, 후퇴할 때는 종(鍾)을 쳐 알렸다.

3) 士(사) : 여기에서 첩자를 뜻한다.

4) 箕鄭(기정) : 춘추시대 진(晋)나라의 경(卿)대부로 상장군(上將軍)과 고을의 유수(留守)를 역임했다.

5) 事(사) : 농사짓는 일을 말한다.

6) 偸(투) : '다투다'는 뜻이다.

7) 御(어) : '식사를 하다'는 뜻.

8) 是日會天疾風(시일회천질풍) : 시일(是日)을 다른 책에는 명일(明日)로 쓰는 예가 있으나 그 날이 마땅하고, 질풍(疾風)은 바람이 몹시 빠르게 부는 '폭풍'을 뜻한다.

9) 犯風而罷(범풍이파) : 범풍(犯風)이란 바람을 무릅쓰고, 파(罷)는 그만두다의 뜻.

10) 李悝謷其兩和(이회경기양화) : 이회(李悝)는 전국시대 위나라 사람인 이극(李克)을 가리킨다. 양화(兩和)란 군대의 우익군(右翼軍)과 좌익군(左翼軍)을 말하는데, 성곽을 지키는 수비대(守備隊)의 경우는 우문(右門)과 좌문(左門)을 뜻한다.

제 31 편 외저설좌하(外儲說左下)

외저설좌하(外儲說左下)는 다른 여러 저본(底本)에는 빠져 있다. 이 저서는 좌상(左上)과 구별하기 위해 하(下)를 넣어 엮었다.

그 내용에 있어서는 객관적, 필연적(必然的)인 상벌(賞罰)의 시행이 강조되는 것을 중심으로 삼았으며 세(勢)·술(術), 그리고 공(公)같은 술어가 많이 인용되었다. 또 경문(經文)에 이미 주석(注釋)한 것은 그 설문(說文)에서 생략함을 원칙으로 했다.

I. 마땅한 형벌은 원망을 사지 않는다

첫째 경(經一)

죄를 짓고 그에 마땅한 벌을 받는다면 그 사람은 벌을 내린 윗사람을 원망하지 않는다. 그러므로 발꿈치를 잘린 사람은 자고(子皐)를 살려주었다.

공을 세우고 그에 마땅한 상을 받으면 상을 받은 신하는 임금의 은덕으로 여기지 않기 때문에, 공을 세운 적황(翟璜)은 마치 차용증서를 손에 쥔 채권자처럼 당당하게 대부(大夫)가 타는 수레에 올라탔던 것이다.

위(魏)나라 양왕(襄王)은 이러한 상벌의 이치를 몰랐기 때문에 큰 공을 세운 소묘(昭卯)에게 겨우 오승(五乘)의 영토만을 주어 행전을 매고 짚신을 신은 초라한 꼴로 만들었던 것이다.

위에 있는 임금이 관직을 임명하는데 있어 허물이 없으면,

아래의 신하는 자기의 능력을 속여 일을 꾸미지 못하며, 무릇 소실주(少室周)와 같은 성실한 신하가 되기 마련이다.

둘째 경(經二)
임금이 나라를 다스리는데 있어 자신의 권세(權勢)를 믿어야지, 신하의 충성스런 신의만을 믿어서는 안 되기 때문에 제(齊)나라 동곽아(東郭牙)는 재능이 뛰어난 관중(管仲)에게 나라를 다스리게 하는 일을 비판했다.
한 나라의 임금은 자기가 제정한 법술(法術)을 믿어야 하며, 신하의 충성스런 신의에만 의지하면 안 되기 때문에 정(鄭)나라 혼헌(渾軒)은 진(晋)나라 문공(文公)에게 잘못을 간(諫)했다.
그러므로 법술을 터득한 임금은 상(賞)을 확실하게 시행하여 재능을 다하게 하고, 죄지은 사람은 반드시 처벌하여 간사한 짓을 금하며, 비록 결백하지 않은 사람이라 할지라도 쓰기에 따라서는 임금에게 도움이 되도록 할 수 있다.
그래서 진(晋)나라의 조간자(趙簡子)는 노(魯)나라의 양호(陽虎)를 재상으로 등용했고, 노나라 애공(哀公)은 기(夔)라는 사람의 다리가 왜 하나인가 물었다.

셋째 경(經三)
임금과 신하 사이에 예의를 잃으면 주(周)나라 문왕(文王)이 몸소 자기 신발 끈을 맨 것 같은 일이 생긴다. 조정에 있을 때는 근엄하고 사저(私邸)에서 한가할 때는 여유를 가져야 함에도 구별이 서있지 않으면 노나라 계손(季孫)이 평생을 근엄하게 살다가 죽임을 당한 것 같은 꼴이 되고 만다.

넷째 경(經四)
법률로 금지한 일에서는 이익을 얻을 수 있고, 이익을 얻을 수 있는 일을 금지하는 것은, 비록 귀신같은 신통력을 가진 사

람이라도 시행하지 못한다. 죄짓는 것을 명예롭게 여기고 상받
는 것을 비난받으면 비록 요임금같은 성군이라도 다스리지 못
한다. 무릇 문을 만들어 놓고도 사용하지 못하게 하고, 이익을
얻는 일에 나아가지 못하게 한다면 이는 반란(反亂)이 일어나
는 원인이 된다.

　제(齊)나라 임금이 측근 대신들의 말을 듣지 않고, 위(魏)나
라 임금이 칭찬하고 헐뜯는 말에 귀를 기울이지 않으면서 눈과
귀를 날카롭게 하여 여러 신하의 실정을 밝게 살폈다면 거(鉅)
라는 사람이 함부로 금전(金錢)을 쓰지 않았을 것이고, 잔(屛)
이란 사람도 벽옥(璧玉)을 뇌물로 바쳐 벼슬을 구하지 않았을
것이다.

　위(魏)나라의 서문표(西門豹)가 다시 업(鄴)을 다스리게 해
달라고 임금에게 청원했는데, 이것으로도 좌우 측근들의 뜻이
임금을 움직였다는 사실을 짐작할 수 있다.

　그 좌우 측근 대신들이 사람을 비방하거나 칭찬하는 일은 마
치 도둑의 자식이 그 아비의 개가죽옷에 꼬리가 달렸다고 자랑
하고, 발꿈치가 잘리는 월형을 받은 전과자의 아들이 그 아비
의 덧바지를 자랑하는 것과 같으며, 자작(子綽)이 왼손으로는
네모꼴을 그리고 오른손으로는 동그라미를 그린다거나, 고기로
개미를 쫓고 생선으로 파리를 쫓으려는 것과 같다.

　이래서야 어찌 제나라 환공(桓公)이 뇌물로써 관직을 구하려
는 사람이 많음을 걱정하지 않을 수 있으며, 한(韓)나라 선왕
(宣王)이 말(馬)이 여위는 것을 걱정하지 않을 수 있겠는가?

　다섯째 경(經五)

　신하가 자기를 낮추어 겸손하고 근검 절약한다는 덕행(德行)
만으로 임금이 그를 칭찬하여 작록을 주고 장려하는 것은 잘못
이다. 총애하거나 명예를 주는데 있어 절도가 없으면 신하는
곧 임금의 권력을 넘보고 핍박할 것이다.

　이를 뒷받침하는 예증(例證)으로 진(晉)나라의 묘분황(苗賁

皇)이 헌백(獻伯)을 헐뜯은 일이 있었고, 공자(孔子)가 제(齊)나라의 안영(晏嬰)을 비판했다.

중니(仲尼)는 관중(管仲)과 손숙오(孫叔敖)를 논했다.

신하의 출입상태가 변화하는 것을 본 양호(陽虎)의 말을 듣고 조간자(趙間子)가 신하들에게 응대한 일은 임금으로서 술(術)을 잃은 것이다.

신하들이 패거리를 만들어 결속하고 사사로운 이로움을 추구하면 임금은 고립되며, 반대로 모든 신하가 올바르게 사람을 천거하여 힘을 다하고 패거리를 모아 붕당을 만들지 않게 되면 임금은 밝게 일을 통찰하게 될 것이다.

양호(陽虎)가 조무(趙武)의 현명함과 해호(解狐)의 공정성을 갖추었는데 조간자(趙間子)는 탱자나무의 가시에 비유하였으니 이것은 나라 민중을 가르치는 법도가 아니다.

여섯째 경(經六)

조정(朝廷)의 권위가 약화되면 신하들은 직언(直言)을 삼가하게 되고, 사사로운 행위가 앞서면 신하들은 임금을 위하여 충성을 다하지 않으므로 그 공적이 줄어든다.

이 말을 설명하는 예증(例證)으로 진(晋)나라의 범문자(范文子)가 올곧게 말하기를 즐기자 그 아비인 무자(武子)가 지팡이로 치며 훈계했고, 정(鄭)나라의 자산(子産)이 임금에게 충간(忠諫)하기를 다하자 그 아비인 자국(子國)이 화를 내며 꾸짖었다.

조(趙)나라의 양거(梁車)가 법률을 사용하자 임금인 성후(成侯)는 관인(官印)을 빼앗았고, 관중(管仲)이 법이 정한대로 처리했기 때문에 나라의 경계를 지키는 관리들의 원망을 많이 샀던 것이다.

經一 以罪受誅 人不怨上 跀危生子皐[1] 以功受賞 臣不德君 翟璜操右契而乘軒[2] 襄王不知 故昭卯五乘而履屨[3] 上不過任 臣

不誣能 卽臣將爲夫少室周[4]

經二 恃勢而不恃信 故東郭牙[5]議管仲 恃術而不恃信 故渾軒[6]
非文公 故有術之主 信賞以盡能 必罰以禁邪 雖有駁行[7] 必得所
利 簡主之相陽虎 哀公問一足

經三 失臣主之禮 則文王自履而矜 不易朝燕之處 則季孫終身
莊而遇賊

經四 利所禁 禁所利 雖神不行 譽所罪 毀所賞 雖堯不治 夫
爲門[8]而不使入 委利而不使進 亂之所以產也 齊侯不聽左右 魏
主不聽毀譽 而明察照群臣 則鉅[9]不費金 屛[10]不用璧 西門豹請
復治鄴 足以知之 猶盜嬰兒之矜裘 與趼危子榮衣 子綽左右畫[11]
去蟻驅蠅 安得無桓公之憂索官 與宣王之患臞馬也

經五 臣以卑 儉爲行 則爵不足以觀賞 光寵無節 則臣下侵偪
說 在苗賁皇非獻伯 孔子議晏嬰 故仲尼論管仲與孫叔敖 而出入
之容變 陽虎之言見其臣也 而簡主之應人臣也 失主術 朋黨相和
臣下得欲 則人主孤 群臣公擧 下不相和 則人主明 陽虎將爲趙
武[12]之賢 解狐[13]之公 而簡主以爲枳棘 非所以敎國也

經六 公室卑 則忌直言 私行勝 則少公功 說在文子之直言 武
子[14]之用杖 子產忠諫 子國譙怒 梁車[15]用法 而成侯收璽[16] 管仲
以公 而封人謗怨[17]

1) 子皐(자고) : 자고(子皐)는 공자의 제자인 고시(高柴)로 자고(子羔)
　　를 말한다.

2) 翟璜操右契而乘軒(적황조우계이승헌) : 적황(翟璜)은 전국시대 위나
　　라 문후(文侯)의 신하로 오기(吳起)·서문표(西門豹)·악양(樂羊)·
　　이극(李克)같은 인재를 추천하여 임금을 도왔다. 우계(右契)는 지금
　　의 어음과 같은 증표(證表)로 두 조각을 내 좌·우 한장씩 가졌다가
　　뒤에 맞추어 신표로 삼는 문서이다. 헌(軒)이란 대부 이상의 벼슬아
　　치가 타는 수레로 앞의 막대기가 위로 굽은 수레를 말한다.

3) 昭卯五乘而履屩(소묘오승이리갹) : 소묘(昭卯)는 위나라 장수로 망묘
　　(芒卯)로도 불리는데 문헌에는 여러 가지로 말한다. 오승(五乘)이란
　　봉록(俸祿)의 단위로 승(乘)은 병거(兵車) 한 대를 낼 수 있는 영지

(領地)를 뜻한다. 이갹(履屩)은 짚신을 뜻한다.

4) 少室周(소실주) : 사람의 이름으로 성은 소실(少室)이고 이름이 주
(周)이다.

5) 東郭牙(동곽아) : 춘추시대 제(齊)나라의 간관(諫官)으로 환공(桓公)
이 관중을 등용하여 중보(仲父)로 대우하려 할 때 슬기와 용단(勇
斷)이 있는 사람에게 나라의 정치를 맡겨야 한다고 간했던 사람이
다.

6) 渾軒(혼헌) : 정나라 대부(大夫)인 혼한(渾罕)을 말한다. 『좌씨전』에
는 한호(罕虎)·한달(罕達)과 같은 이름으로 기록되어 있기도 하다.

7) 駁行(박행) : 결백하지 않은 행동을 뜻하는데, 박(駁)은 말의 빛깔이
얼룩덜룩하여 순수하지 못하다는 뜻.

8) 門(문) : 여기서는 사물(事物)이 경유한다는 뜻. 곧 점검한다는 뜻으
로 쓴다.

9) 鉅(거) : 설문에 제(齊)나라의 거사로 설명했는데 『여씨춘추』의 거사
(去私)·상덕(上德)에 거자(鉅子)로, 『장자』 천하편에는 거자(巨子)
로 기록되어 있다.

10) 孱(잔) : 나약하다는 뜻의 상징적인 사람을 가리킬 때 쓰는 말인데,
관리로서는 도저히 자격이 없음을 뜻한다.

11) 子綽左右畫(자작좌우화) : 자작(子綽)에 대하여는 그의 사적이 뚜렷
한 기록이 없다. 왼손으로 네모를 그리고 오른손으로 동그라미를 그
리면 둘 다 제대로 그려지지 않는다는 뜻이다.

12) 趙武(조무) : 조맹(趙孟)이라고도 했으며 시호는 문자(文子). 『예기』
단궁(檀弓)에는 헌문자(獻文子)로 기록되었다.

13) 解狐(해호) : 『좌씨전』 양공(襄公) 3년조의 기록에 춘추시대 진나라
대부(大夫)로 기해(祁奚)가 그의 적수인데 군위의 대부로 천거하였
으나 나중에 죽임을 당했다고 했다.

14) 文子之直言武子(문자지직언무자) : 문자(文子)는 진나라의 대부(大
夫)로 범문자(范文子) 섭(燮)을 말하며, 무자(武子)는 문자(文子)의
아비로 범회(范會)를 말하며, 성씨는 사(士)이다.

15) 梁車(양거) : 조(趙)나라 업(鄴)의 현령이었다.

16) 成侯收璽(성후수쇄) : 성후(成侯)는 조나라의 임금으로 서기전 374
    년에서 전350년까지 재위했고, 쇄(璽)는 관인(官印) 또는 직인을 말
    한다. 옥쇄(玉璽)는 나라의 국인(國印)이다.

17) 而封人謗怨(이봉인방원) : 봉인(封人)은 나라의 경계를 지키는 관리
    들을 뜻하며, 방원(謗怨)이란 비방하고 원망한다는 뜻.

2. 첫째 전(傳一)

가. 자신의 발을 자른 자를 보호하 준 문지기

공자(孔子)가 위(衛)나라의 재상으로 있을 때, 제자인 자고
(子皐)는 옥사(獄事)를 다스리는 재판관으로 어떤 죄인을 월형
에 처하여 성문의 문지기를 시켰다.

어느 날 공자를 미워하는 사람이 있어 위나라 임금에게 헐뜯
어 말했다.

"중니(仲尼)가 내란을 일으키려고 합니다."

위나라 임금은 이를 곧이 듣고 공자를 잡으려 했으므로 공자
는 달아나고 제자들도 모두 도망쳤는데, 자고(子皐)가 뒤늦게
성문을 빠져나가려 하자 전에 월형을 당해 문지기가 됐던 죄인
이 다가와 그를 성문 밑의 방안에 숨겨주어 뒤따르던 포졸들이
그를 잡지 못했다.

그래서 자고는 밤중에 문지기에게 묻기를

"나는 임금이 정한 법령을 어길 수 없어 직접 그대의 다리를
잘랐는데, 그대가 나에게 복수할 때가 왔는데도 그대는 어찌하
여 나를 도와주는가? 내가 어째서 그대로부터 이러한 은혜를
입게 되는 것인가?"

하자 그 문지기가 말하기를

"나의 발이 잘린 것은 본래 내가 저질렀던 죄에 합당한 것으
로 어찌할 수 없는 일이었습니다.

그러나 당신께서 나를 재판할 때 여러 차례 법령을 살피고
또 나를 변호하여 죄를 면해 주려고 애를 썼다는 사실을 잘 알

고 있습니다. 판결이 나고 죄명이 확정되자 당신께서는 슬퍼하며 즐거운 기색없이 안타까워했던 그 모습이 얼굴에 역력했음을 나는 이 눈으로 똑똑히 보고 알았습니다.

그것은 나에 대한 인정 때문이 아니라 당신의 성품이 본래 인자하기 때문입니다. 그런 까닭에 나는 마음속으로 기쁘게 당신의 은덕을 입은 데 대해 보답하려는 것입니다.”

고 했다. 공자가 이 일을 듣고 말했다.

“뛰어난 관리는 민중에게 은혜와 의리를 심지만, 능력이 없는 관리는 민중에게 원한의 씨를 뿌린다.

평미레〔平木〕는 되박 위의 넘치는 곡식을 밀어 평평하게 하고 관리는 법령을 공평하게 집행한다. 나라를 다스리는 사람은 언제나 공평함을 잃어서는 안 된다.”

전자방(田子方)이 제(齊)나라에서 위(魏)나라로 가는 길에, 적황(翟黃)이 대부(大夫) 이상의 벼슬아치가 타는 헌(軒)에 올라 많은 기마(騎馬)를 거느리고 지나가는 것을 멀리서 보았다. 전자방은 임금인 문후(文侯)라 생각하고 경의를 표하는 뜻으로 자기의 수레를 옆길로 비켜 세웠는데 문후가 아닌 적황의 무리였다.

이에 전자방이 묻기를

“그대가 어찌하여 이러한 수레를 탈 수 있게 되었는가？”

고 말하자 적황이 대답하기를

“나는 임금께서 중산(中山)을 치고자 할 때 적각(翟角)이라는 사람을 천거했는데 그 도모함이 들어 맞았고, 일단 실제로 중산을 칠 때 나는 악양(樂羊)이라는 사람을 천거하여 함락시키는데 큰공을 세웠으며, 그뒤 중산을 얻고는 임금께서 잘 다스리기를 걱정하실 때 이극(李克)을 천거하여 잘 다스리게 되었소. 이로써 임금께서는 그 상(賞)으로 이 수레를 내려 주신 것이오.”

하자 전자방이 말했다.

“그만한 공로라면 그 정도의 포상이 오히려 야박하다고 하겠습니다."

진(秦)나라와 한(韓)나라가 연합하여 위(魏)나라를 치려고
할 때 위나라 장수인 소묘(昭卯)가 서쪽으로 진나라에 사람을
보내 설득한 결과 두 나라는 군대를 철수했다. 제(齊)나라와 형
(荊)나라가 연합하여 위나라를 칠 때에도 소묘가 동쪽인 제나
라에 사람을 보내 설득한 결과 제나라와 형나라도 군대를 철수
하고 싸움을 그쳤다.

그래서 위나라 임금 양왕(襄王)은 그 공로를 인정하여 소묘
에게 오승(五乘)의 영지(領地)를 봉록으로 내렸다.

이에 소묘가 말했다.

"백이(伯夷)를 장군의 예(禮)로 수양산 아래에 장사지내니
세상 사람들이 말하기를 '무릇 백이(伯夷)같이 현명하고 인덕
(仁德)을 갖춘 사람을 겨우 장군의 예로 장사지낸다는 것은 마
치 시체의 손발에다 흙도 제대로 덮지 않은 장례와 마찬가지로
그를 모욕한 짓이다'라고 했다.

지금 나는 네 나라의 군세(軍勢)를 물리치는 큰공을 세웠는
데도 임금은 나에게 겨우 5승의 영지(領地)만을 주었을 뿐이니,
이것은 내 공적에 비하면 행전 매고 짚신 신은 것 같이 초라하
기 이를 데 없는 것이다."

소실주(少室周)는 정직하고 청렴결백하며 성실한 사람으로
조(趙)나라 양왕(襄王)의 호위를 맡은 역사(力士)였다. 어느 날
중모(中牟)라는 곳에 사는 서자(徐子)와 힘겨루기를 한 결과
이기지 못했다. 소실주는 조정에 들어가 임금에게 힘겨루기에
서 자기에게 이긴 서자에게 자기의 자리를 대신시키겠다고 했
다.

이에 양왕이 묻기를

"너의 자리는 누구나 부러워하는 자리인데 어째서 서자(徐
子)에게 스스로 물려주려고 하는가?"

하니 소실주가 대답했다.

"신(臣)은 힘으로써 임금을 섬기는 직책입니다. 지금 서자는

신보다 힘이 뛰어나니 스스로 이 직책에서 물러나지 않으면 다
른 사람들이 자기보다 뛰어난 사람을 은폐하는 죄인이라고 욕
할 것이 두렵습니다."

일설에 이러한 이야기가 있다.

소실주(少室周)라는 사람이 조나라 양왕의 경호원이었는데
어느 날 진양(晋陽)이라는 곳에 이르렀을 때, 우자경(牛子耕)이
라는 힘센 사람과 힘겨루기를 했는데 소실주가 지고 말았다.

이에 소실주가 임금에게 아뢰었다.

"임금께서 신(臣)으로 하여금 호위역을 맡게 하신 것은 신에
게 힘이 있기 때문이었는데, 지금 신보다 힘이 센 사람이 있으
니 바라옵건대 그 사람을 등용토록 하십시오."

傳一 孔子相衞[1] 弟子子皐爲獄吏[2] 刖人足 所跀者守門 人有
惡孔子於衞君者 曰 仲尼欲作亂 衞君欲執孔子 孔子走 弟子皆
逃 子皐後門 跀危引之而逃之門下室中 吏追不得 夜半 子皐問
跀危曰 吾不能虧王之法令 而親跀子之足 是子報仇之時也 而子
何故乃肯逃我 我何以得此於子 跀危曰 吾斷足也 固吾罪當之
不可奈何 然方公之治臣獄也 公傾側法令 先後臣以言 欲臣之免
也甚 而臣知之 及獄決罪定 公憱然[3]不悅 形於顔色 臣見又知之
非私臣而然也 夫天性人心固然也 此臣之所以悅而德公也 孔子
曰 善爲吏者樹德 不能爲吏者樹怨 槪者[4] 平量者也 吏者 平法
者也 治國者不可失平也

田子方[5]從齊之魏 望翟黃乘軒騎駕出 方以爲文侯也 移車異路
而避之 則徒翟黃也 方問曰 子奚乘是車也 曰 君謀欲伐中山 臣
薦翟角[6]而謀得 果且伐之 臣薦樂羊而中山拔[7] 得中山 憂欲治之
臣薦李克而中山治[8] 是以君賜此車 方曰 寵之稱[9]功尙薄

秦韓攻魏 昭卯西說 而秦韓罷 齊荊攻魏 卯東說 而齊荊罷 魏
襄王養之以五乘 卯曰 伯夷以將軍葬於首陽山之下 而天下曰 夫
以伯夷之賢 與其稱仁 而以將軍葬 是手足不掩也 今臣罷四國之
兵 而王乃與臣五乘 猶贏縢而履蹻[10]

少室周者 古之貞廉潔慤者也 爲趙襄主力士[11] 與中牟徐子角
力[12] 不若也 入言之襄主以自代也 襄主曰 子之處[13] 人之所欲也
何爲言徐子以自代 曰 臣以力事君者也 今徐子力多臣 臣不以自
代 恐他人言之而爲罪也

一曰 少室周爲襄主驂乘 至晉陽 有力士牛子耕[14] 與角力而不
勝 周言於主曰 主之所以使臣驂乘者 以臣多力也 今有多力於臣
者 願進之

1) 孔子相衛(공자상위) : 공자가 위나라의 재상이 되었다는 기록은 어느
   문헌에도 없다. 뿐만 아니라 공자가 위나라에서 내란을 일으켰다는
   사실도 전혀 근거가 없는 기록으로, 노나라 애공(哀公) 11년에 이미
   공자는 위나라를 떠나 노나라로 돌아왔고, 위나라의 내란은 애공 15
   년에 있었으니 맞지 않으며, 이듬해인 16년에 공자는 세상을 떠났다.
   다만 어떤 기록에 의하면 공회(孔悝)라는 사람이 내란을 일으켰다는
   사실이 있는데 성씨가 같은데서 온 잘못이 아닌가 한다.

2) 獄吏(옥리) : 일반적으로는 감옥을 지키는 관리라고 하지만 여기서는
   재판을 관장하는 재판관(裁判官)을 뜻한다.

3) 慨然(취연) : 『공자가어(孔子家語)』에 수연(愀然)이라 했는데, 얼굴빛
   이 애처롭게 보인다는 뜻.

4) 槪者(개자) : 평미레. 말(斗)이나 되로 곡식을 헤아릴 때 넘치는 곡식
   을 평평하게 미는 나무를 말한다.

5) 田子方(전자방) : 전국시대 위나라 사람으로 임금인 문후(文侯)의 스
   승이었다.

6) 翟角(적각) : 전국시대 초기의 위(魏)나라 관리로 있었는데, 적황의
   천거로 중산 토벌에서 장수가 되어 공을 세웠다.

7) 樂羊而中山拔(악양이중산발) : 악양(樂羊)은 역시 전국시대 초기 위
   나라 문후(文侯) 때의 장수로 중산 토벌에 공을 세워 나중에 영수
   (靈壽)에 봉해졌다.

8) 李克而中山治(이극이중산치) : 이극(李克)은 전국시대 위나라 사람으
   로 자하(子夏)의 제자로 임금인 문후(文侯)를 섬겨 중산(中山)의 재
   상이 되었다가 위나라의 재상으로 나라를 잘 다스렸다.

9) 寵之稱(총지칭) : 총(寵)은 영예, 총애를 말하고, 칭(稱)은 헤아림에
   적당(適當)하다는 뜻.

10) 贏縢而履蹻(이등이리갹) : 이등(贏縢)이란 초라한 모습을 뜻하고, 이
    갹(履蹻)은 짚신을 뜻한다.

11) 趙襄主力士(조양주역사) : 조양주(趙襄主)는 춘추시대 진나라의 경
    (卿)으로 조간자(趙簡子) 앙(鞅)의 아들이며 이름을 무휼(無恤)이라
    했다. 역사(力士)는 힘이 센 사람으로 옛날 임금이나 지위가 아주 높
    은 사람을 호위하는 경호원을 뜻한다.

12) 徐子角力(서자각력) : 서자(徐子)는 그 사적이 확실하지 않으며, 각
    력(角力)이란 힘겨루기를 말하고, 각(角)은 비교하다와 통한다.

13) 子之處(자지처) : 처(處)는 여기에서 지위(地位)를 말한다.

14) 牛子耕(우자경) :『국어』에 우담(牛談)으로 되어 있는데, 자경(子耕)
    은 자이다.

3. 둘째 전(傳二)

가. 관중을 중보(仲父)로 삼으면 어떻겠는가 ?

제(齊)나라 환공(桓公)은 관중(管仲)을 재상으로 등용하여
중보(仲父)라 부르기로 마음먹고, 여러 신하들에게 명령을 내
려 말하기를

"과인이 앞으로 재상인 관중을 중보(仲父)로 삼고 싶은데 찬
성하는 사람은 문으로 들어와 왼쪽에, 찬성하지 않는 사람은
문으로 들어와 오른쪽에 서라."

고 했는데, 동곽아(東郭牙)는 문으로 들어와 한가운데 서 있
었다. 이에 임금이 말하기를

"과인은 지금 관중을 중보로 삼겠다고 명령하여 말하기를 찬
성하면 왼쪽으로, 찬성하지 않으면 오른쪽에 서라고 했는데, 지
금 그대는 어째서 한가운데에 섰는가 ?"

고 묻자 동곽아가 말하기를

"관중의 슬기로써 능히 세상을 도모할 수 있겠습니까 ?"

고 하니 임금은 대답하기를

"능히 할 수 있다."

고 했다. 동곽아는 다시 아뢰기를

"그러시다면 관중의 결단으로 능히 큰일을 감행할 수 있겠습니까?"

고 했다. 임금은 대답하기를

"감행할 수 있다고 생각한다."

라고 했다. 이에 동곽아는 다시 임금에게 아뢰기를

"만약 슬기는 세상을 능히 다스리고 결단력은 능히 큰일을 감행할 만한 관중이라면, 임금께서 그에게 나라의 권세를 모조리 맡겨버리면 그는 능히 임금의 신임과 권세를 가지고 제나라를 다스리게 될 것이니 그렇게 되어도 나라에 위태로움이 없겠습니까?"

고 하자 임금은

"과연 옳은 말이다."

하고 습붕(隰朋)에게 명하여 나라 안의 일을 맡아 다스리게 하고, 관중에게는 나라 밖의 일[外務]을 다스리게 하여 서로를 견제하도록 했다.

진(晋)나라 문공이 망명(亡命)중에 있을 때 기정(箕鄭)은 항아리에 먹을 것을 담아 지니고 따라 다녔다. 어느 날 길을 잃고 문공과 서로 길이 어긋났는데 기정은 몹시 시장하여 길에서 눈물을 흘릴 지경이었으나 임금을 생각한 나머지 끝내 참고 그 음식에는 감히 손대지 않았다.

그뒤 문공이 나라로 돌아와 군대를 일으켜 원(原)을 공격해 함락시켰을 때, 문공이 말하기를

"기정은 굶주림을 참고 끝내 임금이 먹을 음식이 들어있는 항아리에 손을 대지 않은 믿음직한 인물이다. 원(原)을 다스리게 해도 장차 배반하지 않을 것이다."

하고는 마침내 그를 원의 현령으로 삼았다.

이때 대부(大夫)인 혼헌(渾軒)이 이 소식을 듣고 옳지 않다

고 말했다.

"기정(箕鄭)이 항아리의 임금이 드실 음식에 손을 대지 않았다는 것만으로 그가 모반하지 않을 것이라는 생각은 법술(法術)에 의지하지 않은 일이 아닐런지요? 현명한 임금은 신하들이 모반하지 않을 것이라는데 의지하지 않고, 자기 자신 편에서 신하가 모반하지 못하게 하는 법술에 의지하는 것입니다. 신하가 스스로를 속이지 않는 일에 의지하지 않고 이편에서 신하가 속하지 못하게 하는 법술이 있어야 합니다."

노(魯)나라 계손(季孫)의 가신인 양호(陽虎)가 논했다.

"임금이 현명하면 신하는 있는 정성을 다하여 이를 섬기고, 임금이 미욱하면 간계를 꾸며 그를 시험할 따름이다."

이러한 사람됨으로 인하여 양호는 마침내 노나라에서 쫓겨나 제(齊)나라로 갔는데, 거기에서도 의심을 받아 조(趙)나라로 달아나 조간주(趙簡主)의 환영을 받고 재상이 되었다.

이때 조간주의 측근 신하들이 간하여 말하기를

"양호는 나라의 정권을 도둑질하는 사람인데 어째서 재상으로 등용하시는지요?"

하였다. 조간주는 대답하기를

"양호는 정권을 빼앗으려고 힘쓰고, 나는 그것을 지키려고 애쓰는 것이다."

했다. 조간주는 법술로써 양호를 잘 통제하였으므로 그는 감히 잘못을 저지르지 못했으며, 충심으로 조간주를 섬겼으므로 조간주의 세력이 강성(强盛)해져 마침내 패업(霸業)을 이루도록 도왔다.

노(魯)나라 애공(哀公)이 공자(孔子)에게 물었다.

"내가 듣기로는 아주 옛날 요·순(堯舜)시대 때 기(夔)라는 사람은 다리가 하나뿐이었다고 하는데 과연 다리가 하나였다는 것은 믿을 수 있는 말입니까?"

공자가 대답하기를

"기의 다리가 하나뿐이었다는 것은 그렇지 않습니다. 기라는

사람은 본래 심술궂고 성격이 괴팍하여 많은 사람이 그를 좋아
하지 않았습니다. 비록 그랬지만 남으로부터 해꼬지를 당하지
않았는데 그것은 믿음이 있었기 때문이었습니다. 그래서 사람
은 모두 말하기를 하나면 족하다고 했는데, 그것은 곧 기의 다
리가 하나라는 말이 아니라 믿음 하나로써 족하다는 뜻이었습
니다."

고 말했다. 이에 애공은 말했다.

"만약 그 말이 확실하다면 과연 족함에 틀림없습니다."

일설에 이러한 이야기가 있다.

노나라 애공이 공자에게 묻기를

"내 듣기로 기는 다리가 하나뿐이었다는데 그것은 믿을 수
있는 말입니까?"

하니 공자가 대답했다.

"기는 사람인데 어찌 다리가 하나뿐이겠습니까? 그는 남에
게 내세울 만한 것이 다른 것은 없고, 오로지 음률에만 통달했
었습니다. 그래서 요임금이 말하기를 '기는 그것 하나로써 족
하다' 하고 음악을 관장하는 악정(樂正)으로 임명했습니다. 그
래서 군자(君子)는 말하기를 '기는 하나만으로 족하다' 한 것이
지 다리가 하나라는 말은 아닙니다."

傳二 齊桓公將立管仲爲仲父 令群臣曰 寡人將立管仲爲仲父
善者入門而左 不善者入門而右 東郭牙中門而立 公曰 寡人立管
仲爲仲父 令曰 善者左 不善者右 今子何爲中門而立 牙曰 以管
仲之智 爲能謀天下乎 公曰 能 以斷 爲敢行大事乎 公曰 敢 牙
曰 若智能謀天下 斷敢行大事 君因專屬之以國柄焉 以管仲之能
乘公之勢 以治齊國 得無危乎 公曰 善 乃令隰朋治內 管仲治外
以相參[1]

晋文公出亡 箕鄭挈壺餐而從 迷而失道 與公相失 飢而道泣
寢餓[2]而不敢食 及文公反國 擧兵攻原 克而拔之 文公曰 夫輕忍
飢餒之患 而必全壺餐 是將不以原叛 乃擧以爲原令 大夫渾軒聞

而非之曰 以不動壺餐之故 知其不以原叛也 不亦無術乎 故明主
者 不恃其不我叛也 恃吾不可叛也 不恃其不我欺也 恃吾不可欺
也

陽虎議曰 主賢明 則悉心以事之 不肖 則飾姦而試之 逐於魯
疑於齊 走而之趙[3] 趙簡主迎而相之 左右曰 虎善竊人國政 何故
相也 簡主曰 陽虎務取之 我務守之 遂執術而御之 陽虎不敢爲
非 以善事簡主 興主之强 幾至於霸也

魯哀公問於孔子曰 吾聞古者有夔[4]一足 其果信有一足乎 孔子
對曰 不也 夔非一足也 夔者 忿戾惡心[5] 人多不說喜也 雖然 其
所以得免於人害者 以其信也 人皆曰獨此一 足矣 夔非一足也
一而足也 哀公曰 審而是 固足矣

一曰 哀公問於孔子曰 吾聞夔一足 信乎 曰 夔人也 何故一足
彼其無他異[6] 而獨通於聲[7] 堯曰 夔 一而足矣 使爲樂正[8] 故君
子曰 夔有一 足 非一足也

1) 以相參(이상참) : 참(參)은 참오(參伍) 또는 참합(參合)과 같은 뜻인
   데, 권력을 나누어 가지고 서로 견제한다는 말.
2) 寢餓(침아) : 굶주려 지쳐 앓아 눕는다는 뜻.
3) 逐於魯疑於齊走而之趙(축어노의어제주이지조) : 양호(陽虎)는 『좌씨
   전』기록에 의하면 정공(定公) 8년에 노나라에서 반란을 일으키고, 9
   년에 제나라로 달아났는데, 그곳에서 붙들렸으나 도망하여 조나라의
   간주(簡主)에게 가 재상이 되었다고 했다.
4) 夔(기) : 중국 상고시대 순(舜)임금 때 음악을 관장하던 관리 이름.
5) 忿戾惡心(분려오심) : 분려(忿戾)는 심술궂어 자주 성을 내 다투는
   것을 뜻하고 오심(惡心)이란 성품이 괴팍한 것을 뜻한다.
6) 無他異(무타이) : 남과 다른 특징이 없다는 뜻.
7) 通於聲(통어성) : 음악에 통달했다는 뜻.
8) 樂正(악정) : 정(正)은 장(長)과 같은 뜻으로 악관(樂官)을 지휘하는
   사람이라는 뜻.

4. 셋째 전(傳三)

가. 신발끈을 직접 맨 주나라 문왕

주(周)나라 임금인 문왕(文王)이 숭(崇)이라는 나라를 정벌하고 봉황(鳳黃)의 언덕에 이르렀을 때, 신발끈이 풀어져 손수 그것을 고쳐 묶었다.

옆에 있던 태공망(太公望)이 신하가 있는데도 몸소 신발끈을 고쳐 매는 것을 보고 이상하게 여겨 말하기를

"어째서 손수 신발끈을 묶으십니까?"

라고 물으니 임금이 말했다.

"아주 뛰어난 임금의 측근에 있는 신하는 모두가 스승으로 우러러볼 만한 인물들이며, 중간치의 임금 곁에 있는 신하는 모두 벗이 될 만한 인물들이고, 하급의 임금을 모시는 신하는 임금의 심부름꾼에 지나지 않는 인물들이오. 지금 여기에 있는 신하들은 모두 선왕(先王) 때부터 있던 인물들이니 함부로 천한 일을 시킬 수 없는 것이오."

일설에 이러한 이야기가 있다.

진(晉)나라의 문공이 초(楚)나라와 싸울 때, 황봉(黃鳳)의 능선에 이르러 마침 신발의 끈이 풀어졌는데 몸소 이를 묶었다. 이를 본 측근의 신하들이 말하기를

"왜 아랫사람을 시켜 묶도록 하지 않으십니까?"

하니 임금이 대답하였다.

"과인이 듣기로는 뛰어난 임금의 측근에 있는 사람은 모두 임금이 경외(敬畏)하는 신하이고, 그 다음 중간치 임금의 측근에 있는 사람은 모두 임금이 총애하는 신하이며, 하급의 임금 곁에 있는 사람은 모두 임금이 업신여기는 신하라 하였소. 과인이 비록 어리석지만 여기 있는 신하들은 모두 선왕 때부터 측근에 있던 사람들인데 어찌 하찮은 일을 함부로 시킬 수 있겠소."

노(魯)나라 대부인 계손(季孫)은 선비들과 사귀기를 즐겨 평생을 근엄하게 살았는데, 집에 있을 때에도 언제나 조정에 나아갈 때와 같이 의복을 단정하게 했다.

그러나 그도 때때로 마음이 해이해져 예의를 차리지 못할 경우가 있었으니 단정함을 오래도록 잃지 않기란 어려운 일이다. 예의를 차리지 못한 경우를 당한 손님은 자기만 업신여김을 당했다고 생각하여 원망을 품고 있다가 그러한 일을 당한 사람들끼리 작당하여 계손을 죽이고 말았다.

그러므로 군자(君子)란 도에 지나친 일을 삼가고 언제나 극단적인 일을 피하는 것이다.

일설에 이러한 이야기가 있다.

남궁경자(南宮敬子)라는 노나라의 권신(權臣)이 제(齊)나라의 대부 안탁취(顔涿聚)에게 묻기를

"계손(季孫)은 공자(孔子)의 제자들을 많이 거느리면서 조정의 예복을 입고 공손한 태도로 앉아 많은 사람을 접대하였는데, 그가 죽임을 당하게 된 까닭이 무엇이라고 생각하십니까?"

하니 안탁취가 대답했다.

"옛날 주(周)나라 성왕(成王)은 배우나 어릿광대를 가까이하여 향락에 빠져 있었지만 한편으로는 군자와 더불어 국사를 잘 처리했으므로 마침내 천하를 얻고자 한 소망을 이룰 수 있었습니다.

그러나 지금 계손은 공자의 제자를 거느리고 조복(朝服)을 입고 예를 갖추어 공손히 대접한 사람이 수십명이나 되지만 국사를 의논하는 상대는 배우나 어릿광대와 같은 소인배였기 때문에 적을 만나 죽임을 당한 것입니다.

그래서 옛말에 이르기를 '사람의 흥망성쇠는 같이 지내는 사람이 누구냐에 달려 있는 것이 아니라 누구와 함께 일을 꾀하는가에 있는 것이다'라고 했던 것입니다."

공자(孔子)가 노(魯)나라의 애공(哀公)을 알현했을 때 애공

은 공자에게 복숭아와 기장을 주면서 맛보도록 청하였다. 중니 (仲尼)가 먼저 기장을 먹은 뒤에 복숭아를 먹으니 이것을 본 측근의 신하들이 입을 가리고 웃었다.

이에 애공이 말하기를

"기장은 먹는 것이 아니라 복숭아 털을 씻어내라고 준 것이오."

하니 중니가 대답했다.

"구(丘)도 그것을 알고 있습니다. 무릇 기장(黍)이란 오곡(五穀) 가운데 으뜸가는 곡식으로 선왕에게 제사지낼 때 최상의 제수(祭需)가 되는 것입니다.

과일에는 여섯 가지가 있는데 복숭아는 그 가운데서도 가장 하등이므로 선왕의 제사 때 제사상 위에 올려놓지도 못합니다.

구(丘)가 들은 바에 의하면 군자는 천한 것으로 귀한 것을 씻는다는 말은 있어도, 귀한 것으로 천한 것을 씻는다는 말은 듣지 못했습니다.

지금 오곡의 으뜸인 기장으로 과일의 하등인 복숭아를 씻는다면 이것은 위에 있는 것으로 아래에 있는 것을 씻는 셈이 됩니다. 구(丘)로서는 도리에 어긋나는 일이라 생각되기에 감히 선조의 제사상에 으뜸으로 오르는 기장보다 복숭아를 먼저 먹지 않았던 것입니다."

조간자(趙簡子)가 측근의 신하들에게 말했다.

"수레 안의 깔개가 매우 아름답소. 무릇 관(冠)은 아무리 낡았어도 반드시 머리에 얹는 것이며, 신발은 비록 훌륭한 것이라도 반드시 발에 신는 것이오. 그런데 지금 수레의 깔개가 이와 같이 매우 훌륭하니 과인이 장차 어떤 신발로 이것을 밟아야 한단 말이오? 무릇 아래에 있는 것을 훌륭하게 하여 위에 있는 것을 소모한다면 이것은 도리에 어긋나는 일인 것이오."

비중(費仲)이라는 사람이 은(殷)나라 주왕(紂王)을 설득하여 말하기를

"서백(西伯) 창(昌)은 현인으로 백성들은 그를 좋아하고, 제

후(諸侯)들도 그를 따르는 형편이므로 그를 주살하지 않으면 안 됩니다. 만약 주살하지 않으면 반드시 우리 은나라의 걱정거리가 될 것입니다.”

고 하자 주왕이 말하기를

“그대의 말대로라면 그는 의로운 군주임이 틀림없는데 어찌하여 그를 죽일 수 있겠는가?”

고 묻자 비중이 대답하기를

“관(冠)은 비록 구멍이 뚫려 낡았어도 반드시 머리 위에 얹는 것이며, 신발은 비록 오색으로 찬란하게 장식했어도 반드시 발에 신고 땅을 밟는 것입니다. 지금 서백창(西伯昌)은 임금에게 있어 신하의 신분에 지나지 않는데 단지 의로운 일을 행한다 하여 민중들이 모두 그를 따르고 있으니 마침내 세상의 걱정거리가 될 것입니다. 신하들이 모두 그의 현명함을 흠모하여 임금을 모시지 않으니 더 늦기전에 그를 죽이지 않으면 안 될 것입니다. 또한 임금이 신하를 처벌하는 것이 어찌 허물이라 할 수 있겠습니까?”

고 하자 주왕은 다시 말하기를

“무릇 인의(仁義)란 위에 있는 사람이 아랫사람에게 권장하는 도리이다. 그런데 지금 서백창이 인의를 즐겨 행한다고 해서 그를 죽일 수는 없다.”

고 했다. 비중은 세 차례나 설득했지만 주왕은 끝내 듣지 않다가 마침내 멸망하고 말았다.

제(齊)나라의 선왕(宣王)이 광천(匡倩)에게 묻기를

“선비도 박(博)을 하는가?”

하니 광천은 대답하기를

“하지 않습니다.”

고 했다. 그러자 임금은 다시 말하기를

“어째서 하지 않는가?”

고 물으니 광천이 대답하기를

“박을 하는 사람은 패 가운데서 올빼미모양을 그린 상대의

것을 가장 귀하게 여기는데 이기는 사람은 반드시 그 올빼미를
그린 상대의 패를 죽여야 합니다. 올빼미 패를 죽인다는 것은
가장 귀한 것을 죽이는 것과 같은 것이라, 선비는 상대가 가장
귀하게 여기는 것을 죽이는 것이 도의를 해치는 것이라 생각하
기 때문에 박을 하지 않는 것입니다."

고 말했다. 이에 임금은 또 묻기를

"그렇다면 선비는 주살 쏘는 놀이를 하는가?"

고 물었다. 광천은 대답하기를

"하지 않습니다. 주살 쏘는 놀이란 아래에서 위로 쏘아 해치
는 것인데, 이것은 곧 아래에 있는 신하가 위에 있는 임금을 쏘
아 해치는 것과 다름없으므로 선비는 그 또한 도리에 어긋난다
고 생각하기 때문에 주살 쏘는 놀이를 하지 않습니다"

고 말했다. 그러자 임금은 재차 묻기를

"선비는 거문고를 타는가?"

고 말하자 광천이 이에 대답하기를

"타지 않습니다. 무릇 거문고란 작은줄(絃)이 큰소리를 내고
큰줄이 작은 소리를 내는데, 이것은 크고 작은 순서가 뒤바뀐
셈이고, 귀하고 천한 지위가 바뀐 것과 같으므로 선비는 이것
을 도리에 어긋난 것으로 생각하기 때문에 거문고를 타지 않습
니다."

하자 이에 선왕은 말했다.

"참으로 옳은 말이다."

중니(仲尼)가 말했다.

"사람을 시켜 아래의 대신에게 아첨하기보다는 차라리 임금
에게 아첨하는 것이 낫다."

傳三 文王伐崇[1] 至鳳黃虛[2] 韤繫[3]解 因自結 太公望曰 何爲
也 王曰 上君與處 皆其師 中皆其友 下盡其使也 今皆先君之臣
故無可使也

一曰 晋文公與楚戰 至黃鳳之陵 履繫解 因自結之 左右曰 不

可以使人乎　公曰　吾聞上君所與居　皆其所畏也　中君之所與居
皆其所愛也　下君之所與居　皆其所侮也　寡人雖不肖　先君之人皆
在　是以難之也

　季孫好士　終身莊　居處衣服常如朝廷　而季孫適懈[4]　有過失　而
不能長爲也　故客以爲厭易[5]己　相與怨之　遂殺季孫　故君子去泰
去甚

　一曰　南宮敬子問顔涿聚[6]曰　季孫養孔子之徒　所朝服與坐者以
十數　而遇賊　何也　曰　昔周成王近優侏儒以逞其意　而與君子斷
事　是以能成其欲於天下　今季孫養孔子之徒　所朝服而與坐者以
十數　而與優侏儒斷事[7]　是以遇賊　故曰　不在所與居　在所與謀也

　孔子御坐於魯哀公　哀公賜之桃與黍　哀公請用　仲尼先飯黍而
後啗桃　左右皆掩口而笑　哀公曰　黍者　非飯之也　以雪桃也　仲尼
對曰　丘知之矣　夫黍者　五穀之長也　祭先王爲上盛　果蓏有六[8]
而桃爲下　祭先王不得入廟　丘之聞也　君子以賤雪貴　不聞以貴雪
賤　今以五穀之長　雪果蓏之下　是以上雪下也　丘以爲妨義　　故
不敢以先於宗廟之盛也

　趙簡子謂左右曰　車席泰美　夫冠雖賤　頭必戴之　履雖貴　足必
履之　今車席如此　太美　吾將何屨以履之　夫美下而耗上[9]　妨義之
本也

　費仲說紂曰　西伯昌賢　百姓悅之　諸侯附焉　不可不誅　不誅　必
爲殷患　紂曰　子言義主　何可誅　費仲曰　冠雖穿弊　必戴於頭　履
雖五采　必踐之於地　今西伯昌　人臣也　修義而人向之　卒爲天下
患　其必昌乎　人臣不以其賢爲其主　非不可誅也　且主而誅臣　焉
有過　紂曰　夫仁義者　上所以勸下也　今昌好仁義　誅之不可　三說
不用　故亡

　齊宣王問匡倩[10]曰　儒者博乎　曰　不也　王曰　何也　匡倩對曰
博者貴梟　勝者必殺梟　殺梟者是殺所貴也　儒者以爲害義　故不博
也　又問曰　儒者弋乎　曰　不也　弋者　從下害於上者也　是從下傷
君也　儒者以爲害義　故不弋　又問　儒者鼓瑟乎　曰　不也　夫瑟以
小絃爲大聲　以大絃爲小聲　是大小易序　貴賤易位　儒者以爲害義

故不鼓也 宣王曰 善 仲尼曰 與其使民諂下也 寧使民諂上

1) 文王伐崇(문왕벌숭) : 문왕(文王)은 주(周)나라의 문왕을 가리킴. 성
   은 희(姬), 이름은 창(昌)이며, 주나라 무왕(武王)의 아버지로 상
   (商)나라 주왕(紂王) 때 서백(西伯)이 되어 정치를 잘하여 천하의 3
   분의 2를 차지한 바 있었다. 숭(崇)은 상조(商朝) 때의 나라 이름이
   다.

2) 鳳黃虛(봉황허) : 대개 큰언덕을 뜻하는데, 허(虛)는 언덕(墟)과 뜻이
   통한다.

3) 韄繫(말계) : 대님을 말하는데, 여기서는 신발끈을 뜻한다.

4) 適懈(적해) : 때때로 마음이 해이해진다는 뜻인데 해(懈)는 해태(懈
   怠)와 뜻이 같다.

5) 厭易(염이) : 싫어서 업신여긴다는 뜻과 같은데 특히 이(易)는 모
   (侮)를 뜻한다.

6) 南宮敬子問顔涿聚(남궁경자문안탁취) : 남궁경자(南宮敬子)는 노나라
   대부인 남궁경숙(南宮敬叔)을 말하는 것인데, 노나라 권신인 맹희자
   (孟僖子)의 아들로 공자의 제자이기도 하다. 안탁취(顔涿聚) 역시 공
   자의 제자로 제나라의 대부가 되었는데 '십과편'에 전성자(田成子)
   를 간한 사연이 나와 있다.

7) 而與優侏儒斷事(이여우주유단사) : 전체의 뜻은 현인(賢人) 아닌 소
   인배(小人輩)들의 의견으로 임금이 매사에 결단을 내린다는 말인데,
   우(優)는 배우를 뜻하고, 주유(侏儒)는 본래 재주 부리는 난쟁이를
   가리키는 말인데 이곳에서는 음악하는 악인(樂人)을 뜻한다.

8) 果蓏有六(과라유륙) : 과(果)는 나무열매인 과실이고, 라(蓏)는 풀열
   매인 과실을 말하며, 육과(六果)는 자두·은행·밤·대추·복숭아·
   참외를 가리킴.

9) 夫美下而耗上(부미하이모상) : 전체의 뜻은 아래의 깔개를 훌륭하게
   하면 그것을 밟는 신발 또한 더욱 훌륭한 것으로 해야 하기 때문에
   쓸데없는 소비(消費)를 하게 된다는 뜻.

10) 齊宣王問匡倩(제선왕문광천) : 제선왕(齊宣王)은 전국시대 제나라의
    임금으로 서기전 319년부터 전301년까지 재위했는데 이 때가 맹자

(孟子)의 유세 시기이며 직하(稷下)의 학사들이 모여드는 시대였다. 광천(匡倩)은 자세한 사적은 없으나『태평어람(太平御覽)』567쪽에는 거천(巨倩)으로, 873쪽에는 신천(臣倩)으로 기록되었고, 맹자의 제자에 광장(匡章)이라는 제나라 사람이 있었는데, 광천과 같은 사람이 아닌가도 추측한다.

5. 넷째 전(傳四)

가. 황금과 벽옥으로 벼슬을 사려던 처사

거(鉅)라는 사람은 제(齊)나라의 처사(處士)이며, 잔(屛)이라는 사람은 위(魏)나라의 처사(處士)였다.

이 때 제나라와 위나라의 두 임금은 다같이 미욱하여 스스로 나라안을 능히 살피지 못하고 잘 다스릴 능력이 없었으므로 측근에 있는 신하들의 말만 믿고 정치를 했다. 그러므로 거와 잔 두 처사는 황금과 벽옥을 뇌물로 써서 관직을 얻으려고 했던 것이다.

위(魏)나라의 서문표(西門豹)는 업(鄴)이라는 고을의 현령이 되어, 청렴·극기(克己)·결백·성실을 지키며, 하찮은 일에도 사사로운 이익을 꾀하지 않았다. 이 때문에 임금의 측근들에게 소홀하게 대해 측근의 신하들이 무리지어 서문표를 헐뜯었다.

이렇게 한 해가 지나 서문표가 현(縣)을 다스린 1년간의 보고서를 올리자 임금인 문공(文公)은 그의 관인을 몰수하고 현령에서 파직시켰다.

이에 서문표가 스스로 청하여 말하기를

"신(臣)은 지금까지는 업(鄴)을 다스리는 법을 알지 못했는데, 이제야 겨우 알게 되었으니 바라옵건대 관인(官印)을 돌려주시어 업을 계속 다스리도록 해주십시오. 만약 이번에도 잘 다스리지 못하면 도끼로 맞아죽는 중형에 처하신다 해도 원망하지 않겠습니다."

고 간청하자 문후(文侯)는 어쩔 수 없이 그에게 관인을 주어

복직시켰다.

그렇게 되자 서문표는 백성들에게 무거운 세금을 매겨 거두어 들이고, 그 돈으로 임금의 측근 신하들에게 뇌물로 바쳤다.

그렇게 1년이 지나 다시 현을 다스린 회계보고서를 올리자 문후는 스스로 영접하면서 서문표에게 예우했다.

이에 서문표는 대답하여 말하기를

"지난 해에 신(臣)은 임금을 위해 업을 다스렸으나 임금께서는 도리어 저의 관인을 회수하고 현령의 자리에서 파직시켰습니다. 그래서 이번에는 측근의 신하들을 위해 업을 다스렸더니 임금께서는 저를 이렇게 예우해 주시니 신으로서는 업을 다스릴 수가 없습니다."

하고 마침내 관인을 반납하고 물러나려 하자 문후는 이를 받아들이지 않고 만류하여 말하기를

"과인은 이제까지 그대의 사람됨을 모르고 있었는데 지금에야 겨우 알게 되었으니, 바라건대 그대는 과인을 위하여 업을 열심히 다스려 주오."

라 했으나 서문표는 끝내 관인을 받지 않았다.

제(齊)나라에 사는 개가죽을 뒤집어 쓰고 도둑질하는 자의 아들과 죄를 지어 발목을 잘린 자의 아들이 같이 놀다가 서로 자랑했다.

먼저 도둑의 아들이 말하기를

"우리 아버지의 갖옷에는 특별히 꼬리가 달려 있다."

고 하자, 이번에는 발목이 잘린 죄인의 아들이 자랑했다.

"우리 아버지만이 겨울에 덧바지를 입는다는 것을 알아야지."

자작(子綽)이 말했다.

"어떤 사람이던지 왼손으로 네모를 그리면서, 오른손으로는 동그라미를 그릴 수는 없다."

만약 고깃덩이로 개미를 쫓으려 하면 개미는 더욱 많이 모여들고, 생선으로 파리를 쫓으려 하면 파리는 더욱 많이 몰려들

것이다.

제(齊)나라 임금 환공(桓公)이 관중(管仲)에게 말하기를

"관직은 적은데 벼슬을 구하는 사람은 많으니 과인은 이것이 걱정스럽소."

하니 관중이 대답했다.

"임금께서는 측근에 있는 신하들의 청탁을 들어주지 마십시오. 신하의 능력에 따라 봉록을 주고, 공적을 기록해 두었다가 그에 따라 관직을 준다면 무리하게 관직을 구하고자 하는 사람이 없을 것이니 임금께서 어찌 걱정할 필요가 있겠습니까?"

한(韓)나라 선왕(宣王)이 말하기를

"내 말(馬)은 여물이나 조를 많이 주는데도 매우 여위니 어찌된 까닭인가? 과인은 참으로 걱정이다."

하니 주시(周市)라는 신하가 대답했다.

"말 먹이는 사람이 말먹이로 배당된 조(粟)를 말에게 먹인다면 비록 살찌게 하지 않으려 해도 찌지 않을 수 없을 것입니다. 겉으로는 많은 조를 먹이는 것 같지만 실은 적게 먹인다면 비록 말이 여위지 않기를 바란다 해도 말이 여윌 수밖에 없는 것입니다. 임금께서는 그 실정을 살피시지도 않고 앉아 걱정만 하시니 말(馬)은 어차피 살찔 수가 없는 것입니다."

제(齊)나라 환공(桓公)이 관중(管仲)에게 어떤 사람을 관리로 등용해야 하느냐고 물으니 관중이 대답했다.

"판결의 말을 잘 분간하고, 재화에 청렴결백하며, 세정(世情)과 민심을 살피는 능력에 있어 신(臣) 이오(夷吾)는 현상(弦商)에 미치지 못하니 청하옵건대 그를 기용하여 대법관으로 임명하십시오.

조정에 드나드는 태도가 언제나 엄숙하고 겸손하여 예의에 어긋남이 없고, 귀한 손님을 맞이하는데 있어 예의가 밝기로는 신(臣)은 습붕(隰朋)에 미치지 못하니 청하옵건대 그를 기용하여 외무장관으로 임명하십시오.

풀을 베고 황무지를 개간하여 마을을 만들고, 벽지를 농토로

만들어 곡식을 심어 민중들의 생활을 진흥시킴에 있어 신(臣)
은 영척(甯戚)을 따를 수가 없으니, 청하옵건대 그를 기용하여
농업장관으로 임명하십시오.

삼군(三軍)을 지휘하여 진을 치고 모든 군사가 싸움에 임했
을 때 나라를 위해 목숨을 바치겠다는 마음을 갖도록 하는데
있어서 신은 공자(公子) 성보(成父)에 미치지 못하니 청하옵건
대 그를 기용하여 총사령관으로 임명하십시오.

임금의 노여움도 두려워하지 않고 정직하게 간(諫)하는 일에
있어서는 신은 동곽아(東郭牙)를 따를 수 없으니 청하옵건대
그를 기용하여 사간(司諫)으로 임명하십시오.

제나라 하나를 다스림에는 이 다섯 사람으로 충분합니다. 그
러나 장차 천하를 통일하는 패왕(霸王)이 되고자 하신다면 이
오(夷吾)가 여기에 있습니다."

　　傳四　鉅者　齊之居士　屛者　魏之居士　齊魏之君不明　不能親照
境內　而聽左右之言　故二子費金璧而求入仕也
　　西門豹爲鄴令　淸剋潔愨　秋毫之端無私利也　而甚簡[1]左右　左
右因相與比周而惡之　居期年　上計　君收其璽　豹自請曰　臣昔者
不知所以治鄴　今臣得矣　願請璽復以治鄴　不當　請伏斧鑕[2]之罪
文侯不忍　而復與之　豹因重斂百姓　急事左右　期年上計　文侯迎
而拜之　豹對曰　往年臣爲君治鄴　而君奪臣璽　今臣爲左右治鄴
而君拜臣　臣不能治矣　遂納璽而去　文侯不受曰　寡人曩不知子
今知矣　願子勉爲寡人治之　遂不受
　　齊有狗盜[3]之子　與刖危子戲而相誇　盜子曰　吾父之裘獨有尾
危子曰　吾父獨冬不失袴
　　子綽曰　人莫能左畫方　而右畫圓也
　　以肉去蟻　蟻愈多　以魚驅蠅　蠅愈至
　　桓公謂管仲曰　官少而索者衆　寡人憂之　管仲曰　君無聽左右之
請　因能而授祿　錄功而與官　則莫敢索官　君何患焉
　　韓宣王曰　吾馬菽粟[4]多矣　甚瘠何也　寡人患之　周市對曰　使騶

盡粟以食 雖無肥 不可得也 名爲多與之 其實少 雖無朧 亦不可
得也 主不審其情實 坐而患之 馬猶不肥也

桓公問置吏於管仲 管仲曰 辯察於辭[5] 淸潔於貨 習人情 夷吾
不如弦商[6] 請立以爲大理[7] 登降肅讓 以明禮待賓 臣不如隰朋
請立以爲大行[8] 墾草挪邑 辟地生粟 臣不如甯戚[9] 請立以爲大田
三軍旣成陳 使士視死如歸[10] 臣不如公子成父 請立以爲大司馬
犯顏極諫 臣不如東郭牙 請立以爲諫臣 治齊 此五子足矣 將欲
霸王 夷吾在此

1) 簡(간) : 여기에서는 업신여기다의 뜻.

2) 斧鑕(부질) : 사형(死刑)을 뜻하는데, 본뜻은 사람을 사형시킬 때 쓰
는 도끼와 쇠고랑을 말한다.

3) 狗盜(구도) : 개가죽을 뒤집어 쓰고 도둑질하는 사람을 가리킨다.

4) 茹粟(여속) : 원본에 숙속(菽粟)으로 썼는데 숙(菽)은 콩을 뜻하며,
속(粟)은 조를 말한다.

5) 辯察於辭(변찰어사) : 말에 대하여 변설을 교묘히 하여 도리를 판별
하는 것을 말하는데 『순자』에 찰변(察辯)이란 말이 있다. 사(辭)는
본래 소송(訴訟), 변명(辯明), 재판(裁判), 판결을 뜻한다.

6) 夷吾不如弦商(이오불여현상) : 이오(夷吾)는 관중(管仲)의 이름으로
자신을 가리킨 것이고, 현상(弦商)은 현자기(弦子旗)라는 사람으로
『안자춘추(晏子春秋)』에는 현영(弦寧)으로 나와 있다.

7) 大理(대리) : 형옥(刑獄)을 관장하는 장관으로 지금의 법무장관에 해
당된다.

8) 大行(대행) : 외국에서 오는 귀빈을 접대하는 장관으로 지금의 외무
장관에 해당되는데 『주례(周禮)』에는 대행인(大行人)이라 했다.

9) 甯戚(영척) : 구본에는 영무(甯武)로 썼다. 본래 춘추시대 위나라 사
람으로 집이 가난하여 소(牛)먹이다가 제나라로 와 환공의 눈에 들
어 대부가 되었다.

10) 使士視死如歸(사사시사여귀) : 시사여귀(視死如歸)란 말은 『여씨춘
추』에 나오는 말로 군사가 집으로 돌아가려 하기보다 나라를 위해
죽는다는 뜻.

6. 다섯째 전(傳五)

가. 재상의 검소한 것을 축하할 수 없소.

우헌백(盂獻伯)은 진(晉)나라의 재상이었다. 집 안팎의 뜰 아래는 잡초가 무성했고, 문밖에는 가시덩굴이 길게 자랐으며, 식사 때 두 가지 이상의 찬을 먹는 일이 없었고, 앉는 자리의 깔개도 겹으로 쓰지 않았으며, 안방에는 비단옷을 입은 처첩(妻妾)이 없었고, 집에서 말(馬)을 기르되 곡식을 먹이지 않았으며, 바깥나들이를 할 때 수레를 타지 않았다.

대부(大夫)인 숙향(叔向)이 이 말을 듣고 묘분황(苗賁皇)에게 이야기하자 묘분황은 이를 비난했다.

"그것은 임금으로부터 작록을 받으면 그에 걸맞은 생활을 해야 함에도 모든 것을 아랫사람에게 주어 자기 인기를 얻으려 하는 것이니 스스로 직위를 욕되게 하는 짓이오."

일설에 이러한 이야기가 있다.

우헌백이 경(卿)으로 등용되었을 때 숙향이 이를 축하하러 찾아갔는데, 문앞에 한 대의 수레가 있었고 말 한 필이 있는데 곡물을 먹지 않았다.

그래서 숙향이 우헌백에게 묻기를

"그대는 경인데 두 필의 말(馬)과, 두 대의 수레가 없으니 어찌된 까닭이오?"

했다. 우헌백이 대답하기를

"내가 이 나라 민중들을 봤을 때, 아직도 굶주리고 있는 몰골이어서 말에게 곡식을 먹일 수 없소. 또한 백발이 성성한 노인들이 아직도 걸어다니는 형편이기에 수레가 둘이 아니오."

라 말했다. 이에 숙향이

"내가 처음에는 그대의 경되었음을 하례드리러 왔는데, 이제는 그대의 검소함을 하례드리오."

하고 밖으로 나와 대부인 묘분황에게 말하기를

"나를 도와 헌백의 검소함을 하례드립시다."

고 하자 묘분황은 말하기를

"그것이 어찌 하례할 일이겠습니까? 무릇 벼슬과 봉록을 정하고 깃발과 수레를 갖추게 하는 것은, 공적의 높낮음을 구별하고 어질고 아둔함을 분간하기 위함이오.

그래서 진나라 국법에 따르면, 상대부(上大夫)는 수레 두 대와 전거(戰車) 두 대를, 중대부(中大夫)는 수레 두 대와 전거 한 대를 하대부(下大夫)에게는 단지 한 대의 전거만을 갖도록 정해놓은 것은 관직의 등급을 밝혀놓은 것이오. 또 한 나라의 경(卿)은 반드시 군사(軍事)에 관한 용무가 있을 것이므로 평소에도 수레와 말을 갖추어 두고, 보병과 전거병(戰車兵)을 정비하여 언제나 전투에 대비하여, 나라에 어려움이 있을 때는 뜻밖의 일에 대처하고, 나라가 태평할 때는 조정(朝廷)의 국사에 쓰이도록 하는 것이오.

지금 진나라의 정치는 혼란스럽고 돌발사에 대한 준비가 없는데도, 검소한 덕(德)을 이루어 사사로운 명성만을 빛내고 있으니 어찌 헌백의 검소함을 옳다고 할 수 있겠습니까? 또한 어찌 축하할 수 있겠습니까?"

관중(管仲)이 제(齊)나라의 재상이 되었을 때, 환공(桓公)에게 말하기를

"신(臣)의 벼슬은 귀하게 되었지만 신의 집은 여전히 가난합니다."

고 했다. 이에 환공이 말하기를

"그렇다면 세 첩을 거느릴 수는 봉록을 내리겠소."

관중은 다시 말하기를

"신은 이제 부유해졌으나 신분은 여전히 낮습니다."

고 하자 환공은 관중을 고씨(高氏)나 국씨(國氏)와 같은 세경(世卿)의 윗자리에 두기로 했다.

관중은 다시 말하기를

"이제 저의 신분은 존귀해졌습니다만 왕실(公室)과의 인연은

아직 소원합니다."

고 했다. 이에 환공은 관중을 아버지와 같은 대열에 올려 중보(仲父)로 삼았다.

공자가 이 말을 듣고 비난하여 말했다.

"너무 사치스러우면 오만해져 임금을 핍박하게 될 것이다."

일설에 이러한 이야기가 있다.

관중보(管仲父)가 바깥나들이를 할 때는 붉은색의 덮개를 수레 위에 씌우고 푸른비단으로 수레 주위를 둘러치고 다녔으며, 식사를 할 때는 북을 쳐 음악을 연주하게 했고, 뜰에는 많은 향로를 벌려놓았으며, 집은 세 첩을 거느릴 만큼 부유해져 있었다.

공자가 이 말을 듣고 말했다.

"관중은 뛰어난 대신이지만 그 사치스러움은 임금을 위협할 정도다."

손숙오(孫叔敖)는 초(楚)나라 재상이 되었는데도 지나치게 검소하여 통대나무를 가죽으로 엮어 만든 수레를 암말에 매어 끌게 하고, 잡곡밥에 푸성귀만으로 끓인 국과 소금에 절인 생선으로 식사를 했다. 겨울에는 양가죽을, 여름에는 칡뿌리 같은 거친 것으로 짠 옷감으로 의복을 지어 입고, 그 얼굴은 언제나 굶주린 빛이 완연했다.

그는 지위로는 뛰어난 대신이면서 검소한 것으로는 아랫사람들을 위협 할 정도였다.

양호(陽虎)라는 사람이 제(齊)나라에서 조(趙)나라로 망명했을 때 조나라 간주(簡主)가 그에게 묻기를

"내 듣기로 그대가 사람을 천거하는 일에 뛰어나다고 하는데 사실이오?"

했다. 양호가 대답하기를

"신(臣)이 노(魯)나라에 있을 때 세 사람을 천거해 모두 지방의 장관(令君)으로 임명되었는데, 신이 노나라에서 죄를 범하자 세 사람 모두 저를 찾아 포박하려고 했습니다.

또 신(臣)이 제나라에 있을 때도 세 사람을 천거했는데 한
사람은 임금의 근신이 되었고, 한 사람은 지방의 현령이 되었
으며, 또 한 사람은 상대국을 탐색하는 척후가 되었습니다.

그런데 신이 죄를 범하게 되자 임금의 근신이 된 사람은 신
을 만나주지도 않았고, 현령이 된 사람은 신을 잡아 묶으려 했
으며, 척후가 된 사람은 신을 잡으러 국경까지 쫓아왔으나 잡
지 못하고 돌아갔습니다. 그러니 저는 사람을 잘 천거한다고
할 수 없습니다."

고 말했다. 이에 간주는 고개를 숙이고 웃으며 말했다.

"무릇 감귤이나 유자나무를 심은 사람은 나중에 맛있는 열매
를 먹을 수 있고 향기로운 냄새를 맡을 수 있으나, 가시나무를
심은 사람은 나중에 그 나무가 자라면 가시에 찔리게 마련이
오. 그러므로 군자는 함부로 사람을 천거하지 않는 법이오."

진(晋)나라 중모(中牟)지방의 현령 자리가 비어 있었다. 평
공(平公)이 재상인 조무(趙武)에게 묻기를

"중모(中牟)는 진나라에 있어 팔·다리같이 중요하고, 도읍
인 한단(邯鄲)의 어깨나 넓적다리와 같은 요충지라 과인은 그
곳에 훌륭한 현령을 배치하고자 하는데 누가 알맞겠는가?"

하니 조무가 대답하기를

"형백자(邢伯子)가 좋을 듯합니다."

고 말했다. 임금이 말하기를

"그 사람은 그대의 원수가 아닌가?"

하니, 조무가 다시 말하기를

"사사로운 원한이 조정의 공적인 일에 개입돼서는 안 될 것
입니다."

고 대답했다. 평공이 또 묻기를

"중부(中府)의 살림을 맡을 대신으로는 누가 좋겠는가?"

고 하니 조무가 대답했다.

"신(臣)의 자식이 좋겠습니다."

그래서 옛말에 이르기를 "남을 천거하는데 있어서는 원수도

상관하지 않아야 하며, 가까운 사람을 천거하는데 있어서는 자식이라도 상관하지 않아야 한다."고 했다.

이렇게 해서 조무가 임금에게 천거한 사람이 무려 46명이나 되었다. 그가 죽자 모두 빈객의 자리에서 조문하였는데 이는 그가 사사로운 은혜를 베풀어 사람을 천거하지 않았고 한 나라의 중신으로서의 덕(德)이 이와 같았다는 것을 나타낸 것이다.

후에 평공(平公)이 숙향(叔向)에게 묻기를

"여러 신하들 가운데 누가 가장 현명하다고 생각하오?"

하자 숙향이 대답하기를

"조무(趙武)입니다."

라고 했다. 평공이 다시 말하기를

"그는 그대의 스승이기 때문이오?"

하니 숙향이 대답했다.

"조무는 겸손해 평소에 서 있을 때는 입은 옷을 감당하지 못하는 것 같이 공손했고, 말은 입속에서 나오지 못하는 것 같이 삼가했습니다. 그러나 그가 천거한 선비는 수십명에 이르고, 모두가 그 천거한 뜻을 어기지 않고 나라를 위하여 충성을 다하고 있어 조정에서도 그들을 매우 신뢰하고 있습니다.

조무는 살아 있는 동안에 자기 일가의 이익을 꾀하지 않았고, 죽음에 이르러서도 자기 자식의 장래를 부탁하는 일이 없었으니 이런 이유로 신(臣)은 감히 조무를 현인이라고 말씀드릴 수 있습니다."

진(晉)나라 대부인 해호(解狐)는 자기의 원수를 조간주(趙簡主)에게 천거해 재상이 되게 했는데, 그 원수된 사람은 고맙게도 해호가 자기를 용서한 것으로 생각하고 곧 그 집으로 사례하러 찾아가 공손하게 예의를 표했다.

그런데 해호는 활에 살을 먹여 쏘아 그를 쫓아내며 말했다.

"무릇 내가 그대를 천거한 것은 공적인 일로 그대가 재상자리에 알맞다고 생각했기 때문이다. 무릇 내가 그대를 원수로 생각하는 것은 사사로운 것이라 사사로운 원한 때문에 그대의

능력을 임금에게 감추고 싶지 않아 그대를 천거한 것이다. 옛
말에 이르기를 '사사로운 원한을 공적인 일에 개입시키지 말
라'고 했다."

일설에 이러한 이야기가 있다.

해호가 자기의 원수인 형백류(邢伯柳)를 천거하여 상당(上
堂)의 태수〔長官〕로 등용케 했는데, 형백류는 이에 감사하여 해
호를 찾아가 말하기를

"당신은 저의 죄를 용서해 주셨으니 감히 재배하여 인사드리
지 않을 수 없습니다."

고 하니 해호가 대답했다.

"그대를 천거한 것은 공적인 일이고, 그대를 원망하는 것은
사사로운 일이오. 그대는 돌아가오, 그대에 대한 원망은 처음과
조금도 다름이 없소."

정(鄭)나라의 어느 시골 사람이 돼지를 팔고 있어 어떤 사람
이 그 값을 물었더니 그가 대답했다.

"돌아갈 길은 멀고 해는 저물었으니 어찌 당신이 묻는 말에
대답할 틈이 있겠는가?"

傳五 孟獻伯[1]相晋 堂下生藿藜[2] 門外長莉棘 食不二味 坐不
重席 無衣帛之妾 居不粟馬 出不從車 叔向聞之 以告苗賁皇 賁
皇非之曰 是出主之爵祿以附下也

一曰 孟獻伯拜上卿 叔向往賀 門有御車 馬不食禾 向曰 子無
二馬二輿 何也 獻伯曰 吾觀國人尙有飢色 是以不秣馬 班白者
多徒行 故不二輿 向曰 吾始賀子之拜卿 今賀子之儉也 向出語
苗賁皇曰 助吾賀獻伯之儉也 苗子曰 何賀焉 夫爵祿旂車 所以
異功伐 別賢不肖也 故晋國之法 上大夫二輿二乘 中大夫二輿一
乘 下大夫專乘 此明等級也 且夫卿必有軍事 是故修車馬 比卒
乘 以備戎事 有難則以備不虞 平夷則以給朝事 今亂晋國之政
乏不虞之備 以成節儉 以潔私名 獻伯之儉也可與 又何賀

管仲相齊曰 臣貴矣 然而臣貧 桓公曰 使子有三歸之家 曰 臣

富矣 然而臣卑 桓公使立於高國之上曰 臣尊矣 然而臣疏 乃立
爲仲父 孔子聞而非之曰 泰侈偪上

　一曰 管仲父出 朱蓋靑衣[3] 置鼓而歸 庭有陳鼎[4] 家有三歸 孔
子曰 良大夫也 其侈偪上

　孫叔敖相楚 棧車牝馬[5] 糲飯菜羹[6] 枯魚之膳 冬羔裘 夏葛衣
面有飢色 則良大夫也 其儉偪下

　陽虎去齊走趙 簡主問曰 吾聞子善樹人[7] 虎曰 臣居魯 樹三人
皆爲令尹 及虎抵罪[8]於魯 皆搜索於虎也 臣居齊 薦三人 一人得
近王 一人爲縣令 一人爲候吏[9] 及臣得罪 近王者不見臣 縣令者
迎臣執縛 候吏者追臣至境上 不及而止 虎不善樹人 主俛而笑曰
夫樹橘柚者 食之則甘 嗅之則香 樹枳棘者 成而刺人 故君子愼
所樹

　中牟無令 晋平公問趙武曰 中牟 晋國之股肱 邯鄲之肩髀 寡
人欲得其良令也 誰使而可 武曰 邢伯子[10]可 公曰 非子之讐也
曰 私讐不入公門 公又問曰 中府之令 誰使而可 曰 臣子可 故
曰 外擧不避讐 內擧不避子 趙武所薦四十六人 及武死 各就賓
位 其無私德若此也 平公問叔向曰 群臣孰賢 曰 趙武 公曰 子
黨於師人 對曰 武 立如不勝衣[11] 言如不出口 然其所擧士也數
十人 皆令得其意 而公家甚賴之 及武子之生也不利於家 死不託
於孤 臣敢以爲賢也

　解狐薦其讐於簡主以爲相 其讐以爲且幸其釋己也 乃因往拜謝
狐乃引弓逆而射之曰 夫薦汝 公也 以汝能當之也 夫讐汝 私怨
也 不以私怨壅汝於吾君 故私怨不入公門

　一曰 解狐擧邢伯柳爲上黨守 柳往謝之曰 子釋罪 敢不再拜
曰 擧子 公也 怨子 私也 子往矣 怨子如初

　鄭縣人賣豚 人問其價曰 道遠日暮 安暇語汝

1) 孟獻伯(우헌백) : 우를 맹(孟)으로 써서 맹헌백(孟獻伯)이라고도 한
　다.

2) 藿藜(곽려) : 콩잎사귀와 명아주를 말함인데, 여기서는 잡초의 뜻.

3) 朱蓋靑衣(주개청의) : 개(蓋)는 수레 위를 덮는 우산모양의 덮개로,

눈비를 가림은 물론 햇빛을 가리는 차양 역할도 한다. 의(衣)는 수레의 둘레에 옷을 입히듯이 둘러 늘어뜨리는 비단을 말한다.

4) 庭有陳鼎(정유진정) : 진(陳)은 벌려놓다 곧, 진열하다의 뜻이고, 정(鼎)은 음식을 끓이는 솥을 말하나 여기서는 제사를 지낼 때 쓰는 향로(香爐)를 뜻한다.

5) 棧車牝馬(잔거빈마) : 잔거(棧車)는 통대나무를 가죽끈으로 엮어 만든 수레를 말하고, 빈마(牝馬)는 암말(雌馬)을 뜻한다.

6) 糲飯菜羹(여반채갱) : 여반(糲飯)이란 지금의 현미(玄米)와 같이 정미하지 않은 곡식으로 지은 밥, 곧 험한 잡곡밥을 뜻하며, 채갱(菜羹)은 나물국을 말한다.

7) 子善樹人(자선수인) : 자(子)는 그대, 또는 당신의 뜻. 선(善)은 뛰어나다, 잘하다의 뜻. 수(樹)는 심는다는 뜻으로 천거한다는 뜻.

8) 抵罪(저죄) : 죄를 짓고 벌을 받는다는 뜻.

9) 候吏(후리) : 본래 『국어』 주어(周語)에 따르면 국경을 드나드는 빈객(賓客)을 송영(送迎)하는 관리를 말함인데, 여기서는 척후(斥候)를 맡은 관리를 뜻한다.

10) 邢伯子(형백자) : 진나라 대부인 형백(邢伯)의 아들로 해석하는 설도 있고, 또한 성은 형(邢)이고 이름을 백자(伯子)로 보는 견해도 있다.

11) 立如不勝衣(입여불승의) : 서 있는데 옷을 이기지 못하듯이 하다. 아주 겸손한 모습.

7. 여섯째 전(傳六)

가. 바른말은 부모형제를 위태롭게 한다.

진(晉)나라 범문자(范文子)는 바른말 하기를 좋아했는데, 그 아버지 무자(武子)가 지팡이로 그를 때리면서 꾸짖었다.

"무릇 바른말로 간언을 즐기는 사람은 남에게 미움을 받을 뿐 받아들여지는 것이 없다. 받아들여지는 것이 없으면 그 일신이 위태로울 뿐이며, 단지 자기 한 몸만 위태롭게 되는 것이 아니라 나아가 그 부모형제까지도 위태롭게 된다."

정(鄭)나라 자산(子産)은 자국(子國)의 아들이었다. 자산이 임금에게 충성을 다하자 그 아버지 자국이 몹시 화를 내며 꾸짖었다.

"무릇 신하로서 다른 사람과 달리 홀로 임금에게 충성하게 되면 마침 현명한 임금이라면 너의 의견을 듣고 받아들이겠지만, 현명하지 못한 임금이라면 들어주지 않을 것이다. 임금이 네 말을 들어줄지 아닐지는 아직 알 수가 없는데도 너는 벌써 다른 신하들과 동떨어진 행동을 하고 있다. 여러 다른 신하들과 동떨어진 행동을 하면 일신이 위태로워진다. 그렇게 되면 비단 네 일신만 위태로운 것이 아니라 또한 부모형제까지도 위태로워질 것이다."

양거(梁車)라는 사람이 새로 제나라 업(鄴)의 현령이 되었는데 그 누이(姉)가 찾아가 만나려 했으나 날이 저물어 성문이 닫힌 후였다. 그 누이는 성의 담을 넘어서 들어갔는데 마침내 양거는 누이를 월형으로 다스렸다. 이에 조(趙)나라 임금 성후(成侯)는 그가 무자비한 사람이라고 생각하고 관인을 회수하고 현령의 자리에서 파직시켰다.

제(齊)나라의 관중(管仲)이 속박되어 노(魯)나라에서 제나라로 압송되어 가는 도중에 굶주리고 목말라 기오(綺烏)라는 국경을 지나다가 그곳을 경비하는 관리에게 먹을 것을 청했다.

그 관리는 무릎을 꿇고 공손히 음식을 대접하면서 관중에게 속삭이듯이 말하기를

"당신이 만약 다행스럽게 제나라로 돌아가 죽지 않고 제나라에 등용된다면 장차 저에게 무엇으로 보답할 것입니까?"

고 물었다. 관중이 대답하기를

"그대의 말대로 나는 또한번 현명한 사람을 등용할 것이고, 능력있는 사람을 기용하여 쓸 것이며, 공로가 있는 사람을 평가하려 하는데, 이 세 가지 가운데 내가 그대에게 어떤 것으로 보답할 수 있겠는가?"

하고 되물으니 그 관리는 관중을 원망했다.

　傳六　范文子喜直言　武子擊之以杖曰　夫直議者　不爲人所容
無所容則危身　非徒危身　又將危父
　　子產者　子國[1]之子也　子產忠於鄭君　子國譙怒之曰　夫介異[2]於
人臣　而獨忠於主　主賢明　能聽汝　不明　將不汝聽　聽與不聽　未
可必知　而汝已離於群臣　離於群臣　則必危汝身矣　非徒危己也
又且危父矣
　　梁車新爲鄴令　其姊往看之　暮而後門[3]　因踰郭而入　車遂刖其
足　趙成侯以爲不慈　奪之璽而免之令
　　管仲束縛　自魯之齊　道而飢渴　過綺烏封人[4]而乞食焉　封人跪
而食之　甚敬　封人因竊謂仲曰　適[5]幸及齊不死而用齊　將何以報
我　曰　如子之言　我且賢之用　能之使　勞之論　我何以報子　封人
怨之

1) 子國(자국) : 춘추시대 정나라 목공(穆公)의 아들인 공자(公子) 발
　(發)을 가리키며, 정나라의 사마(司馬)를 지냈다. 아들인 자산(子產)
　은 대부 공손교(公孫僑)이며 자산(子產)은 그의 자.
2) 介異(개이) : 혼자만이 남과 다르게 라는 뜻인데, 『광아(廣雅)』에 나
　오는 특이(特異)와 같은 뜻.
3) 暮而後門(모이후문) : 이 글귀는 구본에 모이후문폐(暮而後門閉)라
　하여 닫히다가 추가되어 있으나 그대로가 좋다.
4) 綺烏封人(기오봉인) : 기오(綺烏)는 제나라와 노나라의 국경지대에
　있었던 곳의 마을 이름이며, 봉인(封人)은 국경을 지키는 관리를 말
　한다.
5) 適(적) : 만약의 뜻과 같다.

제 32 편 외저설우상(外儲說右上)

이 편은 임금이 가져야 할 권세(權勢)와 법술(法術)의 철저함을 설명한 내용으로 '내저설상'의 내용을 해석했으며 우하(右下)는 상벌을 통해 시행하는 구체적인 방법을 설명했다.

경(經)의 설명이 아주 짧게 된 것이 특색이라 하겠다. 경 자체는 세 항목에 지나지 않으며 그것은 저설(儲說)가운데서도 제일 짧지만 그것을 푼 이야기의 분량은 우상·우하가 좌상·좌하에 비해 훨씬 긴 편이다.

1. 신하를 다스리는 도 세 가지

임금이 신하를 다스리는 도에는 세 가지가 있다.

첫째 경(經一)

임금의 권세로서도 통제할 수 없는 신하가 있다면 그를 제거해 버려야 한다.

사광(師曠)의 답변과, 안자(晏子)가 말한 것들은 모두 권세로써 통치하는 쉬운 방법을 버리고 은혜를 베풀어 실천하는 어려운 방법에 의지하도록 말한 것이다. 이것은 마치 수레를 타지 않고 달려서 짐승을 잡으려는 것과 같은 것으로 재앙을 제거하는 방법은 아닌 것이다.

화근을 뿌리 뽑는 좋은 방법을 자하(子夏)가 춘추(春秋)를 들어 설명했는데 "권세를 교묘하게 잘 장악하고 활용하는 사람은 간악(姦惡)한 싹을 미리 잘라내 후환을 없앤다."고 했다.

그래서 노(魯)나라 계손(季孫)은 권세의 침해를 빌미로 중니
(仲尼)를 공격했는데 하물며 임금의 권세를 침해하는데 있어서
야 말할 나위가 있겠는가.

이로써 태공망(太公望)은 광율(狂矞)을 죽였고, 노예도 준마
(駿馬)인 기(驥)를 타지 않았던 것이다.

위(衛)나라 사공(嗣公)은 이러한 도리를 터득했기 때문에 사
슴으로 하여금 수레를 끌게 하지 않는다고 했다.

또 위(魏) 설공(薛公)도 도리를 터득했기 때문에 쌍둥이 신
하와 박을 하게 했던 것이다.

이들은 모두 군신(君臣)간의 이해(利害)가 상반된다는 것을
알고 있었던 것이다. 그러므로 현명한 임금이 신하를 기르는
도리는 까마귀를 길들이는 방법과 같다.

둘째 경(經二)

한 나라의 임금은 신하들의 이해(利害)가 집중되는 표적으로
많은 사람이 임금의 마음을 쏘아 맞히려고 하기 때문에 임금은
다같이 주목을 받고 있는 것이다.

임금이 그 좋아하고 싫어하는 속마음을 겉으로 드러내면 신
하들은 곧 임금의 마음에 드는 말만 하여 임금을 홀릴 것이고,
임금이 신하의 말을 함부로 다른 사람에게 누설하게 되면 여러
신하들은 할 말이 있어도 진언하지 않게 되므로 임금은 신묘한
위력을 발휘할 수 없게 된다.

위의 이야기를 설명하는 예증(例證)으로는 정(鄭)나라의 신
자가 임금으로서 삼가야 할 여섯 가지의 일을 말했고, 당이(唐
易)라는 사람은 활로 새를 쏠 때의 일을 말했다.

그러한 일이 화근이 된 예증으로 국양(國羊)이라는 사람이
잘못을 고치겠다고 청한 일이 있었고, 한(韓)나라 선왕(宣王)이
크게 감탄한 일이 있었다.

이러한 도리를 명확하게 하는 또 하나의 예증으로 제나라의

정곽군(靖郭君)이 옥으로 된 귀고리 열 쌍을 만들어 바친 일과,
감무(甘武)가 벽에 구멍을 뚫었던 일이 있었다.

당계공(堂谿公)은 법술(法術)을 터득한 사람으로 한(韓)나라
소후(昭侯)에게 옥(玉)으로 만든 술잔에 대해 물었다. 소후는
법술에 능통했기 때문에 그 말을 듣고 혼자 잠자리를 했던 것
이다.

현명한 임금의 도리란 신불해가 임금에게 권한 독단(獨斷)이
있을 뿐이다.

셋째 경(經三)

임금이 나라를 다스림에 있어 법술(法術)이 제대로 행해지지
않는 데는 반드시 그 까닭이 있다. 곧 술집에 있는 사나운 개를
죽이지 않으면 손님이 오지 않아 술맛이 곧 초맛으로 변해 버
리는 일과 같다.

무릇 나라에도 그와 마찬가지로 사나운 개와 같은 존재가 있
는데, 도를 터득한 선비를 물어뜯는 것에 비유되는 임금 측근
의 신하들은 모두 조정에 구멍을 뚫고 사는 쥐새끼와 같은 존
재들인 것이다.

세상의 임금에게 요임금이 천하를 순임금에게 물려주는 것을
반대한 곤(鯀)과 공공(共工) 두 사람을 함께 죽인 일과, 초(楚)
나라 장왕(莊王)이 태자를 훈계한 의연한 태도가 없으면 모두
박의(薄疑)의 노모(老母)가 무당인 채구(蔡嫗)에게 집안 일을
결정해 달라고 상의하는 것과 다름이 없을 것이다.

무능한 사람을 골라내 제거하는 데 있어 노래를 가르치는데
그 기준으로 소리만 좋다고 되는 것이 아니라 반드시 법도에
따라 그 능력을 살펴야 할 것이다.

오기(吳起)가 애처를 쫓아낸 일과 문공(文公)이 전힐(顚頡)
의 목을 벤 일들은 모두 인정(人情)에는 어긋나지만 나라를 다
스리기 위한 법술에는 따른 것이다. 그러므로 남으로 하여금
종기를 치료케 하는 사람은 반드시 그 아픔을 참을 수 있는 사

람이다.

君所以治臣者有三

經一　勢不足以化[1]　則除之　師曠[2]之對　晏子之說　皆舍勢之易
也　而道行之難　是與走逐獸也　未知除患　患之可除　在子夏之說
春秋也　善持勢者　蚤絶其姦萌　故季孫讓仲尼以遇勢　而況錯[3]之
於君乎　是以太公望殺狂矞　而臧獲不乘驥　嗣公知之　故不駕鹿
薛公知之　故與二欒博[4]　此皆知同異之反也　故明主之牧臣也　說
在畜烏

經二　人主者　利害之輨轂[5]也　射者衆　故人主共矣　是以好惡見
則下有因　而人主惑矣　辭言通[6]　則臣難言　而主不神矣　說　在申
子之言六愼　與唐易之言弋也[7]　患　在國羊之請變[8]　與宣王之太息
也[9]　明之以靖郭氏之獻十珥也　與甘茂之道穴聞也　堂谿公[10]知術
故問玉巵　昭侯能術　故以聽獨寢　明主之道　在申子之勸獨斷也

經三　術之不行　有故　不殺其狗　則酒酸　夫國亦有狗　且左右皆
社鼠也　人主無堯之再誅　與莊王之應太子　而皆有薄媼之決蔡嫗
也　如是不能以敎歌之法先揆之　吳起之出愛妻　文公之斬顚頡　皆
違其情者也　故能使人彈疽者[11]　必其忍痛者也

1) 勢不足以化(세부족이화) : 세(勢)는 여기에서 임금의 절대적인 상벌
(賞罰)의 권세를 말함인데 신하를 통치하는 법술을 뜻하고, 화(化)는
변화 곧 통제하여 바꾸어 놓는다는 뜻.

2) 師曠(사광) : 춘추시대 진나라의 뛰어난 악관(樂官)을 말함인데, 아주
옛날에는 귀가 총명하여 잘 듣는 사람을 대표적으로 가리키는 말이
었다. 여기서는 진나라 평공 때 사부(師傅)로서 임금의 자문역할을
했던 것으로 알려져 있고 예언, 비평같은 말도 했다.

3) 錯(착) : 일반적으로 조치(措置)와 같은 뜻으로 해석한다.

4) 二欒博(이란박) : 난(欒)은 쌍둥이(孿)의 잘못된 글자로 두 쌍둥이를
뜻하며, 박(博)은 도박을 뜻한다.

5) 輨轂(초곡) : 수레바퀴의 살을 말함인데 여기서는 수레바퀴 살이 사
방에서 가운데로 모여들듯이 만기(萬機)가 폭주(輻湊)한다는 뜻.

6) 通(통) : 여기에서 누설(漏泄)과 같은 뜻인데, 임금에게 진언한 말 (言)이 다른 신하에게 누설된다는 말.

7) 唐易之言弋也(당이지언익야) : 당이(唐易)는 전(傳)에 당이국(唐易 鞠) 또는 당이자(唐易子)로 쓰기도 하는데, 『한서(漢書)』 고금인표 (古今人表)에는 당이자(唐易子)로 실려있다. 익(弋)은 작살을 말하는 것인데 화살에 실을 매어 새(鳥)를 잡을 때 쓴다.

8) 患在國羊之請變(환재국양지청변) : 환(患)은 병폐(病弊)를 뜻하며, 국 양(國羊)은 사람의 이름이지만 그의 사적에 대해서는 상세한 문헌이 없다. 변(變)은 잘못을 바꾸었다는 뜻.

9) 太息也(태식야) : 태식(太息)은 크게 감탄한다는 뜻.

10) 堂谿公(당계공) : 여기에서 한나라 소후(昭侯)와 같은 시대의 사람 으로 되어 있으나 문전(間田)에는 한비(韓子)와 대화하는 대목이 있 으므로 시대의 차이에 문제가 있다. 이에 대하여는 여러 가지 설이 있으나 그의 말이 중요할 뿐이다.

11) 彈疽者(탄저자) : 악성 종기를 침이나 칼로 째 치료하는 것을 뜻한 다. 곧 옛날의 외과수술을 말한다.

2. 첫째 전(傳—)
가. 임금은 백성에게 은혜를 베풀어야

임금이 상을 주고 칭찬해도 기뻐하지 않고 더욱 힘쓸 생각을 하지 않으며, 또한 벌하거나 꾸짖는 말을 해도 이를 두려워하지 않는다. 상주고, 칭찬하고, 벌하고, 꾸짖는 이 네 가지가 일신에 가해져도 변화하지 않는 신하는 곧 제거해야 한다.

제(齊)나라 임금 경공(景公)이 진(晋)나라에 가 평공(平公)과 함께 술을 마시는 자리에 사광(師曠)이라는 악관(樂官)도 그곳에 같이 있었다.

연회(宴會)가 시작되자 경공이 사광에게 정치에 관해 묻기를
"태사(太師)는 어떤 것을 과인에게 가르쳐 줄 생각이오?"
하니 사광이 대답했다.

"임금은 반드시 민중에게 은혜를 베풀어야 합니다."

연회가 한창 무르익어 술이 거나해지고 주흥이 파할 무렵 경공은 다시 사광에게 묻기를

"태사는 과인에게 무엇을 가르쳐 줄 것인가?"

고 말하니 사광은 앞서와 같이 대답했다.

"임금은 민중에게 은혜를 베풀어야 합니다."

경공은 연회장을 떠나 숙소로 가는데 사광이 이를 전송했다. 이에 경공이 다시 사광에게 정치에 대해 물으니 사광은 역시

"임금은 반드시 민중에게 은혜를 베풀어야 합니다."

고 대답했다.

경공은 숙소로 돌아와 생각에 생각을 거듭한 뒤에 술이 미처 깨지 않았으나 사광이 말한 뜻을 깨닫게 되었다.

"공자(公子) 미(尾)와 하(夏)는 나의 두 아우다. 두 아우는 다같이 제나라 민중들에게 은혜를 베풀어 민심을 얻고 있고, 집은 부유하고 귀하여 민중들이 모두 그들을 따르고 있어 그 세력이 왕실(王室)에 버금갈 정도에 이르렀다. 이렇게 되어서는 나의 지위가 위태롭다. 지금 사광이 민중에게 은혜를 베풀도록 말한 것은 나로 하여금 두 아우와 다투어 민중에게 은혜를 베풀어 이미 민심을 얻고 있는 두 아우를 통제하라는 뜻이 아닌가?"

하고는 경공은 제나라로 돌아오자 곧 창고를 열고 곡식을 방출하여 많은 가난하고 어려운 민중에게 나누어 주고 국고의 돈으로 고아와 과부들에게 은전을 베풀었다.

창고에는 묵은 곡식이 없어지고, 나라의 금고에 비축해 둔 재화도 없어졌다.

궁궐안에 있는 궁녀 가운데도 직접 임금을 모시는 사람 외에는 밖으로 나가게 하여 시집을 보냈고, 나이 일흔 살에 이른 노인에게는 부양미(扶養米)를 나눠주어 많은 민중에게 은전(恩典)을 팔고, 은혜를 베풀어 두 아우와 경쟁했다.

그렇게 한 지 두 해가 지나자 두 아우는 나라 밖으로 망명했

는데 공자(公子) 하(夏)는 초(楚)나라로 도망했고, 공자 미(尾)
는 진(晋)나라로 달아났다.

제나라 경공(景公)이 대부인 안자(晏子)와 함께 소해(少海)
라는 곳을 유람하면서 백침(柏寢)의 누대에 올라 자기 나라를
바라보면서 말하기를

"참 아름답도다! 넓고 넓은 들판과 유유히 흐르는 강물, 그리
고 당당하게 솟은 산이여! 장차 후세에 누가 이 나라를 소유할
것인가 ? "

했다. 안자가 대답하기를

"그것은 아마 전씨(田氏)가 아닐까 생각합니다."

고 했다. 이에 경공이 묻기를

"과인이 지금 이 나라를 소유하고 있는데, 장차 전씨가 소유
한다는 말은 어째서인가 ? "

했다. 안자가 대답하기를

"무릇 전씨는 제나라 민중들의 인심을 매우 얻고 있습니다.
그가 민중을 대하는 태도는 위로 임금에게 의지하여 뛰어난 대
신에게 벼슬과 녹봉을 주도록 하고, 아래로 민중에 대하여는
은밀히 말(斗)과 되를 크게 하여 곡식을 빌려주고, 거두어 들일
때는 작은 말과 되를 사용합니다. 또 소 한 마리를 잡으면 자신
은 한 쟁반의 고기만 갖고, 나머지는 아랫사람에게 다 먹입니
다.

한 해 동안 자기 영토에서 받아들인 비단이나 피륙도 겨우
서른 여섯 자 정도만 자기가 갖고 나머지는 모두 아랫사람의
옷감으로 나누어 줍니다. 그렇기 때문에 저자거리에서 팔리는
나무값도 산에서 사들이는 값보다 비싸지 않고, 해산물의 가격
도 고기·소금·자라·거북이·홍합·조개 따위가 산지인 바다
보다 오히려 비싸지 않아 물가안정이 되고 있습니다.

임금께서는 민중으로부터 무거운 세금을 거두어 들이고 있는
데, 전씨는 오히려 두터운 은혜를 베풀고 있습니다.

일찍이 제나라에 흉년이 들어 길바닥에서 굶주려 죽는 사람

이 헤아릴 수 없이 많았을 때, 부자(父子)가 손을 맞잡고 전씨를 찾아가 도움을 받지 않았다는 말을 듣지 못했습니다. 그래서 제나라 근처에 사는 민중들이 노래하기를 '아하, 채기(采芑)의 노래를 부르세. 우리 모두 전자(田子)에게 의탁하러 가세.'라고 부르고 있습니다.

그리고 『시경(詩經)』에 말하기를 '비록 덕은 그대보다 부족하지만 노래하고 또 춤추리라.'라고 했습니다. 지금 전씨의 하찮은 덕으로 인해 민중이 노래하고 춤추는 것은, 민중이 전씨의 덕으로 모여드는 증거인 것입니다. 그래서 신은 '장차 이 나라는 전씨의 소유가 될 것'이라고 했던 것입니다."

이에 경공은 눈물을 흘리면서 말하기를

"이 어찌 슬프지 않으랴! 과인이 나라를 소유하고 있는데 장차 전씨가 이 나라를 소유하게 된다니! 그렇다면 이제부터라도 어찌할 도리가 없겠는가?"

고 하니 안자가 대답했다.

"임금께서는 어찌 그렇게 걱정하십니까? 만약 민심을 다시 얻고자 하신다면 현명한 사람을 가까이 하시고, 어리석은 사람을 멀리하십시오. 혼란함을 잘 다스리고 형벌을 가볍게 하서 민중에게 은혜를 베푸시고, 가난한 사람을 구제하시며, 외로운 고아와 홀아비와 홀어미를 구휼하며 은혜를 베풀어 이렇듯 모자람을 채워주고 어루만져 주십시오. 그러면 민중은 곧 임금께로 돌아올 것이며, 비록 전씨같은 사람이 열이 있다한들 임금을 어찌할 수 있겠습니까?"

어떤 사람이 위의 두 가지 이야기를 비평하여 말했다.

경공(景公)은 임금으로서 행해야 할 권세를 사용할 줄 모르고, 사광(師曠)과 안자(晏子)는 임금을 보필하는 삶으로서 걱정거리를 제거할 줄 모른다 하겠다.

무릇 사냥을 하는 사람은 안전한 수레에 몸을 맡기고, 여섯 필의 말(馬)로 하여금 끌게 하며, 왕량(王良)과 같은 뛰어난 마부에게 말고삐를 잡게 한다면 몸은 지치지 않고, 아무리 재빠른 짐승이라도 쉽게 잡을 수 있을 것이다.

그러나 지금 편리한 수레를 버리고, 여섯 필의 말과 왕량과 같은 뛰어난 마부를 싫다 하고, 수레에서 내려 직접 뛰어다니며 짐승을 쫓는다면 비록 빠르기로 뛰어난 누계(樓季)라 하더라도 따라잡을 수가 없을 것이다.

이와는 반대로 좋은 말과 튼튼한 수레만 있으면 매우 어리석은 노비라 할지라도 넉넉히 쫓아 잡을 수 있을 것이다.

나라는 임금에게 있어 수레와 같은 것이며, 권세란 임금에게 있어 수레를 끄는 말과 같다. 무릇 그 권세의 자리에 몸을 의지하고 멋대로 날뛰는 신하를 처벌한다면 능히 통제할 수 있을 것인데도 그렇게 하지 않고, 두터운 덕을 베풀어 신하와 경쟁을 하면서까지 민심을 얻고자 하는 것은, 이것이야말로 마치 임금이 수레를 타지 않고, 말의 이로움을 빌리지 않으면서 수레에서 내려 짐승을 쫓아 달리는 것과 같다.

그러므로 경공은 권세를 행사할 줄 모르는 임금이며, 사광과 안자는 걱정거리를 미리 제거할 줄 모르는 신하라고 말한 것이다.

자하(子夏)가 말했다.

"『춘추(春秋)』의 기록을 살펴보면 신하가 임금을 죽이고, 자식이 그 아비를 죽였다는 일이 수 십 가지에 이르는데, 어느 것이나 한결같이 하루아침에 일어난 일이 아니라 쌓이고 거듭 쌓여 그렇게 된 것이다."

무릇 간악한 일은 오랜 시간 동안 쌓이고 쌓여서 그렇게 된 것이다. 쌓이고 쌓이면 세력이 커지고, 세력이 커지면 임금이나 아비도 죽이게 되는 것이니, 그래서 현명한 임금은 재빨리 이를 미리 제거해 버리는 것이다.

요즘 전상(田常)이 반란을 일으켜 임금을 죽이고 왕권을 찬탈한 일도 갑자기 일어난 일이 아니라 서서히 이루어진 일로 임금이 이를 알고도 처벌하지 않았던 것이다.

또 안자(晏子)는 임금에게 권력을 침해하는 신하를 통제하도록 설득하지는 않고 임금 자신이 오히려 은혜를 베풀도록 권했기 때문에 간공(簡公)은 화를 입게 된 것이다.

그래서 자하가 말하기를 "권세를 잘 장악하는 임금은 간악한 싹이 더 자라기에 앞서 재빨리 잘라 버린다."고 했던 것이다.

계손(季孫)이 노(魯)나라의 재상으로 있을 때, 공자의 제자인 자로(子路)는 후(郈)라는 지방의 현령으로 등용됐다.

노나라에서는 해마다 5월이 되면 민중을 징발하여 관개사업의 하나로 긴 도랑(河溝)을 파도록 했는데, 이 때에 이르러 자로는 그 고된 노동에 보답하고자 자기의 봉록으로 곡식을 사 음식을 만들고 일하는 민중들을 오보(五父)라는 곳으로 불러 이를 대접했다.

공자가 이 소식을 듣고 제자인 자공(子貢)을 그곳으로 보내 그 음식을 엎어버리고, 그릇까지 깨버리게 한 다음 말하기를

"이 나라의 민중은 노나라의 임금이 다스리고 있으니 만약 은혜를 베풀어도 임금이 해야 할 일인데 어찌 그대는 신하의 신분으로 임금이 할 일을 하고 있는가?"

고 전했는데, 자로는 화가 치밀어 소매를 걷어붙이고 스승인 공자에게 달려와 묻기를

"선생님께서는 어찌하여 제가 인의(仁義)를 행하는데 미워하십니까? 선생님께서 저에게 가르쳐 주신 것이 인의였습니다. 인의란 곧 세상 사람이 다같이 공유하고, 이로움을 함께 하는 것이라고 하셨습니다. 지금 저는 저의 봉록으로 음식을 만들어 민중에게 먹였는데 그것이 잘못이라고 하시는 까닭이 무엇입니까?"

고 말하니 공자가 대답했다.

"유[子路]야, 너는 여전히 거칠구나! 나는 네가 사람의 도리를 터득하고 있는 줄 알았는데, 너는 아직도 깨닫지 못하고 있구나. 너는 본래 예의를 모르고 있었던 것과 같다.

네가 지금 많은 민중에게 음식을 먹인 것은 그들을 사랑했기 때문이다.

그러나 무릇 예(禮)란 법도가 있는지라, 천자(天子)는 세상 사람을 사랑하고, 제후(諸侯)는 자기 나라안의 민중만을 사랑해야 하며, 대부의 관직에 있는 사람은 자기 관속의 사람을 사랑하고, 선비는 자기 집안 사람을 사랑하여, 자기 범위를 넘어 사랑하는 것을 침범이라고 말한다.

지금 노나라의 민중은 마땅히 노나라 임금이 사랑해야 하는데도 네가 그들을 멋대로 사랑한다는 것은 결과적으로 임금의 권한을 침범하는 것으로 이를 훈계하지 않을 수 있겠는가?"

이렇게 공자가 자로를 훈계하는 말이 채 끝나기도 전에 계손(季孫)이 보낸 사람이 와 공자를 책망하기를

"내가 민중을 징발하여 일을 시키고 있는데 선생께서는 그 제자를 시켜 일꾼들에게 음식을 대접하게 했으니, 이는 장차 나의 백성을 빼앗으려는 속셈이 아닌가?"

고 말하므로 공자는 수레를 준비하여 서둘러 노(魯)나라를 떠났다.

공자는 현인(賢人)이었으며, 계손은 노나라의 임금도 아니었다. 그러나 신하의 자격으로 임금의 권세를 빌려 해악(害惡)이 싹트기 전에 재빨리 손을 썼기 때문에 자로는 사사로운 은혜를 베풀지 못하게 됐으며 재앙은 일어나지 않게 되었다. 하물며 임금에 있어서랴!

경공이 권세로써 전상이 임금의 권한을 침범하는 것을 금했더라면 반드시 뒷날 전상에게 자손이 위협을 당하거나 죽임을 당하는 재앙은 없었을 것이다.

傳一 賞之 譽之 不勸 罰之 毁之 不畏 四者加焉不變 則除之
齊景公之晋 從平公飮 師曠侍坐 始坐 景公問政於師曠曰 太
師將奚以敎寡人 師曠曰 君必惠民而已 中坐[1] 酒酣 將出 又復
問政於師曠曰 太師奚以敎寡人 曰 君必惠民而已矣 景公出之舍
師曠送之 又問政於師曠 師曠曰 君必惠民而已矣 景公歸思 未
醒 而得師曠之所謂 公子尾 公子夏者[2] 吾之二弟也 甚得齊民

家富貴 而民說之 擬於公室 此危吾位者也 今謂我惠民者 使我
與二弟爭民邪 於是反國 發廩粟以賦衆貧 散府財以賜孤寡 倉無
陳粟[3] 府無餘財 宮婦不御者出嫁之 七十受祿米 鬻德施惠於民
也 已與二弟爭民 居二年 二弟出走 公子夏逃楚 公子尾走晉

　景公與晏子游於少海 登柏寢之台[4] 而還望其國曰 美哉 泱泱
乎 堂堂乎[5] 後世將孰有此 晏子對曰 其田氏乎[6] 景公曰 寡人有
此國也 而曰田氏有之何也 晏子對曰 夫田氏甚得齊民 其於民也
上之請爵祿行諸大臣 下之私大斗斛區釜以出貸 小斗斛區釜以收
之 殺一牛 取一豆肉[7] 餘以食士 終歲 布帛取二制焉[8] 餘以衣士
故市木之價 不加貴於山 澤之魚鹽龜鱉蠃蚌 不加貴於海 君重斂
而田氏厚施 齊嘗大饑 道旁餓死者不可勝數也 父子相牽而趨田
氏者 不聞不生 故周齊之民[9]相與歌之曰 謳乎 其已乎 苞乎 其
往歸田子乎 詩曰 雖無德與女 式歌且舞 今田氏之德 而民歌舞
之 民往歸之矣 故曰 其田氏乎 公泫然[10]出涕曰 不亦悲乎 寡人
有國 而田氏有之 今爲之奈何 晏子對曰 君何患焉 若君欲奪之
則近賢而遠不肖 治其煩亂 緩其刑罰 振貧窮而恤孤寡 行恩惠而
給不足 民將歸君 則雖有十田氏 其如君何

　或曰 景公不知用勢 而師曠晏子不知除患 夫獵者託車輿之安
用六馬之足 使王良佐轡[11] 則身不勞 而易及輕獸矣 今釋車輿之
利 捐六馬之足 與王良之御 而下走逐獸 則雖樓季之足[12] 無時
及獸矣 託良馬固車 則臧獲有餘 國者 君之車也 勢者 君之馬也
夫不處勢以禁誅擅愛之臣[13] 而必德厚以與下齊行以爭民 是皆不
乘君之車 不因馬之利 舍車而下走者也 故曰 景公不知用勢之主
也 而師曠 晏子不知除患之臣也

　子夏曰 春秋之記臣弑君 子弑父者 以十數矣 皆非一日之積也
有漸而至矣 凡姦者 行久而成積 積成而力多 力多而能殺 故明
主蚤絶之 今田常之亂 有漸見矣 而君不誅 晏子不使其君禁侵陵
之臣[14] 而使其主行惠 故簡公受其禍 故子夏曰 善持勢者 蚤絶
姦之萌

　季孫相魯 子路爲郈令 魯以五月起衆爲長溝 當此之爲 子路以

其私秩粟爲漿飯[15] 要作溝者於五父之衢而飡之[16] 孔子聞之 使子
貢往覆其飯 擊毀其器 曰 魯君有民 子奚爲乃飡之 子路怫然[17]
怒 攘肱[18]而入 請曰 夫子疾由之爲仁義乎 所學於夫子者 仁義
也 仁義者 與天下共其所有 而同其利者也 今以由之秩粟而飡民
其不可 何也 孔子曰 由之野也 吾以女知之 女徒未及也 女故如
是之不知禮也 女之飡之 爲愛之也 夫禮 天子愛天下 諸侯愛境
內 大夫愛官職 士愛其家 過其所愛曰侵 今魯君有民 而子擅愛
之 是子侵也 不亦誣乎[19] 言未卒 而季孫使者至 讓曰 肥也起民
而使之 先生使弟子令徒役[20]而飡之 將奪肥之民邪[21] 孔子駕而去
魯 以孔子之賢 而季孫非魯君也 以人臣之資 假人主之術 蚤禁
於未形 而子路不得行其私惠 而害不得生 況人主乎 以景公之勢
而禁田常之侵也 則必無劫弒之患矣

1) 中坐(중좌) : 술자리가 한창 무르익을 무렵.

2) 公子尾公子夏者(공자미공자하자) : 공자미와 공자하가 경공의 두 아
   우라는 기록에 대하여는 여러가지 설이 있는데, 『좌씨전(左氏傳)』에
   따르면, 제나라 혜공(惠公)의 공자(公子) 고(高)의 아들이 공손채(公
   孫蠆)로 자는 자미(子尾)이고, 공자 난(欒)의 아들이 공손조(公孫竈)
   로 자는 자아(子雅), 또는 자하(子夏)였는데, 이로 미루어 본다면 아
   우가 아니라 세대(世代)가 하나 위인 공족으로 짐작된다.

3) 陳粟(진속) : 묵은 곡식. 여기서 진(陳)은 고(古)를 뜻한다.

4) 柏寢之台(백침지대) : 지금의 청주(靑州) 청승현 동북방에 있는 누대.

5) 泱泱乎堂堂乎(앙앙호당당호) : 앙앙호는 강물의 깊고 넓은 것을 나타
   내는 말이며, 당당호는 사람의 용모나 산천의 당당한 모습을 뜻한다.

6) 田氏乎(전씨호) : 다른 책에 전성씨(田成氏)로도 쓰였는데 춘추시대
   진나라 공자 완(完)이 국난을 피하여 제(齊)나라로 망명하고 성을
   전씨(田氏)로 바꾸어 그 자손들이 제나라에서 벼슬을 얻어 마침내
   재상이 되었던 전상(田常)을 뜻하며, 그가 죽은 뒤에 시호를 받아 전
   성자(田成子)라 불렀다. 난언편과 이병편에는 전상(田常)으로 쓰였
   고, 십과편에는 전성자(田成子)로 기록되었는데, 제나라 간공(簡公)
   을 죽이고, 평공(平公)을 영립한 권신이다.

7) 一豆肉(일두육): : 두(豆)는 고기를 담는 작은 쟁반을 말하는데, 일두
   육(一豆肉)이란 아주 적은 양의 고기를 뜻한다.

8) 制焉(제언) : 피륙을 재는 단위로 한 제(制)는 열 여덟 자의 길이를
   가리켰다.

9) 周齊之民(주제지민) : 구본에 진주지민(秦周之民)으로 썼는데, 진주
   (秦周)란 제나라 국경에 있는 성곽의 이름으로 전한다.

10) 泫然(현연) : 눈물이 뚝뚝 떨어지는 모양을 말함.

11) 使王良佑轡(사왕량좌비) : 왕량(王良)은 춘추전국시대에 조양자(趙
    襄子)를 섬겼던 마부로 당대의 명인이었다고 전한다. 좌비(佐轡)란
    고삐를 잡고 조종한다는 뜻.

12) 樓季之足(누계지족) : 누계(樓季)는 옛날 잘 달리는 사람을 상징적
    으로 말할 때 쓰는 이름인데 『사기』 이사열전(李斯列傳)에 따르면
    위(魏)나라 문후(文侯)의 아우라 기록되었다.

13) 擅愛之臣(천애지신) : 임금의 총애를 믿고 제멋대로 민중에게 덕을
    베푸는 신하.

14) 侵陵之臣(침릉지신) : 임금의 권세를 점점 침범하는 신하를 말한다.
    능(陵)은 능멸하다는 뜻과 통하고 점진과 뜻이 같다.

15) 私秩粟爲漿飯(사질속위장반) : 사질속(私秩粟)이란 자기의 몫으로
    주어진 봉록의 곡물(穀物)을 뜻하며, 장반(漿飯)은 쌀로 끓인 죽.

16) 五父之衢而飡之(오보지구이손지) : 오보지구(五父之衢)란 오보(五
    父)라는 거리를 뜻하며, 손지(飡之)는 먹이다와 뜻이 같다.

17) 怫然(불연) : 발끈 화를 내는 모양.

18) 攘肱(양굉) : 팔뚝을 걷어붙인다는 뜻.

19) 謰乎(무호) : 그르쳐 어지럽힌다는 뜻과 통한다.

20) 令徒役(영도역) : 영(令)은 그만두다의 뜻과 통하고, 도역(徒役)은
    인부를 가리킴.

21) 肥之民邪(비지민야) : 비(肥)는 계손[季康子]의 이름으로 곧 계손의
    백성이라는 뜻. 야(邪)는 야(耶)와 같다.

나. 부릴 수 없는 백성은 죽인다

태공망(太公望)이 무왕(武王)을 도와 개혁을 성취하고 그 공로로 제(齊)나라 동쪽의 영토를 분할받아 제후가 되었다. 그때 제나라의 동해안에는 처사(處士) 형제가 살고 있었는데 그 이름을 광율(狂矞)과 화사(華士)라 불렀다.

이 두 형제가 평소에 주장하는 주의(主義)를 말하자면 "우리는 천자(天子)의 신하도 아니며 제후(諸侯)의 벗도 아니다. 스스로 땅을 갈아 농사지어 먹고 스스로 샘을 파 물을 마시니 우리는 남으로부터 구하는 것이 없다. 위로 임금에게 벼슬자리도 원치 않으며 임금으로부터 봉록도 원치 않고, 아무도 섬기지 않으면서 부지런히 일하며 살아갈 따름이다."라고 했다.

이 소문을 들은 태공망은 제나라 도읍인 영구(營丘)에 도착하자 곧 관리를 시켜 그 두 사람을 잡아오게 하여 사형에 처해 버렸다.

이때 주공 단(旦)이 노(魯)나라에서 이 소식을 듣고, 급히 파발마를 보내 묻기를

"그 두 사람은 현인(賢人)이었습니다. 이제 막 나라를 다스리도록 맡겼는데 현명한 선비를 죽인 까닭이 무엇입니까?"

라고 하니 이에 태공망이 대답했다.

"그들 두 형제는 주의 주장을 내세워 말하기를 '우리는 천자의 신하도 아니며, 제후의 벗도 아니다. 스스로 땅을 갈아 농사지어 먹고 스스로 우물을 파 물을 마시니 우리는 남으로부터 아무것도 구하는 것이 없다. 임금에게 벼슬자리도 원치 않으며 받은 일도 없고, 임금으로부터 봉록도 원치 않고, 아무도 섬기지 않으면서 부지런히 일하며 살아갈 따름이다.'고 했습니다. 그들이 천자의 신하가 아니니 나에게도 신하가 될 수 없고, 제후의 벗도 아니라고 했으니 나로서도 그들을 다스릴 수가 없으며, 스스로 땅을 갈아 먹고 우물을 파 마시며 남에게서 아무것도 구하는 것이 없다 했으니 나로서는 상벌로써 격려하거나 그

행동을 금할 수도 없는 일입니다. 또 위로부터 작위도 받지 않
겠다고 했으니 비록 슬기로운 사람이라 해도 쓰이기를 바라지
않으며, 임금에게 봉록을 받지 않겠다니 아무리 현명한 사람일
지라도 공로를 세우지 않을 것입니다.

섬기는 일을 하지 않으면 민중을 다스리지 못하며, 직책을
맡지 않으면 임금에게 충성도 하지 못하는 법입니다.

무릇 선왕이 신민(臣民)을 부린 수단은 작위나 봉록이 아니
라 형벌이었습니다. 그래서 지금 위에서 말한 네 가지를 보더
라도 그들을 부릴 수가 없는데 나는 도대체 누구의 임금노릇을
하라는 말입니까?

그들은 한 나라의 백성이면서도 전쟁에 나가 공을 세우는 일
도 하지 않으면서 현자로서 이름만 드러내고, 몸소 밭을 간다
고는 하지만 나라에 이로움은 되지 않으니 백성이 모두 이와
같다면 나라가 민중을 교화시키는 길은 없을 것입니다.

예를 들어 지금 여기에 한 필의 말이 있는데, 만약 천 리를
달리는 준마(駿馬)의 모습을 하고 있다면 세상 사람은 누구나
천하에 으뜸가는 명마라 할 것입니다. 그러나 아무리 좋은 말
이라해도 달리려 해도 앞으로 나가지 않고, 멈추게 하려 해도
서지 않으며, 왼쪽으로 몰려 해도 왼쪽으로 가지 않고, 오른쪽
으로 몰려 해도 오른쪽으로 가지 않는다면, 아무리 천한 신분
의 노비라도 이러한 말은 타려고 하지 않을 것입니다.

비록 천한 노비라도 천리마를 타려고 하는 것은 그것으로써
이로움을 추구하고 해를 피하려는 것입니다.

지금 사람에게 쓸모가 없다면 노비와 같이 비록 천한 신분이
라도 어느 누가 그에게 맡기려 하겠습니까? 자기만이 세상에
서 뛰어난 현자로 자처하지만 임금에게는 소용이 없고 그 행실
이 아무리 뛰어나도 임금에게는 쓸모가 없으니 현명한 임금이
라면 신하로 삼지 않을 것입니다. 또한 준마같은 말이라도 좌
우로 마음껏 부릴 수가 없다면 죽일 수밖에 도리가 없는 것입
니다."

일설에 이러한 이야기가 있다.

태공망(太公望)이 동쪽의 제나라 제후로 봉해졌는데, 바닷가에 현자인 광율(狂矞)이 살고 있다는 말을 듣고 태공망이 그를 찾아가 만나기를 청했으나 뜻을 이루지 못했다. 말을 타고 세 번이나 가 문앞에 내려 만나고자 했는데 끝내 광율을 보지 못하자 태공망은 그를 죽이고 말았다.

때마침 주공단(周公旦)은 노나라에 있었는데 이 소식을 듣고 달려와 이를 말리려고 했으나 그가 도착했을 때는 이미 광율을 죽인 뒤였다. 이에 주공단이 태공망에게 묻기를

"광율은 세상이 다 아는 현자인데 그대는 어찌하여 그를 죽였습니까?"

고 하자 태공망이 대답했다.

"광율은 평소에 주장하기를 자기는 천자의 신하가 아니며, 제후의 벗도 아니라고 했기 때문에 저는 그가 법을 어지럽히고 선인들의 가르침을 바꾸려 할 것을 걱정하여 그를 죽인 것입니다. 지금 여기에 한 필의 말이 있어 겉모습은 천리마를 닮았으나 달리게 하려 해도 가지 않고 끌어도 앞으로 걸어가지 않는다면 비록 신분이 낮은 노비라도 그 말을 이용하려고 하지 않을 것입니다."

여이(如耳)라는 사람이 위(衛)나라 임금 사공(嗣公)에게 정치에 대해 진언했는데, 사공은 기뻐 크게 감탄했다.

이에 좌우 측근 신하들이 임금에게 말하기를

"그렇게 마음에 드신다면 임금께서는 어째서 그를 재상으로 삼지 않으십니까?"

하자 임금이 대답했다.

"무릇 사슴을 닮은 말(馬)이 있다면 그 값은 천 금에 이를 것이다. 그러나 이 세상에는 천 금 값의 말은 있어도 천 금값의 사슴은 없다. 그것은 말은 사람에게 쓰일 수 있지만 사슴은 쓰임이 없기 때문이다.

지금 여이(如耳)는 만승의 큰나라 재상이 될 인물이며, 그

태도를 보아도 밖으로 나가 대국에 등용되어 마음껏 뜻을 펴려는 생각이지, 위나라와 같은 작은나라에는 마음이 없으니 비록 변설이 분명하고 지혜가 뛰어나더라도 과인에게는 소용이 없는 사람이므로 과인은 그를 재상으로 삼지 않는 것이다."

설공(薛公)이 위(魏)나라 임금 소후(昭侯)의 재상이 되었을 때 측근 신하 가운데 쌍둥이〔欒子〕가 있었다. 그들의 이름은 양호(陽胡)와 양반(陽潘)으로 임금으로부터는 매우 총애를 받고 있었지만 설공을 위하여는 도움이 되지 않았으므로, 설공은 이를 걱정했다.

어느 날 설공은 그 두 사람을 불러 박을 하게 하면서 자기가 데리고 있는 부하에게 백 금(金)을 주고 두 형제와 함께 박을 하게 했다가 얼마되지 않아 또 200금을 더 주었다.

이렇게 도박이 한창일 때 시종(侍從)이 와 말하기를 지금 문밖에 장계(張季)라는 손님이 찾아왔다고 아뢰자 설공은 매우 화를 내고 손에 잡고 있던 칼을 시종에게 내주면서 말하기를

"그를 죽여버려라. 내가 듣기로는 장계가 평소에 나를 비방하면서 내 일을 방해하고 다녔다고 한다."

고 했다. 시종은 어리벙벙하여 그대로 서 있는데, 옆에 있던 장계의 친구가 말하기를

"그렇지 않습니다. 듣기에는 장계가 공을 위해 힘을 다하고 있으면서 다만 표면에 나서지 못하고 그늘에 가려져 있었으므로 공께서 그 일을 듣지 못했을 뿐입니다."

고 하자 설공은 장계를 죽이라는 명령을 취소하고 그를 맞이하여 빈객으로서 후하게 대접하고 말했다.

"아까는 그대가 나를 위해 일하지 않는다는 말을 들었기 때문에 죽이려고 마음 먹었는데, 이제 그대가 정성껏 나를 위해 일한다는 말을 들은 이상 어찌 그대를 잊을 수 있겠는가 ?"

그리고는 창고지기에게 명하여 장계에게 천 석(石)의 곡물을 내주고, 금고를 담당하는 관리에게 명하여 500금(金)을 주었으며, 마굿간지기에게 명하여 좋은 말 두 필과 튼튼한 수레 두 대

를 준 데 이어 내전(內殿)을 관장하는 환관(宦官)에게 명하여
후궁의 미녀 20명을 보내도록 했다.

이를 본 쌍둥이 형제는 서로 말하기를

"설공을 위해 일하면 반드시 이로움이 있고 공을 위해 일하
지 않으면 반드시 해가 미치는데, 지금까지 우리는 어째서 공
을 위해 일하지 않았던가?"

하고는 서로 다투어 설공을 위해 열심히 노력했다.

이와 같이 설공은 임금의 신하로 있으면서도 임금의 법술만
을 빌려 재앙을 미리 막을 수 있었는데, 하물며 임금이 그 법술
을 행한다면 더할 나위가 있겠는가?

무릇 까마귀를 길들이고자 하면 그 날개깃을 자른다. 날개
깃을 자르지 않으면 제멋대로 날아다니면서 먹이를 구하지만,
날개깃을 잘라놓으면 반드시 먹이를 사람에게 의지할 수밖에
없으니 어찌 길들여지지 않을 수 있겠는가?

무릇 현명한 임금이 신하를 양성하는 법 또한 이와 같아, 신
하에 대해 임금이 주는 봉록이 이롭지 않을 수 없도록 여기게
하고, 또 임금이 내리는 벼슬에 복종하지 않을 수 없도록 해야
하는 것이다.

무릇 임금이 주는 봉록을 이롭게 생각하고 임금이 내리는 벼
슬에 따르게 되면, 어찌 임금에게 복종하지 않을 수 있겠는
가?

太公望東封於齊　齊東海上有居士曰狂矞　華士昆弟二人者　立
議曰　吾不臣天子　不友諸侯　耕作而食之　掘井而飲之　吾無求於
人也　無上之名　無君之祿　不事仕而事力　太公望至於營丘　使吏
執殺之　以爲首誅　周公旦從魯聞之　發急傳而問之曰　夫二子　賢
者也　今日饗國而殺賢者　何也　太公望曰　是昆弟二人立議曰　吾
不臣天子　不友諸侯　耕作而食之　掘井而飲之　吾無求於人也　無
上之名　無君之祿　不事仕而事力　彼不臣天子者　是望不得而臣也
不友諸侯者　是望不得而使也　耕作而食之　掘井而飲之　無求於人

者　是望不得以賞罰勸禁也　且無上名　雖知不爲望用　不仰君祿
雖賢不爲望功　不仕則不治　不任則不忠　且先王之所以使其臣民
者　非爵祿則刑罰也　今四者不足以使之　則望當誰爲君乎　不服兵
革而顯　不親耕耨而名　又非所以敎於國也　今有馬於此　如驥之狀
者　天下之至良者也　然而驅之不前　却之不止　左之不左　右之不
右　則臧獲雖賤　不託其足　臧獲之所願託其足於驥者　以驥之可以
追利辟害也　今不爲人用　臧獲雖賤　不託其足焉　已自謂以爲世之
賢士　而不爲主用　行極賢而不用於君　此非明主之所臣也　亦驥之
不可左右矣　是以誅之

　一曰　太公望東封於齊　海上有賢者狂矞　太公望聞之　往請焉
三却馬於門　而狂矞不報見也　太公望誅之　當是時也　周公旦在魯
馳往止之　比至　已誅之矣　周公旦曰　狂矞　天下賢者也　夫子何爲
誅之　太公望曰　狂矞也　議不臣天子　不友諸侯　吾恐其亂法易敎
也　故以爲首誅　今有馬於此　形容似驥也　然馳之不往　引之不前
雖臧獲不託足以旋其軫也

　如耳說衞嗣公　衞嗣公說而太息[1]　左右曰　公何爲不相也　公曰
夫馬似鹿者　而題[2]之千金　然而有千金之馬　而無千金之鹿者　馬
爲人用　而鹿不爲人用也　今如耳　萬乘之相也　外有大國之意　其
心不在衞　雖辯智亦不爲寡人用　吾是以不相也

　薛公之相魏昭侯也　左右有欒子者　曰陽胡　潘　其於王甚重　而
不爲薛公　薛公患之　於是乃召與之博　予之人百金　令之昆弟博[3]
俄又益之人二百金　方博有間　謁者言客張季在門　公怫然怒　撫兵
而授謁者　曰　殺之　吾聞季之不爲文也　立有間　時季羽[4]在側曰
不然　竊聞季爲公甚　顧其人陰未聞耳　乃輟不殺客而大禮之曰　曩
者　聞季之不爲文也　故欲殺之　今誠爲文也　豈忘季哉　告廩獻千
石之粟　告府獻五百金　告騶獻良馬固車二乘　因令奄將宮人之美
妾二十人幷遺季　欒子因相謂曰　爲公者必利　不爲公者必害　吾
曹何愛不爲公　因私競勸而遂爲之　薛公以人臣之勢　假人主之術
也　而害不得生　況錯之人主乎

　夫馴烏者　斷其下翎　則必恃人而食　焉得不馴乎　夫明主畜臣亦

然 令臣不得不利君之祿 不得無服上之名 夫利君之祿 服上之名
焉得不服

1) 說而太息(열이태식) : 열(說)은 여기에서 기쁘다는 뜻이고, 태식(太
   息)은 크게 감탄했다는 뜻.

2) 題(제) : 평가한다는 말.

3) 令之昆弟博(영지곤제박) : 영(令)은 그들과의 뜻. 곤제(昆弟)란 형제
   (兄弟)라는 말과 같다. 박(博)은 주사위같은 도박.

4) 季羽(계우) : 장계의 벗(友)이란 뜻인데, 당우(黨羽)라는 말에서 유래
   되어 우(友)를 우(羽)로도 썼다.

3. 둘째 전(傳二)

가. 신하들은 임금의 마음을 알려 한다

신자(申子)가 말했다.

"위에 있는 임금이 그 명석(明晳)한 것을 드러내면 신하들은
임금의 마음을 미리 짐작하여 그에 맞도록 대비할 것이고, 그
현명한 것을 드러내지 않는다면 신하들은 그 마음을 짐작할 수
없으므로 어리둥절할 것이다.

또 임금이 지혜로움을 밖으로 나타내면 신하들은 그에 맞추
어 자기의 행동을 꾸미려 할 것이고, 지혜로움을 밖으로 나타
내지 않는다면 신하들은 못된 짓을 감추고 몰래 술책을 부리게
될 것이다.

또한 임금이 하고자 하는 의욕이 없음을 밖으로 드러내면 신
하들은 온갖 방법으로 임금의 속마음을 알아내려고 애쓸 것이
며, 임금의 욕심이 많음을 밖으로 드러내면 사람들은 그것을
미끼로 사사로운 이익을 추구할 것이다. 그래서 옛말에 이르기
를 '이쪽에서는 상대의 실정을 알 수가 없는 일이다. 오직 이쪽
이 무위(無爲)하여 나타나지 않도록 하면 상대의 실정을 헤아
릴 수 있게 된다'고 했다."

일설에 이러한 이야기가 있다.

신자(申子)가 말했다.

"그대가 항상 말(言)을 삼가면 남이 그대에게 화합하려 할 것이고, 또 그대가 항상 행동을 삼가면 남들이 그대를 추종하려 할 것이다.

그대가 지혜롭다는 것을 밖으로 드러내면 사람들은 모든 일을 숨기려 들 것이고, 그대가 무지(無知)하다는 것을 드러내면 남들은 그대를 속이려 할 것이다. 또 그대가 무엇인가를 알고 있다고 생각하면 남들은 그대에게 재능을 감추려 할 것이고, 그대가 아무것도 모르고 있음을 안다면 남들은 그대에게 능력을 보이려 할 것이다.

그래서 말하기를 '오직 이쪽이 잠자코 있으면 상대의 실정을 능히 짐작할 수 있을 것이다'라고 했다."

전자방(田子方)이 당이국(唐易鞠)에게 묻기를

"주살로 새를 잡는 사람은 어떠한 일에 주의해야 하오?"

라고 말하니 당이국이 대답하기를

"새는 무리를 지어 다니기 때문에 수백의 눈으로 주살을 쏘는 그대를 노려보지만 주살을 쏘는 그대는 다만 두 눈만으로 겨냥하기 때문에 그대가 주의할 일은, 몸을 숨겨 새에게 보이지 않게 하고 새가 알지 못하는 사이에 주살을 쏘아 맞히도록 하는 일입니다."

고 말했다. 이 말을 듣고 전자방은 말하기를

"참 옳은 말이오. 그대는 그 방법으로 주살을 쓰는데 사용하지만, 나는 나라를 다스리는데 쓰겠소."

라 했다.

정(鄭)나라의 한 장로(長老)가 이 소식을 듣고 말했다.

"전자방은 자기의 몸을 숨길 필요가 있다는 것은 알면서도 어떻게 몸을 숨겨야 되는지는 몰랐을 것이다. 무릇 이쪽은 허심의 태도를 취하여 밖에서 보아 알지 못하도록 하는 것이야말로 몸을 숨기는 방법인 것이다."

일설에 이러한 이야기가 있다.

제(齊)나라의 임금 선왕(宣王)이 주살로 새 잡는 방법을 당
이자(唐易子)에게 묻기를
"주살로 새를 잡는데 가장 주의할 점이 무엇인가?"
고 말했다. 당이자가 대답하기를
"몸을 숨기는 곳에 가장 주의해야 합니다."
고 하자 임금이 다시 묻기를
"숨기는 데에 주의하라는 것이 무슨 뜻인가?"
고 말하자 당이자가 대답하기를
"새는 수백의 눈으로 사람을 보지만 사람은 두 눈만으로 새
를 보아야 하니 어찌 몸을 숨기는 데 주의하지 않을 수 있겠습
니까? 그래서 몸을 숨기는 데 가장 주의해야 한다고 말씀드렸
던 것입니다."
고 했다. 이에 임금은 말하기를
"그렇다면 세상을 다스리는 경우도 그와 다를 바가 없겠구
나! 지금 임금은 두 눈만으로 온 나라를 바라보지만 한 나라
는 수만의 눈으로 임금을 주시하고 있으니 임금인 나는 장차
어떻게 이 몸을 숨긴다는 말인가?"
하니 당이자가 대답했다.
"정나라의 어떤 장로가 말하기를 '무릇 허정무위(虛靜無爲)
한 태도를 취하여 밖에서 아무것도 엿볼 수 없게 하는 것만이
여기서 말하는 몸을 잘 숨길 수 있는 곳이라 말할 수 있지 않
겠는가!' 라고 했습니다."
국양(國羊)이라는 사람은 정(鄭)나라 임금에게 중용되어 있
었는데 얼마가 지나자 임금이 자기를 미워한다는 말을 들었다.
술자리에 초대되는 기회를 타 먼저 임금에게 아뢰기를
"신(臣)은 본래 어리석어 불행하게도 잘못을 저지를 수 있습
니다. 바라옵건대 임금께서는 저를 불쌍히 여기시어 즉시 책망
해 주십시오. 그렇게 해주시면 신은 곧 그 잘못을 고쳐 죽을 죄
에서 벗어날 수 있을 것입니다."
한(韓)나라에 온 유세객(游說客)이 임금인 선왕(宣王)에게

자기 주장을 말했는데 선왕은 매우 기뻐하며 크게 감탄했다.
이를 본 임금의 측근 신하들은 앞을 다투어 그 유세객을 찾아
가 임금이 기뻐하더라고 알려줌으로써 생색을 내려고 했다.

정곽군(靖郭君)이 제(齊)나라의 재상으로 있을 때 왕후(王
后)가 죽었으나 그 뒤를 이을 왕후를 결정하지 못하고 있었다.
정곽군은 옥(玉)으로 만든 귀고리를 임금에게 바쳐 그것을 누
구에게 주는가를 살펴 임금이 마음에 두고 있는 여자를 알아냈
다.

일설에 이러한 이야기가 있다.

설공(薛公)이 제나라의 재상으로 있을 때 제나라 임금 위왕
(威王)의 왕후가 세상을 떴다. 궁중에는 열 사람의 후궁이 임금
의 총애를 받고 있었으므로, 설공은 그 가운데 임금이 어떤 후
궁을 왕후로 택할 것인지를 미리 알아내 자기가 먼저 그 후궁
을 왕후로 삼도록 임금에게 추천하리라 생각했다.

만약 임금이 설공의 추천에 따라 왕후를 정하게 되면 자기의
설득이 임금에게 먹혀든다는 사실을 알게 됨은 물론 새 왕후로
부터도 소중한 대우를 받게 되겠지만, 만약 임금이 자기 추천
을 받아들이지 않을 경우에는 자기의 설득이 임금에게 먹혀들
지 않음은 물론 새 왕후로부터도 업신여김을 당하게 될 것이라
생각했다.

그래서 미리 임금이 열 사람의 후궁 가운데서 누구를 왕후로
세우고자 하는가를 알아내 임금에게 추천하리라 생각하고, 옥
으로 귀고리 열 쌍을 만들면서 특히 그 가운데 한 쌍을 더욱
아름답게 만들어 임금에게 바쳤다.

임금은 이것을 받아 후궁 열 사람에게 각기 하나씩 나누어
주었다. 이튿날 설공은 임금을 모신 자리에서 가장 아름다운
귀고리를 한 후궁을 찾아내, 그녀를 임금에게 추천하여 왕후로
삼도록 했다.

감무(甘茂)가 진(秦)나라 혜왕(惠王)의 재상이었을 때, 혜왕
은 공손연(公孫衍)을 총애하여 한가한 틈만 있으면 그를 불러

여러 가지를 상의하면서 말하기를

"과인은 장차 그대를 재상으로 삼으려 한다."

고 했다. 이 말을 감무의 심복이 벽의 틈새로 엿듣고는 감무
에게 일러주었다.

이에 감무는 입궐하여 임금을 뵙고 말하기를

"임금께서 현명한 재상을 얻으셨다니 신은 재배 올리며 하례
드립니다."

하니 왕이 말하기를

"과인은 그대에게 나라를 맡겼는데 어찌 다른 현명한 재상을
구했다는 말이오?"

하니 감무가 대답하기를

"장차 서수(犀首)를 재상으로 삼으려 하시지 않으십니까?"

하니 왕이 말하기를

"그대는 어떻게 그런 이야기를 들었는가?"

하니 감무가 대답했다.

"서수가 신에게 알려 주었습니다."

이에 임금은 아주 화가 나 서수가 비밀을 누설한 것으로 오
해하고 곧 그를 추방했다.

일설에 이러한 이야기가 있다.

서수(犀首)는 천하에 뛰어난 명장으로서 양(梁)나라 임금의
신하였는데, 진(秦)나라 임금이 그를 초빙하여 세상을 다스리
고자 했다.

이에 서수가 말했다.

"연(衍 : 公孫衍 : 犀首가 본인을 지칭하는 것)은 양나라 임금
의 신하로서 감히 임금의 나라를 떠날 수 없습니다."

그러한 일이 있은 지 1년이 지나 서수는 양나라 임금에게 죄
를 짓고 진(秦)나라로 망명해 들어갔는데, 진나라 임금은 매우
잘된 일이라고 반갑게 맞이했다.

이때 저리질(樗里疾)이라는 사람이 진나라의 장수였는데 그
는 서수가 자기의 장수자리를 빼앗지 않을까 두려워하여, 임금

이 항상 밀담을 하는 방에 구멍을 뚫어놓고 엿들었다.

그렇게 해둔 지 얼마되지 않아 구멍으로 임금의 말을 엿듣게 되었는데, 과연 임금은 서수와 함께 나라 일을 꾀하면서 말하기를

"나는 한(韓)나라를 치고자 하는데 어떻겠는가?"

하자 서수가 대답하기를

"가을철에 치는 것이 좋겠습니다."

고 말했다. 임금이 다시 말하기를

"과인은 나라 일을 그대에게 맡기고자 하니 그대는 이 일을 누구에게도 누설하지 말도록 하오."

했다. 서수는 재배하고 물러나오면서 말하기를

"명령하신대로 절대 누설하지 않겠습니다."

고 다짐했다. 그때 저리질은 뚫어놓은 구멍을 통해 이 말을 전부 엿듣게 되었다.

조정의 모든 사람들이 서로 말하기를

"가을이 되면 군사를 일으켜 한나라를 칠 것이고, 서수는 장수가 될 것이다."

고 하니 그 날로 소문은 조정 안에 퍼졌고, 한 달 뒤에는 나라 안의 모든 사람이 알게 되었다.

이에 임금은 저리질을 불러 묻기를

"어째서 이렇게 시끄러운 일이 생겼는가? 이러한 말이 어디에서 나왔다는 말인가?"

고 하니 저리질이 대답하기를

"아마 서수인 듯합니다."

고 말했다. 이에 임금이 말하기를

"과인은 서수와 더불어 그러한 말을 한 일이 없는데, 어째서 그 서수가 누설했다고 하는가?"

고 묻자 저리질은 말하기를

"서수는 이웃 나라에서 온 나그네로 최근에 죄를 짓고 도망해온 사람입니다. 외로운 마음이 들어 이러한 소문을 퍼뜨려서

자기편으로 사람을 많이 끌어 모으려고 자랑했을 것입니다."

고 대답하니, 임금은

"그럴 수도 있겠다."

고 하여 사람을 시켜 서수를 불렀지만 이미 그는 다른 제후(諸侯)에게로 망명한 뒤였다.

당계공(堂谿公)이 한(韓)나라 소후(昭侯)에게 말하기를

"지금 여기에 훌륭한 옥(玉)으로 만든 천 금(金)의 가치가 있는 잔(杯)이 있는데, 이것이 비록 값진 물건이지만 밑바닥이 뚫려 있다면 물을 담을 수 있겠습니까?"

고 물었다. 소후가 대답하기를

"물론 물을 담을 수 없다."

고 했다. 당계공은 또 말하기를

"여기 값싼 질그릇이 있는데 밑바닥이 새지 않는다면 술을 담을 수 있겠습니까?"

하고 물었다. 소왕이 대답하기를

"물론 담을 수 있다."고 하자 당계공은 말하기를

"무릇 질그릇은 보잘것없는 물건이지만 새지 않으면 술을 담을 수 있고, 천 금의 옥잔은 비록 귀한 물건이지만 밑이 빠져 물을 담을 수 없게 되니 대체 누가 그것에 장물을 담으려 하겠습니까?

그런데 지금 임금께서 여러 신하의 말을 함부로 다른 사람에게 누설한다면 이는 마치 옥으로 만든 밑빠진 잔과 같은 것이니 비록 뛰어난 지혜가 있는 선비라도 그러한 임금 밑에서는 그 능력을 충분하게 발휘할 수 없으니 임금이 신하의 말을 누설하기 때문입니다."

고 했다. 이에 소왕은

"과연 그렇다."

고 대답한 뒤로 세상의 큰일을 실행하고자 할 때는 항상 혼자 자고는 했는데, 그것은 혹시 잠꼬대로라도 혼자만이 알아야 할 일이 남에게 누설될까 두려워했기 때문이다.

일설에 이러한 이야기가 있다.

당계공(堂谿公)이 한나라의 소후(昭侯)를 뵙고 말하기를

"지금 여기에 백옥(白玉)으로 만든 잔이 있으나 밑바닥이 없고, 질그릇으로 만든 잔이 있는데 이 잔은 밑바닥이 있다면 임금께서는 목이 마르실 때 어느 잔으로 물을 마시겠습니까?"

고 물었다. 임금이 대답하기를

"물론 질그릇으로 만든 잔으로 마셔야지요."

라 했다. 이에 당계공은 다시 말하기를

"백옥으로 만든 잔은 아름다운 것인데도 임금께서 그것으로 마시지 않음은 밑바닥이 없기 때문입니까?"

하고 묻자 임금은

"그렇소."

하고 대답했다. 이에 당계공은 다시 말하기를

"임금이 그 신하들의 말을 다른 사람에게 누설한다면 마치 옥잔에 밑바닥이 없는 것과 다름없습니다."

하고는 당계공이 임금의 배알을 마치고 물러 나오자 그 뒤로 소왕은 반드시 혼자 잠자리를 했는데, 그것은 오직 잠꼬대라도 하다가 처첩(妻妾)에게 비밀이 누설될까 두려워했기 때문이다.

신자[申不害]가 말했다.

"일을 처리함에 있어 남의 눈치를 보지 않고 독단적으로 사리를 정하는 것을 밝다고 하며, 어떤 일이 일어나도 남의 말에만 귀를 기울이지 않고 사물을 들어 판단하는 것을 총명이라 하는데, 이렇게 남의 뜻에 좌우되지 않고 밝음과 총명에 따라 홀로 사물을 판단하는 사람은 능히 천하의 주인(主人)이 될 수 있다."

傳二 申子曰 上明見 人備之 其不明見 人惑之 其知見 人飾之 不知見 人匿之 其無欲見 人司之 其有欲見 人餌之 故曰 吾無從知之 惟無爲可以規之

一曰 申子曰 愼而言也 人且和女[1] 愼而行也 人且隨女 而有

知見也 人且匿女 而無知見也 人且意²⁾女 女有知也 人且臧女
女無知也 人且行女 故曰 惟無爲可以規之

田子方問唐易鞠³⁾曰 弋者何愼 對曰 鳥以數百目視子 子以二
目御之 子謹周子廩⁴⁾ 田子方曰 善 子加之弋 我加之國 鄭長者
聞之曰 田子方知欲爲廩 而不知所以爲廩 夫虛無無見⁵⁾者 廩也

一曰 齊宣王問弋於唐易子曰 弋者奚貴 唐易子曰 在於謹廩
王曰 何謂謹廩 對曰 鳥以數十目視人 人以二目視鳥 奈何其不
謹廩也 故曰在於謹廩也 王曰 然則爲天下何以異此廩 今人主以
二目視一國 一國以萬目視人主 將何以自爲廩乎 對曰 鄭長者有
言曰 夫虛靜無爲而無見也 其可以爲此廩乎

國羊重於鄭君 聞君之惡已也 侍飮 因先謂君曰 臣適⁶⁾不幸而
有過 願君幸而告之 臣請變更 則臣免死罪矣

客有說韓宣王 宣王說而太息 左右引王之說之 以先告客以爲
德

靖郭君之相齊也 王后死 未知所置 乃獻玉珥以知之

一曰 薛公⁷⁾相齊 齊威王⁸⁾夫人死 中有十孺子皆貴於王 薛公欲
知王所欲立 而請置一人以爲夫人 王聽之 則是說行於王 而重於
置夫人也 王不聽 是說不行 而輕於置夫人也 欲先知王之所欲置
以勸王置之 於是爲十玉珥 而美其一而獻之 王以賦十孺子 明日
坐視美珥之所在 而勸王以爲夫人

甘茂相秦惠王⁹⁾ 惠王愛公孫衍¹⁰⁾ 與之間有所言曰 寡人將相子
甘茂之吏道穴聞之 以告甘茂 甘茂入見王曰 王得賢相 臣敢再拜
賀 王曰 寡人託國於子 安更得賢相 對曰 將相犀首 王曰 子安
聞之 對曰 犀首告臣 王怒犀首之泄 乃逐之

一曰 犀首 天下之善將也 梁王之臣也 秦王欲得之與治天下
犀首曰 衍其臣人者也 不敢離主之國 居期年 犀首抵罪¹¹⁾於梁王
逃而入秦 秦王甚善之 樗里疾¹²⁾ 秦之將也 恐犀首之代之將也
鑿穴於王之所常隱語者 俄而王果與犀首計曰 吾欲攻韓奚如 犀
首曰 秋可矣 王曰 吾欲以國累子 子必勿泄也 犀首反走再拜曰
受命 於是樗里疾已道穴聽之矣 郞中皆曰 兵秋起攻韓 犀首爲將

於是日也 郎中盡知之 於是月也 境內盡知之 王召樗里疾曰 是
何匈匈也[13] 何道出 樗里疾曰 似犀首也 王曰 吾無與犀首言也
其犀首何哉 樗里疾曰 犀首也羈旅新抵罪 其心孤 是言自嫁於衆
王曰 然 使人召犀首 已逃諸侯矣

堂谿公謂昭侯曰 今有千金之玉卮 通而無當[14] 可以盛水乎 昭
侯曰 不可 有瓦器而不漏 可以盛酒乎 昭侯曰 可 對曰 夫瓦器
至賤也 不漏可以盛酒 雖有千金之玉卮 至貴而無當 漏不可盛水
則人孰注漿哉[15] 今爲人主而漏其群臣之語 是猶無當之玉卮也
雖其聖智 莫盡其術 爲其漏也 昭侯曰 然 昭侯聞堂谿公之言 自
此之後 欲發天下之大事 未嘗不獨寢 恐夢言而使人知其謀也

一曰 堂谿公見昭侯曰 今有白玉之卮而無當 有瓦卮而有當 君
渴將何以飮 君曰 以瓦卮 堂谿公曰 白玉之卮美 而君不以飮者
以其無當邪 君曰 然 堂谿公曰 爲人主而漏泄其群臣之語 譬猶
玉卮之無當也 堂谿公每見而出 昭侯必獨臥 惟恐夢言泄於妻妾

申子曰 獨視者謂明 獨聽者謂聰 能獨斷者故可以爲天下王

1) 和女(화녀) : 여(女)는 그대(汝)와 같은 뜻이고, 화(和)는 알려고 하
   다로 고침이 마땅하다.
2) 意(의) : 여기에서는 미루어 생각하다와 같다.
3) 田子方間唐易鞠(전자방문당이국) : 전자방(田子方)은 본래 제나라 사
   람으로 위나라 문후(文侯)의 스승이 되었고 이름은 무택(無擇)이라
   했다. 당이국(唐易鞠)은 경이(經二)에서 당이자(唐易子)로 나왔으며,
   문헌에 그 사적의 기록은 보이지 않는다.
4) 周子廋(주자름) : 주(周)는 몰래와 뜻이 통하고, 늠(廋)은 본래 곡물
   을 저장하는 창고를 말하는 것인데 여기서는 몸을 숨기는 곳을 뜻한
   다.
5) 虛無無見(허무무견) : 난이편의 체도무위무견(體道無爲無見)이라는
   말과 통하는 뜻으로 노장(老莊)사상과 맥을 같이 한다.
6) 適(적) : 여기에서 만약의 뜻으로 쓴다.
7) 薛公(설공) : 전영(田嬰)이 설(薛)의 제후로 봉해진 뒤로 설공(薛公)
   으로 칭했다. 맹상군의 아버지 정곽군(靖郭君).

8) 齊威王(제위왕) : 제나라 선왕(宣王)의 아버지로 서기 전357년에서 전320년까지 재위했으며 설공(薛公)인 전영은 위왕의 아들.

9) 甘茂相秦惠王(감무상진혜왕) : 감무(甘茂)는 전국시대 채(蔡)나라 사람이었는데 진나라 혜왕을 섬기다가 무왕(武王) 때에 이르러서야 재상이 되었고, 진혜왕(秦惠王)은 혜문왕(惠文王)으로도 부르는데 진효공(秦孝公)의 아들로 이름을 사(駟)라 했고, 서기 전337년에서 전311년까지 재위했다.

10) 公孫衍(공손연) : 전국시대 위(魏)나라 사람. 서수(犀首)로도 불렀다.

11) 抵罪(저죄) : 상당한 죄를 지었다는 뜻인데, 저(抵)란 해당되다의 뜻.

12) 樗里疾(저리질) : 전국시대의 진(秦)나라 사람으로 문혜왕(文惠王)의 이복 아우며, 무왕과 소양왕도 섬겼던 장수였다.

13) 匈匈也(흉흉야) : 떠들썩하게 시끄럽다는 뜻.

14) 通而無當(통이무당) : 통(通)은 여기에서 뚫어지다는 뜻이고, 당(當)은 밑바닥을 뜻한다.

15) 孰注漿哉(숙주장재) : 숙(孰)은 누구와 뜻이 같고, 장(漿)은 쌀로 만든 미음, 곧 죽을 말한다.

4. 셋째 전(傳三)

가. 술장사가 안 되는 것은 개 때문이다

송(宋)나라 사람으로 술을 만들어 파는 사람이 있었다. 되(升)를 속이지 않고 매우 공평하게 했으며 손님을 대할 때는 매우 친절했다. 또 술빚는 솜씨는 매우 훌륭했으며 술도가를 알리는 깃발도 매우 높이 세워두었다. 그러나 술장사가 잘 되지 않아 술은 언제나 쉬어버렸다.

술집 주인은 그 까닭을 이상히 여기고 평소에 알고 지내던 그 마을의 장로인 양천(楊倩)에게 물었는데 그가 대답하기를

"그대의 집에 있는 개가 사납지 않은가?"

고 되묻기에 술집 주인이 말하기를

"개가 사나운 것과 술이 팔리지 않는 까닭과 무슨 상관이 있습니까?"

고 하니 양천이 대답했다.

"사람들이 사나운 개를 두려워하기 때문이다. 혹시 사람들이 어린아이에게 돈을 주고 술병을 들려 술을 사오라고 심부름을 시켰을 때, 개가 그 아이에게 달려드는 경우가 있지 않겠는가. 그렇기에 술은 쉬게 되고 팔리지 않은 것이네."

무릇 나라에도 이와 같은 개가 있다.

곧 도(道)를 터득한 선비가 있어 그 법술을 간직하고 와 만승의 임금에게 그 포부를 설명하려 해도, 측근에 있는 대신이 사나운 개처럼 달려들어 물어뜯는다면 임금의 눈과 귀는 가려지게 되며, 도를 터득한 선비는 쓰이지 않게 되는 것이다.

그래서 제(齊)나라 환공(桓公)이 관중(管仲)에게 묻기를

"나라를 다스리는데 있어 가장 큰 걱정거리는 무엇이오?"

하고 말했다. 관중이 대답하기를

"가장 큰 걱정은 사직(社稷)에 들끓는 쥐들입니다."

고 했다. 이에 환공은 또 묻기를

"어째서 사직의 쥐가 걱정거리요?"

하니 관중이 또 대답했다.

"임금께서는 사직을 짓는 것을 보신 일이 있으십니까? 집을 짓기 위하여는 나무를 세우고 벽을 만들려고 흙을 바르는데, 쥐는 그 사이에다 구멍을 뚫고 그 속에 몸을 숨기고 삽니다. 쥐를 쫓으려고 불을 지르면 나무에 불이 옮겨붙을까 걱정이 되고, 물을 붓자니 벽에 칠한 흙이 무너질 염려가 있어 그렇게도 할 수 없어 그냥 두기 때문에 사직에 들끓는 쥐를 잡지 못하는 것입니다.

지금 임금의 좌우 측근 신하들은 조정(朝廷)밖에서는 세도를 휘둘러 민중으로부터 이익을 거두어 들이고, 조정안에 들면 패거리끼리 무리를 만들어 온갖 악행으로 임금의 현명함을 가리

며, 궁궐안의 실정을 살펴 밖에 알리는 따위를 저질러 안팎의 중요한 일을 제멋대로 조정하기 때문에 여러 신하들과 모든 관리는 부유해 지고 있습니다. 법을 집행하는 관리가 이러한 무리를 처벌하지 않으면 법은 어지러워지고, 이를 처벌하면 임금께서 편안하지 못할 것이기 때문에 그대로 옆에 두고 있으니 이 또한 나라에 있어 사직의 쥐와 같은 것입니다.

그래서 신하가 상벌권을 쥐고 제멋대로 금령을 휘둘러 자기를 따르는 사람에게는 반드시 이익을 주고, 자기를 따르지 않는 사람에게는 반드시 해를 입히는 데 이러한 것을 또한 사나운 개라고 일컫습니다.

무릇 대신이 사나운 개가 되어 도(道)를 터득한 선비를 물어뜯고, 또한 임금의 좌우에서 섬기는 신하들이 사직의 쥐가 되어 임금의 실정을 엿보는데도 임금이 이를 깨닫지 못하고 계시니, 이와 같아서야 어찌 임금의 현명함이 가려지지 않겠으며, 나라가 어찌 망하지 않을 수 있겠습니까?"

일설에 이러한 이야기가 있다.

송(宋)나라에 술을 파는 사람으로 장씨(莊氏)가 있었는데 그 술맛은 언제나 훌륭했다. 이 소문을 듣고 어떤 사람이 심부름꾼을 시켜 장씨의 술을 사오도록 했는데 그 집의 개가 사나워 사람을 물어뜯는지라 심부름꾼은 장씨 술집으로 가지 않고 다른 집의 술을 사왔다.

이에 주인이 심부름꾼에게

"어째서 장씨의 술을 사오지 않았는가?"

하니 심부름꾼이 대답했다.

"오늘 장씨네 술은 쉬었습니다."

그래서 말하기를 '그 사나운 개를 죽이지 않으면 술은 쉬어버릴 것이다'고 한 것이다.

또 일설에 이러한 이야기가 있다.

제(齊)나라 환공(桓公)이 관중(管仲)에게 묻기를

"나라를 다스리는 데 있어 가장 큰 걱정거리는 무엇이오?"

라고 말하니 관중이 대답했다.

"가장 괴로운 것은 사직(社稷)에 들끓는 쥐들입니다. 무릇 집[社]이란 재목을 세우고 흙을 발라 벽을 치는데, 쥐는 그곳에 구멍을 뚫고 살게 됩니다. 이 쥐를 잡으려고 집에 불을 지르면 재목이 타고 물을 부으면 흙을 바른 벽이 무너질 것입니다. 그러므로 사직의 쥐 때문에 괴롭다는 것입니다.

지금 임금의 좌우 측근 신하들은 조정밖으로 나서면 권세를 휘둘러 민중들로부터 이익을 거두어 들이고, 조정에 들면 패거리를 만들어 남을 멸시하고 나쁜짓을 은폐하여 임금을 속이고 있습니다. 법을 집행하는 관리가 그들을 처벌하지 않으면 법이 어지러워질 것이고, 그들을 처벌하면 임금의 안정이 위태로워질 것이니 그대로 가까이에 두고 있는 것인데, 이 또한 사직의 쥐와 같은 존재인 것입니다.

그래서 신하가 권세를 쥐고 제멋대로 금령을 행하여 자기를 위해 힘쓰는 사람에게는 반드시 이익을 주지만 자기를 위해 힘쓰지 않는 사람에게는 반드시 해를 끼치니 이 또한 사나운 개와 같은 무리들입니다.

그러므로 좌우 측근에 있는 신하들은 사직에 들끓는 쥐가 되고, 나라의 일을 맡아 시행하는 사람은 사나운 개가 되면 마땅히 행해져야 할 법률이 행해지지 못합니다."

요(堯)임금이 천하를 순(舜)에게 물려주려 하자 곤(鯀)이라는 신하가 간하여 말하기를

"상서롭지 못한 일입니다. 어찌하여 천하를 한낱 필부에게 물려주고자 하십니까?"

고 하자 요임금은 이를 듣지 않고 군사를 시켜 곤을 우산(羽山) 근교로 끌고가 죽이고 말았다.

공공(共公)이라는 신하가 또 나서서 간하여 말하기를

"어찌하여 천하를 한낱 필부에게 물려주려 하십니까?"

하자 요임금은 역시 듣지 않고 군사를 일으켜 공공을 유주(幽州)라는 고을로 귀양을 보냈다.

이렇게 되자 세상에는 천하를 순(舜)에게 물려주어서는 안 된다고 감히 말하는 사람이 없어졌다.

중니는 이 일을 듣고 말했다.

"요임금이 순의 현명함을 꿰뚫어 본 슬기는 그리 어렵지 않은 일인데 요임금이 간언하는 사람을 죽이면서까지 천하를 순에게 물려주는 일은 참으로 어려운 일이었다."

일설에 이러한 말이 있다.

"남들이 모두 그 일을 의심하고 있는데도 일단 결심한 일을 변경하지 않고 그대로 실천하기란 참으로 어려운 일이다."

형(荊)나라 장왕(莊王) 때 모문(茅門)의 법이란 것이 있었는데 그 법에 이르기를 '여러 대신이나 대부(大夫) 그리고 공자(公子)라 할지라도 모문을 지나 궁궐에 들어올 때 말굽이 그 문의 빗물받이 도랑에 닿으면 그것을 지키는 정리(廷理)는 그 수레의 멍에를 자르고 그 마부를 죽인다.'고 되어 있었다.

어느 날 태자가 입궐하다가 도랑에 말굽이 닿았으므로 정리는 그 수레의 멍에를 자르고 마부를 죽였다. 이에 태자는 몹시 화가 나 입궐하여 울면서 임금에게 말하기를

"소자를 위해 정리를 죽여 주십시오."

라고 간청했다. 임금이 대답하기를

"법이란 종묘(宗廟)를 공경하고, 사직(社稷)을 존중하기 위해 만들어진 것이다. 그러므로 법을 받들고 명령을 따라서 행동하며 사직을 존중하는 사람은 사직을 지키는 신하인데 어떻게 죽일 수 있겠는가? 무릇 법을 무시하고 명령을 어기며 사직을 존중하지 않는 사람은 신하로서 임금을 업신여기고 아랫사람으로서 윗사람을 넘보고 반항하는 셈이다.

신하가 임금을 업신여기면 임금의 권위가 상실되고, 아랫사람이 윗사람을 넘보면 임금의 지위가 위태로워진다.

임금의 권위가 상실되고 지위가 위태로워지면 사직을 지킬 수 없게 되니 내 장차 무엇을 자손에게 남길 것인가?"

하자 태자는 곧 그 자리를 물러나와 노숙하기를 사흘, 임금

이 계신 북쪽을 향해 재배하고 죽을 죄를 범했으니 처벌해 줄 것을 청했다.

일설에 이러한 이야기가 있다.

초(楚)나라 임금이 급히 태자를 불렀다. 본래 초나라 국법에 수레를 타고는 내전으로 들어가는 묘문(茆門)까지 갈 수 없게 되어 있었다.

그날은 마침 비가 내려 내전 뜰에 물이 흥건하게 괴어 있어 태자는 그대로 수레를 탄 채 묘문에 이르렀다.

이에 정리(廷理)가 말하기를

"묘문에는 수레가 들어올 수 없는데 태자께서는 법을 어겼습니다."

고 했다. 태자가 말하기를

"임금께서 급히 부르시기에 물이 없는 곳으로 돌아갈 수가 없어 부득이 그랬다."

고 하고는 그대로 수레를 몰고 들어갔다. 이렇게 되자 정리는 들고 있던 창을 휘둘러 말을 치고 수레를 부숴버렸다.

이에 태자는 입궐하여 울면서 임금에게 아뢰기를

"내전에는 물이 괸 곳이 많아 수레를 몰고 묘문에 이르렀는데, 한낱 정리가 저에게 말하기를 법을 어겼다며 창을 휘둘러 말을 치고 소자의 수레를 부숴버렸으니 그를 처벌해 주십시오."

라고 호소했다. 이 말을 듣고 임금이 말하기를

"먼저 그 정리는 이 늙은 임금을 위해 법을 뛰어넘어 용서하는 일을 하지 않았고, 다음으로 태자를 위해서는 태자에게 아첨하려고 하지 않았으니 참으로 떳떳한 태도이다. 이것이야말로 나의 법을 참으로 지키려는 훌륭한 신하라고 말할 수 있다."

고 한 뒤 그 정리는 두 계급 승진시키고, 태자에게는 뒷문을 열고 나가게 하면서 두번 다시 그러한 잘못을 저지르지 말도록 타일렀다.

傳三 宋人有酤酒[1]者 升槪甚平 遇客甚謹 爲酒甚美 縣幟甚高
然而不售 酒酸 怪其故 問其所知閭長者楊倩 倩曰 汝狗猛邪 曰
狗猛 則酒何故而不售 曰 人畏焉 或令孺子懷錢挈壺甕而往酤[2]
而狗迓而齕之[3] 此酒所以酸而不售也 夫國亦有狗 有道之士 懷
其術而欲以明萬乘之主 大臣爲猛狗 迎而齕之 此人主之所以蔽
脅 而有道之士所以不用也 故桓公問管仲曰 治國最奚患 對曰
最患社鼠矣 公曰 何患社鼠哉 對曰 君亦見夫爲社者乎 樹木而
塗之 鼠穿其間 掘穴託其中 燻之則恐焚木 灌之則恐塗阤 此社
鼠之所以不得也 今人君之左右 出則爲勢重而收利於民 入則比
周而蔽惡於君 內間主之情以告外 外內爲重 諸臣百吏以爲富 吏
不誅則亂法 誅之則君不安 據而有之 此亦國之社鼠也 故人臣執
柄而擅禁 明爲己者必利 不爲己者必害 此亦猛狗也 夫大臣爲猛
狗 而齕有道之士矣 左右又爲社鼠而間主之情 人主不覺 如此主
焉得無壅 國焉得無亡乎

一曰 宋之酤酒者 有莊氏者 其酒常美 或使僕往酤莊氏之酒
其狗齕人 使者不敢往 乃酤佗家之酒 問曰 何爲不酤莊氏之酒
對曰 今日莊氏之酒酸 故曰 不殺其狗則酒酸

一曰 桓公問管仲曰 治國何患 對曰 最苦社鼠 夫社 樹木而塗
之 鼠因自託也 燻之則木焚 灌之則塗阤 此所以苦於社鼠也 今
人君左右 出則爲勢重以收利於民 入則比周謾侮蔽惡以欺於君
不誅則亂法 誅之則人主危 據而有之 此亦社鼠也 故人臣執柄擅
禁 明爲己者必利 不爲己者必害 亦猛狗也 故左右爲社鼠 用事
者爲猛狗 則術不行矣

堯欲傳天下於舜 鯀[4]諫曰 不祥哉[5] 孰以天下而傳之於匹夫乎
堯不聽 擧兵而誅殺鯀於羽山之郊 共工[6]又諫曰 孰以天下而傳之
於匹夫乎 堯不聽 又擧兵而流共工於幽州之都 於是天下莫敢言
無傳天下於舜 仲尼聞之曰 堯之知舜之賢 非其難者也 夫至乎誅
諫者 必傳之舜 乃其難也 一曰 不以其所疑 敗其所察 則難也

荊莊王有茅門之法[7]曰 諸臣大夫諸公子入朝 馬蹏踐霤者 廷理
斬其輈[8] 戮其御 於是太子入朝 馬蹏踐霤 廷理斬其輈 戮其御

太子怒 入爲王泣曰 爲我誅戮廷理 王曰 法者 所以敬宗廟 尊社
稷 故能立法從令 尊敬社稷者 社稷之臣也 焉可誅也 夫犯法廢
令 不尊敬社稷者 是臣乘君⁹⁾ 下尙校也¹⁰⁾ 臣乘君 則主失威 下
尙校 則上位危 威失位危 社稷不守 吾將何以遺子孫 於是太子
乃還走 避舍露宿三日 北面再拜請死罪

一曰 楚王急召太子 楚國之法 車不得至茆門 天雨 廷中有潦
太子遂驅車至於茆門 廷理曰 車至茆門 非法也 太子曰 王召急
不得須無潦 遂驅之 廷理擧殳而擊其馬 敗其駕 太子入爲王泣曰
廷中多潦 驅車至茆門 廷理曰 非法也 擧殳擊臣馬 敗臣駕 王必
誅之 王曰 前有老主而不踰 後有儲君而不屬 矜矣¹¹⁾ 是眞吾守
法之臣也 乃益爵二級 而開後門出太子 勿復過

1) 酤酒(고주) : 술을 팔다. 또는 술을 사다로도 쓰이는 글자다.

2) 孺子懷錢挈壺罋而往酤(유자회전설호옹이왕고) : 유자(孺子)는 심부름
   하는 아이를 뜻하고, 설(挈)은 이끌다는 뜻이나 여기서는 '들다'와
   같으며, 호옹(壺罋)은 술이나 물을 담는 작은 호로병을 말한다. 왕고
   (往酤)는 사러가다는 뜻.

3) 迓而齕之(아이흘지) : 아(迓)는 본래의 뜻은 '마중나오다'인데 여기
   서는 '뛰어나오다'의 뜻이고, 흘(齕)은 물어뜯다의 뜻.

4) 鯀(곤) : 기록에 따르면 하우(夏禹)의 아버지로 요임금 때 치수(治
   水)사업에 등용되었다가 공이 없자 실패의 책임을 물어 우산(羽山)
   이란 곳에서 죽임을 당했고, 그 아들인 우(禹)는 성공했다고 되어있
   다.

5) 不詳哉(불상재) : 상서(祥瑞)롭지 못하다는 뜻. 곧 천자(天子)의 자리
   는 천명(天命)에 의한 것으로 천자는 하늘에 제사지내는 제관(祭官)
   으로 신성해야 한다고 했다.

6) 共工(공공) : 곤(鯀)과 같이 치수(治水)사업에 등용되었던 곤의 분신
   으로 『상서(尙書)』나 『맹자』에는 사죄(四罪)의 한 사람으로 등장했다.

7) 茅門之法(모문지법) : 묘문(茆門)으로도 썼다. 모문(茅門)은 치문(雉
   門)이라고도 했으며, 궁궐의 남쪽 문을 말한다. 모문지법(茅門之法)
   이란 모든 신하가 입궐할 때 수레를 타고는 이 모문을 통과할 수 없

는 것으로, 우리 나라의 예를 들면 하마지비(下馬之碑)와 같은 뜻을
가진다.

8) 廷理斬其輈(정리참기주) : 정리(廷理)는 법정의 질서를 맡은 관리이
    며, 참(斬)은 벤다는 뜻이고, 주(輈)는 수레를 끄는 멍에로 수레채를
    뜻한다.

9) 乘君(승군) : 임금을 넘본다는 뜻.

10) 尙校也(상교야) : 윗사람을 업신여긴다는 뜻.

11) 矜矣(긍의) : 자랑할 만하다. 곧 현명하다와 같은 뜻.

나. 모든 집안 일을 무당과 상의하는 박의의 어머니

위(衞)나라 사군(嗣君)이 박의(薄疑)라는 사람에게 말하기를

"그대는 과인의 나라가 작다고 생각하여 벼슬하지 않는 것인
가? 과인은 그대에게 벼슬을 내릴 만한 힘이 있으니 청컨대 그
대는 상경(上卿)의 자리에 나아가도록 하시오."

하고 곧 토지 만경(萬頃)을 주었다.

이에 박의가 말했다.

"신의 어미는 저를 몹시 사랑하시며 저의 능력을 높이 평가
하여 만승(萬乘) 큰나라의 재상이 되더라도 모자람이 없다고
여기고 있습니다.

그런데 저의 집에는 채구(蔡嫗)라는 무당이 있는데, 저의 어
미는 몹시 그를 믿으며, 집안 일의 전부를 그에게 맡겨두고 있
습니다. 저의 슬기로서도 집안 일을 능히 꾸려나갈 수 있고 저
의 어미 또한 저의 의견을 들어주고 있습니다. 그러나 한번 저
와 상의(相議)했던 일이라도 반드시 또 한번 채구와 의논하여
결정합니다.

이러하기 때문에 신의 지혜로 말하면 만승의 큰나라 재상이
되더라도 충분히 그 맡은 바를 해가리라는 것을 알고 있으며,
사랑하고 친밀하기로 말하면 어미와 아들의 관계인데도 채구와
상의하는 것을 피하지 못합니다.

지금 신과 임금과의 관계는 모자(母子)와 같이 친근한 관계

도 아니고, 그 위에다 임금에게는 채구와 같은 의논 상대가 주
위에 많습니다.

임금에게 있어 채구와 같은 사람은 반드시 권세를 가진 중신
(重臣)이며 중신이란 교묘하게 사사로운 이익을 꾀하는 사람들
입니다. 무릇 사사로운 이익을 꾀하는 사람은 결국 법을 어기
게 되는데 제가 아뢰고자 하는 말은 법을 지켜야 된다는 것입
니다. 법을 어기고 벗어나는 사람과 법 테두리 안에서 법을 지
키는 사람은 서로 원수 사이라 서로 용납되지 않습니다."

일설에 이러한 이야기가 있다.

위(衛)나라 임금이 진(晉)나라에 가게 되었을 때 박의(薄疑)
에게 말하기를

"과인은 그대와 함께 진나라로 가고 싶은데 어떠한가?"

라고 물었다. 박의가 대답하기를

"저에게는 늙은 어미가 계신데, 집에 돌아가 상의해 보아야
하겠습니다."

라고 해 임금이 직접 박의의 모친을 만나 부탁한 바 박의의
노모는 말하기를

"저의 아들 박의는 임금의 신하이온데, 임금의 뜻이 그러하
시다면 진정 고맙게 따를 뿐입니다."

고 했다. 임금이 이 말을 박의에게 전하기를

"과인이 그대의 노모에게 부탁했더니 그대의 노모는 쾌히 승
낙하셨네."

했다. 박의가 집으로 돌아와 어머니에게 말하기를

"위나라 임금이 저를 사랑하는 것과, 어머니께서 저를 사랑
하는 것을 비교하면 어느 쪽이 더 하겠습니까?"

하니, 어머니는 대답하기를

"내가 자식인 너를 사랑하는 것에 견줄 수는 없을 것이다."

고 했다. 이에 박의는 다시 묻기를

"그렇다면 임금이 저의 능력을 인정하는 것과 어머니께서 저
를 인정해 주는 것과 견주면 어느 쪽이 더하겠습니까?"

하자 어머니가 대답하기를

"내가 너를 뛰어나다고 인정하는 것에 미치지 못할 것이다."

고 하니 다시 박의가 말하였다.

"어머니께서는 집안 일을 저와 의논하여 결정해 놓고도 다시 무당인 채구(蔡嫗)에게 물어 결정하십니다. 지금 위나라 임금이 저를 데리고 가겠다지만 비록 저와 그 일을 결정해 놓고도 반드시 채구에 해당하는 다른 신하와도 그 일을 상의해 이미 결정된 일을 허물어뜨릴 수도 있을 것이니, 이래서야 저는 오래도록 위나라 임금을 섬길 수가 없을 것입니다."

무릇 남에게 노래를 가르치는 사람은 먼저 큰소리를 내게 하고, 그 다음에 소리를 낮추게 하여 맑고 가늘게 되도록 가르친다.

일설에 이러한 말이 있다.

남에게 노래를 가르치는 사람은 먼저 소리의 기본인 오음(五音；宮·商·角·徵·羽)에 적합한가를 시험한 뒤에 가르치는데, 먼저 소리를 빠르게 내어 궁(宮)의 음에 맞는가를 보고, 다음은 천천히 소리를 내게 하여 치(徵)의 음에 맞는가를 보는데, 빨리 소리를 내어도 궁의 음에 맞지 않고, 천천히 소리를 내어도 치의 음에 맞지 않으면 처음부터 가망이 없으므로 가르치지 않는다.

오기(吳起)는 위(衞)나라의 좌씨(左氏)라는 지방에 사는 사람인데, 그는 아내에게 띠로 쓸 끈을 하나 짜게 했는데 폭이 정해준 것보다 좁았기 때문에 다시 고쳐 짜오도록 했다.

이에 그의 아내는

"알겠습니다."

하고 다시 짜왔는데도 재어보니 이번에도 정해준 치수에 맞지 않는지라 오기(吳子)는 크게 화를 냈다.

그러자 그의 아내가 대답했다.

"나는 처음에 잘못된 치수의 날줄(經)로 짰기 때문에 폭을 고칠 수가 없었습니다."

이로 인해 오기는 아내를 내쫓았는데, 그 아내는 친정에 돌아오자 오라비에게 부탁하여 다시 돌아갈 수 있도록 해달라고 말했다.

이 말을 듣고 그의 오라비가 대답했다.

"오자(吳子)는 법을 시행하려고 하는 사람으로, 법을 시행코자 함은 장차 만승(萬乘)의 나라를 위해 공을 세우려는 생각을 하고 있기 때문이다. 그러므로 그 방법을 자기 아내에게 먼저 적용시켜 본 뒤에 실천하려고 했을 것이다. 네가 다시 그 집에 돌아가겠다는 희망은 단념하도록 하여라."

그 아내의 동생 또한 위(衛)나라 임금에게 중용되어 있었는데, 그 동생을 통해 임금에게 부탁하여 오기와 결합되도록 주선해 보았으나 오기는 임금의 말도 듣지 않고 마침내 위 나라를 떠나 형(荊)나라로 망명해 버렸다.

일설에 이러한 이야기가 있다.

오기가 그의 아내에게 띠 하나를 주면서 말하기를

"그대는 나를 위해 이와 똑같은 띠를 하나 짜주시오."

라고 부탁했는데, 얼마 뒤에 다 된 띠를 살펴 보니, 견본으로 준 띠보다 훨씬 더 잘 짜졌다.

이에 오기가 말했다.

"내가 그대에게 띠를 주면서 그것과 똑같이 짜도록 부탁했는데, 지금 이것은 훨씬 좋으니 어찌된 까닭이오?"

하고 물으니 그의 아내는 대답하기를

"똑같은 재료를 썼지만 좀더 공을 들였기 때문에 좋아진 것입니다."

고 했다. 그러자 오기는

"그것은 내가 부탁한 말과 다르오, 나는 먼저 띠와 똑같게 짜도록 부탁했던 것이오."

하고 아내를 친정으로 돌려보냈다. 이에 친정아버지가 찾아와 재결합하기를 청하자 오기가 말했다.

"저의 집안에는 거짓말은 없으니 그러한 여자는 둘 수 없습

니다."

　진(晉)나라 문공(文公)이 호언(狐偃)에게 묻기를

　"과인은 맛있고 살찐 고기는 당상의 신하들에게 나눠주었고, 한 잔의 술과 한 접시의 고기는 궁중의 궁녀들에게 골고루 먹이고 있어 단지의 술은 점점 줄어 맑아질 틈이 없고, 날고기도 나눠주어 마를 틈이 없소. 소 한 마리를 잡으면 온 나라 안의 민중에게 널리 나누어 주고, 한 해 동안 길쌈한 옷감은 모두 옷을 만들어 병사들에게 입히고 있는데, 이 정도로 한다면 민중에게 전쟁을 시킬 수 있겠소?"

　했다. 호언이 대답하기를

　"그것으로는 부족합니다."

　했다. 문공은 다시 말하기를

　"관세와 일반 세금도 줄여 거두고, 형벌도 가볍게 하고 있는데, 이렇게 하면 전쟁이 일어났을 때 민중은 목숨을 걸고 싸우겠소?"

　하니, 호언은 또 대답하기를

　"그것으로도 부족합니다."

　했다. 문공이 또 묻기를

　"과인은 민중이 상(喪)을 당하면 과인이 직접 측근을 보내 장례를 보살피게 하고, 죄지은 사람을 용서하며, 살림이 어려운 가난한 사람에게는 재물을 보내 이를 돕는다면 민중들은 전장에서 싸우겠소?"

　하자 호언은 대답했다.

　"그것으로도 부족합니다. 지금까지 말씀하신 것들은 모두 살아 가는데 있어 어려운 것을 보살피는 한낱 수단이지만 민중에게 전쟁을 시키는 일은 곧 죽이는 일입니다. 민중이 임금을 따르는 것은 잘 살 수 있도록 보살펴 주기 때문인데, 만약 임금께서 그들을 죽게 한다면 임금을 따르는 까닭을 잃게 되는 것입니다."

　임금이 다시 묻기를

"그렇다면 어떻게 해야 민중으로 하여금 싸우도록 할 수 있는가?"

고 말하자 호언은 대답하기를

"민중이 싸우지 않으면 안 되게 하십시오."

라 말했다. 임금이 묻기를

"민중이 싸우지 않을 수 없게 한다니 무슨 뜻인가?"

하자 호언이 대답하기를

"공로있는 사람에게는 반드시 상을 주고, 죄있는 사람은 반드시 처벌한다면 민중을 싸움에 나가도록 할 수 있을 것입니다."

고 하니 문공은 또 묻기를

"형벌의 한도를 어떻게 정하는 것이 좋겠소?"

했다. 호언은 대답하기를

"임금과 친밀하거나 신분이 고귀한 사람을 가리지 말고 법에 따라 처벌하며, 법은 총애하는 사람에게도 해당된다는 것을 보여야 합니다."

고 말하니 문공은

"참 좋은 의견이오."

하고 찬성했다.

문공(文公)은 이튿날 포륙(圃陸)이라는 곳에서 사냥을 하되 한낮을 모이는 시간으로 정하고, 늦게 오는 사람은 군법에 따라 처벌하겠다고 명령했다.

임금이 매우 총애하는 신하로 전힐(顚頡)이라는 사람이 있었는데, 그가 약속 시간을 어겨 법리(法吏)가 그 처벌을 요구하자 문공은 눈물을 흘리면서 걱정했다.

이에 법리는 말하기를

"아무쪼록 맡은 일을 집행하도록 해주십시오."

하고는 마침내 칼을 빼들고 전힐의 등을 베어버림으로써 백성의 본보기로 삼았고, 법의 집행이 확실함을 믿게 했다.

이러한 일이 있은 뒤로 백성들은 모두 법을 두려워하며 서로 말했다.

"임금께서는 누구보다도 전힐을 귀중하게 여기고 매우 아꼈는데도 법에 따라 용서없이 처벌했는데, 하물며 우리같은 민중에게야 어떻게 하실 것인가는 뻔한 일이다."

문공은 이러한 민중을 보고는 전쟁터에서도 목숨 걸고 싸울 것이라 판단하고 마침내 군사를 일으켜 원(原)을 공격하여 이겼고, 위(衛)를 정벌해 땅을 동서로 갈라 놓았으며, 이어 오록(五鹿)을 탈취하고, 양(陽)을 공격하면서 괵(虢)과 싸워 이겼으며, 조(曹)나라를 치고, 남쪽의 정(鄭)나라를 포위하여 항복을 받았다. 이와 같이 도처에서 이기고 돌아오는 길에 송(宋)나라의 포위를 풀고 방향을 바꾸어 성복(城濮)에서 형나라 군사와 싸워 형나라 군대를 크게 격파했다.

돌아오는 길에 주변의 여러 나라와 동맹을 맺고, 마침내 형옹(衡雍)의 의(義)를 이루었다.

이렇게 문공이 한 번 군사를 일으켜 여덟 가지 공을 세우고, 패업(霸業)을 이룬 까닭은 다른 데에 있었던 것이 아니라 호언의 계책에 따라 전힐(顚頡)의 등을 베었기 때문이다.

무릇 좌저(痤疽)라는 악성 종기를 앓을 때는 석침(石針)으로 골수까지 째어 도려내지 않으면 마음이 어지러워져 지탱하지 못한다. 환자가 이런 고통을 참아내야 하는 사실을 알지 못하면 다른 사람이 다섯 치의 석침으로 터뜨리려고 하는 것조차 못하게 할 것이다.

지금 임금이 나라를 다스리는 일 또한 이와 마찬가지로 고통을 참아야 편안해진다는 것을 누구나 먼저 알고 있지 않으면 안 된다. 나라를 잘 다스리고자 생각하면서 이런 사정을 알고 있지 않으면, 훌륭하고 슬기로운 사람의 의견을 받아들인다거나 나라를 어지럽히는 신하를 처벌하기란 어려울 것이다.

나라를 어지럽게 하는 사람은 반드시 중신(重臣)이며 중신은 반드시 임금의 총애를 받고 있는 사람이다. 임금의 총애를 받고 있는 만큼 견고함과 흰색이 모여 돌이 된 것 같이 임금과

하나가 되어 떨어질 수 없는 것이다. 무릇 서민의 신분으로 임
금이 견고함과 흰색이 하나가 되어 있듯이 총애하는 신하를 떼
어내려 하는 것은 마치 왼쪽 넙적다리를 잘라내며 오른쪽 넙적
다리로 대신하겠다고 달래는 것과 같다. 반드시 죽임을 당하게
되고 그 진언은 행해지지 않게 된다.

衛嗣君謂薄疑[1]曰　子小寡人之國　以爲不足仕邪　寡人力能仕子
請進爵以子爲上卿　乃進田萬頃[2]　薄子曰　疑之母親疑　以疑爲能
相萬乘所不窕也[3]　然疑家巫有蔡嫗[4]者　疑母甚愛信之　屬之家事
焉　疑智足以言家事　疑母盡以聽疑也　然已與疑言者　亦必復決之
於蔡嫗也　故論疑之智能　以疑爲能相萬乘而不窕也　論其親　則母
子之間也　然猶不免議之於蔡嫗也　今疑之於人主也　非子母之親
也　而人主皆有蔡嫗　人主之蔡嫗　必其重人也　重人者　能行私者
也　夫行私者　繩之外也　而疑之所言　法之內也　繩之外　與法之內
讐也　不相受也
　　一曰　衛君之晋[5]　謂薄疑曰　吾欲與子皆行　薄疑曰　嫗也在中
請歸與嫗計之　衛君自請薄嫗　薄嫗曰　疑　君之臣也　君有意　從之
甚善　衛君曰　吾以請之嫗　嫗許我矣　薄疑歸言之嫗也　曰　衛君之
愛疑奚與嫗　嫗曰　不如吾愛子也　衛君之賢疑奚與嫗也　曰　不如
吾賢子也　嫗與疑計家事已決矣　乃更請決之於卜者蔡嫗　今衛君
從疑而行　雖與疑決計　必與他蔡嫗敗之　如是則疑不得長爲臣矣
　　夫教歌者　使先呼而詘之[6]　其聲反清徵者[7]　乃教之
　　一曰　教歌者先揆以法　疾呼中宮　徐呼中徵　疾不中宮　徐不中
徵　不可謂教
　　吳起　衛左氏中人也[8]　使其妻織組[9]　而幅狹於度　吳子使更之
其妻曰諾　及成　復度之　果不中度　吳子大怒　其妻對曰　吾始經[10]
之　而不可更也　吳子出之　其妻請其兄而索入　其兄曰　吳子　爲法
者也　其爲法也　且欲以與萬乘致功　必先踐之妻妾　然後行之　子
毋幾[11]索入矣　其妻之弟又重於衛君　乃因以衛君之重請吳子　吳
子不聽　遂去衛而之荊也

一曰 吳起示其妻以組曰 子爲我織組 令之如是 組已就而效之
其組異善 起曰 使子爲組 令之如是 而今也異善 何也 其妻曰
用財[12]若一也 加務善之 吳起曰 非語也 使之衣歸[13] 其父往請之
吳起曰 起家無虛言

晋文公問於狐偃曰 寡人甘肥周於堂 卮酒豆肉集於宮 壺酒不
淸 生肉不布 殺一牛徧爲國中 一歲之功盡以衣士卒 其足以戰民
乎 狐子曰 不足 文公曰 吾弛關市之征 而緩刑罰 其足以戰民乎
狐子曰 不足 文公曰 吾民之有喪資者 寡人親使郞中視事 有罪
者 赦之 貧窮不足者 與之 其足以戰民乎 狐子對曰 不足 此皆
所以愼產[14]也 而戰之者殺之也 民之從公也 爲愼產也 公因而逆
殺之 失所以爲從公矣 曰 然則何如足以戰民乎 狐子對曰 令無
得不戰 公曰 無得不戰奈何 狐子對曰 信賞必罰 其足以戰 公曰
刑罰之極安至 對曰 不辟親貴 法行所愛 文公曰 善 明日 令田
於圃陸[15] 期以日中爲期 後期者行軍法焉 於是公有所愛者 曰
顚頡 後期 吏請其罪 文公隕涕而憂 吏曰 請用事焉[16] 遂斬顚頡
之脊 以徇[17]百姓 以明法之信也 而後百姓皆懼曰 君於顚頡之貴
重如彼甚也 而君猶行法焉 況於我則何有矣 文公見民之可戰也
於是遂興兵伐原 克之 伐衛 東其畝 取五鹿 攻陽 勝虢 伐曹 南
圍鄭 反之陴 罷宋圍 還與荊人戰城濮 大敗荊人 返爲踐土之
盟[18] 遂成衡雍之義 一擧而八有功 所以然者 無他故異物[19] 從狐
偃之謀 假顚頡之脊也

夫痤疽之痛也 非刺骨髓 則煩心不可支也 非知是 不能使人以
半寸砥石彈之[20] 今人主之於治亦然 非不知有苦則安 欲治其國
非知是 不能聽聖智而誅亂臣 亂臣者 必重人 重人者 必人主所
甚親愛也 人主所甚親愛也者 是同堅白也[21] 夫以布衣之資 欲以
離人主之堅白所愛 是猶以解左髀說右髀者 是身必死而說不行者
也

1) 薄疑(박의) : 조나라에서 위나라로 와 등용되었는데, 조간공(趙簡公)
   에 대해 간언한 문헌이 있다. 위사군에게는 여러 가지 정치에 대해
   의견을 제시해 채택하게 한 기록이 보인다.

2) 田萬頃(전만경) : 경(頃)이란 토지를 헤아리는 단위로 일경(一頃)은 백묘(百畝).

3) 以疑爲能相萬乘所不窕也(이의위능상만승소불조야) : 의(疑)는 박의 (薄疑)를 가리키고, 상만승(相萬乘)은 천자(天子)가 다스리는 큰 나라의 재상이란 뜻이며 조(窕)는 모자라다 또는 가볍다는 뜻인데 부조(不窕)는 충분하다는 뜻.

4) 家巫有蔡嫗(가무유채구) : 가무란 무당을 말함인데 『국어』 초어(楚語)하에는 남자 무당을 격(覡), 여자 무당을 무(巫)로 쓴다 했으나 다같이 무당이며, 채구(蔡嫗)는 채(蔡)씨 성을 가진 무당의 이름.

5) 衛君之晉(위군지진) : 위나라 사군(嗣君)시대에 진(晉)나라는 이미 한(韓)·위(魏)·조(趙)의 세 나라로 쪼개져 멸망한 뒤로 진나라로 간다는 것은 위(魏)나라를 말하는 것.

6) 詘之(굴지) : 굽힌다와 같은 뜻인데, 여기서는 소리를 변화시키는 것을 뜻한다.

7) 其聲反淸徵者(기성반청치자) : 반(反)은 소리가 바뀌어 맞아진다는 뜻. 오음(五音) 가운데 치(徵)는 맑은 소리로 구분하는데 그 음을 다시 청탁(淸濁)으로 나눈다. 십과편에서는 청치의 음을 슬픈 소리로 보았다.

8) 衛左氏中人也(위좌씨중인야) : 좌씨(左氏)는 위나라의 한 지방의 이름으로 지금의 어딘지는 알려지지 않고 있으며, 중(中)은 그 지방의 어느 한 곳을 뜻한다.

9) 織組(직조) : 조(組)는 띠에 쓰이는 끈이며, 직(織)은 짜다와 같다.

10) 經(경) : 옷감을 짤 때 날실(經) 곧 종(縱)과 씨줄(緯) 곧 횡(橫)이 있다. 그래서 날줄과 씨줄은 경위(經緯)라고 한다.

11) 幾(기) : 기(冀)와도 통하는데 여기서는 희망(希望)과 같은 뜻이다.

12) 財(재) : 여기에서 재료(材財)와 같은 뜻으로 썼다.

13) 衣歸(의귀) : 의귀(衣歸)에 대하여는 여러 가지 설이 있는데, 의복(衣服)을 싸가지고 친정으로 돌아간다는 뜻으로 본다.

14) 愼產(신산) : 신은 순(順)과 같은 뜻으로 통하고, 산(產)은 생산(生產)·가산(家產) 또는 생활·생업을 뜻한다. 곧 신산(愼產)이란 생업

을 지켜 세운다는 뜻.

15) 田於圃陸(전어포륙) : 전은 사냥을 뜻하고 포륙은 사냥터의 지명.

16) 用事焉(용사언) : 넓게는 정치를 집행하는 것을 말하고 좁게는 맡은 바 직책을 다하는 것.

17) 徇(순) : 두루 죄를 범한 사람을 말하여 경계시킨다는 뜻.

18) 踐土之盟(천토지맹) : 천토(踐土)는 땅 이름으로 지금의 하남성 수무현(修武縣)이며, 이곳에서 제후(齊侯) · 송공(宋公) · 채후(蔡侯) · 정백(鄭伯) · 위자(衞子) · 거자(莒子)가 모여 동맹을 맺었다.

19) 無他故異物(무타고이물) : 고(故)나 물(物)이나 다같이 일을 뜻하며, 이 말의 전체 뜻은 다름이 아니라는 뜻.

20) 砥石彈之(지석탄지) : 지석(砥石)이란 돌을 갈아 만든 침, 탄(彈)은 잘라낸다는 뜻.

21) 堅白也(견백야) : 당시 공손룡(公孫龍)이 주장했던 견백론(堅白論)에 있으며, 견백석(堅白石)은 감각적으로 견석(堅石)과 백석(白石)이 있을 뿐 실제에 있어서는 견백석이란 성립할 수 없다고 주장했다.

제 33 편 외저설우하(外儲說右下)

외저설우하(外儲說右下)편의 특징은 임금이 상벌(賞罰)에 관한 법을 엄격히 시행하여 그 효과를 거두는 사례의 다섯 가지를 들었다.

1. 법이 문란하면 나라가 어지러워진다

첫째 경(經一)

상벌(賞罰)의 권한을 임금과 신하가 함께 장악하고 있으면, 금령(禁令)이 제대로 행해질 수 없다.

어떤 일로 그러하다는 것을 분명하게 알 수 있는가? 말(馬)을 잘 모는 명인인 조보(造父)나 왕어기(王於期)의 일로써 밝힐 수 있다.

자한(子罕)은 조보(造父)가 말을 달리려 하는데 갑자기 뛰어나와 일을 그르친 돼지처럼 행동했으며, 전항(田恒)은 왕어기(王於期)의 말다루는 솜씨를 방해하려고 농장에 못을 팠으니 그래서 송군과 제나라 간공은 죽임을 당했던 것이다.

무릇 나라의 우환이 되는 예증(例證)은, 왕량(王良)과 조보(造父)같은 말몰이의 명인이라도 두 사람이 함께 수레를 몬다면 말은 제대로 달리지 못할 것이고, 전련(田連)과 성규(成竅)같은 명인이라도 하나의 거문고로 두 사람이 함께 연주한다면 곡(曲)이 제대로 맞지 않음과 같은 것이다.

둘째 경(經二)

나라가 잘 다스려지고 강하게 되는 것은 법(法)이 제대로 행해지는 데서 비롯되며, 나라가 어지러워지고 약하게 되는 것은 법을 함부로 여겨 사사로이 아첨하기 때문이다. 임금이 이를 밝게 터득하면 상벌을 엄정하게 시행하고 아랫사람에게 함부로 인애(仁愛)의 마음은 갖지 않는다.

벼슬과 봉록은 공이 있을 때 주는 것이며 형벌은 죄가 있는 사람에게 내리는 것으로, 임금의 신하된 사람이 이러한 도리를 터득하면 반드시 전심전력을 다해 공을 세우고 임금에게 사사로운 충성은 하지 않을 것이다.

임금이 평소에는 무자비하게 보일 만큼 법의 집행이 철저하고, 신하가 평소에는 불충하리 만큼 철저하다면 임금은 비로소 천하통일의 패업을 이룩할 것이다.

그래서 진나라 소양왕(昭襄王)은 임금이 가져야 할 진실을 터득했기 때문에 다섯 곳의 어원(御苑)에 심은 채소와 과일을 민중에게 나누어 주지 않았다.

또한 전유(田鮪)라는 사람은 신하의 진실을 터득했기 때문에 그 아들 전장(田章)에게 자기를 중심으로 살아가는 법을 가르쳤으며, 노(魯)나라 재상인 공의(公儀)는 선물로 들어온 물고기를 받지 않고 되돌려 보냄으로써 남에게 굽히지 않고 자기를 의지해 살아갔다.

셋째 경(經三)

임금이 스스로 사리(事理)를 판단하지 못하고 언제나 외국에서 온 사람의 말만 듣고 그것으로 본(本)을 삼는다면, 외교(外交)가 제대로 되지 않으며 모든 일이 이루어지지 않고 그 계책에 넘어간다. 그러므로 소대(蘇代)는 연(燕)나라 임금에게 제(齊)나라 임금을 비난했던 것이다.

만약 임금이 학자의 의견을 받아들인다면 당시 상황에 적합하지도 않고 실현될 수 없다. 그러므로 반수(潘壽)라는 처사(處

士)는 우(禹)임금에 대한 옛 이야기를 했는데도 임금은 깨닫지 못했다.

이에 방오자(方吾子)는 이 이치를 깨달았기 때문에 임금은 신하와 같은 옷을 입고 수레를 타서는 안 되며, 종친과 함께 거주해서는 안 된다고 했다. 하물며 임금의 권세를 신하에게 빌려준다면 어떻게 되겠는가? 오장(吳章)은 이러한 도리를 알았기 때문에 거짓으로 행동하는 것도 경계하게 했는데, 하물며 진실을 말함에 있어서랴!

조(趙)나라 임금은 호랑이의 눈을 미워했으면서 자신은 신하로부터 이목을 가리운 바 되었다.

현명한 임금의 도(道)란 주(周)나라의 외교관이 위(衛)나라 제후의 호칭을 보고 천자(天子)와 같다 하여 입궐을 거부한 것과 같다.

넷째 경(經四)

한 나라를 다스리는 임금은 법을 지키고 그 성과를 올리도록 요구하여 공적을 쌓도록 해야 한다.

관리가 세상을 어지럽게 할 때 홀로 자신의 몸을 결백하게 지키는 민중이 있다는 말은 들었지만, 민중이 세상을 어지럽히는데 홀로 나라를 잘 다스리는 관리가 있다는 말은 듣지 못했다. 현명한 임금은 관리를 철저하게 다스릴 수는 있지만 민중을 직접 다스리지는 못한다.

이를 설명하기 위한 예증(例證)으로서 나뭇잎을 하나하나 흔드는 것보다는 그 나무의 뿌리를 흔들면 적은 힘을 들이고도 큰 성과를 거둘 수 있는 일과, 고기를 많이 잡으려면 그물의 으뜸되는 줄을 잡아당겨야만 된다는 것을 들 수 있다.

그래서 불이 났을 때 불을 끄는 관리에 대해 생각하지 않을 수 없는 것이다.

술(術)로써 일에 어떻게 대처함이 좋은가는 조보(造父)가 수레를 모니 말들이 놀라 달리기 시작한 것과 같다.

그 설명을 뒷받침하는 또 하나의 예증으로, 쇠망치로 굽은 물건을 평평하게 펴는 일과 도지개로 물건을 곧게 하는 것이다. 그렇게 하지 않을 경우에 있을 폐해로서 요치(淖齒)라는 사람이 제나라에 등용되어 권세를 잡게 되자 민왕(閔王)을 죽인 일과, 이태(李兌)가 조(趙)나라에 등용되어 권력을 쥐게 되자 주보(主父)를 굶겨 죽게 한 일을 들 수 있다.

다섯째 경(經五)

모든 일을 사리(事理)에 따라 행하면 애를 쓰지 않고도 쉽게 이룰 수 있는 것이 있다.

자정(玆鄭)이란 사람이 수레에 걸터앉아 노래를 부름으로써 사람들은 힘들이지 않고 수레를 높은 다리위로 올려 놓았다.

이렇게 하지 않아 생긴 폐해로서 진(晋)나라 조간주(趙簡主)의 세리(稅吏)가 세금을 무겁게 거둘것인가? 아니면 가볍게 징수할 것인가에 대해 물은 것이 있다.

박의(薄疑)는 나라안의 중간층이 배불리 잘 산다고 하자 기뻐하는 조간공에게 나라의 창고는 비어 있다고 말하며, 백성은 굶주리고, 중간에서 관리들만 부자가 되었다고 비웃었다.

그래서 제나라 환공(桓公)이 민중의 집을 두루 돌아보고 재상인 관중에게 나라 일을 상의하자 관중(管仲)은 조정(朝廷)에 썩은 곡식과 남은 재화가 없게 하고, 궁궐에 시집을 못가 탄식하는 궁녀가 없도록 했다.

그렇게 하지 않아 폐해를 입은 예증(例證)으로는 연릉(延陵)의 탁자(卓子)가 말을 몰았으나 걸리는 것이 있어 달리지 못했는데 말몰이의 대가인 조보(造父)가 그곳을 지나다가 눈물을 흘린 일이 있다.

經一 賞罰共 則禁令不行 何以明之 明之以造父於期 子罕爲出彘 田恒爲圃池 故宋君 簡公弑 患在王良造父之共車 田連成竅[1]之共琴也

　　經二　治强生於法　弱亂生於阿[2]　君明於此　則正賞罰而非仁下
也　爵祿生於功　誅罰生於罪　臣明於此　則盡死力而非忠君也　君
通於不仁　臣通於不忠　則可以王矣　昭襄知主情　而不發五苑　田
鮪[3]知臣情　故教田章　而公儀[4]辭魚

　　經三　人主鑒於外也[5]　而外事不得不成　故蘇代非齊王[6]　人主鑒
於士也　而居者不適不顯　故潘壽言禹情　人主無所覺悟　方吾[7]知
之　故恐同衣族　而況借於權乎　吳章知之　故說以佯　而況借於誠
乎　趙王惡虎目而壅　明主之道　如周行人之却衞侯也[8]

　　經四　人主者　守法責成以立功者也　聞有吏雖亂而有獨善之民
不聞有民亂而有獨治之吏　故明主治吏不治民　說在搖木之本　與
引網之綱　故失火之嗇夫[9]　不可不論也　故所御術者　如造父之御
驚馬　是以說在椎鍛平夷　榜檠矯直　不然　敗在淖齒用齊戮閔王
李兌用趙餓主父也

　　經五　因事之理　則不勞而成　故玆鄭之踞轅[10]而歌　以上高梁也
其患　在趙簡主稅　吏請輕重　薄疑之言國中飽　簡主喜而府庫虛
百姓餓而姦吏富也　故桓公巡民　而管仲省腐財怨女　不然　敗在延
陵乘馬不能進　造父過之而爲之泣也

1) 田連成竅(전련성규) : 전련(田連)과 성규(成竅)는 다 같이 천하의 명
　　수(名手).『금조(琴操)』의 기록에는 백아(伯牙)같은 거문고의 명수
　　도 성규와 전련에게 배웠다고 했는데, 두 사람 다 춘추시대 사람이
　　다.

2) 阿(아) : 사사로운 생각으로 법을 왜곡하는 것을 뜻한다. 곧 법에 아
　　첨한다는 말도 된다.

3) 田鮪(전유) : 전유와 그 아들인 전장(田章)은 모두 사람의 이름인데,
　　어느 문헌에도 그 사적의 기록이 없다.

4) 公儀(공의) : 공의휴(公儀休)라 했고, 전국 초기의 노나라 사람으로
　　목공(穆公)때 재상을 지냈다는 기록이 있다.

5) 鑒於外也(감어외야) : 감(鑒)은 비추어 보는 거울을 뜻함인데, 여기서
　　는 비추어 생각한다는 뜻으로 본(本 : 바탕)을 삼는다는 말이며, 외
　　(外)는 외국을 뜻한다.

6) 蘇代非齊王(소대비제왕) : 소대(蘇代)는 합종가(合從家)로 유명한 소
   진(蘇秦)의 아우로 연나라와 제나라 사이의 외교에 암약한 사람이며,
   제왕(齊王)은 제나라 선왕(宣王)을 가리킨다.

7) 方吾(방오) : 전(傳)에 방오자(方吾子)라 했으나 그의 행적은 어느
   문헌에도 기록이 없다.

8) 行人之却衞侯也(행인지각위후야) : 행인은 외국에서 오는 귀빈을 접
   대하는 관리를 말하며, 위후(衞侯)는 위나라 문공(文公)을 뜻하고,
   각(却)은 입궐을 거부하여 물리친다는 뜻.

9) 嗇夫(색부) : 지방에서 민중과 직접 접촉하여 소송·징세(徵稅)같은
   일을 맡아 일하는 관리로서 여기서는 소방관리(消防官吏)를 지칭한
   다.

10) 茲鄭之踞轅(자정지거원) : 자정(茲鄭)은 사람의 이름이지만 그의 행
    적은 문헌에 보이지 않는다. 거(踞)는 걸터앉는다는 뜻이며, 원(轅)
    은 수레의 골채 곧 멍에를 매는 굽은 나무.

2. 첫째 전(傳一)

가. 생각대로 말(馬)을 부릴 수 있는 조보

조보(造父)는 말(馬) 네 마리가 끄는 수레를 모는 일에 능숙
하여 빨리 달리게 하거나 빙글빙글 돌려 달리거나 자기 생각대
로 말을 부릴 수 있었는데 이렇게 된 것은 고삐와 채찍의 힘을
자유롭게 사용할 수 있었기 때문이다.

그러나 갑자기 돼지가 뛰어들어 말이 놀라 날뛰자 천하의 명
수 조보(造父)도 제어하지 못했던 것은 고삐나 채찍의 힘이 모
자라서가 아니라 뛰어든 돼지가 채찍의 위력을 갈라놓았기 때
문이다.

또 왕자어기(王子於期)도 말을 잘 다루는 명수였는데, 많은
곁말을 달고도 채찍이나 고삐를 쓰지 않고 자기 마음대로 말을
부릴 수 있었던 것은 때에 맞추어 말에게 풀과 물을 잘 먹였기
때문이다.

그러나 농장의 연못 옆을 지날 때 곁말들이 제멋대로 흩어져 날뛴 것은 꼴이나 물이 모자라서가 아니라 어기(於期)의 은덕이 농원의 물 때문에 나눠졌기 때문이다.

왕량이나 조보(造父)는 천하에 유명한 말몰이었지만 그러나 두 사람이 같은 수레를 타고, 어기로 하여금 왼쪽 고삐를 쥐고 말을 몰게 하고 조보로 하여금 오른쪽 고삐를 쥐고 채찍질을 하게 한다면 말은 십 리도 달리지 못할 것이다. 그것은 두 사람이 함께 말을 몰게 한 탓이다.

또한 전련(田連)과 성규(成竅)는 천하에 으뜸가는 거문고의 명인들이지만 그러나 전련이 거문고의 윗쪽을 퉁기고, 성규는 아랫쪽을 탄다면 도저히 가락을 이룰 수가 없을 것이다. 이것은 두 사람이 함께 거문고를 다루기 때문이다.

무릇 왕량과 조보의 뛰어난 솜씨로도 두 사람이 함께 고삐를 쥐고 채찍질을 하면 능히 말을 부릴 수가 없는데 임금이 신하와 권세를 함께 하고서야 어찌 나라가 잘 다스려지겠는가?

또 전련과 성규의 뛰어난 솜씨로도 하나의 거문고로 두 사람이 함께 타면 가락을 이루지 못하는데, 임금이 또한 권세를 신하와 함께 한다면 어찌 공적을 이룰 수 있겠는가?

일설에 이러한 이야기가 있다.

조보(造父)는 제나라 임금의 수레를 모는 마부가 되었는데, 말에게 물을 먹이지 않는 훈련을 시켜 성공했으나 농원으로 수레를 끌고 가 시험을 해본 결과, 목이 말랐던 말은 농원에 있는 연못을 보고는 수레를 팽개치고 연못으로 달려갔기 때문에 수레를 끌 수 없게 되었다.

왕자어기는 조간주(趙簡主)를 위해 길을 잡고 천 리의 먼 목표지점까지 경주하기로 했는데, 막 출발하려는 곳에서 도랑에 돼지 한 마리가 엎드려 있었다. 왕자어기는 이를 개의치 않고 고삐를 잡고 채찍을 휘둘러 단숨에 말을 앞으로 달리게 했다. 때마침 엎드려 있던 돼지가 도랑에서 뛰어나오자 말은 놀라 수레를 끌 수 없게 되었다.

송(宋)나라 사성(司城)이라는 관직에 있는 자한(子罕)이 임금에게 말하기를

"상(賞)을 받고 하사품을 받는 일은 민중이면 누구나 좋아하는 일이니 반드시 임금께서 행하시고, 죄인을 죽이거나 처벌하는 일은 민중이 싫어하는 일이니 그러한 일은 신이 대신 하겠습니다."

고 했다. 송나라 임금은 대답하기를

"좋다. 그렇게 하자."

고 말한 뒤 엄중한 명령을 내리기를

"민중을 죽이거나 대신을 처벌할 때는 자한(子罕)과 의논하라."

라고 말했다. 이리하여 대신들은 자한을 두려워했고, 민중은 모두 자한을 따르게 되었다. 이렇게 된 뒤 1년만에 자한은 송나라 임금을 죽이고 정권을 빼앗아 버렸다.

자한은 갑자기 뛰어든 돼지와 같은 행동을 함으로써 임금의 권위를 나눠갖게 되고 마침내는 나라를 빼앗아 버렸다.

제(齊)나라 간공(簡公)이 임금으로 만민의 윗자리에서 나라를 다스리고 있을 때, 벌(罰)은 너무 무겁고, 형(刑)은 너무 엄하며, 많은 세금을 물리고 갖은 죄목을 들어 많은 민중을 죽였다. 한편 재상인 전항(田恒)은 자혜와 사랑을 베풀어 관대한 태도를 보였다.

결국 임금인 간공은 제나라 민중에게 마치 목마른 말에게 물을 주지 않는 것과 같이 민중에게 은혜를 베풀지 않았고, 전항은 어질고 너그러운 마음을 나타내 마치 농원의 연못같은 구실을 했던 것이다.

일설에 이러한 이야기가 있다.

조보(造父)라는 사람이 제나라 임금의 곁말을 부리는 말몰이가 되었는데, 말(馬)에게 물을 주지 않고 목마름을 견디는 훈련을 시킨 지 100일만에 뜻대로 이루어져 임금에게 수레를 몰아 보겠다고 청했다.

임금이 말하기를

"그렇다면 농원에서 시험토록 해보오."

하여 조보(造父)는 수레를 몰고 농원안으로 들어가 말을 달리게 했는데 마침 연못이 보이자 말이 목마름을 참지 못하고 연못으로 달려가는 것을 조보는 막을 수가 없었다.

조보가 말에게 물을 먹이지 않고 목마름을 견디게 하는 훈련은 오래 걸렸지만 말이 연못의 물을 보자 거칠게 달려가는 것을 비록 말몰이의 명수인 조보(造父)도 능히 다스리지 못했던 것이다.

그런데 지금 간공(簡公)이 엄하고 무거운 법으로 오랫동안 민중을 억누르고 있었지만, 한편으로 재상인 전항(田恒)은 민중을 이롭게 하고 있으니 이는 마치 전항이 농원의 연못에 있는 물을 전부 퍼올려 목마른 민중에게 나눠주는 것과 같다.

또 일설에 이러한 이야기가 있다.

왕자어기(王子於期)라는 말몰이의 명수가 있었는데 송(宋)나라 임금을 위해 천 리의 먼 곳까지 말을 몰아보겠다고 했다. 마침내 수레에 말을 매고 손에 쥔 고삐와 말의 입에 물린 재갈을 잘 살핀 다음 말을 몰아 수레를 출발시켰는데, 수레바퀴 자국은 먹줄로 쳐놓은 곳에서 조금도 벗어남이 없고 고삐를 당겨 뒤로 물리면 말은 앞으로 나아갈 때 밟은 발자국을 그대로 다시 밟아 한 치의 어긋남도 없었다. 그래서 왕자어기는 채찍을 휘둘러 막 수레를 출발시키려고 했는데 갑자기 돼지 한 마리가 우리에서 튀어나와 말이 놀라서 뒤로 물러나 채찍질을 해도 앞으로 나아가지 않았고 말이 놀라 날뛰어 고삐를 잡아당겼지만 도저히 멈출 수가 없었다.

또 일설에 이러한 이야기가 있다.

사성(司城)인 자한(子罕)은 송나라 임금에게 말하기를

"상(賞)을 준다거나 물건을 하사하는 일은 민중들이 모두 좋아하는 일이니 이 일은 임금께서 몸소 시행하시고, 죄인을 처벌하거나 죽이는 일은 민중들이 다 싫어하는 바니 이 일은 신이 맡아 시행하겠습니다."

고 한 뒤로는 서민(庶民)을 죽이거나 대신을 처벌하는 경우
에는 임금이 말하기를

"재상인 자한에게 의논하라."

고 했다. 그뒤 1년이 지나자 민중에게는 널리 알려지기를 죽
이고 살리는 명령은 자한(子罕)에 의해 정해진다 하여 온 나라
가 그를 두려워하고 따르게 되었다. 그래서 자한은 임금을 위
협하고 정권을 찬탈했어도 법으로는 막을 수가 없었다.

그래서 말하기를 "자한은 말을 멈추기 위해 뛰쳐나온 돼지와
같고, 전항(田恒)은 말을 홀린 농원의 연못 구실을 했던 것이
다."고 했다.

지금 만약 왕량(王良)이나 조보(造父)같은 말몰이의 명수가
함께 같은 수레를 타고 각자 고삐를 한쪽씩 잡고 사람들이 들
끓는 동리로 들어간다면 수레는 반드시 흐트러져 길을 잃고 말
것이다. 그리고 또 전련(田連)과 성규(成竅)같은 거문고의 명인
이라도 두 사람이 함께 하나의 거문고를 탄다면 그 소리는 반
드시 어지러워져 곡조는 마침내 이루어지지 않을 것이다.

傳一　造父御四馬　馳驟周旋[1]　而恣欲於馬者　擅轡筴之制也[2]
然馬驚於出彘　而造父不能禁制者　非轡筴之嚴不足也　威分於出
彘也　王子於期爲駙駕[3]　轡筴不用　而擇欲於馬者　擅芻水之利也
然馬過於圃池　而駙駕敗者　非芻水之利不足也　德分於圃池也　故
王良　造父　天下之善御者也　然而使王良操左革而叱咤之[4]　使造
父操右革而鞭笞之　馬不能行十里　共故也　田連　成竅　天下之善
鼓琴者也　然而田連鼓上　成竅撅[5]下　而不能成曲　亦共故也　夫以
王良　造父之巧　共轡而御　不能使馬　人主安能與其臣共權以爲治
以田連　成竅之巧　共琴而不能成曲　人主又安能與其臣共勢以成
功乎

一曰　造父爲齊王駙駕　渴馬服成　效駕[6]圃中　渴馬見圃池　去車
走池　駕敗　王子於期爲趙簡主取道爭千里之表　其始發也　彘伏溝

中 王子於期齊轡筴而進之 麑突出於溝中 馬驚駕敗

司城子罕謂宋君曰 慶賞賜與 民之所喜也 君自行之 殺戮誅罰
民之所惡也 臣請當之 宋君曰 諾 於是出威令 誅大臣 君曰 問
子罕也 於是大臣畏之 細民[7]歸之 處期年 子罕殺宋君而奪政 故
子罕爲出麑 以奪其君國

簡公在上位 罰重而誅嚴 厚賦斂而殺戮民 田恒設慈愛 明寬厚
簡公以齊民爲渴馬 不以恩加民 而田恒以仁厚爲圃池也

一曰 造父爲齊王駙馬 以渴服馬 百日而服成 請效駕齊王 王
曰 效駕於圃中 造父驅車入圃 馬見圃池而走 造父不能禁 造父
以渴服馬久矣 今馬見池 駻[8]而走 雖造父不能治 今簡公之以法
禁其衆久矣 而田恒利之 是田恒傾圃池而示渴民也

一曰 王子於期爲宋君爲千里之逐 已駕 察手吻文且發矣 驅而
前之 輪中繩[9] 引而卻之 馬掩迹 拊[10]而發之 麑逸出於竇中 馬退
而卻 筴不能進前也 馬駻而走 轡不能止也

一曰 司城子罕謂宋君曰 慶賞賜予者 民之所好也 君自行之
誅罰殺戮者 民之所惡也 臣請當之 於是戮細民而誅大臣 君曰
與子罕議之 居期年 民知殺生之命制於子罕也 故一國歸焉 故子
罕劫宋君而奪其政 法不能禁也 故曰子罕爲出麑 而田恒爲圃池
也 今令王良造父共車 人操一邊轡而入門閭 駕必敗而道不至也
令田連成竅共琴 人撫一絃而揮 則音必敗 曲不遂矣

1) 馳驟周旋(치취주선) : 치취(馳驟)는 달리다는 뜻이고, 주선은 빙빙 돌
   아간다는 뜻.
2) 轡筴之制也(비책지제야) : 비책(轡筴)은 고삐와 채찍을 말하고, 제
   (制)는 부린다는 뜻.
3) 駙駕(부가) : 『설문(說文)』에는 부마(副馬)로 썼는데, 정가(正駕) 외
   에 말을 수레에 많이 붙인다는 뜻으로 곁말을 말한다.
4) 左革而叱咤之(좌혁이질타지) : 좌혁(左革)은 왼쪽 고삐와 같은 뜻이
   고, 질타(叱咤)는 소리를 지르며 꾸짖는 것을 말하는데, 여기서는 채
   찍질을 하면서 소리를 지르는 것을 뜻한다.
5) 撅(엽) : 손가락으로 누른다는 말로 거문고나 가야금을 탈 때 줄을

손가락으로 누르는 것.

6) 效駕(효가) : 『예기(禮記)』의 곡례에도 나오는 말인데 '시험삼아 수
레를 타본다'는 뜻.

7) 細民(세민) : 일반 민중 곧 서민(庶民)을 가리킴.

8) 騂(한) : 사나운 말을 말하는 것인데, 여기서는 말이 물을 보고 날뛰
는 것을 말한다.

9) 輪中繩(윤중승) : 수레바퀴의 자국이 먹줄에 맞는 것처럼 틀림없다는
뜻.

10) 拊(부) : 어루만진다는 뜻인데, 여기서는 채찍으로 친다는 뜻.

3. 둘째 전(傳二)
가. 은혜의 정치는 배반이 있을 뿐이다.

진(秦)나라 소왕(昭王)이 병들자 민중은 동네마다 소(牛)를
잡아 희생물로 바치면서 집집이 임금의 쾌유를 빌었다.

공손술(公孫述)이 밖에 나왔다가 이것을 보고 입궐하여 임금
에게 경하(慶賀)하며 말했다.

"민중들은 동네마다 소를 잡아 제사를 지내며 임금의 쾌유를
빌고 있습니다."

임금은 사람을 시켜 확인해 본 결과 말한대로였다. 그런데
임금은 다음과 같이 명령했다.

"벌(罰)로 사람마다 갑옷 두 벌씩을 살 만한 벌금을 바치도
록 하라. 과인이 명령한 일이 없는데도 제멋대로 기도하는 것
은 임금을 사랑하고 공경하기 때문일 것이다. 그러나 민중이
과인을 사랑한다고 해서 과인 또한 법을 어기면서까지 민심(民
心)에 맞추어서 보답하려고 든다면 이는 곧 법이 바로 서지 않
는 것이고, 법이 바로 서지 않으면 나라가 어지러워져 멸망하
게 되는 길이다.

집집마다 갑옷 두 벌씩을 살 만큼의 벌금을 내도록 해 그들
과 함께 나라 다스림을 바로 세우도록 해야 할 것이다."

일설에 이러한 이야기가 있다.

진(秦)나라 양왕(襄王)이 병들자 백성들은 임금을 위해 기도를 드렸는데, 병이 낫자 모두들 소를 잡아 감사의 제사를 지냈다. 그때 임금의 측근 신하인 염알(閻遏)과 공손연(公孫衍)이 외출했다가 그것을 보고 묻기를

"사랍(社臘)의 때도 아닌데 어째서 소를 잡아 사당(祠堂)에 제사를 지내는가?"

하니 백성들은 오히려 괴이한 물음이라고 생각하면서 답하기를

"우리 임금께서 병환중일 때 쾌유하심을 빌었는데 다행히도 병환이 나아 소를 잡아 감사의 제사를 지내는 것입니다."

고 했다. 이에 염알과 공손연이 기뻐하며 임금을 뵙고 하례(賀禮)드리기를

"임금께서는 요·순보다 더 위대하십니다."

고 아뢰었다. 이 말을 듣고 임금은 놀라 묻기를

"도대체 무슨 말인가?"

했다. 두 신하는 대답하기를

"요·순임금 때에도 백성들이 그를 위해 기도한 일이 없었습니다. 그런데 지금 임금께서 병환으로 앓으실 때 백성들은 소를 잡아 제사를 지내면서 쾌유를 빌었고, 병환이 낫자 소를 잡아 감사의 제사를 지내고 있습니다. 그래서 신(臣)들은 요·순임금보다도 위대하시다고 말씀 드렸던 것입니다."

고 아뢰었다. 임금은 이 말을 듣고 사람을 시켜 어느 고을 사람들이 그러한 짓을 했는가 알아보게 한 뒤 사실로 드러나자 기뻐할 줄 알았던 임금은 뜻밖에도 그 마을의 어른〔長〕과 반장을 처벌하고, 다섯 집마다 두 벌씩의 갑옷을 살 수 있는 벌금을 바치게 했다. 이렇게 되자 염알과 공손연은 부끄러워 감히 아무 말도 하지 못했다.

그로부터 몇 달이 지난 뒤, 임금이 술자리를 마련하고 신하들과 함께 술을 마시다가 주흥이 무르익을 무렵 염알과 공손연

이 임금에게 묻기를

"앞서 신들이 임금께 요·순임금보다 위대하다고 추켜 올려 말씀드린 일은 아첨하기 위해서가 아닙니다. 요·순임금이 병환에 계실 때도 그 민중들은 완쾌를 빌며 소를 잡아 제사지낸 일이 없었습니다.

그런데 지금 임금께서 병환에 계시자 민중들은 소를 잡아 쾌유를 빌었고 완쾌하시자 소를 잡아 감사의 제사를 올렸습니다. 그러함에도 임금께서는 그 마을의 어른과 반장을 처벌하고, 다섯 집마다 두 벌의 갑옷을 만들 수 있는 벌금을 바치라 하셨으니 신들은 참으로 이상하게 생각하고 있습니다."

고 아뢰니 이에 임금이 말했다.

"그대들은 어찌 그같은 이치를 알지 못하는가? 그들 민중이 나를 위해 그렇게 한 일들은 진심으로 과인을 아끼고 사랑해서가 아니라 과인의 권세 때문에 그렇게 했던 것이다. 만약 과인이 권세를 버리고 민중과 영합해 나라를 다스리게 된다면, 그때는 과인이 그들을 사랑하지 않으면 민중은 나를 위해 일하지 않고 배반할 것이다. 그래서 과인은 사랑과 은혜에 의지하는 정치의 길을 저버리게 한 것이다."

진(秦)나라에 큰 흉년이 들자 응후(應侯)가 임금에게 청해 말하기를

"다섯 군데의 어원(御苑)에 심어져 있는 채소와 상수리나무 열매와 대추와 그리고 밤같은 과일로 충분히 민중의 목숨을 구제할 수 있습니다. 청컨대 은혜를 베풀어 주십시오."

라 했다. 이에 소양왕(昭襄王)이 대답했다.

"우리 진(秦)나라 법에는 민중이 공을 세워야 상(賞)을 받고 죄를 지으면 벌을 받도록 되어 있다. 그런데 지금 다섯 군데의 어원을 개방해 채소와 과일을 방출한다면 민중들의 공로가 있고 없고는 상관없이 무조건 상(賞)을 주는 것이 되오.

무릇 민중으로 하여금 공로에 상관없이 모두 상을 받게 한다면 이는 나라가 어지러워지는 길이다. 무릇 다섯 군데의 어원

을 개방해 나라를 어지럽히는 일은 채소나 과일을 썩혀버리는
한이 있더라도 나라가 잘 다스려지는 것만 못하겠소."
  일설에 이러한 말이 있다.
  임금이 말했다.
  "지금 다섯 군데 어원(御苑)의 채소와 과일을 나누어 준다면
충분히 민중의 목숨을 살릴 수 있겠지만 그렇게 되면 공로가
있는 사람이나 없는 사람이나 가릴 것 없이 다투어 서로 가지
려고 할 것이오. 무릇 민중이 구제되고 나라가 어지러워지는
것보다는 민중이 죽더라도 나라가 잘 다스려지는 것이 더 나은
일이오. 대부(大夫)가 건의한 일은 그대로 거두어 주오."
  전유(田鮪)는 아들 전장(田章)에게 다음과 같이 가르쳤다.
  "네 자신의 이익을 바란다면 먼저 네 임금에게 이로운 일을
꾀하도록 하고, 네 집안을 풍요롭게 하고자 하거든 먼저 너의
나라를 부강하게 만들어라."
  일설에는 전유(田鮪)라는 사람이 그 아들 전장에게 다음과
같이 가르쳤다고 한다.
  "임금은 관직과 작위를 팔고, 신하는 슬기와 힘을 팔고 있는
관계다. 그러므로 자신의 지혜와 능력을 믿을 뿐 남을 믿지 말
아라."
  공의휴(公儀休)는 노(魯)나라의 재상이었는데, 물고기를 매
우 즐겼으므로 온 나라 사람들이 다투어 물고기를 사 바쳤으나
공의자(公儀子)는 이를 받지 않았다.
  이를 본 그의 아우가 간해 말하기를
  "형님께서는 물고기를 좋아하면서도 이를 받지 않는 까닭이
무엇입니까?"
  하고 물었다. 공의휴가 대답하기를
  "나는 물고기를 좋아하기 때문에 받지 않는 것이다. 만약 내
가 물고기를 받는다면 반드시 그 사람에게 고개를 숙이고 감사
하는 태도를 취해야 할 것이고, 남에게 고개를 숙이게 되면 곧
법을 어기게 될 것이며, 법을 어기게 되면 재상의 자리를 잃게

될 것이다. 내가 재상의 자리에서 파직되면 아무리 물고기를
좋아해도 아무도 물고기를 갖다 주지 않을 것이고, 내 또한 스
스로 물고기를 사먹지도 못할 것이다. 그러나 지금 내가 물고
기를 받지 않는다면 재상의 자리에서 파직되지도 않을 것이며,
물고기가 먹고 싶으면 언제라도 사먹을 수 있을 것이다."

고 말했다. 이는 곧 남을 의지 않고 스스로를 믿는다는 것을
밝힌 것이다. 다른 사람이 나를 위해 준다는 것은 내가 나를 위
하는 것에 미치지 못한다는 사실을 밝혀준 것이다.

　　傳二　秦昭王有病　百姓里買牛而家爲王禱　公孫述¹⁾出見之　入
賀王曰　百姓乃皆里買牛爲王禱　王使人問之　果有之　王曰　訾之
人二甲²⁾　夫非令而擅禱者　是愛寡人也　夫愛寡人　寡人亦且改法
而心與之相循者　是法不立　法不立　亂亡之道也　不如人罰二甲
而復與爲治

　　一曰　秦襄王病　百姓爲之禱　病愈　殺牛塞³⁾禱　郎中閻遏　公孫
衍出見之曰　非社臘⁴⁾之時也　奚自殺牛而祠社　怪而問之　百姓曰
人主病　爲之禱　今病愈　殺牛塞禱　閻遏　公孫衍說　見王拜賀曰
過堯舜矣　王驚曰　何謂也　對曰　堯舜其民未至爲之禱也　今王病
而民以牛禱　病愈殺牛塞禱　故臣竊以王爲過堯舜也　王因使人問
之　何里爲之　訾其里正與伍老⁵⁾出二甲　閻遏　公孫衍媿不敢言　居
數月　王飮酒酣樂⁶⁾　閻遏　公孫衍謂王曰　前時臣竊以王爲過堯舜
非直敢諛也　堯舜病　且其民未至爲之禱也　今王病而民以牛禱　病
愈殺牛塞禱　今乃訾其里正與伍老出二甲　臣竊怪之　王曰　子何故
不知於此　彼民之所以爲我用者　非以吾愛之爲我用者也　以吾勢
之爲我用者也　吾釋勢與民相收　若是　吾適不愛　而民因不爲我用
也　故遂絶愛道也

　　秦大饑　應侯請曰　五苑之草著蔬菜橡果棗栗足以活民　請發之
昭襄王曰　吾秦法使民有功而受賞　有罪而受誅　今發五苑之蔬果
者　使民有功與無功俱賞也　夫使民有功與無功俱賞者　此亂之道
也　夫發五苑而亂　不如棄棗蔬而治

　一曰　今發五苑之蔬蔬棗栗足以活民　是使民有功與無功爭取也
夫生而亂　不如死而治　大夫其釋之
　　田鮪敎其子田章曰　欲利而⁷⁾身　先利而君　欲富而家　先富而國
　一曰　田鮪敎其子田章曰　主賣官爵　臣賣智力　故曰自恃無恃人
　公儀休⁸⁾相魯　而嗜魚　一國盡爭買魚而獻之　公儀子不受　其弟⁹⁾
諫曰　夫子嗜魚而不受者　何也　對曰　夫唯嗜魚　故不受也　夫卽¹⁰⁾
受魚　必有下人之色　有下人之色　則枉於法　枉於法　則免於相　免
於相　此不必能致我魚　我又不能自給魚　卽無受魚　而不免於相
雖嗜魚　我能長自給魚　此明夫恃人不如自恃也　明於人之爲己者
不如己之自爲也

1) 公孫述(공손술) : 공손술에 대하여는 몇 가지 설이 있는데 다음에 나
　오는 공손연(公孫衍)과는 같은 사람이 아니라는 말도 있다. 서수(犀
　首)인 공손연은 진나라 무왕(武王) 때의 사람으로, 소양왕(昭襄王)보
　다는 앞시대 사람임을 참조할 것.

2) 訾之人二甲(자지인이갑) : 자는 재물의 차자로 보고 여기서는 벌금을
　뜻하며, 갑(甲)은 싸울 때 입는 갑옷.

3) 塞(새) : 제사를 지낸다는 뜻.

4) 社臘(사랍) : 『설문(說文)』에 동짓날 뒤 세번째 오는 술(戌)일에 모
　든 신에게 지내는 제사를 말한다. 사(社)는 『춘추』에서 토지를 다스
　리는 신에게 제사지내는 것을 말한다고 했다.

5) 里正與伍老(이정여오로) : 이정(里正)은 마을의 어른(里長)을 뜻하고,
　오로(伍老)는 다섯 집을 하나로 묶은 반장을 뜻한다.

6) 酣樂(감락) : 주흥이 한창 무르익는다는 뜻.

7) 而(이) : 여기에서는 여(汝)와 같아 너라는 뜻.

8) 公儀休(공의휴) : 송건도본·도장본(道臧本)·원본같은 문헌에는 공
　손의(公孫儀)로 기록되어 있고, 경(經)에는 공의(公儀)로만 썼고, 다
　음 글에는 공의자(公儀子)로 되어 있다.

9) 弟(제) : 다른 설명으로 제자(弟子)로도 보는데, 그렇다면 다음 글귀
　에서 부자(夫子)는 스승(師)을 뜻한다고 볼 수 있다.

10) 夫卽(부즉) : 만약이란 뜻과 같은데, 부(夫)나 즉(卽)은 둘 다 만약

의 뜻이 있다.

4. 셋째 전(傳三)
가. 천하를 통일할 패왕은 못된다.
자지(子之)는 연(燕)나라 재상으로 그 지위가 고귀하고 정권을 잡아 홀로 휘두르고 있었다.

그 때 소대(蘇代)라는 사람이 제나라의 사신으로 연(燕)나라에 오자, 연나라 임금이 묻기를

"제나라 임금은 어떤 분이시오?"

라 했다. 소대는 대답하기를

"반드시 천하를 통일할 패왕은 되지 못합니다."

했다. 임금이 다시 묻기를

"어째서 그러하오?"

하니 소대가 대답하기를

"옛날 제나라의 환공(桓公)이 천하를 통일해 패왕이 되었을 때, 내정(內政)은 포숙(鮑叔)에게 맡기고, 외교는 관중(管仲)에게 맡겼습니다. 환공 자신은 정사에 일체 간여하지 않고 머리 손질도 않음은 물론 의관을 갖추지도 않은 채 부인을 위해 몸소 수레를 몰고 날마다 시장을 돌면서 노닐었습니다. 그런데 지금의 제(齊)나라 임금은 대신들을 믿지 않습니다."

고 아뢰었다. 이에 연나라 임금은 그 말을 그럴듯하게 생각하고 재상인 자지(子之)를 더욱 믿게 되었다.

자지가 이 말을 듣고 사람을 소대에게 보내 금 백 일(鎰)을 주면서 마음껏 쓰도록 했다.

일설에 이러한 이야기가 있다.

소대(蘇代)는 제나라의 사신이 되어 연(燕)나라에 갔는데, 그 나라 재상인 자지(子之)에게 이로움을 주지 않으면 아무래도 일을 무사하게 마치고 돌아가기가 어렵고 또한 하사품도 받지 못할 것이라 생각했다. 그래서 연나라 임금을 알현하자 곧

제나라 임금의 칭찬을 늘어놓았다. 이에 연나라 임금이 말하기를

"제나라 임금은 어쩌면 그렇게도 현명하신가! 그렇다면 장차 틀림없이 천하의 패왕(霸王)이 되시겠는가?"

고 물었다. 소대가 말하기를

"그렇지 않습니다. 지금 제나라 임금의 현명으로도 나라의 멸망을 구제할 틈이 없는데, 어찌 천하를 통일하는 패왕이 될 수 있겠습니까?"

고 대답했다. 연나라 임금은 말하기를

"그것은 어째서인가?"

고 되묻자 소대가 또 대답하기를

"자기가 총애하는 신하를, 자기와 같이 신임하고 있지 않기 때문입니다."

고 하자 연나라 임금은 묻기를

"나라가 멸망하려는 것은 어째서인가?"

고 하자 소대는 말하기를

"옛날 제나라 환공(桓公)은 관중(管仲)을 총애한 나머지 그를 세워 중보(仲父)의 자리에 모시고, 내정을 가다듬고, 외교를 단독으로 처리하게 하여 모든 나라 일을 관중에게 맡겼습니다. 그 결과 환공은 천하를 하나로 광정(匡正)하고, 제후(諸侯)를 연합시킬 수 있었던 것입니다. 그러나 지금의 제나라 임금은 자기가 총애하는 신하를 자기와 같이 신임하지 않고 있으니 이로써 장차 망하리라는 것을 짐작할 수 있습니다."

고 대답했다. 이 말을 듣고 연나라 임금은

"지금 과인은 자지를 신임하고 있는데 세상에서는 아직 그것을 모르고 있소."

하고는 이튿날 아침 조정에 모든 신하를 모아놓고 앞으로는 자지에게 나라의 모든 정사를 맡긴다고 선언했다.

반수(潘壽)라는 사람이 연나라 임금에게 말하기를

"임금께서는 나라를 자지(子之)에게 물려주는 것이 좋을 듯

합니다. 사람들이 요임금을 현명하다고 말하는 까닭은 요임금이 천하를 허유(許由)에게 물려주려고 했기 때문입니다. 그러나 허유는 이를 사양했기 때문에 요임금은 허유에게 양위하려 했다는 미명(美名)도 얻고 실제로도 천하를 잃지 않았습니다.

지금 임금께서 나라를 자지에게 물려주려 해도 자지는 반드시 이를 받지 않을 것이니 이렇게 되면 임금께서는 자지에게 나라를 물려주려 했다는 미명을 얻고, 요임금과 같이 나라를 잃지도 않을 것입니다."

고 아뢰었다. 연나라 임금은 그 말에 따라 나라의 정사(政事)를 모두 자지에게 넘겨주어 자지의 권세는 막중하게 되었다.

일설에 이러한 이야기가 있다.

반수(潘壽)라는 사람은 세상을 등지고 숨어사는 선비인데 연(燕)나라 임금이 사람을 보내 그를 초빙했다.

그래서 반수는 임금을 뵙자 말하기를

"신(臣)은 이 나라 재상인 자지(子之)가 옛날 익(益)과 같은 처지가 되지 않을까 걱정입니다."

고 아뢰자 임금은 말하기를

"어째서 익과 같은 운명이 된다는 말인가?"

고 묻자, 반수가 대답하기를

"옛날 하(夏)나라의 우(禹)임금이 천하를 익(益)에게 물려주려고 했는데, 우임금의 아들인 계(啓)를 따르는 사람들이 뭉쳐 익을 공격하고 계를 임금으로 세웠습니다.

지금 임금께서는 재상인 자지를 총애하고 신임해 장차 나라를 그에게 맡기고자 하시는데, 태자를 따르는 사람들이 모두 관직을 가지고 있으면서 자지의 일파는 한 사람도 조정에 들지 못하도록 하고 있습니다.

이 때 만약 임금께서 불행하게도 여러 신하들을 버리고 세상을 떠난다면 자지도 익과 같은 신세가 되고 말 것입니다."

고 했다. 이에 임금은 3백 석 이상의 봉록을 받는 관리들의 관인을 모두 회수해 자지에게 넘겨주고 신하의 임명권을 자지에게 맡기니 그의 권세는 막강해졌다.

무릇 임금이 자신을 비춰볼 수 있는 거울의 구실을 하는 것은 제후를 섬기는 선비들 뿐인데, 요즘 제후를 섬기는 선비들이란 모두 특정한 권세가 있는 무리의 패거리가 되고 말았다.

또 임금을 높이고 빛을 내게 도와줄 사람이란 세상을 등지고 바위굴에 숨어 자기 수신(修身)에 전념하는 선비들인데, 요즘의 은자(隱者)들은 모두 특정한 권문 세도에 붙어 근시(近侍) 노릇을 하고 있다.

어째서 이렇게 되었는가? 관작(官爵)을 빼앗는 힘을 자지(子之)와 같은 권신이 쥐고 있기 때문이다.

일설에 이러한 이야기도 있다.

연(燕)나라 임금이 나라를 재상인 자지(子之)에게 물려주려고 그 일을 반수(潘壽)라는 사람에게 물었다.

그랬더니 반수가 대답하기를

"옛날 하(夏)나라의 우(禹)임금은 신하인 익(益)을 총애하여 천하의 모든 일을 맡아 다스리게 하고는 우임금의 아들인 계(啓)를 따르는 사람들을 요직에 임명했습니다. 우임금은 임종이 가까워오자 계가 천하를 맡아 다스리기에 역부족이라는 것을 알고 천하를 익에게 물려주었으나 천하의 권세는 사실상 계를 따르는 무리에게 넘어가 있었습니다. 마침내 계의 패거리들은 익을 공격하고 정권을 빼앗아 버렸습니다.

그래서 우임금은 명목상으로는 천하를 익에게 물려주었지만 실제에 있어서 아들인 계가 스스로 천하를 찬탈하게 한 꼴이 되고 만 것입니다. 이에 우임금은 요임금이나 순임금의 현명함에 미치지 못합니다.

지금 임금께서도 나라를 자지에게 물려주려고 생각하시면서도 관직에는 태자를 따르는 사람들이 차지하지 않은 자리가 없으니 이는 곧 명목으로는 자지에게 나라를 물려준다면서 사실은 태자가 스스로 나라를 찬탈하도록 하는 셈입니다."

고 말했다. 이 말을 듣고 연나라 임금은 모든 관인을 회수하고, 봉록 300석 이상에 해당하는 관리의 임면(任免)권한을 재상인 자지에게 넘겼으므로 자지의 권세는 마침내 막중해졌다.

방오자(方吾子)라는 사람이 말했다.

"내가 듣기로는 옛날 예법에 임금이 바깥나들이를 할 때는 같은 복장을 한 사람과는 수레에 함께 타지 않아야 하며, 거처할 때 종친(宗親)이라 하더라도 한 집에 함께 살지 말아야 한다고 했는데, 하물며 임금이 신하에게 권력을 빌려주어 스스로 그 권세를 버린다면 그 결과가 어떻게 되겠는가?"

오장(吳章)이 한(韓)나라 선왕(宣王)에게 말했다.

"임금은 거짓으로라도 남을 사랑하는 척하면 안 되는데, 그것은 다른 날 그 사람을 미워할 수 없기 때문입니다. 또한 거짓으로라도 남을 미워하는 척하면, 다른 날 그 사람을 사랑할 수 없기 때문입니다.

그러므로 거짓으로 사랑하는 척한다거나 거짓으로 미워하는 척하여 무엇인가 징조를 밖으로 나타내면 임금에게 아첨하는 사람은 그것을 이용해 그 상대를 계획적으로 비방하거나 칭찬하게 됩니다. 이렇게 되면 비록 아무리 현명한 임금이라도 다시 수습하기 어려운 일입니다. 하물며 자기 자신의 진정을 남에게 빌려주었을 때야 어떠하겠습니까?"

일설에 이러한 이야기가 있다.

오장(吳章)이 말했다.

"임금은 거짓으로 사람을 사랑하거나 미워해서는 안 된다. 거짓으로 사랑하는 척하면 다시는 그 사람을 미워할 수 없게 되고 거짓으로 미워하는 척하면 다시는 그 사람을 사랑할 수 없게 된다."

어느 날 조(趙)나라 임금이 채원(菜園)을 찾아 거닐고 있었는데, 임금을 따르던 측근의 신하가 토끼를 호랑이의 먹이로 던져주려 하다 머뭇거리자 호랑이가 분노의 눈으로 노려 보았다. 이것을 본 임금이 말하기를

"매섭기도 하구나. 호랑이의 눈이여!"

하자 측근에 있던 신하가 말하기를

"평양군(平陽君)의 눈초리는 이 호랑이보다 더 매섭습니다. 저 호랑이의 눈은 보았더라도 아무 해가 없지만 평양군의 이러한 눈초리를 본 사람은 반드시 죽임을 당합니다."

고 했다. 그 이튿날 평양군은 이 말을 듣고 사람을 시켜 그러한 말을 한 신하를 암살했는데, 임금은 평양군의 세력이 두려워 처벌하지 못했다.

위(衞)나라 임금이 주(周)나라의 조정에 갔을 때, 주나라의 접대 담당관이 그 칭호(稱號)를 물었다. 이에 위나라 임금이 대답하기를

"위후(衞侯)의 벽강(辟疆)이오."

했다. 주나라 접대 담당관은 이를 접수하지 않고 물리치며 말하기를

"제후(諸侯)는 천자와 같은 칭호를 쓸 수 없습니다."

고 하자 위나라 임금은 스스로 칭호를 고치기를

"위나라 제후의 한 사람인 훼(燬)다."

라고 한 후에 비로소 안으로 들어가게 되었다.

중니가 이 말을 듣고 말했다.

"멀리 앞날을 살펴야 하나니 임금을 넘보는 일은 언제나 없어야 할 것 아닌가? 이름조차 함부로 빌려주어서는 안 될 것인데 하물며 실질적으로 권세의 자루인 상벌권을 빌려주게 된다면 그 뒷일을 어찌 감당할 수 있겠는가?"

傳三 子之相燕 貴而主斷 蘇代爲齊使燕 燕王問之曰 齊王亦何如主也 對曰 必不霸矣 燕王曰 何也 對曰 昔桓公之霸也 內事屬鮑叔 外事屬管仲 桓公被髮而御婦人[1] 日遊於市 今齊王不信其大臣 於是燕王因益大信子之 子之聞之 使人遺蘇代金百鎰 而聽其所使之

一曰 蘇代爲秦使燕 見無益子之 則必不得事而還 貢賜又不出

於是見燕王乃譽齊王 燕王曰 齊王何若是之賢也 則將必王乎 蘇
代曰 救亡不暇 安得王哉 燕王曰 何也 曰 其任所愛不均 燕王
曰 其亡何也 曰 昔者 齊桓公愛管仲 置以爲仲父 內事理焉 外
事斷焉 擧國而歸之 故一匡天下 九合諸侯 今齊任所愛不均 是
以知其亡也 燕王曰 今吾任子之 天下未之聞也 於是明日張朝而
聽子之

潘壽謂燕王曰 王不如以國讓子之 人所以謂堯賢者 以其讓天
下於許由 許由必不受也 則是堯有讓許由之名 而實不失天下也
今王以國讓子之 子之必不受也 則是王有讓子之之名 而與堯同
行也 於是燕王因擧國而屬子之 子之大重

一曰 潘壽 隱者 燕使人聘之 潘壽見燕王曰 臣恐子之之如益
也 王曰 何益哉 對曰 古者 禹死 將傳天下於益 啓之人因相與
攻益而立啓 今王信愛子之 將傳國子之 太子之人盡懷印 爲子之
之人無一人在朝廷者 王不幸棄群臣 則子之亦益也 王因收吏璽
自三百石以上皆效之子之 子之大重 夫人主之所以鏡照者 諸侯
之士徒也 今諸侯之士徒 皆私門之黨也 人主之所以自淺娟者[2]
巖穴之士徒也 今巖穴之士徒 皆私門之舍人也 是何也 奪褫[3]之資
在子之也

一曰 燕王欲傳國於子之也 問之潘壽 對曰 禹愛益而任天下於
益 已而以啓人爲吏 及老 而以啓爲不足任天下 故傳天下於益
而勢重盡在於啓也 已而啓與友黨攻益 而奪之天下 是禹名傳天
下於益 而實令啓自取之也 此禹之不及堯舜明矣 今王欲傳之子
之 而吏無非太子之人者也 是名傳之 而實令太子自取之也 燕王
乃收璽 自三百石以上皆效之子之 子之遂重

方吾子曰 吾聞之 古禮[4] 行不與同服者同車 居不與同族者共
家 而況君人者乃借其權而外其勢乎

吳章謂韓宣王曰 人主不可佯愛人 一日不可復憎 不可以佯憎
人 一日不可復愛也 故佯愛佯憎之徵見 則諛者因資而毁譽之 雖
有明主不能復收 而況於以誠借人也

一曰 吳章曰 人主不佯愛憎人 佯愛人 不得復憎也 佯憎人 不

得復愛也

趙王遊於圃中 左右以免與虎而輟之⁵⁾ 虎盼然⁶⁾環其眼 王曰 可
惡哉 虎目也 左右曰 平陽君之目可惡過此 見此未有害也 見平
陽君之目如此者 則必死矣 其明日 平陽君聞之 使人殺言者 而
王不誅也

衞君⁷⁾入朝於周 周行人問其號 對曰 衞侯辟疆 周行人却之曰
諸侯不得與天子同號 衞君乃自更曰 衞侯燬 而後內之 仲尼聞之
曰 遠哉 禁偪⁸⁾ 虛名不以借人 況實事乎

1) 被髮而御婦人(피발이어부인) : 피발(被髮)은 머리를 풀어헤치고 의관
   을 쓰지 않은 모습을 말한다. 어부인(御婦人)이란 여기에서 부인의
   수레를 몸소 몬다는 뜻.
2) 淺娟者(천초자) : 여러 가지 설이 있는데 『설문』에 따르면 천(淺)은
   천(棧)의 차자로 높다는 뜻이며, 초(娟)는 초(陗)의 차자로 이 또한
   높다는 뜻으로 높혀 빛난다는 말이다.
3) 奪褫(탈치) : 관직을 빼앗는다는 뜻인데, 요즘 현대어로는 옷을 벗긴
   다는 말과 같음.
4) 古禮(고례) : 옛날 예의에 대해 기록한 문헌.
5) 輟之(철지) : 던지다, 또는 버리다.
6) 盼然(혜연) : 눈을 흘기면서 노려보는 모습.
7) 衞君(위군) : 천자(天子)가 다스리는 만승(萬乘)의 주(周)나라에 대
   하여는 위후(衞侯)로 칭했고, 처음에 이름을 벽강이라 했는데 벽강은
   경계를 넓힌다는 뜻이니 제후는 함부로 군대를 일으켜 다른 나라를
   침범할 수 없었던 때로 그 이름조차 함부로 쓰지 못했다. 그리하여
   뒤에 훼(燬)로 고쳤다.
8) 偪(핍) : 흉내를 낸다는 뜻.

5. 넷째 전(傳四)
가. 나무는 줄기를 흔들어야 흔들린다.
나무를 흔드는 데 잎사귀를 하나하나 잡아당기면 힘만 들뿐

그 효과가 나무 전체에 미치지는 못하지만 좌우에서 그 줄기를 잡아 흔들면 잎사귀는 모조리 흔들려 떨어진다.

또 연못가에 있는 나무를 흔들면 새는 놀라 높이 날고, 물고기는 두려워 깊이 밑으로 숨는다.

고기잡이 그물을 잘 치는 사람은 그 벼리가 되는 줄(綱)만 잡아 당긴다. 하나하나 그물의 눈을 잡아당겨 넓혀 고기를 잡으려 하면 애만 쓰고 고기 잡기는 어려운데, 벼리(綱)의 줄만 당기면 그물속에 많은 물고기가 갇히게 되는 것이다.

관리(官吏)는 민중의 줄기〔根本〕나 벼리(綱)와 같은 것이기 때문에 성인(聖人)은 관리를 다스리되 민중을 직접 다스리지는 않는다.

불을 끄는 데 소방관리에게 물동이를 들고 불난 곳으로 달려가게 한다면 한 사람의 몫밖에 해낼 수 없다. 그러나 채찍을 들고 지휘하여 많은 사람을 독려해 불을 끄게 한다면 모든 사람을 지배할 수 있다. 그래서 성인은 직접 민중과 상대하지 않고 현명한 임금은 몸소 작은 일에 간여하지 않는다.

말몰이의 명수인 조보(造父)가 밭에서 김을 매고 있을 때 어떤 부자(父子)가 수레를 타고 그 옆을 지나가는데 말이 무엇에 놀랐는지 앞으로 나아가지 않자 그 아들은 수레에서 내려 말(馬)을 끌고 아버지는 뒤에서 밀었는데도 수레는 꼼짝을 하지 않았으므로 김을 매는 조보에게 수레 미는 일을 도와달라고 부탁했다.

그러자 조보는 연장을 챙기고 수레에 올라 탄 다음 그 부자의 손을 잡아 수레에 태우고는 곧 고삐를 당기면서 채찍을 잡았을 뿐 아직 사용하지 않았는데도 말은 벌써 달리기 시작했다.

만약 조보에게 말을 다루는 기술이 없어서 그 부자와 함께 애써 수레를 밀었더라도 말은 그렇게 달리지 않았을 것이다. 그러나 지금 편안히 수레에 앉아 말을 달리게 해 그 부자에게 은혜를 베풀 수 있었던 것은 말을 부리는 기술을 터득하고 있었기 때문이다.

나라는 임금에게 있어 수레이며, 권세는 임금에게 있어 말(馬)과 같은 존재이다.

그러므로 법술(法術)이 없이 이를 부린다면 몸은 비록 고단하더라도 나라의 어지러움은 면하지 못할 것이다.

법술을 터득하고 나라를 다스린다면 몸은 편안하고 즐겁게 있으면서도 쉽게 나라를 다스려 제왕(帝王)의 패업(霸業)을 이룰 것이다.

쇠망치는 굽은 물건을 평평하게 펴는 도구이며, 도지개(榜檠)는 굽은 활을 바로잡는 도구이다.

성인(聖人)이 법을 만든 까닭은 민중의 평평하지 못한 것을 제어하고, 바르지 못한 것을 고치기 위한 것이었다.

요치(淖齒)는 제(齊)나라에 등용되어 권력을 잡게 되자 민왕(閔王)의 힘줄을 뽑아 죽이고 왕권을 빼앗았으며, 이태(李兌)는 조(趙)나라에 등용되어 재상으로 있을 때 임금 주보(主父)를 굶어 죽게 했다.

이 두 임금은 쇠망치와 도지개를 다루는 법술을 터득하지 못했기 때문에 그 일신은 죽임을 당해 욕되게 했고, 세상의 웃음거리가 되었던 것이다.

일설에 이러한 이야기가 있다.

제(齊)나라에 들어가면 오직 요치(淖齒)에 대한 평판만 들릴 뿐 임금에 대한 말을 들을 수 없고, 조(趙)나라에 들어서면 오직 이태의 명성만 들을 뿐 임금의 평판은 들을 수 없다.

그래서 옛말에 이르기를 "한 나라의 임금이 법술을 스스로 장악해 통제하지 않으면 권위와 세력은 떨어져 신하가 그 명성을 제멋대로 휘두른다."고 했다.

또 일설에 이러한 이야기도 있다.

조(趙)나라 무령왕(武靈王)이 왕위를 혜문왕(惠文王)에게 물려주고 섭정할 때 이태(李兌)가 재상으로 있었다. 그런데 무령왕이 몸소 죽이고 살리는 상벌권을 쥐고 있지 않았으므로 이태에게 죽임을 당하고 나라를 빼앗겼다.

傳四 搖木者 一一攝其葉¹⁾ 則勞而不偏 左右拊其本 而葉徧搖
矣 臨淵而搖木 鳥驚而高 魚恐而下 善張網者 引其綱 若一一攝
萬目而後得 則是勞而難 引其綱 而魚已囊矣 故吏者 民之本綱
也 故聖人治吏不治民

救火者 令吏挈壺甕而走火 則一人之用也 操鞭箠而趣使人 則
制萬夫 是以聖人不親細民 明主不躬²⁾小事

造父方耨 見有子父乘車過者 馬驚而不行 其子下車牽馬 父下
推車 請造父助之推車 造父因收器 綴³⁾而寄載之 援其子之乘 乃
始檢轡持筴 未之用也 而馬咸駑矣⁴⁾ 使造父而不能御 雖盡力勞
身助之推車 馬猶不肯行也 今使身佚 且寄載 有德於人者 有術
而御之也 故國者 君之車也 勢者 君之馬也 無術以御之 身雖勞
猶不免亂 有術以御之 身處佚樂之地 又致帝王之功也

椎鍛者 所以平不夷也 榜檠者 所以矯不直也 聖人之爲法也
所以平不夷 矯不直也

淖齒之用齊也 擢閔王之筋 李兌之用趙也 餓殺主父 此二君者
皆不能用其椎鍛榜檠 故身死爲戮 而爲天下笑

一曰 入齊 則獨聞淖齒 而不聞齊王 入趙 則獨聞李兌 而不聞
趙王 故曰 人主者不操術 則威勢輕 而臣擅名⁵⁾

一曰 武靈王使惠文王莅政 李兌爲相 武靈王不以身躬親殺生
之柄 故劫於李兌

1) 一一攝其葉(일일섭기엽) : 섭(攝)은 『설문』에서 잡아 당기다는 뜻으
   로 말했다.
2) 躬(궁) : 몸소 또는 친히라는 뜻.
3) 綴(철) : 『설문』에 철(叕)과 같은 뜻이라 하여 철연(綴聯)과 같이 챙
   기다, 그만두다는 뜻.
4) 咸駑矣(함무의) : 다른 책에는 비무(轡駑)라고 썼는데 그대로 달리기
   시작했다는 뜻이다.
5) 擅名(천명) : 명성을 멋대로 휘두른다는 뜻.

6. 다섯째 전(傳五)

가. 사람을 끌어들이는 술수

자정자(茲鄭子)라는 사람이 손수레를 끌고 높은 다리에 오르려고 했는데, 비탈길이 너무 경사가 심해 혼자서는 도저히 끌고 오를 수가 없었다.

자정자는 수레에 걸터앉아 노래를 부르기 시작했는데, 수레 앞을 지나가던 사람은 멈추어 서고, 뒤에 오던 사람은 달려와 모두가 힘을 합해 수레를 다리위로 올려 놓았다.

만약 자정자에게 사람을 끌어들이는 술수가 없었더라면 그가 비록 있는 힘을 다해 죽음에 이르렀어도 손수레를 다리에 올려 놓지는 못했을 것이다.

지금 몸을 수고롭게 하지 않으면서 수레를 다리위로 올려놓을 수 있었던 것은 그에게 사람을 끌어들이는 술수가 있었기 때문이다.

조간주(趙簡主)는 어느 날 징세(徵稅)하는 관리를 지방으로 파견하고자 했는데, 세리(稅吏)가 조간주에게 세금을 무겁게 거둘 것인가 아니면 가볍게 거둘 것인가를 지시해 달라고 청했다.

이에 간주(簡主)가 말했다.

"가벼워도 안 되고, 무거워도 안 된다. 세금이 무거우면 그 이익이 위로 돌아가고 만약 가벼우면 이익은 민중에게 돌아가는데, 세리가 사사로운 이익을 꾀하지 않으면 그것이 바로 공정하게 일을 마치는 것이다."

박의(薄疑)라는 사람이 조간주에게 아뢰기를

"임금님의 나라에 사는 중류계층 사람들은 모두 풍족한 생활을 하고 있습니다."

고 했다. 간주는 기뻐하며 흐뭇하게 생각해 말하기를

"어느 정도로 잘 살던가?"

고 묻자 박의가 대답했다.

"위로는 나라의 창고가 비어 있고, 아래로는 민중들이 가난해 굶주리고 있는데, 중간층에 있는 탐관오리들만 넉넉하게 잘 살고 있습니다."

제(齊)나라 환공(桓公)이 어느 날 미복(微服)차림으로 민가(民家)를 두루 돌아보았는데, 많은 늙은이들이 자식도 없이 홀로 어렵게 살아 가는 것을 보고 그 까닭을 물었다.

한 늙은이가 대답하기를

"신(臣)에게는 본래 아들이 셋이나 있었는데 집이 가난해 아내를 얻지도 못한 채 남의 머슴살이를 나가 아직 돌아오지 않고 있습니다."

고 아뢰었다. 환공이 궁궐로 돌아와 관중(管仲)에게 이 일을 말하자 관중이 말하기를

"나라의 창고에 물자가 쌓여 썩어버릴 정도가 되면 민중은 굶주리게 되고, 궁궐안에 궁녀가 많아 시집을 못가 원망하는 여자가 있게 되면 민중은 아내를 얻기 어렵게 되는 것입니다."

고 대답했다. 이에 환공은

"과연 맞는 말이오."

라고 한 뒤 곧 궁궐안에 있는 궁녀를 조사해 시집을 보내고 민중에게 명령을 내렸다.

"남자 나이 20세가 되면 장가를 들어 아내를 맞이하고, 여자 나이 15세가 되면 시집을 가도록 하라."

일설에 이러한 이야기도 있다.

제나라 환공이 미복(微服)차림으로 민가를 돌아보다가 녹문직(鹿門稷)이라는 사람을 만났는데 나이 일흔이나 되었는데도 아직 아내를 얻지 못하고 있었다.

궁궐로 돌아온 환공이 관중에게 묻기를

"민중 가운데 늙도록 아내를 얻지 못한 사람이 있는가?"

고 하자 관중이 대답하기를

"녹문직이라는 사람이 있는데 나이 일흔인데도 아직 아내가

없습니다."

했다. 환공은 말하기를

"어떻게 하면 그같은 민중에게 아내를 갖도록 할 수 있겠는가 ?"

고 묻자 관중은 대답하기를

"신(臣)이 듣기로는 위로 나라의 창고에 물자가 쌓여 있으면 아래의 민중은 반드시 어렵고 가난하며, 궁궐에 홀로 사는 궁녀가 많아 시집 못감을 원망하게 되면 민중은 반드시 늙도록 아내를 맞이할 수 없는 것입니다."

고 아뢰었다. 이에 환공은

"과연 맞는 말이오."

라고 수긍하고, 명령을 내려 궁궐에 있는 궁녀 가운데 아직도 임금의 성총을 한 번도 입지 않은 사람은 집으로 돌려보내 시집가게 했다. 또한 남자는 스무 살이 되거든 장가를 들어 아내를 맞을 것이며 여자는 열 다섯 살이 되면 시집을 가도록 하니, 궁궐안에는 시집 못가 원망하는 여자가 없어지고 민가에는 아내를 얻지 못한 남자가 없어지게 되었다.

연릉(延陵)의 탁자(卓子)라는 사람이 창룡(蒼龍)이라는 검푸른 큰말과 도문(挑文)이라는 주황색 말 네 마리가 끄는 수레에 올라탔는데, 앞에서는 재갈을 물리고 뒤에서는 바늘이 달린 채찍을 휘둘렀다. 말이 앞으로 나가면 고삐를 지나치게 잡아당겨 제어해 버리고 또 뒤로 물러나려 하면 채찍질을 해 오히려 앞으로 나아가게 했으므로, 말은 앞으로도 나아가지 못하고 뒤로 물러나지도 못해 결국 옆으로 뛰쳐나가고 말았다.

말몰이의 명수인 조보(造父)가 마침 이곳을 지나다가 그 모습을 보고 눈물을 흘리며 말했다.

"옛날에 민중을 다스리던 방식도 또한 이러했다. 무릇 상(賞)이란 받는 사람을 격려하기 위함인데도 오히려 남으로부터 비난을 받고, 벌(罰)이란 악행을 저지르는 사람을 징계하는 것이 목적인데, 오히려 남에게 칭찬을 받는 경우가 있다.

이렇게 되면 민중들은 행동의 기준을 잃고 이러지도 저러지도 못한 채 중간에 서게 되는데, 이것 역시 성인(聖人)이 보고서 눈물을 흘릴 일인 것이다."

일설에 이러한 이야기도 있다.

연릉(延陵)의 탁자(卓子)가 검푸른 빛을 띤 큰말(馬)과 꿩의 깃을 닮은 말 네 필이 끄는 수레에 올라타 말을 몰았는데, 앞에는 쇠로 된 재갈로 장식하고 뒤에서는 끝이 날카로운 채찍을 사용했다. 그는 말이 앞으로 나아가려 하면 고삐를 잡아당겨 나아가지 못하게 하고 뒤로 물러서면 채찍질을 해 물러서지 못하게 하니, 말은 나가지도 못하고 물러서지도 못해 마침내는 옆으로 뛰쳐나가고 말았는데 탁자는 화가 나 수레에서 내려 칼을 뽑아 말의 다리를 베어버렸다.

말몰이의 명수인 조보(造父)가 이를 보고 울면서 종일 먹지도 않고 하늘을 우러러 탄식하면서 말했다.

"채찍질은 앞으로 나아가게 하는 것인데 앞에서 재갈로 제지하고 고삐를 잡아당기는 것은 뒤로 물러나게 하는 것인데 뒤에서 예리한 채찍을 휘두르고 있다. 지금 임금은 어떤 사람을 청렴결백하다 하여 등용했으면서 측근에 있는 신하들의 마음에 들지 않는다고 물러나게 하는 일이 있고, 또 어떤 사람은 공정하게 일을 처리한다고 칭찬하면서 임금의 뜻에 따르지 않는다고 그를 물리쳐 버린다.

그래서 민중은 두려워 나아갈 길을 잃고 엉거주춤 중간에 선 채 갈 바를 모르니, 이것이 성인들로 하여금 눈물짓게 하는 까닭이다."

傳五 玆鄭子引輦上高梁 而不能支 玆鄭踞轅而歌 前者止 後者趨 輦乃上 使玆鄭無術以致人 則身雖絶力[1]至死 輦猶不上也 今身不至勞苦 而輦以上者 有術以致人之故也

趙簡主出稅者 吏請輕重 簡主曰 勿輕勿重 重則利入於上 若輕則利歸於民 吏無私利而正矣

薄疑謂趙簡主曰 君之國中飽 簡主欣然而喜曰 何如焉 對曰
府庫空虛於上 百姓貧餓於下 然而姦吏富矣

齊桓公微服以巡民家 人有年老而自養者 桓公問其故 對曰 臣
有子三人 家貧無以妻之 傭未及反 桓公歸 以告管仲 管仲曰 畜
積有腐棄之財 則人飢餓 宮中有怨女 則民無妻 桓公曰 善 乃論
宮中有婦人而嫁之 下令於民曰 丈夫二十而室 婦人十五而嫁

一曰 桓公微服而行於民間 有鹿門稷者行年七十而無妻 桓公
問管仲曰 有民老而無妻者乎 管仲曰 有鹿門稷者行年七十矣 而
無妻 桓公曰 何以令之有妻 管仲曰 臣聞之 上有積財 則民必匱
乏於下 宮中有怨女 則有老而無妻者 桓公曰 善 令於宮中 女子
未嘗御[2] 出嫁之 乃令男子年二十而室 女年十五而嫁 則內無怨
女 外無曠夫[3]

延陵卓子乘蒼龍挑文之乘[4] 鉤飾在前[5] 錯鍨[6]在後 馬欲進則鉤
飾禁之 欲退則錯鍨貫之 馬因旁出[7] 造父過而爲之泣涕曰 古之
治人亦然矣 夫賞 所以勸之 而毀存焉 罰 所以禁之 而譽加焉
民中立而不知所由 此亦聖人之所爲泣也

一曰 延陵卓子乘蒼龍與翟文之乘 前則有錯飾 後則有利鍨 進
則引之 退則筴之 馬前不得進 後不得退 遂避而逸 因下抽刀而
刎其脚[8] 造父見之而泣 終日不食 因仰天而歎曰 筴 所以進之也
錯飾在前 引 所以退之也 利鍨在後 今人主以其淸潔也進之 以
其不適左右也退之 以其公正也譽之 以其不聽從也廢之[9] 民懼中
立 而不知所由 此聖人之所爲泣也

1) 絶力(절력) : 극력(極力)과 같은 말로 힘을 다하다와 같은 뜻.
2) 未嘗御(미상어) : 아직도 임금의 성총(聖寵)을 입지 않았다는 뜻. 곧
   임금을 모시지 않았음을 뜻한다.
3) 曠夫(광부) : 아내가 없는 남자 곧 홀아비를 뜻하며 광(曠)은 공방
   (空旁)과 같다.
4) 延陵卓子乘蒼龍挑文之乘(연릉탁자승창룡도문지승) : 연릉탁자(延陵卓
   子)에 대하여는 경(經)에서 연릉(延陵)으로만 쓰여 있어 지명으로
   설명했고,『광운(廣韻)』의 능(陵)에 연릉씨(延陵氏)는 오나라 연릉계

자(延陵季子) 다음에 기록되고 있다. 창룡(蒼龍)은 검푸른 털을 가진 큰 말을 뜻하는데, 『주례(周禮)』에 따르면 말의 키가 여덟 자를 넘으면 용(龍)이라 하여 용마(龍馬)라 했다. 도문(挑文)은 두 가지 설이 있는데 『이아(爾雅)』에는 금지도화마(今之桃華馬)란 기록이 있어 도(挑)는 곧 도(桃)의 잘못으로 보아 도문(桃文)으로 썼고, 한편으로는 도(挑)를 조(兆)로 보고, 조(兆)는 적(翟)과 소리가 같아 적문(翟文)으로 설명하며 꿩무늬로도 말할 수 있다. 뒤의 승(乘)은 네 마리의 말이 끄는 수레를 뜻한다.

5) 鉤飾在前(구식재전) : 말이나 소의 목에 갈구리 모양의 쇠붙이를 걸어 가슴에 드리우는 장식.

6) 錯鍱(착철) : 채찍끝에 바늘같은 쇠붙이를 박아 장식하는 것.

7) 旁出(방출) : 옆으로 뛰쳐나간다는 뜻인데, 방(旁)은 곁 또는 옆.

8) 抽刀而刎其脚(추도이문기각) : 추도(抽刀)는 칼을 뽑는다는 말이고, 문기각(刎其脚)은 다리를 베어버린다는 뜻. 문(刎)이란 본래 목을 자른다는 뜻인데 여기서는 베어버리다의 뜻.

9) 聽從也廢之(청종야폐지) : 청종(聽從)이란 임금의 뜻에 따른다는 뜻이고, 폐지(廢之)는 물리치다는 뜻.

제 6 권

제34편 세림상(說林上)

세림(說林)이라는 뜻은 자기의 말을 남에게 설명할 때 사용하는 이야기로 산속의 숲과 같이 많다는 것이다.

수풀은 본래 많은 나무들이 모여 이루어진 것으로 그 속에는 모든 종류의 나무들이 집합한 것이기에 임(林)이라 한다.

여러 종류의 이야기를 모아놓은 것을 세림(說林)이라고 하는데 유세객들의 이야기를 채취하여 상·하(上下) 양편으로 분류한 것이다.

I. 천하를 받지 않고 자살한 무광

은(殷)나라 탕왕(湯王)은 일찍이 하(夏)나라 걸왕(桀王)을 정벌하고 왕권을 잡았으나 세상 사람들이 자기가 한 일을 두고 천자의 자리를 탐냈다고 비난할 것을 두려워하여 천하를 무광(務光)에게 물려주겠다고 했다.

그러나 한편으로 무광이 정말 천하를 물려받을까봐 두려워한 나머지 곧 사람을 무광에게 보내 설득하기를

"탕왕은 그 임금인 걸왕을 죽이고 왕권을 빼앗았는데 그 악명이 세간에 퍼지자 두려워한 나머지 그대에게 덮어 씌우려고 천하를 그대에게 물려주고자 하는 것이오."

라고 은근히 물려받지 말 것을 종용하자 무광은 황하에 몸을 던져 죽고 말았다.

진(秦)나라 무왕(武王)이 신하인 감무(甘茂)에게 임금을 측

근에서 모시는 시종(侍從)이 되거나, 아니면 외교(外交)를 맡는
관리가 되거나 마음대로 선택하라고 했다.

이때 감무의 친구인 맹묘(孟卯)가 감무에게 말하였다.

"그대는 임금의 측근인 시종이 되는 것이 좋겠소. 그대는 외
교에 능통하니 비록 시종이 되었더라도 임금은 필요할 때 외교
문제를 그대에게 맡길 것이니 그렇게 되면 그대는 시종의 벼슬
을 가졌으면서 외교문제에도 간여할 것이므로 한 사람이 결국
두 가지 벼슬을 겸하게 되는 셈이오."

자어(子圉)라는 사람이 공자(孔子)를 송(宋 : 商)나라 재상과
만나게 했는데 공자가 재상을 만나고 돌아간 뒤에 자어가 들어
와 재상에게 공자의 인품이 어떠냐고 물었다.

이에 재상이 말하기를

"내가 지금 공자를 만나고 곧 그대를 보니 마치 벼룩이나 이
같이 보잘것없이 느껴지네. 나는 이제 공자같이 훌륭한 사람이
임금께 알현할 수 있도록 주선하겠네."

라고 대답하자 자어는 공자가 임금을 뵙게 되면 자기보다 임
금에게 더 귀하게 여겨질까 두려워 재상에게 말하기를

"임금께서 만약 공자를 만나게 되면 당신 또한 마치 벼룩이
나 이같이 보일 것입니다."

고 했다. 이에 재상은 공자가 임금을 뵙도록 하겠다는 생각
을 다시는 하지 않았다.

위(魏)나라 혜왕(惠王)이 구리(臼里)라는 곳에서 제후들을
모아 동맹을 맺고, 장차 천자를 옹립하여 주(周)나라 왕실의 존
엄을 높이려고 했다.

이 때 팽희(彭喜)가 정(鄭)나라 임금에게 말했다.

"이번에 위나라 임금이 천자를 다시 옹립하려고 해도 임금께
서는 듣지 마십시오. 큰나라(大國)는 천자가 있는 것을 싫어하
고 작은나라(小國)는 이로움이 있어 좋아합니다. 만약 임금께서
다른 큰나라와 함께 위나라의 제의를 듣지 않는다면 위나라가
어찌 작은나라와 함께 새로이 천자를 세울 수 있겠습니까?"

湯以伐桀[1] 而恐天下言己爲貪也 因乃讓天下於務光[2] 而恐務
光之受之也 乃使人說務光曰 湯殺君 而欲傳惡聲於子 故讓天下
於子 務光因自投於河

秦武王令甘茂擇所欲爲於僕與行[3] 孟卯曰 公不如爲僕 公所長
者 使也 公雖爲僕 王猶使之於公也 公佩僕璽 而爲行事 是兼官
也

子圉見孔子於商太宰[4] 孔子出 子圉入 請問客 太宰曰 吾已見
孔子 則視子猶蚤蝨之細者也 吾今見之於君 子圉恐孔子貴於君
也 因謂太宰曰 君已見孔子 亦將視子猶蚤蝨也 太宰因弗復見也

魏惠王爲臼里之盟[5] 將復立於天子 彭喜謂鄭君曰 君勿聽 大
國惡有天子 小國利之 若君與大不聽 魏焉能與小立之

1) 湯以伐桀(탕이벌걸) : 은나라 탕왕이 폭군 걸왕을 치고 하나라를 멸
   망시킨 이야기인데 『회남자』정신훈에 이와 비슷한 설화가 있다.

2) 務光(무광) : 그 당시의 현인 은사(隱士)로 알려졌다.

3) 秦武王令甘茂擇所欲爲於僕與行(진무왕령감무택소욕위어복여행) : 진
   무왕(秦武王)은 전국시대 진나라 임금으로 혜문왕의 아들이며 이름
   은 탕(蕩), 재위 4년이며, 감무(甘茂)는 전국시대 하채(下蔡) 사람으
   로 무왕의 좌승상(左承相)으로 있다가 나중에 제나라에 망명했다. 복
   (僕)은 임금을 측근에서 모시는 신하로 시종을 말하며, 행(行)은 외
   국의 빈객을 접대하는 외교관.

4) 子圉見孔子於商太宰(자어견공자어상태재) : 자어(子圉)는 송나라의
   신하인 한 사람으로만 기록될 뿐 자세한 사적은 없고, 상태재(商太
   宰)는 송나라 재상을 뜻하고, 상(商)은 곧 송(宋)나라.

5) 魏惠王爲臼里之盟(위혜왕위구리지맹) : 위혜왕(魏惠王)은 전국시대의
   위후(魏侯)인 앵(罃)으로 만년에야 왕이라 칭했는데 『맹자』에는 양
   혜왕(梁惠王)으로 불렸다. 구리(臼里)는 옛날 제후들이 모이는 곳의
   이름이며 『전국책』에도 구리지맹(臼里之盟)이라고도 했다.

2. 한 나라를 세우는 것은 명분이 있다

진(晋)나라 군사가 형(邢)나라를 정벌하자 제(齊)나라 환공 (桓公)은 곧 군사를 보내 형나라를 구하려고 했다.

이때 대보(大父)인 포숙(鮑叔)이 간하기를

"군사를 보내 구하기는 아직 이른 때입니다. 형나라가 아직 망할 지경에는 이르지 않았으므로 진나라도 아직 지치지 않았 고, 진나라가 아직 지치지 않았으니 아직 우리 제나라의 체면 은 소중하지 않습니다. 또한 위급한 나라를 도와주는 공적을 말하더라도 이미 멸망한 나라를 다시 일으켜 세우는 것보다 더 큰 은혜는 없는 법입니다. 임금께서는 도와주는 그 시기를 늦 추었다가 진나라를 더욱 지치게 만들어 실질적인 이익을 거두 고, 형나라의 멸망을 기다렸다가 다시 일으켜 세우면 그 명분 이 더욱 빛나게 될 것입니다."

고 했다. 이에 환공은 구원병을 보내지 않았다.

초(楚)나라의 오자서(伍子胥)가 오(吳)나라로 달아나다가 국 경을 지키는 척후에게 붙잡히고 말았다.

이에 오자서는 척후병에게 말하기를

"임금이 나를 찾는 까닭은 내가 아름다운 구슬을 가지고 있 기 때문인데 나는 지금 그 구슬을 잃어버리고 말았다. 만약 그 대가 나를 잡아 관가에 넘기면 나는 그대가 그 구슬을 빼앗아 입으로 삼켜버렸다고 말할 것이다."

라고 했다. 그 척후병은 자기의 죽음을 겁내 오자서를 놓아 주었다.

제(齊)나라 대부인 경봉(慶封)이 반란을 일으켰다가 실패하 자 월(越)나라에 망명하려고 생각했다.

이에 그 일족인 한 사람이 말하기를

"진(晋)나라가 더 가까운데 어째서 진나라로 가지 않으십니 까?"

고 물었다. 경봉이 대답하기를

"월나라는 제나라에서 멀리 떨어져 있어 환난을 피하기에는 유리하기 때문이오."

라고 하자 그 일족이 다시 말했다.

"그대가 반란을 일으켰던 마음을 고쳐 먹는다면 진나라로 가도 별일이 없겠지만 만약 그 마음을 바꾸지 않으면 비록 월나라가 멀리 있다 하더라도 어찌 안전하다고 할 수 있겠는가?"

지백(智伯)이 위선자(魏宣子)에게 땅을 떼어 달라고 요구했으나 위선자는 이를 주지 않으려 했다.

이에 위나라 신하인 임장(任章)이 말하기를

"어쩌서 주지 않으려 하십니까?"

고 물었다. 위선자는 대답하기를

"아무 까닭없이 땅을 떼어 달라고 하니 주지 않으려 하는 것이다."

고 했다. 임장은 다시 말하기를

"아무 까닭도 없이 남의 땅을 달라고 하니 이웃 나라들은 반드시 이를 보고 두려워할 것입니다. 그리고 저 지백이 계속 욕심을 부리게 되면 세상의 제후들은 반드시 두려워할 것입니다. 임금께서 그에게 땅을 주게 되면 지백은 반드시 교만해져 상대인 적을 업신여기게 될 것이고, 그렇게 되면 이웃 나라들은 더욱 겁이 나 반드시 서로 친숙해질 것입니다. 이렇게 서로 친숙해진 나라들이 뭉친 군대로 적을 업신여긴 나라에 대항하여 싸운다면 지백의 목숨도 길지 못할 것입니다.

『주서(周書)』에 이르기를 '장차 적을 무너뜨리려거든 반드시 그를 도와주고, 장차 그를 취하고자 하거든 반드시 잠시동안 그에게 주도록 하라.'고 했습니다. 임금께서도 잠시동안 그에게 땅을 주어 지백의 마음을 교만하게 만드십시오. 임금께서는 어찌하여 세상의 제후들과 함께 지백을 넘어뜨릴 계책을 버리시고, 유독 우리 나라 홀로 지백의 공격 목표가 되려고 하시는지요?"

했다. 임금은 말하기를

"과연 옳은 말이다."

하고는 곧 지백에게 일만 호에 이르는 고을을 내주니 그는 대단히 기뻐했다.

이로 인해 지백은 조(趙)나라에도 땅을 요구했으나 주지 않자 조나라의 도읍인 진양(晉陽)을 포위했는데, 한(韓)과 위(魏) 두 나라가 외곽에서 반기를 들고 조나라는 안에서 호응하여 협공하니 지백은 마침내 멸망하고 말았다.

晋人伐邢[1] 齊桓公將救之 鮑叔曰 太蚤[2] 邢不亡 晋不敝 晋不敝 齊不重 且夫持危之功 不如存亡之德大 君不如晩救之以敝晋 其實利 待邢亡而復存之 其名美 桓公乃弗救

子胥出走 邊候得之[3] 子胥曰 上索我者 以我有美珠也 今我已亡之矣 我且曰子取吞之 候因釋之[4]

慶封爲亂於齊 而欲走越 其族人曰 晋近 奚不之晋 慶封曰 越遠 利以避難 族人曰 變是心也 居晋而可 不變是心也 雖遠越 其可以安乎

智伯索地於魏宣子 魏宣子弗予 任章[5]曰 何故不予 宣子曰 無故請地[6] 故弗予 任章曰 無故索地 隣國必恐 彼重欲無厭 天下必懼 君子之地 智伯必驕而輕敵 隣邦必懼而相親 以相親之兵 待輕敵之國 則智伯之命不長矣 周書[7]曰 將欲敗之 必姑輔之 將欲取之 必姑予之 君不如予之 以驕智伯 且君何釋以天下圖智氏 而獨以吾國爲智氏質乎 君曰 善 乃與之萬戶之邑 智伯大悅 因索地於趙 弗與 因圍晋陽[8] 韓魏反之外 趙氏應之內 智氏自亡

1) 晋人伐邢(진인벌형) : 진(晋)나라는 주나라 성왕(成王)의 아우인 숙우(叔虞)의 봉국(封國)이며, 형(邢)은 주나라의 봉국이었다가 춘추시대 위(衛)나라에 의하여 멸망했는데, 당시에는 진(晋)은 서쪽, 제(齊)는 동쪽에 있었고, 형(邢)은 가운데에 끼어 있었다.

2) 太蚤(태조) : 너무 이르다.

3) 邊候得之(변후득지) : 변후(邊候)는 국경을 지키는 관리 또는 『오월

  춘추(吳越春秋)』에 관리(關吏)라고도 함. 득지(得之)는 붙잡다의 뜻.

  4) 釋之(석지) : 놓아주다의 뜻.

  5) 任章(임장) : 임증(任增) 또는 임등(任登)으로도 기록되어 있다.

  6) 請地(청지) : 색지(索地)와 뜻이 같은데, 땅을 달라고 요구했다는
     뜻.

  7) 周書(주서) : 『상서(尙書)』에 주서(周書)라는 편이 있는데, 그 뜻이
     아니고, 소진(蘇秦)이 읽었다는 『주서음부(周書陰符)』를 인용한 것.

  8) 晋陽(진양) : 당시 조나라의 도읍.

3. 민중이 굶주리면 적병을 불러들인다

  진(秦)나라 강공(康公)이 누대(樓臺)를 짓기 시작하여 3년이
나 되었다. 그 때 형(荊)나라는 군사를 일으켜 제나라를 공격하
려고 했다.

  이러한 정보가 진나라에 전해지자 그 신하인 임망(任妄)이
임금에게 말하기를

  "나라가 흉년이 들어 민중이 굶주리면 적병(敵兵)을 불러들
이고, 질병이 유행해도 적병을 불러들이게 되며, 민중이 심한
부역으로 지쳐도 적병을 불러들이고, 나라에 내란이 일어나도
적병을 불러들이게 됩니다. 지금 임금께서 누대를 쌓기 시작한
지 3년이나 되었는데 형나라에서는 군사를 일으켜 제나라를 치
려고 합니다. 신(臣)이 두렵게 생각하는 것은 형나라가 제나라
를 친다는 소리는 말 뿐이고, 사실은 우리 진나라를 공격하려
는 것이 아닌가 하오니 그 공격에 대비하는 것이 좋을 듯합니
다."

  고 아뢰었다. 강공은 곧 동쪽 국경을 단단히 수비하자 형나
라는 군사의 출동을 중지하였다.

  제(齊)나라가 송(宋)나라를 공격하자 송나라에서는 장손자
(臧孫子)를 남쪽의 형(荊)나라에 보내 도와줄 것을 요청했다.
형나라 임금은 크게 기뻐하며 구원해 줄 것을 승낙하고, 사신

으로 간 장손자를 매우 후하게 대접했다.

사신으로 갔던 장손자가 돌아오는 길에 근심스러운 얼굴을
하니 시중드는 사람이 묻기를

"구원을 청하여 승낙을 받았는데도 지금 당신께서는 근심스
러운 얼굴을 하고 계시니 무슨 까닭입니까?"

하고 물었다. 장손자가 대답하기를

"우리 송나라는 작고 제나라는 큰나라다. 무릇 형나라가 작
은 송나라를 구원하게 되면 큰 제나라로부터 미움을 사게 되는
것은 당연한 것으로 모든 사람이 근심하는 일이다. 그런데 지
금 형나라 임금이 기쁘게 구원을 승낙한 것은 반드시 우리로
하여금 굳게 지키도록 하려는 속셈이다.

우리가 형나라의 구원병이 올 동안 국경을 굳게 지키고 있으
면 제나라 군사는 지치게 될 것이고, 그렇게 되면 형나라는 앉
아서 이로움을 얻게 되는 것이니 그들은 처음부터 우리를 도와
줄 마음은 없었던 것이다."

라고 했다. 장손자가 이렇게 돌아온 뒤에 제나라는 송나라를
공격하여 다섯 성(城)을 함락시켰는데도 형나라의 구원병은 오
지 않았다.

위(魏)나라 문후(文侯)가 조(趙)나라의 길을 빌려 중산(中
山)을 공격하려고 했으나 조나라 숙후(肅侯)는 이를 승낙하지
않으려고 했다.

이때 조나라 신하인 조각(趙刻)이 임금에게 간언했다.

"임금의 생각은 잘못되었습니다. 위나라가 중산을 공격하여
빼앗지 못하면 위나라는 곧 지치게 될 것이고, 위나라가 지치
면 그 힘이 약해지며, 위나라가 약해지면 곧 조나라는 강해지
게 됩니다. 그리고 또 위나라가 중산을 함락시킨다 하더라도
우리 조나라를 가운데 두고는 그 땅을 언제까지나 자기들의 영
토로 유지하기가 불가능하기 때문에 군사를 일으켜 싸우는 쪽
은 위나라지만 영토를 얻는 쪽은 우리 조나라입니다. 그러하오
니 임금께서는 반드시 위나라에게 길을 빌려주십시오. 그러나

길을 빌려주시되 위나라의 사신을 너무 환대하시면 그들은 임
금께서 이익을 챙기려는 속셈을 알아차리고 반드시 출병 계획
을 중단할 것입니다. 임금께서는 어쩔 수 없이 길을 빌려주는
척 하심이 가장 좋을 줄 압니다."

泰康公築臺三年 荊人起兵 將欲以兵攻齊 任妄曰 饑召兵 疾
召兵 勞召兵 亂召兵 君築臺三年 今荊人起兵將攻齊 臣恐其攻
齊爲聲 而以襲秦爲實也 不如備之 戍東邊 荊人輟行

齊攻宋 宋使臧孫子南求救於荊[1] 荊王大悅 許救之甚勸[2] 臧孫
子憂而反 其御曰 索救而得 今子有憂色 何也 臧孫子曰 宋小而
齊大 夫救小宋而惡於大齊 此人之所憂也 而荊王說 必以堅我也
我堅而齊敝[3] 荊之所利也 臧孫子乃歸 齊人拔五城於宋 而荊救
不至

魏文侯借道於趙而攻中山[4] 趙肅侯[5]將不許 趙刻[6]曰 君過矣
魏攻中山而弗能取 則魏必罷[7] 罷則魏輕 魏輕則趙重 魏拔中山
必不能越趙而有中山也 是用兵者魏也 而得利者趙也 君必許之
許之而大勸[8] 彼將知君利之也 必將輟行 君不如借之道 示以不
得已也

1) 臧孫子南求救於荊(장손자남구구어형) : 장손자(臧孫子)는 송나라 신
   하이며 『전국책』에는 장자(臧子)로만 기록되었고, 형(荊)은 초(楚)의
   옛이름이다.
2) 勸(권) : 권(勸)은 다른 구본에는 환영하다로 되어 있으나 글자가 비
   슷하여 잘못된 것이고 여기에서는 힘을 다하여와 같은 뜻인 권(勸)
   을 그대로 쓴다.
3) 堅而齊敝(견이제폐) : 견(堅)은 굳게 지킨다는 뜻이고, 폐(敝)는 피로
   하여 지친다는 뜻.
4) 魏文侯借道於趙而攻中山(위문후차도어조이공중산) : 위문후(魏文侯)
   는 전국시대 위나라의 으뜸가는 임금으로 이름은 사(斯)라 했고, 많
   은 현인을 초빙하여 전국 초기에 위나라가 패업을 이루는데 기초를
   닦았다. 중산(中山)은 춘추시대의 나라 이름으로 선우(鮮虞)라 칭했

다가 뒷날 중산(中山)이라 고쳤다.

5) 趙肅侯(조숙후):『전국책』에는 단지 조후(趙侯)로만 기록되었고, 위문후(魏文侯)와 조숙후와는 60년의 연대 차이가 있기에 위문후가 중산을 공략한 해가 그의 17년으로 조나라 열후(列侯) 원년에 해당된다고 보면 사실이 왜곡된 점이 있다.

6) 趙刻(조각):『전국책』에는 조리(趙利)로 기록되었는데 조나라 신하로 여기서는 조나라를 위하여 임금에게 간언한 것으로 되었으나 다른 문헌에는 위나라를 위하여 그렇게 간언한 것으로 쓰여 있다.

7) 罷(파):피로하다 또는 지쳤다는 뜻과 같다.

8) 勸(권):구본에서 환(歡)으로 썼는데, 환대하다의 뜻으로 본다.

4. 나의 종이 된다면 만승의 재상으로 볼 것

치이자피(鴟夷子皮)는 제나라 재상인 전성자(田成子)를 섬기고 있었다. 전성자가 죄를 짓고 제나라를 떠나 연(燕)나라로 망명하려 할 때, 치이자피는 국경을 넘어갈 때 필요한 증빙물을 짊어지고 그를 따랐다.

두 사람이 국경을 경비하는 망(望)이라는 고을에 이르렀을 때 치이자피가 전성자에게 말하기를

"당신은 물이 말라버린 연못의 뱀에 대한 이야기를 들어보셨습니까? 연못의 물이 말라버려 그곳에 살던 뱀이 다른 곳으로 옮기려 할 때 작은 뱀이 큰 뱀에게 말하기를 '그대가 앞서 가고 내가 뒤따르면 사람들은 보통 뱀들이 지나가는 것으로 알고 반드시 그대를 죽여버릴 것이오. 그러나 우리가 서로 입을 물고 그대가 나를 등에 업고 가면 사람들은 반드시 우리를 연못에서 나온 신령(神靈)이라 여길 것이오.' 했습니다. 곧 두 마리의 뱀은 서로 입을 물고 큰 뱀이 작은 뱀을 등에 업고 가니 사람들이 다니는 큰길을 지날 때에도 사람들은 모두 피하면서 신령이라 말했습니다.

지금 당신께서는 뛰어나게 잘 생겼고 저는 못생긴 추남이라

당신을 나의 상전(上殿)으로 모시고 가면 천승(千乘)의 임금으로 밖에 생각하지 않을 것입니다. 그러나 만약 당신을 제가 시종으로 부리게 된다면 당신처럼 잘생긴 분을 종으로 부리는 저는 남이 보기에 만승(萬乘)의 재상으로 볼 것입니다. 그러니 관소를 지날 때 당신은 저의 종이 되는 것이 좋은 방법일 것입니다."

했다. 전성자는 옳은 생각이라 여기고 증빙물을 받아 짊어지고 치이자피의 뒤를 따라 여관에 도착하니, 여관 주인은 시종하는 사람의 당당한 모습을 보고는 귀인이라 생각하고 술과 고기를 내놓으며 잘 대접했다.

온(溫)이라는 곳에 사는 사람이 주(周)나라에 갔는데 주나라에서는 다른 나라 사람을 받아들이지 않고 있었다.

관리가 묻기를

"외국에서 온 사람인가?"

고 하니 대답하기를

"이 나라 사람이오."

라고 했다. 이에 관리가 사는 곳을 말하라고 했으나 알지 못한다고 하자 관리는 그를 감옥에 가두었다.

이 일을 알게 된 주나라 임금이 사람을 보내 묻기를

"너는 주나라 사람이 아니다. 그런데 어째서 다른 나라 사람이 아니라고 하는가?"

고 하니 그가 대답하기를

"신(臣)은 젊었을 때 『시경(詩經)』을 읊조린 일이 있었는데, 그 시에 말하기를 '넓은 하늘 아래는 천자의 땅이 아닌 데가 없고, 땅이 닿는 곳 어디에 사는 사람이라도 천자의 신하가 아닌 사람이 없다.'는 구절이 있습니다. 지금 임금께서 천자이시니 곧 저는 천자의 신하입니다. 어째서 임금의 신하이면서 한편으로 다른 나라 사람이라고 할 수 있겠습니까? 그래서 저는 이 나라 사람이라고 했던 것입니다."

했다. 임금은 그를 감옥에서 내보냈다.

한(韓)나라 선왕(宣王)이 신하인 규류(樛留)에게 묻기를

"나는 공중(公仲)과 공숙(公叔) 두 사람을 함께 임용하려 하는데 어떻겠는가?"

라고 물으니 규류가 대답했다.

"좋지 않습니다. 진(晉)나라는 육경(六卿)을 임용했기 때문에 나라가 분열되었고, 제나라 간공(簡公)은 전성자(田成子)와 감지(闞止) 두 사람을 함께 임용해 자신이 죽임을 당했으며, 위(魏)나라는 서수(犀首)와 장의(張儀) 두 사람을 함께 임용했기 때문에 서하(西河) 밖의 땅을 잃었습니다.

지금 임금께서 두 사람을 함께 쓰게 되면 그중 세력이 있는 쪽은 조정(朝廷) 안에 당파를 만들 것이고, 세력이 약한 쪽은 외국의 힘을 빌려 바탕을 삼을 것입니다. 이렇게 여러 신하 가운데 안으로는 당파를 만들어 임금을 업신여기고, 밖으로 외국과 내통하여 영토를 쪼개 갈라놓게 되면 곧 임금의 나라는 위태로워질 것입니다."

鴟夷子皮[1]事田成子 田成子去齊 走而之燕 鴟夷子皮負傳[2]而從 至望邑 子皮曰 子獨不聞涸澤之蛇乎 澤涸 蛇將徙 有小蛇謂大蛇曰 子行而我隨之 人以爲蛇之行者耳 必有殺子 不如相銜[3]負我以行 人必以我爲 神君[4]也 乃相銜負以越公道而行 人皆避之曰神君也 今子美而我惡[5] 以子爲我上客 千乘之君也 以子爲我使者 萬乘之卿也 子不如爲我舍人 田成子因負傳而隨之 至逆旅 逆旅之父[6]待之甚敬 因獻酒肉

溫[7]人之周 周不納客 問之曰 客耶 對曰 主人 問其巷而不知也 吏因囚之 君使人問之曰 子非周人也 而自謂非客 何也 對曰 臣少也誦詩[8]曰 普天之下[9] 莫非王土 率土之濱 莫非王臣 今君天子 則我天子之臣也 豈有爲人之臣 而又爲之客哉 故曰主人也 君使出之[10]

韓宣王謂樛留曰 吾欲兩用公仲 公叔[11] 其可乎 對曰 不可 晉用六卿而國分 簡公兩用田成 闞止而簡公殺 魏兩用犀首張儀 而

西河之外亡 今王兩用之 其多力者 樹其黨 寡力者 借外權 群臣
有內樹黨以驕主 有外爲交以裂地 則王之國危矣

1) 鴟夷子皮(치이자피) : 여러 가지 설이 있는데,『사기』 월세가(越世家)
   의 기록에 따르면 범려(范蠡)라는 사람이 바다로 제나라에 망명하여
   자칭하여 붙인 이름이라는 설과, 오나라의 오자서(伍子胥)가 스스로
   치이(鴟夷)의 자루(袋)에 넣어 던져졌다는 말이 있는데 본래 치이
   (鴟夷)란 말가죽으로 만든 술푸대(酒袋)를 말했다. 한편으로 이와 같
   은 설을 부정하고, 춘추시대 말기에 치이자피(鴟夷子皮)를 자칭한 사
   람이 셋이나 있었고, 여기의 자피도 그 한 사람.

2) 傳(전) : 국경의 관소(關所)를 지날 때 쓰는 증빙물(證憑物)을 뜻하
   는 것으로 지금의 여권(旅券)과 같은 것.

3) 相銜(상함) : 서로 입으로 문다는 뜻.

4) 神君(신군) : 신령한 귀신.

5) 美而我惡(미이아오) : 오(惡)는 추악하게 생긴 것을 뜻하고 미(美)는
   뛰어나게 잘 생긴 것.

6) 旅之父(여지부) : 여관 주인.

7) 溫(온) : 지금의 하남성(河南省) 은현, 옛날에는 주(周)·정(鄭)·진
   (晋)나라로 그 소속이 바뀌었지만 전국시대에는 위(魏)나라에 속하
   였다.

8) 詩(시) :『시경(詩經)』 소아(小雅) 북산편(北山篇).

9) 普天之下(보천지하) : 보(普)는 넓다를 뜻하며, 보천(普天)은 『시경』
   에서 부천(溥天)으로 썼다.

10) 出之(출지) : 감옥에서 내보낸다는 뜻.

11) 公仲·公叔(공중공숙) : 공중(公仲)은 '십과편'에는 공중명(公仲明)
    이라 나왔고, 초나라 보다는 진(秦)나라의 이익을 도모했던 한나라
    재상을 지낸 사람으로 이름을 치(侈)라고 했다. 공숙은 공중(公仲)의
    뒤를 이어 재상이 된 사람으로 그는 공중에 맞서 제나라에 접근했다.

5. 술에 취하여 나라를 잃어버린 사람

소적매(紹績昧)라는 사람이 술에 취하여 누워있다가 자기가 입고 있던 가죽옷을 잃어버렸다.

송(宋)나라 임금이 이 말을 듣고

"술에 취했다고 자기가 입고 있던 옷까지 잃어버릴 수가 있는가?"

라고 물으니 소적매가 대답했다.

"하(夏)나라의 걸왕(桀王)은 술에 취하여 천하를 잃어버렸는데, 하물며 가죽옷 한 벌쯤 잃어버린 것이 대단한 일입니까! 그래서 『강고(康誥)』에 이르기를 '무이주(毋彝酒)'라 했으니 늘 술을 마시는 자는 언제나 술에 취해 있게 됩니다. 언제나 술에 취해 있으면 천자(天子)는 천하를 잃게 되고, 필부(匹夫)는 그 몸을 잃게 되는 것입니다."

제(齊)나라 관중(管仲)은 습붕(隰朋)과 함께 환공(桓公)을 따라 고죽(孤竹)이라는 나라를 정벌했는데, 봄에 출발하여 겨울에 돌아오게 되었으므로 길을 잃어버렸다.

이에 관중이 말하기를

"이러한 경우에는 늙은 말(馬)의 슬기를 빌리는 것이 도움이 될 것입니다."

하여 곧 늙은 말(馬)을 풀어주고 그 뒤를 따라 마침내 잃었던 길을 찾게 되었다.

또 한 번은 산속을 가는데 물이 없어 어렵게 되니 습붕이 말하기를

"개미는 겨울 동안 양지바른 남쪽에 살고 여름에는 그늘진 북쪽에 사는데, 그 개미집 한 치(寸) 높은 곳에서 그 밑으로 여덟 자를 파면 물이 있습니다."

고 하여 곧 땅을 파니 마침내 물이 있어 목마름을 면할 수 있었다.

관중과 같이 사리(事理)에 밝고 습붕과 같이 슬기로운 사람
이라도 자기가 모르는 것이 있을 때는 늙은 말이나 개미를 스
승으로 삼았던 것이다.

요즘 사람들은 어리석은 생각을 깨닫고 성인들의 지혜를 스
승으로 삼을 줄 모르니 이 또한 허물이 아니겠는가?

죽지 않고 오래 살 수 있다는 영약(靈藥)을 형나라 임금에게
바치려는 사람이 있어 안내를 맡은 관리가 그 약을 받아가지고
궁궐 안으로 들어갔는데, 중사(中射)의 벼슬에 있는 사람이 묻
기를

"그 약을 내가 먹어도 되겠는가?"

고 말했다. 이에 안내를 맡은 관리는 그가 농담으로 하는 말
인줄 알고 대답하기를

"좋습니다."

하니 중사가 그 약을 빼앗아 먹어버렸다.

임금이 이 말을 듣고 크게 노하여 사람을 시켜 그 중사를 죽
이려고 했다. 그러자 중사는 사람을 시켜 임금에게 변명하여
말하기를

"신(臣)은 안내하는 관리에게 먹어도 되겠느냐고 물었으며
먹어도 좋다고 했기 때문에 먹은 것이므로 신에게는 아무 죄도
없습니다. 죄가 있다면 그 안내하는 관리에게 있습니다. 또한
누구인지도 모르는 나그네가 불사(不死)의 약을 바쳤는데, 이
것을 먹었다는 죄로 임금께서 신을 죽인다면 그것은 불사약이
아니라 죽음의 약[死藥]이 되는 셈입니다. 결국 그 나그네는 임
금을 속인 것입니다. 무릇 임금께서 죄없는 사람을 죽이고 임
금이 나그네에게 속았다는 것이 세상에 밝혀지는 것보다는 저
를 용서하시는 편이 좋을 것입니다."

고 했다. 임금은 이에 그를 죽이지 않았다.

結積昧[1] 醉寢 而亡其裘 宋君曰 醉足以亡裘乎 對曰 桀以醉亡
天下 而況亡裘乎 康誥彝酒者[2] 常酒也 常酒者 天子失天下 匹

夫失其身曰 毋彛酒

　管仲 隰朋從桓公伐孤竹[3] 春往冬反 迷惑失道 管仲曰 老馬之
智 可用也 乃放老馬而隨之 遂得道 行山中無水 隰朋曰 蟻冬居
山之陽 夏居山之陰 蟻壤一寸[4] 而仞[5]有水 乃掘地 遂得水 以管
仲之聖而隰朋之智 至其所不知 不難師於老馬與蟻 今人不知以
其愚心而師聖人之智 不亦過乎

　有獻不死之藥於荊王者[6] 謁者操之以入 中射之士[7]問曰 可食
乎 曰 可 因奪而食之 王大怒 使人殺中射之士 中射之士使人說
王曰 臣問謁者曰 可食 臣故食之 是臣無罪 而罪在謁者也 且客
獻不死之藥 臣食之 而王殺臣 是死藥也 是客欺王也 夫殺無罪
之人 而明人之欺王也 不如釋臣 王乃不殺

1) 紹績昧(소적매):『희성록(希姓錄)』에 있는 복성(複姓)인 소적(紹績)
　으로 이름은 매(昧)지만 그 사적은 어느 문헌에도 자세하지 않다.

2) 康誥彛酒者(강고이주자): 강고(康誥)는『상서(尙書)』의 한 편명으로
　지금의『상서』에는 '주고(酒誥)'로 나와 있다. 이주(彛酒)와 같은 뜻
　인데 늘 술에 취하여 있는 것을 뜻한다.

3) 孤竹(고죽): 은(殷)·주(周)시대의 나라 이름으로 지금의 하북성 동
　북 끝녘에 있던 나라.

4) 蟻壤一寸(의양일촌): 의양(蟻壤)은 개미집을 뜻하고, 일촌(一寸)은
　개미집의 무덤 높이가 한 치가 되는 것.

5) 仞(인): 여덟 자의 길이.

6) 不死之藥於荊王者(불사지약어형왕자): 불사지약(不死之藥)은 옛날
　문헌에 여러 가지 설이 있는데,『사기』봉선서(封禪書)에 따르면 발
　해 가운데에 있는 봉래·방장·영주의 삼신산(三神山)에 사는 신선
　들은 불사의 약을 먹고 불로장생(不老長生)한다고 했다. 신선의 도는
　제나라·연나라 지방에서 성행되었는데, 여기서는 초나라의 이야기를
　인용한 것이다. 형왕(荊王)은 여기에서『전국책』의 초책(楚策)에 의
　하면 경양왕(頃襄王) 때로 짐작된다.

7) 中射之士(중사지사): 임금을 곁에서 시중드는 관리로서 옛날에는 천
　자·제후·대부에게 활쏘는 학습을 담당했었다.

6. 추나라 임금을 속인 전사

전사(田駟)라는 사람이 추(鄒)나라 임금을 속였다. 이에 추군(鄒君)은 사람을 시켜 그를 죽이려고 했다. 그러자 전사는 두려워 혜자(惠子)에게 도움을 청했다.

이에 혜자가 추나라 임금을 만나 말하기를

"지금 어떤 사람이 임금을 뵙는 자리에서 한쪽 눈을 감고 조롱하는 태도를 보인다면 어떻게 하시겠습니까?"

고 물었다. 임금이 대답하기를

"나는 반드시 그를 죽일 것이오."

하고 말했다. 혜자가 다시 묻기를

"장님(盲人)은 두 눈을 다 감고 있는데 임금께서는 어째서 죽이지 않습니까?"

고 했다. 임금은 말하기를

"장님은 눈을 감지 않을 수 없기 때문이오."

라 대답했다. 그러자 혜자는 말하기를

"전사는 동쪽에서 제나라 임금을 기만하고, 남쪽에서는 형나라 임금을 속였으니 그가 사람을 속이는 것은 마치 장님이 두 눈을 감은 것처럼 어쩔 수 없는 것인데 임금께서 어찌 그를 원망할 수 있겠습니까?"

라고 하니 추나라 임금은 그를 죽이지 않았다.

노(魯)나라 목공(穆公)은 자신의 여러 아들들 중 어느 아들은 진(晋)나라에 보내 섬기게 하고, 어느 아들은 형(荊)나라로 보내 섬기게 하려고 생각했다.

그러자 신하인 여서(犁鉏)가 간언했다.

"물에 빠진 아들을 구하려고 멀리 월(越)나라에서 사람을 빌려다 구하려 한다면, 그 월나라 사람이 제아무리 헤엄을 잘 치더라도 이미 때는 늦어서 아들을 살릴 수 없을 것입니다. 또 불이 났을 경우 바다에서 물을 길어다 끄려고 한다면 바닷물이

비록 많더라도 불을 끌 수는 없을 것이니 그것은 먼 곳에 있는
물로는 가까운 곳의 불을 끌 수 없기 때문입니다.

지금 진나라와 형나라가 비록 강하기는 하지만 적국인 제나
라는 가깝고 진나라와 초나라는 멀어 만약 제나라가 침공해 오
면 노나라에 아무 도움이 되지 않을 것입니다."

한(韓)나라 재상인 엄수(嚴遂)는 주(周)나라 임금과 사이가
좋지 않았기 때문에 주나라 임금은 늘 걱정하고 있었다.

그러자 풍저(馮沮)라는 사람이 말했다.

"엄수는 한나라의 재상이지만 그 나라 임금은 친족인 한괴
(韓傀)를 더 소중하게 여기고 있습니다. 임금께서는 자객을 시
켜 한괴를 암살하는 것이 가장 좋은 방법입니다. 그렇게 되면
한나라 임금은 반드시 엄수의 소행으로 여기고 그를 죽일 것입
니다."

장견(張譴)은 한(韓)나라의 재상이었다. 그가 병이 들어 위
독해지자 공승무정(公乘無正)이라는 사람이 30금(三十金)이나
되는 많은 돈을 가지고 문병을 갔다.

그리고 한 달이 지난 어느 날 임금이 장견에게 묻기를

"만약 그대가 죽게 되면 누구를 그대의 후임으로 삼으면 좋
겠는가?"

고 했다. 장견은 대답하기를

"공승무정은 국법을 존중하고 임금을 두려워하는 훌륭한 사
람이지만, 공자 식아(公子食我)가 민중의 신망을 얻고 있는 만
큼은 미치지 못합니다."

고 하자 장견이 죽은 뒤에 임금은 민심을 얻어 신망이 두터
운 사람보다는 임금을 두려워하고 법을 존중한다는 공승무정을
장견의 후임으로 기용했다.

악양(樂羊)이 위(魏)나라 장수가 되어 중산(中山)을 공격할
때 그의 아들이 중산에 있었다. 중산의 임금은 악양의 아들을
삶아 그 국물을 보냈는데 악양은 군막(軍幕)안에 앉아 한 잔이
나 되는 것을 다 마셔버렸다.

이 소식을 들은 위나라 문후(魏文侯)는 도사찬(堵師贊)에게
말하기를

"악양은 나를 위하여 자기 아들의 살(肉)까지 먹었다."

고 했다. 도사찬이 대답하기를

"그는 자기 아들의 살까지 먹었는데 또한 누구인들 먹지 않
겠습니까?"

했다. 그뒤 악양은 중산을 멸망시키고 돌아왔는데, 위나라 문
후는 그의 공로를 칭찬하면서도 마음속으로는 의심했다.

노나라의 대부 맹손(孟孫)이 사냥을 나갔다가 새끼노루를 잡
아 같이 갔던 진서파(秦西巴)를 시켜 수레에 싣고 돌아가게 했
는데, 그 어미노루가 따라오면서 울었으므로 진서파는 견디지
못해 새끼노루를 어미노루에게 돌려주었다.

맹손이 돌아와 새끼노루를 찾으니 진서파가 대답하기를

"제가 불쌍한 것을 참지 못하고 그 어미에게 돌려주었습니
다."

고 말하자 맹손은 크게 화가 나 진서파를 내쫓아버렸다.

그뒤 3개월이 지나자 그를 다시 불러 자기 아들을 돌보는 일
을 맡겼다. 그러자 맹손을 모시는 시종이 묻기를

"먼저는 처벌하시더니 이번에는 다시 불러 아들을 돌보는 중
책을 맡기니 어째서입니까?"

고 하자 맹손이 대답했다.

"무릇 새끼노루가 불쌍해서 견디지 못했던 사람이므로 나의
아들이 혹 어려움을 당하면 견디지 못하고 돕지 않겠는가?"

그래서 옛말에 이르기를 "교묘한 거짓은 서투른 진심에 미치
지 못한다."고 했다. 악양은 공로가 있는데도 의심을 받았지만
진서파는 죄를 짓고도 더욱 신임을 얻었던 것이다.

田駟欺鄒君[1]　鄒君將使人殺之　田駟恐　告惠子[2]　惠子見鄒君曰
今有人見君　則睽[3]其一目　奚如　君曰　我必殺之　惠子曰　瞽　兩
目睽　君奚爲不殺　君曰　不能勿睽　惠子曰　田駟東慢齊侯　南欺荊

王 駟之欺人 瞽也 君奚怨焉 鄒君乃不殺

魯穆公使衆公子或宦於晉⁴⁾ 或宦於荊 犁鉏⁵⁾曰 假人於越而救
溺子 越人雖善遊 子必不生矣 失火而取水於海 海水雖多 火必
不滅矣 遠水不救近火也 今晉與荊雖强 而齊近 魯患其不救乎

嚴遂⁶⁾不善周君 周君患之 馮沮曰 嚴遂相 而韓傀⁷⁾貴於君 不
如行賊⁸⁾於韓傀 則君必以爲嚴氏也

張譴相韓 病將死 公乘無正懷三十金⁹⁾而問其疾 居一月 君問
張譴曰 若子死 將誰使代子 答曰 無正重法而畏上 雖然 不如公
子食我之得民也¹⁰⁾ 張譴死 因相公乘無正

樂羊¹¹⁾爲魏將而攻中山 其子在中山 中山之君烹其子而遺之羹
樂羊坐於幕下而啜之 盡一杯 文侯謂堵師贊¹²⁾曰 樂羊爲我故 而
食其子之肉 答曰 其子而食之 且誰不食 樂羊罷中山 文侯賞其
功而疑其心 孟孫獵得麑 使秦西巴¹³⁾持之歸 其母隨之而啼 秦西
巴弗忍而與之 孟孫適至而求麑 答曰 余弗忍 而與其母 孟孫大
怒 逐之 居三月 復召以爲其子傅 其御曰 曩將罪之 今召以爲子
傅 何也 孟孫曰 夫不忍麑 又且忍吾子乎 故曰 巧詐不如拙誠
樂羊以有功見疑 秦西巴以有罪益信

1) 田駟欺鄒君(전사기추군) : 전사(田駟)는 『전국책』 조책(趙策)에 기록
   되어 있다. 여기서는 추나라와 제·초나라에서 거짓말 행각을 했다고
   썼으나 조책(趙策)에는 말 잘하는 사람으로 썼다. 추군(鄒君)은 추나
   라 임금이며 추(鄒)는 춘추시대에 주국(邾國)이었다가 전국시대에
   추국(鄒國)이라 고쳐 불렀다.
2) 惠子(혜자) : 혜시(惠施)를 말하며 위나라 혜왕의 재상으로 장의(張
   儀)가 오자 함께 망명했다. 『장자』에는 그 논쟁의 상대로 등장했고,
   여기서는 변론으로 전사(田駟)의 목숨을 구했다.
3) 睞(첩) : 눈을 감는다와 뜻이 통하는데 본래는 속눈썹을 가리킨다.
4) 魯穆公使衆公子或宦於晉(노목공사중공자혹환어진) : 노목공(魯穆公)
   은 서기전409년에서 전377년까지 재위했고 원공(元公)의 아들이며
   이름은 현(顯)이다. 환(宦)이란 여기에서 임금을 섬기는 관리를 뜻하
   고, 중공자(衆公子)는 태자(太子) 아닌 왕자로 서공자(庶公子)와 같

은 뜻.

5) 犁鉏(여서) : 『사기』 공자세가(孔子世家)에 제나라 대부 여서(齊大夫 犁鉏)라 했는데, 뒷날 노나라로 갔다.

6) 嚴遂(엄수) : 『사기』의 자객열전(刺客列傳)에 엄중자(嚴仲子)로 기록 되었는데 중자(仲子)는 그의 자이다.

7) 韓傀(한괴) : 한괴(韓傀)는 '내저설하편'에 한괴(韓庯)로 썼고 『사 기』 자객열전에는 협루(俠累)로 기록하고 있다.

8) 行賊(행적) : 자객을 시켜 암살하는 것을 말한다. 『사기』 자객열전에 의하면 그 때의 자객은 섭정(聶政)이란 사람이었다.

9) 公乘無正懷三十金(공승무정회삼십금) : 공승무정은 자세한 기록이 없 다. 회30금(懷三十金)은 뇌물로 금 30냥을 주었다는 뜻.

10) 公子食我之得民也(공자식아지득민야) : 공자식아(公子食我)는 『여씨 춘추』에 소후(昭侯)와 이야기한 기록이 있다. 득민(得民)이란 민중의 신망을 얻고 있다는 뜻.

11) 樂羊(악양) : 전국시대 초기의 위(魏)나라 문후의 장수로 중산을 공 략했고 뒤에 영수(靈壽)로 봉해졌는데 『사기』 악의열전(樂毅列傳)에 는 그 선조(先祖)로 기록되었다.

12) 堵師贊(도사찬) : 사람 이름으로 『전국책』의 위책(魏)에는 도사찬 (堵師贊)으로 썼고 거기에 찬담왈(贊答曰)이라 했기 때문에 도사(堵 師)가 성이고, 찬(贊)이 이름이다.

13) 秦西巴(진서파) : 노나라 대부 맹손(孟孫)의 가신(家臣)으로 진서 (秦西)가 성이고 이름이 파(巴)다.

7. 칼을 잘 감정하는 사나이

증종자(曾從子)라는 사람은 검(劍)을 잘 감정하는 사람으로 유명했다.

그 무렵 위(衛)나라 임금이 오(吳)나라 임금을 미워하고 있 었는데, 이를 알게 된 증종자가 위나라 임금에게 말하기를

"오나라 임금은 보검을 좋아합니다. 신(臣)은 보검을 잘 감

정하는 사람이니 신이 한번 오나라 임금의 검을 감정하는 구실
을 삼아 칼을 뽑아 보는 척하면서 임금을 위하여 그를 찔러 죽
이겠습니다."

고 했다. 위나라 임금이 말하기를

"그대가 그러한 일을 하겠다는 것은 과인과의 의리(義理) 때
문이 아니라 다만 이익을 위해서다. 오나라는 국력도 강하고
넉넉한데 우리 위나라는 쇠약하고 가난하니 그대는 반드시 오
나라로 갈 것이다. 그렇게 되면 그대는 오나라 임금을 위하여
같은 방법을 나에게도 사용할 것이니 나는 그것이 두렵다."

고 대답한 뒤 곧 그를 쫓아버렸다.

은(殷)나라의 폭군인 주왕(紂王)이 상아(象牙)로 젓가락을
만들자 그의 숙부(叔父)인 기자(箕子)는 몹시 두려워했다. 현인
인 기자는 생각하기를 '상아로 젓가락을 만들었으니 국을 하찮
은 질그릇에 담지는 않을 것이고 반드시 물소뿔(犀角)이나 옥
으로 만든 그릇을 만들 것이다. 그렇게 물소뿔이나 옥그릇에
상아 젓가락까지 갖추었다면 손쉽게 구할 수 있는 콩이나 푸성
귀로 만든 음식은 먹지 않고 반드시 곰발바닥이나 코끼리고기
가 아니면 표범고기를 구하게 될 것이다.

이와 같이 진귀한 음식만을 찾는다면 반드시 소박한 옷을 입
고 민중들이 사는 띠풀로 엮은 지붕 밑에서는 살려고 하지 않
고, 반드시 비단옷에 구중궁궐 고대광실에서 살려고 할 것이다.
이러한 것을 다 갖추려 추구한다면 세상에 있는 것을 다 써도
모자랄 것이다.' 하였다.

성인(聖人)은 아주 작은 사물을 보고도 앞으로 다가올 일을
알고 사물의 단서를 살피면 그 종말을 짐작하기 때문에, 상아
젓가락을 보고 두려워한 것은 곧 그 욕망을 채우기 위해 천하
를 그르치게 될 것이라는 것을 알았기 때문이었다.

주공단(周公旦)이 은(殷)나라 후예인 무경(武庚)의 난을 평
정하고 그 근거지인 상개(商蓋)를 정벌하려고 했다. 이에 무왕
(武王)의 태사(太史)인 신공갑(辛公甲)이 간하여 말하기를

"큰나라는 공략하기가 힘들고 작은나라는 복종시키기 쉬우니 먼저 많은 작은나라를 정복한 뒤에 큰나라를 치는 것이 좋겠습니다."

고 했다. 이에 주공은 동방의 아홉 나라〔九夷〕를 공격했는데, 상개도 항복했다.

은(殷)나라 주왕(紂王)은 날마다 밤낮을 가리지 않고 주연을 베풀어 날짜 가는 줄 모르고 향락에 빠졌다가 날짜를 측근에 있는 신하들에게 물었다. 측근의 신하들이 아무도 아는 사람이 없어 사람을 시켜 기자(箕子)에게 물어보라고 했다.

이에 기자는 자기를 시종하는 사람에게 말했다.

"천하의 주인된 임금이 향락에 빠져 온 나라가 그를 따르고, 모두 날짜 가는 줄을 잊고 있으니 세상은 위태롭지 않을 수 없다. 온 나라 사람이 모두 날짜를 알지 못하는데 나 홀로 이것을 안다고 한다면 내 일신이 위태로워질 것이다. 그러니 나도 술에 취하여 날짜를 알지 못한다고 변명하여 보내라."

曾從子 善相劍[1]也 衛君怨吳王 曾從子曰 吳王好劍 臣相劍者也 臣請爲吳王相劍 拔而示之 因爲君刺之 衛君曰 子之爲是也 非緣義也 爲利也[2] 吳强而富 衛弱而貧 子必往 吾恐子爲吳王用之於我也 乃逐之

紂爲象箸而箕子怖 以爲象箸必不盛羹於土鉶 則必犀玉之杯 玉杯象箸必不盛菽藿 則必旄象豹胎[3] 旄象豹胎 必不衣短褐而舍茅茨之下[4] 則必錦衣九重 高臺廣室也 稱此以往 則天下不足矣 聖人見微以知明 見端以知末 故見象箸而怖 知天下不足也

周公旦已勝殷 將攻商蓋 辛公甲[5]曰 大難攻 小易服 不如服衆小以劫大 乃攻九夷[6] 而商蓋服矣

紂爲長夜之飮 懽以失日[7] 問其左右 盡不知也 乃使人問箕子 箕子謂其徒曰 爲天下主 而一國皆失日 天下其危矣 一國皆不知 而我獨知之 吾其危矣 辭以醉而不知

1) 曾從子善相劍(증종자선상검) : 증종자(曾從子)는 사람 이름으로 문헌

에 사적의 상세한 기록은 없고, 상검(相劍)은 칼을 감정하는 것을 말
한다. 곧 상(相)은 관상(觀相)하다는 뜻.

2) 非緣義也爲利也(비연의야위리야) : 의리(義理)로 맺어진 사이가 아니
라는 말인데 여기서는 군신(君臣)관계가 아닌 것을 뜻하고, 위리야
(爲利也)는 오직 이해(利害)관계 때문이라는 뜻이다.

3) 旄象豹胎(모상표태) : 모(旄)는 털이 아주 검고 꼬리가 긴 소를 뜻하
며 표(豹)는 표범으로 표태(豹胎)는 표범이 배태하고 있는 새끼.

4) 短褐而舍茅茨之下(단갈이사모자지하) : 단갈(短褐)은 신분이 비천한
사람들이 입는 소박한 옷, 모자(茅茨)는 띠로 이은 지붕을 말함.

5) 辛公甲(신공갑) : 주나라 무왕(武王)의 태사(太史)로 『좌전』 양공 4
년조에 기록되고 있다.

6) 九夷(구이) : 고대 중국에 있어 동쪽 바닷가에 작은 나라들이 많았는
데, 이를 동이(東夷)라 했고, 일반적으로 구이(九夷)라 했다.

7) 懽以失日(환이실일) : 환(懽)은 환(歡)과 같은 글자로 여기서는 환락
에 빠져있음을 뜻하고, 실일(失日)은 날짜 가는 줄을 잊었다는 뜻.

8. 월나라로 가면 가난하게 살 것이다

노(魯)나라 사람 자신은 삼(麻)으로 신을 잘 만들었고, 그 아
내는 비단을 잘 짰는데 그 부부는 남쪽의 월(越)나라로 이사를
가려고 생각했다.

그러자 어느 사람이 그를 보고 말하기를

"그대가 월나라로 이사하면 반드시 가난한 생활을 하게 될
것이오."

했다. 노나라 사람이 그 까닭을 묻기를

"어째서 그러하다는 것이오?"

하니 그 사람이 대답했다.

"신이란 발에 신기 위한 것인데 월나라 사람들은 맨발로 다
니고, 흰비단은 관(冠)을 만드는데 쓰이는데 월나라 사람들은
머리를 깎은 채 관을 쓰지 않소. 그대들의 장기(長技)가 그 나

라에서 아무 소용이 없다면 아무리 가난하지 않으려고 노력해
도 그것이 어찌 생각대로 되겠는가?"

진진(陳軫)은 위(魏)나라 임금의 총애를 받고 있었다.

이에 혜자(惠子)가 충고했다.

"그대는 반드시 임금의 측근에 있는 신하들의 마음에 들도록
애써야 할 것이오. 무릇 수양버들은 옆으로 심어도 살고, 거꾸
로 심어도 살며, 꺾어 심어도 또한 잘 자라는 나무입니다. 그러
나 열 사람이 심더라도 한 사람이 이를 뽑아버린다면 살아 남
을 버들은 없을 것이오.

무릇 열 명이나 되는 많은 사람이 쉽게 잘 자라는 나무를 심
더라도 한 사람의 방해자가 있으면 살아남지 못하는 것은 무슨
까닭인가? 그것은 심기란 어려운데 뽑아버리기란 쉬운 것이기
때문이오. 그대는 비록 스스로 임금의 마음에 들도록 잘 심어
졌다고 생각되겠지만 많은 다른 사람이 그대를 뽑아버리려고
한다면 그대는 반드시 위태로워질 것이오."

노(魯)나라 대부인 계손(季孫)이 그 임금을 시해했을 무렵에
오기(吳起)는 노나라를 섬기고 있었다.

그 때 어느 사람이 오기에게 말하기를

"무릇 사람이 죽으면 처음에는 피가 흐르지만 이윽고 피가
멎으면 그 피는 엉기고, 다음에 엉긴 피는 재(灰)가 되며 재가
된 피는 마침내 흙이 되는데 한번 흙이 되고 말면 아무런 구실
도 못하게 되는 것이오.

지금 계손은 죽은 사람에 비하면 막 피가 흐르는 상태인데
앞으로 어떻게 될지 알기란 어려운 일입니다."

고 했는데 오기는 곧 진(晉)나라로 떠나 버렸다.

제(齊)나라 대부인 습사미(隰斯彌)는 전성자(田成子)를 만나
러 갔다. 그 때 전성자는 그를 데리고 누대에 올라 사방을 바라
보게 했는데 삼면(三面)은 모두 탁 트여 있었으나 남쪽으로 바
라보이는 습자(隰子)의 집이 있는 곳만은 울창한 숲으로 가로
막혀 있었다. 그러나 전성자는 아무 말이 없었다.

이에 습자는 집으로 돌아오자 곧 하인을 시켜 나무를 베어내라고 했다. 그런데 하인이 도끼로 나무를 몇 번에 걸쳐 내려찍었을 때 습자가 그만두게 하니 가신(家臣) 한 사람이 묻기를

"어째서 그렇게도 생각을 빨리 바꾸시는지요?"

했다. 습자는 대답하기를

"옛날부터 있어 온 속담에 말하기를 '깊은 연못 속에 있는 고기를 아는 사람은 상서롭지 못하다.'고 했다. 무릇 전성자는 무서운 큰 일을 꾸미려고 하는 것이 틀림없는데 만약 그것을 내가 알아차릴 기미를 보인다면 나는 반드시 위태로워질 것이다. 나무를 베지 않았다고 해서 죄가 되는 것은 아니나 만약 남이 말하지 않은 것을 알았다면 그것은 큰 죄가 되는 것이다."

하고 끝내 나무를 베지 않았다.

위(衛)나라 양자(楊子)가 일찍이 송(宋)나라를 지나다가 동쪽에 있는 여관에 묵었다. 그 주인에게는 두 사람의 첩(妾)이 있었는데 그중 못생긴 사람이 귀여움을 받고 아름다운 사람이 천대를 받고 있어 양자가 주인에게 그 까닭을 물었다.

그러자 그 여관 주인은 답하기를

"아름다운 첩은 스스로 그 아름다움을 자랑하기 때문에 나는 조금도 그녀가 아름다운줄 알지 못하며, 못생긴 첩은 스스로 못생김을 부끄럽게 여기고 모든 일에 겸손하니 나는 그가 미운 줄을 알지 못합니다."

고 하니 이에 양자가 제자에게 말했다.

"누구나 자기의 소행이 현명하고 훌륭하더라도 자기 스스로 현명하다는 생각을 버리고 겸손해 하면 어디를 가더라도 어찌 아름답지 않겠는가?"

魯人身善織屨[1]　妻善織縞[2]　而欲徙於越　或謂之曰　子必窮矣　魯人曰　何也　曰　屨爲履之也　而越人跣[3]行　縞爲冠之也　而越人被髮[4]　以子之所長　游於不用之國　欲使無窮[5]　其可得乎

陳軫[6]貴於魏王　惠子曰　必善事左右　夫楊　橫樹之卽生　倒樹之

卽生 折而樹之又生 然使十人樹之 一人拔之 則毋生楊矣 夫以
十人之衆 樹易生之物 而不勝一人者 何也 樹之難 而去之易也
子雖工⁷⁾自樹於王 而欲去子者衆 子必危矣

　魯季孫新弑其君⁸⁾ 吳起仕焉 或謂起曰 夫死者始死而血 已血
而衄⁹⁾ 已衄而灰 已灰而土 及其土也 無可爲者矣 今季孫乃始血
其毋乃未可知也 吳起因去之晉

　隰斯彌見田成子¹⁰⁾ 田成子與登臺四望 三面皆暢¹¹⁾ 南望 隰子
家之樹蔽之 田成子亦不言 隰子歸 使人伐之 斧離數創¹²⁾ 隰子
止之 其相室曰 何變之數也¹³⁾ 隰子曰 古者有諺曰 知淵中之魚
者不祥 夫田子將有大事 而我示之知微¹⁴⁾ 我必危矣 不伐樹 未
有罪也 知人之所不言 其罪大矣 乃不伐也

　楊子過於宋東之逆旅¹⁵⁾ 有妾¹⁶⁾二人 其惡者貴 美者賤 楊子問
其故 逆旅之父答曰 美者自美 吾不知其美也 惡者自惡 吾不知
其惡也 楊子謂弟子曰 行賢而去自賢之心 焉往而不美

1) 織屨(직구): 삼(麻)이나 짚으로 짜는 신발. 곧 짚신을 뜻한다.
2) 織縞(직호): 호(縞)는 비단 가운데서도 누에고치의 실로 짠 명주로
　 곧 흰명주를 뜻한다.
3) 跣(선): 신을 신지 않은 맨발.
4) 翦髮(전발): 머리를 짧게 자르는 것으로 구본에서는 피발(被髮)이라
　 썼는데, 이것은 머리를 풀어헤쳐 산발하고 다니는 것.
5) 無窮(무궁): 일반적으로 끝이 없다는 말인데, 여기서는 가난하지 않
　 다, 곧 궁핍함이 없다는 뜻.
6) 陳軫(진진): 전국시대의 유명한 유세객(游說客)으로 처음에는 진
　 (秦)나라에서 일했고 다음은 초(楚)나라를 섬겼으며, 나중에 위나라
　 를 섬겼는데, 『전국책』위책(魏策)에는 전수(田需)로 기록되어 있다.
7) 工(공): 교묘하다와 같은 뜻.
8) 魯季孫新弑其君(노계손신시기군): 계손(季孫)은 춘추시대 노나라 환
　 공의 서자인 경부(慶父)·숙아(叔牙)·계우(季友)의 자손으로 소위
　 맹손·숙손·계손같은 노나라 삼대 호족(豪族) 중의 한 사람이다.
　 『사기』의 기록에는 이 무렵이 노나라의 원공(元公)·목공(穆公) 때

인테, 노세가(魯世家)에는 임금을 시해한 사적이 없다.

9) 衄(뉵) : 본래 코피를 말하는데, 여기서는 엉긴 피를 뜻한다.

10) 隰斯彌見田成子(습사미견전성자) : 습사미(隰斯彌)는 춘추시대 제나
라의 대부로 습붕(隰朋)의 후임으로 알려졌다. 전성자는 춘추시대 후
기 제나라 재상을 지냈는데 한편 전상(田常)으로 불리며, 간공(簡公)
을 죽이고, 평공(平公)을 옹립했다가 정권을 전횡했으며, 성자(成子)
는 시호(諡號)이다.

11) 暢(창) : 바라보이는 전망이 확트여 있음을 뜻한다.

12) 斧離數創(부리수창) : 도끼로 몇번 찍는다는 말.

13) 何變之數也(하변지삭야) : 삭(數)은 빠르다는 뜻과 같으며, 위의 몇
번과는 다른 뜻이다.

14) 微(미) : 감추어져 남이 모르는 것을 뜻한다.

15) 楊子過於宋東之逆旅(양자과어송동지역려) : 양자(楊子)는 춘추시대
위(衛)나라 사람인 양주(楊朱)를 말함인데 자는 자거(子居)이고, 『장
자』산목편(山木篇)에 양자라 하여 이와 같은 설화가 있다. 역려(逆
旅)는 곧 여관을 말한다.

16) 妾(첩) : 일반적으로 첩실(妾室)을 말함이나 여기에서는 심부름하는
여인을 지칭한다.

9. 저축하는 며느리를 쫓아낸 시어머니

위(衛)나라의 어떤 사람이 그 딸을 시집보내면서 가르치기를
"시집가거든 반드시 남이 모르게 저축하여라. 남의 아내로서
이혼당하여 쫓겨나오는 경우가 흔한 일인데 평생을 오래도록
해로하는 일은 다행한 일이다."

고 말했다. 그 딸은 시집을 가 아버지가 말한대로 남몰래 저
축을 했는데, 시어머니가 그 일을 알고는 자기 이익만 챙긴다
고 내쫓아버렸다.

그래서 딸이 친정으로 돌아올 때는 시집갈 때 가지고 갔던
재물의 배가 넘었다. 그 아버지는 딸에게 잘못 가르쳤음을 뉘

우치지는 않고, 도리어 자기의 재산을 불린 지혜가 스스로의 장기라고 여겼다.

요즘 관직에서 일하는 사람들은 모두 이러한 생각을 가지고 있는 무리들이다.

노단(魯丹)이라는 사람은 중산(中山)의 임금에게 세 번에 걸쳐 변설을 늘어놓았지만 받아들여지지 않자 뇌물 50금을 임금의 측근 신하들에게 뿌리고는 천거를 부탁했다.

그렇게 한 뒤 다시 임금을 뵈었는데 말을 아직 꺼내기도 전에 녹을 내리고 술과 먹을 것으로 후하게 대접했다. 이에 노단은 임금 앞을 물러나와 집으로 돌아가지도 않고 그대로 중산(中山)을 떠나 버렸다.

그러자 그를 시종하던 사람이 말하기를

"이번의 알현으로 비로소 잘 대접을 받았는데 어째서 이곳을 떠나려 하십니까?"

고 물었다. 노단은 말하기를

"중산의 임금은 남의 말을 듣고 나를 잘 대접한 것이니, 뒷날 반드시 남의 말을 듣고 나를 죄인으로 만들어 처벌할 수도 있을 것이다."

고 대답했다. 그리고는 아직 국경을 벗어나지도 못했는데, 중산의 공자(公子)가 그를 미워하여 임금에게 간하여 말하기를

"노단은 틀림없이 조(趙)나라의 첩자신분으로 중산에 왔을 것입니다."

고 하니 임금은 곧 그를 찾아내 처벌했다.

전백정(田伯鼎)이라는 신하는 선비를 좋아하며 그 나라 임금이 정사를 살피는데 도움을 주었다. 한편 백공(白公)이라는 신하도 선비를 좋아했지만 마침내 형(荆)나라의 정치를 어지럽게 만들었다. 두 사람이 다같이 선비를 좋아한 점은 같았으나 선비를 좋아하는 까닭이 달랐던 것이다.

또 공손지(公孫支)는 스스로 다리를 잘라 백리해(百里奚)를 높은 자리에 추천하여 진(秦)나라를 위하여 힘을 다하게 했고,

수조(竪刁)는 스스로 거세(去勢)하고 환관이 되어 환공(桓公)에게 아첨했다. 이 두 사람 모두 스스로 몸에 형벌을 가한 점은 같았으나 그 까닭이 서로 달랐다.

혜자(慧子)가 말하기를

"미친 사람이 동쪽으로 달리면 뒤쫓는 사람도 또한 동쪽으로 달린다. 두 사람 모두 동쪽으로 달리는 점은 같지만 그 까닭인 쫓고 쫓기는 것은 다르다."

고 했다. 그래서 이르기를

"같은 일을 하는 사람도 잘 살피지 않으면 안 되는 것이다."

라고 하는 것이다.

　　衞人嫁其子[1]而敎之曰　必私積聚[2]　爲人婦而出　常也　其成居[3]
幸也　其子因私積聚　其姑以爲多私而出之　其子所以反者　倍其所
以嫁　其父不自罪於敎子非也　而自知其益富　今人臣之處官者　皆
是類也

　　魯丹[4]三說中山之君而不受也　因散五十金　事其左右　復見　未
語　而君與之食　魯丹出而不反舍　遂去中山　其御曰　及見　乃始善
我　何故去之　魯丹曰　夫以人言善我　必以人言罪我　未出境　而公
子惡之曰　爲趙來間[5]中山　君因索而罪之

　　田伯鼎[6]好士而存其君　白公好士而亂荊[7]　其好士則同　其所以
好士之爲則異　公孫支自刖[8]而尊百里　竪刁自宮而諂桓公　其自刑
則同　其所以自刑之爲則異　慧子曰　狂者東走　逐者亦東走　其東
走則同　其所以東走之爲則異　故曰　同事之人　不可不審察也

1) 衞人嫁其子(위인가기자) : 위인(衞人)으로 시작된 이 설화는 『회남
　자』 범론훈·『여씨춘추』의 우합(遇合)에도 비슷한 이야기가 있는데,
　『회남자』에는 송(宋)나라 사람으로 썼다. 자(子)는 여기에서 딸을 뜻
　한다.

2) 必私積聚(필사적취) : 사(私)는 사사로이 남몰래라는 뜻이고, 적취(積
　聚)는 모아 쌓는다는 뜻으로 곧 저축.

3) 其成居(기성거) : 오래도록 그대로 살다. 성(成)은 끝까지라는 뜻.

4) 魯丹(노단) : 사람 이름으로 문헌에는 그 기록이 없다.

5) 間(간) : 간첩을 뜻한다.

6) 田伯鼎(전백정) : 사람 이름으로만 알려졌을 뿐 그 기록은 미상하다.

7) 白公好士而亂荊(백공호사이란형) : 백공(白公)은 '유로편'에도 나오
   는데, 초(楚)나라 평왕(平王)의 태자 건(建)의 아들로서 아버지가 모
   함을 당하자 망명하여 일단 오(吳)나라로 도망했다가 뒷날 영윤인
   자서(子西)에 의하여 백공(白公)으로 봉해졌다. 그러나 자서(子西)가
   아버지를 죽인 정나라를 돕자 내란을 일으켜 자서(子西)를 죽이고,
   혜왕을 위협하다가 스스로 죽음을 택하였다.

8) 公孫支自刖(공손지자월) : 공손지(公孫支)는 춘추시대 진(秦)나라의
   뛰어난 대부로『좌씨전』에는 지(支)를 지(枝)로 썼고, 희공(僖公) 13
   년조에 백리해와 함께 기록되었고, 자는 자상(子桑)이라 했다. 월
   (刖)은 옛날 중국의 오형(五刑)중의 하나인 발뒤꿈치를 자르는 형벌.

제 35 편 세림하(説林下)

　세림(説林)을 상·하(上下)로 분류한 것은 특별한 의미가 있어서가 아니라 편의적인 의도에서 한 것 같다.
　이 하편의 설화들은 사물(事物)을 판단하는데 있어 당장 필요한 내용만을 표출시킨 것으로는 부족하여 그 설화를 성립시키는 여러 가지 조건을 함께 묶어 검토할 필요가 있다고 본 것 같다. 여기에서 여러 가지 조건을 '세(勢)'라는 술어(術語)로 설명하고 있다.
　이 편의 특이한 것이라면 '혜자(惠子)'의 말을 인용하고 있는 점이라 하겠다.
　혜자는 본래 궤변가로 일컬어지는 당대의 논리학자로 『장자(莊子)』 천하편에서도 10여 가지의 명제를 들어 보였다. 이것은 사물을 보는 시각이 다각적인 차원에서 분석되고 있다는 증거다.
　이 편에서의 인용도 설화의 내면에 게재되어 있는 시각 전환을 설명하기 위한 논리로 혜자의 이론을 쓰고 있다고 보겠다.

　I. 능력은 상황에 따라 발휘된다
　말을 잘 가려내는 명수(名手)인 백락(伯樂)이 두 제자에게 발길질 잘하는 말(馬)을 가려내는 법을 가르쳤는데, 어느 날 두 사람은 조간자(趙簡子)의 마굿간에서 여러 말을 보게 되었다.
　한 사람이 발길질 잘하는 말을 골랐는데, 다른 한 사람이 그 말의 뒷쪽에서부터 돌며 잘 살핀 뒤 말의 엉덩이를 세 번이나 때렸는데도 그 말이 발길질을 하지 않자 먼저 본 사람이 자기가 잘못 감정했다며 실망해 했다.

이에 그 한 사람이 말했다.

"자네가 잘못 본 것이 아닐세. 이 말을 잘 살펴보면 어깨는 굽었고, 앞무릎에는 종기가 나 있지 아니한가?

무릇 발길질을 잘하는 말은 뒷발로 찰 때 뒷발을 들고 전신의 무게를 앞발에다 모으기 마련인데, 이 말은 앞무릎에 이러한 종기가 났으니 뒷발을 들 수가 없는 것이지 발길질을 못하는 것은 아니네. 자네는 발길질을 잘하는 말은 교묘하게 가려냈지만 무릎의 종기를 찾아내는 것에는 서툴렀던 것이네."

무릇 세상의 모든 사리(事理)에는 필연적으로 귀결되는 것이 있는 법이니 때로는 이와 같이 무릎에 종기가 생겨 그 특성을 제대로 발휘할 수 없게 되는 경우가 발생한다. 이것은 오로지 지혜로운 자만이 알 수 있는 일이다.

이에 대하여 혜자(惠子)가 말하기를

"아무리 민첩한 원숭이라도 우리 안에 갇히면 느린 돼지같이 우둔해지는 것이다."

라고 했다. 그러므로 아무리 능력이 있는 사람이라도 정세 〔勢〕가 그에게 불리하면 그 능력을 마음먹은 대로 발휘할 수 없게 된다.

위(衛)나라 장군인 문자(文子)가 공자의 제자인 증자(曾子)를 만나러 갔을 때, 증자는 일어서지 않고 앉은 자리에서 맞이하면서 자기는 윗자리인 서남쪽에서 몸가짐만 단정히 했다.

이에 문자가 시종하는 사람에게 말했다.

"증자는 참으로 어리석은 사람이다! 나를 군자(君子)로 생각했다면 군자에게 어찌 경의를 표하지 않는가? 만약 나를 난폭한 사람으로 생각했더라도 어찌 업신여길 수 있겠는가? 오늘 증자가 혼나지 않았던 것은 운(運)이 좋았기 때문이다."

새(鳥) 가운데 주주(翢翢)라는 새는 머리가 무겁고 꽁지가

굽어 있었기 때문에 강에서 물을 마시려면 반드시 고꾸라지고
만다. 그래서 다른 한 마리가 그 날개를 물어주어 고꾸라지지
않도록 도와주어야만 물을 마실 수 있다.

사람도 이와 마찬가지로 혼자 물을 마실 수 없을 때는 날개
를 받쳐주는 사람을 구하지 않으면 안 된다.

뱀장어는 뱀을 닮았고 누에는 배추벌레를 닮았다. 사람들은
뱀을 보면 펄쩍 뛰며 놀라고 배추벌레를 보면 징그러워 온 몸
의 털이 곤두선다. 그러나 고기잡이하는 어부는 뱀장어를 손으
로 만지고, 여자들은 누에를 예사로 잡는다.

이와 같이 자기에게 이익이 돌아오는 일이라면 사람들은 모
두 맹분(孟賁)이나 전제(專諸)와 같이 용감해지는 것이다.

말(馬)의 상을 잘 보기로 유명한 백락(伯樂)은 자기가 미워
하는 사람에게는 하루에 천 리를 달릴 수 있는 준마(駿馬)를
감정하는 방법을 가르치고, 자기가 좋아하는 사람에게는 느리
게 달리는 노마(駑馬)의 감정법을 가르쳤다.

그 까닭은 하루에 천 리를 달리는 준마의 감정은 흔한 일이
아니어서 그 이익이 별로 없지만 느린 말의 감정은 날마다 팔
리니 그 수가 많으므로 이익도 빨리 얻을 수 있었다.

그래서 『주서(周書)』에도 이르기를 '비속(卑俗)한 말이 요긴
하게 쓰일 때가 있는 법이다'라고 했다.

환혁(桓赫)이라는 사람이 말했다.

"인형을 조각하는 법은 코는 되도록 크게 눈은 되도록 작게
만드는 것이 좋다. 큰 코는 깎아 작게 할 수 있지만 처음부터
작은 코는 크게 할 수 없고, 작은 눈은 크게 할 수 있지만, 큰
눈은 작게 할 수가 없다. 세상의 모든 일도 또한 이와 마찬가지
로 다시 바로잡을 수 있도록 여지를 남겨두면 모든 일에 실패
가 적을 것이다."

伯樂1)敎二人相踶馬 相與之簡子廐觀馬 一人擧踶馬 其一人從
後而循之 三撫其尻 而馬不踶 此自以爲失相 其一人曰 子非失

相也 此其爲馬也 蹵²⁾肩而腫膝 夫蹵馬也者 擧後而任前 腫膝不
可任也 故後不擧 子巧於相蹵馬 而拙於任腫膝 夫事有必歸 而
以有所腫膝而不任 智者之所獨知也 惠子曰 置猿於柙中 則與豚
同 故勢不便 非所以逞能也³⁾

衛將軍文子見曾子 曾子不起 而延於坐席 正身於奧⁴⁾ 文子謂
其御曰 曾子 愚人也哉 以我爲君子也 君子安可毋敬也 以我爲
暴人也 暴人安可侮也 曾子不僇⁵⁾ 命也⁶⁾

鳥有翢翢翢者 重首而屈尾 將欲飮於河則必顚 乃銜⁷⁾其羽而飮之
人之所有飮不足者 不可不索其羽也

鱣似蛇 蠶似蠋 人見蛇則驚駭 見蠋則毛起 漁者持鱣 婦人拾
蠶 利之所在 皆爲賁諸

伯樂敎其所憎者相千里之馬 敎其所愛者相駑馬 千里之馬時一
其利緩⁸⁾ 駑馬日售 其利急 此周書所謂 下言而上用者惑也⁹⁾

桓赫¹⁰⁾曰 刻削之道 鼻莫如大 目莫如小 鼻大可小 小不可大
也 目小可大 大不可小也 擧事亦然 爲其後可復者也 則事寡敗
矣

1) 伯樂(백락) : 말을 잘 다루는 명인은 왕량(王良)이고, 말을 잘 감정하
  는 명인은 백락(伯樂)이라고 한다.
2) 蹵(위) : 굽은 어깨를 뜻한다.
3) 逞能也(영능야) : 능력을 마음껏 발휘한다는 뜻.
4) 奧(오) : 방안의 가장 윗자리인 서남쪽을 뜻하는데, 정신(正身)이라고
  하는 것은 몸을 단정히 한 모습을 말한다.
5) 僇(육) : 욕되게 한다는 뜻.
6) 命也(명야) : 다행하다를 잘못 썼다고 하는 설도 있으나 명(命) 그대
  로도 마땅한 것 같다.
7) 銜(함) : 본래는 '재갈'을 말하나 여기서는 받쳐 평형되게 한다는
  뜻.
8) 其利緩(기리완) : 이익이 별로 없다는 뜻.
9) 下言而上用者惑也(하언이상용자혹야) : 하언(下言)은 평범한 말을 뜻
  하고, 상용(上用)은 보람있게 쓰인다는 뜻. 혹(惑)은 혹(或).

10) 桓赫(환혁) : 확실한 기록이 없다. 다만 주나라 사람 두혁(杜赫)을
   말한다는 설도 있다.

2. 마음을 꿰뚫어 본 신하

숭후(崇侯)와 오래(惡來)는 은(殷)나라 주왕(紂王)에게 아첨
했으므로 처형되지 않을 것이라는 것은 알고 있었지만 주(周)
나라 무왕(武王)에게 멸망하여 죽음을 당하리라는 것은 꿰뚫어
보지 못했다.

왕자 비간(比干)과 오자서(伍子胥)는 그들의 임금이 멸망하
리라는 것은 알았지만 자기 자신들이 죽음을 당하리라는 것은
알지 못했다.

그러므로 말하기를 숭후와 오래는 사람의 마음을 꿰뚫어 볼
수는 있었지만 사태의 변천은 미리 짐작 못했으며, 비간과 오
자서는 사태의 진전은 꿰뚫어 보았지만 사람의 마음을 꿰뚫어
보지는 못했던 것이다. 그러나 성인(聖人)은 이 두 가지를 모두
갖추고 있는 것이다.

송(宋)나라 태재(太宰)는 신분이 높고 권세는 커 정치를 독
단으로 처리하고 있었는데, 어느 날 계자(季子)가 송나라 임금
을 뵙고자 찾아가려 했다. 이에 양자(梁子)라는 사람이 그 말을
듣고 계자에게 말하기를

"송나라 임금을 뵙고 이야기할 때는 반드시 태재를 동석시켜
세 사람이 함께 하는 것이 좋을 것입니다. 그렇지 않으면 재상
의 의심을 사 화를 면하기 어려울 것입니다."

하고 충고했다. 그래서 계자는 송나라 임금을 만나 설득하기
를 목숨을 가장 귀하게 여기고 나라를 가벼히 여기라고 했다.

양주(楊朱)의 아우인 양포(楊布)는 어느 날 흰옷을 입고 외
출했다. 마침 비가 내리자 더럽혀질까 걱정하여 흰옷은 벗고
검은옷으로 갈아입고 집으로 돌아왔는데 집에 기르는 개가 주
인을 몰라보고 짖어댔다.

이에 양포는 화가 나 개를 때리려 했는데 형인 양주가 말리며 말했다.

"때리지 마라, 너도 또한 같았을 것이다. 만약 너의 개가 처음 집을 나갈 때는 흰빛이었는데 집으로 돌아올 때는 검은빛을 했다면, 너 또한 이상하게 생각되지 않았겠느냐?"

혜자(惠子)가 말했다.

"활쏘기의 명수인 예(羿)가 깍지를 끼고 어깨띠를 둘러 활 쏠 채비를 끝내고 화살을 메겨 쏠 자세를 취한다면, 월(越)나라 사람이라도 다투어 과녁을 들고 활 앞에 나설 것이다. 그러나 만약 어린아이가 활을 쏜다면 그 어머니마저 집에 들어앉아 문을 닫을 것이다.

그러므로 말하기를 '과녁을 맞히리라는 것이 확실하면 미개한 월나라 사람도 예의 솜씨를 의심하지 않지만, 확실하지 않을 때는 어머니도 자기 아이를 피하는 법이다'했다."

제(齊)나라 환공(桓公)이 관중(管仲)에게 묻기를

"부유(富裕)한 것에도 한계가 있습니까?"

하니 관중이 대답했다.

"물의 한계는 우물의 경우 그 물이 다 말라 없어질 때를 말하고 부(富)의 경우에는 그 넉넉함에 스스로 만족했을 때라 하겠습니다. 그러나 사람은 만족한 곳에서 스스로 머무를 줄 모르고 더많은 부를 추구하다 망하니 이것이 부의 한계가 아니겠습니까?"

송(宋)나라의 거상(巨商)으로 감지자(監止子)라는 사람이 있었는데 어느 날 훌륭한 박옥(璞玉)을 백 금(金)에 팔려는 사람을 만났다. 마침 경쟁하는 사람이 있어 자칫하면 값이 올라갈 상황이라 감지자는 일부러 박옥을 땅에 떨어뜨려 흠집을 낸 다음 백 금을 주고 사들여 흠집을 다시 깎아 값진 보옥으로 다듬어 팔아 천 일(溢)의 큰돈을 벌었다.

사람이 사물을 처리함에 있어 실패하는 경우도 있어 차라리 하지 않는 것이 좋았을텐데 하고 후회도 하지만, 참으로 현명한 사람은 후회하는 일이 없기 때문에 때에 따라서는 당장의 손해는 장래의 큰 이익을 가져온다는 것을 내다보고 실행하는 경우가 있다.

수레를 잘 모는 어떤 사람이 형(荊)나라 임금을 뵙고자 했으나 다른 많은 수레 모는 사람들이 이를 시기하여 만나지 못하도록 방해했다.

이에 그 사람은 말하기를

"저[臣]는 사슴을 잘 잡습니다."

하고 속여 임금을 뵙고는 드디어 임금의 수레를 모는 사람이 되었다.

수레를 몰고 사슴을 쫓았으나 잡지 못했고 수레 모는 것은 잘했다.

이에 임금이 수레를 잘 몬다고 칭찬하니 그는 많은 수레 모는 사람들의 시기 때문에 임금을 속인 것이라고 아뢰고 또 자신의 뜻도 이루었다.

형(荊)나라가 한 공자(公子)로 하여금 진(陳)나라를 정벌케 했는데 어느 장로(長老) 한 사람이 환송하는 자리에서 말하기를

"진나라의 동맹국인 진(晉)나라가 강한 나라이니 조심하지 않으면 안 될 것입니다."

라고 충고했다. 이에 공자(公子)가 말하기를

"어른께서 어찌 걱정하십니까? 저는 어른을 위하여 꼭 진(晉)나라까지 쳐부수고 오겠습니다."

라고 대답했다. 다시 장로가 말하기를

"좋습니다. 그렇다면 나는 진(陳)나라의 남문 밖에 상여집을 지어놓고 기다리겠습니다."

했다. 공자가 묻기를

"그것은 어째서입니까?"

라고 하자 장로가 대답했다.

"나는 월나라 구천(句踐)의 일을 생각하면서 비웃는 것이오. 사람이 다른 나라를 정벌하는 일이 그처럼 쉬운 일이라면 구천

은 어찌해 남몰래 IO년을 기다리며 어렵게 원수를 갚았을까!"

　　崇侯 惡來[1]知不適紂之誅也 而不見武王之滅之也 比干 子胥
知其君之必亡也 而不知身之死也 故曰 崇侯惡來知心而不知事
比干子胥知事而不知心 聖人其備矣

　　宋太宰貴而主斷[2] 季子[3]將見宋君 梁子聞之曰 語必可與太宰
三坐乎 不然 將不免 季子因說以貴生而輕國

　　楊朱之弟楊布[4] 衣素衣而出 天雨 解素衣 衣緇衣而反 其狗不
知而吠之 楊布怒 將擊之 楊朱曰 子母擊也 子亦猶是 曩者使女
狗白而往 黑而來 子豈能母怪哉

　　惠子曰 羿執玦持扞 操弓關機[5] 越人爭爲持的 弱子扞弓 慈母
入室閉戶 故曰 可必 則越人不疑羿 不可必 則慈母逃弱子

　　桓公問管仲曰 富有涯乎[6] 答曰 水之以涯 其無水者也 富之以
涯 其富已足者也 人不能自止於足而亡 其富之涯乎

　　宋之富賈有監止子[7]者 與人爭買百金之璞玉[8] 因佯失而毀之
負其百金 而理其毀瑕 得千溢焉[9] 事有擧之而有敗 而賢其母擧
之者 負之時也

　　有欲以御見荊王者 衆騶妒之[10] 因曰 臣能撽鹿[11] 見王 王爲御
不及鹿 自御及之 王善其御也 乃言衆騶妒之

　　荊令公子[12]將 伐陳 丈人[13]送之曰 晋强 不可不愼也 公子曰
丈人奚憂 吾爲丈人破晋 丈人曰 可 吾方廬陳南門之外 公子曰
是何也 曰 我笑句踐也 爲人之如是其易也 己獨何爲密密十年難
乎

1) 崇侯惡來(숭후·오래) : 숭후(崇侯)는 『묵자(墨子)』 소염(所染)·명
귀(明鬼)에 오래(惡來)와 함께 간신으로 기록했다. 은나라 주왕의 신
하로 숭(崇)은 나라 이름이고 후(侯)는 작위(爵位)인데, 이름은 호
(虎)였고, 『사기』에 의하면 주나라 문왕을 모함했다가 죽임을 당했
다. 오래(惡來)는 폭군 주왕(紂王)의 아첨하는 신하로 비염(蜚廉)의
아들이며 주나라 무왕이 주(紂)를 공격했을 때 그 아비와 함께 죽임
을 당했다. 『사기』에 의하면 힘(力)이 장사였다고 했다.

2) 宋太宰貴而主斷(송태재귀이주단) : 송태재(宋太宰)는 '세림상편'에
   상태재(商太宰)라 했는데, 송(宋)은 곧 은(殷 : 商)나라 유민(遺民)이
   세운 나라. 주단(主斷)이란 정치를 제멋대로 휘두른다는 뜻.

3) 季子(계자) : 양자(梁子)와 함께 아무 문헌에도 그의 행적이 기록되
   어 있지 않다.

4) 楊布(양포) : 『열자(列子)』에서 보일 뿐 그의 사적은 없다.

5) 羿執玦持扞操弓關機(예집결지한조궁관기) : 예(羿)는 옛날 중국의 활
   쏘기의 명인으로 『산해경』 『장자』같은 고전에 자주 나왔고, 결(玦)은
   활을 쏠 때 엄지손가락에 끼는 깍지를 말하며, 한(扞)은 쏠 때 소매
   를 걷어 매는 띠를 뜻한다. 관기(關機)는 화살을 메겨 쏘려고 당기는
   것을 뜻한다.

6) 涯乎(애호) : 본래 물가를 뜻하는데, 여기서는 끝을 말한다.

7) 賈有監止子(고유감지자) : 고(賈)는 일반적으로 장사꾼을 뜻하는데,
   자세한 구분으로는 이곳 저곳으로 다니면서 하는 장사를 상(商)이라
   하고, 일정한 장소에서 앉아 장사하는 것을 고(賈)라 했다. 감지자
   (監止子)는 자세한 기록이 없다.

8) 百金之璞玉(백금지박옥) : 백금(百金)의 금(金)은 돈을 헤아리는 단
   위로, 진(秦)에서는 일금(一金)이 일일(一鎰)이고, 한(漢)은 한 근
   (一斤)인데, 1근은 16량(兩) 256g을 말한다. 박옥(璞玉)은 아직 깎아
   만들지 않은 원석.

9) 千溢焉(천일언) : 일(溢)은 돈의 단위로 20량이며 천일은 2만량의
   돈.

10) 衆騶妒之(중추투지) : 추(騶)는 수레몰이를 뜻하고, 투(妒)는 시샘하
    다는 글자와 같다.

11) 撽鹿(교록) : 사슴을 쳐 잡는다는 뜻.

12) 荊令公子(형령공자) : 초나라가 진나라를 정벌한 때는 『좌씨전』 애
    공(哀公) 16년조에 기록이 있는데 그 때의 공자는 자서(子西)로 되
    어 있다.

13) 丈人(장인) : 우리가 말하는 아내의 아버지인 장인(丈人)이 아니라
    나이 많은 어른, 또는 장로(長老)를 지칭한다.

3. 천하를 사양한 허유(許由)

요(堯)임금이 천하를 현인(賢人)인 허유(許由)에게 물려주려 하자 허유는 이를 사양하고 도망가 어떤 사람의 집에 숨어 지냈는데, 그 집 주인은 혹시 허유가 가죽으로 만든 갓(冠)을 훔쳐가지나 않을까 걱정하여 그 갓을 감추어 버렸다.

허유는 천하도 버린 사람이었는데 겉모습이 초라하다 하여 도둑으로 오해하고 가죽갓을 감추었으니 이는 그 주인이 허유의 사람됨을 몰랐기 때문이다.

돼지의 몸에 기생하는 세 마리의 이(蝨)가 서로 다투고 있었다. 거기에 한 마리의 이가 지나가다가 말하기를

"너희들은 어째서 서로 다투고 있는가?"

고 물었다. 세 마리의 이는 대답하기를

"돼지의 살찐 곳을 서로 차지하고자 다투고 있다."

고 했다. 이에 그 한 마리의 이가 말했다.

"너희들은 머지않아 섣달 그믐이 다가오고 있음을 모르는가? 그 때 이 돼지는 불에 그슬려 제사 상에 오르게 될 것이고 그 때는 너희들도 같이 불에 태워질 것을 어찌 걱정하지 않는가?"

세 마리의 이는 그때야 깨닫고 함께 힘을 합하여 열심히 돼지의 피를 빨기 위하여 몸을 물어뜯었다. 그 때문에 돼지는 바싹 야위어 제사 상에 희생물로 바치기 곤란하게 되었고 사람들은 그 돼지를 죽이지 않았다.

벌레 가운데 훼(虺)라는 것이 있는데, 몸은 하나지만 입(口)은 두 개가 있어 먹을 것을 놓고 다투다가 서로 물어뜯고는 마침내 스스로를 죽이게 된다.

이와 마찬가지로 신하들이 서로 그 세력을 다투다가 마침내 그 나라를 멸망으로 이끄는 일이 있는데 이러한 신하들은 모두 훼라는 벌레와 같은 부류다.

집을 지으려면 벽을 치는데 벽속은 흙으로 만들지만 겉은 백토를 칠하여 곱게 하고, 그릇도 오래 쓰면 더러워지지만 물로 씻으면 깨끗해진다.

사람의 몸을 닦음에 있어서도 이와 마찬가지로 나날이 닦으면 백토를 칠할 필요가 없게 되며, 그러한 칠을 할 여지가 없을 때 비로소 허물이 적어지는 법이다.

제(齊)나라 공자(公子) 규(糾)가 노(魯)나라에 망명하고 있으면서 제나라에 대하여 난을 일으키려고 했다.

환공(桓公)은 사람을 시켜 그의 동정을 살피게 했다. 그러자 살피러갔던 사람이 돌아와 보고하기를

"공자 규는 웃어도 그 마음은 즐겁게 보이지 않았으며, 사물을 보아도 그것을 정말로 보는 것 같지 않았습니다. 그러니 반드시 그 마음속에는 난을 일으킬 생각을 가지고 있는 것 같습니다."

고 말했다. 이에 환공은 노나라 사람을 시켜 그 형인 공자 규를 죽이고 말았다.

공손홍(公孫弘)이라는 사람이 월나라 풍습에 따라 머리카락을 자르고 월(越)나라 임금의 기병(騎兵)이 되었다.

그의 형인 공손희(公孫喜)가 사람을 시켜 형제의 의리를 끊겠다며 말하기를

"나는 너처럼 오랑캐의 풍습을 따르는 사람을 아우로 여길 수 없다."

고 했다. 이에 공손홍은 말하기를

"나는 머리카락을 잘랐을 뿐이지만, 형께서는 목숨을 저당잡히고 남을 위하여 싸움을 하고 있지 않습니까? 그러니 나는 당신에 대하여 무엇이라고 해야 좋을지 말할 여지가 없군요!"

라 대답했는데 주(周)나라 남방의 싸움에서 그 형인 공손희는 싸우다가 죽었다.

어느 흉폭한 망나니와 이웃하고 살던 사람이 집을 팔고 이사를 하여 그 행패를 피하려 했는데 어떤 사람이 말하기를

"저 사람은 죄악이 쌓이고 쌓여 이제 한계에 달했으므로 머지않아 지칠 것입니다. 당신은 잠시만 참고 기다려 보십시오."

라고 했다. 이사하려던 사람이 대답하기를

"나는 그가 나에게 행패를 부리는 것이 마지막이 될까 싶어 두려워하는 것입니다."

하고는 마침내 다른 곳으로 이사를 가버렸다.

그래서 옛말에 이르기를 "어떤 일이든 작은 징조라도 보이면 우물쭈물 하지 말고 결단을 내리지 않으면 안 된다"고 했다.

공자가 어느 날 제자들에게 말하기를

"이 가운데 누가 초나라의 재상인 자서(子西)의 강한 명예욕을 올바르게 지도할 사람이 있는가?"

하고 물었다. 자공(子貢)이 나서서 말하기를

"제가 능히 할 수 있습니다."

하고는 곧 자서에게 가 이를 충고하여 교도했지만 자서는 그에 대하여 관심을 갖지 않았다.

이에 공자가 말하기를

"너그러워서 이욕에 빠지지 않고 품행이 순결하여 본성에 항심이 있으며, 굽은 것은 굽었다 하고, 곧은 것은 곧다고 했다하니 이래서는 자서가 재난을 면하기가 어려울 것이다."

고 했다. 그뒤 자서는 백공(白公)의 반란에 연루되어 죽임을 당했다.

그래서 옛말에 이르기를 "그 행실이 곧고 바르다 하더라도 명예욕을 억제하지 못하면 행실이 굽어지는 것이다."고 했다.

堯以天下讓於許由 許由逃之 舍於家人¹⁾ 家人藏其皮冠 夫棄天下 而藏其皮冠 是不知許由者也

三蝨相與訟 一蝨過之曰 訟者奚說 三蝨曰 爭肥饒之地 一蝨曰 若亦不患臘之至而茅之燥耳²⁾ 若又奚患 於是乃相與聚嘬其母³⁾而食之 彘臞 人乃弗殺

蟲有虺⁴⁾者 一身兩口 爭相齕也 遂相殺 因自殺 人臣之爭事而

亡其國者 皆蜮類也

宮有堊 器有滌 則潔矣 行身亦然 無滌堊之地 則寡非矣

公子糾將爲亂 桓公使使者視之 使者報曰 笑不樂 視不見 必
爲亂 乃使魯人殺之

公孫弘斷髮[5]而爲越王騎 公孫喜使人絶之[6]曰 吾不與子爲昆弟
矣 公孫弘曰 我斷髮 子斷頸而爲人用兵 我將謂子何 周南之戰
公孫喜死焉

有與悍者隣 欲賣宅而避之 人曰 是其貫 將滿矣[7] 子姑待之
答曰 吾恐其以我滿貫也 遂去之 故曰 物之幾者[8] 非所靡也[9]

孔子謂弟子曰 孰能導子西之釣名也[10] 子貢曰 賜也能 乃導之
不復疑也 孔子曰 寬哉不被於利 絜哉民性有恒[11] 曲爲曲 直爲
直 子西不免 白公之難 子西死焉 故曰 直於行者 曲於欲

1) 家人(가인) : 『한서(漢書)』에 따르면 서민(庶民)을 말하며 국인(國
   人)의 대칭으로 쓴다.

2) 臘之至而茅之燥耳(납지지이모지조이) : 납(臘)은 일반적으로 섣달 그
   믐을 말한다. 옛날 중국에서는 납일(臘日)을 동지(冬至)가 지난 세번
   째의 술일(戌日)로 정해 천지 신명에게 제사지냈다. 모지조(茅之燥)
   는 띠풀에 불을 질러 그슬리는 것.

3) 聚嗽其母(취취기모) : 모여 함께 물어뜯는다는 뜻이고 모(母)는 혈
   (血)의 잘못된 글자로 본다.

4) 蜮(훼) : 살무사 훼(虺)로도 통용되는데 일종의 독충(毒蟲)이다.

5) 公孫弘斷髮(공손홍단발) : 공손홍(公孫弘)에 대하여는 여러 설이 있
   는데, 『전국책』에 따르면 전국시대에는 두 사람의 '공손홍'이 있었
   고, 제나라에는 맹상군을 위하여 진나라 임금을 만났다는 또 하나의
   '공손홍'이 있었다고 했다. 이곳의 '공손홍'은 한(韓)나라 사람이라
   추측했다. 단발(斷髮)은 옛날 중국에는 머리카락을 길러 관을 썼는
   데, 변경의 오랑캐들의 풍습으로는 머리카락을 자르고 관을 쓰지 않
   았다.

6) 公孫喜使人絶之(공손희사인절지) : 공손홍의 형으로 한(韓)나라 장군
   이다. 절(絶)은 형제의 의(義)를 끊는다는 뜻.

7) 是其貫將滿矣(시기관장만의) : 관(貫)이란 옛날 엽전(葉錢)을 꿰는
   것을 뜻하는 것으로 전대(錢帶)를 말한다. 만(滿)이란 전대에 엽전이
   꽉차 더 꿸 수 없게 되었다는 뜻이다. 여기서는 관(貫)을 죄악(罪惡)
   으로 비유한 것.

8) 物之幾者(물지기자) : 기(幾)에 대하여는 여러 가지 설이 있는데 여
   기서는 위태롭다는 뜻이고, 위험한 조짐으로 설명.

9) 靡也(미야) : 느릿느릿 서둘지 않는다의 뜻.

10) 子西之釣名也(자서지조명야) : 자서(子西)는 초나라 평공(平公)의
    서자로 소왕(昭王)의 서형인 공자(公子) 자신(子申)을 말한다. 나중
    에 초나라 영윤(令尹)이 되었다가 백공(白公)의 반란에 연루되어 죽
    었다. 조명(釣名)이란 고기를 낚듯이 '명예만을 구한다'는 뜻.

11) 絜哉民性有恒(결재민성유항) : 결(絜)은 결(潔)과 같아 품행이 순결
    하다는 뜻이고, 민성(民性)은 민중의 성향(性向)을 뜻하는데 여기서
    는 자서(子西)의 성향을 말한다. 유항(有恒)은 유상(有常)의 뜻.

4. 비위를 맞추는 부하는 두렵다

진(晉)나라의 중행문자(中行文子)라는 사람이 죄를 짓고 달
아나다가 어느 마을을 지나가게 되었다.

그 때 시종하던 사람이 말하기를

"이 마을을 돌보는 관리는 공(公)과 지난날부터 잘 알고 지
내던 사람인데 어찌 객사(客舍)에서 좀 쉬어가시지 않습니까?
좀 기다리다가 다음 수레가 오거든 가심이 좋을 듯합니다."

고 했다. 문자는 대답하기를

"나는 일찍이 음악을 즐겼는데 그는 나에게 거문고를 보내주
었고, 또 내가 띠를 장식하는 패옥(珮玉)을 좋아하는 것을 알고
그는 나에게 옥환(玉環)을 보내주었다. 이러한 일로 미루어 생
각하면 그는 나의 허물을 충고한 것이 아니라 내 비위를 맞추
어 자기의 영달을 꾀하고자 한 사람이다. 그래서 이번에는 그
가 나를 잡아들임으로써 남의 비위를 맞추려 할 것이니 나는

그것이 두렵다."

하고 이내 그곳을 떠나버렸다.

그런데 과연 그곳 관리는 문자가 예상했던 대로 문자를 잡으려고 뒤쫓았으나 놓치고, 그의 짐을 싣고 뒤따르던 수레만을 몰수하여 임금에게 바쳤다.

위(魏)나라의 주조(周趮)라는 사람이 궁타(宮他)라는 사람에게 말하기를

"나를 위하여 당신이 제(齊)나라 임금에게 말하여, 제나라의 힘으로 나를 위나라에서 중용되도록 해준다면 나는 장차 위나라 임금이 제나라 임금을 섬기도록 설득하겠소."

라고 부탁했다. 이에 궁타가 대답했다.

"그것은 옳지 않은 생각이오. 그래서는 당신이 위나라에서 세력이 없다는 것을 저쪽 임금에게 여실히 나타내는 것이 되므로 제나라 임금은 위나라에서 세력이 없는 사람을 도와 위나라의 세력있는 사람으로부터 원한을 사려고는 하지 않을 것이오. 차라리 당신은 제나라 임금에게 '임금의 뜻을 말씀해 주시면 신(臣)은 위나라로 하여금 임금께서 하신 명령을 받들도록 조치하겠습니다' 하고 말하는 편이 좋을 것이오. 그렇게 하면 제나라 임금은 반드시 당신을 위나라의 실력있는 사람으로 여기고 어떤 일을 부탁할 것이니 그렇게 되면 당신은 제나라에서도 세력을 얻게 되는 것으로 마침내 제나라·위나라 두 나라에서 세력을 얻게 될 것입니다."

백규(白圭)가 송(宋)나라 대윤(大尹)에게 말했다.

"지금 어린 임금이 장성하여 스스로 나라의 정사를 집행하게 되면 공(公)은 자연히 권세가 없어질 것 아니겠습니까. 지금 임금은 연소하고 명예심이 강하므로 형(荊)나라에 부탁하여 임금의 효성을 칭찬하도록 만드는데는 어려울 것이 없으니 그렇게 되면 임금은 불효자가 되지 않기 위하여 모후(母后)의 뜻에 따라 공(公)의 권세를 빼앗지 않을 것이고, 오히려 공을 크게 존경하게 될 것입니다. 그러면 공은 언제까지나 송나라를 마음대

로 휘두를 수 있을 것입니다."

관중(管仲)과 포숙(鮑叔)이 서로 말했다.

"임금인 양공(襄公)의 난행이 이와 같이 심해지면 반드시 나라가 멸망할 것이네. 제나라의 여러 공자(公子) 가운데 우리가 보필하여 장래 임금으로 삼을 만한 공자는 규(糾)가 아니면 소백(小白) 뿐이네. 그러니 자네와 나는 각기 한 사람씩 맡아 섬기다가 뒷날 먼저 영달한 사람이 다른 한편을 받아들이기로 하세."

이에 관중은 공자 규를 따르고, 포숙은 소백을 따라 섬겼다.

그뒤 나라안에서 내란이 일어나 민중들이 양공을 시해했는데, 거(莒)나라에 망명했던 소백이 먼저 들어와 제나라의 임금이 되었다. 노나라에 가 있던 규는 죽임을 당했으며 관중은 노나라에서 붙들려 제나라로 넘겨졌는데 포숙은 임금에게 천거하여 관중을 재상으로 삼게 했다.

그래서 옛날 속담에 이르기를 "무당인 무함(巫咸)은 비록 남을 위하여는 주술에 신통하지만 스스로에게 닥치는 재앙을 물리치지는 못하고, 유명한 의사인 편작(扁鵲)도 비록 남의 병은 잘 고치지만 스스로의 병을 고치기 위하여 침을 놓지는 못한다."고 했다. 관중과 같이 뛰어난 사람도 포숙의 도움을 필요로 했다.

또 속담에 이르기를 "비천한 노비가 스스로 값비싼 모피(毛皮)옷을 판다면 훔친 장물이 아닌가 의심하여 아무도 사지 않으며, 선비가 스스로 자기 변설(辯舌)을 자랑해도 아무도 믿어주지 않는다."고 했다.

형(荊)나라 임금이 오(吳)나라를 정벌할 때, 오나라에서는 저위궤융(沮衛蹶融)이라는 관리를 시켜 형나라 군대에게 술과 고기를 보내 위로하게 했는데 형나라 장군이 말하기를

"이 자를 묶어라. 죽여서 그 피를 북에 칠하리라."

했다. 그에게 묻기를

"너는 여기 오면서 점을 쳐보았는가?"

고 말하자, 궤옹이 대답하기를

"점을 쳤습니다."

"좋은 점쾌가 나왔던가?"

"예 좋은 점쾌였습니다."

고 했다. 이에 형나라 사람이 말하기를

"지금 형나라 장군은 너를 죽여 그 피로 북에다 칠하려고 하는데 좋은 점쾌가 나왔다니 그것은 어째서인가?"

했다. 궤옹은 대답하기를

"그렇기 때문에 좋은 점쾌인 것입니다. 오나라에서 나를 이 곳으로 보낸 것은 형나라 장군의 태도를 살피기 위한 것입니다. 장군이 만약 크게 노한다면 오나라는 도랑을 깊게 파고 보루를 높이 쌓아 방비를 굳게 할 것이나, 장군이 노하지 않는다면 방비를 늦출 작정이었습니다.

지금 장군께서 나를 죽인다면 오나라는 반드시 경계하여 굳게 지킬 것이니 오히려 오나라로서는 다행한 일입니다. 무릇 나라의 점을 치는 것은 한 사람의 신하를 위해 점을 치는 것이 아닙니다. 생각건대 한 사람의 신하를 죽여 한 나라를 구할 수 있다면 그것이 길조가 아니고 무엇이겠습니까?

죽은 사람에게는 지각이 없으니 나를 죽여 그 피를 북에 바른다한들 이익됨이 없을 것이고, 만약 죽은 사람에게 지각이 있다면 나는 전쟁중에 그 북을 울리지 못하도록 할 것입니다."

고 했다. 이 말을 들은 형나라 사람은 그를 죽이지 않았다.

　　晉中行文子[1]出亡 過於縣邑 從者曰 此嗇夫[2] 公之故人 公奚不休舍 且待後車 文子曰 吾嘗好音 此人遺我鳴琴 吾好珮 此人遺我玉環 是不振我過者也 以求容[3]於我者 吾恐其以求容於人也 乃去之 果收文子後車二乘 而獻之其君矣

　　周趮謂宮他[4]曰 爲我謂齊王曰 以齊資我於魏 請以魏事齊 宮他曰 不可 是示之無魏也 齊王必不資於無魏者 而以怨有魏者 公不如曰 以王之所欲 臣請以魏聽王 齊王必以爲有魏也 必因公

是公有齊也 因以齊有魏矣

白圭謂宋大尹[5]曰 君長 自知政[6] 則公無事矣[7] 今君 少主也
而務名 不如令荊賀君之孝也 則君不奪公位 而大敬重公 則公常
用[8]宋矣

管仲 鮑叔相謂曰 君[9]亂甚矣 必失國 齊國之諸公子 其可輔者
非公子糾 則小白也 與子人事一人焉 先達者相收 管仲乃從公子
糾 鮑叔從小白 國人果弑君 小白先入爲君 魯人拘管仲而效之
鮑叔言而相之 故諺曰 巫咸雖善祝 不能自祓也 秦醫[10]雖善除
不能自彈也 以管仲之聖 而待鮑叔之助 此鄙諺所謂 虜自賣裘而
不售 士自譽辯而不信者也

荊王伐吳 吳使沮衛蹶融犒於荊師[11] 荊將軍曰 縛之 殺以釁鼓[12]
問之曰 汝來 卜乎 答曰 卜 卜吉乎 曰 吉 荊人曰 今荊將以女
釁鼓 其何也 答曰 是故其所以吉也 吳使人來也 固視將軍 將軍
怒 將深溝高壘 將軍不怒 將懈怠 今也將軍殺臣 則吳必警守矣
且國之卜 非爲一臣卜 夫殺一臣 而存一國 其不言吉何也 且死
者無知 則以臣釁鼓無益也 死者有知也 臣將當戰之時 臣使鼓不
鳴 荊人乃不殺也

1) 晋中行文子(진중항문자) : 중항문자(中行文子)는 춘추시대 진나라의
   재상 순림(荀林)의 아버지인 순인(荀寅)을 말함인데, 중항의 장수였
   기 때문에 중항씨(中行氏)라 했다. 본래 진나라 육경(六卿)의 한 사
   람.
2) 嗇夫(색부) : 옛날 중국의 지방 관헌(官憲)으로 민중과 직접 상대하
   여 소송ㆍ징세같은 사무를 두루 관장했다.
3) 容(용) : 『맹자(孟子)』에서 볼 수 있는 용열(容悅)과 뜻이 같은데, 마
   음에 들도록 비위를 맞춘다는 뜻.
4) 周趮謂宮他(주조위궁타) : 주조(周趮)는 위(魏)나라 사람인데, 『전국
   책』에 의하면 주초(周肖)로 기록되었고, 또 주소(周宵)로도 쓰고 있
   지만 그의 사적은 분명하지 않다. 궁타(宮他)는 같은 『전국책』에 주
   (周)나라 신하로만 기록될 뿐 사적은 분명하지 않다.
5) 宋大尹(송대윤) : 원본에는 영윤(令尹)으로 썼는데, 당시 송나라의 관

직에는 영윤(令尹)이 없었고 초나라의 관직이며,『전국책』송책(宋策)에 대윤(大尹)의 관직이 기록되었다. 육경(六卿)도 이 대윤을 통해서만 임금에게 상주(上奏)할 수 있었다고 하니 지금의 비서실장격이다.

6) 知政(지정) : 정치를 장악하고 집행하는 것을 뜻한다.

7) 無事矣(무사의) : 권세를 잃는다는 뜻. 사(事)는 곧 권세를 뜻하고 무(無)는 잃는다는 말.

8) 用(용) : 권병(權柄)을 행사한다는 뜻.

9) 君(군) : 제나라 양공(襄公).

10) 秦醫(진의) : 편작(扁鵲)을 뜻하며 성은 진(秦), 이름은 월인(越人)이라 했다.

11) 沮衛蹶融犒於荊師(저위궤융·호어형사) : 저위궤융(沮衛蹶融)에 대하여 여러 가지 설이 있으나 저위(沮衛)는 당시 오나라의 관직(官職)이고, 궤융(蹶融)은 이름으로 보는 것이 마땅하다. 호(犒)는 군사에게 음식을 보내 위로한다는 뜻. 형사(荊師)는 초나라 장군이라는 뜻이다.

15) 釁鼓(흔고) : 희생물로 바친 짐승의 피를 북에 칠한다는 뜻.

5. 종(鍾)을 보내고 나라를 빼앗다

진(晋)나라 지백(知伯)이 구유(仇由)를 치려고 했으나 길이 워낙 험악해 나아가지 못하고, 먼저 큰 종(鍾)을 만들어 구유의 임금에게 기증하겠다고 알렸다.

이에 구유의 임금은 크게 기뻐하여 종을 운반하기 위한 큰 길을 닦으려고 했다. 이에 신하인 적장만지(赤章曼枝)가 간하여 말하기를

"그것은 안 됩니다. 이처럼 큰 종을 보내는 것은 작은나라가 큰나라를 섬기는 도리입니다. 지금 지백같은 큰나라의 임금이 우리 작은나라에 대하여 이러한 선물을 보내는 것을 보면, 반드시 그 뒤를 따라 군사가 올 것이니 결코 받아들여서는 안 됩

니다."

고 했다. 그러나 구유의 임금은 이를 듣지 않고 마침내 종을 받아들이기로 했다.

이에 적장만지는 수레의 폭을 좁고 작게 만들어 좁고 험한 길을 빠져 나가 제나라로 달아났는데 구유는 7개월만에 멸망했다.

월(越)나라는 오(吳)나라를 쳐 이긴 뒤에, 다시 형(荊)나라의 원조를 받아 진(晉)나라를 공격하려고 했다.

이 때 형나라의 좌사(左史)로 있는 의상(倚相)이 형나라 임금에게 말하기를

"무릇 월나라는 오나라를 쳐 이겼다고는 하지만 뛰어난 용사들은 죽었고 정예병은 전멸했으며 갑옷으로 무장한 장병들은 모두 부상했습니다. 그런데도 지금 또 다시 우리 나라의 원군으로 진나라를 공격코자 하는 것은 그들이 지쳐있다는 것을 우리에게 드러내지 않고자 함이니 차라리 임금께서는 군사를 일으켜 월나라를 쳐 오나라의 땅을 나눠 받는 것이 좋을 듯합니다."

고 간했다. 이에 형나라 임금은

"참 옳은 말이다."

하고는 곧 군사를 일으켜 월나라의 뒤를 쫓았다.

이렇게 되자 월나라의 임금은 크게 화가 나 곧 형나라를 공격하려 했다. 이에 대부(大夫)인 종(種)이 말하기를

"그래서는 안 됩니다. 우리의 뛰어난 용사들은 다 죽었고, 무거운 갑옷을 입은 장병은 모두 부상당하여 우리가 지금 형나라와 싸운다면 도저히 이길 수 없을 것입니다. 그들에게 땅을 떼어주는 것이 좋을 듯합니다."

하여 월나라 임금은 노산(露山)의 북쪽 5백리 사방의 땅을 떼어 형나라에 주었다.

형(荊)나라가 진(陳)나라를 공격하자 오(吳)나라는 진나라를 돕고자 출병했다. 두 군진(軍陣)의 거리가 불과 30리에 이르렀

을 때, 열흘 동안이나 비가 오다가 밤이 되니 맑아져 별이 보였다.

이에 형나라의 좌사인 의상(倚相)이 장군인 자기(子期)에게 말하기를

"열흘 동안이나 비가 온 뒤이므로 갑옷을 입은 적병들은 진영을 정비해 한 곳으로 모여들어 진군할 준비를 갖춘 후, 오나라 군사는 반드시 공격해 올 것이니 이에 대비함이 좋을 듯합니다."

고 하여 곧 진영을 가다듬었다.

진영이 아직 다 이루어지지 않았을 때 오나라 군사가 공격하여 왔는데 형나라 군영이 정연한 것을 보고는 되돌아갔다.

이 때 좌사가 말하기를

"오나라는 왕복 60리를 행군했으니 그 장교들은 반드시 휴식해야 할 것이고 병졸은 반드시 식사를 하고 있을 것입니다. 그러니 우리는 지금부터 30리만 행군하여 공격하면 반드시 적을 패망시킬 것입니다."

고 했다. 형나라 군사는 좌사의 말대로 적군의 뒤를 쫓아가 마침내 오나라 군사를 격파했다.

한(韓)나라와 조(趙)나라가 서로 싸워 어렵게 되자 한나라는 위(魏)나라에 대하여 원병을 청하여 말하기를

"바라건대 군사를 빌려주시면 조나라를 정벌하고자 합니다."

했다. 위나라의 문후(文侯)가 대답하기를

"과인은 조나라와 형제와 같은 사이이기 때문에 그 부탁을 받아들일 수 없소."

라 말했다. 그 뒤 조나라도 위나라에 가 원병을 청했으나 문후는 또 말하기를

"과인은 한나라와 형제같은 사이이므로 감히 원병의 부탁에 따를 수 없소."

하고 앞서와 같은 대답으로 응하지 않았다.

이에 두 나라는 군사를 얻지 못하여 화가 나 돌아갔다. 그러

나 얼마가 지난 뒤에 문후가 두 나라를 화해시키기 위하여 그 러한 조치를 취했음을 알고는 곧 두 나라 사신은 위나라에 가 인사했다.

제(齊)나라가 노(魯)나라를 공격하여 이긴 뒤 노나라의 보물 인 참정(讒鼎)이라는 솥을 달라고 했는데 노나라는 이를 거절 할 수가 없어 가짜 솥을 사자에게 주어 보냈다.

이에 제나라 사람은 말하기를

"이것은 가짜다."

했고, 노나라 사람은 말하기를

"진짜다."

고 우겼다. 이에 제나라 사람이 말하기를

"그렇다면 악정자춘(樂正子春)을 보내주시오. 우리는 그 사 람의 의견을 들어보겠소."

라고 했다. 노나라 임금은 악정자춘을 불러 제나라에 가거든 진짜라고 말하도록 부탁했다.

악정자춘은 대답하기를

"어째서 진짜를 주지 않으셨습니까?"

했다. 임금이 대답하기를

"내가 진짜를 사랑하기 때문이다."

라고 하니 악정자춘이 말하기를

"임금께서 진짜를 사랑하시듯이 신(臣)도 신의 신의(信)를 또한 사랑합니다."

고 하여 임금의 부탁을 거절했다.

한(韓)나라 공자 구(咎)가 양왕(襄王)의 뒤를 이어 왕위에 올랐다. 아직 안정되지 않았을 때 주(周)나라에 머물고 있는 아 우 기슬(蟣蝨)을 주나라에서 중용하려 하니 한나라에서는 혹시 임금으로 옹립하려는 것이 아닌가 하여 두려워했다.

이 때 주나라 신하인 기무회(綦毋恢)가 말하기를

"공자 기슬에게 수레 백 승(乘)을 거느리게 하여 보냄이 좋 을 듯합니다.

만약 한나라에서 그를 임금으로 옹립하면 오는 도중의 호위를 위해 백 승을 거느리고 왔다고 하면 될 것이고, 그렇게 되지 않는다면 한나라의 왕위(王位)를 찬탈하려는 역적을 잡아오느라 백승을 거느리고 왔다고 하면 될 것입니다."

하여 주나라의 체면을 세우는 계략을 말했다.

知伯將伐仇由[1] 而道難不通 乃鑄大鐘遺仇由之君 仇由之君大說 除道[2]將內之 赤章曼枝[3]曰 不可 此小之所以事大也 而今也 大以來 卒必隨 不可內也 仇由之君不聽 逐內之 赤章曼枝因斷轂[4]而驅 至於齊七月 而仇由亡矣

越已勝吳 又索卒[5]於荊而攻晋 左史倚相[6]謂荊王曰 夫越破吳 豪士死 銳卒盡 大甲傷 今又索卒以攻晋 示我不病也 不如起師與分吳 荊王曰 善 因起師而從越 越王怒 將擊之 大夫種曰 不可 吾豪士盡 大甲傷 我與戰必不克 不如賂之 乃割露山之陰五百里以賂之

荊伐陳 吳救之 軍間三十里 雨十日 夜星 左史倚相謂子期曰 雨十日 甲輯而兵聚[7] 吳人必至 不如備之 乃爲陳 陳未成也 而吳人至 見荊陳而反 左史曰 吳反覆六十里 其君子必休 小人必食 我行三十里擊之 必可敗也 乃從之 逐破吳軍

韓趙相與爲難 韓索兵於魏曰 願借師以伐趙 魏文侯曰 寡人與趙兄弟 不可以從 趙又索兵攻韓 文侯曰 寡人與韓兄弟 不敢從 二國不得兵 怒而反 已乃知文侯以搆[8]於己 乃皆朝魏

齊伐魯 索讒鼎[9] 魯以其贗往 齊人曰 贗也[10] 魯人曰 眞也 齊人曰 使樂正子春[11]來 吾將聽子 魯君請樂正子春 樂正子春曰 胡不以其眞往也 君曰 我愛之 答曰 臣亦愛臣之信

韓咎[12]立爲君未定也 弟在周 周欲重之 而恐韓之不立也 綦毋恢[13]曰 不若以車百乘送之 得立 因曰爲戒 不立 則曰來效賊也

1) 仇由(구유) : 다른 문헌에 구수(仇首), 구유(仇繇) 또는 구유(厹由)로도 썼는데 춘추시대에 있었던 나라로 지금의 산서성 맹현(盂縣) 동북지방에 있었다.

2) 除道(제도) : 좁은 길을 닦아 큰 길로 만든다는 뜻인데 『여씨춘추』에 는 골짜기를 메워 길을 만든다고 했다.

3) 赤章曼枝(적장만지) : 구유(仇由)의 신하로 그 사적은 없으나 적장 (赤章)은 복성이다.

4) 斷轂(단곡) : 곡(轂)은 수레의 바퀴살이 모이는 바퀴통을 말하는데, 여기서는 수레의 폭을 좁게 만들기 위하여 바퀴통은 잘라냈다는 뜻.

5) 索卒(색졸) : 군대의 원조를 부탁하는 것을 말한다. 『설원(說苑)』에는 청사(請師)라 했다.

6) 左史倚相(좌사의상) : 좌사(左史)는 『예기』에 사관(史官)에는 좌사 (左史)와 우사(右史)가 있는데 천자의 훈(勳)은 좌사가 말(言)은 우 사가 기록한다 했다. 의상(倚相)은 『좌씨전』 소공 12년조와 『국어』 초어(楚語)에도 나오는데, 옛책를 즐겨 읽는다고 기록되어 있다.

7) 甲輯而兵聚(갑집이병취) : 갑집(甲輯)은 갑옷(甲冑)을 입은 군사들이 모여든다는 뜻이고, 병취(兵聚)도 이와 비슷한 말임.

8) 搆(구) : 강(講)의 오자로 적국끼리 강화한다는 뜻.

9) 索讒鼎(색참정) : 이 이야기는 『여씨춘추』 심기(審己)와 『신서(新 序)』 절사(節士)에도 같은 내용이 실렸는데, 거기서는 잠정(岑鼎)으 로 썼다. 설에 따르면 우임금 때에 아홉 솥(九鼎)을 만들었는데 참 (讒)은 지방 이름으로 참정은 참이란 곳에서 만든 '솥'이란 뜻이라 전한다.

10) 贗也(안야) : 거짓 곧 가짜라는 뜻.

11) 樂正子春(악정자춘) : 공자의 제자인 증자(曾子)의 제자로 효(孝) 로 유명했고 유하혜(柳下惠)라고도 불렀다.

12) 韓咎(한구) : 한나라의 이왕(釐王)을 말함인데, 서기전295년에서 전 273년까지 재위했다. 이 이야기는 『전국책』 한책(韓策)에도 나와 있 다.

13) 綦母恢(기모회) : 『전국책』 서주책(西周策)에 주나라의 신하로만 기록되었다.

6. 세 마디의 이야기를 간청한 사나이

제(齊)나라의 정곽군(靖郭君)이 자기 영토인 설(薛)에 성(城)을 쌓으려고 했는데 식객 가운데 이를 간하여 말리는 여러 사람이 있었다.

정곽군은 손님의 접대를 맡은 사람에게 말하기를

"어떠한 손님이든지 찾아오거든 안내하지 말라."

고 당부했다. 그뒤 어느 날 제나라 사람이 만나기를 청하면서 말하기를

"저는 단지 세 마디만 말씀드리겠습니다. 만약 세 마디가 넘을 때는 저를 팽형(烹刑)에 처하여 주십시오."

라 해서 정곽군은 그 사람을 만나보기로 했다.

그 나그네는 빠른걸음으로 정곽군 앞에 나가서 느닷없이 말하기를

"바다의 큰고기(海大魚)."

라 하고는 달아나 버렸다. 이에 정곽군은 그 사람을 데려오게 하여 말하기를

"그대가 말한 그 뜻을 설명하라."

고 물었다. 그 나그네는 말하기를

"저는 죽음을 장난삼아서 감히 함부로 말하지 않습니다."

고 대답했다. 정곽군은 더욱 호기심이 생겨 묻기를

"바라건대 과인을 위하여 말해주지 않겠는가?"

고 말했다. 그가 대답하기를

"군(君)께서는 바다의 큰고기에 대하여 알고 계신지요? 큰고기가 물속에 있을 때는 그물로도 못잡고 창으로도 잡을 수 없으나 일단 뛰어 올라 물을 떠나게 되면 땅강아지(螻)나 개미도 그를 마음대로 할 수 있습니다.

지금 대체로 제나라는 정곽군에게 있어 바다에 해당되는 것입니다. 그러니 군께서 오래도록 제나라의 정권을 쥐고 계시면

설(薛)에다 성을 쌓는 일 따위는 문제가 되지 않겠지만 만약 군께서 제나라를 잃는다면 비록 설에다 성을 쌓아 하늘에 이른 다 해도 아무런 보탬이 되지 않을 것입니다."

고 말했다. 정곽군은 말하기를

"그대의 말이 옳다."

고 한 뒤 공사를 중지하고 설에 성을 쌓지 않았다.

형(荊)나라 임금의 아우가 진(秦)나라에 가 있었는데 진나라 에서는 그를 억류한 채 돌아가지 못하게 했다.

이 때 형나라 임금을 모시는 시종인 중사(中射) 한 사람이 말하기를

"신(臣)에게 백 금(金)을 주신다면 가서 구출해 오겠습니다."

고 했다. 그리하여 백 금을 수레에 싣고 진(晋)나라로 가 먼 저 대부인 숙향(叔向)을 만나 말하기를

"형나라 임금의 아우가 지금 진나라에 계시는데 진나라에서 나가지 못하게 하고 있으니 청컨대 이 백 금을 받으시고 그분 이 풀려날 수 있도록 애써 주시기를 부탁드립니다."

고 했더니 숙향은 그 돈을 받고는 진(晋)나라 임금 평공(平 公)을 알현하여 말하기를

"호구(壺丘)에 성을 쌓는 것이 좋겠습니다."

고 했다. 평공이 말하기를

"무엇 때문인가?"

고 물었다. 숙향이 대답하기를

"형나라 임금의 아우가 지금 진(秦)나라에 있는데 그를 돌려 보내지 않음은 곧 진나라가 형나라를 미워하기 때문입니다. 우 리가 호구에 성을 쌓더라도 그들은 반드시 감히 성 쌓는 것을 금지시키지 못할 것입니다.

만약 그들이 성을 못쌓게 하면 '우리 나라를 위하여 형나라 임금의 아우를 돌려보낸다면 우리는 성을 쌓지 않을 것이다.' 하시고, 만약 그래서 진나라가 형나라 아우를 돌려보낸다면 우 리 진(晋)나라는 형나라에 큰 은혜를 베푼 셈이 됩니다. 그럼에

도 그들이 돌려보내지 않는다면 이는 끝까지 형나라를 미워하
는 것이 되니 우리가 호구에 성을 쌓아도 감히 금지하지는 못
할 것입니다. 우리에게 손해는 없습니다."

했다. 평공은

"참 옳은 말이다."

하고 곧 호구에 성을 쌓기 시작했다. 그리고는 진(秦)나라
임금에게 말하기를

"우리 두 나라를 위해서도 형나라 임금의 아우를 돌려보내시
오. 그러면 우리도 성을 쌓지 않겠소."

했다. 결국 진나라는 형나라 임금의 아우를 돌려보냈다.

이에 형나라 임금은 크게 기뻐하고 정금(精金) 백 일(鎰)을
진(晉)나라에 보내 사례했다.

오(吳)나라 임금인 합려(闔廬)가 초(楚)나라 도읍인 영(郢)
을 세 번이나 공격하여 세 번 다 이겼다. 임금이 신하인 오자서
(伍子胥)에게 말하기를

"이만하면 물러가도 되지 않겠는가?"

하니, 오자서가 대답했다.

"사람을 물에 빠져 죽게 하려면 물을 한두 모금 먹여서는 목
적을 이룰 수 없습니다. 도중에 손을 풀고 쉬는 일이 없어야 합
니다. 적이 한두 번 진 것으로는 죽지 않는 것이니 이긴 기세를
타고 계속 싸워 완전히 가라앉혀 놓는 것이 좋습니다."

정(鄭)나라의 어떤 사람에게 아들이 하나 있어 그 아들이 관
직을 얻기 위해 집을 떠나면서 그 가족에게 말하기를

"반드시 무너진 담장을 쌓아 고쳐 놓도록 하시오. 그냥 두면
좋지 못한 사람이 들어와 훔쳐갈지도 모르오."

했다. 그 이웃 사람도 또한 그런 말을 했다.

그런데 곧바로 담장을 쌓아 고치지 않아 결국 도둑을 맞았는
데, 가족들은 그 아들의 슬기는 칭찬하면서 같은 말을 했던 이
웃 사람에 대해서는 도둑이 아닌가 의심했다.

靖郭君將城薛 客多以諫者 靖郭君謂謁者曰 毋爲客通 齊人有
請見者曰 臣請三言而已 過三言 臣請烹[1] 靖郭君因見之 客趨進
曰 海大魚 因反走 靖郭君曰 請聞其說 客曰 臣不敢以死爲戲
靖郭君曰 願爲寡人言之 答曰 君聞大魚乎 網不能止 繳不能絓
也[2] 蕩而失水 螻蟻得意焉 今夫齊 亦君之海也 君長有齊 奚以
薛爲 君失齊 雖隆薛城至於天 猶無益也 靖郭君曰 善 乃輟不城
薛

荊王弟[3]在秦 秦不出也[4] 中射之士曰 資臣百金 臣能出之 因
載百金之晋 見叔向曰 荊王弟在秦 秦不出也 請以百金委 叔向
受金 而以見之晋平公曰 可以城壺丘矣 平公曰 何也 對曰 荊王
弟在秦 秦不出也 是秦惡荊也 必不敢禁我城壺丘 若禁之 我曰
爲我出荊王之弟 吾不城也 彼如出之 可以德荊 彼不出 是卒惡
也 必不敢禁我城壺丘矣 公曰 善 乃城壺丘 謂秦公曰 爲我出荊
王之弟 吾不城也 秦因出之 荊王大說 以鍊金百鎰遺晋

闔廬攻郢 戰三勝 問子胥曰 可以退乎 子胥對曰 溺人者一飲
而止 則無逮者 以其不休也 不如乘之以沈之

鄭人有一子將宦 謂其家曰 必築壞牆 是不善人將竊 其巷人[5]
亦云 不時築 而人果竊之 以其子爲智 以巷人告者爲盜

1) 烹(팽) : 옛날 중국에서 행해졌던 형벌의 하나로 죄인을 끓는 물에
   삶아 죽이는 처형.
2) 繳不能絓也(작불능괘야) : 작(繳)은 큰 고기를 잡을 때 쓰는 작살을
   말하고, 괘(絓)는 명주실로 엮은 그물에 걸린다는 뜻.
3) 荊王弟(형왕제) : 초나라 공자(公子)인 오(午)를 말하는 것이고 장왕
   (莊王)의 아들인 공왕(共王)의 아우로 자는 자경(子庚)이라 했다. 나
   중에 재상(令尹)이 되었는데 이와 비슷한 이야기가 『설원(說苑)』권
   모편에도 있다.
4) 不出也(불출야) : 나라에서 내보내지 않아 돌아가지 못하게 한다는
   뜻인데, 『설원』에는 수지(囚之)라고 썼다.
5) 巷人(항인) : 같은 마을에 사는 사람.

제 36 편 십 과(十過)

십과(十過)는 임금이 나라를 다스리는데 있어 가장 주의해야할 열 가지 과실로 이를 그대로 두면 그의 일신은 물론 마침내 나라가 망한다는 것이다.

십과의 주요 내용이 한비(韓非)의 법술(法術)사상과는 직접적인 관련은 없지만, 편 전체의 구성으로 보면 첫머리에 조목을 정리하여 나열했고 다음에 각기 그 조목에 해당하는 설화를 들어 해설을 추가했는데 이는 내·외저설편과 흡사하다.

1. 다스리는데 있어서의 10가지 허물

한 나라를 다스리는 임금으로서 잘 살펴야 할 열 가지 과오가 있으니 그것을 '십과(十過)'라 한다.

첫째는 작은충성을 행하다가 큰충성(大忠)을 해치게 된다는 것이다.

둘째는 눈앞의 작은이익을 돌보다가 큰이익을 잃게 되는 것이다.

셋째는 자기 행실에 편협함이 있는데도 스스로 반성하지 않고 제멋대로 행동하며, 제후(諸侯)에게 예의를 갖추지 않으면 몸을 망치는데 이른다는 것이다.

넷째로 나라 다스리는 일에 귀를 기울이지 않고 음악을 즐기며 방탕한 생활을 하면 자기가 행할 길이 막혀 신분을 잃게 되는 것이다.

다섯째는 탐욕에 빠져 이익만을 즐기면 곧 나라는 멸망하고 목숨을 잃는 근본이 된다.

여섯째는 여자들의 춤이나 음악을 탐하여 나라 일을 돌보지 않으면 나라가 망하는 화근이 된다.

일곱째는 나라를 떠나 멀리 유람하기를 좋아하거나 사냥을 즐기면서 바른말 하는 선비를 무시하면 자기를 위태롭게 하는 길이라는 것이다.

여덟째는 허물을 범하면서도 충신의 말을 듣지 않고 자기 멋대로 행동한다면 명성을 잃고, 많은 사람의 웃음거리가 되는 시초가 된다.

아홉째는 안으로 자기 나라의 힘을 헤아리지 않고 다른 나라의 제후를 믿는다면 국토를 침범당하는 재앙이 된다.

열번째는 나라가 작은 데도 큰나라에 대하여 예의를 갖추지 않고 바른말 하는 충신을 쓰지 않으면 곧 사직을 망하게 하여 대를 끊는 정세가 된다는 것이다.

十過 一曰 行小忠[1] 則大忠之賊也 二曰 顧小利 則大利之殘也 三曰 行僻自用 無禮諸侯 則亡身之至也 四曰 不務聽治 而好五音 則窮身之事也 五曰 貪愎喜利 則滅國殺身之本也 六曰 耽於女樂 不顧國政 則亡國之禍也 七曰 離內遠遊 而忽於諫士[2] 則危身之道也 八曰 過而不聽於忠臣 而獨行其意 則滅高名 爲人笑之始也 九曰 內不量力 外恃諸侯 則削國之患也 十曰 國小無禮 不用諫臣 則絕世之勢也

1) 小忠(소충) : 작은 성실(誠實) 곧 작은 충성을 말하는 것이다. 『순자 (荀子)』에는 신도(臣道)에서 대충(大忠)·차충(次忠) 그리고 국적 (國賊)으로 구분하였다.

2) 而忽於諫士(이홀어간사) : 홀(忽)은 가볍게 여긴다는 뜻이고 간사(諫士)는 바른말을 하는 충신을 말한다.

2. 작은충성(小忠)이란 무엇인가

어찌하여 작은충성(小忠)이라고 일컫는가?

옛날 초나라 공왕(共王)이 진(晋)나라의 여공(厲公)과 언릉 (鄢陵)에서 싸운 일이 있었는데 초나라 군사는 패하고 임금인 공왕은 눈에 부상을 입었다.

그 싸움이 한창일 때 초나라 총대장인 사마자반(子反)이 목이 말라 마실 것을 청하자 그 심부름꾼인 곡양(穀陽)이 잔에다 술을 부어 바쳤다. 이에 자반이 말하기를

"이놈 술이 아니냐? 당장 물려라."

하고 호통을 쳤다. 곡양이 말하기를

"이것은 술이 아닙니다."

고 했다. 이에 술을 좋아하던 자반은 더 이상 물리치지 않고 모르는 척하면서 받아 마셨다. 자반은 본래 술을 즐겨 마시기 시작하면 입에서 술잔을 떼지 못하는 위인인지라 권하는 대로 받아 마셔 아주 취하고 말았다.

그 날의 싸움은 이미 끝났으나 임금인 공왕은 다시 싸울 생각으로 사람을 시켜 사마자반을 불렀으나 가슴이 아프다는 핑계로 가지 않았다.

공왕은 걱정이 되어 스스로 수레를 몰고 자반의 막사로 들어갔는데 술 냄새를 맡고는 돌아나오며 말하기를

"오늘의 싸움에서 과인이 부상을 입었고 믿을 사람이라고는 사마(司馬)뿐이었다. 그런데 사마는 이렇듯 술에 취해 있으니, 이는 초나라의 사직을 잊은 것이고 초나라 병사들을 걱정하는 마음이 없는 것이다. 과인은 더 이상 싸울 수가 없다."

고 탄식하고 군사를 거두어 돌아와 사마자반을 참수형에 처하여 저자에 내걸어 본보기로 삼았다.

심부름꾼인 곡양이 자반에게 술을 권한 것은 그에게 적의(敵意)를 품어서가 아니라 그를 사랑하는 충성심에서 행했던 일이

었으나 도리어 자반을 죽게 만드는 결과가 되었다.

그래서 말하기를 "작은충성을 행하다가 큰충성을 해치게 된다"고 한 것이다.

奚謂小忠 昔者 楚共王與晋厲公戰於鄢陵[1] 楚師敗 而共王傷其目 酣戰之時[2] 司馬子反[3]渴而求飲 豎穀陽操觴[4]酒而進之 子反曰 嘻 退[5] 酒也 豎穀陽曰 非酒也 子反受而飲之 子反之爲人也 嗜酒而甘之 弗能絶於口 而醉 戰旣罷 共王欲復戰 令人召司馬子反 司馬子反辭以心疾 共王駕而自往 入其幄中 聞酒臭而還曰 今日之戰 不穀親傷[6] 所恃者司馬也 而司馬又醉如此 是亡楚國之社稷 而不恤吾衆也 不穀無與復戰矣 於是還師而去 斬司馬子反以爲大戮[7] 故豎穀陽之進酒 不以讎子反也 其心忠愛之 而適足以殺之 故曰 行小忠 則大忠之賊也

1) 楚共王與晋厲公戰於鄢陵(초공왕여진여공전어언릉) : 초공왕(楚共王)은 춘추시대 초나라 임금으로 장왕(莊王)의 아들이며, 이름은 심(審)이고 서기전 590년에서 전560년까지 재위했는데, 부왕인 장왕이 이룬 패업을 언릉 싸움에서 그 지위를 잃었다. '식사편'에는 공왕(恭王)으로 썼다. 진여공(晋厲公)은 역시 춘추시대 진나라 임금으로 경공(景公)의 아들이며 이름은 수만(壽曼)이고 서기전 580년에서 전573년까지 재위했고, 부왕인 경공(景公)이 잃었던 패왕의 지위를 회복했으나 대부(大夫)끼리의 다툼에 휘말려 죽임을 당했다. 언릉(鄢陵)은 지금의 하남성 개봉(開封)의 남쪽에 위치했는데 이 싸움은 『좌씨전』 성공 16년조에 기록되어 있고 '식사편'에도 나왔었다.

2) 酣戰之時(감전지시) : 한참 격전이 벌어지고 있을 때 곧 격전을 뜻한다.

3) 司馬子反(사마자반) : 춘추시대 초나라의 공자로 자가 자반(子反)이고 사마(司馬)는 관직으로 언릉의 싸움에서 총사령관을 맡았다.

4) 豎穀陽操觴(수곡양조상) : 수(豎)는 임금이나 높은 관리의 옆에서 심부름하는 사람을 뜻하고 곡양(穀陽)은 이름이며, 상(觴)은 술잔이고 조(操)는 부어주다, 따르다의 뜻.

5) 嘻退(희퇴) : 희(嘻)는 놀라 지르는 고함소리를 뜻하고 퇴(退)는 물리친다는 말.

6) 不穀親傷(불곡친상) : 불곡(不穀)은 임금 스스로가 자기를 낮추어 칭하는 말인데, 과인과 같은 뜻이며 친상은 몸소 부상을 입었다는 말.

7) 斬司馬子反以爲大戮(참사마자반이위대륙) : 참(斬)은 목을 벤다를 뜻하고 대륙(大戮)은 죽은 시체를 저자에 내걸어 모든 사람들에게 널리 보여 본보기로 삼는다는 뜻.

3. 작은이익이란 무엇인가

어찌하여 작은이익을 돌아본다고 말하는가 ?

옛날 진(晋)나라 헌공(獻公)이 우(虞)나라로부터 길을 빌려 괵(虢)나라를 공벌하려 할 때 대부인 순식(荀息)이 말하기를

"임금께서는 수극(垂棘)땅에서 나는 구슬〔璧玉〕과 굴산(屈産)에서 나는 말(馬)을 우나라 임금에게 뇌물로 보내 길을 빌려 달라고 하면 반드시 우리에게 길을 빌려줄 것입니다."

고 했다. 이에 임금이 말하기를

"수극의 구슬은 우리 선왕(先王)의 보물이고 굴산의 말은 과인이 아끼는 준마(駿馬)다. 만약 우리의 선물을 받고도 길을 빌려주지 않는다면 그 때는 어떻게 할 것인가 ?"

하고 물었다. 순식이 말하기를

"그 쪽에서 우리에게 길을 빌려줄 생각이 없다면 그 선물은 감히 받지 않을 것입니다. 만약 우리의 선물을 받고 길을 빌려준다면 그것은 곧 나라 안의 창고에 있던 보물을 잠시 나라 밖의 창고에 두었다가 되찾아 오는 셈이고 말 또한 나라 안의 마굿간에서 나라 밖의 마굿간에 잠시 옮겨 놓는 셈입니다. 임금께서는 걱정하지 마십시오."

라 대답했다. 이에 임금은

"그렇다면 좋다."

고 승낙했다. 이에 순식은 수극의 구슬과 굴산의 말을 가져

다 우나라 임금에게 갖다 바친 뒤 길을 빌려달라고 청했다. 우
나라 임금은 그 구슬과 말이 탐나 진나라의 청을 들어주기로
했다.

이 때 우나라의 대부 궁지기(宮之奇)가 간하여 말하기를

"허락해서는 안 됩니다. 무릇 우리 우나라와 괵(虢)나라는 서
로 떨어질 수 없는 관계로 마치 수레에 보(輔)가 있어 보는 수
레에 의하여 존재하고 수레는 보에 의하여 움직이는 것과 같아
우나라와 괵나라는 바로 그같은 형세입니다. 만약 길을 빌려주
어 아침에 괵나라가 망한다면 우나라는 저녁에 망하게 될 것입
니다. 그러므로 그 청을 들어주어서는 안 됩니다. 원컨대 허락
하지 마십시오."

라고 했다. 그러나 우나라 임금은 이를 듣지 않고 마침내 진
나라에게 길을 빌려주었다.

그리하여 순식은 괵나라를 쳐 이기고 돌아온 지 3년만에 다
시 군사를 일으켜 우나라마저 정벌하여 이겼다. 순식은 우나라
에 선물로 줬던 구슬과 말을 다시 찾아 헌공에게 돌려주니 헌
공이 말하기를

"구슬은 이와 같이 그대로이고, 비록 말은 나이가 먹었으나
눈에 띌만큼 자랐구나."

하면서 기뻐했다.

우나라 임금은 군대가 패하고 영토도 깎인 것은 무엇 때문인
가? 작은이익을 탐하다가 그것이 해가 되리라는 염려를 하지
않았기 때문이었다. 그래서 말하기를 "작은이익을 돌아보다 큰
이익을 해친다."고 했다.

奚謂顧小利 昔者 晋獻公欲假道於虞以伐虢[1] 荀息[2]曰 君其以
垂棘之璧 與屈產之乘 賂虞公 求假道焉 必假我道 君曰 垂棘之
璧 吾先君之寶也 屈產之乘 寡人之駿馬也 若受吾幣[3] 不假之道
將奈何 荀息曰 彼不假我道 必不敢受我幣 若受我幣 而假我道
則是寶猶取之內府 而藏之外府也 馬猶取之內廏 而著之外廏也

君勿憂 君曰 諾 乃以垂棘之璧 與屈產之乘 賂虞公 而求假道焉
虞公貪 利其璧與馬 而欲許之 宮之奇⁴⁾諫曰 不可許 夫虞之有虢
也 如車之有輔⁵⁾ 輔依車 車亦依輔 虞虢之勢正是也 若假之道
則虢朝亡 而虞夕從之矣 不可 願勿許 虞公弗聽 遂假之道 荀息
伐虢克之 還反處三年 興兵伐虞又克之 荀息牽馬操璧而報獻公
獻公說曰 璧則猶是也 雖然馬齒亦益長矣 故虞公之兵殆而地削
者 何也 愛小利而不虞其害 故曰 顧小利 則大利之殘也

1) 晋獻公欲假道於虞以伐虢(진헌공욕가도어우이벌괵) : 진헌공(晋獻公)
   은 춘추시대 진나라 임금으로 무공(武公)의 아들이며 이름은 궤제
   (詭諸)이다. 서기전 676년에서 전651년까지 재위했으며 문공(文公)의
   아버지. 가도(假道)란 다른 나라의 길을 임시로 빌려 지나가는 것을
   말한다. 우(虞)는 주조(周朝) 때 우(虞)에게 봉했던 제후국으로 지금
   의 산서성 평륙현(平陸縣) 동북 60리에 걸쳐 있었는데 진(晋)나라에
   합병됐으며, 괵(虢) 또한 주나라 무왕(武王)의 아우 괵(虢)에게 봉해
   졌던 제후국.
2) 荀息(순식) : 진나라 헌공을 섬기던 현대부(賢大夫)로 순숙(荀叔)을
   말하며 식(息)은 자다.
3) 幣(폐) : 본래 폐백(幣帛) 곧 선물로 바치는 필륙을 뜻함인데, 여기서
   는 넓게 선물을 말한다.
4) 宮之奇(궁지기) : 우(虞)나라의 현대부(賢大夫)였는데 간언하다가 임
   금이 들어주지 않자 마침내 나라를 떠났다.
5) 如車之有輔(여거지유보) : 거(車)란 수레 안에 사람이 타는 공간을
   말하고 보(輔)는 수레 안에 있는 사람이나 물건을 받쳐주는 판자를
   말하는 것인데 곧 서로 의지하여 어느 한쪽이 없어서는 안 된다는
   뜻이다.

4. 편협한 행실이란 무엇인가
어찌하여 편협한 행실이라 이르는가?
옛날 초나라 영왕(靈王)은 신(申)이라는 곳에서 제후(諸侯)

들을 모아 회동했을 때 송(宋)나라 태자가 늦게 도착했다는 빌
미로 그를 옥에 가두었고 또 서(徐)나라 임금을 업신여겼으며
제(齊)나라 대부 경봉(慶封)을 구금하여 돌려보내지 않았다.

이에 시종하던 중사(中射) 한 사람이 간하여 말하기를

"제후의 모임에서 무례해서는 안 됩니다. 이는 곧 나라 존망
(存亡)의 기틀이 달려있기 때문입니다.

옛날 하(夏)나라의 걸왕(桀王)이 유융(有戎)에서 제후들을
규합했을 때 유민(有緡)이 배반하고, 은(殷)나라 주왕(紂王)이
봄 사냥터에서 제후들과 모였을 때 여구(黎丘)가 배반하고, 유
왕(幽王)이 태실(太室)에서 회맹할 때 서융(西戎)과 북적(北
狄)이 반목하게 된 것은 무례했기 때문이었습니다. 바라건대
임금께서도 이를 깊이 생각하여 도모하여 주소서."

라 했다. 그러나 임금은 듣지 않고 자기 뜻대로 했다.

그로부터 한 해가 지난 뒤에 영왕이 남쪽지방을 순시했는데
그 틈을 타 여러 신하들이 임금을 위협하여 모반했다. 그 때 영
왕은 먹을 것을 먹지 못하게 되어 건계(乾溪)라는 강변에서 굶
어 죽었다.

그러므로 말하기를 "행실이 편협하여 자기 멋대로 행동하며,
제후에게 무례를 저지르면 마침내 몸을 망치게 된다."고 했다.

奚謂行僻 昔者 楚靈王爲申之會[1] 宋太子後至 執而囚之 狎徐
君[2] 拘齊慶封 中射[3]士諫曰 合諸侯 不可無禮 此存亡之機也 昔
者 桀爲有戎之會 而有緡叛之 紂爲黎丘之蒐[4] 而戎狄叛之 由無
禮也 君其圖之 君不聽 遂行其意 居未期年 靈王南遊 群臣從而
劫之 靈王餓而死乾溪之上[5] 故曰行僻自用 無禮諸侯 則亡身之
至也

1) 楚靈王爲申之會(초영왕위신지회) : 초영왕(楚靈王)은 춘추시대 초나
   라 임금으로 공왕(共王)의 차자(次子)이며, 이름은 위(圍)로 서기전
   540년에서 전529년까지 재위했다. 본문대로 신지회(申之會)에서 제후
   들의 미움을 사 공자(公子)들의 모반으로 자살했다. 신(申)은 지금의

하남성 남양현 북쪽 2o리에 신성(申城)이 있었다.

2) 狎徐君(압서군) : 압(狎)은 업신여기다는 뜻이고, 서군(徐君)은 서나
라의 임금으로 곧 오(吳)나라 임금의 생질이었다.

3) 中射(중사) : 임금을 시종하는 관직의 이름으로 여기에 나오는 중사
(中射)는 『좌씨전』에 의하면 오거(伍擧)라 했다.

4) 黎丘之蒐(여구지수) : 여구(黎丘)는 지금의 산서성 영역에 있었던 옛
나라로 수(蒐)는 봄 사냥터를 말한다.

5) 乾溪之上(건계지상) : 지금의 안휘성 호현(毫縣)의 동남쪽에 있는 강
변을 말한다. 초나라와의 국경지대였다.

5. 음악을 즐긴다는 것은 무엇인가

어찌하여 음악을 즐긴다고 말하는 것인가 ?

옛날 위(衛)나라 영공(靈公)이 진(晋)나라에 가다가 복수(濮
水)라는 강가에 이르러 하룻밤 묵어가려고 수레에서 말(馬)을
풀고 임시로 막사를 지어 쉬고 있었다. 한밤이 되자 어디선가
북소리에 맞추어 새로운 노래소리가 들렸다. 영공은 매우 즐거
워 사람을 시켜 이웃에게 물어보았으나 아무도 들은 사람이 없
다는 보고였다.

영공은 악관(樂官)인 연(涓)을 불러 말하기를

"지금 새로운 곡으로 음악을 연주하는 사람이 있었는데 사람
을 시켜 이웃에게 물었으나 아무도 그 소리를 듣지 못했다 하
오. 그대는 나를 위해 그 소리를 듣고 악보에 옮겨 주오."

했다. 악관인 연은

"좋습니다."

하고 말했다. 이에 영공은 조용히 앉아 거문고를 연주했다.

연은 그 소리를 받아 악보에 옮겨 썼다. 다음날 연은 임금에
게 보고하기를

"신(臣)이 악보를 만들기는 했습니다만 아직 충분하지는 못
하오니 하룻밤만 더 말미를 주시면 이를 완성하겠습니다."

고 말했다. 영공은
"좋다. 그렇게 하여라."
고 말했다. 이렇게 하룻밤의 말미를 얻은 연이 다음날 악보
를 완성하여 일행은 마침내 진(晉)나라로 떠났다.
진(晉)나라 평공(平公)은 위나라 영공을 위하여 시이(施夷)
의 누각에서 주연을 베풀었는데 주연이 무르익자 영공이 일어
나 말하기를
"이곳으로 오는 길에 새로운 음악을 들었는데 원컨대 한번
연주해 봄이 어떻겠습니까."
하니 평공이 말했다.
"좋습니다."
영공은 곧 연을 불러 사광(師曠)의 옆에 앉으라고 명령한 뒤
거문고로 새로운 곡을 연주하게 했다. 그런데 아직 연주가 끝
나기도 전에 옆에 앉았던 진나라의 악관 광(曠)이 연의 손을
잡으면서 말하기를
"이것은 나라를 망하게 하는 곡이니 끝까지 연주해서는 안
됩니다."
고 했다. 이에 평공이 말하기를
"이 곡은 어디에서 나온 것이냐?"
고 물었다. 사광이 말하기를
"이것은 악관인 연(延)이 만든 곡인데 주왕(紂王)을 위하여
지은 음탕한 음악입니다. 무왕(武王)이 그의 임금인 주(紂)를
토벌하자 연은 동쪽으로 달아나다 박수에 이르러 스스로 강물
에 몸을 던져 죽었습니다. 그래서 이 곡은 반드시 박수 근처에
서만 들을 수 있습니다. 이 곡을 남보다 먼저 듣는 사람은 반드
시 그 나라를 빼앗긴다는 말이 전해지므로 이 곡을 끝마치도록
해서는 안 됩니다."
고 했다. 그러나 평공은 말하기를
"과인은 음악을 좋아한다. 그대는 그 음악을 끝까지 연주하
라."

고 해서 연은 그 곡을 끝까지 연주했다. 연주가 끝나자 평공
이 사광에게 묻기를

"이 곡은 세상에서 이른바 무슨 가락이냐?"

고 하자 사광은 말하기를

"이것은 이른바 청상(淸商)의 가락이라고 합니다."

고 대답했다. 평공이 다시 말하기를

"청상이라는 가락이 본래 가장 슬픈 가락인가?"

고 묻자 사광이 말하기를

"청치(淸徵)라는 가락이 있는데 그것에는 미치지 못합니다."

고 대답했다. 평공은 또 말하기를

"그렇다면 그 청치라는 곡을 들려줄 수 있겠느냐?"

고 하자 사광은 말하기를

"그것은 들려드릴 수 없습니다. 옛날 이 청치의 가락을 들은
사람은 모두 도덕과 의리를 완전하게 갖춘 임금들이었습니다.
지금 우리 임금께서는 덕(德)이 엷어 그 가락을 듣기에는 모자
란 듯합니다."

고 하니 평공이 말했다.

"과인이 좋아하는 것은 음악이니 바라건대 한번 들려주오."

사광은 마지못해 거문고를 당겨 청치를 연주하기 시작했다.
첫째 곡을 연주하니 검은 학(玄鶴)이 여덟 마리씩 두 줄을 지
어 남쪽에서 날아와 복도에 모여 앉았다가 두번째 곡이 시작되
자 나란히 줄을 지었고 세번째 곡이 연주되니 검은 학들은 목
을 길게 뽑고 울면서 나래를 펴고 춤을 추었는데 그 소리는 궁
상각치우의 가락에 맞추어 하늘에까지 미치는 듯했다. 이에 평
공이 크게 기뻐하니 한 자리에 있던 모두가 다 즐거워했다.

평공은 술잔을 높이 들고 일어나 사광(師曠)의 장수를 축수
하고는 자리로 돌아와 묻기를

"청치보다 더 슬픈 가락은 없는가?"

고 말하자 사광이 말하기를

"청치가 슬프기는 하지만 청각(淸角)에는 미치지 못합니다."

고 대답했다. 그러자 평공은 말하기를

"이번에는 청각의 가락을 들려줄 수 없겠는가?"

하니 사광이 말하기를

"그것은 불가능합니다. 옛날 황제(黃帝)가 태산(泰山) 위에 귀신을 모은 일이 있었는데 그 때 황제는 상아(象牙)로 꾸민 수레를 타고, 여섯 마리의 교룡(蛟龍)이 그 수레를 끌게 했으며, 목신(木神)인 필방(畢方)이 양측의 바퀴빗장이 되었고, 병신(兵神)인 치우(蚩尤)는 앞장을 섰으며, 풍신(風神)인 풍백(風伯)은 나아갈 길을 깨끗이 쓸고, 우신(雨神)인 우사(雨師)는 길에 물을 뿌려 깨끗이 했습니다. 범이나 승냥이같은 동물은 앞에서 길잡이를 했고 귀신들은 뒤에서 호위했으며 하늘을 날던 용[騰蛇]은 땅에 내려와 엎드렸고 봉황은 하늘을 덮고 춤을 추었습니다. 이렇게 하여 귀신들을 크게 산에 모아놓고 청각(淸角)의 곡을 만들었습니다.

지금 임금께서는 덕이 엷으므로 그 가락을 들으시기에는 모자람이 많습니다. 이 가락을 굳이 들으신다면 반드시 재앙이 있을 것입니다."

고 했다. 그러자 평공이 말했다.

"과인은 이미 늙었다. 이제 나에게 즐거움이 있다면 음악을 듣는 일이니 바라건대 그 가락을 들려주오."

사광은 부득이 거문고를 연주했는데, 첫째 곡의 연주가 시작되자 검은 구름이 서북방에서 일어나 모여들었다. 다시 연주가 계속되자 큰 바람이 불면서 큰 비가 쏟아져 휘장이 찢어지고 술잔이 깨어졌으며 기왓장이 부서져 낭하에 떨어지니 자리에 앉았던 사람들이 모두 달아나고 말았다. 이에 평공도 겁이 나고 두려워 궁궐 내실로 피하여 엎드렸다.

이러한 일이 있은 뒤 진(晉)나라에는 큰가뭄이 닥쳐 3년 동안 초목이 자라지 않았다. 평공은 전신이 굽어 곱사등이가 되어 죽음을 면치 못했다.

그래서 이르기를 "정무(政務)에 힘쓰지 않고 음악만을 즐겨 그치지 않는다면 자기 일신을 스스로 궁지에 몰아넣게 된다."
고 말했다.

奚謂好音　昔者　衞靈公將之晋　至濮水¹⁾之上　稅車²⁾而放馬　設
舍以宿　夜分而聞鼓新聲者而說之　使人問左右　盡報弗聞　乃召師
涓³⁾而告之曰　有鼓新聲者　使人問左右　盡報弗聞　子爲我而寫之
師涓曰　諾　因靜坐撫琴⁴⁾而寫之　師涓明日報曰　臣得之矣　而未習
也　請復一宿習之　靈公曰　諾　因復留宿　明日而習之　遂去之晋
晋平公觴之於施夷之臺⁵⁾　酒酣　靈公起曰　有新聲　願請以示　平公
曰　善　乃召師涓　令坐師曠⁶⁾之旁　援琴鼓之　未終　師曠撫止之曰
此亡國之聲　不可遂也　平公曰　此奚道出　師曠曰　此師延⁷⁾之所作
與紂爲靡靡之樂也⁸⁾　及武王伐紂　師延東走　至於濮水而自投　故
聞此聲者　必於濮水之上　先聞此聲者　其國必削　不可遂　平公曰
寡人所好者音也　子其使遂之　師涓鼓究之⁹⁾　平公問師曠曰　此所
謂何聲也　師曠曰　此所謂清商也　公曰　清商¹⁰⁾　固最悲乎　師曠曰
不如清徵　公曰　清徵可得而聞乎　師曠曰　不可　古之得聽清徵者
皆有德義¹¹⁾之君也　今吾君德薄　不足以聽　平公曰　寡人之所好者
音也　願試聽之　師曠不得已　援琴而鼓　一奏之　有玄鶴二八道南
方來¹²⁾　集於郞門之塊　再奏之而列　三奏之　延頸而鳴　舒翼而舞
音中宮商之聲　聲聞於天　平公大說　坐者皆喜　平公提觴而起　爲
師曠壽　反坐而問曰　音莫悲於清徵乎　師曠曰　不如清角　平公曰
清角可得而聞乎　師曠曰　不可　昔者　黃帝合鬼神於泰山之上　駕
象車而六蛟龍¹³⁾　畢方竝鎋　蚩尤居前　風伯進掃　雨師灑道　虎狼
在前　鬼神在後　騰蛇伏地　鳳皇覆上　大合鬼神　作爲清角　今吾君
德薄　不足聽之　聽之將恐有敗　平公曰　寡人老矣　所好者音也　願
遂聽之　師曠不得已而鼓之　一奏之　有玄雲從西北方起　再奏之
大風至　大雨隨之　裂帷幕　破俎豆　隳廊瓦　坐者散走　平公恐懼
伏於廊室之間　晋國大旱　赤地三年¹⁴⁾　平公之身遂癃病¹⁵⁾　故曰不
務聽治　而好五音不已　則窮身之事也

1) 濮水(복수) : 지금의 산동성 복현(濮縣)의 남쪽으로 흐르는 황하(黃

河)의 분류.

2) 稅車(세거) : 세(稅)는 탈(脫)의 잘못된 글자로 말을 수레에서 떼어
내어 뛰게 한다는 뜻.

3) 師涓(사연) : 춘추시대 위나라 영공의 악관(樂官)으로 연(涓)은 이름
이다. 악관을 사(師)라 하였다.

4) 撫琴(무금) : 거문고를 당겨 연주한다는 뜻.

5) 晉平公觴之於施夷之臺(진평공상지어시이지대) : 진평공(晉平公)은 춘
추시대 진나라의 임금으로 도공(悼公)의 아들이며 이름은 표(彪). 서
기전 557년에서 전532년까지 재위했는데 『좌씨전』에도 음악을 좋아
했던 기록이 몇 군데에 기록되었다. 상(觴)은 술잔(杯)을 말함인데
여기서는 주연(酒宴)을 뜻하고 시이지대(施夷之臺)는 지금의 산서성
곡옥(曲沃)의 서쪽 분수에 접한 곳인데 『좌씨전』 소공(昭公) 8년조
에 기록된 사기(虒祁)의 별궁(別宮).

6) 師曠(사광) : 춘추시대 진(晉)나라의 악관으로 이름은 광(曠)이고 자
는 자야(子野)였다.

7) 師延(사연) : 은(殷)나라 주왕(紂王) 때의 악관의 이름인데 『사기』
은본기에는 사연(師涓)으로 썼다.

8) 靡靡之樂也(미미지악야) : 소리가 곱고 아름다운 음악을 말하는 것인
데, 여기서는 음탕한 음악을 뜻한다.

9) 究之(구지) : 여기에서 연주를 끝내다는 뜻.

10) 淸商(청상) : 청치(淸徵)·청각(淸角)과 함께 음악의 오음계(五音
階)인 궁·상·각·치·우를 다시 청탁(淸濁)별로 구분한 것이다.

11) 德義(덕의) : 사람의 마음(德)과 행동(義)의 바른 기준을 말하는 것
으로 『맹자』에는 덕(德)과 의(義)를 구분했으나 『좌씨전』이나 『국
어』에는 하나의 숙어로 썼다.

12) 玄鶴二八道南方來(현학이팔도남방래) : 현학이팔(玄鶴二八)이란 검
은 학이 여덟 마리씩 두 줄로 난다는 뜻. 현학(玄鶴)은 흰학(白鶴)이
2천년을 살면 검은 학이 된다고 했고, 이팔(二八)이란 춤을 출 때 여
덟 사람씩 두 줄로 서서 추는데서 유래된 말이다. 도남방(道南方)의
도(道)는 따라오다의 뜻과 같다.

13) 蛟龍(교룡) : 용(龍)의 일종으로 뱀과 비슷하고 다리가 넷 달렸다는 상상의 동물.

14) 赤地三年(적지삼년) : 3년 동안 가물어 초목과 곡식이 자라지 않은 황폐한 땅.

15) 癃病(융병) : 나이가 많아 늙어 허리가 굽는 병인데 여기서는 '곱사등이'를 뜻한다.

6. 탐욕스럽고 괴팍한 것이란 무엇인가

어찌하여 탐욕스럽고 괴팍하다고 하는 것인가?

옛날 지백요(智伯瑤)는 조나라와 한(韓)나라 그리고 위(魏)나라 군사를 이끌고 범씨(范氏)와 중항씨(中行氏)를 공략하여 멸망시켰다.

돌아와서는 군사를 몇 년간 쉬게 했는데 사람을 한(韓)나라에 보내 영토를 분할해 줄 것을 요구했으나 한나라 강자(康子)는 들어주려 하지 않았다.

이에 단규(段規)라는 신하가 간하여 말하기를

"주지 않으면 안 될 것입니다. 무릇 지백(智伯)의 사람됨은 이득을 좋아하며 오만하기 짝이 없습니다. 그가 땅을 요청하였는데 주지 않는다면 곧 군사를 일으켜 반드시 우리 한나라로 공격해 올 것입니다. 임금께서는 그에게 땅을 주십시오. 우리가 땅을 주게 되면 그는 그것에 맛을 들여 또 다른 나라에게도 땅을 요구할 것이며 다른 나라 가운데는 들어주지 않는 나라가 생길 것이고 그렇게 되면 지백은 반드시 군사를 일으켜 그 나라를 공격할 것입니다. 그렇게 되면 우리 한나라는 화를 면하게 되고 정세의 변화를 보아 대처하면 될 것입니다."

했다. 강자(康子)는

"옳은 말이다."

하고는 사신을 지백(智伯)에게 보내 1만가호(一萬家戶)에 해당하는 고을 하나를 주겠다고 했다.

지백은 대단히 기뻐하고 다시 위(魏)나라에 사신을 보내 영토(領土)를 분할해 줄 것을 요구했으나 위나라 선자(宣子)는 그 청을 들어주지 않으려 했다.

그러자 신하인 조가(趙葭)가 간하여 말하기를

"그는 한나라에 땅을 요구했는데 한나라는 그것을 들어주었습니다. 이제 우리에게 땅을 내놓으라고 요구하는데 우리가 들어주지 않으면 나라 안의 인심은 홀로 강하다는 자만심을 갖게 될 것이고, 나라 밖으로는 지백의 노여움을 사게 될 것입니다. 이렇게 되면 지백은 반드시 군사를 일으켜 우리를 공격하게 될 것이니 주지 않는 것이 주는 것보다 못합니다."

고 했다. 위나라 선왕은

"옳은 말이다."

하고는 사신을 보내 I만가호에 버금가는 고을을 지백에게 주었다.

이렇게 되자 지백은 다시 사신을 조(趙)나라에 보내 채(蔡)와 고랑(皐狼)의 두 고을을 내놓으라고 했는데 조나라의 양자(襄子)는 이를 거절하고 주지 않았다.

그러자 지백은 몰래 한나라, 위나라와 동맹하고 조나라를 정벌하려고 했다.

이에 조나라 양자는 신하인 장맹담(張孟談)을 불러들여 이를 의논하면서 말하기를

"지백의 사람됨은 본래 밖으로는 친숙한 척하면서 속으로는 엉뚱한 흉계를 꾸미는 사람이다. 이번에 한나라와 위나라에 세 번씩이나 사신을 보내 음모를 꾸미면서 과인에게는 아무런 의논도 없다. 이것은 반드시 군사를 일으켜 과인을 공격하려는 것이 틀림없는데 과인은 어떻게 대처하면 좋겠는가?"

고 물었다. 장맹담은 말하기를

"저 동알우(董閼于)는 선왕(先王)이신 간주(簡主)를 섬긴 슬기로운 신하였는데 그가 진양(晋陽)땅을 다스렸고, 뒤를 이어 윤탁(尹鐸)이 선정을 베풀어 그 교화의 흔적이 지금까지 남아

있습니다. 임금께서는 진양으로 옮겨 앞으로의 근거로 삼으십시오."

했다. 임금은

"좋은 의견이다."

라고 말하고 곧 신하인 연릉생(延陵生)을 불러 병거(兵車)와 기병(騎兵)을 이끌고 앞서 진양으로 가게 한 다음 임금도 그 뒤를 따라 그곳으로 갔다.

임금이 진양에 도착하여 성곽(城郭)과 오관(五官)의 창고를 살펴보니 성곽은 보살피지 않아 허물어졌고 창고에는 한 톨의 곡식도 없었으며, 관청의 금고에는 돈이 없고 무기고에는 갑옷과 병기가 없어 고을을 지키는 방위가 전혀 되어 있지 않았다.

이것을 본 임금 양자(襄子)는 두려운 나머지 곧 장맹담을 불러 말하기를

"과인이 성곽과 오관의 창고를 둘러 보았는데, 아무것도 갖추어져 있지 않으니 우리는 어떻게 적에게 대항할 것인가?"

고 물었다. 장맹담이 말하기를

"신(臣)이 듣기로는 성인이 나라를 다스릴 때 재물은 민중의 창고에 두고 나라의 창고에 두지 않으며 애써 민중을 교화하면 성곽을 돌보아 수리하지 않아도 곧 민심이 성을 쌓는 것과 마찬가지라 합니다. 지금이라도 임금께서 명령을 내려 민중들로 하여금 3년 동안 먹을 곡식만 남기고 나머지 곡식이 있는 사람은 모두 나라의 창고에 바쳐 넣도록 하고, 3년 동안 쓸 재물만 남기고 남은 돈이 있는 사람은 모두 나라의 금고에 바치도록 하며, 각자 자기 일을 하고도 남는 인력이 있으면 그들로 하여금 성곽을 쌓게 하도록 하십시오."

라고 대답했다. 이에 임금이 그날 저녁무렵 명령을 내렸는데, 이튿날 아침이 되자 창고에는 더 이상 곡식을 넣을 수 없을 정도가 되었고, 금고에는 돈이 꽉차 더 쌓을 수 없게 되었으며, 무기고에는 갑옷과 병기가 꽉차 더 들여놓을 틈이 없게 되었다. 그리고 닷새가 지나자 성곽은 말끔히 수리되고 적에 대처

할 모든 준비가 갖추어지게 되었다.

이에 임금은 장맹담을 불러 묻기를

"이제 우리의 성곽이 말끔히 수리되었고 수비도 갖추어졌으며 돈과 식량도 충분하고, 무기도 남아도 화살이 없으니 어찌할 것인가?"

고 말했다. 장맹담이 말하기를

"신(臣)이 듣기로 동알우(董閼于)가 진양을 다스릴 때 뒷날을 걱정하여 공궁(公宮)의 담장에는 모두 싸리나무와 억새풀과 쑥대나무 그리고 초목(楚木)같은 나무를 심어 울타리로 삼아 그 높이가 열 자(丈)도 넘게 되었으니 임금께서는 그것을 잘라 쓰시면 화살은 남아 돌 것입니다."

라고 대답했다. 임금은 그의 말대로 그 나무들을 잘라 시험해 본 결과 그 견고함이 균로(箘簵)의 대(竹)로 만든 화살도 이에 미치지는 못할 정도였다.

그래서 임금이 말하기를

"이만하면 화살은 충분한데 화살촉을 만들 쇠는 어떻게 하는 것이 좋겠는가?"

했다. 장맹담이 말하기를

"신(臣)이 듣기에는 동알우가 진양을 다스리면서 공궁과 관사를 지을 때 넓은 방에는 모두 정교한 구리(銅)로 기둥의 초석을 하도록 했습니다. 그것을 사용하면 화살촉을 만들고도 남을 것입니다."

고 해서 그렇게 한 결과 역시 충분했다.

이렇게 하여 모든 명령이 내려지고 방비에 필요한 것이 갖추어졌을 때 과연 세 나라 연합군이 공격해 와 진양성에 이르렀고 곧 전쟁이 벌어졌다. 3개월이 지나도 성을 함락시키지 못하므로 적군은 넓게 흩어져 성곽을 포위하고 진양의 강물을 끊어 성안으로 몰아넣어 수공(水攻)을 시도한 지 3년이 지났다. 성곽 안은 마치 새집처럼 높은 곳에 집을 짓고 솥을 달아매고 밥을 지었는데, 이제는 양식이나 재물도 다 소비되고 사대부들도 야위고 병들어 더는 버틸 수가 없게 되었다.

이에 양자는 장맹담에게 말하기를

"식량도 떨어지고 물자도 다 되었으며 사대부는 물론 민중들도 야위고 병들었으니 나로서는 더 버틸 수가 없게 되었다. 성문을 열고 항복하려고 하는데 어느 나라에 항복하는 것이 좋겠는가?"

고 물었다. 장맹담이 말하기를

"신(臣)이 듣기로는 나라가 멸망하려 할 때 이를 보존하지 못하고, 위태로울 때 안정시키지 못한다면 지혜로운 자들이 중시될 필요가 없다고 합니다. 임금께서 꾀하려 하시는 계책을 거두시고 신(臣)에게 시험삼아 몰래 성밖으로 빠져나가 한나라와 위나라의 임금을 만나도록 허락하여 주십시오."

하니 이에 양자가 허락해 장맹담은 성을 빠져나가 한·위의 두 임금을 만나 말했다.

"신(臣)이 듣기로는 입술이 없어지면 이가 시리다(脣亡齒寒)고 했는데 지금 지백은 두 임금을 거느리고 조나라를 멸망시키려고 합니다. 만약 조나라가 멸망한다면 다음에는 두 임금께서 멸망할 차례인 것입니다."

고 했다. 두 임금은 말하기를

"우리도 그렇게 되리라는 것을 알고 있소. 그러나 지백의 사람됨이 그 마음은 포악하고 인정이라고는 없으니 만약 우리의 꾀하는 일이 탄로나면 반드시 그 화가 크게 미칠 것이므로 그 일을 어찌하면 좋겠소?"

하고 걱정했다. 장맹담이 말하기를

"오늘의 이 계획은 두 임금님의 입으로 말했고, 저의 귀로 들었을 뿐으로 남이 알지를 못합니다."

라고 대답했다. 이에 두 임금은 한나라와 위나라의 두 군사가 지백을 모반할 것을 장맹담과 약속하고 함께 그 날짜를 정했다.

장맹담은 그날 밤으로 어둠을 틈타 진양성으로 들어가 양자에게 두 임금의 모반 계획을 보고했다. 양자는 이에 장맹담을 맞이하며 두 번 절하면서 한편으로는 두렵고 한편으로는 기뻐했다.

한편 두 임금은 장맹담과 약속을 한 후 핑계삼아 지백을 배알하고 돌아오는 길에 지백의 일족인 지과(智過)를 군문 밖에서 만났다. 지과는 두 임금의 안색이 평소와는 다른 것을 발견하고 곧장 지백을 만나 말하기를

"지금 두 임금을 만났는데 무엇인가 일을 꾸미고 있는 듯했습니다."

고 아뢰자 임금이 묻기를

"어떠한 점이 그러하던가?"

하자 지과는 말하기를

"그들의 걸음걸이가 전에 없이 당당했고 다른 때의 거동과는 달리 예절에도 마땅하지 않으니 임금께서는 앞질러 조치하심이 좋을 것입니다."

고 했다. 이에 임금은 말하기를

"과인은 두 임금과 굳게 약속하기를, 조나라를 정벌한 뒤 그 영토를 셋으로 나눠갖기로 했다. 그것은 과인이 그들과의 친분을 나타낸 것이니 반드시 나를 속이지는 않을 것이다. 그리고 군세가 진양을 포위한 지 3년이 지나 이제 막 성이 함락되어 이익을 얻게 되었는데 어찌 그들이 다른 마음을 품을 수 있겠는가? 반드시 그렇지 않을 것이다. 그대는 걱정말고 의심을 풀도록 하고 다시는 입밖에 그런 말을 담지 말라."

고 했다. 이튿날 또 두 임금이 지백을 배알하고 나오는 길에 군문에서 지과를 다시 만났다.

지과는 곧 지백을 만나 말하기를

"임금께서는 신(臣)이 어제 한 말을 두 임금에게 말씀하셨습니까?"

고 물었다. 임금이 말하기를

"어떻게 그것을 알게 되었는가?"

고 되물었다. 지과가 말하기를

"오늘 아침 두 임금이 조회를 마치고 나가는 길에 그들이 저를 보고는 안색이 변하면서 노려보는 것을 보았는데 이는 반드시 변고가 있음을 뜻하는 것이니 임금께서는 그들을 살려두지 않음이 좋습니다."

고 했다. 임금은

"그대는 다시는 그러한 말을 되풀이하지 말라."

고 말했다. 그러나 지과는 굽히지 않고 말하기를

"안 됩니다. 그들을 반드시 죽이십시오. 만약 죽이지 못하시겠다면 더욱 그들과 친숙하셔야 합니다."

고 간했다. 임금은 말하기를

"더욱 친숙해지려면 어떻게 하면 되겠는가?"

고 물었다. 지과는 말하기를

"위선자(魏宣子)를 섬기는 참모 신하는 조가(趙葭)이고, 한강자(韓康子)의 참모는 단규(段規)인데 그들 두 참모를 불러 약속하기를 조나라를 정벌한 다음 두 사람에게는 각각 1만가호에 해당하는 고을을 봉하여 제후로 삼겠다고 하십시오. 이렇게 하시면 두 임금의 마음이 바뀌지 않도록 할 것입니다."

고 했다. 이 말을 듣고 지백은 말하기를

"조나라를 정벌하면 그 영토를 세 사람이 나눠갖고 또 그 두 사람에게 각각 1만 호에 해당하는 고을을 넘겨준다니 그렇게 되면 나에게 돌아오는 소득이 적어지는데 그렇게는 할 수 없는 일이다."

했다. 지과(智過)는 자기의 의견이 받아들여지지 않음을 알고 물러나왔는데 닥쳐올 후환을 걱정하여 그 족속(族屬)을 바꾸어 보씨(輔氏)라 했다.

그러던 중 약속한 날 밤이 되자 조나라편에서는 성에서 나와 제방을 지키는 지백의 군사를 죽이고 물을 돌려 지백의 진영으로 몰아넣었다. 지백의 군사들은 물을 막느라 이리뛰고 저리뛰어 혼란스러웠는데, 그 틈을 타 한위 두 나라의 군사는 좌우에

서 들이치고 양자는 장병을 거느리고 전면에서 습격하여 지백
의 군사를 크게 격파하고 지백을 사로잡았다.

이렇게 되자 지백은 자살하고 군사는 파멸되었으며 나라는
셋으로 나뉘어져 세상의 웃음거리가 되었다.

그래서 이르기를 "탐욕스럽고 성질이 괴팍하여 이익만을 좋
아하면 나라를 멸망시키고 일신은 죽음을 당한다."고 했다.

奚謂貪愎 昔者 智伯瑤率趙韓魏而伐范中行滅之 反歸休兵數
年 因令人請地於韓 韓康子欲勿許 段規諫曰 不可不與也 夫智
伯之爲人也 好利而驚愎 彼來請地而弗與 則移兵於韓必矣 君其
與之 與之彼狃[1] 又將請地他國 他國且有不聽 不聽則智伯必加
之兵 如是 韓可以免於患 而待其事之變 康子曰 諾 因令使者致
萬家之縣一[2]於智伯 智伯說 又令人請地於魏 魏宣子欲弗與 趙
葭[3]諫曰 彼請地於韓 韓與之 今請地於魏 魏弗與 則是魏內自强
而外怒智伯也 如弗予 其措兵[4]於魏必矣 不如予之 宣子曰 諾
因令人致萬家之縣一於智伯 智伯又令人之趙 請蔡皋狼[5]之地 趙
襄子弗與 智伯因陰約韓魏 將以伐趙 襄子召張孟談[6]而告之曰
夫智伯之爲人也 陽親而陰疏[7] 三使韓魏 而寡人[8]不與焉 其措兵
於寡人必矣 今吾安居而可 張孟談曰 夫董關于[9] 簡主之才臣也
其治晋陽 而尹鐸循之[10] 其餘教猶存 君其定居晋陽而已矣 君曰
諾 乃召延陵生令將車騎[11] 先至晋陽 君因從之 君至 而行其城
郭及五官之藏[12] 城郭不治 倉無積粟[13] 府無儲錢 庫無甲兵 邑無
守具 襄子懼 乃召張孟談曰 寡人行城郭及五官之藏 皆不備具
吾將何以應敵 張孟談曰 臣聞聖人之治藏於民 不藏於府庫 務修
其教 不治城郭 君其出令 令民自遺三年之食 有餘粟者入之倉
遺三年之用 有餘錢者入之府 遺有奇人者 使治城郭之繕 君夕出
令 明日倉不容粟 府無積錢 庫不受甲兵 居五日 而城郭已治 守
備已具 君召張孟談而問之曰 吾城郭已治 守備已具 錢粟已足
甲兵有餘 吾奈無箭何 張孟談曰 臣聞董子之治晋陽也 公宮之垣
皆以荻蒿楛[14]楚牆之 其高至于丈 君發而用之 有餘箭矣 於是發

而試之 其堅則雖箘簬之勁[15] 弗能過也 君曰 吾箭已足矣 奈無
金何[16] 張孟談曰 臣聞董子之治晋陽也 公宮令舍之堂[17] 皆以鍊
銅爲柱質 君發而用之 有餘金矣 於是發而用之 號令已定 守備
已具 三國之兵果至 至則乘[18]晋陽之城 逐戰三月弗能拔 因舒軍
而圍之 決晋陽之水以灌之 圍晋陽三年 城中巢居而處 懸釜而炊
財食將盡 士大夫羸病[19] 襄子謂張孟談曰 糧食匱[20] 財力盡 士大
夫羸病 吾恐不能守矣 欲以城下[21] 何國之可下 張孟談曰 臣聞
之 亡弗能存 危弗能安 則無爲貴智矣 君釋此計者 臣請試潛行
而出 見韓魏之君 張孟談見韓魏之君曰 臣聞脣亡齒寒 今智伯率
二君而伐趙 趙將亡矣 趙亡則二君爲之次 二君曰 我知其然也
雖然 智伯之爲人也 麤中而少親 我謀而覺 則其禍必至矣 爲之
奈何 張孟談曰 謀出二君之口 而入臣之耳 人莫之知也 二君因
與張孟談約二軍之反 與之期日 夜遣孟談入晋陽 以報二君之反
襄子迎孟談而再拜之 且恐且喜 二君以約遣張孟談 因朝智伯而
出 遇智過於轅門之外[22] 智過怪其色 因入見智伯曰 二君貌將有
變 君曰 何如 曰 其行矜而意高 非他時之節也 君不如先之 君
曰 吾與二君約謹矣 破趙而三分其地 寡人所以親之 必不我欺
兵之著於晋陽三年 今旦暮將拔之 而嚮其利 何乃將有他心 必不
然 子釋勿憂 勿出於口 明旦 二主又朝而出 復見智過於轅門 智
過入見曰 君以臣之言告二主乎 君曰 何以知之 曰 今日二主朝
而出 見臣而其色動 而視屬臣 此必有變 君不如殺之 君曰 子置
勿復言 智過曰 不可 必殺之 若不能殺 遂親之 君曰 親之奈何
智過曰 魏宣子之謀臣曰趙葭 韓康子之謀臣曰段規 君其與二子
約 破趙國 因封二子者各萬家之縣一 如是 則二主之心可以無變
矣 智伯曰 破趙而三分其地 又封二子者各萬家之縣一 則吾所得
者少 不可 智過見其言之不用也 出因更其族爲輔氏 至於期日之
夜 趙氏殺其守隄之吏 而決其水灌智伯軍 智伯軍救水而亂 韓魏
翼而擊之 襄子將卒犯其前 大敗智伯之軍 而擒智伯 智伯身死軍
破 國分爲三 爲天下笑 故曰 貪愎好利 則滅國殺身之本也

1) 狃(뉴) : 익히다와 같은 뜻인데 여기서는 익숙해졌다는 말.

2) 萬家之縣一(만가지현일) : 집 호수(家戶) 1만에 해당하는 큰 고을의
   하나. 곧 한 고을의 영토를 뜻한다.

3) 趙葭(조가) : 위(魏)나라 선자(宣子)의 모신(謀臣)으로 『전국책』에는
   임장(任章)으로 『회남자』에는 임등(任登), 『설원(說苑)』에는 임증(任
   增)으로 나와 있다.

4) 措兵(조병) : 군사를 일으킨다는 뜻과 같다.

5) 蔡皋狼(채고랑) : 채(蔡)와 고랑(皋狼)땅을 말한다.

6) 張孟談(장맹담) : 조양자(趙襄子)의 가신으로 재상을 지냈으며 자를
   배(配)라 했다.

7) 陽親而陰疏(양친이음소) : 양친(陽親)은 밖으로 친숙한 척하는 것. 음
   소(陰疏)는 속으로는 소원하다는 뜻.

8) 寡人(과인) : 임금이 스스로를 낮추어 칭할 때 쓰는 말. 조양자는 제
   후로서 '과인'이란 자칭을 못쓰게 되어 있으므로 후세 사람이 쓴 것
   으로 여겨진다.

9) 董閼于(동알우) : 춘추시대 진나라 조간자의 가신으로 진양을 다스렸
   던 사람.

10) 尹鐸循之(윤탁순지) : 윤탁(尹鐸) 또한 조간자의 가신으로 동알우의
    뒤를 이어 진양을 다스린 사람이며, 순(循)은 뜻에 따르다의 뜻.

11) 延陵生令將車騎(연릉생령장거기) : 연릉생(延陵生)은 그 사적은 문
    헌에 뚜렷하지 않고 단지 조양자의 관리로 연릉(延陵)은 성으로 여
    겨진다. 거기(車騎)는 병거(兵車)와 기병(騎兵)을 말한다.

12) 行其城郭及五官之藏(행기성곽급오관지장) : 행(行)은 순시를 뜻하고,
    오관지장(五官之藏)이란 문헌에 따라 여러 가지 설이 있는데 『회남
    자』에는 동서남북의 사방과 중앙에 있는 관청의 창고를 말했고, 『예
    기』에는 '국가오관(國家五官)'이라 하여 오대부(五大夫)가 관장하는
    창고를 뜻했다.

13) 倉無積粟(창무적속) : 창고에는 곡식이 없었다는 뜻인데, 다음에 나
    오는 부(府)는 물자와 재화(財貨)를 두는 창고이며, 고(庫)는 갑옷과
    병기를 간수하는 창고를 말한다.

14) 荻蒿楛(적호고) : 적(荻)은 물억새풀이고 호(蒿)는 쑥과 비슷한 영

거시과에 속하는 풀로 쭉 곧게 자라는 다년초 풀이며, 고(楛)는 싸리 나무를 말하며 화살을 만드는데 적당한 재질을 뜻한다.

15) 箘簵之勁(균로지경) : 균로는 아주 굳센 대나무의 일종으로 『상서(尙書)』위공전에는 균로를 미죽(美竹)이라 했다. 경(勁)은 굳세다, 강하다의 뜻.

16) 奈無金何(내무금하) : 내(奈)는 어떻게와 같은 말이고, 금(金)이란 여기에서 활촉을 만드는 구리(銅)를 뜻한다.

17) 公宮令舍之堂(공궁영사지당) : 공궁(公宮)은 궁궐을 뜻하고 영사(令舍)는 관리들이 사는 관사를 말하며 당(堂)은 집을 뜻한다.

18) 乘(승) : 공격한다는 뜻인데 『묵자』에는 개미와 같이 달라붙어 성을 공격한다는 뜻으로 되어 있다.

19) 士大夫羸病(사대부리병) : 사대부(士大夫)는 『순자』에서 사군자(士君子)라 했는데 지배층을 중심으로 한 사람들을 뜻하고 이병(羸病)은 야위어 쇠약해지는 병.

20) 匱(궤) : 다하다는 뜻.

21) 下(하) : 여기서 항복한다는 뜻.

22) 智過於轅門之外(지과어원문지외) : 지과(智過)는 지백의 일족(一族)으로 진나라 대부. 『국어』에는 지과(智果)로 썼다. 원문(轅門)은 끌채로 만든 문인데 진영의 문을 뜻한다.

7. 여색의 즐거움에 빠지는 것은 무엇인가

어찌하여 여색(女色)의 즐거움에 빠진다고 말하는 것인가?

옛날 서융(西戎)의 임금이 현신인 유여(由余)를 진(秦)나라에 방문 사절로 보낸 일이 있었는데, 진나라 목공(穆公)이 그에게 말하기를

"과인은 일찍이 도(道)에 대하여 들은 적은 있어도 아직 눈으로 보지는 못하였소. 바라건대 옛날 현명한 임금들은 무엇으로 나라를 얻고 어떻게 하여 나라를 잃었는지 그 까닭을 들려주오."

했다. 유여가 대답하기를

"신(臣)이 일찍이 듣기로는 항상 근검 절약하여 나라를 얻었고 사치와 방탕으로 나라를 잃었다고 했습니다."

했다. 목공은 말하기를

"과인은 부끄러움을 무릅쓰고 그대에게 도에 대하여 물었는데 그대는 다만 검약으로 대답하니 어찌된 까닭인가?"

했다. 유여가 다시 대답하기를

"신이 듣기로는 옛날 요임금이 세상을 다스릴 때는 흙으로 빚은 그릇에 밥을 담고 흙으로 만든 그릇에 국을 담아 먹는 검소한 생활을 했는데 그 영토는 남쪽으로 교지(交趾)에 이르렀고 북쪽으로는 유도(幽都)에까지 이르렀으며, 동서(東西)로는 해와 달이 뜨고 지는 곳까지 누구 한 사람 복종하지 않는 사람이 없었습니다.

그 뒤 요임금은 천하를 순임금에게 물려주었는데, 새로운 그릇을 만들었지만 산에서 나무를 베어다가 재료로 삼고 칼과 톱으로 거친 자국을 곱게 갈고 다듬어 검게 옻칠을 하여 궁궐로 가져와 밥그릇으로 썼는데 여러 제후(諸侯)들은 요임금 때보다 사치스러워졌다하여 따르지 않게 된 나라가 열 셋이나 되었습니다.

그 뒤로 순임금이 우임금에게 천하를 물려주었는데, 우임금은 새로운 제기(祭器)를 만들면서 바깥은 검은 옻칠을 하고 안쪽은 붉은 주사(朱砂)로 그림을 그려 넣었으며, 부드러운 비단으로 이불을 만들어 덮었고, 자리의 깔개(방석)에는 가장자리에 천을 대도록 했으며, 술잔에도 아름다운 무늬를 그려넣었고 술통이나 상에 장식을 했으니 이는 더욱 사치스럽게 된 것이라 우임금을 따르지 않은 나라가 서른 셋이나 되었습니다.

이렇게 우임금의 하(夏)나라가 망하고 은(殷)나라가 그 뒤를 이었는데, 천자(天子)가 탈 화려한 수레를 새로 만들고 그 수레가 달릴 길도 넓게 만들었으며, 찬란한 깃발을 아홉 개나 세우고 밥그릇이나 술잔에도 여러 가지 아름다운 조각을 하게 했으

며, 사방 벽은 흰색으로 칠하여 깨끗하게 했고, 바닥과 자리는
호화스럽게 꾸며 이렇게 더욱 사치스럽게 되자 은(殷)을 섬기
지 않은 나라가 무려 쉰 세 나라가 되었습니다.

이렇게 꾸미고 사치하는 것을 상류층인 군자들은 이해할 수
있었지만 그를 따르는 사람은 점점 줄어들었으니 그래서 신은
검약(儉約)이 곧 도라고 말씀드렸습니다.”

라고 말하고 유여(由余)는 그 자리에서 물러나왔다.

그러자 곧 목공(穆公)은 내사(內史)인 요(廖)를 불러 지금까
지의 이야기를 말하면서

“내가 듣기로는 이웃 나라에 성인(聖人)이 있으면 그 상대국
엔 걱정거리가 된다고 했다. 그런데 지금 저 유여는 바로 성인
이니 과인에게 있어 걱정거리이다. 나는 어떻게 하면 좋겠는
가?”

고 물었다. 내사인 요는 말하기를

“신(臣)이 들은 바에 따르면 융왕(戎王)이 사는 곳은 이곳에
서 멀리 떨어진 변두리로 길이 멀어 아직 중국의 음악을 들은
일이 없다고 합니다. 그러니 임금께서는 그 나라에 여자 악사
(樂士)를 보내 국정을 교란시키는 한편 융왕에게 유여를 우리
나라에 좀더 머물도록 청하여 그가 임금에게 간하지 못하도록
하십시오. 그래서 그 나라의 임금과 유여 사이에 틈이 생긴 다
음에 다른 계책을 세우는 것이 좋겠습니다.”

고 대답했다. 이에 목공은

“옳은 말이다.”

하고는 곧 내사 요를 시켜 여악사(女樂士) 열 여섯 사람을
뽑아 융왕에게 보내고 유여를 진나라에 더 머물게 해줄 것을
청했다.

그러자 융왕은 쾌히 승낙하고 여악사들을 보고는 몹시 기뻐
하여 술과 안주를 준비해 술자리를 마련하고 날마다 여악사들
과 즐기느라 세월가는 줄을 잊고 지내 목초와 물을 찾아 옮겨
갈 때를 놓쳐 소와 말은 반 이상이 죽고 말았다.

그러한 뒤에 유여를 돌려보냈는데 곧 융왕을 만나 간했지만
융왕은 여색에 빠져 그 간언을 듣지 않았으므로 유여는 그대로
융나라를 떠나 진(秦)나라로 가버렸다.

이에 진나라 목공은 그를 환영하여 예로써 맞이하고 상경(上
卿)의 벼슬을 주고는 융국(戎國)의 병력과 지형에 대하여 물었
다. 이렇게 하여 융나라의 모든 상황을 알고는 곧 군사를 일으
켜 그들을 정벌하니 합병된 나라가 열 둘에 이르렀고 영토는
천 리 사방으로 넓어졌다.

그러므로 말하기를 "여악에 빠져 나라의 정사(政事)를 돌보
지 않으면 나라가 멸망하는 화근이 된다."라고 했다.

奚謂耽於女樂 昔者 戎王使由余聘¹⁾於秦 穆公問之曰 寡人嘗
聞道 而未得目見之也 願聞古之明主得國失國常何以 由余對曰
臣嘗得聞之矣 常以儉得之 以奢失之 穆公曰 寡人不辱而問道於
子 子以儉對寡人何也 由余對曰 臣聞昔者堯有天下 飯於土簋²⁾
飮於土鉶³⁾ 其地南至交趾 北至幽都 東西至於日月之所出入者
莫不賓服 堯禪天下 虞舜受之 作爲食器 斬山木而財之 削鋸修
之迹 流漆墨其上 輸之於宮 以爲食器 諸侯以爲益侈 國之不服
者十三 舜禪天下 而傳之於禹 禹作爲祭器 墨漆其外 而朱畫其
內 縵帛爲茵 蔣席額緣 觴酌有采 而樽俎有飾 此彌侈矣 而國之
不服者三十三 夏后氏沒 殷人受之 作爲大路 而建九旒⁴⁾ 食器雕
琢 觴酌刻鏤 四壁堊墀 茵席雕文⁵⁾ 此彌侈矣 而國之不服者五十
三 君子皆知文章矣 而欲服者彌少 臣故曰儉其道也 由余出 公
乃召內史廖⁶⁾而告之曰 寡人聞隣國有聖人 敵國之憂也 今由余
聖人也 寡人患之 吾將奈何 內史廖曰 臣聞戎王之居 僻陋⁷⁾而道
遠 未聞中國之聲 君其遺之女樂 以亂其政 而後爲由余請期 以
疏其諫 彼君臣有間 而後可圖也 君曰 諾 乃使內史廖以女樂二
八遺戎王 因爲由余請期 戎王允諾 見其女樂而說之 設酒張飮
日以聽樂 終歲不遷⁸⁾ 牛馬半死 由余歸 因諫戎王 戎王弗聽 由
余遂去之秦 秦穆公迎而拜之上卿⁹⁾ 問其兵勢與其地形 旣以得之

擧兵而伐之 兼國十二 開地千里 故曰 耽於女樂 不顧國政 則亡
國之禍也

1) 戎王使由余聘(융왕사유여빙) : 융왕(戎王)의 융(戎)은 중국의 옛날
   서쪽에 살았던 부족(部族)으로 지금의 섬서성(陝西省) 감숙을 흐르
   는 강의 유역에 많이 살고 있었다. 유여(由余)는 그의 선조가 진나라
   (晉國) 사람이었으나 융나라로 망명했던 현인(賢人).

2) 土簋(토궤) : 궤(簋)는 본래 제기로 서직(黍稷)을 담는 그릇으로 바깥
   은 둥글고 안은 네모난 것. 여기서는 밥을 담아먹는 질그릇을 뜻한다.

3) 土鉶(토형) : 형(鉶)은 국을 담는 제기(祭器)로 귀가 둘 달리고 발이
   셋 있는 향로 비슷한 그릇으로 여기서는 질그릇인 국그릇.

4) 九旒(구류) : 유(旒)는 깃발을 늘어뜨림을 말하는데, 그 가닥이 천자
   (天子)는 열 두 줄이고, 제후는 아홉 줄이었다. 곧 정기(旌旗)를 말
   한다.

5) 茵席雕文(인석조문) : 인석(茵席)은 자리깔개를 말하는 것인데 지금
   의 방석을 뜻하고 조문(雕文)이란 아름다운 무늬를 새긴다는 뜻.

6) 內史廖(내사요) : 내사(內史)인 요(廖). 내사란 임금을 도와 책명(策
   命)이나 점후(占候)를 담당하는 관리인데, 지금의 비서관.

7) 僻陋(벽루) : 일반적으로는 견문(見聞)이 좁고 성질이 괴벽한 것을
   말하는데, 여기서는 후미진 시골을 뜻한다.

8) 終歲不遷(종세불천) : 한 해가 다 가고 옮겨갈 때를 놓쳤다는 말인
   데, 서융(西戎)이 유목민족이므로 해가 바뀌면 꼴(풀)과 물을 찾아
   이동해야 하는데도, 왕이 여악(女樂)에 빠져 이를 실천하지 못했다
   는 뜻.

9) 拜之上卿(배지상경) : 상경(上卿)은 대신(大臣)에 버금가는 높은 벼
   슬이고, 배(拜)는 임금이 관직을 줄 때 갖추는 예.

8. 나라를 멀리 떠나 유람하는 것은 무엇인가

어찌하여 나라에서 멀리 떠나 유람한다고 말하는 것인가?
옛날 제나라의 전성자(田成子)가 멀리 바닷가로 유람하여 즐

거운 나머지 여러 대부(大夫)를 모아놓고 호령하기를

"누구든 돌아가자고 말한다면 곧 사형에 처하겠다."

고 말했다. 이에 대부인 안탁취(顏涿聚)가 말하기를

"임금께서는 바닷가에서 즐겁게 지내시지만 자리를 비우신 동안 나라를 빼앗으려고 꾀하는 사람이 있다면 어찌하시렵니까? 임금께서 비록 즐거우시더라도 어찌 돌아가지 않을 수 있겠습니까?"

했다. 전성자가 말하기를

"과인은 명령을 내리기를 돌아가자고 말하는 사람은 사형에 처하겠다고 했다. 지금 그대는 과인의 명령을 어겼다."

하고는 창을 들어 그를 찌르려고 했다.

이에 안탁취는 말하기를

"옛날 하(夏)나라의 걸왕(桀王)은 간언하던 관룡봉(關龍逢)을 죽였고, 은(殷)나라의 주왕(紂王)은 간언한 왕자 비간(比干)을 죽였습니다. 지금 임금께서 신(臣)을 죽인다면 그들에 이어 세 사람째가 되지만 신은 상관없습니다. 신이 말한 것은 나라를 위한 것이지 제 일신을 위한 것이 아닙니다."

하고는 목을 길게 뽑고 앞으로 나가면서 말하기를

"자, 임금께서는 저의 목을 치십시오."

했다. 임금은 창을 버리고 곧 수레를 준비시켜 돌아오고 말았다.

이렇게 유람에서 돌아온 지 사흘만에 전성자가 나라를 비운 사이에 그를 나라 안으로 들어오지 못하도록 모반한 무리가 있었던 사실을 들을 수 있었다.

전성자가 제나라를 보존하여 왕위를 지킬 수 있었던 것은 죽음을 무릅쓰고 간언한 안탁취의 힘이었다.

그래서 말하기를 "나라에서 멀리 떠나 유람하는 것은 곧 일신을 위태롭게 하는 길이다."라고 일컫는 것이다.

奚謂離內遠遊　昔者　田成子[1]遊於海而樂之　號令諸大夫曰　言

歸者死 顏涿聚²⁾曰 君遊海而樂之 奈臣有圖國者何 君雖樂之 將
安歸 田成子曰 寡人布令曰 言歸者死 今子犯寡人之令 援戈³⁾將
擊之 顏涿聚曰 昔桀殺關龍逢而紂殺王子比干 今君雖殺臣之身
以三之可也 臣言爲國 非爲身也 延頸而前曰 君擊之矣 君乃釋
戈 趣⁴⁾駕而歸 至三日 而聞國人有謀不內田成子者矣 田成子所
以遂有齊國者 顏涿聚之力也 故曰 離內遠遊 則危身之道也

1) 田成子(전성자) : 춘추시대 제나라의 권신(權臣)으로 조선(祖先)인
   진공자(陳公子)가 제나라로 망명했는데 성씨를 전씨(田氏)로 바꾸고
   전상(田常)이라 했는데 바로 그가 전항(田恒)이다. 나중에 제나라 간
   공(簡公)을 죽이고 평공을 옹립하여 제나라의 정권을 멋대로 휘둘렀
   다. 여기에서 주목할 일은 이때는 아직 전씨가 임금의 자리(王位)에
   오르지 않았는데도 과인(寡人)으로 자칭했고, 안탁취가 임금(君)이라
   칭한 것은 잘못으로 『설원』에는 이야기의 주인공은 전성자(田成子)
   가 아니라 제경공(齊景公)으로 되어 있다.

2) 顏涿聚(안탁취) : 여러 가지 설이 있는데, 『좌씨전』애공 23년조에는
   안경(顏庚)으로 썼고 『설원』에는 촉추(燭趨)로 나와 있다.

3) 援戈(원과) : 창을 손으로 잡는다는 뜻이다.

4) 趣(취) : 재촉하다는 뜻과 같다.

9. 충신의 간언에 귀기울이지 않으면

어찌하여 충신의 간언(諫言)에 귀를 기울이지 않는다라고 말
하는 것인가 ?

옛날 제(齊)나라 환공(桓公)이 여러 차례에 걸쳐 제후(諸侯)
를 규합하고 천하통일을 이루어 오패(五霸)의 우두머리가 된
것은 관중(管仲)이 그를 잘 보필했기 때문이었다.

그 관중이 늙어 정사(政事)를 돌볼 수 없게 되어 집으로 돌
아와 쉬고 있었는데, 어느 날 환공이 몸소 그를 찾아와 묻기를

"중보(仲父)께서 늙고 병들어 집에서 요양하고 계시는데 불
행하게도 일어나지 못할 경우 정무(政務)를 누구에게 부탁하는

것이 좋겠는지요?"

라고 말했다. 관중이 말하기를

"신(臣)은 늙어 정신마저 맑지 못하니 물으시는 뜻을 감당하기조차 어렵습니다. 그러나 신이 듣기로는 신하를 아는 데는 임금을 따를 사람이 없고 자식을 아는 데는 그 아비를 따를 사람이 없다고 했으니 임금께서 먼저 마음속으로 결정하고 있는 사람을 말씀해 주십시오."

라 대답했다. 이에 환공은 말하기를

"포숙아(鮑叔牙)는 어떻겠소?"

했다. 관중이 말하기를

"안 됩니다. 무릇 포숙아의 사람됨은 굳세고 괴팍하며 사납기 짝이 없습니다. 굳세면 민중을 난폭하게 다루기 쉽고, 괴팍하면 민심을 얻지 못하며, 사나우면 아랫사람이 그를 따라 일하기를 꺼려합니다. 그 마음은 두려워할 줄 모르기 때문에 패자(霸者)를 보필하기에는 알맞지 않습니다."

고 대답했다. 그러자 이번에는 환공이 말하기를

"그렇다면 수조(豎刁)는 어떻겠소?"

했다. 관중이 또 말하기를

"수조도 안 됩니다. 무릇 사람이란 자기 몸을 아끼지 않는 사람이 없습니다. 그런데 임금께서 여색(女色)을 좋아하고 질투가 심하다는 말을 듣고 수조는 스스로 거세하여 여색과는 아무 관계가 없음을 나타낸 다음 임금을 위하여 후궁을 다스리는 관리가 된 사람입니다. 이와 같이 자기 몸조차 아낄 줄 모르는 사람이 어찌 임금을 소중하게 섬기겠습니까?"

고 대답했다. 이에 환공은 다시 말하기를

"그렇다면 위(衛)나라 공자(公子) 개방(開方)은 어떻겠소?"

고 물었다. 관중이 말하기를

"안 됩니다. 제나라와 위나라의 사이는 열흘이면 갈 수 있는 거리에 지나지 않는 가까운 곳입니다. 그런데도 공자 개방은 임금을 섬긴다는 구실로 임금의 마음에 들기 위하여 15년 동안

이나 자기 나라로 돌아가 그 부모를 만나보려고 하지 않았으니
이는 인정(人情)에 벗어난 일입니다. 이처럼 그 부모와 친밀하
지 못한 사람이 또한 임금에게 친밀하겠습니까?"

고 대답했다. 임금은 다시 말하기를

"그러면 역아(易牙)는 어떻겠소?"

하자 관중은 말하기를

"안 됩니다. 역아는 임금을 위하여 궁궐에서 주로 요리를 만
드는 사람으로 일찍이 임금께서 맛보지 못한 음식은 오직 사람
고기뿐임을 알고는 자기 자식의 머리를 삶아 임금에게 바쳤음
을 알고 계실 것입니다. 사람의 정으로써 자기 자식을 사랑하
지 않는 사람은 없는데 그는 자기 자식을 삶아 임금에게 바쳤
습니다. 이렇듯 자기 자식도 사랑하지 못하는 사람이 또한 임
금을 어찌 사랑할 수 있겠습니까?"

고 대답했다. 이에 임금은 말하기를

"그렇다면 누가 좋겠는가?"

고 물었다. 관중이 말하기를

"습붕(隰朋)이 좋습니다. 그의 사람됨은 안으로 마음은 굳세
면서 바깥으로는 겸손하고 정직하며, 욕심이 적고, 믿음은 두텁
습니다. 무릇 마음이 견실하면 모든 사람의 모범이 되어 사표
(師表)가 될 수 있고, 바깥으로 겸손하면 큰일을 맡길 수 있습
니다. 그리고 욕심이 적으면 민중의 윗자리에서 쉽게 그들을
다스릴 수 있고 신의가 두터우면 이웃 나라와 친교를 맺을 수
있으니 이만하면 패자의 보좌를 능히 할 수 있으니 임금께서는
그를 쓰도록 하십시오."

했다. 임금도 말하기를

"좋소."

하고 승락했다.

그로부터 한 해가 지난 뒤 관중(管仲)이 죽자 임금은 마침내
습붕을 쓰지 않고 수조(豎刁)를 등용했다.

이렇게 수조가 정무를 맡은 지 3년이 되었을 때 환공은 남쪽

의 당부(堂阜)라는 곳으로 유람했는데 그 틈을 타 수조는 역아와 위나라 공자 개방과 더불어 대신들을 규합하여 반란을 일으켰다. 환공은 급히 돌아오는 길에 성 안에 들어오지도 못한 채 먹을 것과 마실 것이 없어 남문 궁실에 갇혀 굶어죽었다. 그렇게 죽은 뒤에도 3개월이나 시체를 거두어 장사지내지를 않아 송장에서 구더기가 방문 밖으로 기어나올 지경이었다.

환공은 이끄는 군사가 천하를 마음대로 종횡했고 오패(五霸)의 우두머리에까지 올랐으나 마지막에는 신하의 손에 죽임을 당하고 찬란했던 명성은 손상되어 세상의 웃음거리가 되고 말았으니 왜 그렇게 되었는가? 그것은 관중의 진언을 듣지 않았기 때문이다.

그러므로 말하기를 "허물을 범하면서도 충신의 말을 듣지 않고 자기 뜻만을 고집하면 곧 찬란했던 명예는 손상되고 세상 사람의 웃음거리가 되는 시초다."라고 했다.

奚謂過而不聽於忠臣 昔者 齊桓公九合諸侯 一匡天下 爲五伯長 管仲佐之 管仲老 不能用事 休居於家 桓公從而問之曰 仲父家居有病 卽不幸而不起 政安遷之 管仲曰 臣老矣 不可問也 雖然 臣聞之 知臣莫若君 知子莫若父 君其試以心決之 君曰 鮑叔牙如何 管仲曰 不可 夫鮑叔牙爲人 剛愎而上悍 剛則犯民以暴 愎則不得民心 悍則下不爲用 其心不懼 非霸者之佐也 公曰 然則豎刁何如 管仲曰 不可 夫人之情 莫不愛其身 公妬而好內 豎刁自獖以爲治內[1] 其身不愛 又安能愛君 曰 然則衞公子開方何如 管仲曰 不可 齊衞之間 不過十日之行 開方爲事君 欲適君之故 十五年不歸見其父母 此非人情也 其父母之不親也 又安能親君乎 公曰 然則易牙何如 管仲曰 不可 夫易牙爲君主味 君之所未嘗食 惟人肉耳 易牙蒸其首子而進之 君所知也 人之情 莫不愛其子 今蒸其子以爲膳於君 其子弗愛 又安能愛君乎 公曰 然則孰可 管仲曰 隰朋可 其爲人也 堅中而廉外 少欲而多信 夫堅中則足以爲表[2] 廉外則足以大任 少欲則能臨其衆 多信則能親

隣國 此霸者之佐也 君其用之 君曰 諾 居一年餘 管仲死 君遂
不用隰朋 而與豎刁 刁涖事³⁾三年 桓公南遊堂阜⁴⁾ 豎刁率易牙
衞公子開方及大臣爲亂 桓公渴餒而死南門之寢⁵⁾ 公守之室 身死
三月不收 蟲出於戶 故桓公之兵橫行天下 爲五伯長 卒見弑於其
臣而滅高名 爲天下笑者 何也 不用管仲之過也 故曰過而不聽於
忠臣 獨行其意 則滅其高名爲人笑之始也

1) 自犗以爲治內(자분이위치내) : 스스로 거세(去勢)한다는 말인데 분
   (犗)은 남성을 제거한다는 뜻이고, 치내(治內)는 궁녀를 감독한다는
   말인데 내(內)는 여자 곧 궁녀를 뜻한다.

2) 堅中則足以爲表(견중즉족이위표) : 견중(堅中)은 마음이 굳건하다는
   뜻이고 표(表)는 모범으로 사표(師表)가 된다는 뜻.

3) 刁涖事(조리사) : 조(刁)는 수조(豎刁)를 말하고, 이(涖)은 일에 임하
   다는 뜻인데 이사(涖事)란 일을 맡아의 뜻이다.

4) 堂阜(당부) : 그 때의 제나라와 노나라의 국경지대였는데, 지금의 산
   동성 몽음현(蒙陰縣)의 서북쪽에 있는 땅 이름.

5) 渴餒而死南門之寢(갈뇌이사남문지침) : 갈뇌(渴餒)는 목마르고 굶주
   리다는 말인데 뇌(餒)는 굶긴다는 뜻. 침(寢)은 본래 정전(正殿)을
   뜻하는 것인데 여기서는 남문이라 했기 때문에 별궁으로 볼 수도 있
   다.

10. 남의 힘에 의지하는 것은 무엇인가

어찌하여 안으로 스스로의 힘을 헤아리지 않는다고 말하는
것인가?

옛날 진(秦)나라가 한(韓)나라의 의양(宜陽)을 공격하여 한
나라가 매우 위급할 때 재상인 공중붕(公仲朋)은 한나라 임금
에게 말하기를

"우리 편인 우방(友邦)이라고 하여 믿을 수는 없는 것입니
다. 장의(張儀)를 통하여 진나라와 화해하심이 어떻겠습니까?
그러기 위해서는 진나라에게 이름난 도읍을 바치고 진나라와

한편이 되어 남쪽으로 가 초(楚)나라를 치게 되면 우리 나라는 진나라로부터 공격당하는 걱정에서 벗어날 수 있고 그 재해는 초나라가 입게 될 것입니다."

고 말했다. 임금은

"참 좋은 말이다."

하고는 곧 공중붕에게 여행 준비를 갖추게 하고 서쪽으로 진나라와 강화조약을 맺을 것을 제의하게 했다.

초나라 임금은 이 말을 듣고 놀라 신하인 진진(陳軫)을 불러 이 일을 알리고 말하기를

"지금 한나라 임금은 공중붕을 시켜 서쪽으로 가 진나라와 강화하려고 하는데 우리는 장차 어떻게 하면 좋겠소?"

하고 물었다. 진진이 말하기를

"진나라는 한나라로부터 도움을 하나 얻고 군사를 일으켜 한편이 되어 남쪽으로 우리 초나라를 공격하려 할 것입니다. 이것은 진나라 임금이 일찍이 종묘에 그 성공을 빌었던 이유이니 그것이 우리 초나라의 해가 됨은 기정 사실입니다.

임금께서는 재빨리 한나라에 사신을 보내 많은 수레와 귀중한 비단을 바치고 '우리(不穀 : 不善) 나라는 비록 작지만 귀국을 돕기 위해 모든 군사를 다 일으켰으니 바라건대 귀국은 마음껏 진나라에 대항하십시오. 그리고 바라건대 귀국은 사신을 우리 초나라에 들여보내 초나라의 군세(軍勢)를 샅샅이 살펴보시기 바랍니다' 라고 말하게 하십시오."

이리하여 초나라는 한나라에 사신을 보내 진진의 계략대로 시행했다. 이에 한나라 임금은 대단히 기뻐하며 초나라의 실정을 살피기 위하여 사신을 보냈는데, 초나라에서는 전차와 기병을 국경지대에 집결시켜 놓고 한나라 사신에게 말하기를

"한나라 임금께 우리 군사는 이미 한나라의 국경에 집결해 있다고 보고하여 주십시오."

라고 했다. 사신이 돌아와 이같이 보고하니 한나라 임금은 크게 기뻐하여 사신으로 가려는 공중붕을 가지 말도록 막았다.

이에 공중붕이 말하기를

"안 됩니다. 무릇 우리에게 실제로 해를 끼칠 나라는 진나라이고 말로만 우리 나라를 돕는 것은 초나라입니다. 초나라의 허울좋은 빈말을 믿고 눈앞에 다가온 강력한 진나라의 재앙을 가볍게 여긴다면 나라를 위태롭게 하는 바탕이 되는 것입니다."

고 했다. 그러나 한나라 임금이 듣지 않자 공중붕은 화가 나 집으로 돌아와 열흘 동안 조정에 들어가지 않았다.

진나라의 공격을 받은 의양(宜陽)이 더욱 위급해져 한나라 임금은 사신을 초나라에 보내 원군을 청했으나 아무 반응이 없자 사신이 연이어 갔으므로 관(冠)과 수레의 덮개가 서로 바라볼 수 있는 정도였는데도 끝내 원군은 오지 않았다. 결국 의양은 함락되고 임금은 제후들의 웃음거리가 되고 말았다.

그러므로 말하기를 "안으로 스스로의 힘을 헤아리지도 않고, 밖으로 제후의 세력에 의존한다면 나라의 영토를 잃는 재앙을 면하지 못한다."고 했다.

奚謂內不量力 昔者 秦之攻宜陽[1] 韓氏急[2] 公仲朋[3]謂韓君曰 與國[4]不可恃也 豈如因張儀爲和於秦哉 因賂以名都 而南與伐楚 是患解於秦 而害交於楚也 公曰 善 乃警公仲之行 將西和秦 楚 王聞之懼 召陳軫[5]而告之曰 韓朋將西和秦 今將奈何 陳軫曰 秦 得韓之都一 驅其練甲[6] 秦韓爲一 以南鄕楚 此秦王之所以廟祠 而求也 其爲楚害必矣 王其趣發信臣 多其車 重其幣 以奉韓曰 不穀之國雖小 卒已悉起 願大國之信意於秦也 因願大國令使者 入境 視楚之起卒也 韓使人之楚 楚王因發車騎陳之下路[7] 謂韓 使者曰 報韓君言弊邑之兵 今將入境矣 使者還報 韓君大悅 止 公仲 公仲曰 不可 夫以實告我者 秦也 以名救我者 楚也 聽楚 之虛言 而輕絶强秦之實禍 則危國之本也 韓君弗聽 公仲怒而歸 十日不朝 宜陽益急 韓君令使者趣卒於楚 冠蓋相望 而卒無至者 宜陽果拔 爲諸侯笑 故曰 內不量力 外恃諸侯者 則國削之患也

1) 宜陽(의양) : 당시 한(韓)나라의 도읍으로 지금의 하남성 의양현 서
  쪽50리에 있었다. 『사기』 육년년표에 의하면 한나라 양왕 4년(서기전
  308년)에 진나라 감무(甘茂)가 의양을 공략했다는 기록이 있다.
2) 韓氏急(한씨급) : 한나라가 절박(切迫)한 지경에 놓였다는 뜻.
3) 公仲朋(공중붕) : 『사기』 한세가에는 공중(公仲), 『전국책』에는 공중
  명(公仲明)으로 썼는데 붕(朋)과 명(明)은 글자가 비슷하여 어느것
  이 잘못된 것인지는 모르나 여기서는 붕(朋)을 그대로 쓴다.
4) 與國(여국) : 자기 편의 우방국을 뜻한다.
5) 陳軫(진진) : 본래 전국시대 하(夏)나라 사람으로 변설에 뛰어나 진
  (秦)나라와 초나라를 차례로 섬겼다. '세림상편'에는 위왕(魏王)의
  존경을 받았다는 기록이 있다.
6) 練甲(연갑) : 잘 훈련된 군사.
7) 下路(하로) : 초나라에서 북으로 통하는 길이라 했는데, 하(下)는 곧
  나간다는 뜻으로 국경으로 나가는 길.

II. 나라가 작은데도 예의를 지키지 않는 것은

어찌하여 나라가 작은데도 예의를 지키지 않는다고 하는 것
인가.

옛날 진(晋)나라의 공자(公子) 중이(重耳)가 망명길에 조
(曹)나라를 지나가게 되었을 때, 조나라 임금은 그의 옷을 벗기
고 몸을 검사했다. 그것은 소문에 중이의 늑골은 하나로 되어
있다기에 그것을 확인해 보기 위해서였다.

이때 대부인 이부기(釐負羈)와 숙첨(叔瞻)이 임금 곁에 시종
해 있었는데 숙첨이 임금에게 말하기를

"신(臣)이 전날 공자 중이를 보건대 예사로운 사람이 아닙니
다. 그런데도 임금께서 그에게 무례하게 대하시니 만약 그가
나라로 돌아가 정권을 잡는 날 군사를 일으켜 공격해 온다면
그때는 우리 조나라가 해를 입지 않을까 두렵습니다. 임금께서
는 차라리 그를 죽여 없애는 것만 같지 못합니다."

고 했다. 조나라 임금은 이 말을 듣지 않았다.

이부기도 그날 마음이 언짢아 집으로 돌아왔는데, 그 아내가 묻기를

"당신께서 밖에서 돌아오시는데 안색이 몹시 언짢아 보이니 무슨 까닭입니까?"

고 했다. 이부기가 말하기를

"내가 듣기로는 임금의 행복은 신하의 몸에 미치지 못하지만 임금의 재앙은 신하에게 연루된다고 했소. 오늘 우리 임금은 진나라 공자를 불러 그를 대접하는데 무례했소. 나도 그 자리에 있었는데, 이 일로 뒷날 나에게도 화가 미치지 않을까 걱정이 되어 마음이 몹시 언짢은 것이오."

하고 대답했다. 이에 그 아내가 말하기를

"저도 그 진나라 공자를 보았는데 앞으로 만승(萬乘)의 큰 나라 임금이 될 것이고 그 측근에서 따르는 좌우의 시종도 만승의 재상이 될 인물들이었습니다. 지금은 비록 곤궁하여 망명의 길에 올라 조나라를 지나가게 되었는데 조나라가 그들을 무례하게 대우했다니 만약 이들이 자기 나라로 돌아가 정권을 잡는 날 반드시 무례를 저지른 사람을 처벌할 것입니다. 그렇게 되면 제일 먼저 조나라 임금의 목을 칠 것인데 당신은 공자에게 연락하여 조나라 임금과 한마음이 아니라는 것을 왜 알리지 않으십니까?"

했다. 이부기가 말하기를

"과연 옳은 말이오."

하고는 곧 항아리에 황금을 가득담고 그 위를 음식으로 덮은 뒤에 다시 벽옥을 얹은 다음 한밤중에 사람을 시켜 몰래 공자에게 바쳤다.

이에 공자는 심부름 온 사람에게 고맙다고 재배한 뒤 음식은 받고 벽옥은 사양하여 돌려보냈다.

그 뒤 공자는 조나라에서 초나라로 들어갔다가 다시 진(秦) 나라로 갔다. 공자가 진나라에 간 지 3년이 된 어느 날 진나라

목공(穆公)은 신하들을 불러모아 의논하며 말하기를

"옛날 진(晉)나라의 헌공(獻公)과 과인이 매우 친숙한 사이였음은 제후(諸侯)로서 모르는 사람이 없을 것이다.

그러나 불행하게도 헌공은 여러 신하를 버리고 세상을 떠난 지 벌써 10년이 지났다. 헌공의 뒤를 이은 계승자는 어질지 못하여 내가 걱정하는 것은 장차 진(晉)나라의 종묘는 돌볼 사람이 끊어져 퇴폐할 것이며, 사직은 희생물을 올려 제사지낼 사람이 없게 될까 하는 것이다. 이렇듯 안정되지 못한 채 그냥 둔다는 것은 남과 친교를 맺은 도리가 아니라고 생각되어 나는 공자인 중이(重耳)를 도와 진나라로 들여보내고자 생각하는데 어떻겠는가?"

고 물었다. 모든 신하가 말하기를

"그것은 아주 좋은 일입니다."

하고 대답했다. 그래서 목공은 군사를 일으켜 가죽으로 감싼 병거(兵車) 5백승(乘)과 기병(騎兵) 2천, 보병 5만명을 이끌고 공자 중이를 도와 진나라로 들어가 임금으로 옹립했다.

이렇게 하여 중이가 왕위에 오른 지 3년이 지나자 중이는 군사를 일으켜 조(曹)나라 정벌에 나섰다. 이때 사신을 조나라 임금에게 보내 말하기를

"숙첨(叔瞻)을 묶어 성밖에 매달아라. 과인은 그를 죽여 많은 사람의 본보기로 삼겠다."

하고 또 사신을 이부기(釐負羈)에게 보내 말하기를

"우리 군사는 성을 이미 정벌했소. 나는 그대가 나를 배반하지 않았음을 알고 있으니 그대 마을의 문 앞에 표시를 해두시오. 나는 명령을 내려 그대가 사는 마을에는 감히 침범하지 못하도록 하겠소."

라고 알렸다. 그러자 조나라 사람들은 이 말을 듣고 그 친척들과 함께 이부기의 마을로 보호받기 위하여 몰려온 사람이 줄잡아 7백 여 가구가 되었는데 이것이야말로 예의를 지킨 보람이었다.

조나라는 작은나라로 진나라와 초나라 사이에 끼어 핍박받으며 그 임금의 위태로움이 마치 쌓아놓은 알(卵)과 같았는데도 무례를 저질렀던 것은 나라가 망하고 대(代)가 끊어지는 까닭이 된 것이다.

그러므로 말하기를 "나라가 작으면서 무례하고 신하의 간하는 말을 듣지 않으면 곧 그 나라는 멸망하고 대가 끊어진다."고 했다.

奚謂國小無禮 昔者 晋公子重耳出亡 過於曹 曹君袒裼[1]而觀之 釐負羈與叔瞻[2]侍於前 叔瞻謂曹君曰 臣觀晋公子 非常人也 君遇之無禮 彼若有時反國而起兵 卽恐爲曹傷 君不如殺之 曹君弗聽 釐負羈歸而不樂 其妻問之曰 公從外來 而有不樂之色 何也 負羈曰 吾聞之 有福不及 禍來連我 今日吾君召晋公子 其遇之無禮 我與在前 吾是以不樂 其妻曰 吾觀晋公子 萬乘之主也 其左右從者 萬乘之相也 今窮而出亡 過於曹 曹遇之無禮 此若反國 必誅無禮 則曹其首也 子奚不先自貳焉[3] 負羈曰 諾 乃盛黃金於壺 充之以餐 加璧其上 夜令人遺公子 公子見使者 再拜受其餐 而辭其璧 公子自曹入楚 自楚入秦 入秦三年 秦穆公召群臣而謀曰 昔者 晋獻公與寡人交 諸侯莫弗聞 獻公不幸離群臣[4] 出入十年矣 其嗣子不善 吾恐此將令其宗廟不祓除 而社稷不血食也 如是弗定 則非與人交之道 吾欲輔重耳而入之晋 何如 群臣皆曰 善 公因起卒 革車五百乘[5] 疇騎[6]二千 步卒五萬 輔重耳入之于晋 立爲晋君 重耳卽位三年 擧兵而伐曹矣 因令人告曹君曰 懸叔瞻而出之 我且殺而以爲大戮 又令人告釐負羈曰 軍旅薄城 吾知子不違也 其表子之閭 吾卽以爲令 令軍勿敢犯 曹人聞之 率其親戚而保釐負羈之閭者七百餘家 此禮之所用也 故曹小國也 而迫於晋楚之間 其君之危猶累卵也 而以無禮莅之 此所以絶世也 故曰 國小無禮 不用諫臣 則絶世之勢也

1) 曹君袒裼(조군단석) : 조군(曹君)은 여기에서 조나라 공공(共公)을 말하고 단석(袒裼)은 웃통을 벗겨 벌거숭이로 만드는 것.

2) 釐負羈與叔瞻(이부기여숙첨) : 이부기(釐負羈)는 춘추시대 조나라의 대부로『좌씨전』·『국어』에는 이(釐)를 희(僖)로 썼다. 숙첨(叔瞻)은 『좌씨전』·『국어』 진어(晉語)에는 숙첨(叔詹)으로 썼고,『여씨춘추』에는 피첨(被瞻)으로 썼는데 기록에 따르면 춘추시대 정(鄭)나라 대부로 문공(文公)을 섬겼다고 한다.

3) 自貳焉(자이언) : 이(貳)는 다르다와 뜻이 통하는데『좌씨전』두주(杜注)에 따르면 자기는 조나라 임금과는 다르다고 했다.

4) 離群臣(이군신) : 곧 죽는다는 뜻.

5) 革車五百乘(혁거오백승) : 혁거(革車)는 가죽으로 둘러싸 화살을 막는 병거(兵車)로 지금의 장갑차와 비슷하며, 승(乘)은 말(馬) 네 마리가 끄는 수레 한 대.

6) 疇騎(주기) : 훈련된 기병을 말함인데, 조(組)를 짜서 능숙한 훈련을 한다는 뜻.

제 7 권

제 37 편 주 도(主道)

주도(主道)라는 것은 임금이 행하는 도리로 신(神)에 대한 마음가짐과 정치하는데 있어 구체적인 정책을 중요시 한 것으로 되어 있었으나 전국시대 말기의 사상가들에 의해 임금이 신하를 통제하고 제어하는 술법(術法)으로 변질되었다.

특히 이 편은 임금으로서의 마음가짐과 신하를 통제하는 업적판정법(業績判定法)을 설명하는 것이 그 중심이다.

노자(老子)의 도(道)를 말하면서 그속에서 임금의 법술을 설명하고 있다. 임금은 아무 일도 하지 않는데 비해 신하 자신이 일하게 한다는 '스스로(自)'라는 점을 부각시킨 것은 『노자』에서 흔히 볼 수 있는 사상이다.

I. 지혜있는 사람들의 윗사람 노릇

도(道)라는 것은 세상 만물의 시초이며, 옳고 그름〔是非〕의 바탕이다. 그래서 현명한 임금은 이 만물의 시초인 도를 지킴으로써 만물이 생겨난 근원을 알게 되고, 그 바탕(紀)을 잘 다스려 선과 악을 구별하는 단서를 알게 된다.

그리하여 현명한 임금은 마음을 비우고 고요한 태도로 상대를 지켜봄으로써 신하가 스스로 자기의 주장을 말하게 하며, 그 책임을 지워 자연스럽게 실적을 올리도록 기다린다.

마음을 비우고 잡념을 갖지 않으면 상대의 실정을 알게 되며, 고요한 태도로 상대를 지켜보면 그 행동의 옳고 그름을 알 수 있게 된다.

무엇인가 의견을 말하고자 하는 사람은 스스로 말하게 되며, 어떠한 일을 하고자 하는 사람은 스스로 실적을 올리게 된다. 그 일한 실적과 내놓은 의견을 참고하여 언행이 일치하면 임금은 하는 일이 없어도 신하들의 모든 실정이 밝게 드러난다.

그래서 옛말에 이르기를 "임금은 자기가 바라는 바를 드러내어서는 안 된다. 만약 임금이 바라는 바를 드러내면 신하는 스스로 임금이 하고자 하는 일에 맞도록 꾸미게 된다. 또 임금은 자기의 뜻을 드러내어서는 안 된다. 임금이 자기의 뜻을 드러내면 신하는 임금의 뜻에 반대되는 의견은 감추고 그 뜻에 합치되는 의견만을 내놓는다."고 했다.

또 말하기를 "임금이 좋아하는 것과 싫어하는 것을 밖으로 나타내지 않으면 신하는 자기가 생각하는 그대로를 보여주게 되며, 임금이 지혜와 교묘함을 버리고 쓰지 않으면 신하는 임금의 능력을 헤아릴 수 없어 스스로 갖추게 된다."고 했다.

그렇기 때문에 현명한 임금은 지혜가 있더라도 생각하지 않고, 모든 만물로 하여금 그 위치를 알게 한다. 행동하는데 있어 그 현명함을 보이지 않고, 신하가 행하는 바를 잘 살펴본다. 용맹스러움을 가지고 있지만 성내는 행동으로 하지 않고 여러 신하들로 하여금 그 무용(武勇)을 다 발휘하도록 한다.

이런 까닭에 임금은 지혜를 버려야 신하를 바로 살피는 총명을 얻게 되고, 현명함을 버려야 신하들이 저마다 능력을 발휘하여 공적을 세우게 되며, 용맹을 버려야 신하들이 저마다 용기를 다하여 나라를 강하게 할 수 있는 것이다.

모든 신하가 자신이 맡은 직분을 지키고 모든 관리가 떳떳하게 그 능력에 따라 일하도록 하는 것을 습상(習常) 곧 길이 지켜야 할 불변의 도(道)라고 하는 것이다.

옛말에 이르기를 "고요하여 그 지위에 없는 듯하고 텅비어 그 곳에 있음을 느끼지 못한다."고 했는데, 현명한 임금은 위에서 하는 일이 없어도 모든 신하들은 아래에서 그 권위를 두려

위하면서 삼가한다.

현명한 임금의 도(道)는 신하 가운데 슬기로운 사람으로 하여금 그 지혜를 짜내게 하고, 임금은 그것을 바탕으로 일을 판단하기 때문에 임금의 지혜는 다함이 없다. 또한 현인(賢人)으로 하여금 그 재능을 발휘하게 하여 임금은 그것을 바탕으로 임용(任用)하기 때문에 임금의 재능에는 다함이 없다. 공적이 있으면 임금에게 현명함이 돌아가고, 허물이 있으면 그 죄는 신하가 책임지기 때문에 임금의 명성은 언제까지나 손상되는 일이 없다.

이러하므로 임금은 현명하지 않으면서도 현명한 사람의 스승이 되고 슬기롭지 않으면서도 지혜있는 사람의 어른 노릇을 한다.

신하는 일을 맡아 애쓰고, 임금은 일의 성공을 받아 누리니, 이것이 곧 현명한 임금의 상도(常道)인 것이다.

道者 萬物之始[1] 是非之紀也[2] 是以明君守始 以知萬物之源 治紀 以知善敗之端[3] 故虛靜以待之 令名自命也 令事自定也 虛 則知實之情 靜則知動者正 有言者自爲名 有事者自爲形 形名參 同[4] 君乃無事[5]焉 歸之其情[6] 故曰 君無見[7]其所欲 君見其所欲 臣將自雕琢[8] 君無見其意 君見其意 臣將自表異 故曰 去好去惡 臣乃見素 去智去舊[9] 臣乃自備 故有智而不以慮 使萬物知其處 有行而不以賢 觀臣下之所因 有勇而不以怒 使群臣盡其武 是故 去智而有明 去賢而有功 去勇而有强 群臣守職 百官有常 因能 而使之 是謂習常 故曰 寂乎其無位而處 漻乎莫得其所 明君無 爲於上 群臣竦懼乎下 明君之道 使智者盡其慮 而君因以斷事 故君不窮於智 賢者效其材 君因而任之 故君不窮於能 有功則君 有其賢 有過則臣任其罪 故君不窮於名 是故不賢而爲賢者師 不 智而爲智者正 臣有其勞 君有其成功 此之謂賢主之經[10]也

1) 萬物之始(만물지시) : 임금이 지켜야 할 도리를 설명하는 말인데『노자(老子)』에서 인용한 말이다.『노자』에는 이와 비슷한 말이 많은데

그 가운데 하나를 인용하면 무천지지시 유만물지모(無天地之始有萬
物之母)라는 말이 가장 비슷하다.

2) 紀也(기야) : 기률(紀律) 또는 법기(法紀)로 쓰며 바탕을 뜻함.

3) 善敗之端(선패지단) : 선패(善敗)는 선악성패(善惡成敗)를 뜻하고, 단
(端)은 분별하는 실마리.

4) 形名參同(형명참동) : 참동(參同)은 서로 대조하는 일을 뜻하고 형명
(形名)은 말했던 의견과 일의 실적을 말하는데, 다른 편에서 동합형
명(同合刑名)으로도 썼다. 『논어(論語)』에서 말하는 정명(正名)과도
관련이 있고, 『묵자』에는 명실합위(名實合爲)라는 말도 있다.

5) 無事(무사) : 무위(無爲)와 같은 뜻인데 『노자』에서 많이 쓰이는 뜻
과 같다. 곧 적극적으로 이쪽에서 작용하지 않는다는 말.

6) 歸之其情(귀지기정) : 정(情)은 실(實)과 같은 뜻이고, 귀(歸)는 돌아
오다는 말인데 곧 사물이 참모습으로 돌아온다는 뜻.

7) 見(현) : 여기에서 드러내다, 나타내다는 뜻과 같다.

8) 將自雕琢(장자조탁) : 장자(將自)는 구본에 자장(自將)으로 썼고, 조
탁(雕琢)은 옥을 갈아 아름답게 한다는 말인데, 여기서는 외모를 아
름답게 꾸며 잘 보이려고 애쓰는 것을 뜻한다.

9) 去智去舊(거지거구) : 이 구절은 여러 가지 설이 있는데 구(舊)와 고
(故)가 같은 운(韻)으로 오자(誤字)라는 견해가 있으며 『장자』 각의
편에도 거지여고(去知與故)라는 말이 있고 『회남자』에도 지(智)와
고(故)가 관련있는 것으로 보아 여기서도 고(故)로 보며 교묘하다
(巧)와 같은 뜻으로 읽는다.

10) 經(경) : 상법(常法) 또는 상도(常道) 곧 불멸하는 도라는 뜻이다.

2. 다섯 가지의 막힘

임금이 지녀야 할 도(道)의 참모습은 신하의 눈에 띄지 않으
므로 볼 수가 없고, 그 운용(運用)은 미묘하여 신하가 헤아려
보려고 해도 알 수가 없다.

이 도를 터득한 임금은 마음을 비우고 아무 작용도 하지 않

으면서 고요하게 관망하는 가운데 어두운 곳에 있으면서도 신하들의 허물을 꿰뚫는다. 그러나 보고도 보지 못한 척, 듣고도 듣지 못한 척, 알고도 모르는 척하면서 마음에 간직해 둔다.

그리고는 신하들의 의견을 듣고 난 뒤에는 스스로의 방침을 바꾸고 고침이 없이 의견과 실적을 대조하여 일치하는가를 살펴본다.

임금이 특별하게 총애하는 관리를 중요한 관청에 한 사람씩 배치해 두고, 나라의 기밀에 대하여 서로 말을 맞추지 못하도록 한다면 모든 일에 있어 그 실정을 밝게 다 알 수 있다. 임금이 자기가 행한 일의 흔적을 덮어버리고 마음의 실마리를 감추면 신하들은 임금의 본심을 알지 못한다. 임금이 자기의 지혜를 버리고 재능을 단절시키면 아래의 신하들은 그의 뜻을 헤아리지 못한다.

임금이 자기의 뜻하는 바를 견지하면서 신하의 언행(言行)을 대조하여 살펴 신중하게 상벌의 권병(權柄)을 굳게 쥐고 남에게 빌려주는 일이 없도록 한다. 그래서 신하가 임금의 권세를 넘보는 야망을 끊고, 임금의 뜻을 헤아려 눈치를 보려는 뜻을 깨뜨려 신하로 하여금 임금의 권세를 넘보는 욕심을 일으키지 못하도록 해야 한다.

위와 같은 일을 지키지 않는 임금은 마치 대문의 빗장을 걸지 않고 그 문을 굳게 잠그지 않아 호랑이가 자리를 빼앗으려고 나타난 것과 같다.

임금이 나날의 일을 신중히 하지 않고 내정(內情)을 감추지 않으면 간신을 도우려는 도적이 생기게 된다. 그렇게 되면 그 임금을 시해(弑害)하고 왕위를 빼앗게 되니 사람들은 그 편이 되지 않을 사람이 없을 것이기 때문에 호랑이라고 부르게 된다. 뿐만 아니라 임금의 측근에서 간신을 위하여 감추어진 임금의 비밀을 찾아 허물을 엿보는 것이기 때문에 도적이라 한다.

임금은 그 간신의 무리를 해산시키고, 간신의 편에 들지 않

은 무리를 거두어 단속하고, 간신이 들어올 문을 굳게 닫고 그
들을 도와줄 사람이 나오지 않도록 하면 나라에 호랑이와 같은
신하는 없어질 것이다.

　임금의 도량은 너무 커 헤아릴 수가 없고 너무 깊어 측량할
수가 없도록 한 뒤에 신하들의 실적과 내놓은 의견을 대조하고
법규에 맞는지를 살펴 제멋대로 행동한 사람을 엄하게 처벌한
다면 나라에는 도적이 없어질 것이다.

　이런 까닭에 임금에게는 나라를 다스림에 있어 다섯 가지의
막힘이 있는데, 신하가 임금의 눈과 귀를 가려 듣지도 보지도
못하도록 하는 것을 첫째 옹(壅)이라 말하며, 신하가 나라의 살
림을 통제하여 이익을 챙기는 것을 둘째 옹이라 하고, 신하가
임금의 승인없이 제멋대로 명령을 내리는 것을 셋째 옹이라 하
며, 신하가 임금을 제쳐놓고 사사로운 은혜를 베푸는 것을 넷
째 옹이라 하고, 마지막으로 다섯째 옹은 신하가 사사로이 무
리를 모아 패거리를 만드는 일이다.

　이렇게 신하가 임금의 이목(耳目)을 막아 듣고 보는 것을 가
리면 임금은 그 총명을 잃게 되며, 신하가 나라의 살림을 통제
하면 임금은 그 은덕을 민중에게 베풀지 못하게 되고, 신하가
마음대로 명령을 내리게 되면 임금은 통제력을 잃게 되며, 신
하가 도의를 앞세워 민중에게 은혜를 베풀면 임금은 명성을 잃
게 되고, 신하가 무리를 곳곳에 심어 패거리를 만들면 임금은
자기를 지지하는 세력을 잃게 되어 마침내 허울만 남는 임금이
되고 만다.

　이 다섯 가지는 오직 임금이 자유롭게 독단(獨斷)해야 할 일
로써 신하들에 의하여 조종되어서는 안 되는 것이다.

　道¹⁾在不可見　用²⁾在不可知　虛靜無事　以闇見疵　見而不見　聞
而不聞　知而不知　知其言以往　勿變勿更　以參合閱焉³⁾　官置一人
勿令通言⁴⁾　則萬物皆盡　函其跡　匿其端　下不能原　去其智　絶其
能　下不能意　保吾所以往而稽同之⁵⁾　謹執其柄而固握之　絶其望

破其意 毋使人欲之 不謹其閉 不固其門 虎乃將存 不愼其事 不
掩其情 賊乃將生 弑其主 代其所⁶⁾ 人莫不與 故謂之虎 處其主
之側爲姦匿 間其主之忒⁷⁾ 故謂之賊 散其黨 收其餘 閉其門 奪
其輔 國乃無虎 大不可量 深不可測 同合形名 審驗法式 擅爲者
誅 國乃無賊 是故人主有五壅 臣閉其主曰壅 臣制財利曰壅 臣
擅行令曰壅 臣得行義曰壅 臣得樹人曰壅 臣閉其主 則主失明
臣制財利 則主失德 臣擅行令 則主失制 臣得行義 則主失名 臣
得樹人⁸⁾ 則主失黨 此人主之所以獨擅 非人臣之所以得操也

1) 道(도) : 임금이 지녀야 할 법술(法術)을 뜻한다.
2) 用(용) : 도(道)가 본체(本體)라면 이것은 작용(作用) 또는 운용(運
   用)을 뜻한다.
3) 以參合閱焉(이참합열언) : 참합(參合)은 앞에 설명했던 형명참동(刑
   名參同)의 뜻이고, 열(閱)은 살펴 조사한다는 뜻.
4) 通言(통언) : 정보를 교환하고 서로 입을 맞추어 말을 짠다는 뜻.
5) 保吾所以往而稽同之(보오소이왕이계동지) : 보(保)는 보존(保存)과
   같은 뜻. 왕(往)은 마음의 향방을 말하며 계동(稽同)은 앞의 참동(參
   同)과 같은 뜻인데 계(稽)는 헤아리다, 살피다와 같다.
6) 代其所(대기소) : 여기서는 임금의 지위 곧 왕위를 뜻한다.
7) 間其主之忒(간기주지특) : 간(間)은 여기에서 엿보다, 감추어진 것을
   찾는다는 뜻이고, 특(忒)은 허물을 뜻한다.
8) 樹人(수인) : 여기에서는 사사로운 집단을 만든다는 뜻.

3. 상과 벌은 엄격하고 추상같아야

임금이 간직해야 할 도(道)는 조용하게 몸을 뒤로 물리고 일
체의 재능과 세력을 밖으로 나타내지 않는 것을 으뜸[寶]으로
삼는다.

임금은 스스로 나라 일을 행하지 않고도 신하로 하여금 일하
게 하여 그 교묘함과 졸렬함을 알게 되고, 스스로 헤아려 꾀하
지 않고도 신하로 하여금 그 결과의 공적과 허물을 헤아리게

하여 그 복(福)과 화(禍)의 근원을 자연히 알게 된다.

이로써 임금은 입으로 말하지 않아도 신하는 그 뜻을 짐작하여 좋은 의견을 내놓게 되고, 임금이 먼저 약속을 하지 않아도 신하는 그 뜻을 헤아려 일을 잘 매듭짓게 된다.

이렇게 신하가 임금의 뜻을 헤아려 그 의견을 말했다면 그것을 약속으로 받아들이고, 신하가 임금이 하고자 하는 일을 미리 짐작하고 매듭을 지었다면 그의 실적으로 받아들인다.

그렇게 한 뒤에 약속과 실적을 대조한 결과에 따라 상(賞)과 벌(罰)을 시행한다.

그러므로 여러 신하는 제 나름의 의견을 내놓게 되며 임금은 그 의견에 따라 일을 맡겨 그 일로 제각기의 실적을 평가받게 된다. 임금은 실적이 그 일에 부합되고 그 일이 의견과 일치했을 때는 포상(褒賞)하고, 만약 그 실적이 일에 맞지 않고 그 일이 의견과 일치되지 않을 때는 처벌한다.

현명한 임금의 도란 신하가 내놓은 의견과 일의 실적이 일치되지 않으면 용서하지 않는 것이다.

그러므로 현명한 임금이 상(賞)을 주는 모습은 몽롱하게 스며드는 알맞은 봄비와 같이 모든 백성에게 골고루 혜택이 돌아가고 처벌할 때의 모습은 두렵기가 뇌성 벽력과 같아 어떤 성인의 변명으로도 그 노여움을 풀 수 없다.

그렇기 때문에 현명한 임금은 함부로 상을 주지 않으며, 죄인을 덮어놓고 용서하지 않는다. 아무에게나 함부로 상을 주게 되면 참으로 공을 세운 사람은 그 맡은 일을 게을리하게 되고, 함부로 죄를 용서하면 간신(姦臣)은 그것을 이용하여 쉽게 못된 짓을 저지른다.

그러한 까닭에 진실로 공적이 있으면 비록 소원하고 그 신분이 비천하더라도 반드시 상을 주어야 하고, 진실로 허물이 있다면 비록 측근에서 총애를 받는 사람일지라도 반드시 처벌해야 한다.

소원하고 신분이 비천해도 공적에 따라 상을 받고 측근의 총

애받는 사람이라도 허물이 있다면 반드시 처벌을 받게 되어야,
신분이 낮고 비천한 사람도 게으름을 피우지 않을 것이며 측근
에서 총애를 받는 사람이라도 교만하게 구는 사람이 없어지게
될 것이다.

人主之道 靜退以爲寶[1] 不自操事 而知拙與巧 不自計慮 而知
福與咎 是以不言而善應 不約而善會 言已應 則執其契 事已會
則操其符 符契之所合 賞罰之所生也 故群臣陳其言 君以其言授
其事 以其事責其功 功當其事 事當其言 則賞 功不當其事 事不
當其言 則誅 明君之道 臣不得陳言而不當 是故明君之行賞也
曖乎如時雨[2] 百姓利其澤 其行罰也 畏乎如雷霆 神聖不能解也
故明君無偸賞 無赦罰 偸賞[3] 則功臣墮其業 赦罰 則姦臣易爲非
是故誠有功 則雖疏賤必賞 誠有過 則雖近愛必誅 疏賤必賞 近
愛必誅 則疏賤者不怠 而近愛者不驕也

1) 靜退以爲寶(정퇴이위보) : 정퇴(靜退)는 조용히 물러서서란 말인데,
   『노자』 제45장의 청정위천하정(淸靜爲天下正)이란 말과 통하고 삼보
   (三寶)의 하나로 불감위천하정(不敢爲天下正)이란 말에 바탕을 둔
   말이다.

2) 曖乎如時雨(애호여시우) : 애호(曖乎)는 몽롱한 모습, 곧 애매하다는
   뜻과 같고, 시우(時雨)란 가뭄에 때맞게 내리는 비.

3) 偸賞(투상) : 함부로 상을 준다는 뜻인데, 투(偸)는 가벼이라는 말이
   다.

제 38 편 양 각(揚搉)

양각(揚搉)은 본래 양권(揚權)으로 되어 있었다.

이 편에서 권(權)을 각(搉)으로 정정한 것은 중국의 학자 손지조(孫志祖)의 『독서좌록』에 "『문선(文選)』의 좌사(左思)에 있는 촉도부(蜀都賦)를 주석한 유규(劉逵)는 『한비자(韓非子)』에 양각편(揚搉篇)이 있다고 했다."하여 권(權)은 각(搉)의 잘못된 글자로 규정했다. 또 『장자(莊子)』의 '서무귀편'과 『회남자』의 '숙진훈'에도 양각(揚搉)으로 실려 있어 이것을 근거로 한 것이다.

전체 내용은 '이병편' '주도편'과 연관되어 있다. 특히 '이병편'은 형덕(形德), 심합형명(審合形名), 거호거악(去好去惡)을 주제로한 구체적인 문제를 해설한데 비하여 이 편에서는 임금의 법술(法術)로써 허정(虛靜)의 마음가짐과 형명참동(形名參同)의 신하 판정법(判定法)이라는 체계가 바로잡힌 '군주론(君主論)'을 개편한 것 같다. 또 '주도편'과는 공통된 요소로 도가적인 사상을 인용했다는 점을 지적하지 않을 수 없다.

1. 모든 일은 능력에 따라 맡긴다

하늘인 대자연(大自然)에는 기본적인 큰 규율(規律)이 있고, 사람에게도 움직일 수 없는 큰 법칙이 있다.

무릇 향기가 좋은 것과 맛좋은 음식, 독한 술과 기름진 고기는 입에서는 달지만 먹을수록 몸은 병들게 된다. 살결이 매끄

럽고 새하얀 이빨을 가진 아름다운 여인은 정욕을 충족시켜 주
어 기쁘지만 정력을 소진하게 만든다.

그러므로 무슨 일이든지 지나치지 않고 도(度)에 넘치지 않
으면 몸에 해가 미치지 않는다. 임금의 권세도 남에게 드러내
지 않게 하여 아무 작용함이 없이 그대로 접어 두어야 한다.

자질구레한 정무(政務)는 사방에 있는 여러 신하에게 맡기고
권력의 열쇠는 중앙의 임금이 쥐고 있어야 한다.

성인(聖人)이 권력의 열쇠를 쥐고 있으면 사방에서 신하들이
모여들어 그 공적을 세워 결과를 보고할 것이니 오직 임금은
마음을 비우고 신하를 대하면, 그들은 스스로 자기가 가진 능
력을 발휘하게 된다.

여러 신하들이 온 세상에 알맞게 배치되면 임금은 하는 일
없이 은밀하게 있어도 천하 신하들의 행동을 밝게 볼 수 있다.
또한 임금의 좌우 측근들이 갖추어져 있으면 의견을 통하는 문
을 열어두어 누구나 간언하게 한다.

임금으로서는 한번 세운 방침을 바꾸지도 말고 고치지도 않
은 채, 언제나 형명(形名)의 두 가지를 대조해 가면서 끝까지
이를 관철하는 것이 곧 도리를 실천하는 것이다.

무릇 사물(事物)에는 적성(適性)이 있고 재능에는 쓸모있는
길이 있는데 각기 그 알맞은 곳에다 배치하면 위에 있는 임금
은 이에 무위(無爲)의 경지가 된다.

닭에게는 밤에 때를 알리도록 하고 고양이에게는 쥐를 잡게
하듯이 모두 그 능력에 따라 일을 맡겨 쓰면 위에 있는 임금은
할 일이 없게 된다.

만약 위에 있는 임금이 뛰어난 재능이 있어 그것을 발휘하면
모든 일은 방향을 잡지 못하고 번잡하게 될 뿐이다. 또한 위에
있는 임금이 자존심이 강하여 자기 능력을 자랑하게 되면 밑의
신하들은 속임수를 쓰게 마련이다. 위의 임금이 변설에 능하여
작은 은혜 베풀기를 좋아하면 아랫사람은 그것을 이용하여 자
기 이익을 꾀하게 된다.

그렇게 상·하의 임무가 바뀌면 나라는 결코 잘 다스려지지
않는다.

天有大命[1] 人有大命 夫香美脆味[2] 厚酒肥肉 甘口而病形 曼
理皓齒[3] 說情而損精 故去甚去泰 身乃無害 權不欲見 素無爲也
事在四方 要在中央 聖人執要 四方來效 虛而待之 彼自以之 四
海旣藏[4] 道陰見陽 左右旣立 開門而當 勿變勿易 與二俱行[5] 行
之不已 是謂履理也 夫物者有所宜 材者有所施 各處其宜 故上
乃無爲 使雞司夜[6] 令狸執鼠 皆用其能 上乃無事 上有所長 事
乃不方 矜而好能 下之所欺 辯惠好生[7] 下因其材 上下易用 國
故不治

1) 大命(대명) : 불변의 법칙, 곧 규율(規律)을 뜻한다.

2) 脆味(취미) : 연하고 맛있는 것.

3) 曼理皓齒(만리호치) : 고운 살결과 하얀 이빨. 미인(美人)을 지칭함.

4) 四海旣藏(사해기장) : 사해(四海)는 사방(四方)과 같은 말인데 온 세
상을 뜻한다. 장(藏)은 각기 알맞은 곳에 배치했다는 뜻.

5) 與二俱行(여이구행) : 이 글귀에 대하여는 여러 가지 설이 있는데, 이
(二)를 하늘의 대명(大命)과 사람의 대명을 가리킨다는 설이 있고,
말과 일을 말하는 경우와, 상과 벌을 뜻한다는 설도 있는데, 여기서
는 형명(形名)의 뜻으로 썼다.

6) 司夜(사야) : 밤의 때(時間)를 알리는 일을 말하며, 『장자』에서는 시
야(時夜)라 썼다.

7) 辯惠好生(변혜호생) : 변혜(辯惠)는 변설(辯舌)에 뛰어나다는 말인데,
혜(惠)는 슬기의 잘못된 글자. 호생(好生)은 살육을 좋아하지 않는다
는 뜻인데 곧 자비심으로 은혜를 베푼다는 뜻.

2. 천하 민중이 모두 따르는 비결이란

임금이 유일한 도(道)를 운용하는 길은 명분을 세우는 것이
그 으뜸이다. 명분이 바르고 뚜렷하면 모든 사물은 안정되지만

명분이 한쪽으로 치우치면 사물은 흐트러져 동요하고 만다.

그러므로 성인은 유일한 도를 잡고 고요하게 있으면서 신하로 하여금 스스로 제각각의 주장을 바르게 세우고 스스로 일의 업적을 정하도록 한다.

임금이 그 호오(好惡)를 보이지 않으면 신하들은 있는 그대로를 드러내 속임수를 쓰지 못한다.

임금이 신하의 주장에 따라 임용한다면 신하는 보람을 느껴 성실하게 일을 수행할 것이고, 신하의 능력에 따라 관직을 맡긴다면 스스로 노력하여 그 성과를 올리게 될 것이며, 올바른 법에 따라 직무를 수행했는지 살피면 그들은 모두 그 지위에 맞는 책임을 다하게 될 것이다.

임금은 아랫사람의 의견을 들어 일을 채택하지만 그 진언의 옳고 그름을 분별하지 못할 때는 돌이켜 그 업적을 살펴 결정하면 된다. 진언과 업적을 대조하고 조사하여 그 결과에 따라 상벌을 시행하도록 한다. 상벌의 시행이 적절하여 믿음이 있으면 아랫사람은 그 성심을 다하여 직무를 수행할 것이다.

이와 같이 사람이 할 수 있는 일을 다한 뒤에는 자연인 하늘의 법칙에 맡기는 것이다.

임금이 도를 잃지 않아야 성인이라 불리운다. 성인의 길이란 지혜와 기교를 버리는데 있으며, 지혜와 기교를 버리지 않는다면 상도(常道)를 세우기가 어렵다.

만약 지혜와 기교를 민중이 사용한다면 그 몸에 많은 재앙이 내릴 것이고, 그것을 임금이 사용한다면 그 나라는 위태로워지거나 멸망할 것이다.

하늘의 도에 따라 형성된 형상의 이치에 반하여 고찰하고 참고하고 규명하여 끝마치면 처음이 있다.

임금은 허정(虛靜)한 태도로 뒤에서 관망할 것이며, 결코 자기의 사사로운 지혜를 쓰지 말아야 한다.

무릇 윗자리에 있는 임금의 재앙은 반드시 신하들의 의견에 함부로 동조하는 데서 비롯된다. 임금이 신하가 말하는 의견을

믿기는 하지만 함부로 동조하지 않는다면 천하의 모든 민중은
하나같이 임금을 따를 것이다.

　　用一之道[1] 以名爲首 名正物定[2] 名倚物徙[3] 故聖人執一以靜
使名自正 令事自定 不見其采 下故素正 因而任之 使自事之 因
而予之 彼將自擧之 正與處之[4] 使皆自定之 上以名擧之 不知其
名 復修其形 形名參同 用其所生 二者誠信[5] 下乃貢情[6] 謹修所
事 待命於天 毋失其要 乃爲聖人[7] 聖人之道 去智與巧 智巧不
去 難以爲常 民人用之 其身多殃 主上用之 其國危亡 因天之道
反形之理 督參鞠之[8] 終則有始 虛靜以後 未嘗用己 凡上之患
必同其端 信而勿同 萬民一從

1) 用一之道(용일지도) : 일은 불변하는 유일의 도를 말하는데, 『노자』
　　의 후왕득일이위천하정(侯王得一以爲天下貞)이라는 말과 뜻이 통
　　한다.
2) 名正物定(명정물정) : 명은 명분을 뜻하고 정은 안정된 것.
3) 名倚物徙(명의물사) : 의(倚)는 한쪽으로 치우친다, 곧 기울어지다는
　　말이고, 사(徙)는 확립에 대하는 말로 흩어지다는 뜻.
4) 正與處之(정여처지) : 정(正)은 법(法)을 가리키고 여(與)는 이(以)
　　와 같아 올바른 법에 따라 지위에 임하면 이라는 말이다.
5) 二者誠信(이자성신) : 이자(二者)란 상벌을 뜻하며, 혹은 형(形)과 명
　　(名)이라고 말하는 경우도 있다. 성(誠)은 만약의 뜻이 포함된다.
6) 貢情(공정) : 진정을 바쳐 봉사한다는 뜻.
7) 聖人(성인) : 『한비자』에서도 유가(儒家)와 같이 하나의 이상적 인간
　　으로 가끔 쓰는데, 현명한 임금을 말하는 경우도 있다.
8) 督參鞠之(독참국지) : 독(督)은 실제의 일을 고찰한다는 뜻이고, 참
　　(參)은 자세히 검토하는 것을 말하며, 국(鞠)은 구명(究明)의 뜻.

3. 도(道)가 행해지는 바탕
무릇 도(道)라는 것은 광대무변하면서도 그 형상(形象)이 없

고, 덕(德)은 이치를 밝혀 모든 곳에 이르는 것이다. 이렇게 모든 생물에 이르기까지 그것을 알맞게 적용시킴으로써 만물은 모두 번창하고 휴식하지 않는다.

도(道)는 모든 사물에 두루 미쳐 그 그치는 곳에 말미암아 이름이 주어지고 때와 더불어 흥하고 쇠퇴하는 것이다. 그 주어진 이름을 참고하고 대조하면 모든 사물이 다 다르지만 하나로 통하고 그 정(情)은 한 가지로 같다.

그러므로 이르기를 "도(道)는 만물을 자라게 하나 만물과 같지 않으며 덕(德)은 음양을 이루나 음양과 같지 않으며 저울은 경중을 알게 하나 경중과 같지 않으며 먹줄은 요철(凹凸)을 바르게 하나 요철과 같지 않으며 조화는 건조함과 습함을 균등하게 하나 건조함과 습함과 같지 않으며 임금은 여러 신하들을 제재하나 여러 신하와 같지 않다."고 했다.

무릇 이 여섯 가지는 도(道)에서 나온 것이다.

도는 절대 쌍이 함께 있을 수 없기 때문에 하나(一)라고 말한다. 그래서 현명한 임금은 절대적인 위치에서 독립된 모습의 도를 소중하게 생각한다.

임금과 신하의 도는 같지 않다. 신하는 진언을 하여 그것이 채택되기를 바라고 임금은 그 진언을 듣고 파악하여 둔다. 그리고서 신하는 진언에 맞는 실적을 올려 임금의 뜻에 따르고, 임금은 그 진언과 실적을 대조하여 적절한 상벌을 내린다면 위와 아래가 잘 조화되어 나라는 잘 다스려진다.

夫道者 弘大而無形 德者[1] 覈理[2]而普至 至於群生 斟酌[3]用之 萬物皆盛 而不與其寧[4] 道者 下周於事 因稽[5]而命 與時死生 參名異事 通一同情[6] 故曰道不同於萬物 德不同於陰陽 衡不同於 輕重 繩不同於出入 和不同於燥濕 君不同於群臣 凡此六者 道 之出也 道無雙 故曰一 是故明君貴獨道之容 君臣不同道 下以 名禱 君操其名 臣效其形 形名參同 上下和調

1) 道者德者(도자덕자) : 도(道)는 만물의 근원적인 법칙이고 덕(德)은

만물에 갖추어진 그 성능(性能)을 말하는데 『노자』의 '도생지덕축지 (道生之德畜之)'가 잘 설명해 주고 있다.

2) 覈理(핵리) : 조리를 명백하게 한다는 말인데 핵(覈)은 밝힌다는 뜻.

3) 斟酌(짐작) : 본뜻은 잔에 술을 따른다는 말인데, 여기서는 알맞게 취사(取捨)하여 선택한다는 뜻.

4) 而不與其寧(이불여기녕) : 그 편안함에 머물지 않는다는 말인데 『노자』의 공성이불거(功成而不居)와 같은 뜻이다.

5) 稽(계) : 그치는데에 말미암다의 뜻.

6) 通一同情(통일동정) : 『장자』 제물론의 도통위일(道通爲一)과 같은 뜻이다.

4. 임금은 좋은 것만 골라 쓴다.

임금이 신하의 의견을 듣는 방법은 신하의 입을 통하여 나오는 말에 따라 그것을 거슬러 그가 세운 공적에 알맞게 책임을 지우는 것이다. 그러므로 신하의 진언을 자세하게 살펴 그에 알맞는 지위를 주어 안정시키고, 또한 그에 따라 직분을 분명하게 하여 일의 종류를 나누어 주는 것이다.

또 임금이 신하의 의견을 듣는 방법은 술에 매우 취한 것 같은 모습을 하는 것이다. 입술이 보이고 치아가 보이며 신하들의 의견이 분분할 때 "나는 시작하기를 바라지 않았소. 그가 스스로 시작한 것이오." 하고, 치아가 보이고 입술이 보이며 서로 논쟁할 때 "어지럽소. 그가 스스로 말을 꺼낸 것이고 나는 그로 인해 알게 된 것이오."라고 한다.

혹은 옳고 혹은 그르다는 의견이 마치 수레바퀴의 살이 바퀴통에 모여들듯이 임금에게 진언되겠지만 임금은 함께 동참하여 결론지어서는 안 된다.

허정(虛靜)한 몸가짐으로 아무런 작위도 하지 않는 것이 도의 참모습이며, 여러 가지 사물을 서로 조합(調合)하여 비교하는 것이 일의 형상(形象)이다.

여러 가지를 조합하여 사물을 비교하고, 서로 대조해 보아 허정한 도에 맞도록 하여, 바탕이 되는 법칙이 변하지 않으면 임금의 몸가짐에 잘못이 없게 된다.

움직이고 정지하여 아무 작위함이 없이 신하들을 개조하여 교화를 행한다.

임금이 신하의 의견을 기뻐할 경우 꾸미는 일이 많이 생기게 되고, 임금이 신하의 의견을 싫어할 경우에는 원망하는 일이 생겨난다. 그러므로 임금은 기뻐하거나 싫어하는 감정을 버리고 마음을 텅 비워야 그 자리에 도가 머무르게 된다.

위에 있는 임금이 신하와 일을 함께 하지 않으면 맡은 바 소임을 다하게 되니 민중은 오히려 맡은 일을 자랑스럽게 여길 것이며, 임금은 신하와 더불어 일의 진행에 대하여 개입하지 않고 각자에게 맡겨 자기의 힘만으로 직분을 다하도록 해야 한다.

임금은 마음의 빗장을 굳게 걸어 닫고 방안에 앉아 바깥마당을 내다보 듯하면 신하들의 거동이 눈앞에서 펼쳐지듯 그들의 참모습을 알게 된다.

그래서 그 활동에 따라 상(賞) 줄 사람은 포상(褒賞)하고, 벌(罰)할 사람은 처벌한다. 그 상벌은 각자가 스스로 만든 성과인 것이다.

반드시 좋은 성과를 올린 사람에게는 상을 주고, 그렇지 못한 사람에게는 벌이 내린다는 것을 누구나 감히 믿지 않을 수 없도록 한다. 이렇게 기준이 확립되면 그밖의 일들은 저절로 바르게 정돈될 것이다.

凡聽之道 以其所出 反以爲之入 故審名以定位 明分以辯類[1] 聽言之道 容若甚醉 脣乎 齒乎[2] 吾不爲始乎 齒乎 脣乎 愈惛惛[3] 乎 彼自離[4]之 吾因以知之 是非輻湊 上不與構 虛靜無爲 道之情[5]也 參伍比物 事之形也[6] 參之以比物 伍之以合虛 根幹不革 則動泄不失矣 動之溶之[7] 無爲而改之 喜之則多事 惡之則生怨

故去喜去惡 虛心以爲道舍 上不與共之 民乃寵之[8] 上不與義之[9]
使獨爲之 上固閉內扃[10] 從室視庭 咫尺已具 皆之其處 以賞者
賞 以刑者刑 因其所爲 各以自成 善惡必及 孰敢不信 規矩旣設
三隅乃列[11]

1) 辯類(변류) : 유별(類別)을 뚜렷하게 구별한다는 말인데, 변(辯)은 변(辨)과 같은 뜻으로 썼다.

2) 脣乎齒乎(순호치호) : 입에서 언어가 발산되는 것을 뜻한다.

3) 惛惛(혼혼) : 어둡고 어리석은 모습을 말한다.

4) 離(이) : 벌려 놓는다는 뜻인데, 흔히 분석의 뜻으로도 쓴다.

5) 道之情(도지정) : 눈으로는 볼 수 없는 도(道)의 참 모습을 말한다.

6) 事之形也(사지형야) : 눈으로 볼 수 있는 사물의 형태인데 도지정(道之情)에 대칭하는 말이며, 덕(德)을 말하기도 한다.

7) 動之溶之(동지용지) : 원문에는 동지설지(動之泄之)로 되어 있었으나 여기서 바로잡아 동용(動溶)으로 썼는데 동정(動靜)과 뜻이 같다.

8) 寵之(총지) : 여기에서 보람〔光榮〕의 뜻으로 본다.

9) 義之(의지) : 의논하다와 뜻이 같다.

10) 上固閉內扃(상인폐내경) : 내경(內扃)은 대문 안으로 걸어 잠그는 빗장을 말하는데, 여기서는 임금의 마음가짐〔心術〕을 예로 든 것.

11) 三隅乃列(삼우내열) : 삼우(三隅)는 세 모퉁이를 말하며, 한 모퉁이가 바르면 그밖의 다른 세 모퉁이는 자연히 정돈된다는 뜻.

5. 신하가 임금에게 순종하게 하는 방법

임금에게 남이 헤아릴 수 없는 신비(神祕)한 것이 없으면 신하는 틈을 노려 간사한 뜻을 품게 되고, 임금이 하는 일에 마땅하지 않음이 있으면 신하는 그 떳떳한 도〔常道〕를 내세워 고칠 것을 요구할 것이다.

하늘과 땅같이 높고 두터워 측정할 수 없다. 임금이 사용하는 도는 천지와 같아 그 재앙을 없앤다. 또 땅과 같고 하늘과 같으니 땅은 사사로움이 없이 모든 것을 신고 하늘은 사사로움

없이 모든 것을 덮어버리니 누구를 멀리하고 누구를 가까이 하
겠는가? 이렇게 천지의 대자연을 본받아 세상을 다스린다면 이
를 일컬어 성인이라 한다.

임금이 그 궁중(宮中)을 잘 다스리려면 사람을 두되 특정한
사람을 사랑해서는 안 되며, 밖으로 백관(百官)을 잘 다스리려
면 관청마다 한 사람의 책임 맡을 자를 두지 않으면 안 된다.

관리들로 하여금 제멋대로 일을 처리하지 못하게 한다면 어
찌 월권(越權)을 한다든가 남의 권력을 빼앗는 따위의 일이 저
질러지겠는가? 한 나라의 대신 집에는 많은 사람이 모여들게
마련인데 그것이 세력을 등에 업기 위한 것인지를 항상 두려워
하고 경계해야 할 것이다.

무릇 통치가 아주 잘 되는 상태에서는 신하로서는 사사로운
덕을 베풀 수가 없다. 또 임금이 상벌의 권한을 바르게 쥐고 있
으면 민중은 모두 그 분수에 맞게 일을 수행하게 된다.

이와 같은 방법을 버리고 다른 방법을 구하는 것을 크게 미
혹〔大惑〕하다고 일컫는다. 이렇게 되면 민중은 점점 교활해지는
사람이 많아지고 간사한 신하가 임금의 측근에 넘치게 될 것이
다.

그러므로 옛말에 이르기를 "신하에게 많은 봉록을 주어 넉넉
하게 살도록 하는 것은 좋지만 임금에 버금가게 해서는 안 되
고, 신하의 지위를 높여 귀하게 하는 것은 좋지만 임금의 권세
까지 나눠줄 임금이 위협을 당하게 해서는 안 되며, 오직 한 사
람만을 믿다가 나라의 도읍이나 성곽을 빼앗기는 일이 있어서
는 안 된다."고 했다.

예컨대 종아리가 허벅지보다 굵으면 빨리 달리고 싶어도 달
릴 수 없다.

임금이 신통한 권력을 잃으면 신하는 범으로 변해 뒤에서 임
금을 노릴 것이며, 임금이 그것을 눈치채지 못하면 범이 된 간
신은 무서운 이빨을 감추고 개(犬)같은 무리를 모아 파당을 만
들 것이다.

만약 임금이 이러한 일을 재빨리 막지 못하면 개들의 무리는 머무를 줄 모르고 늘어날 것이다. 그리하여 끝내는 범의 무리가 도당을 만들고 마침내 임금을 시해(弑害)하고 만다.

그렇다고 나라를 다스리는 임금에게 신하가 없다면 어찌 나라를 보전할 수 있겠는가? 임금이 법술(法術)을 엄하게 시행하고 상벌을 공정하게 집행하면 아무리 큰 범같은 간신이라도 두려워할 것이며, 임금이 또한 엄한 형벌을 시행하면 아무리 큰 범같은 간신이라도 그 직위에서 편안해 할 것이다.

법술과 형벌이 바르게 시행되어 믿음이 있으면 범도 사람으로 변하여 본래의 제모습으로 되돌아와 임금에게 순종할 것이다.

主上不神[1] 下將有因 其事不當 下改其常 若天若地 是謂累解[2] 若地若天 孰疏孰親 能象天地 是謂聖人 欲治其內 置而勿親 欲治其外 官置一人 不使自恣 安得移幷[3] 大臣之門 唯恐多人 凡治之極 下不能得 周合形名[4] 民乃守職 去此更求 是謂大惑 猾民愈衆 姦邪滿側 故曰毋富人而貸焉 毋貴人而逼焉 毋專信一人而失其都國焉 腓大於股 難以趣走 主失其神 虎隨其後 主上不知 虎將爲狗 主不蚤止 狗益無已 虎成其群 以弑其母[5] 爲主而無臣 奚國之有 主施其法 大虎將怯 主施其刑 大虎自寧 法刑苟信 虎化爲人 復反其眞

1) 主上不神(주상불신): 신(神)은 남이 헤아릴 수 없는 신통력(神通力)을 뜻한다. 이에 대하여는 옛 문헌의 많은 곳에서 보이는데 『맹자』와 『순자』, 『역경(易經)』 계사전상편에 그 정의가 쓰여 있다.

2) 累解(누해): 평정(平正)을 뜻하는데 누(累)는 재화(災禍)를 말하는 것으로 『순자』 부국편(富國篇)의 화주누해(和調累解)라는 말을 참조.

3) 移幷(이병): 권력을 월권(越權)하여 합치거나 빼앗는 것을 말한다.

4) 周合形名(주합형명): 심합형명(審合形名)과 형명참동(形名參同)과 뜻이 같다. 주(周)는 특히 『설문』에 밀(密)의 뜻과 같다고 했다.

5) 母(모): 여기에서는 임금을 뜻한다.

6. 신하들이 패거리를 만들지 못하게 해야

임금이 그 나라를 잘 다스리려면 반드시 신하들이 패거리를 모아 무리[朋黨]을 만들지 못하도록 해야 한다. 무리의 취합을 막지 않으면 그들은 더욱 세력을 강화하려고 꾀할 것이다.

임금이 그 영토를 잘 다스리려면 땅을 적절하게 하사(下賜)해야 하는데, 땅의 하사가 적절하지 않으면 난신(亂臣)이 일어나 자기에게 넓은 땅을 달라고 요구하게 될 것이다. 또 신하가 달라는대로 임금이 땅을 주게 되면 원수에게 도끼를 빌려주는 것과 다름이 없다. 도끼를 빌려주어서는 안 된다. 그 까닭은 그들은 장차 그 무기로 이쪽을 칠 것이기 때문이다.

그래서 옛날 황제(黃帝)가 말하기를 "위와 아래는 하루에도 백 번을 다툰다."고 했다.

신하는 그 사사로운 세력을 감추고 임금을 늘 살피며, 임금은 법술을 손에 굳게 움켜쥐고 늘 신하를 통제한다. 그러므로 법도가 확립되어 있으면 임금에게 있어서는 소중한 보물이 될 것이고, 패거리끼리 무리를 갖추는 것은 신하에게 있어서는 보배가 될 것이다.

본래 신하가 임금을 죽이고 정권을 빼앗지 못하는 까닭은 아직 무리를 갖추지 못했기 때문이다. 그래서 임금이 네 치(寸)를 잃으면 아래의 신하는 그 배인 여덟 치를 얻게 된다.

나라를 잘 다스리는 임금은 신하의 도움이 너무 커지는 것을 그냥 두지 않는다. 도(道)를 터득한 신하는 그 집을 부유하고 귀중하게 꾸미지 않으며, 도를 터득한 임금은 그 신하의 지위를 함부로 귀하게 하지 않는다. 신하의 지위가 귀해지고 가문이 넉넉해지면 마침내 임금의 지위를 위협할 준비가 갖추어지는 것이다.

나라의 위태로움에 대비하고 임금의 지위가 위협을 당할 두려움이 있을 때는 서둘러 태자(太子)를 세워두면 재앙은 곧 일어나지 못할 것이다. 그리고 임금은 안으로 궁중에 도사리고 있을 간신을 색출하고, 밖으로 외정(外政)에 있는 신하 가운데 악신(惡臣)을 막아 임금은 반드시 몸소 상벌권의 법도를 쥐고 있어야 한다.

그리하여 신하 가운데 지나치게 부유한 사람이 있으면 이를 깎아내리고, 공적이 있는데도 보상이 박한 사람에게는 두터이 해줘야 하는데, 그 깎아내리고 더하는 일에 있어 정도에 맞게 하여 신하로 하여금 파당을 만들어 함께 그 임금을 속이지 못하도록 해야 한다. 임금이 신하의 부유함을 깎아내릴 때는 보름달이 기울듯이 서서히 하고, 박한 신하의 보상을 더해주는 일에도 불을 지펴 물을 끓이듯 열이 차차 더해지는 것처럼 다른 사람이 눈치채지 않도록 한다.

또한 모든 법령은 되도록 간단해야 하며 죄인을 처벌함에는 신중을 기해야 하지만, 처형을 할 때는 반드시 철저하지 않으면 안 된다. 형벌이라는 활시위를 일단 당겼다 하면 늦추어서는 안 된다. 그렇지 않으면 한 우리에 두 마리의 수탉이 있는 꼴이 된다. 한 우리에 두 마리 수탉이 있게 되면 피비린내나는 싸움이 벌어질 뿐이다.

만약 들개나 늑대가 우리 안에 들어가 있으면 그 양(羊)은 결코 번식하지 못한다.

한 집안에 두 사람의 주인이 있어 각자 명령을 내리면 아랫사람은 누구의 명령을 따라야 할지를 알지 못하기 때문에 집안일이 이루어지는 것이 없게 된다. 부부가 함께 집안일을 관장하면 아이들은 누구의 말에 따라야 할지 몰라 집안은 어지러워진다.

임금은 가끔 나뭇가지를 잘라내듯이 신하의 세력을 가지치기하여 통제하고 약화시켜야 한다. 만약 그대로 두었다가 나뭇가지가 번창하면 궁궐의 문을 덮어 가리고 말 것이다.

세력이 있는 신하의 집에 사람이 모여들어 출입이 잦게 되고, 임금이 정무를 집행하는 궁궐은 사람의 발길이 뜸해져 한

적하게 되면 임금의 귀와 눈은 가려져 세상 일을 모르게 된다.

때문에 임금은 이따금 나뭇가지를 쳐 가지가 밖으로 뻗어나가지 못하게 해야 한다. 나뭇가지가 밖으로 뻗어나가면 장차 임금이 핍박받는다.

임금은 가끔 나뭇가지를 쳐 가지가 크고 뿌리가 작아지는 일이 없도록 해야 한다. 가지인 신하의 세력이 크고 뿌리인 임금의 세력이 작으면 봄바람에도 나무가 부러지듯 작은 사은(私恩)에도 임금은 견디기가 어렵게 된다. 이렇게 부드러운 봄바람에도 견디지 못하게 되면 나뭇가지가 나무 뿌리의 중심인 태자(太子)도 해치게 된다.

공자(公子)의 수가 많아지면 종실(宗室)에는 언제나 걱정의 소리가 끊이지 않는다. 이것을 미리 막는 방법으로는 때때로 그 나뭇가지를 쳐 가지가 무성하지 못하도록 해야 한다. 그 가지를 자주 잘라내면 간신이나 공자들의 무리도 가지가 잘려나가 듯이 흩어지고 말 것이다.

그 뿌리를 파헤쳐 드러내면 나무는 그 신비스러운 위력이 없어진다.

또 임금은 패거리들이 모여드는 웅덩이를 메워 신하의 부귀가 고이지 않게 하고, 깊은 곳에 물이 고이는 것처럼 패거리가 많이 모이지 못하게 해야 한다.

신하의 마음속을 미리 짐작하고 그 위세(威勢)를 떨치지 못하게 미리 빼앗는 임금의 모습은 번개불처럼 재빨라 상대에게 대비할 틈을 주지 말아야 한다.

欲爲其國 必伐其蔟¹⁾ 不伐其蔟 彼將聚衆 欲爲其地 必適其賜 不適其賜 亂人求益 彼求我予 假仇人斧 假之不可 彼將用之以伐我 黃帝有言曰 上下一日百戰 下匿其私 用試其上 上操度量 以割其下 故度量之立 主之寶也 黨與之具 臣之寶也 臣之所不弑其君者 黨與不具也 故上失扶寸²⁾ 下得尋常 有國之君 不大其都³⁾ 有道之臣 不貴其家 有道之君 不貴其臣 貴之富之 備將代

之 備危恐殆 急置太子禍乃無從起 內索出圍 必身自執其度量
厚者虧之 薄者靡之 虧靡有量 毋使臣比周 同欺其上 虧之若月
靡之若熱 簡令謹誅 必盡其罰 毋弛而弓 一棲兩雄 一棲兩雄 其
鬪嚾嚾[4] 豺狼在牢 其羊不繁 一家二貴 事乃無功 夫妻持政 子
無適從 爲人君者 數披[5]其木 毋使木枝扶疏[6] 木枝扶疏 將塞公
閭 私門將實 公庭將虛 主將壅圍 數披其木 無使木枝外拒 木枝
外拒[7] 將逼主處 數披其木 毋使枝大本小 枝大本小 將不勝春風
不勝春風 枝將害心 公子既衆 宗室憂吟 止之之道 數披其木 毋
使枝茂 木數披 黨與乃離 掘其根 木乃不神 填其淵 毋使水清[8]
探其懷 奪之威 主上用之 若電若雷

1) 藂(총) : 총(叢)의 속자인데 같은 뜻으로 총중(藂衆)을 말한다.

2) 扶寸(부촌) : 부촌(扶寸)을 부촌(膚寸)으로도 쓰며, 네 치(四寸)를 뜻
   하는데, 아래 글귀의 심상(尋常)이란 말은 여덟 자를 뜻한다.

3) 都(도) : 임금의 나라(國)에 대한 대부의 봉지의 중심 도읍.

4) 其鬪嚾嚾(기투안안) : 안안(嚾嚾)은 개가 울부짖는 소리를 뜻하는데
   『초사(楚辭)』의 은은 은은(狺狺犴犴)과 같다. 이 말은 곧 이빨을 드
   러내 놓고 죽기살기로 다투는 것을 뜻한다.

5) 數披(삭피) : 삭(數)은 재빨리. 피(披)는 잘라버린다는 말.

6) 扶疏(부소) : 가지와 잎이 무성하여 사방으로 퍼진다는 뜻인데 『설
   문』에는 부소(扶疏)는 곧 사포야(四布也)라고 썼다.

7) 外拒(외거) : 밖으로 뻗어나간다는 뜻. 거(拒)는 이르다와 같은 뜻.

8) 水清(수청) : 물이 많이 고여 깊어지면 맑다는 말인데, 여기서는 패거
   리들이 많이 모인다는 뜻으로 본다.

제 39 편 대 체(大體)

대체(大體)라는 뜻은 임금이 나라를 다스리는 대요(大要)를 가리킨다.

이 편의 주요 내용은 다른 편과는 달리 총괄적인 것으로 일관했는데 그 흐름은 객관적인 법술(法術)·상벌(賞罰)에 의한 정치를 말하고 있다. 다만 그 성격을 천지 자연의 법칙에 초점을 둔 경향이 현저하게 나타나 있다.

특히 도가사상(道家思想)의 내용을 강조하고 있는 것이 특징이며, 그 궁극적인 상황을 지금까지 주장했던 지치(至治)보다는 한걸음 나아가 지안(至安)이란 말로 표현했다. 거기에는 임금의 분노(憤怒)도 없고, 신하의 원한(怨恨)도 없으며 공적을 세워 이름을 남기는 따위의 내·외사건(事件)도 일어나지 않게 하여 언제나 임금을 위하여 위아래의 사이가 안정(安靜)되도록 하는 것을 목적으로 하고 있다.

I. 나라를 다스리는 방법

옛날 나라 다스리는데 있어 큰 요체(要諦)를 완전히 터득한 사람은 천지(天地)를 바라보고 그 광대한 것을 익히고, 흐르는 큰 강과 넓은 바다를 바라보고 그 만물을 수용하는 것을 배우며, 높은 산과 깊은 골짜기를 보고 그 높고 깊은 뜻을 깨닫고, 해와 달이 언제나 빛나고, 춘하추동의 사계절이 끊임없이 변전(變轉)하며, 구름이 덮이면 바람이 불어 움직이는 것과 같이 자연을 따라 조화(調和)를 이루었다.

지혜로써 마음을 더럽히지 않아야 하며, 사사로운 이익으로 자기 몸을 괴롭히지 않아야 한다. 나라가 어지러울 때는 법술(法術)에 따라 다스리고, 옳고 그름의 판가름은 상벌로써 하며, 물건의 가벼움, 무거움은 저울의 기준에 따라야 한다.

자연의 도리에 거스르지 않아야 하며, 사람의 본성을 상하게 하지 않아야 한다. 또한 터럭을 입김으로 불어 남의 작은 상처를 찾아내려 하지 않아야 하고, 때를 씻어 알기 힘든 상처를 알려고 하지 않아야 한다.

일을 처리함에 있어 마치 목수가 나무를 자르는데 먹줄 밖으로 나가도 안 되고 먹줄 안으로 들어가도 안 되듯이, 법칙 이상으로 엄하게 처리하지도, 법칙 이하로 가볍게 처리하지도 않아야 한다.

이미 정해진 이법(理法)을 지켜 자연의 도를 따르면 사람의 화복(禍福)은 도리(道理)와 법도(法度)에 따라 정해지는 것이지 임금의 사랑하고 미워하는 마음에서 결정되는 것이 아니며, 영예와 치욕을 결정하는 것도 그 책임이 자기에게 있는 것이지 남에게 있는 것이 아니다.

그러므로 지극히 태평한 세상에서 법(法)은 아침 이슬처럼 만물을 촉촉히 적시고, 민중들은 순박한 것을 잃지 않고, 마음으로 남과 원한을 맺지 않으며, 그들의 입에서는 번거로운 말을 하지 않는다.

세상이 태평하게 되면 전쟁 따위가 일어날 일이 없으므로 수레와 말이 먼 길을 달려 지치는 일이 없고, 군사의 깃발이 전쟁터에서 어지럽게 나부낄 일도 없으며, 많은 민중이 쳐들어 온 적군으로 인하여 목숨을 잃는 일도 없고, 뛰어난 군사가 깃발 아래서 싸우다가 목숨을 다하는 일도 없으며, 전공을 세운 호걸들의 이름을 도서(圖書)에 써서 남기는 일도 없고, 그들의 공적을 항상 사용하는 물을 담는 그릇에 새겨놓을 필요가 없으며, 연대기(年代記)의 목찰(木札)에는 쓸 것이 없어 그냥 비워놓게 된다.

그래서 옛말에 이르기를 "간단한 것보다 큰 이로움이란 없고 편안한 것보다 더 오래 이어지는 복(幸福)은 없다."고 했다.

만약 저 유명한 장인(匠人) 석(石)에게 천 년의 수명(壽命)을 주어 오래도록 살게 한다면 곡선(曲線)을 긋는 구(鉤)와 동그라미와 직각을 그리는 규구(規矩)와 먹줄을 사용하여 태산(太山)의 형태를 바로잡으려 할 것이고, 또 맹분(孟賁)과 하육(夏育)같은 뛰어난 장사에게 명검(名劍)인 간장(干將)을 허리에 차게 한다면 만민(萬民)을 다스리려 할 것 입니다. 그러나 그들이 온갖 기교를 다하여 애를 쓰고 더할 수 없는 위엄을 갖추었다 하더라도 태산의 모습은 바로잡을 수 없고 만민을 고르게 다스릴 수는 없을 것이다.

그러므로 옛말에 이르기를 "세상을 잘 다스리는 사람은 장석(匠石)같은 사람으로 하여금 있는 기교를 다하여 태산의 모습을 파괴하게 하는 일 따위는 시키지 않았고, 맹분이나 하육같은 용사로 하여금 그 위력을 다하여 만민의 본성을 손상시키는 따위의 억지는 하지 않았다."고 했다.

오로지 도리에 따르고 법을 온전하게 하는데서 군자는 삶을 즐길 수 있고, 큰 간사함이 없어져 세상은 편안하고 조용하며 한가하여 천명(天命)에 따라 나라를 다스리는 대체(大體)를 잡고 지키는 것이다.

그래서 민중은 법망에 걸려들 죄를 짓지 않게 되고, 임금은 물고기가 물을 잃는 것 같은 권세를 잃는 재앙을 만나지 않게 된다. 이와 같은 상태가 되면 천하에 불가한 일이 적어진다.

古之全大體者 望天地[1] 觀江海 因山谷 日月所照 四時所行[2] 雲布風動 不以智累心 不以私累己 寄治亂於法術 託是非於賞罰 屬輕重於權衡 不逆天理 不傷情性 不吹毛而求小疵 不洗垢而察難知 不引繩之外 不推繩之內 不急法之外 不緩法之內 守成理[3] 因自然 禍福生乎道法 而不出乎愛惡 榮辱之責 在乎己 而不在

乎人　故至安[4]之世　法如朝露　純樸不散　心無結怨　口無煩言　故
車馬不疲弊於遠路　旌旗不亂於大澤[5]　萬民不失命於寇戎　雄駿不
創壽於旗幢[6]　豪傑不著名於圖書　不錄功於盤盂　記年之牒空虛
故曰　利莫長於簡　福莫久於安　使匠石[7]以千歲之壽　操鉤　視規矩
擧繩墨　而正太山　使賁育帶干將[8]而齊萬民　雖盡力於巧　極盛於
威　太山不正　民不能齊　故曰　古之牧天下者　不使匠石極巧　以敗
太山之體　不使賁育盡威　以傷萬民之性　因道全法　君子樂而大姦
止　澹然閒靜　因天命　持大體　故使人無離法之罪　魚無失水之禍
如此　故天下少不可

1) 望天地(망천지) : 대자연(大自然)을 바라보면서 공평(公平) 무사(無
　私)하고 광대한 것을 배운다는 뜻. 관강해(觀江海), 인산곡(因山谷)
　도 다같이 자연의 모습에서 그 이치를 익힌다는 뜻을 가진다.
2) 日月所照四時所行(일월소조사시소행) : 일월(日月)과 사시(四時)는
　『역경(易經)』 건문언전(乾文言傳)에 '대인은 천지와 그 덕을 같이
　하고, 해와 달과 그 밝기를 같이 하며, 사시와 그 차례를 같이 한다'
　고 한 것을 참조.
3) 守成理(수성리) : 성리(成理)란 정하여진 이치(理致)라는 뜻.
4) 至安(지안) : 지극히 태평하다 또는 아주 안정되다.
5) 旌旗不亂於大澤(정기불란어대택) : 정기(旌旗)는 깃대 위에 쇠꼬리를
　달고 이것을 새털로 장식한 깃발을 말함. 대택(大澤)은 산이나 내같
　은 넓은 곳을 택하여 사냥터로 사용했는데, 옛날에는 이 사냥터를 전
　쟁 연습장으로 썼다.
6) 雄駿不創壽於旗幢(웅준불창수어기당) : 웅준(雄駿)은 뛰어난 장수. 창
　(創)은 상하다, 기당(旗幢)은 깃발을 말한다.
7) 匠石(장석) : 옛날의 이름있는 장인(匠人)으로 이름이 석(石)이다.
8) 賁育帶干將(분육대간장) : 분육은 옛날 힘센 용사인 맹분(孟賁)과 하
　육(夏育). 간장(干將)은 오(吳)나라의 이름있는 칼 이름.

2. 자연의 도에 머무르는 세상

위에 있는 임금의 덕이 하늘과 같지 않으면 아래에 있는 민중을 골고루 덮을 수 없고, 그 마음이 땅과 같이 두텁지 않으면 만물을 다 실을 수가 없다.

태산(太山)은 흙과 돌의 좋고 나쁨을 가리지 않고 다 받아들였기 때문에 그 높음을 이루었고, 양자강이나 넓은 바다는 작은 시냇물도 버리지 않았기 때문에 저토록 넉넉해진 것이다.

그러므로 대인(大人)은 천지의 위대한 이치에 의거하여 하나가 됨으로써 만물을 갖추고, 마음은 태산과 바다처럼 갖추기 때문에 나라가 번영한다.

윗자리에 있는 임금은 아래의 신하들에게 화를 내지 않아 몸에 미치는 해로움이 없고, 아래의 민중에게는 윗사람에게 품는 원한의 재앙이 없다.

이렇게 위아래가 다함께 소박하여져 자신의 도(道)를 우리들이 머무는 집으로 삼는다. 그래서 나라에는 오래도록 끝없이 이로움이 쌓이고, 큰 공적이 이루어지며, 살아서는 이름이 빛나고 죽은 뒤에는 덕(德)이 후세에 이어지니 이것이 곧 나라 다스림의 지극함이다.

上不天 則下不徧覆 心不地 則物不畢載 太山不立好惡 故能成其高 江海不擇小助 故能成其富 故大人寄形[1]於天地 而萬物備 措心於山海 而國家富 上無忿怒之毒 下無伏怨之患 上下交順[2] 以道爲舍 故長利積 大功立 名成於前 德垂於後 治之至也

1) 大人寄形(대인기형) : 대인은 천자를 가리키기도 하고 천지와 일치하는 사람을 뜻하기도 한다. 기형이란 몸을 의지한다는 뜻.

2) 上下交順(상하교순) : 구본에는 상하교박(上下交樸)이라 했는데 박(樸)은 곧 순수하여 따른다와 뜻이 같다.

제 40 편 관 행(觀行)

　관행(觀行)이란 임금이 법술(法術)로써 신하의 행동을 관찰
하는 것을 의미한다.
　자신의 행동은 자신이 직접 관찰할 수 없는 것으로 오직 도
(道)만이 그것을 바르게 할 수 있다.
　이 편은 임금이 신하를 관찰하는데 있어 재능이 아닌 법술
(法術)·세(勢)·도(道)와 같은 객관적인 방법에 의해야 하는
것을 제시하고 있다.
　이 편은 도가적인 사상에 가까워 혹 한비(韓非)의 작품이 아
닌 것 같다고도 하며 이 편 전체의 내용이 『군서치요(群書治
要)』에 그대로 전재되어 있는 것이 특색이다.

1. 추한 얼굴을 비추는 것은 거울의 죄가 아니다

　옛날 사람들은 눈으로는 스스로의 모습을 볼 수 없었기 때문
에 거울(鏡)을 만들어 자기의 얼굴을 보았고, 지혜를 가지고는
스스로를 아는데 부족했기 때문에 도(道)로써 자기를 바르게
했다.
　거울이 얼굴의 흉터를 바르게 비쳤다고 하여 죄가 있는 것은
아니며, 옛날 성현(聖賢)의 도(道)가 자기의 잘못을 밝혀 주었
다고 하여 미워할 수는 없는 것이다.
　만약 눈은 있어도 거울이 없으면 수염이나 눈썹을 가다듬을
수 없으며, 자기 일신(身)은 있어도 도(道)를 잃으면 스스로의

미혹함을 알지 못한다.

위(魏)나라의 서문표(西門豹)는 성미가 너무 급했기 때문에 언제나 부드러운 가죽을 허리에 두르고 그것을 봄으로써 스스로의 마음을 누그러뜨렸고, 진(晋)나라의 동안우(董安于)는 마음이 지나치게 느긋하여 결단성이 없었기 때문에 언제나 활시위를 차고 다니면서 그것을 봄으로써 스스로 긴장토록 노력했다.

그러므로 남는 것으로 모자라는 것을 채우고, 긴 것으로 짧은 것을 이어주는 것이 현명한 임금의 참모습인 것이다.

古之人 目短於自見 故以鏡觀面 智短於自知 故以道正己 鏡無見疵之罪 道無明過之惡[1] 目失鏡 則無以正鬚眉 身失道 則無以知迷惑 西門豹之性急 故佩韋[2]以自緩 董安于之心緩 故佩弦以自急 故以有餘補不足 以長續短之謂明主

1) 惡(오) : 미워하고 원망하다는 뜻인데 구본에는 원(怨)으로 썼으나 같은 뜻이다.

2) 佩韋(패위) : 패(佩)는 찬다는 말이고, 위(韋)는 가죽을 말한다.

2. 확실하게 믿을 수 있는 세 가지 도리

세상에서 확실하다고 믿을 수 있는 세 가지 도리(道理)가 있다. 그 첫째는 지혜가 있어도 공적을 세우지 못하는 경우를 말하고, 그 둘째는 힘이 세어도 들어올릴 수 없는 경우를 말하며, 그 셋째는 아무리 강해도 꼭 남을 이기지 못하는 경우가 있음을 말한다.

그래서 비록 요(堯)임금과 같은 지혜가 있더라도 많은 사람의 도움이 없었으면 태평 성세의 큰 공적을 세울 수 없었고, 진(秦)나라의 오획(烏獲)과 같은 장사라 해도 남의 도움이 없으면 자기 몸을 들어올릴 수 없고, 맹분(孟賁) 하육(夏育)과 같은 용사라도 법술(法術)이 없었으면 오래도록 이길 수 없었을 것이다.

그러므로 세력(勢力)만으로는 어떻게 할 수 없는 경우가 있고, 일(事)만으로는 어떻게도 이룰 수 없는 경우가 있는 것이다.

그러므로 힘이 센 오획(烏獲)은 천 균(鈞)은 가볍게 들어올리면서도 그 몸이 무거웠던 것은 그의 몸이 천 균보다 더 무거워서가 아니라 균형이 맞지 않았기 때문이다.

눈이 밝기로 유명한 이주(離朱)가 백 보나 멀리 떨어진 곳에 있는 것도 쉽게 볼 수 있었지만 제 눈썹을 보지 못한 것은, 백 보가 가깝고 눈썹이 멀어서가 아니라 도리(道理)가 그렇지 않았기 때문이다.

그래서 현명한 임금은 오획이 자기 몸 하나 들어올리지 못했다고 책망하지 않으며, 이주가 가장 가까운 곳에 있는 눈썹을 보지 못했다고 탓하지 않는다.

그것은 능력에 알맞는 조건을 주어 손쉬운 방법으로 일하게 하기 때문에 애를 적게 쓰고도 공명을 세우게 되는 것이다.

때(時)에는 비(虛)고 차(滿)는 것이 있고, 일(事)에는 이로운 것과 해로운 것이 있으며, 만물에는 나고 죽는 것이 있다. 임금이 이 세 가지 때문에 희로(喜怒)를 얼굴에 쉽게 나타낸다면 금석(金石)처럼 굳은 절개를 가진 선비라도 그 마음이 임금으로부터 떠날 것이고, 성현(聖賢)같이 어진 사람도 임금의 천박한 마음의 깊이를 헤아리게 될 것이다.

그래서 현명한 임금은 자신이 남을 잘 살필 수는 있지만 남으로 하여금 자신을 살피지는 못하게 감추어 나타내지 않아야 한다.

요임금도 혼자서는 천하의 명군이 될 수 없었고, 오획같은 장사도 제 몸을 들 수 없었으며, 맹분과 하육같은 용사도 나라에 의지하지 않고 스스로 이기지는 못했다는 이치를 바르게 알고 법술(法術)을 쓴다면 신하의 행동을 관찰하는 방법으로 완전한 것이 된다.

天下有信數[1]三 一曰 智有所不能立 二曰 力有所不能擧 三曰
强有所不能勝 故雖有堯之智 而無衆人之助 大功不立 有烏獲之
勁[2] 而不得人助 不能自擧 有賁育之强 而無法術 不得長勝 故
勢有不可得 事有不可成 故烏獲輕千鈞而重其身 非其身重於千
鈞也 勢不便也 離朱易百步而難眉睫 非百步近 而眉睫遠也 道
不可也 故明主不窮烏獲以其不能自擧 不困離朱以其不能自見
因可勢 求易道 故用力寡 而功名立 時有滿虛 事有利害 物有生
死 人主爲三者發喜怒之色 則金石之士離心焉 聖賢之測淺 深矣
故明主觀人 不使人已難 明於堯不能獨成 烏獲之不能自擧 賁育
之不能自勝 則觀行之道畢矣

1) 天下有信數(천하유신수) : 신수(信數)는 확신(確信)을 말하는데 수
   (數)는 『한비자』에 자주 나오는 개념이며, 객관적 필연성을 뜻한다.

2) 有烏獲之勁(유오획지경) : 오획(烏獲)은 전국시대 진나라 무왕을 섬
   겼던 역사(力士)로 『사기』, 『맹자』같은 고전에 나왔고 경(勁)은 힘이
   센 것을 뜻한다.

제 8 권

제 41 편 해 로(解老)

해로(解老)는 최초로 『노자도덕경』을 해설한 편이다.

해(解)는 해석이란 뜻으로 『관자(管子)』에서 처음으로 썼고 『예기(禮記)』에도 경해(經解)란 말이 나온다. 해(解)는 설(說)과 전(傳)·훈(訓)과도 그 말뜻이 비슷하지만 내용에 있어서 『노자』에만 충실히 해석한 것이 아니라 유가(儒家)와도 접촉하면서 『관자』『장자』쪽에도 가까운 이론으로 설명했다.

1. 최상의 덕(德)은 덕이 아니다

덕(德)이라는 것은 내면적으로 갖추는 것이고, 득(得)이라는 것은 외부로부터 얻어지는 것이다.

노자(老子)가 말한 '최상의 덕은 덕이라 하지 않는다〔上德不德〕'는 뜻은, 그 정신이 바깥의 사물(外物)에 의하여 어지러워지는 일이 없다는 것이다.

정신이 외물에 의하여 어지러워지지 않는다면 그 몸은 온전해지고, 그 몸이 온전한 것을 덕(德)이라 말한다. 그래서 덕이란 스스로 얻는 것이지 결코 외물에 의하여 얻어지는 것이 아니다.

무릇 덕이란 무위(無爲)로써 모이며, 욕심을 없애는 것에서 이루어지고, 아무런 생각도 하지 않는 가운데 안정되며, 아무런 작용도 하지 않는 것에서 견고해진다.

덕을 얻으려 무엇인가를 하고자 하면 덕은 머물지 않고 덕이 머물지 않으면 완전하지 못하다.

　무엇인가를 작용하고 이를 생각한다면 덕은 확고하지 못하며, 확고하지 않으면 아무런 효과도 없고, 효과가 없으면 곧 외면적인 득(得)을 마음속으로 일으키게 된다. 득(得)이 마음에 걸리면 덕(德)은 곧 없어지고 득을 마음에 두지 않으면 곧 덕(德)이 있게 된다.

　그러므로 노자가 말하기를 "최상의 덕은 덕이라 하지 않는다. 이로써 덕이 있다."고 했다.

　무위(無爲)하고, 무사(無思)하고, 허심(虛心)한 것을 소중하다고 하는 까닭은 그 뜻이 외물의 제약을 받지 않기 때문이다. 도술(道術)을 터득하지 못한 사람은 새삼스럽게 무위하고 무사하고 허심하려 한다.

　무릇 이렇게 무위하고 무사하고 허심하고자 하는 사람은 그 뜻이 항상 허심(虛心)을 의식하고 있기 때문에, 이로써 마음을 비우고자 하여도 벌써 외물에 묶여있는 셈이다.

　허심(虛心)이란 그 뜻이 외물에 묶여있지〔制約〕 않는 것을 말한다. 그런데도 지금 마음을 비워야 되겠다는 그 생각에 붙들려 있는 것은 곧 마음을 비우지 못하고 있다는 것이다. 마음을 비우고 있는 사람이 아무 작용도 하지 않는〔無爲〕 상태는 무위(無爲)를 행해야 되겠다는 생각을 항상 가지지 않는 것이다. 무위해야 되겠다는 생각을 항상 갖지 않았을 때 마음을 비울 수 있는 것이며, 마음을 비우게 되면 곧 덕(德)은 왕성해지고, 덕이 왕성해지면 그것을 상덕(上德)이라 한다.

　그러므로 노자가 말하기를 "지극한 덕〔上德〕은 무위(無爲)라서 어떤 일도 하지 않음이 없다."고 했다.

　　德者 內也 得者 外也 上德不德 言其神不淫於外也 神不淫於外則身全 身全之謂德 德者 得身也 凡德者 以無爲集 以無欲成 以不思安 以不用固 爲之欲之 則德無舍 德無舍 則不全 用之思之 則不固 不固則無功[1] 無功則生於德 德則無德 不德則有德

故曰 上德不德 是以有德

所以貴無爲無思爲虛者 謂其意無所制也 夫無術者[2] 故以無爲
無思爲虛也 夫故[3]以無爲無思爲虛者 其意常不忘虛 是制於爲虛
也 虛者 謂其意無所制也 今制於爲虛 是不虛也 虛者之無爲也
不以無爲爲有常 不以無爲爲有常則虛 虛則德盛 德盛之謂上德
故曰[4] 上德無爲 而無不爲也

1) 無功(무공) : 무공이란 효과가 없다는 뜻.
2) 術者(술자) : 도술(道術)을 말하는 것인데 여기서는 덕(德)을 획득하
   는 방법.
3) 故(고) : 새삼스럽게 또는 의식적(意識的)이라는 뜻.
4) 故曰(고왈) : '노자(老子)가 말하기를'을 뜻한다.

2. 인(仁)은 목적을 갖고 행하지 않는다

인(仁)이란 그저 사랑을 말함이 아니라 진심으로 흔쾌히 사
람을 사랑하는 것을 말한다. 남이 행복해지는 것을 기뻐하며
남에게 재앙이 있음을 슬퍼하는 것이다. 이것은 태어날 때부터
지니고 있어 억누를 수 없는 곳에서 생기는 마음으로 무엇인가
보답을 바라서가 아니다.

그러므로 노자가 말하기를 "지극한 인(仁)은 실천하면서도
의식적으로 하지 않는다."고 했다.

의(義)는 군신(君臣)간에 있어서 상하가 저마다 그 직분을
지키는 것이며, 부자(父子)간에 있어서 귀천(貴賤)의 분별을 나
타내고, 친한 친구 사이에 서로 교제함에 있어 지켜야 할 의무
가 있으며, 친하고 소원한 관계에서 가깝고 먼 것을 뚜렷히 구
별하는 것을 말한다.

신하가 임금을 섬김이 마땅하고, 아랫사람이 윗사람에게 순
종하는 것이 마땅하며, 자식이 부모를 섬김이 마땅하고, 천한
사람이 귀한 사람을 공경하는 것이 마땅하며, 친한 친구사이에
서로 돕는 것이 마땅하고, 친한 사람은 가까이 소원한 사람은

멀리 두는 것이 마땅하다.

의(義)라는 것은 서로의 관계에서 마땅한 것을 말한다. 마땅하기 때문에 실천하는 것이다.

그러므로 노자가 말하기를 "으뜸가는 의(義)는 그것을 실천하는데 있어 꼭 해야 할 일이기에 하는 것을 말한다."고 했다.

예(禮)는 마음을 바깥으로 나타낸 모습이며, 여러 가지 의(義)를 아름답게 꾸미는 것으로, 군신(君臣)과 부자사이에도 그 관계를 예(禮)로써 해야 하며, 귀천과 현우(賢愚)를 분별하는데도 이 예로써 밝히는 것이다.

마음속으로 흠모하고 있어도 상대가 그것을 깨닫지 못하므로 상대를 보고는 빠른걸음으로 달려가 허리를 굽히고 절을 하여 표현해 내는 것이다. 또 진심으로 사랑하고 있어도 상대는 이를 알지 못하므로 좋은 말과 온순한 태도로 상대에게 믿게 하는 것이다.

예(禮)는 밖으로 꾸미는 것으로 마음속에 있는 심정(心情)을 깨닫게 하는 것이다.

그래서 말하기를 "예는 마음의 모습을 밖으로 드러내는 것이다."라고 했다.

무릇 사람은 외물(外物)의 자극에 의하여 움직이는데 자기의 마음가짐을 밖으로 나타내는 것이 자기를 위한 예(禮)인줄을 알지 못한다.

많은 사람들이 예를 행하는 것은 남을 존경하는 표시이기 때문이다. 저쪽에서 정중히 대하면 이쪽도 기쁘게 답하고, 저쪽이 예를 다하지 않으면 이쪽도 냉담하게 되는데, 그래서 예는 때로는 열심이고 때로는 게으르게 된다.

군자(君子)가 예를 행하는 것은 자기 자신을 위해서다. 자기 자신을 위하여 행하기 때문에 최선을 다하여 으뜸으로 예를 행한다.

상예(上禮)는 전심전력을 다하는 것이지만 많은 사람들의 경우는 마음이 분산되어 있기 때문에 서로 응할 수가 없다.

서로 응하지 못하기 때문에 노자가 말하기를 "으뜸가는 예
(上禮)는 이를 행하여도 그에 응할 사람이 없다."고 했다.

많은 일반 사람들은 예를 행함에 있어 전심전력하지 않으나
성인(聖人)은 공경의 도를 실천하고, 몸가짐을 바르게 하여 예
를 다함에 게을리하지 않는다.

그러므로 노자가 말하기를 "예를 행했는데 응함이 없으면 팔
을 걷어붙이고 끌어당긴다."고 했다.

　　仁者[1]　謂其中心欣然愛人也　其喜人之有福　而惡人之有禍也
生心之所不能已也[2]　非求其報也　故曰　上仁爲之　而無以爲也
　　義者　君臣上下之事也　父子貴賤之差也　知交朋友之接也　親疏
內外之分也　臣事君宜　下懷上宜　子事父宜　賤敬貴宜　知交朋友
之相助也宜　親者內而疏者外宜　義者　謂其宜也　宜而爲之　故曰
上義爲之　而有以爲也
　　禮者　所以貌情也　群義之文章也[3]　君臣父子之交也　貴賤賢不
肖之所以別也　中心懷而不諭[4]　故疾趨卑拜而明之　實心[5]愛而不
知　故好言繁辭以信之　禮者　外飾之所以諭內也　故曰　禮以貌情
也　凡人之爲外物動也[6]　不知其爲身之禮也　衆人之爲禮也　以尊
他人也　故時勸時衰　君子之爲禮　以爲其身　以爲其身　故神之爲
上禮　上禮神　而衆人貳　故不能相應　不能相應　故曰　上禮爲之
而莫之應　衆人雖貳　聖人之復恭敬　盡手足之禮也不衰　故曰　攘
臂而仍之

1) 仁者(인자):『노자』의 원문에는 인(仁)과 함께 의(義)와 예(禮)도
　　설명했다.『한비자』는 인의(仁義)를 하나의 숙어로 많이 쓰고 있는데
　　그것은 법(法)에 대한 비판으로 쓰고 있다.『노자』원문을 인용하는
　　인·의·예(仁·義·禮)는 유가(儒家) 공자·맹자·순자를 비판하기
　　위해서다.

2) 生心之所不能已也(생심지소불능이야): 생심(生心)은 마음의 본래 바
　　탕인 성(性)을 뜻하는데,『중용』에서 말하는 천명지위성(天命之謂性)
　　을 뜻한다. 불능이(不能已)는 부득이(不得已)와는 달리 적극성이 내

포된 표현.

3) 群義之文章也(군의지문장야) : 군의는 앞장에서 말한 여러 가지 의
(義)를 말하며, 문장은 밖으로 꾸미는 것을 뜻한다.

4) 諭(유) : 본래 알리다, 말하다를 뜻하나 여기서는 상대가 깨닫도록 한
다는 뜻.

5) 實心(실심) : 진심이란 뜻과 같은데, 『광아(廣雅)』에 있는 실성야(實
誠也)와 같은 뜻이다.

6) 外物動也(외물동야) : 외물(外物)은 『장자』 잡편(雜篇)에 나왔고 『여
씨춘추』에도 같은 말이 있는데 외(外)는 내(內)를 어지럽게 하는 욕
망의 대상으로 설명된다. 동(動)은 홀린다는 뜻으로 쓴다.

3. 인(仁)은 덕을 내뿜는 빛이다

도(道)를 실천하려고 노력하다 보면 그 도가 쌓이고 쌓여 그
효과가 나타나게 된다. 덕(德)이란 도(道)의 효과이다.

그 효과가 충실하게 되면 그 충실함이 스스로 빛을 내게 되
는데 인(仁)이란 곧 덕(德)이 내뿜는 빛이다.

빛(光)을 발하면 윤택이 있게 되고 윤택이 있으면 일이 있게
된다. 의(義)는 곧 인(仁)의 일이다. 일이 있으면 예(禮)가 생
겨나는데 예에는 꾸밈이 있다. 예는 의(義)의 꾸밈인 것이다.

그러므로 노자가 말하기를 "도를 잃으면 덕이 없어지고, 덕
을 잃으면 인(仁)이 없어지며, 인을 잃으면 의(義)가 없어지고,
의를 잃은 다음에는 예(禮)를 잃게 된다."고 했다.

예(禮)는 속마음의 표현이며, 문(文)은 본질을 꾸민 것이다.

무릇 군자는 진실인 마음을 취하고, 바깥으로 나타나는 모습
을 버리며, 본질인 성정을 좋아하며 꾸미는 것을 싫어한다.

무릇 표현에 의하여 내심(內心)을 말한다면 그 성정이 나빠
지며, 꾸밈으로 실질을 말한다면 그 본질은 쇠퇴해진다. 어째서
그렇다고 말할 수 있는가 ?

하나의 예를 들면 저 유명한 화씨(和氏)의 구슬〔璧玉〕은 본

래 오색(五色)이 찬란하여 채색할 필요가 없었고, 수후(隋侯)의
구슬은 본래 아름다워 금은으로 꾸밀 필요가 없었다. 그 본질
이 지극히 아름다워 어떠한 물건으로도 더 아름답게 꾸밀 수가
없기 때문이었다. 무릇 꾸며 비로소 남 앞에 내어놓는 것은 그
바탕이 모자라는 데가 있어 꾸미는 것이다.

　이러한 까닭에 부자(父子)와 같이 친밀한 사이는 그 예의가
아주 소박(素樸)한 그대로여서 꾸밈이 나타나지 않는다. 그러
므로 노자는 말하기를 "지극한 예(禮)는 정(情)이 박하다."고
했다.

　무릇 모든 사물은 두 가지가 함께 융성하기 어려운데 음(陰)
과 양(陽)이 그것이다. 어떤 일의 이치는 흥망을 함께하는 것이
있는데 위엄과 은덕(恩德)이 바로 그것이다. 내실(內實)의 성정
은 충실한데 외모의 예는 박한 것은 부자사이의 예(禮)가 바로
그것이다.

　이러한 일로 미루어 볼 때, 예를 번거롭게 꾸미는 것은 그
본질인 성정(心)이 빈약하기 때문이다.

　그렇다면 예를 행한다는 것은 본래 사람의 꾸미지 않은 진심
을 상대에게 전달하는 것이라 할 수 있다.

　많은 사람들은 예를 행하는데 있어 남이 응대하면 당장 기뻐
하고, 상대가 답례하지 않으면 책망이나 원망을 하게 된다.

　지금 예를 행하는 것은 사람의 꾸밈없는 진정(眞情)을 남에
게 전달하고자 하는 것인데 그것을 바탕으로 서로가 책망하고
원망한다면 어찌 다툼이 일어나지 않겠는가?

　다툼이 일어나면 곧 혼란스럽게 되는 것이다. 그러므로 노자
가 말하기를 "무릇 예(禮)라는 것은 진심[忠信]이 엷어져 생긴
것으로, 어지러움이 일어나는 시초인 것이다."라고 했다.

　道有積 而積有功[1] 德者 道之功 功有實 而實有光 仁者 德之
光 光有澤 而澤有事 義者 仁之事也 事有禮 而禮有文 禮者 義
之文也 故曰 失道而後失德 失德而後失仁 失仁而後失義 失義

而後失禮

禮爲情貌者也 文²⁾爲質飾者也 夫君子取情而去貌 好質而惡飾 夫恃貌而論情者 其情惡也 須飾而論質者 其質衰也 何以論之 和氏之璧 不飾以五采 隋侯之珠³⁾ 不飾以銀黃 其質至美 物不足 以飾之 夫物之待飾而後行者 其質不美也 是以父子之間 其禮樸 而不明 故曰 禮薄也⁴⁾ 凡物不竝盛 陰陽是也 理相奪予⁵⁾ 威德是 也⁶⁾ 實厚者貌薄 父子之禮是也 由是觀之 禮繁者 實心衰也 然 則爲禮者 事通人之樸心者也 衆人之爲禮也 人應則輕歡 不應則 責怨 今爲禮者 事通人之樸心 而資之以相責之分⁷⁾ 能毋爭乎 有 爭則亂 故曰 夫禮者 忠信之薄也 而亂之首乎

1) 而積有功(이적유공) : 원본에 덕유공(德有功)으로 썼으나 여기의 적 (積)이 마땅하다.

2) 文(문) : 여기서는 예(禮)를 꾸민 것으로 예의(禮儀)를 뜻하며, 『논 어』와 『순자』에 많이 쓰였다.

3) 隋侯之珠(수후지주) : 수후(隋侯)는 주조(周朝)의 수나라 제후가 가 졌던 진주(眞珠)로 '화씨지벽(和氏之璧)'과 함께 고대 중국의 유명 한 보석으로 전한다. 『사기』 이사열전에는 수화지보(隋和之寶)로 기 록했다.

4) 禮薄也(예박야) : 이 말은 『노자』 제38장의 예자충신지박야(禮者忠信 之薄也)를 줄여 여기에 인용했다.

5) 奪予(탈여) : 한편으로 빼앗고, 한편으로 주다의 뜻인데, 여(予)는 여 (與)와 뜻이 같다.

6) 威德是也(위덕시야) : 위형(威刑)와 은덕(恩德)을 말함인데 '이병'에 서 말한 형덕(刑德) 곧 형벌(刑罰)과 경상(慶賞)과도 같은 뜻이다.

7) 相責之分(상책지분) : 서로 책망하고 원망한다는 뜻인데, 분(分)은 분 (忿)자의 잘못이며, 분(忿)은 원망하다와 뜻이 통한다.

4. 앞서 아는 것이 어리석음의 시초다

어떠한 사물이 일어나기에 앞서 행하고, 이치(理致)가 아직 밝혀지기도 전에 움직이는 것을 전식(前識)이라 한다.

전식(前識)이라는 것은 아무런 근거도 없는데 함부로 억측하는 일이다. 어째서 그렇다고 말하는가?

옛날 초(楚)나라 은자(隱者)인 첨하(詹何)라는 사람이 있었는데, 어느 날 제자들이 그를 모시고 있는 자리의 문밖에서 간혹 소의 울음소리가 들려왔다.

그 때 한 제자가 말하기를

"저것은 검은 소로 이마는 하얗습니다."

했다. 첨하는 그 말을 받아 말하기를

"그렇다. 저것은 검은 소인데 흰 것은 이마가 아니라 그 뿔이다."

라고 했다. 이에 사람을 시켜 그 소를 살피게 했더니 과연 검은소였으며 흰천으로 뿔을 감싸고 있었다.

이것은 곧 첨하의 추측이 들어맞았을 뿐인데 첨하는 술(術)로써 많은 사람의 마음을 흘렸으니 바깥으로는 화려하게 꾸며 감동시켰겠지만 도리에 맞지 않는 위태로운 짓이다.

그러므로 노자는 이르기를 "도(道)의 허식에 지나지 않는다."고 말했다. 시험삼아 첨하의 추측에 의하지 아니하고, 어린아이에게 그 소를 실제로 보였다면 역시 그 소는 검은 소이며 흰천으로 뿔을 감쌌다는 것을 알았을 것이다.

그러므로 첨하는 통찰력을 갖기 위해 마음을 괴롭히고 정신을 손상했지만 후에 어리석은 어린아이도 쉽게 알 수 있는 정도의 효과 밖에 얻지 못하고 말았으니, 이로써 노자가 말하기를 "전식(前識)은 어리석음의 시초〔首〕이다."라고 했으며 또 말하기를 "전식은 도를 화려하게 꾸미는 꽃에 지나지 않고, 어리석음의 시초이다."라고 했다.

先物行 先理動之謂前識 前識者 無緣[1]而忘意度也 何以論之 詹何[2]坐 弟子侍 有牛鳴於門外 弟子曰 是黑牛也 而白題[3] 詹何曰 然 是黑牛也 而白在其角 使人視之 果黑牛 而以布裹其角

以詹子之術 嬰衆人之心⁴⁾ 華焉殆矣 故曰 道之華也 嘗試釋詹子
之察 而使五尺之愚童子視之 亦知其黑牛 而以布裹其角也 故以
詹子之察 苦心傷神 而後與五尺之愚童子同功 是以曰 愚之首也
故曰 前識者 道之華也 而愚之首也

1) 無緣(무연) : 객관적인 근거가 없다는 말로 '이병편'에서 설명했다.
2) 詹何(첨하) : 『열자』에 의하면 춘추시대 초나라 사람으로 도술을 터
   득한 은자(隱者)로 알려져 있다.
3) 白題(백제) : 하얀 이마를 말함인데 『논형(論衡)』에는 '흰발굽'으로
   써 있다.
4) 嬰衆人之心(영중인지심) : 어지럽힌다는 뜻이며, 한편으로는 많은 사
   람의 마음을 휘감는다는 뜻과도 같다.

5. 복에는 항상 재앙이 숨어 있다.

노자(老子)가 말하는 이른바 대장부(大丈夫)란 그 지혜가 광
대한 사람을 뜻한다.

또 노자가 말하는 "그 후한 곳에 몸을 두고, 그 박한 곳에는
몸을 두지 않는다."함은 내심의 진실 그대로 행하며, 외형에 붙
들린 헛된 예의는 버린다는 뜻이다.

노자가 말하는 바 내실이 충실한 곳에 처하고 겉으로만 화려
한 곳에 처하지 않는다."고 했는데 그것은 반드시 도리에 바탕
하여 결정하고 비약하여 억측하지 않는다는 뜻이다.

이른바 노자가 말하는 "그것을 버리고 이것을 취한다."는 것
은 외형인 예의나 비약적인 억측을 버리고, 도리를 바탕한 내
심(內心)의 진실을 취한다는 뜻이다.

그러므로 이르기를 "그것을 버리고 이것을 취한다."고 했다.

사람이 재앙을 만나면 두려운 마음이 생기고, 두려운 마음이
생기면 행동이 단정해지며, 행동이 단정해지면 생각이 깊어지
고, 생각이 깊어지면 사리(事理)를 터득하게 된다.

행동이 단정해지면 재앙도 만나지 않게 되는데, 재앙을 만나

지 않게 되면 천수(天壽)를 다하게 되고, 사리를 터득하면 반드시 성공한다. 천수를 다함은 곧 목숨을 온전하게 하는 것이고, 반드시 성공한다는 것은 곧 부귀하게 되는 것을 말한다.

이렇게 목숨을 온전히 하고 부귀해지는 것을 곧 복(福)이라고 말하는데 이로 미루어본다면 복의 근본은 재앙에서 일어난다고 할 수 있다.

그러므로 노자가 이르기를 "재앙이여! 복이 의존하는 곳이다."라고 했는데 그에 의하여 공을 이루게 하는 모체인 것이다.

사람에게 복이 있으면 부귀가 찾아오고, 부귀가 찾아오면 먹고 입는 것이 아름다워지며, 의식(衣食)이 아름다워지면 교만한 마음이 생기고, 교만한 마음이 생기면 행동이 사악해져 도리를 벗어나게 된다.

행동이 사악해져 도리를 벗어나게 되면 몸을 보존하지 못하고 요절하게 되며 일을 함에 있어 도리를 벗어나면 성공하는 일이 없다. 무릇 안으로는 일찍 죽을 재앙이 있고, 밖으로는 공을 이루어 명성을 날리지 못하는 것은 큰 재앙인 것이다.

재앙은 복을 근원으로 하여 생긴 것이다. 그러므로 노자가 말하기를 "복이여! 재앙이 숨어있는 곳이다."라고 했다.

무릇 사람이 하는 모든 일을 자연의 도리에 따라 처리한다면 이루지 못할 일이 없다. 이루지 못할 일이 없다고 하는 것은 최상의 경우에는 천자(天子)나 제후(諸侯)의 지위를 얻어 세상의 존경을 받는 것이고, 작게는 경(卿)이나 재상 또는 장군의 작록을 얻는 것이라 할 수 있다.

만약 일의 도리를 무시하고 함부로 경거망동하게 되면 비록 위로는 천자나 제후의 존귀한 세력과 지위가 있고, 아래로 의돈(倚頓)·도주(陶朱), 그리고 복축(卜祝)과 같이 부(富)를 가졌다 하더라도 민중의 신망을 잃을 것이고, 그 재산은 없어질 것이다.

보통 민중이 도리를 가볍게 여기고 이를 무시하여 함부로 행동하는 것은 화복의 관계가 이처럼 심오하고 미묘하다는 것을 모르기 때문이다.

　그러므로 노자는 사람에게 일러 말하기를 "누가 이 궁극적인 이치를 알겠는가?"했다.

　사람으로서 부귀하고 온전히 장수하기를 바라지 않는 사람은 없지만 가난하고 비천하며 요절하는 것을 면하지 못한다.

　마음으로는 누구나 부귀하고 장수하기를 바라지만 실제로는 가난하고 비천하며 요절하는 것은 곧 자기가 도달하고자 하는 곳에 이를 수가 없기 때문이다.

　무릇 그것은 자기가 바랄 수 없는 길을 애초에 잘못 들어 함부로 행동했기 때문인데, 이것을 미망(迷妄)이라고 한다. 사람이 미망하면 자기가 바라는 곳에 이르지 못하는 것이다.

　지금 사람들이 이르고자 하는 곳에 이르지 못하기에 노자는 이를 말하기를 "헤맨다〔迷〕"고 했다.

　세상의 많은 사람들이 자기가 바라는 곳에 이르지 못하는 것은 하늘과 땅이 갈라진 창세기 때부터 지금까지 있어 온 일이다. 그러므로 노자가 말하기를 "사람이 헤매는 일은 아주 먼 옛날부터의 일이다."라고 했다.

　　所謂¹⁾大丈夫者　謂其智之大也　所謂　處其厚不處其薄者　行情實而去禮貌也　所謂　處其實不處其華者　必緣理　不徑絶也　所謂去彼取此者　去禮貌　徑絶²⁾ 而取緣理　情實也　故曰　去彼取此

　　人有禍則心畏恐　心畏恐則行端直　行端直則思慮熟　思慮熟則得事理　行端直則無禍害　無禍害則盡天年　得事理則必成功　盡天年則全而壽³⁾　必成功則富與貴　全壽富貴之謂福　而福本於有禍　故曰　禍兮　福之所倚⁴⁾ 以成其功也

　　人有福則富貴至　富貴至則衣食美　衣食美則驕心生　驕心生則行邪僻而動棄理　行邪僻則身死夭　動棄理則無成功　夫內有死夭之難　而外無成功之名者　大禍也　而禍本生於有福　故曰　福兮　禍之所伏⁵⁾

　　夫緣道理以從事者　無不能成　無不能成者　大能成天子之勢尊

而小易得卿相將軍之賞祿 夫異道理而妄擧動者 雖上有天子諸侯
之勢尊 而下有倚頓 陶朱 卜祝之富⁶⁾ 猶失其民人 而亡其財資也
衆人之輕棄道理而易妄擧動者 不知其禍福之深大而道濶遠若是
也 故諭人曰⁷⁾ 孰知其極

人莫不欲富貴全壽 而未有能免於貧賤死夭之禍也 心欲富貴全
壽 而今貧賤死夭 是不能至於其所欲至也 凡失其所欲至之路而
妄行者之謂迷 迷則不能至於其所欲至矣 今衆人之不能至於其所
欲至 故曰 迷 衆人之不能至於其所欲至也 自天地之剖判以至於
今 故曰 人之迷也 其日故以久矣⁸⁾

1) 所謂(소위) : 이 장에서 네 차례 나오는데『노자』제38장을 인용하면
서 그 글귀를 뜻한다.

2) 徑絕(경절) : 경(徑)은 지름길을 뜻하고, 절(絕)은 시내를 바로 건넌
다를 뜻하는데, 이 말은 곧 '비약적인 판단' 또는 억측과 같은 뜻이
다.

3) 盡天年則全而壽(진천년즉전이수) : 천년(天年)은 사람이 타고난 수명
(壽命)을 뜻하고, 전(全)은 온전하게 한다는 말인데 이 말은 특히
『장자(莊子)』에서 많이 쓴다.

4) 禍兮福之所倚(화혜복지소의) :『노자』제58장에 있는 말을 인용한 것
인데, 혜(兮)는 어조사이고, 의(倚)는 의지하다, 근거하다와 뜻이 같
다.

5) 福兮禍之所伏(복혜화지소복) : 앞서 말했듯이『노자』제58장을 인용
한 것이고, 복(伏)은 감춰져 있다는 뜻이다.

6) 倚頓陶朱卜祝之富(의돈·도주·복축지부) : 의돈(倚頓) 도주(陶朱)는
『사기』화식열전(貨殖列傳)에 기록되었는데 의돈(倚頓)은 의돈(猗
頓)이라고도 하는데 소금과 쇠(鐵)로 가산을 일으켜 임금도 부럽지
않은 부를 누렸고, 도주(陶朱)는 춘추시대 월나라 대부로 성명을 바
꾸고 제나라로 망명하여 치이자피(鴟夷子皮)라는 이름으로 도(陶)라
는 고을에서 주공(朱公)이 되었고, 다시 천금을 모았다고 전한다. 복
축(卜祝)은 문헌에 자세한 기록은 없다.

7) 諭人曰(유인왈) : 유(諭)는 알리다, 또는 말하다의 같은 뜻. 곧 "노자

가 사람들에게 말하기를"과 같다.

8) 人之迷也其日故以久矣(인지미야기일고이구의) : 미(迷)는 '세림(說
   林)'에 미혹이란 도를 벗어나는 것이라 했다. 이 귀절은 『노자』 제58
   장을 인용한 것이며, 고(故)는 본래와 같은 뜻.

6. 도를 터득한 선비의 행동

노자가 말한 방(方)이란 안으로 생각하는 마음과 밖으로 행
하는 행동이 서로 응하는 것으로, 곧 말(言)과 행동이 들어맞는
것을 말한다.

이른바 염(廉)이라 하는 것은 반드시 생사(生死)를 하늘의
명(命)에 맡기고, 재물과 돈을 가볍게 여기는 것을 말한다.

직(直)이라 하는 것은 내세우는 주장〔主義〕은 반드시 공정하
고, 마음가짐은 항상 한쪽으로 치우치지 않게 바르게 가져야
하는 것을 말한다.

이른바 광(光)이라는 것은 벼슬과 봉록(俸祿)이 높고 귀하며
차림새가 매우 아름다운 것을 말한다.

요즘 도를 터득한 선비는 안으로 마음이 성실하고 밖으로 행
동이 순종하여 많은 사람으로부터 존경을 받으면서도 그것을
자랑삼아 타락한 사람을 책망하거나 비방하지 않으며, 절의를
위하여 죽고 재물을 가볍게 여기면서도 그것을 내세워 자랑하
지 않고 무능한 사람을 깔보지 않으며, 욕심 많은 사람을 욕하
지 않는다.

행동을 정의롭게 하여 파당을 만들지 않으면서도 그것을 내
세워 사심(邪心)을 가진 사람을 물리치고 사리(私利)를 취하는
사람을 벌하지 않는다.

또한 지위가 높고 봉록이 많아 아름다운 옷가지를 입고 있으
면서도 그것을 내세워 자랑하거나 가난하고 비천한 사람을 억
누르지 않는데, 어째서 그러한가 ?

만약 가야 할 길(道)을 잃고 헤매는 사람이 앞서 도를 터득

한 사람의 의견을 듣고 지혜있는 사람의 가르침을 받는다면, 갈피를 못잡고 헤매는 일은 없을 것이다.

지금 많은 사람들이 성공하기를 바라는데 도리어 실패하게 된다. 이것은 도리를 모르면서 아는 사람에게 물으려 하거나 능력있는 사람의 가르침을 듣고자 하지 않기 때문이다. 대부분의 사람들이 묻거나 들으려 하지 않기 때문에 성인(聖人)이 강력하게 갑작스러운 재앙이 일어난다거나 실패할 것이라고 견책하면 그들은 성인을 원망한다.

세속의 사람은 많고 성인은 적은데, 적은 수가 많은 수를 이길 수 없음은 정해진 이치이다.

지금 몸을 일으켜 세상 사람들을 원수로 삼는다면 그것은 몸을 온전히 하고 오래도록 삶을 누리는 길이 아니니 자기의 행동은 절도에 맞도록 하면서 남의 허물을 탓하지 않고 세상을 살아가는 도리밖에 없는 것이다.

그러므로 노자가 말하기를 "바른 행동을 하면서도 남을 책망하지 않고, 스스로 청렴하면서도 남을 헐뜯지 않으며, 스스로는 올곧더라도 자기 생각대로 남을 윽박지르지 않고, 밝게 빛나더라도 세상에 드러내 자랑하지 않는다."고 했다.

所謂方者[1] 內外相應也 言行相稱也[2] 所謂廉者 必生死之命也 輕恬[3]資財也 所謂直者 義必公正 心不偏黨也 所謂光者 官爵尊貴 衣裘壯麗也 今有道之士 雖中外信順 不以誹窮謗墮 雖死節輕財 不以侮罷羞貪 雖義端不黨 不以去邪罪私 雖勢尊衣美 不以夸賤欺貧[4] 其故何也 使失路者而肯聽習問知 卽不成迷也 今衆人之所以欲成功而反爲敗者 生於不知道理 而不肯問知而聽能 衆人不肯問知而聽能 而聖人强以其禍敗適之 則怨 衆人多而聖人寡 寡之不勝衆 數也[5] 今擧動而與天下爲讐 非全身長生之道也 是以行軌節而擧之也 故曰 方而不割 廉而不劌 直而不肆 光而不耀[6]

1) 方者(방자) : 방(方)은 품행이 방정(方正)하다는 뜻인데, 아래에 나오

는 염(廉)은 청렴하다는 뜻이고, 직(直)은 정직(正直)을 말하며, 광
(光)은 영광(榮光)을 뜻한다. 이는 『노자』 제58장에서 네 글귀의 첫
글자를 따 인용한 것이다.

2) 稱也(칭야) : 일치한다는 뜻과 같다.

3) 輕恬(경념) : 담박(淡泊)과 뜻이 같은데, 대수롭지 않게 여긴다는
말.

4) 夸賤欺貧(과천기빈) : 과(夸)는 자랑하다, 뽐내다는 뜻과 같으며, 기
(欺)는 넘보다, 능멸하다는 말.

5) 數也(수야) : 이치(理致)·도리와 같은 뜻.

6) 方而不割……光而不耀(방이불할……광이불요) : 할은 쪼개다 또는 해
치다는 뜻이고, 귀(劌)는 상처를 내다, 사(肆)는 방자하다, 요(耀)는
빛나다와 같다. 『노자』 제58장을 인용한 글이다.

7. 자연의 도리에 복종하는 것

총명한 것과 지혜로운 것은 하늘에서 부여받은 천성(天性)이
며, 움직이고 멈추고 생각하는 것은 사람이 행하는 인위(人爲)
이다.

인위적인 것은 태어날 때 하늘로부터 부여받은 시각에 의해
만물을 밝게 보며, 하늘로부터 주어진 청각에 의해 들으며, 하
늘로부터 기탁받은 지혜에 의해 생각한다.

시력을 과도하게 사용하면 눈은 밝음을 잃고, 청력을 너무
심하게 사용하면 귀는 잘 들을 수 없으며, 생각을 지나치게 하
게 되면 지혜가 혼란해진다.

눈이 밝지 못하면 검고 흰 것을 가려낼 수 없고, 귀가 잘 들
리지 않으면 맑은 소리와 혼탁한 소리를 구별할 수 없으며, 지
혜가 혼란해지면 이해 득실의 사리를 바르게 판별할 수 없게
된다.

눈으로 흑백의 색을 가려내지 못하면 이것을 장님이라 하고,
귀로 맑은 소리와 혼탁한 소리를 구별하지 못하는 것을 귀머거

리라 하며, 마음으로 이해 득실의 사리를 알아내지 못하면 미치광이라고 한다.

장님이 되면 한낮에도 위험을 피하지 못하고, 귀머거리가 되면 천둥 벽력의 피해를 알아 대비하지 못하며, 미치광이가 되면 인간 세상의 법령을 지키지 못해 형벌의 화를 면하지 못한다.

이에 노자의 글에서 말하는 "사람을 다스린다"고 하는 것은 일상의 행동을 절도있게 하여 지나친 생각을 하지 않는 것이고, 이른바 "하늘을 섬긴다"고 하는 것은 하늘로부터 부여받은 총명을 지나치게 쓰지 않으며 지혜를 다하지 않는데 있다.

지나치게 작용하는 것은 곧 정신을 많이 소모하는 것이며, 정신을 지나치게 소모하면 곧 장님이나 귀머거리 그리고 미치광이와 같은 재앙을 입게 되는데, 그래서 사람은 심신의 힘을 아껴써야 한다. 아껴야 한다는 것은 곧 그 정신을 아끼고, 그 지혜를 소중하게 하는 것을 말한다.

그러므로 노자가 말하기를 "사람을 다스리고, 하늘을 섬기는데는 정신을 아끼는 것 만한 방법이 없다."고 했다.

세상의 많은 사람들이 정신쓰는 모습을 보면 지나치게 조급한데, 조급하게 되면 소비가 많아지고, 쓸데없이 소비가 많아지는 것을 분에 넘치는 사치라고 말한다.

성인(聖人)의 정신쓰는 것을 보면 침착한데, 침착하면 소비가 적으며, 소비가 적은 것을 아낀다〔嗇〕고 말한다. 색〔嗇〕이라는 방법은 자연의 도리에서 생기는 것인데, 만약 색을 실천한다면 이것이 곧 도에 따라 이(理)를 행하는 것이다.

세상의 많은 사람들은 환란을 만나고 재앙에 빠져도 물러설 줄을 모르고 도리에 따르려고도 하지 않는다.

성인은 비록 재앙이나 환란의 모습을 보지 않았어도 마음을 비우고 자연의 도리에 복종하기 때문에 이를 일러 조복(蚤服)이라 한다.

그러므로 노자는 말하기를 "무릇 소중하게 아낀다는 것은 일찌감치 자연의 도리에 복종하는 것이다."라고 했다.

　　聰明睿智 天也 動靜思慮[1] 人也 人也者 乘於天明以視 寄於
天聰以聽 託於天智以慮 故視强則目不明 聽甚則耳不聰 思慮過
度則智識亂 目不明 則不能決黑白之分 耳不聰 則不能別淸濁之
聲 智識亂 則不能審得失之地 目不能決黑白之色 則謂之盲 耳
不能別淸濁之聲 則謂之聾 心不能審得失之地 則謂之狂 盲則不
能避晝日之險 聾則不能知雷霆之害 狂則不能免人間法令之禍
書之所謂 治人者 適動靜之節 省思慮之費也[2] 所謂 事天者 不
極聰明之力 不盡智識之任 苟極盡 則費神多 費神多 則盲聾悖
狂之禍至 是以嗇之[3] 嗇之者 愛其精神 嗇其智識也 故曰 治人
事天莫如嗇
　　衆人之用神也躁 躁則多費 多費之謂侈 聖人之用神也靜 靜則
少費 少費之謂嗇 嗇之爲術也 生於道理 夫能嗇也 是從於道而
服於理者也 衆人離[4]於患 陷於禍 猶不知退 而不服從道理 聖人
雖未見禍患之形 虛無服從於道理 以稱蚤服[5] 故曰 夫謂嗇 是以
蚤服

1) 動靜思慮(동정사려) : 동정(動靜)은 실제로 행동하는 것을 말하며, 사
　 려(思慮)는 생각하는 것을 말하는 것인데, 이는 곧 인간적 영위(營
　 爲)로 인위(人爲)를 뜻한다.
2) 省思慮之費也(생사려지비야) : 생(省)은 덜하다는 뜻이며 비(費)는
　 소모와 같은 뜻.
3) 嗇之(색지) : 아끼다 또는 소중히 여기다의 뜻이고, 다음에 쓴 애(愛)
　 또한 아끼다와 같다.
4) 離(이) : 걸리다, 만나다의 뜻으로 쓰임.
5) 蚤服(조복) : 조(蚤)는 일찍의 뜻으로 조(早)와 통하고 복(服)은 복
　 종한다, 따르다는 뜻. 일찍이 남보다 먼저 도리를 따른다.

8. 사람을 잘 다스리는 법을 아는 사람

참으로 사람을 잘 다스리는 법을 아는 사람은 그 생각이 고요하고, 하늘을 잘 섬기는 법을 터득한 사람은 이목구비(耳目口鼻)의 막힘이 없다.

생각이 고요하면 본래의 덕(德)을 잃지 않고, 모든 감각기관이 막힘이 없으면 화기(和氣)가 나날이 흡입될 것이다. 그래서 노자가 말하기를 "덕(德)을 거듭 쌓는다."고 했다.

무릇 본래 있었던 덕을 잃지 않고, 새로이 조화(調和)된 기운을 나날이 받아들인다면 일찍이 하늘의 도리에 복종하는 것이다. 그러므로 노자는 말하기를 "일찍이 자연의 도리에 복종하는 것이 거듭 덕을 쌓는 것이다."라고 했다.

덕(德)이 점점 쌓이면 비로소 정신이 고요해지고, 정신이 고요해지면 비로소 화기(和氣)가 많아지며, 화기가 많아지면 비로소 헤아림을 터득하게 되고, 일의 헤아림의 도를 터득하면 비로소 만물을 통제할 수 있고, 만물을 능히 통제하게 되면 비로소 적과 싸워 쉽게 이길 수 있고, 싸움에서 쉽게 이길 수 있으면 반드시 그 주장을 세상 사람들이 인정하므로 한 세상을 제압할 수 있는데, 그래서 노자는 말하기를 "이기지 못할 일이 없다."고 했다.

이기지 못할 것이 없는 바탕은 덕을 거듭 쌓는 일에 있는데, 그러므로 노자는 말하기를 "거듭 덕을 쌓으면 이기지 못할 것이 없다."고 했던 것이다.

적과 싸워 쉽게 이기면 천하를 통일할 수 있고, 그 주장이 세상을 뒤덮게 되면 모든 민중은 그를 따르게 된다. 밖으로 나아가서는 천하를 통일하고 안으로 물러나서는 모든 민중이 따르게 하는 것은 그 법술이 너무나 깊고 아득하므로 세상 사람들의 눈으로는 그 실마리와 끝마무리를 볼 수가 없다.

그 말단(末端)을 볼 수가 없으므로 그 궁극을 알지 못한다.

그래서 노자는 말하기를 "이기지 못하는 것이 없으면 그 궁극을 알 수가 없다."고 했다.

知治人者 其思慮靜 知事天者 其孔竅虛[1] 思慮靜 則故德不去 孔竅虛 則和氣日入 故曰 重積德[2] 夫能令故德不去 新和氣日至者 蚤服者也 故曰 蚤服是謂重積德 積德而後神靜 神靜而後和多 和多而後計得[3] 計得而後能御萬物 能御萬物則戰易勝敵 戰易勝敵而論必蓋世 論必蓋世 故曰 無不克[4] 無不克 本於重積德 故曰 重積德則無不克 戰易勝敵 則兼有天下 論必蓋世 則民人從 進兼天下 而退從民人 其術遠 則衆人莫見其端末[5] 莫見其端末 是以莫知其極 故曰 無不克 則莫知其極

1) 其孔竅虛(기공규허) : 공(孔)과 규(竅)는 다같이 구멍을 말하는 것으로 사람에 있어 눈·코·귀·입의 감각기관을 뜻한다. 허(虛)는 막힘 없이 통한다는 뜻.

2) 重積德(중적덕) : 이 말은 『노자』 제59장에 있는 것인데, 덕을 거듭 쌓는다는 뜻이다.

3) 神靜而後和多 和多而後計得(신정이후화다 화다이후계득) : 이 말은 『대학』의 '靜而後能安 安而後能慮 慮而後能得'이란 말을 인용한 듯 하며 계득(計得)은 계획한 일을 터득한다는 뜻.

4) 無不克(무불극) : 이기지 못함이 없다는 말이지만 극(克)은 이루다를 뜻한다.

5) 端末(단말) : 단(端)은 실마리이고 말(末)은 끝마무리를 뜻하는데 곧 시종(始終)과 같다.

9. 오래도록 살아갈 수 있는 길

무릇 나라가 있었더라도 멸망했고, 신체가 온전했으나 나중에 재앙을 만났다면, 그 나라를 잘 보전했고 그 몸을 잘 보존했다고 말할 수 없는 것이다.

그 나라를 잘 보전하려면 반드시 그 사직(社稷)을 편안하게 해야 하고, 그 몸을 잘 보존하려면 반드시 천수(天壽)를 누려야 비로소 그 나라를 잘 보존했고, 그 몸을 잘 보존했다고 할 수 있다.

무릇 그 나라를 잘 보전하고, 그 몸을 잘 보존하려면 반드시 도를 터득해야 한다.

도(道)를 터득하면 그 지혜는 깊어지고, 지혜가 깊으면 무슨 일을 계획하더라도 원대하며, 헤아림이 원대하면 세상의 많은 사람들은 그 궁극을 꿰뚫어 보지 못한다.

무릇 도를 터득한 사람은 남에게 그 일의 궁극을 알 수 없게 하는 것이 중요한데, 그 궁극을 알 수 없게 하면 그 몸을 온전하게 지키고 그 나라를 잘 보전할 수 있게 된다.

그러므로 노자가 말하기를 "그 일의 궁극을 알지 못하게 하면 나라를 잘 보전할 수 있다."고 했다.

노자가 "나라를 보전하는 모체가 있다."고 했는데, 그 모체는 도(道)이며, 도라는 것은 곧 나라를 보전하는 법술을 만든다.

나라를 보전하는 법술이기 때문에 이것을 "나라를 보전하는 모체"라고 하는 것이다.

무릇 도는 세상과 더불어 변천해가기 때문에 도를 터득한 사람이 하는 일은 오래도록 지속되고, 복록(福祿)도 오래도록 누릴 것이다. 그러므로 노자가 말하기를 "나라를 보전하는 모체는 오래도록 유지된다."고 했다.

나무에는 길게 옆으로 뻗은 뿌리가 있고 굵고 바르게 뻗은 뿌리가 있다. 직근이란 노자의 글에 있는 저(柢)라는 것인데, 저는 나무가 서 있게 하는 바탕이 되는 것이고, 옆으로 뻗은 뿌리는 나무가 살 수 있도록 영양분을 제공해 준다.

덕(德)이란 사람의 삶을 지탱하는 바탕이며, 녹(祿)이란 사람이 살아갈 수 있도록 영양분을 제공하는 것이다. 지금 사람이 도리에 의거하여 지탱하고 있다면, 그 녹을 오래도록 유지할 수 있는 것이다. 그러므로 노자는 말하기를 "그 뿌리를 깊게 하라."고 했다.

그 도를 체득한 사람은 그 삶을 거듭 길게 연장할 수 있다. 그러므로 노자는 말하기를 "곧은 뿌리를 굳건하게 하라."고 했다.

곧은 뿌리가 굳건하면 삶이 오래 연장되고 뿌리가 깊으면 복록을 오래 유지한다. 그러므로 노자가 말하기를 "그 뿌리를 깊게 뻗고, 그 곧은 뿌리를 굳건하게 뻗는 것이 오래도록 살면서 복록을 누릴 수 있는 도(道)다."라고 했다.

凡有國而復亡之 有身而復殃之 不可謂能有其國 能保其身 夫能有其國 必能安其社稷[1] 能保其身 必能終其天年 而後可謂能有其國 能保其身矣 夫能有其國 保其身者 必且體道 體道 則其智深 其智深 則其會遠 其會遠[2] 衆人莫能見其所極[3] 唯夫體道 能令人不見其事極 不見其事極者 爲能保其身 有其國 故曰 莫知其極 則可以有國

所謂 有國之母[4] 母者 道也 道也者 生於所以有國之術 所以有國之術 故謂之 有國之母 夫道以與世周旋者 其建生也長 持祿也久 故曰 有國之母 可以長久 樹木有曼根[5] 有直根 直根者 書之所謂柢也 柢也者 木之所以建生也 曼根者 木之所以持生也 德也者 人之所以建生也 祿也者 人之所以持生也 今建於理者 其持祿也久 故曰 深其根 體其道者 其生日長 故曰 固其柢 柢固則生長 根深則視久 故曰 深其根 固其柢 長生久視之道也

1) 社稷(사직) : 나라의 존망을 뜻한다.
2) 會遠(회원) : 회(會)는 여기에서 헤아림을 뜻하고, 원(遠)은 원대하다는 말과 같다.
3) 極(극) : 극(極)은 궁극(窮極)을 말하는데, 여기서는 지혜와 능력.
4) 有國之母(유국지모) : 이 말은 『노자』 제59장에 있는 것을 인용했는데, 모(母)는 근본을 뜻한다. 『노자』에는 제1장에서 유명만물지모(有名萬物之母), 제52장에는 천하유시 이위천하모(天下有始以爲天下母)라는 말이 있다.
5) 曼根(만근) : 옆으로 길게 뻗은 뿌리를 말하는데, 곧 잔뿌리.

10. 나라의 법령이 자주 바뀌면 민중은 괴롭다

기술자〔工人〕가 그 하는 일을 자주 바꾸면 그 공(功)을 잃게 되고, 농사짓는 사람이 자주 그 자리를 옮기면 그 성과를 잃게 된다.

한 사람이 하루를 일하면서 반나절을 허비했다면 열흘이면 다섯 사람이 일한 만큼을 허비한 셈이 된다.

만약 만 명이 일하면서 하루에 반나절을 허비했다면 열흘이면 5만명이 일한 만큼의 성과를 잃는다. 그러므로 자주 작업을 바꾸는 경우 그 일하는 사람이 많으면 많을수록 손실이 커지는 것이다.

무릇 한 나라의 법령이 바뀌면 이해(利害)관계가 바뀌게 되고, 이해관계가 바뀌면 민중들이 하는 일도 바뀌게 되는데, 민중의 일이 바뀐다는 것은 곧 작업을 바꾼다는 것이다.

이치를 놓고 본다면 많은 사람을 쓰면서 자주 일을 바꾸면 그 성과는 적어지고, 큰그릇을 가지고 있으면서 그것을 자주 옮기면 훼손되는 부분이 많아진다. 작은생선을 요리하면서 자주 뒤집게 되면 그 빛을 잃고 맛도 떨어지는 것과 같이, 큰나라를 다스리면서 자주 법령을 바꾸면 민중은 괴로움을 겪게 된다.

이로써 도를 터득한 임금은 마음을 비우고 고요하게 하는 것을 존중하며, 법령을 바꾸는 일을 중요하게 여기지 않는다. 그러므로 노자가 말하기를 "큰나라를 다스리는 것은 마치 작은생선을 삶는 것과 같다."고 했다.

工人數變業[1] 則失其功 作者數搖徙[2] 則亡其功 一人之作 日亡半日 十日則亡五人之功矣 萬人之作 日亡半日 十日則亡五萬人之功矣 然則數變業者 其人彌衆 其虧彌大矣 凡法令更則利害易 利害易則民務變 民務變之謂變業 故以理觀之[3] 事大衆而數

搖之 則少成功 藏大器而數徙之 則多敗傷 烹小鮮而數撓之 則
賊其澤 治大國而數變法 則民苦之 是以有道之君 貴虛靜而重變
法 故曰 治大國者 若烹小鮮⁴⁾

1) 工人數變業(공인삭변업) : 공인(工人)은 무엇을 만드는 사람 곧 기술
   자를 말하며 다음의 작자(作者)와 함께 공작(工作)인 숙어로 쓴다.
   삭(數)은 자주, 또는 빈번히라는 말과 같다. 업(業)이란 하는 일 곧
   직업을 말한다.
2) 搖徙(요사) : 움직여 옮긴다는 말인데 이사와 같은 뜻이다.
3) 理觀之(이관지) : 도리(道理)로써 본다면 이라는 뜻.
4) 治大國者若烹小鮮(치대국자 약팽소선) : 이 말은 『노자』 제60장에 있
   는 것을 그대로 인용한 것.

II. 재앙을 당한 후에 귀신을 두려워한다

사람은 병석(病席)에 있을 때 비로소 의사의 고마움을 알고,
재앙을 당했을 때 비로소 귀신을 두려워하게 된다.

성인(聖人)이 임금자리에 있으면 민중은 욕심이 적어지고,
민중의 욕심이 적으면 혈기가 다스려져 그 행동이 도리를 따르
게 되며, 혈기가 다스려지고 행동이 도리를 따르게 되면 재앙
(災殃)이 적어진다.

무릇 안으로는 여러 가지 질병의 해가 없고, 밖으로는 범죄
나 형벌같은 화근(禍根)이 없으면 사람은 귀신을 별로 두렵게
여기지 않고 업신여기게 된다. 그래서 노자는 말하기를 "도로
써 세상에 군림하면 귀신도 그 신통력이 없어진다."고 했다.

태평성대에 사는 민중들은 귀신과 서로 충돌하는 일이 없다.
그러므로 노자가 말하기를 "귀신에게 신통력이 없어진 것이 아
니라 그 신통력이 사람을 해치지 않는 것이다."라고 했다.

귀신이 재앙을 내리면 사람이 병들어 고통을 당하니 이것을
귀신이 사람을 해친다고 하고, 사람이 귀신을 물리치는 것을
사람이 귀신을 해친다고 한다.

민중이 나라의 법령을 위반하는 것을 민중이 임금을 해친다고 하고, 위의 임금이 민중을 형벌로 처벌하는 것을 임금이 민중을 해친다고 한다.

민중이 법을 위반하지 않으면 임금은 형벌을 행하지 않으며, 임금이 형벌을 행하지 않는 것을 임금이 민중을 해치지 않는다고 한다. 그래서 노자는 말하기를 "성인(聖人)은 민중을 해치지 않는다."고 했다.

임금이 민중과 서로 해치지 않고, 사람이 귀신과 더불어 서로 해치지 않게 된다. 그래서 노자가 말하기를 "양편이 서로 해치지 않는다."고 했다.

민중이 감히 법을 위반하지 않으면 임금은 안으로 형벌을 사용하지 않을 것이고, 밖으로는 부역에 징발하여 산업의 이익을 착취하는 일을 하지 않는다. 임금이 안으로 형벌을 사용하지 않고 밖으로 부역으로 산업의 이익을 착취하지 않으면 민중은 넉넉한 생활을 하게 된다. 민중이 넉넉하게 되면 축적이 왕성하게 된다. 민중이 넉넉하고 축적이 왕성한 것을 덕(德)이 갖추어졌다고 말한다.

무릇 귀신의 앙갚음이라는 것은 혼백(魂魄)이 사람에게서 빠져나가 정신이 혼란해지는 것인데, 정신이 혼란해지면 곧 덕(德)을 잃게 된다.

귀신이 사람에게 앙갚음[災殃]을 하지 않으면 혼백은 빠져나가지 않고, 혼백이 빠져나가지 않으면 정신은 혼란해지지 않는다. 정신이 혼란해지지 않은 것을 덕이 있다고 한다.

임금이 선정을 베풀어 민중의 축적이 많아지고 귀신이 그 정신을 혼란하게 하지 않으면 덕은 모든 민중에게 갖추어진다. 그러므로 노자가 말하기를 "양편이 서로 해를 입히지 않으면 덕은 서로 사귀어 돌아온다."고 했다.

이 말은 곧 덕이 위·아래에 고루 넉넉해져 본래 갖추어진 민중에게 돌아간다는 뜻이다.

도(道)를 터득한 임금은 밖으로 이웃 나라로부터 원망을 듣

거나 원수지는 일이 없고, 나라 안으로는 민중에게 은혜를 베
푼다.

무릇 나라 밖의 이웃 나라에게 원망을 듣거나 원수지는 일이
없는 임금이라면 제후(諸侯)와의 사이에 언제나 예의를 지킬
것이며, 나라 안의 민중에게 언제나 은혜를 베푸는 임금이라면
백성을 다스리는데 있어 그 근본에 힘쓸 것이다.

제후와의 사이에 예의를 다하게 되면 좀처럼 전쟁은 일어나
지 않을 것이며, 민중을 다스림에 있어 근본에 힘쓰면 결코 사
치에 빠지는 일이 없을 것이다.

무릇 말(馬)을 많이 쓰게 되는 까닭은 밖으로 무기를 공급해
야 하고, 안으로는 사치품을 운송해야 하기 때문이다.

지금 도를 터득한 임금은 밖으로는 좀처럼 무기를 쓰지 않으
며 나라 안으로는 사치에 빠지는 것을 금하기 때문에, 위로는
말을 사용하여 전쟁을 하거나 적을 추격하는 일이 없고 민중은
말을 사용해 멀리에서 사치품을 운송하는 일이 없으니 오직 힘
을 쏟는 일이라고는 농사를 짓는 것이다.

이렇게 온 힘을 농사에 쏟으니 거름을 주거나 논밭에 물을
대는 일을 할 뿐이다. 그러므로 노자가 말하기를 "세상에 도가
널리 행해지면, 전쟁터에서 달리던 말이 논밭을 갈게 될 것이
다."라고 했다.

　　人處疾則貴醫　有禍則畏鬼　聖人在上　則民少欲　民少欲[1]　則血
氣治而擧動理　血氣治而擧動理　則少禍害　夫內無痤疽癉痔[2]之害
而外無刑罰法誅之禍者　其輕恬鬼也甚　故曰　以道莅天下　其鬼不
神　治世之民　不與鬼神相害也　故曰　非其鬼不神也　其神不傷人
也　鬼崇疾[3]人之謂鬼傷人　人逐除之之謂人傷鬼也　民犯法令之謂
民傷上　上刑戮民之謂上傷民　民不犯法　則上亦不行刑　上不行刑
之謂上不傷人　故曰　聖人亦不傷民　上不與民相害　而人不與鬼相
傷　故曰　兩不相傷　民不敢犯法　則上內不用刑罰　而外不事利其
産業　上內不用刑罰　而外不事利其産業　則民蕃息　民蕃息而畜積

盛 民蕃息而畜積盛之謂有德 凡所謂崇者 魂魄去而精神亂 精神
亂則無德 鬼不崇人 則魂魄不去 魂魄不去 則精神不亂 精神不
亂之謂有德 上盛畜積 而鬼不亂其精神 則德盡在於民矣 故曰
兩不相傷 則德交歸焉[4] 言其德上下交盛 而俱歸於民也

　有道之君 外無讐怨於隣敵 而內有德澤於人民 夫外無怨讐於
隣敵者 其遇諸侯也有禮義 內有德澤於人民者 其治人事也務本[5]
遇諸侯有禮義 則役希起[6] 治民事務本 則淫奢止 凡馬之所以大
用者 外供甲兵 而內給淫奢也 今有道之君 外希用甲兵 而內禁
淫奢 上不事馬於戰鬪逐北 而民不以馬遠通淫物 所積力唯田疇
積力於田疇 必且糞灌[7] 故曰 天下有道 却走馬以糞也[8]

1) 民少欲(민소욕) : 소욕(少欲)은 욕심이 적다와 뜻이 같다. 이 말은 정
　(靜)이나 색(嗇)과도 통하는데 『노자』『맹자』 또는 『장자』에도 흔히
　나오는 말.

2) 痤疽癉痔(좌저단치) : 좌저(痤疽)는 부스럼과 악성 종기를 말하며, 단
　치(癉痔)는 못된 치질로 곧 여러 가지 질병을 뜻한다.

3) 鬼崇疾(귀수질) : 귀신이 앙갚음으로 재앙을 내린다는 뜻. 질(疾)은
　여기에서 괴롭힌다는 말과 통한다.

4) 兩不相傷則德交歸焉(양불상상 즉덕교귀언) : 이 말은 『노자』 제60장
　의 끝부분을 그대로 인용한 것이다.

5) 務本(무본) : 근본에 힘쓴다는 말인데, 본(本)은 농경(農耕)을 말하
　며, 옛날 농경사회의 본업은 농업이고 상공업은 말(末)이라 했다.

6) 役希起(역희기) : 역(役)은 전역으로 곧 전쟁을 뜻하고, 희(希)는 좀
　처럼, 또는 드물다는 뜻.

7) 必且糞灌(필차분관) : 차(且)는 장차의 뜻과 같고, 분관(糞灌)은 거름
　을 주는 일과 논밭에 물을 대는 일.

8) 天下有道 却走馬以糞也(천하유도 각주마이분야) : 각(却)은 곧 각
　(卻)과 같은데 물리치다, 그치다는 뜻이다. 이 구절은 『노자』 제46장
　첫머리의 말을 인용한 것이다.

12. 임금이 도를 터득하지 못하면

한 나라의 임금이 무도(無道)하면 나라 안으로는 그 민중을 포학하게 다스리고, 밖으로는 이웃 나라를 능멸하여 침략하게 된다. 안으로 민중을 포학하게 다스리면 민중의 산업이 점점 쇠퇴해지고, 밖으로 이웃 나라를 업신여겨 침략하면 전쟁이 자주 일어나게 된다.

민중의 산업이 쇠퇴해지면 가축은 감소되고, 전쟁이 자주 일어나면 병졸 수는 줄어든다. 가축이 감소되면 군마(軍馬)가 부족하게 되고, 병졸이 줄어들면 나라의 군사가 위태로워진다. 전쟁에 쓸 군마가 적어지면 새끼 밴 암말까지도 징발하게 되고, 군사가 위태로워지면 측근신하들까지도 동원하지 않을 수 없다.

말(馬)이란 군사에 있어서 크게 쓰이며, 교(郊)는 도읍에서 가장 가까운 곳을 말한다. 지금 군사에 보급해야 할 말이 암컷이고 충원되는 인력이 측근신하들이다. 그러므로 노자가 말하기를 "세상에 도가 행하여지지 않으면 농사짓던 말들이 전쟁터에서 새끼를 낳게 된다."고 했다.

사람에게 욕심이 있게 되면 헤아림〔思慮〕이 어지러워지고, 헤아림이 어지러워지면 욕심이 커져 탐욕스러워지고, 탐욕스러워지면 사악한 마음이 폭을 넓히고, 사악한 마음이 폭을 넓히면 일은 길〔道理〕을 잃게 되고, 일이 제 길을 잃게 되면 재앙이 일어난다.

이를 미루어 본다면, 재앙은 사악한 마음에서 생겨나고 사악한 마음은 탐욕에 이끌려 생겨난다. 탐욕을 일으키는 사물은 나아가 선량한 민중에게 간사한 짓을 가르치고, 한 발 물러서 착한 사람에게 재앙을 만나게 한다.

간사한 일이 일어나면 임금이 침범 당하고, 재앙이 사람들에게 미치면 많은 민중들이 상처를 입게 된다.

그러므로 탐욕을 일으키는 사물이 위로 임금을 침해하고, 아래로 많은 민중을 다치게 하는 것이다.

무릇 위로 임금을 침해하고, 아래로 민중을 다치게 하는 것은 큰 죄인 것이다. 그러므로 노자가 말하기를 "죄는 탐욕보다 더 큰 것이 없다."고 했다.

성인(聖人)은 아름다운 빛깔에 마음을 끌리지 않고 즐거운 음악에 빠지지 않으며, 현명한 임금은 모두가 좋아하는 노리개를 천하게 여기고 마음을 어지럽히는 화려한 것들을 물리친다.

人君無道 則內暴虐其民 而外侵欺¹⁾其隣國 內暴虐 則民產絶
外侵欺 則兵數起 民產絶 則畜生少 兵數起 則士卒盡 畜生少
則戎馬乏²⁾ 士卒盡 則軍危殆 戎馬乏 則牸馬出 軍危殆 則近臣
役 馬者 軍之大用 郊者³⁾ 言其近也 今所以給軍之 具於牸馬近
臣 故曰 天下無道 戎馬生於郊矣⁴⁾
人有欲則計會⁵⁾亂 計會亂而有欲甚 有欲甚 則邪心勝 邪心勝
則事徑絶⁶⁾ 事徑絶則禍難生 由是觀之 禍難生於邪心 邪心誘於
可欲 可欲⁷⁾之類 進則敎良民爲姦⁸⁾ 退則令善人有禍 姦起則上侵
弱君⁹⁾ 禍至則民人多傷 然則可欲之類 上侵弱君 而下傷人民 夫
上侵弱君 而下傷人民者 大罪也 故曰 罪莫大於可欲 是以聖人
不引於五色 不淫於聲樂 明君賤玩好而去淫麗

1) 侵欺(침기) : 능멸하여 침략한다는 뜻인데 기(欺)는 여기에서 능멸하
  다는 뜻으로 '십과편'에 설명했다.
2) 戎馬乏(융마핍) : 융마는 전쟁에 쓰는 말을 뜻하고, 핍(乏)은 모자라
  다는 말과 같다.
3) 郊者(교자) : 나라의 도읍에 가장 가까운 곳. 곧 교외(郊外).
4) 天下無道戎馬生於郊矣(천하무도 융마생어교의) : 이 글귀는 『노자』
  제46장에 있는 것을 인용했다.
5) 計會(계회) : 헤아림을 뜻하는데, 생각 또는 계획으로도 통한다.
6) 事徑絶(사경절) : 사(事)는 일이고, 경(徑)은 지름길을 말하며, 절
  (絶)은 끊기다는 뜻인데, 경절(徑絶)은 이치(理致)에 따르지 않고 비

약한다는 뜻.

7) 可欲(가욕) : 욕심을 채운다는 뜻인데, 『노자』의 인용에는 다욕(多欲)
이라 했다. 곧 바라는 탐욕이 가능한 것.

8) 進則敎良民爲姦(진즉교량민위간) : 진즉(進則)이란 적극적이란 뜻이
고, 다음에 나오는 퇴즉(退則)은 소극적을 뜻한다. 교(敎)는 여기에
서 하여금과 같은 뜻.

9) 上侵弱君(상침약군) : 침약(侵弱)은 침범하기 쉽다는 뜻인데, 한편으
로는 침모(侵侮)와 같은 뜻으로 설명한다.

13. 만족할 줄 모르는 것보다 더 큰 재앙은 없다

사람의 몸에는 털(毛)이나 날개(羽)가 없기 때문에 옷을 입
지 않으면 추위를 견디지 못한다. 위로 해와 별처럼 하늘에 떠
있을 수도 없고, 아래로 풀과 나무처럼 땅에 붙어 있을 수도 없
으며, 위장(胃腸)을 뿌리로 삼아 무엇인가를 먹지 않으면 살아
갈 수가 없다.

그래서 이익을 바라는 욕심에서 벗어나지를 못한다. 이익을
얻으려는 욕심을 버리지 못하는 것은 그 몸에 있어 큰 걱정거
리다.

그러므로 성인(聖人)은 옷에 있어 추위를 견딜 만하고, 먹을
것은 허기를 채울 만하면 그것으로 만족하기 때문에 걱정이 없
다. 그러나 세상의 많은 사람들은 그렇지가 않다.

크게는 제후(諸侯)가 되고, 작게는 천금(千金)의 재물을 가
지고 있으면서도 그에 만족하지 않고 더 가지려 하는 욕심이
걱정을 제거할 수 없는 것이다.

죄를 지은 사람도 용서받을 경우가 있고 사형수도 때로는 죽
음을 면할 수가 있는데, 지금 만족할 줄을 모르는 사람은 죽을
때 걱정에서 벗어나지 못한다.

그러므로 노자가 말하기를 "만족할 줄 모르는 것보다 더 큰
재앙은 없다."고 했다.

사람에게 이로움을 바라는 마음이 심하면 근심이 많고, 근심
이 많으면 몸에 병이 생기며, 몸에 병이 생기면 지혜가 쇠퇴해
지고, 지혜가 쇠퇴해지면 도량(度量)을 잃게 되고, 도량을 잃게
되면 함부로 행동하게 되며, 함부로 행동하게 되면 재앙에 걸
리고, 재앙에 걸리면 몸 안으로 질병이 엉겨 붙게 된다.

이렇게 병이 몸 안에 엉겨 붙으면 아픔이 따르고, 재앙이 밖
에서 찾아들면 괴롭다. 안으로 병이 깊어지고 밖으로 재앙이
닥치면 고통이 위나 장사이를 침범하고 사람이 몹시 상하게 된
다. 사람이 몹시 상하여 고통을 당한 후 물러나 스스로의 잘못
을 뉘우치게 된다.

물러나 스스로의 잘못을 뉘우치게 되는 것이 이익을 바라는
마음에서 생긴 것이다.

그러므로 노자가 말하기를 "탐욕으로 인한 고통보다 더 큰
재앙은 없다."고 했다.

人無羽毛 不衣則不犯寒 上不屬天 而下不著地[1] 以腸胃爲根
本 不食則不能活 是以不免於欲利之心 欲利之心不除 其身之憂
也 故聖人衣足以犯寒 食足以充虛 則不憂矣 衆人則不然 大爲
諸侯 小餘千金之資 其欲得之憂不除也 胥靡[2]有免 死罪時活 今
不知足者之憂 終身不解 故曰 禍莫大於不知足
故欲利甚則憂 憂則疾生 疾生而智慧衰 智慧衰則失度量 失度
量則妄擧動 妄擧動則禍害至 禍害至而疾嬰內[3] 疾嬰內則痛 禍
薄[4]外則苦 苦痛雜於腸胃之間 則傷人也憯 憯則退而自咎 退而
自咎也生於欲利 故曰 咎莫憯於欲得[5]

1) 著地(착지) : 정착과 뜻이 같다.
2) 胥靡(서미) : 노역을 과하는 죄를 말한다.
3) 疾嬰內(질영내) : 병이 안으로 들어와 달라붙는다는 말인데 영(嬰)은
   어린아이가 엄마에게 달라붙는 것을 뜻한다.
4) 薄(박) : 다가오다는 뜻.
5) 咎莫憯於欲得(구막참어욕득) : 구(咎)는 흔히 허물로 쓰이지만 여기

서는 재앙의 뜻이고, 참(憯)은 여기에서는 비통(悲痛)을 뜻하며, 이
말은 『노자』 제46장을 인용했다.

14. 도(道)는 만물을 성립시키는 근본

도(道)라는 것은 만물을 존재(存在)케 하는 근원이며, 만가
지 이법(理法)이 모여드는 곳이다.

이(理)라는 것은 이루어진 만물에 갖추어지는 모습이며, 도
는 만물을 성립시키는 근본이다. 그래서 말하기를 "도(道)는 만
물을 이(理)로써 총괄하는 것이다."라고 했다.

만물에는 이치가 있어 서로 침범하지 못한다. 만물에 이치가
있어 서로 침범하지 못하므로 이치는 만물을 통제하게 되고,
만물은 각각 이치를 달리한다. 만물이 각각 이치를 달리하고
있지만 도는 만물의 이치를 총괄하고 있기 때문에 때에 따라
변화하지 않을 수 없게 된다.

때에 따라 변화하지 않을 수 없기 때문에 세상에는 변하지
않는 것이 없다. 이렇게 세상에는 변화하지 않는 것이 없기 때
문에 죽고 사는 기운〔氣稟〕은 거기에서 받게 되고, 온갖 지혜는
그곳에서 비롯되며, 만사가 흥하고 쇠퇴하는 것도 도에서 일어
나게 된다.

하늘(天)은 스스로 갖추어진 도(道)에 의하여 항상 높고, 땅
(地)은 스스로 감추어진 도에 의하여 만물을 그 속에 실으며,
북두칠성(北斗七星)은 도에 의하여 그 찬란한 빛을 내뿜고, 해
와 달(日月)도 도에 따라 언제나 변함없이 그 밝은 빛을 내리
며, 오행(五行) 곧 금·목·수·화·토의 오상(五常)도 도에 따
라 각기 그 자리를 지키고 뭇 별(列星)들도 또한 도에 따라 정
해진 궤도를 바르게 운행하며, 사계절(四季節)은 도에 의하여
기운(氣運)의 변화를 잘 조절하고, 헌원 황제(軒轅 : 黃帝)는 도
를 터득하여 온 세상을 제패하여 조공을 바치게 했으며, 적송
자(赤松子)라는 신선은 스스로 도를 터득하여 천지와 더불어

생사〔始終〕를 같이 하고, 성인(聖人)은 마침내 도를 터득하여 사람의 문물(文物) 제도(制度)를 만들어냈다.

도(道)는 요순과 함께 하면 지혜가 되고, 접여(接輿)와 함께 하면 미치광이가 되며, 걸주와 함께 하면 멸망하고, 탕무(湯武)와 함께 하면 그들과 더불어 번영하게 된다.

이렇게 가까이에 있었던가? 하고 생각하면 저 세상 끝에서 노닐고, 저렇게 멀리 있는가? 생각하면 언제나 자신의 바로 옆에 있다.

또 도(道)란 이렇게도 어두운 것인가? 하고 생각하면 그 빛은 너무나 찬란하게 밝고, 이처럼 밝은 것인가? 하고 여기면 그것은 캄캄하여 보이질 않는다.

도의 작용은 하늘과 땅을 이루었고, 그 화기(和氣)는 음양(陰陽)을 조화시켜 천둥과 번개로 변하게도 했으며, 우주(宇宙) 안의 만물은 이로 인하여 이루어지는 것이다.

무릇 도(道)의 실체(實體)는 아무런 제약도 받지 않고, 아무런 형태도 없으며, 유연하고 미약하여 때에 따라 변하고, 이치에 따라 상응한다. 이렇게 만물은 도의 법칙에 의하여 죽고, 또 살기도 하며, 만사(萬事)는 그에 따라 실패도 하고 또 성공도 하게 된다.

도는 비유컨대 물과 같아, 물에 빠진 사람은 이것을 지나치게 마셔 죽게 되지만, 목마른 사람이 적당하게 마시면 살아날 수 있는 것이다.

또 칼(劍)과 창에 비유한다면, 어리석은 사람이 그것을 사사로운 분노로 휘두르게 되면 재앙이 생기지만, 성인이 이것으로 포악한 사람의 죄를 처벌한다면 모든 사람의 복이 될 수 있는 것이다.

그러므로 이르기를 "도를 터득함으로써 죽고, 도를 터득함으로써 살며, 도를 터득함으로써 실패하고, 도를 터득함으로써 성공도 한다."고 했다.

道者 萬物之所然也 萬理之所稽也[1] 理者 成物之文也 道者
萬物之所以成也 故曰 道 理之者也 物有理 不可以相薄[2] 物有
理 不可以相薄 故理之爲物之制 萬物各異理 萬物各異理 而道
盡稽萬物之理 故不得不化[3] 不得不化 故無常操 無常[4]操 是以
死生氣稟焉[5] 萬智斟酌焉[6] 萬事興廢焉 天得之以高 地得之以
藏 維斗[7]得之以成其威 日月得之以恒其光 五常[8]得之以常其位
列星[9]得之以端其行 四時得之以御其變氣 軒轅[10]得之以擅四方
赤松[11]得之與天地統 聖人得之以成文章 道 與堯舜俱智 與接輿
俱狂[12] 與桀紂俱滅 與湯武俱昌 以爲近乎 遊於四極 以爲遠乎
常在吾側 以爲暗乎 其光昭昭 以爲明乎 其物冥冥 而功成天地
和化雷霆 宇內之物 恃之以成 凡道之情 不制不形 柔弱隨時 與
理相應 萬物得之以死 得之以生 萬事得之以敗 得之以成 道 譬
諸若水 溺者多飮之卽死 渴者適飮之卽生 譬之若劍戟 愚人以行
忿則禍生 聖人以誅暴則福成 故曰 得之以死 得之以生 得之以
敗 得之以成

1) 稽也(계야) : 서로 만나다는 뜻.

2) 薄(박) : 박(迫)과 같은 뜻으로 무리하게 남을 압박한다는 뜻. 때로는
   침(浸)과 같은 뜻으로 통한다.

3) 化(화) : 때에 따라 변화한다는 뜻.

4) 無常(무상) : 항상 변하지 않을 수가 없다는 말. 무상(無常)은 변한다
   는 뜻이다.

5) 氣稟焉(기품언) : 언(焉)은 여기에서란 말인데 여기서는 도를 뜻하고,
   기품(氣稟)은 기운을 받는다는 뜻.

6) 斟酌焉(짐작언) : 잔에 술을 따른다는 뜻인데, 여기서는 지혜의 깊고
   얕음의 근본이 된다는 뜻으로 쓴다.

7) 維斗(유두) : 곧 북두칠성을 뜻함인데 유(維)는 온갖 별들 가운데 벼
   리(綱)가 되는 별이란 뜻.

8) 五常(오상) : 일반적으로 말하는 '삼강오륜'의 오상(五常)이 아니라
   오성(五星) 곧 오행(五行)의 금목수화토(金木水火土)를 뜻한다.

9) 列星(열성) : 열수(列宿), 곧 28수(二十八宿)에 따른 별을 말함.

10) 軒轅(헌원) : 중국 고대의 신화에 나오는 황제(黃帝)를 말하는 것인
데, 이 황제가 살던 곳이 헌원이라는 곳이라 곧 헌원씨(軒轅氏)라 했
다.

11) 赤松(적송) : 『열선전(列仙傳)』에 나오는 적송자(赤松子)로 고대중
국의 신화에 나오는 신농씨(神農氏) 때의 우사(雨師)라 했다.

12) 接輿俱狂(접여구광) : 『논어』 미자편(微子篇)에 초나라의 미치광이
접여가 공자의 덕이 쇠퇴했음을 노래하면서 그 정치에의 관심을 노
래했다는 글이 있고, 『장자』『초사』에도 나오는 은자(隱者)이다.

15. 도는 물상(物象)이 없는 상이다

사람들은 살아있는 코끼리를 보는 일이 아주 드물기 때문에,
죽은 코끼리의 뼈를 보고 그것으로 코끼리를 상상하며 그림을
그려 살아있는 코끼리를 생각했던 것이다. 그래서 많은 사람들
이 마음속으로 상상하는 것을 대개 코끼리〔象〕라 했다.

지금 도(道)라는 것은 눈으로 볼 수도 없고 귀로 들을 수도
없지만, 성인(聖人)은 도가 나타난 흔적을 들추어 그 모습을 드
러내는 것이다. 그러므로 노자는 말하기를 "도는 형상이 없는
형상이며, 물상(物象)이 없는 상이다."라고 했다.

무릇 이치〔理〕라는 것은 물건의 형질에 대하여 네모와 둥근
것·짧고 긴 것·거칠고 섬세한 것·단단하고 유약한 것과 같
은 여러 가지로 구분한다.

그러므로 이치를 잘 규명하고 정의를 내린 뒤에야 비로소 만
물이 다같이 갖게 되는 도를 터득하게 된다. 그래서 규명된 이
치로서 사물에 갖추어진 것으로 존망과 생사와 성쇠가 있다.

무릇 사물이 혹은 존재하고 혹은 멸망하며, 죽기도 하고 살
기도 하고, 처음에는 성했다가 나중에는 쇠퇴하는 것을 만고불
변의 상도(常道)라고는 말할 수 없는 것이다.

오직 하늘과 땅이 나눠지던 천지개벽 때 함께 나고 하늘과
땅이 흩어져 없어질 지경에 이르더라도 없어지지도 않고, 쇠퇴

해지지도 않는 것을 상도(常道)라 할 수 있는 것이다.

따라서 상도(常道)라 하는 것은 변화하지도 않고 정해진 이 치도 있을 수 없다. 정해진 이치가 없으므로 상도란 그 있는 곳 이 일정하지 않아 포착할 수가 없기 때문에 이것을 도(道)라고 단정하지 못하는 것이다.

그런데 성인(聖人)은 현묘(玄妙)하고, 허무(虛無)한 것을 잘 살피고, 우주의 끝까지 순환하며 두루 행해지는 바를 취하여, 억지로 이름을 붙여 도(道)라고 말했다. 그래서 비로소 논의의 대상으로 삼을 수 있었던 것이다.

그러므로 노자가 말하기를 "가히 도라 할 수 있는 도는 영구 불변의 참다운 도가 아니다."라고 했다.

　　人希見生象也　而得死象之骨　案其圖以想其生也[1]　故諸人之所 以意想者　皆謂之象也　今道雖不可得聞見　聖人執其見功以處其 見形　故曰　無狀之狀　無物之象[2]

　　凡理者　方圓　短長　麤靡[3]　堅脆之分也　故理定而後可得道也 故定理有存亡　有死生　有盛衰　夫物之一存一亡　乍死乍生　初盛 而後衰者　不可謂常[4]　惟夫與天地之剖判也俱生　至天地之消散也 不死不衰者　謂常　而常者無攸[5]易　無定理　無定理　非在於常所 是以不可道也　聖人觀其玄虛　用其周行　强字之曰道　然而可論 故曰　道可道　非常道也[6]

1) 案其圖以想其生也(안기도이상기생야) : 안(案)은 의거한다는 뜻이고, 상(想)은 추상(推想)한다는 뜻.
2) 無狀之狀無物之象(무상지상 무물지상) : 『노자』 제14장을 인용한 것.
3) 麤靡(추미) : 추(麤)는 거칠다, 미(靡)는 미세하다와 같다.
4) 常(상) : 법칙성으로 보아 항구(恒久)불변(不變)이란 뜻.
5) 攸(유) : 곳을 뜻한다.
6) 道可道非常道也(도가도 비상도야) : 『노자』 제1장의 첫 구절.

16. 죽음의 도(道)는 열 셋이다

사람의 일생은 탄생을 시작으로 죽는 것이 그 끝이다. 시작을 나온다고 말하며, 끝나는 것을 들어간다고 한다. 그러므로 노자가 말하기를 "생에서 나와 사로 들어간다"고 했던 것이다.

사람의 몸은 360마디의 뼈와 네 개의 손발과 아홉 구멍이 그 중요한 기관(器官)이다. 이렇게 네 손발과 아홉 구멍을 합하면 열 셋이 되는데, 이 열 셋이 움직이고 정지하면서 사람의 삶은 이어진다. 이것을 삶에 속(屬)한다고 말하며, 곧 무리[徒]라고 한다. 그래서 노자는 말하기를 "삶의 무리가 열 셋이 있다."고 했다.

사람이 죽을 경우에는 이 열 셋의 기관도 모두 역할을 거꾸로 돌려 죽음에로 돌아가 속하게 되므로 죽음의 무리 역시 열 셋이 되는 것이다.

그러므로 노자는 말하기를 "삶의 무리가 열 셋이 있고 죽음의 무리 또한 열 셋이 있다."고 했다.

무릇 사람이 태어나서 사는데 있어 삶이란 활동하는 것이고 활동하는 것이 다하면 죽는 것이다. 활동하는 것이 그치지 않으면 손상되는 것도 그치지 않는다.

손상되는 것이 그치지 않는다는 것은 삶이 다했다는 것이다.

삶이 다했다는 것은 바로 죽음을 말하고, 열 셋의 기관도 모두 변하여 죽음에 속하게 되는 것이다. 그러므로 노자는 말하기를 "민중이 삶을 영위하는데 산다는 것은 움직이는 것이고 움직여 죽음의 땅으로 향하는 것이 또한 열 셋이다."라고 했다.

이로써 성인(聖人)은 정신을 아끼고, 허정하며 고요한 것을 소중하게 여겼다.

위에서 말한 바와 같이 죽음에로 치닫는 것은 곧 들소(兕)나 범(虎)같은 맹수의 피해보다도 더 심한 것이다. 들소나 범은 무서운 짐승이지만 정해진 행동의 영역이 있고 행동하고 휴식하는 일정한 시간이 있어서, 그 영역을 피하고 그 시간을 살피면 들소나 범의 피해를 면할 수 있다.

그런데 민중들은 단지 들소나 범에게만 발톱과 뿔이 있는 줄 알고 있을 뿐 만물에도 제나름의 발톱과 뿔이 있는 줄 모르고, 함부로 여기다가 만물의 재앙을 면하지 못한다.

어떻게 이러한 말을 할 수 있는가? 폭우가 쏟아지고 넓은 들판에는 아무도 없이 고요한데, 아침 일찍부터 저녁 늦게까지 산이나 강으로 분별없이 쏘다닌다면 바람이나 이슬의 발톱과 뿔에 의해 해(害)를 입게 되는 것이다.

위로 임금을 섬기면서 충성을 다하지 않고, 함부로 금령(禁令)을 어기게 되면 형법이라는 발톱과 뿔에 의해 해를 입게 된다.

향리(鄕里)를 지키면서 행실을 닦지 못하고, 애증(愛憎)의 절도를 지키지 못하여 함부로 남을 미워하거나 좋아하면 다툼의 발톱과 뿔의 해를 입게 된다.

또 사람으로서 즐기고자 하는 탐욕을 자제하지 못하고, 움직이고 머무름에 절도가 없으면 질병(疾病)이란 발톱과 뿔이 그 사람을 해치게 된다.

사사롭게 작은 지혜를 즐겨 써서 사물의 도리를 저버리고 많은 사람의 미움을 사면 규범이라는 그물의 발톱과 뿔이 해치고 말 것이다.

이렇듯 들소나 범도 정해진 영역이 있고 만물의 재화(災禍)에도 정해진 근원이 있어 그 영역을 피하고 그 근원을 막는다면 여러 가지 재화를 면할 수 있는 것이다.

무릇 무기나 갑옷은 해를 미리 막는데 쓰는 수단이다. 생명을 소중하게 여기는 사람은 비록 전쟁터에 가서도 흥분하여 다툴 마음을 일으키지 않으며, 다툴 마음이 일지 않으면 피해를 막기 위한 준비를 할 필요가 없다. 이것은 비단 들판에서 적과 서로 마주하여 싸우는 것만을 말하는 것이 아니다.

성인이 유유자적하게 세상을 살아갈 때 남을 해치고자 하는 마음을 일으키지 아니한다. 남을 해치고자 하는 마음이 없으니 반드시 남으로부터 피해도 없게 되고, 남으로부터 피해가 없으니 남을 경계하여 미리 방비할 필요도 없다. 그래서 노자가 말하기를 "험한 육지로 가도 사나운 들소나 범을 만나지 아니한다."고 했다.

산속에 들어가도 방비의 수단을 믿고 몸에 닥치는 피해를 막으려고 하지 않는다. 그러므로 노자는 또 말하기를 "싸움터에서도 갑옷이나 무기를 갖추지 않는다."고 했다.

이는 곧 온갖 여러 가지 해에서 멀어졌다는 뜻이다. 그래서 노자는 말하기를 "들소도 그 뿔을 쓸 곳이 없고, 범도 그 발톱으로 할퀼 곳이 없으며, 무기도 그 칼로 찌를 곳이 없다."고 했다. 어떠한 방비를 하지 않으면 반드시 해로움이 없다.

이것이 곧 천지의 도(道)이며, 이(理)인데 그래서 천지의 도를 터득했다고 한다. 그러므로 노자는 말하기를 "죽음의 여지가 없다."고 했다. 행동을 함에 있어 죽을 조건이 하나도 없으면 그것이 바로 섭생(攝生)을 잘 했다고 말하는 것이다.

人始於生 而卒於死 始之謂出 卒之謂入 故曰 出生入死 人之身三百六十節[1] 四肢九竅[2] 其大具也[3] 四肢與九竅 十有三[4] 十有三者之動靜 盡屬於生焉 屬之謂 徒也 故曰 生之徒十有三 至其死也 十有三具者 皆還而屬之於死 死之徒亦十有三 故曰 生之徒 十有三 死之徒 十有三 凡民之生生 而生者固動 動盡則損也 而動不止 是損而不止也 損而不止 則生盡 生盡之謂死 則十有三者皆爲死死地也 故曰 民之生 生而動 動皆之死地 亦十有三 是以聖人愛精神而貴虛靜 此甚大於兕虎之害[5] 夫兕虎有域 動靜有時 避其域 省其時 則免其兕虎之害矣 民獨知兕虎之有爪角也 而莫知萬物之盡有爪角也 不免於萬物之害 何以論之 時雨降集 曠野閒靜 而以昏晨犯山川 則風露之爪角害之 事上不忠 輕犯禁令 則刑法之爪角害之 處鄕不節 憎愛無度 則爭鬪之爪角害之 嗜欲無限 動靜不節 則痤疽之爪角害之 好用其私智[6] 而棄

道理 則網羅⁷⁾之爪角害之 兕虎有域 而萬害有原 避其域 塞其原
則免於諸害矣 凡兵革者⁸⁾ 所以備害也 重生者 雖入軍 無忿爭之
心 無忿爭之心 則無所用救害之備 此非獨謂野處之軍也 聖人之
遊世也⁹⁾ 無害人之心 無害人之心 則必無人害 無人害則不備人
故曰 陸行不遇兕虎 入山不恃備以救害 故曰 入軍不備甲兵 遠
諸害 故曰 兕無所投其角 虎無所錯其爪 兵無所容其刃 不設備
而必無害 天地之道 理也 體天地之道 故曰 無死地焉¹⁰⁾ 動無死
地 而謂之善攝生矣

1) 人之身三百六十節(인지신삼백육십절) : 절(節)은 뼈마디를 뜻한다. 이
   말은 『여씨춘추』와 『회남자』에도 있는데 『여씨춘추』에는 360절 9규5
   장6부(三百六十節九竅五臟六府)로 되어 있다. 그리고 『회남자』 정신
   훈에는 4지5장9규366(四支五臟九竅三百六十六)으로 나와 있다.

2) 四肢九竅(사지구규) : 사지(四肢)는 손발(手足)이고, 9규(九竅)는
   눈·코·귀·입·전음(前陰)·후음(後陰).

3) 其大具也(기대구야) : 중요한 기관(器官)이라는 뜻.

4) 十有三(십유삼) : 『노자』에서 왕필(王弼)은 십유삼(十有三)을 열(十)
   가운데 셋(三)으로 설명했으나 여기서는 하상공(河上公)의 설명을
   따라서 유(有)를 우(又)로 보고, 아홉에 넷을 더한 열 셋으로 설명한
   다. 곧 사지구규(四肢九竅)을 뜻한다고 했다.

5) 兕虎之害(시호지해) : 시(兕)는 뿔이 하나만 달린 들소로 『산해경』에
   서 볼 수 있고, 호(虎)는 범 곧 호랑이로서 둘 다 맹수.

6) 私智(사지) : 도리(道理)에 맞서는 말로 사사로운 지혜 곧 간지(姦
   智)를 말한다.

7) 網羅(망라) : 그물을 말함인데 여기서는 법률〔法網〕을 뜻한다.

8) 兵革者(병혁자) : 무기와 갑옷을 뜻하는 것인데, 흔히 오병(五兵) 또
   는 삼혁(三革)으로 일컫는다.

9) 遊世也(유세야) : 세상을 유유자적하게 살아간다는 뜻.

10) 無死地焉(무사지언) : 이 이야기의 왈(曰)은 『노자』 제50장의 말을
    인용하였다.

17. 자애롭기 때문에 용감하다

자식을 아끼는 사람은 언제나 그 자식을 사랑하고 돌보며, 생명을 소중하게 여기는 사람은 늘 자기의 몸을 함부로 쓰지 않고 사랑하며, 공명(功名)을 존귀하게 여기는 사람은 일을 사랑한다.

자애로운 어머니는 어린 자식의 행복을 위하여 온갖 노력을 다하는데, 행복을 위해 노력을 다한다는 것은 곧 자식에게 재앙이 미치지 않도록 힘을 다하는 것이다. 재앙이 미치지 못하도록 애쓴다는 것은 곧 작은 일에까지 생각을 기울이는 것이고, 생각을 기울이게 되면 사물의 도리를 알게 된다.

사물의 도리를 알게 되면 반드시 그 공이 이루어지게 되고, 반드시 공이 이루어지면 그 일을 실행하는데 있어 조금도 의심하여 주저하는 것이 없게 되며, 주저하는 것이 없으면 그것을 용기라고 말한다.

성인은 만사를 행하는데 있어 자애로운 어머니가 어린 자식에게 사랑을 베풀듯이 생각을 다하므로 반드시 행해야 하는 도를 보게 되며, 반드시 행해야 하는 도를 보게 되면 그 일을 행하는데 주저하지 아니하고, 주저하는 것이 없는 것을 용기라고 말한다.

주저하지 않는 것은 자애(慈愛)로움에서 생기는데 그러므로 노자가 말하기를 "자애롭기 때문에 용감할 수 있다."고 했다.

주공(周公)이 말하기를 "겨울 날씨에 얼음이 굳게 얼지 않으면 봄·여름이 되어도 초목은 무성하게 자라지 못한다."고 했다.

아무리 하늘과 땅이라도 늘 사치스럽지 않으며 언제나 헛되이 낭비하는 것만은 아닌데 하물며 사람에게 있어서랴?

그러므로 만물에는 반드시 융성할 때와 쇠퇴할 때가 있고, 만사(萬事)에는 반드시 느긋할 때와 긴장될 때가 있으며, 나라에는 반드시 문(文)의 도와 무(武)의 도가 있고, 관청이 민중을 다스림에는 반드시 상과 벌이 있기 마련이다.

그래서 지혜롭고 사려깊은 선비가 재물을 아껴쓰면 그 집은 부유해지고, 성인(聖人)이 그 정신을 소중히 하여 아끼면 정력은 왕성해지며, 임금이 함부로 전쟁을 일으키지 않으면 그 나라 민중은 많아진다.

나라의 민중이 많아지면 영토를 넓힐 수 있으므로 노자는 이 일을 들어 말하기를 "검소하기 때문에 능히 넓어진다."고 했다.

愛子者慈於子[1] 重生者慈於身 貴功者慈於事 慈母之於弱子也 務致其福 務致其福 則事除其禍 事除其禍 則思慮熟 思慮熟 則得事理 得事理 則必成功 必成功 則其行之也不疑 不疑[2]之謂勇 聖人之於萬事也 盡如慈母之爲弱子慮也 故見必行之道 見必行之道 則其從事亦不疑 不疑之謂勇 不疑生於慈 故曰 慈故能勇[3]

周公曰 冬日之閉凍也不固 則春夏之長草木也不茂 天地不能常侈常費而況於人乎 故萬物必有盛衰 萬事必有弛張 國家必有文武 官治必有賞罰 是以智士儉用其財則家富 聖人愛寶其神則精盛 人君重戰其卒則民衆 民衆則國廣 是以擧之曰 儉故能廣

1) 愛子者慈於子(애자자자어자) : 애(愛)는 사랑하여 아낀다를 뜻하고, 자(慈)는 자애(慈愛) 곧 사랑하여 기른다를 뜻한다. 『노자』에서는 삼보(三寶)의 하나로 썼고, 흔히 고전에서는 자식이 부모를 사랑하여 섬기는 것을 효(孝)라고 한다면, 부모가 자식을 사랑하여 기르는 덕(德)을 자(慈)라고 했다.

2) 不疑(불의) : 의심하지 않는다는 말인데 곧 주저하지 않는다와 같은 뜻이다. 불의(不疑)는 곧 불이(不二)이고, 그래서 성일(誠一)이다.

3) 慈故能勇(자고능용) : 뒤의 검고능광(儉故能廣)과 함께 『노자』 제67장의 말을 인용한 것이다.

18. 높은 지위를 바라지 않아도 얻게 된다

무릇 만물로서 형체를 갖추고 있는 것은 쉽게 자를 수 있고, 쉽게 쪼개서 갈라놓을 수도 있다.

어째서 그렇게 말할 수 있는가? 형태가 있으면 길고 짧은 것이 있고, 길고 짧은 것이 있으면 작고 큰 것이 있으며, 작고 큰 것이 있으면 모나고 둥근 것이 있고, 모나고 둥근 것이 있으면 단단하고 부드러운 것이 있으며, 단단하고 부드러운 것이 있으면 가볍고 무거운 것이 있고, 가볍고 무거운 것이 있으면 희고 검은 것이 있다.

이렇게 장단·대소·방원(方圓)·견취(堅脆)·경중(輕重)·흑백(黑白)과 같은 것을 이(理)라고 일컫는데, 이러한 이치가 규정되어 있기 때문에 쉽게 쪼개 갈라놓을 수 있는 것이다.

그러므로 조정(朝廷)에서 나라 다스림을 논의할 때도 서둘지 말고 남의 의견을 다 들은 뒤에 자기 의견을 말하면 그것이 인정된다는 것을 권모에 능한 선비는 잘 알고 있다.

네모꼴이나 둥근꼴을 그리고자 할 때 규구(規矩)를 사용하듯 만사에 있어서도 객관적 기준이 있어야 성과가 나타나게 된다.

만사에 있어 규구와 같은 기준(基準)이 갖추어져 있으므로 권모(權謀)에 능한 사람은 정해진 기준에 따라 모든 일을 헤아려 처리한다.

성인은 만물에 갖추어져 있는 기준에 따라 일을 처리한다. 그러므로 노자는 말하기를 "감히 천하의 앞에 서지 않는다."고 했다.

감히 천하의 앞에 서지 않는다는 것은 모든 것을 천지자연의 도에 맡기고 따라간다는 것이다. 천지자연의 도를 따라가면 어떠한 일도 되지 않는 일이 없고, 어떠한 공로도 이루지 못함이 없다. 그리하여 이러한 의론은 세상을 제압하고 모든 사람들이 따르게 되는데, 만약 높은 지위를 바라지 않는다 하더라도 어찌 이루어질 수 있겠는가 ?

높은 지위를 차지한다는 것은 일을 이루는 으뜸이 되는 것이다. 그러므로 노자는 말하기를 "감히 천하의 앞에 서지 않으므로 큰 일을 이룩하는 으뜸이 되는 것이다."라고 했다.

자식을 사랑하는 사람은 결코 먹고 입는 것을 끊지 아니하고, 자기 몸을 소중하게 여기는 사람은 감히 법도(法度)에 어긋나는 행동을 하지 않으며, 모나고 둥근 것을 그리려고 애쓰는 사람은 감히 규구(規矩)를 버리지 않는다.

전쟁터에 나간 사람이 그 사병(士兵)에게 사랑을 쏟으면 반드시 적에게 이기고, 무기를 소중히 아끼면 성곽은 반드시 견고하여 적에게 함락되지 않는다. 그러므로 노자는 말하기를 "자애로운 마음을 가지고 싸우면 반드시 전쟁에 이기고, 지키면 견고하다."고 했다.

무릇 자기를 온전하게 하고 만물의 이치에 따르는 사람은 반드시 하늘이 그를 살아남게 하며, 하늘이 살아남게 한다는 것은 생긴 그대로의 마음을 갖추고 있는 것이다.

천하의 도(道)는 타고난 그대로를 다하는 것이다. 만약 자애스러운 마음으로 그 도를 지키면 모든 일은 반드시 온전할 것이고, 행하는 일에 부당한 것이 없으니, 값진 보배라 말한다. 그러므로 노자가 말하기를 "나에게는 세 가지 보배가 있는데, 그것을 늘 지니고 있으면서 보배로 여긴다."고 했다.

凡物之有形者 易裁也 易割也 何以論之 有形則有短長 有短長則有小大 有小大則有方圓 有方圓則有堅脆 有堅脆則有輕重 有輕重則有白黑 短長 大小 方圓 堅脆 輕重 白黑之謂理 理定而物易割也 故議於大庭[1]而後言則立 權議[2]之士知之矣 故欲成方圓而隨其規矩 則萬事之功形矣 而萬物莫不有規矩 議言[3]之士 計會規矩也 聖人盡隨於萬物之規矩 故曰 不敢爲天下先 不敢爲天下先 則事無不事 功無不功 而議必蓋世 欲無處大官 其可得乎 處大官之謂爲成事長 是以曰 不敢爲天下先 故能爲成事長[4]

慈於子者不敢絶衣食 慈於身者不敢離法度 慈於方圓者不敢舍
規矩 故臨兵而慈於士吏則戰勝敵 慈於器械則城堅固 故曰 慈於
戰則勝 以守則固 夫能自全也 而盡隨於萬物之理者 必且有天生
天生也者 生心也 天下之道 盡之生也 若以慈衞之也 事必萬全
而擧無不當 則謂之寶矣 故曰 吾有三寶 持而寶之[5]

1) 議於大庭(의어대정) : 조정에서 어떤 일을 놓고 논의하는 것. 지금의
   각의(閣議)와 같다. 대정(大庭)은 임금이 주관하는 조정.

2) 權議(권의) : 권모(權謀)와 뜻이 같고, 권(權)은 권형(權衡)의 뜻.

3) 議言(의언) : 남의 말에 대하여 평론하여 의견을 말하는 것.

4) 不敢爲天下先故能爲成事長(불감위천하선 고능위성사장) : 이 말은
   『노자』 제67장의 중간 부분을 인용한 것이다.

5) 吾有三寶持而寶之(오유삼보 지이보지) : 삼보(三寶)는 첫째 사랑[慈],
   둘째 검소[儉], 셋째 세상의 앞에 감히 서지 않는다는 것이다. 이 귀
   절 역시 『노자』 제67장의 한 부분이다.

19. 날카로운 칼을 몸에 지니면…

『노자』의 글에서 일컬어진 '대도(大道)'라는 것은 올바른 도
[正道]를 말하는 것이고, 소위 말하는 '겉모양을 꾸몄다.'는 것
은 사특한 도를 말하며, 이른바 '지름길'이라는 것은 곱고 아
름다운 것인데 곱고 아름다운 것은 사도(邪道)에서 갈라진 것
이다.

"궁궐의 뜰이 매우 깨끗하다."는 것은 송사가 잦다는 것을
뜻한다. 송사가 자주 일어나면 논밭은 황폐해지고, 논밭이 황폐
해지면 나라의 창고는 텅비게 되며, 창고가 텅비면 나라는 가
난하게 되고, 나라가 가난하면 민중의 풍속은 음란과 사치에
빠지며, 민중이 음란과 사치에 빠지면 먹고 입을 것을 충족시
켜 줄 직업이 끊어지고, 의식(衣食)을 충족시킬 직업이 소멸되
면 민중은 거짓말을 하여 겉으로 꾸미지 않을 수 없게 되며, 겉
으로 교묘하게 꾸미면 화려하게 채색하게 되며, 화려하게 채색

하는 것을 일러 "아름다운 의복을 입고 사치한다."고 한다.

송사(訟事)가 자주 일어나고 나라의 창고가 텅비면 민중들의
풍습은 음란과 사치에 빠지고, 나라가 손실을 입게 되는 것은
마치 날카로운 칼로 몸을 찌르는 것과 같다. 그래서 노자는 말
하기를 "날카로운 칼을 몸에 지니고 다닌다."고 했다.

여러 사람이 잔꾀를 써서 거짓을 꾸밈으로써 나라에 해를 끼
치면서도 그 가문(家門)은 반드시 부유하게 만든다. 가문이 반
드시 부유해지므로 노자는 말하기를 "재화(財貨)가 남아돌아
간다."고 했다.

나라에 이와 같은 사람이 있게 되면 어리석은 민중들은 홀려
그것을 본받지 않을 수 없게 되고, 그러한 짓을 본받게 되면 작
은 도둑이 생기게 된다. 이같은 일로 미루어 본다면 크게 간사
한 일이 일어나면 그 뒤를 이어 좀도둑이 생기고, 크게 간사한
것이 큰소리를 치면 좀도둑은 이에 맞추어 화답하게 된다.

우(竽)라는 관악기는 오음(五音)의 으뜸이기 때문에 먼저 우
(竽)가 앞장을 서면 종(鐘)이나 거문고가 모두 그를 뒤따르고
우가 소리를 내면 모든 악기가 그에 따라 화음을 맞춘다.

지금 크게 간사한 일이 일어나면 속세의 민중들은 이에 따라
장단을 맞추고, 민중이 장단을 맞추면 좀도둑은 반드시 덩달아
화답하여 일어나게 된다.

그래서 노자는 "아름답게 꾸민 옷을 입고, 날카로운 칼을 허
리에 차고, 싫증이 나도록 먹고 마시면서 재화가 남아도는 사
람을 일컬어 도둑의 앞잡이[竽]라 한다."고 했다.

書之所謂大道也者 端道¹⁾也 所謂貌施也者²⁾ 邪道也 所謂 徑
也者³⁾ 佳麗也 佳麗也者 邪道之分也 朝甚除也者⁴⁾ 獄訟繁也 獄
訟繁則田荒 田荒則府倉虛 府倉虛則國貧 國貧而民俗淫侈 民俗
淫侈則衣食之業絶 衣食之業絶則民不得無飾巧詐 飾巧詐則知采
文 知采文之謂 服文采 獄訟繁 倉廩虛 而有以淫侈爲俗 則國之
傷也 若以利劍刺之 故曰 帶利劍 諸夫飾智⁵⁾故以至於傷國者 其

私家必富 私家必富 故曰 資貨有餘 國有若是者 則愚民不得無
術而效之 效之則小盜生 由是觀之 大姦作則小盜隨 大姦唱則小
盜和 竽⁶⁾也者 五聲⁷⁾之長者也 故竽先則鍾瑟皆隨 竽唱則諸樂皆
和 今大姦作則俗之民唱 俗之民唱則小盜必和 故服文采 帶利劍
厭飲食 而資貨有餘者 是之謂盜竽矣⁸⁾

1) 端道(단도) : 바른 도를 뜻한다. 단(端)은 정(正)과 뜻이 같다.
2) 貌施也者(모시야자) :『노자』 53장에서 대도(大道)의 다음으로 오는
   유시시외(唯施是畏)에 대한 해설을 한 것이다. 시(施)는『맹자』와
   『회남자』 요략훈에 따라 사(邪)와 같은 뜻이라 했는데 곧 단도(端
   道)에 대하는 사도(邪道)를 증거로 들 수 있겠다.
3) 徑也者(경야자) : 지름길. 바르고 평평하지 않다는 뜻으로 사도(邪道)
   의 한 갈림이다.『논어』에도 행불유경(行不由徑)이란 말이 있는데 대
   도(大道)가 아닌 작은 길을 뜻했다. 구본에는 경대야(徑大也)라 했
   다.
4) 朝甚除也者(조심제야자) : 궁궐의 뜰이 깨끗하게 소제되어 있다는 말
   인데, 한편으로 화려한 생활을 뜻하기도 한다.
5) 諸夫飾智(제부식지) : 제부(諸夫)의 부(夫)는 무리와 같은 뜻이며, 식
   지(飾智)는 잔꾀를 부려 거짓을 꾸민다는 뜻.
6) 竽(우) : 대나무 관(管)으로 만든 피리로 구멍이 서른 여섯 개로 된
   악기인데, 후세에는 열 아홉 개로 되어 있다. 오음(五音)의 표준이
   되어 관악기(管樂器)로서 으뜸.
7) 五聲(오성) : 오성(五聲)은 곧 오음(五音)을 뜻하며, 소리의 기본인
   궁·상·각·치·우를 말함.
8) 盜竽矣(도우의) : 도둑의 으뜸이란 뜻.『노자』 제53장에는 도과(盜夸)
   로 되어 있다.

20. 사람이 미쳐버리게 되는 이유
사람은 지혜가 있거나 어리석거나를 막론하고 어떤 것은 선
택하고 어떤 것은 버리는 일을 하지 않는 사람은 없다.

무욕(無欲)하여 마음이 편안할 때는 화(禍)와 복(福)이 일어
나는 근본을 모르는 사람은 없다.

좋아하고 싫어하는 감정 때문에 탐욕이 생기고 기이하고 재
미있는 사물에 홀려 마음이 어지러워진다. 어째서 그렇게 되는
가? 바깥의 사물에 유인되어 재미있고 좋아하는 것에 마음을
빼앗겨 어지러워졌기 때문이다.

마음이 염담(恬淡) 허정(虛靜)할 때는 버리고 취하는 기준을
분별하고, 또한 마음이 평안할 때는 재앙과 복에 대응하는 헤
아림을 알게 된다.

지금 재미있고 좋아하는 사물이 그 마음을 바꾸게 하고 바깥
의 사물이 그 마음을 홀려 그대로 빼앗아 가버리니 노자는 말
하기를 "송두리째 뽑아버린다."고 했다.

성인의 경지에 이른 사람은 이와는 달리 한번 취사선택(取捨
選擇)의 기준을 세우면 비록 재미있고 좋아하는 사물을 보아도
이에 마음이 이끌리지 않는다.

이처럼 그 마음이 이끌리지 않는 것을 "뽑히지 아니한다."라
고 노자는 말했다.

그 감정이 하나로 통일되어 있으면 비록 바라는 사물이 있어
도 그 정신은 조금도 동요됨이 없다. 이렇게 정신이 동요하지
않는 것을 일컬어 "벗어나지 않는다."라고 했다.

남의 자손(子孫)된 사람이 이 도를 터득해서 조상의 위업을
계승하여 지켜나가면 조상의 제사가 끊이지 않을 것이니 노자
는 말하기를 "제사가 끊어지지 않는다."고 했다.

한 개인에 있어서는 정신을 쌓아 마음을 통일하는 것을 덕
(德)이라 하고, 한 가문에 있어서는 재물을 모으는 것을 덕이라
하며, 한 고을이나 나라, 그리고 천하에 있어서는 모든 민중을
덕이라 한다.

지금 몸을 닦는데 있어 바깥의 사물로 말미암아 그 정신이
흐트러지지 않게 된다. 그러므로 노자가 말하기를 "이 도를 가
지고 몸을 닦는다면 그것이 바로 참된 덕(德)이다."라고 했다.

진실이란 덕(德)이 확고한 것이다.

가문(家門)을 다스림에 있어 쓸데없는 사물로 인해 지출의 헤아림이 흔들리지 않는다면 곧 재물은 언제나 여유가 있으므로 노자는 말하기를 "이 도를 터득하여 집안을 다스리면 그 덕은 여유가 있다."고 했다.

고을을 다스리는 사람이 이와 같은 절도(節度)를 정치에 행한다면, 가문에 재물의 여유가 있는 사람들이 점점 늘어나게 되므로 노자가 말하기를 "이 도로써 고을을 다스리면 그 덕은 오래 지속된다."고 했다.

또 나라를 다스리는 사람이 이러한 절도를 정치에 행하면 고을에서 덕을 쌓은 사람이 더욱 많아지니 노자는 말하기를 "이 도를 터득하여 나라를 다스리게 되면, 그 덕은 곧 넉넉해 질 것이다."라고 했다.

천하에 군림하는 천자(天子)가 이러한 절도를 정치에 시행한다면 민중의 삶에 그 은택이 미치지 않는 곳이 없게 되므로 노자는 말하기를 "이 도를 세상 다스림에 쓴다면 그 덕이 두루 미쳐 이르지 않는 곳이 없다."고 했다.

몸을 닦는 사람에 있어서는 이 도를 기준으로 하여 군자(君子)와 소인(小人)으로 구별된다. 고을을 다스리고, 나라를 다스리며, 세상에 군림하려는 사람은 각기 그 정도에 따라 이 도를 기준으로 세상 만물의 성패 존망을 적절히 살피면 만의 하나라도 실패하는 것이 없을 것이다.

그러므로 노자가 말하기를 "몸으로써 몸을 살피고, 한 집안으로써 집안을 살피고, 고을로써 고을을 살피고, 나라로써 나라를 살피고, 천하로써 천하를 살핀다. 어째서 천하가 그렇게 되는가를 알 수 있는가? 그것은 바로 이 도를 통해서이다."라고 했다.

人無智愚 莫不有趨舍[1] 恬淡平安[2] 莫不知禍福之所由來 得於好惡 怵於淫物 而後變亂 所以然者 引於外物 亂於玩好也 恬淡

有趣舍之義 平安知禍福之計 而今也玩好變之 外物引之 引之而
往 故曰 拔 至聖人不然 一建其趣舍 雖見所好之物不能引 不能
引之謂 不拔 一於其情 雖有可欲之類 神不爲動 神不爲動之謂
不脫 爲人子孫者 體此道以守宗廟 宗廟不滅之謂 祭祀不絶 身
以積精[3]爲德 家以資財爲德 鄕國天下皆以民爲德 今治身 而外
物不能亂其精神 故曰 修之身 其德乃眞 眞者 德之固也 治家者
無用之物不能動其計 則資有餘 故曰 修之家 其德乃餘 治鄕者
行此節 則家之有餘者益衆 故曰 修之鄕 其德乃長 治邦者 行此
節 則鄕之有德者益衆 故曰 修之邦 其德乃豊 莅天下者 行此節
則民之生莫不受其澤 故曰 修之天下 其德乃普 修身者 以此別
君子小人 治鄕 治邦 莅天下者 各以此科[4] 適觀息耗[5] 則萬不失
一 故曰[6] 以身觀身 以家觀家 以鄕觀鄕 以邦觀邦 以天下觀天
下 吾奚以知天下之然也 以此

1) 趣舍(추사) : 취사(趣舍)와 같다고 했는데, 『회남자』 『사기』 그리고
   『장자』같은 고전에 많이 쓰이므로 그 뜻은 취사(取捨)와 같으며, 곧
   취사(取捨) 선택(選擇)을 말한다.
2) 恬淡平安(염담평안) : 무욕(無欲)하여 마음이 허정(虛靜)하다는 뜻인
   데 곧 심경(心境)이 담박(淡泊)하고 평정(平靜)하다는 말.
3) 積精(적정) : 정신의 소모를 아껴 축적한다는 뜻으로 앞서 말한 중적
   덕(重積德), 애정신(愛精神)과 비슷한 말.
4) 科(과) : 『광아(廣雅)』의 해석에 따라 조(條)의 뜻과 같으며 『설문』
   에는 정도라 했다.
5) 息耗(식모) : 소멸되고 성장하는 것.
6) 故曰(고왈) : 이 이야기는 『노자』 제54장의 말을 인용하였다.

제42편 유 로(喩老)

유로(喩老)라는 뜻은 역사적인 고사를 『노자』의 사상과 비교하여 설명한 해설서이다.

'해로(解老)'가 『노자』의 이론적인 해설을 명목으로 한 것이라면 이 유로(喩老)편은 『한비자』가 내세우는 설화를 인용하고 있다.

'해로'에서는 한비답지 않은 순이론적인 면이 돋보이는데 '유로'에서는 본래의 실천적인 면이 강하게 부각되고 있음을 엿볼 수 있다.

또 '유로'도 '해로'와 같이 『노자』의 원문을 인용하면서 각기 단락의 끝에 '고왈(故曰)'이라 했으나 '해로'의 주석과는 달리 사화(史話)의 내용 해설로 『노자』의 글을 인용했다. 이 편 역시 한비의 원작이 아니지 않은가 의심이 가는 작품이다.

1. 스스로 재앙을 자초한 사람들

세상에 도(道)가 행해져, 앞에 닥친 급한 걱정거리가 없으면 편안하고 조용하여 역마(驛馬)를 사용할 필요가 없어진다. 그래서 노자가 말하기를 "빨리 달리는 말이 필요 없어져 논밭을 일구고 거름을 주는 데나 쓴다."고 했다.

세상에 도가 행해지지 않으면, 서로 공격하느라 그칠 줄을 모르고 서로 수비하느라 여러 해 동안의 끊임없는 싸움으로 갑옷이나 투구에는 서캐와 이가 생기고, 군막 안에는 제비와 참

새가 집을 짓고, 병졸들은 집에 돌아가지 못한다. 그러므로 노
자는 말하기를 "군마(軍馬)가 근교(近郊)에서 새끼를 낳게 된
다."고 했다.

옛날 적(翟)나라 사람이 커다란 여우가죽과 검은 표범가죽을
진(晋)나라의 문공(文公)에게 갖다 바친 일이 있었다. 그때 문
공은 나그네로부터 이것을 받으면서 탄식하여 말했다.

"이 가죽의 임자인 여우와 검은 표범은 그 털의 아름다움 때
문에 스스로 재앙을 불러들여 죽게 된 것이다."

무릇 나라를 다스리는 사람도 그 명예욕 때문에 재앙을 스스
로 불러들인 일이 있는데 서(徐)나라 언왕(偃王)이 그러하다.

또 성곽(城郭)과 영토 때문에 스스로 재앙을 자초(自招)한
일이 있는데 우(虞)나라와 괵(虢)나라가 바로 그 경우이다. 그
러므로 노자가 말하기를 "죄는 욕심을 갖는 것보다 더 큰 것이
없다."고 했다.

진(晋)나라 지백(智伯)은 범씨(范氏)와 중항씨(仲行氏)의 영
토를 합병한 뒤 다시 조(趙)나라를 공략하려 했으나 한(韓)나
라와 위(魏)나라가 이에 모반하여 지백의 군사는 진양(晋陽)에
서 패하고, 그는 고량(高梁)의 동쪽에서 죽었다. 그 결과 진나
라의 영토는 세 나라[韓・魏・趙]로 나뉘어지고 그의 두개골은
조나라에 보내져 옻칠을 한 다음 술잔으로 쓰였다가 나중에 요
강으로 사용됐다. 그러므로 노자가 말하기를 "재앙은 만족을
알지 못하는 것보다 더 큰 것이 없다."고 했다.

우(虞)나라 임금은 굴산(屈產)의 말(馬)과 수극(垂棘)의 벽
옥(璧玉)이 탐나 충신인 궁지기(宮之奇)의 간언(諫言)을 듣지
않았다가 나라는 망하고 자신은 죽임을 당했다. 그래서 노자가
말하기를 "허물은 탐욕보다 더한 아픔이 없다."고 했다.

나라는 존속하고 있는 것만으로도 떳떳한 것인데, 패왕(霸
王)이 된다면 그것은 더욱 바람직하지만 뜻대로 되지 않는다.
일신(一身)은 살아있는 것만으로도 떳떳한 것인데 부귀를 누리
면 더욱 바람직하겠으나 그것이 뜻대로 되는 것은 아니다.

탐욕 때문에 스스로 해를 입지 않으면 나라는 망하지 않고
또한 자신도 죽임을 당하지 않는다. 그러므로 노자는 말하기를
"만족한 것을 알면 언제나 만족하다."고 했다.

天下有道 無急患 則遽傳不用¹⁾ 故曰 却走馬以糞 天下無道
攻擊不休 相守數年不已 甲胄生蟣蝨 鸇雀處帷幄 而兵不歸 故
曰 戎馬生於郊 翟人有獻豊狐玄豹之皮於晋文公 文公受客皮而
歎曰 此以皮之美自爲罪 夫治國者 以名號爲罪²⁾ 徐偃王³⁾是也
以城與地爲罪 虞虢是也 故曰 罪莫大於可欲 智伯兼范 中行而
攻趙不已 韓魏反之 軍敗晋陽 身死高梁之東 遂卒被分 漆其首
以爲溲器⁵⁾ 故曰 禍莫大於不知足 虞君欲屈產之乘 與垂棘之璧
不聽宮之奇 故邦亡身死 故曰 咎莫憯於欲得 邦以存爲常 霸王
其可也 身以生爲常 富貴其可也 不以欲自害 則邦不亡 身不死
故曰⁵⁾ 知足之爲足矣

1) 則遽傳不用(즉거전불용) : 구본에는 이 말 위에 왈정(曰靜)이 있다.
   거전(遽傳)은 옛날 역(驛)과 역 사이를 전령(傳令)하는 재빠른 역마
   (驛馬)와 뜻이 같다.

2) 以名號爲罪(이명호위죄) : 명호(名號)는 여기에서 명예 또는 칭송을
   뜻하고, 죄(罪)는 재앙과 같다.

3) 徐偃王(서언왕) : 주(周)나라 목왕(穆王) 때의 서(徐)나라 임금으로
   인의로써 나라를 다스린다는 칭송이 자자했다. 그가 배로 천자의 나
   라까지 갈 수 있도록 진(陳)과 채(蔡)나라를 잇는 수로를 만들다가
   땅에서 붉은색의 활과 화살을 얻었다. 이에 상서롭게 여겨 자칭 서언
   왕이라 하였다. 강회(江淮)의 36개국 제후들이 복종해오니 이를 들은
   주목왕이 초(楚)나라에 명하여 정벌하게 하였다. 언왕은 백성을 위하
   여 싸우지 않고 패배를 자인했다.

4) 溲器(수기) : 또 수기(溲器)로도 쓰는데 혹은 술잔을 뜻하기도 하고,
   소변그릇인 요강을 뜻하기도 한다.

5) 故曰(고왈) : 이 이야기의 왈(曰)은 모두『노자』제46장의 말이다.

2. 서두르면 임금의 자리를 잃는다

초(楚)나라 장왕(莊王)이 진(晋)나라와 싸워 황하(黃河)와 형옹(衡雍)에서 이기고 돌아와 재상인 손숙오(孫叔敖)에게 상을 주려고 했다. 손숙오는 한수(漢水) 근처의 모래와 자갈이 많은 거친 땅을 원해 그것을 상으로 받았다.

초나라 법에 신하에게 봉록으로 준 땅은 2대까지만 받을 수 있고 그 뒤에는 나라에 다시 반납하도록 되어 있었는데, 오직 손숙오의 경우에만 그대로 땅을 소유하게 되었다.

나라의 법으로도 다시 몰수하지 않은 까닭은 그 땅이 워낙 척박했기 때문이다. 그래서 9대 자손까지 그 땅을 소유하고 제사를 끊이지 않았다.

노자는 말하기를 "잘 세운 것은 뽑히지 않고, 단단하게 품은 것은 떨어뜨리지 않는다. 자손이 조상의 제사를 지내며 대대로 그치지 않는다."고 했다. 이는 손숙오를 두고 한 말이다.

통제하고 지배하는 권력이 자기 손아귀에 있는 것을 위력(威力)이 막중(莫重)하다고 말하며, 그 권세의 자리에서 떠나지 않는 것을 안정되었다고 말한다.

막중한 사람은 경박한 사람을 부릴 수가 있고, 안정된 자리에 있으면 서두는 사람을 부릴 수가 있는 것이다. 그러므로 노자가 말하기를 "무거운 것은 가벼운 것의 뿌리이고, 조용한 것은 서두르는 것의 주인이다."라고 했다.

또 노자는 말하기를 "군자는 하루종일 길을 가도 치중(輜重)을 떠나지 않는다."고 했다.

나라라는 것은 임금에게 있어 온갖 군수품을 실은 보급차량과 같은 것이다.

조(趙)나라의 무령왕인 주보(主父)가 살아있으면서 그 아들인 혜문왕(惠文王)에게 나라를 물려준 것은 그 소중한 치중(輜重)을 떠난 것과 마찬가지였다.

나라를 물려준 뒤, 비록 대(代)나 운중(雲中)에 있으면서 여행을 즐겼으나 그때는 이미 조나라를 통제할 권세가 없었다.

주보는 만승 큰나라의 임금이었으면서 천하 사람에게 자신을 가볍게 여기게 했던 것이다.

세력이 없는 것을 경(輕)이라 하고, 함부로 지위를 떠나는 것을 조(躁)라고 하는데, 조나라 주보는 곧 경하고 조했기 때문에 산 채로 유폐되어 죽임을 당했던 것이다.

그러므로 노자가 말하기를 "가벼우면 뿌리인 신하를 잃고 서두르면 임금의 자리를 잃는다."고 했다. 이것은 조나라 주보를 두고 한 말이다. 권력이 막중하다는 것은 임금에게 있어 물고기의 연못과 같은 것이다.

임금의 권력은 신하와의 관계에서 막중해지는 것으로 한번 잃게 되면 다시 얻을 수 없는 것이다.

제(齊)나라 간공(簡公)은 대부인 전성(田成)에게 권력을 잃었고, 진(晋)나라 임금은 육경(六卿)에게 권력을 잃었는데 마침내 나라는 망하고, 몸은 죽임을 당했다. 그러므로 노자가 말하기를 "물고기는 연못을 벗어나서는 안 된다."고 했다.

상벌이라는 것은 나라를 다스리는데 필요한 날카로운 도구로서 임금이 그것을 쥐고 있으면 신하를 지배할 수 있지만, 만약 신하의 손아귀에 그것이 쥐어져 있으면 임금을 넘보게 된다.

임금이 상줄 뜻을 밖으로 나타내면 신하는 그것을 혼자 알고 이용하여 자기의 은덕(恩德)인 양 생색을 낼 것이고, 임금이 처벌할 뜻을 밖으로 나타내면 신하는 한술 더 떠 스스로의 권위를 떨치는데 이용한다.

임금이 상줄 뜻을 나타내면 신하는 그 세력을 이용하고, 임금이 벌할 뜻을 나타내면 신하는 그 위엄에 편승하게 된다.

그러므로 노자가 말하기를 "나라를 다스리기 위한 상벌의 날카로운 도구는 남에게 보여서는 안 된다."고 했다.

楚莊王旣勝晋于河雍[1] 歸而賞孫叔敖 孫叔敖請漢間之地 沙石

之處 楚邦之法 祿臣再世而收地 惟孫叔敖獨在 此不以其邦爲收
者 瘠也[2] 故九世而祀不絶 故曰 善建不拔 善抱不脫 子孫以其
祭祀 世世不輟[3] 孫叔敖之謂也

制在己曰重[4] 不離位曰靜 重則能使輕 靜則能使躁 故曰 重爲
輕根 靜爲躁君[5] 故曰 君子終日行 不離輜重也[6] 邦者 人君之輜
重也 主父生傳其邦 此離其輜重者也 故雖有代 雲中之樂[7] 超然
已無趙矣 主父 萬乘之主 而以身輕於天下 無勢之謂輕 離位之
謂躁 是以生幽而死[8] 故曰 輕則失根 躁則失君[9] 主父之謂也

勢重者 人君之淵也 君人者 勢重於人臣之間 失則不可復得也
簡公失之於田成 晋公失之於六卿 而邦亡身死 故曰 魚不可脫於
淵 賞罰者 邦之利器也 在君則制臣 在臣則勝君 君見賞 臣則損
之以爲德 君見罰 臣則益之以爲威 人君見賞 而人臣用其勢 人
君見罰 而人臣乘其威 故曰 邦之利器 不可以示人[10]

1) 楚莊王旣勝晋于河雍(초장왕기승진우하옹) : 초장왕(楚莊王)은 춘추시
　 대 초나라 임금으로 이름은 여(侶). 목왕의 아들로서 진나라를 이겨
　 춘추시대 오패(五霸)의 하나가 되었다. 재위 23년이며, 『사기』에는
　 장왕 17년에 진나라의 하옹(河雍)에서 이겼다고 기록하였다. 하옹(河
　 雍)은 황하(黃河)와 형옹을 말한다.

2) 瘠也(척야) : 메마른 땅을 뜻하는데, 기름진 땅의 반대되는 말.

3) 善建不拔 …… 世世不輟(선건불발 …… 세세불철) : 『노자』 제54장의
　 말을 인용한 것인데 불철(不輟)은 그치지 않는다와 뜻이 같다.

4) 制在己曰重(제재기왈중) : 제(制)는 임금이 신하를 지배한다는 뜻이
　 고, 중(重)은 『노자』의 말을 인용한 것인데 권력이 위중(威重)하다는
　 뜻이다. 곧 권세가 크다는 뜻.

5) 重爲輕根靜爲躁君(중위경근정위조군) : 『노자』 제26장을 인용한 말인
　 데, 중(重)은 가벼운 것의 근본이고, 고요함은 서두르는 것의 주인이
　 다라는 말이다.

6) 不離輜重也(불이치중야) : 이 말도 『노자』 제26장에서 인용했는데, 치
　 중(輜重)의 치(輜)는 물건을 싣는 앞뒤를 덮은 수레로 전쟁 때 군수
　 품을 실어 나르는 보급차량(補給車輛).

7) 代雲中之樂(대운중지락) : 대(代)는 지금의 산서성 북쪽지방이고, 운
   중(雲中)은 산서성 서북에 있는 곳인데, 『사기』에 따르면 주보는 종
   종 이 두 곳을 여행하면서 돌아와 왕자에게 양위할 것을 구상했다고
   전한다.

8) 生幽而死(생유이사) : 유(幽)는 유폐(幽閉)를 뜻하고, 생(生)은 살아
   있다는 말인데, 곧 산 채로 유폐되어 죽임을 당했다는 말.

9) 輕則失根躁則失君(경즉실근 조즉실군) : 『노자』 제26장의 이어진 글
   인데 근(根)은 구본에는 신(臣)으로 되어있고 나라의 근본인 민중과
   신하를 뜻한다. 군(君)은 자기 자신인 왕위(王位)를 말한다.

10) 邦之利器不可以示人(방지이기불가이시인) : 『노자』 제36장의 말을
    인용한 것으로 방(邦)은 나라이고, 이기(利器)는 여기에서 상벌권(賞
    罰權)을 말하며, 시인(示人)은 신하에게 나타내 보인다는 뜻.

3. 약한 체하고 강한 것을 이기는 것

월(越)나라 임금 구천(句踐)은 회계산(會稽山) 싸움에서 패
배하자 오(吳)나라 임금 부차(夫差)의 궁궐에 들어가 신하로서
그를 섬기면서, 부차(夫差)에게 북쪽의 제(齊)나라를 정벌하라
고 권했는데 그것은 오나라의 국력을 피폐하게 만들려고 했던
것이다.

오나라 군사는 제나라와 싸워 애릉(艾陵)에서 이기고, 양자
강과 제수(濟水)에 걸쳐 지역을 넓히고, 황지(黃池)에까지 진격
하여 세력을 뽐냈다. 그런 다음 월나라는 오호(五湖)에서 오나
라를 제압할 수 있었다. 그러므로 노자는 말하기를 "장차 상대
를 위축시키고자 하면 반드시 먼저 그 힘을 떨쳐 펴게 하고, 장
차 약하게 만들려고 하면 반드시 먼저 강하게 만들어야 한다."
고 했다.

진(晋)나라 헌공(獻公)은 우(虞)나라를 치려고 했을 때 먼저
벽옥(璧玉)과 명마(名馬)를 선물로 보냈고, 지백(知伯)은 구유
(仇由)라는 나라를 치려고 했을 때 먼저 그 나라에 큰 병거(兵

車)를 선물로 바쳐 환심을 샀던 것이다. 그러므로 노자는 말하기를 "남의 것을 빼앗고자 하거든 반드시 먼저 남에게 주어라."라고 했다.

남의 눈에 띄지 않도록 몰래 일을 일으켜 마침내 세상이 놀랄 만한 큰 공적을 세우는 것을 "이른바 앞을 내다보는 미명(微明)이다."라고 했다.

이렇게 '선견지명(先見之明)'이 있는 사람은, 약소(弱少)한 처지에 있는 것처럼 거듭 스스로를 낮추니 이것이 곧 노자가 말하는 "약한 것이 강한 것을 이긴다."는 것이다.

越王入宦於吳[1] 而觀之伐齊以弊吳 吳兵旣勝齊人於艾陵 張之於江濟[2] 强之於黃池 故可制於五湖[3] 故曰 將欲翕之[4] 必固張之 將欲弱之 必固强之 晉獻公將欲襲虞 遺之以璧馬 知伯將襲仇由 遺之以廣車 故曰 將欲取之 必固與之 起事於無形 而要大功於天下 是謂微明[5] 處小弱而重自卑損之謂 弱勝强也[6]

1) 越王入宦於吳(월왕입환어오) : 월왕(越王)은 구천(句踐)을 말하고, 입환(入宦)은 조정에 들어가 신하로서 임금을 섬긴다는 뜻이며, 환(宦)은 벼슬을 말한다.

2) 張之於江濟(장지어강제) : 장지(張之)는 곧 『노자』 제36장에 나오는 말 가운데 일부를 인용한 것인데 펴다를 뜻하고, 강제(江濟)는 양자강과 제수(濟水)를 가리킨다.

3) 制於五湖(제어오호) : 제(制)는 지배하다는 뜻이고, 오호(五湖)는 지금의 강소성에 있는 태호(太湖)와 그 지호(支湖)를 통틀어 말한 것이다.

4) 翕之(흡지) : 잡아당기다. 또 거두다는 뜻.

5) 微明(미명) : 아주 작은 것까지 현저하게 밝힌다는 말인데, 『노자』 제14장에는 박지부득 명왈미(搏之不得 名曰微)라 했고, 제52장에는 견소왈명(見小曰明)이라 했다.

6) 弱勝强也(약승강야) : 이 말은 『노자』 제36장의 유약승강강(柔弱勝剛强)이란 것과 같은 뜻으로 표현된다.

4. 일의 징조를 보고 화근을 처리한다

이 세상에 형체가 있는 사물은 큰 것은 반드시 작은 것으로부터 이루어지고, 오랜 시간을 두고 이어지는 사물에 있어 무리를 이루고 있는 것은 반드시 적은 것으로부터 시작됐다.

그러므로 노자가 말하기를 "세상의 어려운 일은 반드시 쉬운 것에서 일어나고, 세상의 큰 일은 반드시 세밀한 일에서 일어난다."고 했다.

그런 연유로 사물을 잘 처리하고 지배하려면 크고 어렵게 되기 전에 작을 때 통제해야 한다. 그러므로 노자가 말하기를 "어려운 일은 아직 쉬울 때 대책을 강구하고, 큰 일은 아직 작을 때 처리해야 한다."고 했다.

높이가 천 길이나 되는 제방도 작은 땅강아지나 개미구멍에서 새는 물 때문에 무너지고, 높이가 백 척이나 되는 큰 집도 굴뚝 틈새로 튀어나온 작은 불티가 원인이 되어 재가 될 수 있다.

그러므로 백규(白圭)는 제방을 돌아보다가 작은 구멍이라도 발견하면 곧 막았고, 노인들은 불조심을 하여 굴뚝의 작은 틈새도 바로 흙으로 메웠던 것이다. 그랬기 때문에 백규는 수해를 당하지 않았고, 노인은 화재를 예방할 수 있는 것이다. 이것은 모두 쉬울 때 마음을 써 어려운 일을 피하고, 사소한 일을 경계하여 큰재앙을 멀리한 것이다.

옛날 명의(名醫)였던 편작(扁鵲)이 채(蔡)나라 환공(桓公)을 알현했을 때, 한참을 서 있다가 편작이 말하기를

"임금께서는 지금 피부에 병이 머물러 있습니다. 당장 치료하지 않으면 깊어져 고치기가 어렵게 될 것이 두렵습니다."

했다. 환공이 대답하기를

"과인은 아무런 병이 없소."

했다. 편작이 물러나오는데 환공이 옆에 있는 사람들에게 말하기를

"의사는 모두 자기 이익만 탐하여 병이 없는데도 치료를 해서 공을 세우고자 한다."

고 했다. 그로부터 10일이 지난 뒤에 편작은 다시 환공을 뵙고 말하기를

"임금의 병환은 이제 살갗 속으로 파고 들어 지금 곧 고치지 않으면 더 깊어져 어렵게 될 것입니다."

고 했다. 환공은 아예 상대도 하지 않았다. 이에 편작은 그대로 물러났는데 환공은 역시 언짢아했다.

또 10일이 지난 뒤 편작은 다시 환공을 뵙고 말하기를

"임금의 병환은 이제 위장에까지 파고 들었으니 당장 고치지 않으면 더욱 깊어질 것입니다."

했다. 환공은 본 체도 하지 않았다. 이에 편작은 물러나고, 환공 또한 몹시 언짢아했다.

다시 10일이 지난 뒤 편작은 멀리서 환공을 바라보고는 알현도 하지 않은 채 달아나 버렸는데, 환공은 이상히 여겨 사람으로 하여금 까닭을 묻게 했다.

편작이 말하기를

"병이 피부에 있을 때는 따뜻하게 찜질해서 고칠 수 있으며, 살갗 속으로 들어가면 침(鍼)이나 뜸으로 고칠 수 있고, 병이 위장 깊숙히 들어가 있을 때만 해도 탕제(湯劑)로써 치료할 수 있습니다. 그러나 병이 골수(骨髓)에 파고 들면 그때는 그 사람의 목숨은 사명(司命)이 알아서 할 일이지 사람의 힘으로는 어찌할 수 없는 것입니다. 지금 임금의 병환은 골수를 파고 들었으니 신(臣)은 더 이상 어떤 말도 할 수가 없습니다."

고 대답했다. 그로부터 5일이 지난 뒤 환공은 온 몸의 뼈마디가 아프기 시작했는데 사람을 시켜 편작을 찾았으나 이미 진(秦)나라로 달아난 뒤였다. 그래서 환공은 죽고 말았다.

명의(名醫)의 병을 치료하는 방법은 아직 병이 가벼워 피부에 머물렀을 때 조치를 취하니, 이는 대개 병이 심해지기 전에 제거하는 것이다.

무릇 사물의 화복(禍福)도 병이 피부에 머물러 있을 때 치료
하는 이치와 같다. 그래서 성인(聖人)은 "일이 시작될 때의 징
조를 보고 재빨리 일을 처리한다."고 했다.

有形之類 大必起於小 行久之物[1] 族必起於少 故曰 天下之難
事 必作於易 天下之大事 必作於細 是以欲制物者 於其細也 故
曰 圖難於其易也 爲大於其細也 千丈之隄 以螻蟻之穴潰 百尺
之室 以突隙之熛焚 故白圭[2]之行隄也 塞其穴 丈人之愼火也 塗
其隙 是以白圭無水難 丈人[3]無火患 此皆愼易以避難 敬細以遠
大者也 扁鵲見蔡桓公[4] 立有間 扁鵲曰 君有疾在腠理[5] 不治將
恐深 桓侯曰 寡人無疾 扁鵲出 桓侯曰 醫之好治不病以爲功 居
十日 扁鵲復見曰 君之病在肌膚 不治將益深 桓侯不應 扁鵲出
桓侯又不悅 居十日 扁鵲復見曰 君之病在腸胃 不治將益深 桓
侯不應 扁鵲出 桓侯又不悅 居十日 扁鵲望桓侯而還走 桓侯故
使人間之 扁鵲曰 疾在腠理 湯熨[6]之所及也 在肌膚 鍼石之所及
也 在腸胃 火齊[7]之所及也 在骨髓 司命[8]之所屬 無奈何也 今在
骨髓 臣是以無請也 居五日 桓侯體痛 使人索扁鵲 已逃秦矣 桓
侯遂死 故良醫之治病也 攻之於腠理 此皆爭之於小者也 夫事之
禍福 亦有腠理之地 故聖人蚤從事焉

1) 行久之物(행구지물) : 행구(行久)는 시간적으로 오래도록 지속하는
   것을 뜻하는데, 행(行)은 역(歷)을 뜻하며, 앞서 유형(有形)이 공간
   적이라면 여기서는 시간적인 뜻을 가리킨다.

2) 白圭(백규) : 전국시대 위(魏)나라 사람으로 일찍이 재상으로 있을
   때 치수(治水)에는 우임금을 앞섰다고 자부한 적이 있었다. 『맹자』
   고자하(告子下)에는 이름을 단(丹)이라 했다.

3) 丈人(장인) : 일반적으로 말하는 아내의 아버지가 아니라 나이많은
   어른 곧 늙은이를 뜻한다.

4) 扁鵲見蔡桓公(편작견채환공) : 본래 편작(扁鵲)이란 이름은 옛날 중국
   황제(皇帝) 때의 명의다. 또한 춘추시대 후기에 와 성은 진(秦)이고
   이름은 월인(越人)이라는 사람을 또한 편작(扁鵲)이라고도 불렀다.

5) 腠理(주리) : 살갗 곧 피부를 뜻한다. 이 말은 가장 오래된 의전(醫
典)인 『황제내경소문(皇帝內經素問)』과 『여씨춘추』에서 볼 수 있다.

6) 湯熨(탕위) : 뜨겁게 찜질하는 것을 뜻하는데 위는 본래 다리미질 한
다는 말이다.

7) 火齊(화제) : 여러 가지 약을 불에 달인다는 뜻으로, 화(火)는 삶는다
를 뜻하고, 제(齊)는 화(和)와 같다.

8) 司命(사명) : 사람의 목숨을 관장하는 신(神)을 말하는 것인데 별이
름(星名)이다. 『장자』 지극편(至極篇)에도 설명했다.

5. 벽옥에 눈이 어두워 망한 우(虞)나라

옛날 진(晋)나라 공자인 중이(重耳)가 망명 도중에 정(鄭)나
라를 지날 때, 정나라 임금이 그를 푸대접한 일이 있었다.

그때 대부(大夫)인 숙첨(叔瞻)이 간하여 말하기를

"이 공자(公子)는 훌륭한 사람입니다. 임금께서는 그에게 덕
을 베풀어 두시는 것이 좋습니다."

했으나 정나라 임금은 듣지 않았다. 그러자 숙첨은 다시 간
하기를

"그를 정중하게 대접하지 않으시려거든 차라리 죽여 없애는
것이 뒷날 재앙을 없게 하는 것입니다."

고 했는데도 정나라 임금은 듣지 않았다.

뒷날 공자 중이는 진(晋)나라로 무사히 돌아와 왕위에 오르
고, 문왕(文王)이 되자 군사를 일으켜 정나라를 정벌하여 크게
격파하여 여덟 개의 성(城)을 빼앗았다.

진(晋)나라 헌공(獻公)이 수극(垂棘)에서 나는 아름다운 벽
옥(璧玉)을 뇌물로 바치고, 우(虞)나라의 길을 빌려 괵(虢)나라
를 치려고 했다.

이때 우나라 대부인 궁지기(宮之奇)가 간하여 말하기를

"길을 빌려주어서는 안 됩니다. 입술이 없으면 이가 시리다
고 했습니다. 우리 우나라와 괵나라는 서로 돕고 의지하는 처

지인데 은덕을 배반해서는 안 됩니다. 만약 오늘 진나라가 괵
나라를 쳐 멸망시킨다면 내일은 반드시 우리 우나라가 이어 망
할 것입니다."

고 했으나, 우나라 임금은 이를 듣지 않고 벽옥을 탐하여 진
나라에 길을 빌려주었다.

이에 진나라는 곧 괵나라를 쳐 탈취하고 이어 돌아오는 길에
우나라도 멸망시켜 버렸다.

이것으로 미루어 보면 두 신하는 모두 병이 살갗에 있을 때
치료해야 된다는 이치를 터득하고 있었지만 두 임금은 그 진리
를 몰랐던 것이다.

숙첨과 궁지기는 우나라와 정나라에 있어서 편작과 같은 명
의였지만 두 임금은 그들의 간언을 듣지 않았기 때문에 정나라
는 패하고, 우나라는 멸망했다.

그러므로 노자는 말하기를 "안정되어 있을 때는 어떤 일이든
지 유지하기가 쉽고, 아직 징조가 나타나지 않았으면 도모하기
가 쉽다."고 했다.

　　昔晋公子重耳出亡過鄭　鄭君不禮　叔瞻諫曰　此賢公子也　君厚
待之　可以積德　鄭君不聽　叔瞻又諫曰　不厚待之　不若殺之　無令
有後患　鄭君又不聽　及公子返晋邦　擧兵伐鄭　大破之　取八城焉
晋獻公以垂棘之璧　假道於虞而伐虢　大夫宮之奇諫曰　不可　脣亡
而齒寒　虞虢相救　非相德[1]也　今日晋滅虢　明日虞必隨之亡　虞君
不聽　受其璧而假之道　晋已取虢　還反滅虞　此二臣者　皆爭於
腠理者也　而二君不用也　然則叔瞻　宮之奇亦虞鄭之扁鵲也　而二
君不聽　故鄭以破　虞以亡　故曰　其安　易持也　其未兆　易謀也[2]

1) 非相德(비상덕) : 서로 배은(背恩)망덕(忘德)할 수 없다는 뜻.
2) 其安易持也其未兆易謀也(기안이지야기미조이모야) : 이 구절은 『노
　　자』 제64장을 인용한 말.

6. 주지육림(酒池肉林)을 만든 주왕

옛날 은(殷)나라 주왕(紂王)은 상아(象牙)로 젓가락을 만들었는데, 현인인 기자(箕子)는 이것을 보고 나라의 앞날을 걱정하여 생각하기를

'상아젓가락을 만들게 한 것을 보면 반드시 질그릇에 음식을 담게 하지는 않을 것이고 장차 주옥으로 만든 술잔을 쓸 것이며, 상아젓가락과 주옥으로 만든 술잔을 쓰게 되면 푸성귀 같은 거친 음식을 먹지 않을 것이고 반드시 쇠고기나 코끼리고기가 아니면 표범의 태(胎)같은 귀한 음식을 먹을 것이며, 그렇게 귀한 음식을 먹게 되면 반드시 신분이 낮은 사람이 입는 짧은 털옷이나 띠로 이은 집에서는 살지 않으려고 할 것이다. 그래서 반드시 비단옷을 입고 고대광실 좋은 집에서 살려고 하지 않겠는가? 나는 그 종말이 두려워 그 시작을 걱정한다.'

고 했는데, 5년이 지나자 주왕은 고기를 늘어놓아 육포를 만들고, 짐승이나 사람을 통채로 굽는 시설을 하는 한편, 술찌끼로 만든 언덕에 올라 앉아 술로 된 연못을 바라보며 노닐다가 마침내 멸망했다.

기자(箕子)는 상아젓가락을 보고 세상의 재앙을 미리 알았던 것이다. 그러므로 노자는 말하기를 "대수롭지 않은 것을 꿰뚫어 보는 것을 곧 밝음이라 한다."고 했다.

월(越)나라 임금 구천(句踐)은 오(吳)나라와 싸워 패하자 오나라 조정에 들어가 부차(夫差)를 신하의 예로써 섬겼는데, 임금인 부차가 외출할 때는 스스로 창과 방패를 들고 호위를 하면서 오나라 임금의 전구(前驅)노릇을 했기 때문에 고소(姑蘇)라는 곳에서 부차를 죽이고 원수를 갚았다.

또 주(周)나라 문왕(文王)은 은나라 주왕(紂王)에게 옥문(玉門)에서 조롱을 당했으나 태연하게 안색조차 변하지 않았으므로 뒷날 무왕(武王)이 목야(牧野)의 싸움에서 주왕(紂王)을 토

벌하고 사로잡을 수 있었던 것이다.

그러므로 노자가 말하기를 "유약한 태도를 지키는 것이 참으로 굳센 것이다."라고 했다.

월나라 구천(句踐)이 패자(霸者)가 될 수 있었던 것은 남의 신하가 되어 섬기는 것을 마다하지 않았기 때문이며, 무왕(武王)이 임금의 자리에 오를 수 있었던 것도 남에게 조롱을 당했어도 참았기 때문이다.

그러므로 노자는 말하기를 "성인은 마음의 상처를 입지 않으니 그것은 괴롭게 여기지 않기 때문이다. 이로써 상처가 없는 것이다."라고 했다.

　　昔者 紂爲象箸 而箕子怖 以爲象箸必不加於土鉶 必將犀玉之杯 象箸玉杯 必不羹於菽藿 則必旄象豹胎 旄象豹胎 必不衣短褐而食於茅屋之下 則必錦衣九重 廣室高臺 吾畏其卒 故怖其始 居五年 紂爲肉圃[1] 設炮烙[2] 登糟丘 臨酒池 紂遂以亡 故箕子見象箸以知天下之禍 故曰 見小曰明[3]

　　句踐入宦於吳 身執干戈 爲吳王洗馬[4] 故能殺夫差於姑蘇[5] 文王見詈於玉門[6] 顏色不變 而武王擒紂於牧野 故曰 守柔曰強 越王之霸也不病宦 武王之王也不病詈 故曰 聖人之不病也 以其不病 是以無病也[7]

1) 肉圃(육포) : 고기를 밭이랑처럼 늘어 놓는다는 뜻인데 흔히 육림(肉林)이라고도 쓴다.

2) 設炮烙(설포락) : 포락(炮烙)은 죄인을 화형(火刑)시키는 도구로, 구리(銅)기둥에 기름을 바르고 그것을 장작불에 걸쳐놓고는 죄인을 그 위로 걷게 하여 불에 떨어져 죽는 것을 보고, 주왕의 애첩이 좋아 웃는 것을 즐겼다고 한다.

3) 見小曰明(견소왈명) : 『노자』 제52장에 있는 말을 인용한 것으로 본래는 견상왈명(見常曰明)으로 썼다.

4) 爲吳王洗馬(위오왕세마) : 세마(洗馬)는 임금의 행차 때 말(馬)의 앞에서 선도하는 역할. 세(洗)는 앞(先)과 뜻이 통한다.

5) 姑蘇(고소) : 오나라 도읍으로 지금의 강소성 오현(吳縣).

6) 文王見詈於玉門(문왕견리어옥문) : 이(詈)는 꾸짖어 욕하다 곧 조롱한다는 뜻이고, 옥문(玉門)은 은나라 주왕(紂王) 때 궁궐의 문을 옥석(玉石)으로 만든데서 붙여진 이름.

7) 聖人之不病 …… 是以無病也(성인지불병 …… 시이무병야) : 『노자』 제 71장을 인용한 말로 견모불욕(見侮不辱)과 뜻이 통한다.

7. 군자는 남이 탐하는 것을 탐하지 않는다

송(宋)나라의 어느 시골 사람이 박옥(璞玉)을 얻게 되자 재상인 자한(子罕)에게 갖다 바쳤는데 자한은 이를 받지 않고 사양했다. 그 시골 사람이 말하기를

"이것은 보배로서 마땅히 군자가 가질 물건이지 저같이 미천한 사람은 가져서는 안 될 것입니다."

고 했다. 이에 자한은 말하기를

"그대는 구슬을 보배라고 생각하겠지만 나는 그대로부터 구슬을 받지 아니하는 것을 보배로 생각한다."

고 했다. 그 시골 사람은 구슬을 탐했지만 자한은 구슬을 탐하지 않았던 것이다. 그래서 노자가 말하기를 "군자는 남이 탐하는 것을 탐하지 않고, 얻기 어려운 재화를 귀중하게 여기지 않는다."

고 했다.

공부하기를 좋아하는 왕수(王壽)라는 학자가 책을 짊어지고 가다가 주(周)라는 곳에서 은자인 서풍(徐馮)을 만났다.

이 때 서풍이 말하기를

"일이라는 것은 실행하는 것인데, 같은 일을 해도 때에 따라 그 결과가 다르게 되므로 언제나 꼭 같게 처리할 수는 없는 것이다. 책(書)이란 옛 사람의 말(言)을 기록해 놓은 것인데, 말이란 다만 지식에서 비롯된 것이어서 옳게 아는 사람은 책 따위를 간직할 필요가 없다. 그런데 그대는 지금 어째서 책을 짊

어지고 다니는가?"

라고 했다. 왕수는 곧 짊어졌던 책을 모두 불살라 버리고 기뻐서 덩실덩실 춤을 추었다. 그러므로 지식있는 사람은 말로만 가르치지 않고, 또 지혜있는 사람은 책을 쌓아두고 배우지 아니한다고 했다.

이러한 일은 세상 사람이 그냥 듣고 지나칠 허물이지만 왕수는 그 잘못을 깨닫고 바른길로 다시 돌아와 배우지 않는 것을 배운 것이다. 그러므로 노자는 말하기를 "배우지 않는 것을 배워 세상의 많은 사람들의 잘못된 점을 다시 돌되돌려 놓으려고 한다."고 했다.

宋之鄙人[1] 得璞玉而獻之子罕 子罕不受 鄙人曰 此寶也 宜爲
君子器 不宜爲細人用 子罕曰 爾以玉爲寶 我以不受子玉爲寶
是鄙人欲玉 而子罕不欲玉 故曰 欲不欲 而不貴難得之貨 王壽[2]
負書而行 見徐馮於周 徐馮曰 事者 爲也 爲生於時 時者無常事
書者 言也 言生於知 知者不藏書 今子何獨負之而行 於是王壽
因焚其書而儛之 故知者不以言談敎 慧者不以藏書學 此世之所
過也 而王壽復之 是學不學也 故曰 學不學 復歸衆人之所過也[3]

 1) 鄙人(비인) : 도회지 변두리에 사는 촌스러운 사람을 가리킨다.
 2) 王壽(왕수) : 서풍(徐馮)과 함께 『회남자』 도응훈에도 나오는데 왕
    수(王壽)는 옛날 책을 좋아하는 선비이고, 서풍(徐馮)은 주(周)나라
    의 은자(隱者)로 전한다.
 3) 學之學復歸衆人之所過也(학불학복귀중인지소과야) : 이 말은 『노자』
    제64장을 인용한 것인데 과(過)는 허물을 뜻한다.

8. 만물(萬物)은 자연에 맡겨라

무릇 세상에 존재하는 모든 사물에는 저마다 정해진 형태가 있으므로, 그 형태에 그대로 응하여 이끄는 것이 좋다. 이렇듯 사물의 형태에 따르게 되면 조용하게 있을 때는 덕(德)이 스스

로 쌓이고, 움직이면 자연의 도(道)에 따르게 된다.

송(宋)나라에 임금을 위하여 상아(象牙)로 닥나무 잎사귀를 조각하는 사람이 있었는데, 3년이란 세월에 걸쳐 완성된 닥나무 잎사귀는 좁은 곳이나 넓은 곳, 또 줄기와 가지, 잎의 뾰쪽한 끝부분, 그리고 잎의 모양과 색깔까지 닥나무 사이에 두어도 구별할 수 없을 만큼 실물과 똑같았다.

이 사람은 마침내 송나라에서 봉록을 받게 되었다.

열자(列子)가 이 소문을 듣고 말하기를

"만약 하늘과 땅이 3년에 걸쳐 잎사귀 하나를 만든다고 하면 잎사귀가 달린 나무는 아주 드물 것이다."

고 비웃었다. 그러므로 천지 자연에 바탕을 두지 않고 단지 자기 한 사람의 힘만을 믿고 자연의 도리에 따르지 않는 채 자기의 지혜로 만사를 결정하려는 것은 마치 3년만에 나뭇잎 하나를 만들어내는 어리석음이라 할 수 있다.

그러므로 추운 겨울에 논밭을 갈아 씨를 뿌린다면 농업신(農業神)인 후직(后稷)이라도 풍작을 바랄 수 없다. 풍년이 들면 저절로 벼이삭은 커지게 되므로 미천한 노비에게 맡겨놓아도 그 수확이 적어지지 않는다.

이렇듯 한 사람의 힘에만 맡기면 후직이라도 수확하는데 힘이 모자라고, 자연의 도리에 따른다면 미천한 노비(奴婢)라도 많은 수확을 거둘 것이다. 그러므로 노자가 말하기를 "만물은 자연에 맡기고, 감히 사람이 작위(作爲)하지 말라."고 했다.

夫物有常容[1] 因乘以導之 因隨物之容 故靜則建乎德 動則順乎道 宋人有爲其君以象爲楮葉者 三年而成 豊殺莖柯[2] 毫芒繁澤[3] 亂之楮葉之中 而不可別也 此人遂以巧食祿於宋邦 列子聞之曰 使天地三年而成一葉 則物之有葉者寡矣 故不乘天地之資[4] 而載一人之身 不隨道理之數[5] 而學一人之智 此皆一葉之行也 故冬耕之稼 后稷不能美也[6] 豊年大禾[7] 臧獲不能惡也 以一人力 則后稷不足 隨自然 則臧獲有餘 故曰 恃萬物之自然 而不

敢爲也[8]

1) 夫物有常容(부물유상용) : 만물에는 제각기 변하지 않는 형태가 있다
   는 뜻인데『노자』제16장의 지상용(知常容)과 같은 뜻이다.

2) 豊殺莖柯(풍쇄경가) : 풍쇄(豊殺)는 나뭇잎이 크고 작은 것을 말하는
   데 혹은 두툼하고 얄팍하다는 뜻이며, 경가(莖柯)는 잎사귀의 줄기와
   가지를 말하는 것인데 경은 풀줄기이고, 가는 잎이 달린 가지이다.

3) 毫芒繁澤(호망번택) : 호망(毫芒)은 잎의 잔털이 뾰족하게 난 것을
   말하는데 좋지 않은 잎사귀를 뜻하며, 번택(繁澤)은 윤기가 흐르고
   무성하게 자란 잎을 뜻한다.

4) 不乘天地之資(불승천지지자) : 승(乘)은 의지하여 이용한다는 뜻이고,
   자(資)는 자연적인 자질 곧 바탕을 말한다.

5) 數(수) : 이미 결정된 것을 말하는데, 여기서는 필연적인 추세를 뜻
   함.

6) 后稷不能美也(후직불능미야) : 후직(后稷)이란 곧 농업신(農業神)을
   뜻하는데 요임금 때의 농관(農官)을 후직이라고 불렀다. 미(美)는 구
   본에 선(羡)으로 썼는데, 곧 풍요(豊饒)하다는 뜻.

7) 大禾(대화) : 곡물이 잘 자라 충실한 열매가 맺었다는 뜻.

8) 恃萬物 …… 不敢爲也(시만물 …… 불감위야) :『노자』제64장의 말을
   인용한 것.

9. 방안에서 세상의 일을 알 수 있다

사람의 몸에 뚫린 구멍, 곧 귀·눈·입·코 같은 것은 정신
〔神明〕이 드나드는 창문의 구실을 한다.

그래서 눈과 귀가 음악이나 여색(女色)에 빠져 그 능력을 다
하고, 정신은 겉모양을 꾸미는데 그 힘을 다한다면 그 결과는
몸속의 주체가 없어지게 된다. 몸속의 주체가 없어지면 그 앞에
화복(禍福)이 산더미처럼 덮쳐와도 그것을 알 길이 없어진다.

그러므로 노자가 말하기를 "문을 나서지 않더라도 세상의 일
을 알 수 있고, 창을 통해 내다보지 않더라도 하늘의 운행(運

行)을 알 수 있다."고 했다.

이 말은 곧 정신〔神明〕이 그 주체인 몸을 떠나지 않는다는 것을 뜻한다.

空竅者¹⁾ 神明之戶牖²⁾也 耳目竭於聲色 精神竭於外貌 故中無主 中無主 則禍福雖如丘山 無從識之 故曰 不出於戶 可以知天下 不闚於牖 可以知天道 此言神明之不離其實也

1) 空竅者(공규자) : 공(空)은 곧 공(孔)을 말하고, 규(竅)는 구멍을 뜻하는데 앞서 아홉 구멍을 말하는 것.
2) 神明之戶牖(신명지호유) : 신명(神明)은 사람의 밝은 정신을 뜻하고 호유(戶牖)는 문과 들창을 말한다.

10. 항상 뒤지는 까닭은 무엇인가?

조(趙)나라의 경대부(卿大夫)인 양주(襄主)는 말을 부리는 기술을 왕어기(王於期)로부터 배웠는데, 아직 숙달되지 못했으면서 왕어기에게 경마를 청하여 세 번이나 말을 바꿔탔는데도 세 번 다 뒤졌다.

이에 양주가 말하기를

"그대는 나에게 말 부리는 것만 가르치고, 그 기술은 아직 가르쳐 주지 않은 것 같다."

고 하니 왕어기가 대답했다.

"기술은 이미 다 가르쳤는데 그 용법이 잘못된 것입니다. 무릇 말을 부림에 있어 가장 중요한 것은 말의 몸과 수레가 일치해야 하고, 또 부리는 사람의 마음이 말과 잘 조화될 때 비로소 빨리 달릴 수 있으며 먼 곳까지도 갈 수 있습니다. 그러나 지금 당신께서는 뒤지면 저를 앞지르고자 초조해 하고, 앞지르면 또 제가 뒤쫓아오지나 않을까 걱정을 했습니다. 무릇 말을 달려 먼 곳까지 경주하려면 앞설 수도 있고 뒤질 수도 있는데, 당신께서는 앞설 때나 뒤질 때나 늘 마음은 저에게 쏠리고 있으니 그래서야 어찌 말과 일치되어 조화를 이룰 수 있겠습니까? 이러한 까닭에 당신은 저에게 뒤진 것입니다."

초(楚)나라의 백공승(白公勝)은 내란을 일으킬 계획을 세우고 있었는데, 어느날 조정(朝廷)에서 물러나오면서 말채찍을 거꾸로 쥐어 그 뾰족한 끝으로 턱을 찔러 피가 흘러 땅에 떨어졌으나 알지 못했다.

정(鄭)나라의 어느 사람이 이 말을 듣고 이르기를

"자기 턱의 상처를 모를 만큼 무슨 일에 정신이 빼앗겼다면 장차 무슨 일에 또 정신이 빼앗길지 알 수 없는 일이 아닌가?"

하고 경계했다. 그러므로 노자가 말하기를 "먼 곳으로 나가면 나갈수록 알게 되는 것은 점점 적어진다."고 했다.

이 말은 곧 지식은 너무 먼 것만을 소상하게 생각하면 가까운 것을 잊어버리게 된다는 뜻이다.

성인은 언제 무슨 일을 하겠다고 정해놓은 것도 아니지만 항상 그 지혜를 밝혀 자연에 따라 일할 뿐이다.

이런 까닭에 성인은 모든 것을 넓게 알 수 있는 것이다. 그러므로 노자가 말하기를 "멀리 가지 않더라도 모든 것을 알 수 있다."고 했다.

성인은 멀고 가까운 것을 한꺼번에 볼 수 있는 것이다. 그러므로 노자가 말하기를 "눈으로 보지 않아도 모든 것을 밝게 꿰뚫어 안다."고 했다.

성인은 때에 순응하여 일을 행하고, 자연을 바탕으로 공적을 세우며 만물이 갖추고 있는 능력을 사용하여 이익을 얻는다. 그러므로 노자는 말하기를 "일부러 하지 않아도 저절로 이루어진다."고 했다.

趙襄主學御於王於期[1] 俄[2]而與於期逐 三易馬而三後 襄主曰 子之教我御 術未盡也 對曰 術已盡 用之則過也 凡御之所貴 馬體安於車 人心調於馬 而後可以追速致遠 今君後 則欲逮臣 先則恐逮於臣 夫誘道爭遠 非先則後也 而先後心皆在於臣 尚何以

調於馬 此君之所以後也

　白公勝慮亂[3] 罷朝 倒杖策[4] 而銳貫頤 血流至於地而不知 鄭
人聞之曰 頤之忘 將何不忘哉 故曰 其出彌遠者 其知彌少 此言
智周乎遠 則所遺在近也 是以聖人無常行也 能竝知[5] 故曰 不行
而知[6] 能竝視 故曰 不見而明 隨時以擧事 因資而立功 用萬物
之能 而獲利其上 故曰 不爲而成

1) 趙襄主學御於王於期(조양주학어어왕어기) : 조양주(趙襄主)는 곧 조양
  자(趙襄子)를 말하는 것이며 조간자의 아들로 이름은 무휼(毋恤). 어
  (御)는 말이 끄는 수레를 부리는 것을 뜻한다. 곧 제어(制御)한다는
  뜻. 왕어기(王於期)는 원본에 왕자기(王子期)라고 했는데 외저설우하
  편에 있는 왕량(王良) 또는 왕자어기(王子於期)와 같은 사람이다.

2) 俄(아) : 얼마되지 않아서 뒤쫓는다 곧 경주하다는 뜻.

3) 白公勝慮亂(백공승려란) : 백공승(白公勝)은 초나라 평왕(平王)의 태
  자 건(建)의 아들로『좌씨전』애공 16년조에 기록되어 있다. 아버지인
  건이 모함을 당하여 오자서(伍子胥)와 함께 정나라로 망명하자 백공
  승(白公勝)도 오나라로 망명했고 뒤에 재상인 자서(子西)에 의하여
  백공(白公)으로 봉해졌으나 자서가 아버지를 죽인 정나라를 돕자 내
  란을 일으켜 자서를 죽이고 혜왕(惠王)을 위협했다가 죽임을 당했다.

4) 倒杖策(도장책) : 도(倒)는 거꾸로(逆)라는 뜻인데, 곧 위ㆍ아래가 바
  뀌었다는 말이고, 장책(杖策)은 말채찍(馬箠)을 말하며, 끝에 뾰족한
  침(針)이 있어 말을 달리게 할 때 그것으로 찌른다.

5) 竝知(병지) : 두루 안다는 뜻이며, 아래의 병시(竝視)는 모든 것을 두
  루 본다는 뜻.

6) 不行而知(불행이지) : 나가지 않아도 알 수 있다는 말인데『노자』제
  46장에 있는 것을 인용했다. 그리고『노자』본문에는 불견이명 불위
  이성(不見而明不爲而成)이 이어져 있다.

11. 큰그릇은 쉽게 만들어지지 않는다

초(楚)나라 장왕(莊王)은 왕위에 오른 지 3년이 지났지만 명

령을 내린 바도 없고, 정무(政務)를 집행한 바도 없었다.

우사마(右司馬)로 있는 신하가 측근에서 모시고 앉은 자리에서 임금에게 수수께끼를 내어 말하기를

"한 마리의 새가 남쪽 언덕에 앉아 있었는데, 3년이 되도록 웅크리고 앉은 채 날개를 퍼덕이지도 않고 날지도 않으며 울지도 않을 뿐 아니라 주둥이를 다물고 소리도 내지 않으니, 이 새를 뭐라고 이름함이 좋겠습니까?"

하고 물었다. 임금이 말하기를

"3년 동안 날개짓을 하지 않음은 장차 높고 멀리 날고자 하는 것이고, 날지도 않고 울지도 않는 것은 주위의 민중들을 잘 살피려는 것이다. 지금은 비록 날지 않지만 한번 날게 되면 반드시 하늘 닿는 곳까지 비상(飛翔)할 것이고, 지금은 비록 울지 않지만 한번 울게 되면 세상 사람이 반드시 크게 놀랄 것이다. 그대는 걱정하지 말라. 과인은 그대의 말뜻을 잘 알고 있다."

고 대답했다. 반 년이 지나자 임금은 몸소 정무를 돌보게 되었는데, 열 가지 법령을 없애고, 아홉 가지 새로운 제도를 만들었으며, 다섯 사람의 대신을 처벌하고, 여섯 사람의 처사(處士)를 새로 기용했는데, 나라는 훌륭하게 다스려졌다.

이어서 군사를 일으켜 제(齊)나라를 정벌하여 서주(徐州)에서 격파하고, 패자(霸者)인 진(晋)나라와 하옹(河雍)에서 싸워 이기고, 제후(諸侯)들을 송(宋)나라에 회합시켜 마침내 패자(霸者)가 되었던 것이다.

이렇듯 장왕은 함부로 작은 선행을 하지 않았기 때문에 큰 명성을 떨칠 수 있었고, 서둘러 능력을 뽐내지 않았기 때문에 큰 공로를 세울 수 있었던 것이다.

그러므로 노자는 말하기를 "큰그릇은 늦게 만들어지며, 큰소리는 잘 들리지 않는다."고 했다.

초(楚)나라 장왕(莊王)이 월(越)나라를 치려고 할 때 장자(莊子)가 간하여 말하기를

"임금께서는 어째서 월나라를 치려고 하십니까?"

고 물었다. 임금이 대답하기를

"지금 월나라의 정치는 어지럽고, 병력은 약하기 때문이다."

고 했다. 이에 장자가 다시 말하기를

"신(臣)은 지혜란 눈(目)과 같은 것이 아닌가 걱정스럽습니다. 눈이란 백보 밖을 능히 볼 수 있지만 아주 가까이에 있는 자기의 눈썹은 보지 못합니다. 지금 임금의 군세(軍勢)는 진(秦)나라와 진(晋)나라에 패한 뒤로 수 백리 사방의 영토를 잃었는데, 이것은 병력이 약하다는 증거입니다.

또 장교(莊蹻)라는 도둑이 나라 안에서 설치고 돌아다녀도 관리들은 이것마저 잡지를 못하고 있으니 이것은 정치가 어지러운 증거입니다.

지금 임금의 병력은 약하고 정치가 어지러움은 오히려 월나라보다 더한 처지인데도 월나라를 친다고 하시니 이로써 사람의 지혜는 눈이 눈썹을 보지 못함과 다를 바 없다는 것입니다."

고 했다. 이에 임금은 그 말이 옳다고 생각하여 월나라를 치겠다는 생각을 거두었다.

그래서 안다는 것이 어렵다는 사실은 남을 볼 수 있는가 아닌가가 중요하지 않고 자기 자신을 볼 수 있는 가가 중요하다. 그러므로 노자가 말하기를 "자기 자신을 잘 볼줄 아는 것을 밝다고 말한다."고 했다.

楚莊王莅政三年 無令發 無政爲也 右司馬御座[1] 而與王隱[2]曰 有鳥止南方之阜 三年不翅 不飛不鳴 嘿然無聲 此爲何名 王曰 三年不翅 將以長羽翼 不飛不鳴 將以觀民則 雖無飛 飛必沖天 雖無鳴 鳴必驚人 子釋之 不穀知之矣 處半年 乃自聽政 所廢者 十 所起者九 誅大臣五 擧處士六 而邦大治 擧兵誅齊 敗之徐州 勝晋於河雍 合諸侯於宋[3] 逐霸天下 莊王不爲小善 故有大名 不蚤見示 故有大功 故曰 大器晚成 大音希聲[4]

楚莊王欲伐越[5] 莊子[6]諫曰 王之伐越 何也 曰 政亂兵弱 莊子曰 臣患智之如目也 能見百步之外 而不能自見其睫 王之兵 自

敗於秦晉 喪地數百里 此兵之弱也 莊蹻爲盜於境內 而吏不能禁
此政之亂也 王之亂弱 非越之下也 而欲伐越 此智之如目也 王
乃止 故知之難 不在見人 在自見 故曰 自見之謂明⁷⁾

1) 右司馬御座(우사마어좌) : 우사마(右司馬)의 사마(司馬)는 군정을 관
   장하는 관리. 어좌(御座)는 임금을 모시고 앉는 자리를 말한다.

2) 隱(은) : 은어(隱語)로 수수께끼를 뜻한다.

3) 合諸侯於宋(합제후어송) : 『사기』 조세가(趙世家)의 기록을 보면 초
   나라 장왕 20년에 송나라를 포위했다고 했는데 그때 제후를 그곳에
   모아 천하통일을 하고 패왕이 되었다.

4) 大器晩成大音希聲(대기만성대음희성) : 희(希)는 희(稀)로써 아주 작
   다는 뜻인데, 이 말은 『노자』 제40장을 인용한 말이다. 또 제14장에
   도 청지불문 명왈희(聽之不聞名曰希)라는 말이 있다.

5) 楚莊王欲伐越(초장왕욕벌월) : 초장왕(楚莊王)은 앞부분에 설명했다.
   『순자』 의병(議兵)의 주석에 따르면 시대적으로 보아 전국시대의 위
   왕(威王) 곧 서기전339년에서 전329년 사이가 아닌가 하여 다른 구
   본에는 초위왕(楚威王)으로 쓴 데가 있다. 또 장왕 때는 진(秦)과 진
   (晋)나라에 패배한 사실이 없는 것으로 미루어 오히려 위왕(威王)이
   마땅하지만 하나의 설화(說話)로서 볼 때는 굳이 따질 필요가 없다.

6) 莊子(장자) : 이 구절도 여러 가지 설이 있는데, 구본에는 두자(杜子)
   로 썼으나 역시 설화이기 때문에 상관없다고 본다.

7) 自見之謂明(자견지위명) : 『노자』 제33장에 나오는 말을 인용한 것인
   데 자지자명(自知者明)이라 했다. 또 제22장에는 불자견고명(不自見
   故明)으로 썼다.

12. 자신을 이기는 것이 굳센 것이다

공자(孔子)의 제자인 자하(子夏)가 같은 동문인 증자(曾子)
를 만났을 때, 증자가 말하기를

"그대는 어째서 그토록 비대해졌는가?"

하고 물었다. 자하가 말하기를

"싸움에 이겼기 때문에 비대해졌소."

라고 대답했다. 증자가 다시 묻기를

"그게 무슨 말인가?"

했다. 자하가 대답하기를

"나는 집안에 들어앉아 책을 읽을 때는 선현(先賢)의 도의를 깨닫고는 그것을 흠모하여 영광으로 여겼고 밖으로 나와 부귀의 즐거움을 맛본 뒤로는 그것을 동경하여 또한 영광으로 생각했는데, 이 두 영광이 내 가슴속에서 서로 싸우며 승부를 가리지 못할 때는 몸이 몹시 야위었던 것입니다. 그런데 지금은 선현의 도의가 이겼기 때문에 이렇게 비대해진 것이오."

라고 말했다. 이러한 까닭에 뜻을 이루기가 어렵다는 것은 남에게 이기는 데에 있지 않고 자기 자신을 이기는 데 있는 것이다. 그러므로 노자가 말하기를 "자기 자신에게 이기는 것을 굳세다고 말한다."고 했다.

　　子夏見曾子 曾子曰 何肥也 對曰 戰勝 故肥也 曾子曰 何謂也 子夏曰 吾入見先王之義則榮之 出見富貴之樂又榮之 兩者戰於胸中 未知勝負 故癯 今先王之義勝 故肥 是以志之難也 不在勝人 在自勝也 故曰 自勝之謂强[1]

1) 自勝之謂强(자승지위강):『노자』제33장을 인용한 말이다.

13. 옥판을 간신에게 준 문왕(文王)

주(周)나라에는 옥으로 만든 판(版)이 있었다. 그것은 요임금이나 순임금 시대에 만들어진 보물이었다. 소문이 나자 은(殷)나라 주왕(紂王)은 자기의 현신(賢臣)인 교격(膠鬲)을 주나라에 보내 구해오도록 했으나 주나라 문왕(文王)이 이를 주지 않았다.

주왕은 다시 측근인 비중(費仲)을 보내 구해오도록 했는데 문왕은 아무말 없이 옥판을 내주었다.

그 까닭은 교격은 현인이고, 비중은 무도(無道)한 사람이기
때문이었다.

주나라로서는 현인인 교격에게 옥판을 주어 교격이 중용되는
것이 싫었고 무도한 비중에게 주어서 비중이 더욱 중용되어 은
나라가 더욱 학정에 시달리도록 했던 것이다.

문왕이 태공망(太公望)을 위수(渭水)에서 만나 나라의 요직
에 등용한 것은 현인을 존중했기 때문이었는데, 옥판을 무도한
비중에게 준 것은 자신의 큰 뜻을 이루기 위해서였다.

그러므로 노자는 말하기를 "그 스승을 귀하게 여기지 아니하
고, 자신에게 도움이 되는 바탕을 사랑하지 않으며, 비록 지혜
가 있더라도 크게 헤매게 될 것인데, 이것을 일러 심묘(深妙)하
다고 말한다."고 했다.

周有玉版[1] 紂令膠鬲索之 文王不予 費仲來求 因予之 是膠鬲
賢 而費仲無道也 周惡賢者之得志也 故予費仲 文王擧太公於渭
濱者 貴之也 而資費仲玉版者 是愛之也 故曰 不貴其師 不愛其
資 雖知大迷 是謂要妙[2]

1) 玉版(옥판) : 옥석(玉石)으로 만든 판인데, 거기에다 글자를 새겨 전
   하는 것이다. 주로 법률이나 계명(戒命)같은 내용이다.
2) 不貴其師 …… 是謂要妙(불귀기사 …… 시위요묘) : 이 말은 『노자』 제
   27장에 있는 것을 인용했다.

제 9 권

제43편 인 주(人主)

인주(人主)는 임금이 나라를 다스리는 것에 대한 내용이다.

앞부분은 임금의 위세(威勢)가 대신의 손에 넘어가면 그 나라는 망한다는 것을 논했고, 뒷부분은 간신들에 의하여 임금의 총명이 가려지면 임금이 법술(法術)에 능통한 선비를 쓰지 못하고 나라의 정치는 어지러워진다는 것을 주장했다.

이 편은 '애신', '이병', '고분', '오두', '화씨', '비내' 등 여러 편에 나왔던 내용을 재인용한 부분이 많은데 이로 미루어보면 후대(後代)에 쓰여진 위작이 아닌가 사료된다.

1. 신하의 작록이 고귀해지면 임금이 위험하다

임금으로서 그 일신이 위태롭고 그 나라가 멸망하기에 이르는 원인은, 대신들의 작록(爵祿)이 너무 고귀해지고, 좌우 측근 중신들의 위세(威勢)가 너무 커졌기 때문이다.

이른바 작록이 고귀해지면 법을 무시하고 제멋대로 권력을 휘두르며, 나라의 세력을 휘어잡고 사사로이 이익을 꾀하게 된다.

위세가 너무 커지면 권세를 제멋대로 행사하여 근본을 가리지 않고 사사로이 사은을 베푼다.

이 두 가지를 잘 살피지 않으면 안 된다. 무릇 말(馬)이 무거운 짐을 실어나르고 수레를 끌면서 먼 길을 갈 수 있는 바탕은 근력(筋力)에 있는 것이다. 만승(萬乘)의 큰나라 임금이나 천승

의 작은나라 임금이 천하를 지배하고 제후(諸侯)를 정벌하는
바탕은 그 위세(威勢)에 있는 것이다.

위세는 임금에게 있어 근력이라 할 수 있다. 지금 대신(大
臣)이 위력(威力)을 손에 쥐고 좌우 측근이 세력을 제멋대로
휘두른다면 임금으로서 그 근력(筋力)을 빼앗긴 것이다. 임금
이 힘을 잃고 나라를 보전하는 일은 천 사람 가운데 한 사람도
없다.

범(虎)이나 표범이 사람을 이기고 모든 짐승의 왕으로 군림
하여 그들을 잡을 수 있는 바탕은 그 발톱과 이빨인데, 만약 범
과 표범이 그 발톱과 이빨을 잃는다면 반드시 사람은 그것들을
제압할 것이다.

무릇 위세와 권력은 임금에게 있어 발톱과 이빨에 해당하는
것이다. 임금이 발톱과 이빨을 잃는다면 이것들을 잃은 범이나
표범과 같은 처지가 될 것이다.

송(宋)나라 임금은 그 발톱과 이빨을 자한(子罕)이라는 신하
에게 빼앗겼고, 제(齊)나라 간공은 그 발톱과 이빨을 권신(權
臣)인 전상(田常)에게 잃었다. 그런데도 재빨리 그것들을 다시
빼앗아 찾지 않았기 때문에 그 일신은 죽임을 당하고 마침내
나라는 멸망하고 말았다.

지금 법술(法術)을 터득하지 못한 임금은 한결같이 송나라
임금이나 제나라 간공의 잘못을 잘 알면서도 스스로의 허물에
대하여 깨닫지 못하니 일의 사정을 잘 살펴 분간할 줄 모르기
때문이다.

人主之所以身危國亡者 大臣太貴 左右太威也 所謂貴者 無法
而擅行 操國柄而便私者也 所謂威者 擅權勢而輕重者也[1] 此二
者 不可不察也 夫馬之所以能任重 引車 致遠道者 以筋力也 萬
乘之主 千乘之君 所以制天下而征諸侯者 以其威勢也 威勢者
人主之筋力也 今大臣得威 左右擅勢 是人主失力 人主失力 而
能有國者 千無一人 虎豹之所以能勝人 執百獸者 以其爪牙也

當使虎豹失其爪牙 則人必制之矣 今勢重者 人主之爪牙也 君人
而失其爪牙 虎豹之類也 宋君失其爪牙於子罕 簡公失其爪牙於
田常 而不蚤奪之 故身死國亡 今無術之主 皆明知宋簡之過也
而不悟其非 不察其事類者也

1) 擅權勢而輕重者也(천권세이경중자야) : 천(擅)은 제멋대로를 뜻하고,
   경중(輕重)은 권세의 바탕을 말한다.

2. 세상이 잘 다스려지지 않는 바탕

법술(法術)을 터득한 선비와 권좌(權座)에 앉아 있는 대신들
은 서로 용납할 수 없는 관계에 있다. 어째서 그것을 분명하게
알 수 있는가 ?

임금의 측근에 도술을 터득한 사람이 있게 되면 대신은 제멋
대로 일을 처리할 수 없게 되고, 임금에게 총애를 받는 측근은
감히 권력을 팔아 사사로운 이익을 챙기는 일에 신중하지 않을
수 없게 된다.

대신이나 총애받는 측근 신하의 권세가 끊어지면 곧 임금의
도는 세상에 뚜렷이 밝혀지게 될 것이다.

지금은 그렇지가 않다. 저 요로(要路)에 앉아있는 대신이 권
세를 쥐고 제멋대로 휘두르고 사사롭게 이익을 꾀하며, 측근에
서 임금의 총애를 받는 근신(近臣)들은 패거리를 모아 무리를
만들고 소원(疏遠)한 신진 인사의 등용을 억제하고 있다.

이러하니 법술을 터득한 선비가 어찌 새롭게 등용될 수 있겠
으며, 또한 임금이 어찌 자기 뜻대로 판단하여 일을 결재할 수
있겠는가 ?

그러므로 법술을 터득한 사람이 반드시 등용되지 않음은 물
론이고 권세는 양립할 수 없으니, 법술의 선비가 어찌 위태롭
지 않겠는가 ?

그러므로 임금이 아예 대신들의 건의(建議)를 물리치고, 측
근들이 추천하는 말을 듣지 않고, 홀로 법술의 도를 주장하는

말에 귀를 기울이지 않고서야 법술의 선비가 어찌 죽음의 위태로움을 무릅쓰고 진언할 수 있겠는가? 이것이 바로 세상이 잘 다스려지지 않는 바탕인 것이다.

현명한 임금은 신하의 공적에 따라 작록(爵祿)을 주고 능력을 헤아려 관직(官職)을 맡기므로, 천거된 사람은 반드시 현명한 사람이며 등용된 사람은 반드시 능력있는 사람이다. 이렇듯 현명하고 능력있는 선비가 진출하면 권문(權門)세도(勢道)에게 부탁하여 벼슬을 얻고자 하는 풍습은 그치게 된다.

무릇 공로가 있는 사람이 많은 봉록을 받고 능력있는 사람이 높은 관직을 맡게 되면, 지금까지 사사롭게 칼을 휘두르던 협객(俠客)들이 어찌 사용(私勇)에 빌붙어 살던 것을 그만두고 외적(外敵)을 막는 일에 힘쓰지 않을 수 있으며, 유세로써 벼슬을 바라던 선비도 어찌 사문(私門)의 권세에 굽히던 일을 그만두고 청결한 삶을 살려고 하지 않겠는가?

이것이야 말로 현명하고 능력있는 선비를 모으고, 권문세가에 빌붙어 사는 무리들을 흩어지게 하는 방법이다.

지금 임금의 측근에서 총애받는 사람들이 반드시 슬기로운 사람이라고만 할 수 없다. 임금이 신하를 대할 때 어느 한 사람을 슬기롭다고 해서 그 의견을 듣고는 곧이어 깊숙한 곳에서 측근들과 그 의견을 논의했다면 결국 측근의 말을 듣는 것이고 그 사람의 슬기는 고려되지 않으니 이것은 곧 미욱한 사람과 더불어 슬기로운 사람을 논평하는 셈이 된다.

또 요로에 있는 사람이라고 해서 반드시 현명하지는 않다. 임금이 사람을 대할 때 어느 한 사람을 현자(賢者)로 알고 그 사람을 예우(禮遇)해 놓고는 곧이어 안으로 들어가 요로에 있는 권신들과 그 행위를 논의한다면, 그 권신들의 말을 듣고 결국 그 현인을 등용하지 않으니 이것이 바로 불초한 사람과 더불어 현자를 논평한 셈이다.

그러므로 슬기로운 사람의 정책은 어리석은 사람에 의하여 그 가부(可否)가 결정되고, 어진 사람의 행동은 불초한 사람에 의하여 그 선악(善惡)이 평가된다고 할 수 있다.

이래서야 어찌 슬기롭고 어진 사람이 등용될 수가 있겠는가? 곧 현명한 임금의 총명이 가려지는 것이다.

옛날 하(夏)나라의 관룡봉(關龍逢)은 걸왕(桀王)에게 바른말을 했다가 손발이 잘렸고, 은(殷)나라의 왕자비간(王子比干)은 주왕(紂王)에게 바른말로 간했다가 심장이 찢겨졌으며, 오(吳)나라의 오자서(伍子胥)는 부차(夫差)에게 충성한 끝에 속루(屬鏤)의 칼로 스스로 죽게 되었다.

이 세 사람 모두 신하로서 불충(不忠)했던 것도 아니고, 그 진언(進言)한 바가 부당(不當)했던 것도 아닌데 죽음의 재앙을 면하지 못했던 것은, 임금이 슬기로운 사람과 어진 선비의 말을 깊이 살피지 못했고, 미욱하고 어리석은 사람에게 총명이 가려졌던 것에서 온 재앙이다.

지금 임금이 법술을 터득한 선비를 등용하려는 생각 없이, 미욱하고 어리석은 신하의 의견만 듣게 된다면 현자와 지자중에 어느 누가 감히 위의 세 사람과 같은 위태로움을 무릅쓰고 그 지혜와 능력을 발휘하려 하겠는가? 이것이 곧 세상이 어지럽게 되는 까닭이다.

且法術之士與當途[1]之臣 不相容也 何以明之 主有術士 則大臣不得制斷 近習不敢賣重 大臣左右權勢息 則人主之道明矣 今則不然 其當途之臣 得勢擅事 以環其私[2] 左右近習 朋黨比周 以制疏遠 則法術之士奚時得進用 人主奚時得論裁 故有術不必用 而勢不兩立 法術之士焉得無危 故君人者 非能退大臣之議 而背乎左右之訟 獨合乎道言也 則法術之士安能蒙死亡之危而進說乎 此世之所以不治也 明主者 推[3]功而爵祿 稱能而官事 所舉者必有賢 所用者必有能 賢能之士進 則私門[4]之請止矣 夫有功者受重祿 有能者處大官 則私劍之士安得無離於私勇而疾距敵 游宦之士焉得無撓於私門而務於淸潔矣 此所以聚賢能之士 而散私門之屬也 今近習者不必智 人主之於人也 或有所智而聽之 入

因與近習論其言 聽近習而不計其智 是與愚論智也 其當途者不
必賢 人主之於人 或有所賢而禮之 入因與當途者論其行 聽其言
而不用賢 是與不肖論賢也 故智者決策於愚人 賢士程行於不肖
則賢智之士奚時得用 而人主之明塞矣 昔關龍逢說桀而傷其四肢
王子比干諫紂而剖其心 子胥忠直夫差而誅於屬鏤 此三子者 爲
人臣非不忠 而說非不當也 然不免於死亡之患者 主不察賢智之
言 而蔽於愚不肖之患也 今人主非肯用法術之士 聽愚不肖之臣
則賢智之士 孰敢當三子之危 而進其智能者乎 此世之所以亂也

1) 當途(당도) : 권좌(權座)의 뜻. 『맹자』에는 요로(要路)라 했다.

2) 以環其私(이환기사) : 환(環)은 도모하다, 영위(營爲)하다는 뜻으로
   통하는데 '오두'에도 자환자위지사(自環者謂之私)라 하여 도모하다,
   꾀하다의 뜻과 같다.

3) 推(추) : 여기에서는 헤아리다와 뜻이 같다.

4) 私門(사문) : 권문세도가를 말하는 것인데, 여기서는 대신(大臣)·좌
   우(左右)·당도지신(當途之臣)·근습(近習)을 통틀어 지칭한 것.

제 44 편 용 인(用人)

이 용인(用人)은 글자의 뜻과 같이 임금이 신하를 쓰는 방법
으로 임금과 신하 사이에 일어날 수 있는 위험을 미리 제거하
는 군신(君臣) 협조이론을 설명한 것이 특징이다.

그 구체적인 방법에 있어서는 앞의 여러 편에서 설명한 내용
과 흡사하다. 상벌(賞罰)이 중심이 돼야 하며, 자연과 인성(人
性)에 바탕해야 한다는 것들이다.

이 편은 한비의 중심인 법치사상과도 일치한다. 앞의 여러
편들이 유가적(儒家的)·도가적(道家的)인 법치사상으로 기운
데 반하여 '용인'은 도(道)와 덕(德)을 병칭(並稱)했다는 것이
특이하다.

I. 나라를 다스리는 극치란

듣건대 옛날에 사람을 잘 쓴 사람은 반드시 하늘의 이치에
따르고, 사람의 성정(性情)에 순응하며, 상벌(賞罰)을 명확하게
했다고 한다.

하늘의 이치에 따라 일을 하면 힘쓰는 것이 적어도 공적이
세워지고, 사람의 성정에 순응하면 형벌(刑罰)은 간단해도 법
령이 잘 시행되며, 상벌을 명확하게 하면 청렴결백한 백이(伯
夷)와 탐욕 무도한 도척(盜跖)이 혼돈되는 일이 없다. 이와 같
이 희고 검은 것이 분명해진다.

나라를 다스리는 신하는 나라에 공로를 세운 만큼의 작위를

받게 되고, 관리는 능력을 발휘한 만큼 그 일을 맡고, 법도에 따라 맡은 일을 성심성의껏 수행하게 된다.

모든 신하는 그 능력에 마땅한 자리에 앉아 그 직책을 감당하고, 그 임무를 편안하게 처리하며, 남은 능력을 어디에다 쓸까하는 생각을 갖지 않고, 또 많은 관직을 겸하여 임금에게 그 책임을 지우는 일을 하지 않는다.

그러므로 나라 안에서는 원한을 품고 내란을 일으키는 일이 없고, 밖으로는 조(趙)나라 마복군(馬服君)처럼 힘에 겨운 싸움을 하다가 패배하는 재앙 따위가 없다.

현명한 임금은 모든 권한을 명확히 하여 서로 침범하지 않게 해서 송사(訟事)가 일어나지 않고, 신하에게 여러 가지 일을 겸직하지 않게 하니 그 사람의 기능은 더욱 향상되며, 많은 사람에게 같은 일을 시키지 않아 서로 다투는 일이 없다.

이렇게 송사의 다툼이 그치고 기능이 향상되면 강한 사람과 약한 사람이 힘을 겨루는 일이 없어지고, 얼음과 숯같이 서로 다른 것끼리 뒤섞이지 않으며 각각 분수를 지켜 세상에는 서로 헐뜯는 일이 없으니 이것이 곧 나라 다스림의 극치이다.

聞古之善用人者 必循天 順人[1] 而明賞罰 循天則用力寡而功立 順人則刑罰省而令行 明賞罰則伯夷盜跖不亂 如此則白黑分矣 治國之臣 效功於國以履位[2] 見能於官以受職 盡力於權衡以任事 人臣皆宜其能 勝其官 輕[3]其任 而莫懷餘力於心 莫負兼官之責於君 故內無伏怨之亂 外無馬服之患[4] 明君使事不相干[5] 故莫訟 使士不兼官 故技長 使人不同功 故莫爭 爭訟止 技長立 則强弱不觳力 冰炭不合形 天下莫得相傷 治之至也

1) 循天順人(순천순인) : 순천(循天)은 천지 자연의 이치에 따른다는 뜻이고, 순인(順人)은 사람의 성정(性情)에 따른다는 뜻이다.

2) 履位(이위) : 관직에 취임한다는 뜻인데 이위(莅位)와 같은 말.

3) 輕(경) : 그 맡은 일을 가볍게 처리한다는 말로 힘들이지 않고 처리할 수 있다는 말. 낙(樂)과 같은 뜻으로 편안하다는 뜻.

4) 馬服之患(마복지환) : 마복(馬服)이란 힘이 모자라 거짓으로 항복하
   는 척 꾸미는 것을 뜻한다. 『사기』에 따르면 조나라 장수인 조사(趙
   奢)를 마복군(馬服君)이라 했는데 그가 진나라와 장평(長平)에서 싸
   울 때, 잔꾀를 부리다가 수 십만 군사를 매장한 고사를 들어 그렇게
   말했다.
5) 干(간) : 침범하다는 뜻으로 상간(相干)은 서로 간섭한다는 뜻.

2. 신하들이 힘을 다하게 하는 방법

법술(法術)을 버리고 임금이 마음내키는대로 나라를 다스린
다면 요임금과 같은 성천자(聖天子)라도 한 나라를 바르게 다
스릴 수 없을 것이다.

규구(規矩)를 쓰지 않고 눈짐작에 따라 측량을 하면 해중(奚
仲)과 같은 목수의 명인이라도 한 개의 수레바퀴조차 만들지
못할 것이다.

자를 쓰지 않고 길고 짧음을 견준다면 왕이(王爾)와 같이 능
숙한 사람이라도 길이의 반을 정확하게 끊지는 못할 것이다.

평범한 임금으로 하여금 법술을 지키게 하고, 또 서투른 목
수에게 그림쇠〔規矩〕와 자를 쓰게 한다면 만의 하나라도 실수
를 하지 않을 것이다.

그러므로 임금은 현명한 임금이나 뛰어난 장인(匠人)들도 쉽
게 할 수 없는 것을 바라지 말고 평범한 임금이나 서투른 목수
들도 실패하지 않을 법술을 지킨다면 곧 신하들이 힘을 다하게
하여 공명을 세울 수 있을 것이다.

현명한 임금은 누구든지 받을 수 있는 포상제도를 만들어 사
람들에게 착한 일을 하도록 장려하고, 또 누구라도 피할 수 있
는 형벌의 제도를 만들어 사람들이 못된 짓을 피해 가도록 한
다.

그러므로 현명한 사람은 상을 장려하고 오자서(伍子胥)가 부
차로 말미암아 자살한 일같은 재앙은 당하지 않는다. 불초한

사람도 행동을 삼가하여 벌을 적게 받도록 하기 때문에 꼽추의
등을 자르는 참혹한 형벌을 받는 일이 없으며, 장님은 평지만
을 걷되 깊은 골짜기를 만나는 일이 없고, 어리석은 사람은 평
정함을 지켜 위태로움에 빠지는 일이 없다. 이렇게 해서 임금
과 신하 사이에 은전(恩典)이 맺어질 것이다.

옛날 사람이 말하기를 "사람의 마음을 알기 어렵다. 기뻐하
고 성내리라는 것을 알기는 더욱 어렵다."고 했다.

그러므로 표지(標識)를 세워 눈으로 볼 수 있게 하고, 북을
쳐 귀로 듣게 하며, 법으로써 사람의 마음을 가르친다.

임금이 이 세 가지의 쉽게 행할 수 있는 방법을 버리고, 단
지 알기 어려운 마음 하나에 의지하여 나라를 다스리려고 한다
면 임금은 신하에 대하여 노여움이 쌓이고, 신하는 임금에게
원한이 쌓이게 될 것이다. 이렇게 쌓인 노여움을 바탕으로 쌓
인 원한을 통제하려고 하면, 임금이나 신하는 모두 위태로워질
것이다.

현명한 임금이 나라를 다스리면 그 표식은 보기 쉽기 때문에
약속이 지켜지고, 그 가르침은 알기 쉽기 때문에 말을 잘 듣게
되며, 그 법률은 실행하기 쉽기 때문에 명령이 잘 시행된다.

이 세 가지가 확립되고 임금에게 사심(私心)이 없고 신하는
법률에 따라 다스리면, 아랫사람들은 표지만 보고 행동하며 마
치 먹줄을 따라 들쑥날쑥한 곳을 깎아내듯 하고, 옷감을 재단
한대로 바느질을 하는 것과 같이 되니 임금은 사사로운 위세로
신하에게 해독(害毒)을 끼치는 일이 없고, 신하 또한 어리석고
졸렬하다고 형벌을 받는 일이 없게 된다.

그리하여 임금은 모든 일을 명확하게 알게 되어 함부로 화를
내는 일이 적어지고, 신하는 충성을 다하게 되어 범죄가 적어
질 것이다.

釋法術而任心治[1] 堯不能正一國 去規矩而妄意度 奚仲[2]不能
成一輪 廢尺寸而差長短 王爾不能半中 使中主[3]守法術 拙匠執

規矩尺寸 則萬不失矣 君人者能去賢巧之所不能 守中拙之所萬
不失 則人力盡而功名立

明主立可爲之賞 設可避之罰 故賢者勸賞 而不見子胥之禍 不
肖者少罪 而不見偏剖背 盲者處平而不遇深谿 愚者守靜而不陷
險危 如此則上下之恩結矣 古之人曰 其心難知 喜怒難中也 故
以表示目 以鼓語耳 以法敎心 君人者釋三易之數 而行一難知之
心 如此則怨積於上 而怨積於下 以積怒而御積怨 則兩危矣 明
主之表易見 故約立 其敎易知 故言用 其法易爲 故令行 三者立
而上無私心 則下得循法而治 望表而動 隨繩而斲 因攢而縫⁴⁾ 如
此則上無私威之毒 而下無愚拙之誅 故上居明⁵⁾而少怒 下盡忠而
少罪

1) 釋法術而任心治(석법술이임심치) : 석(釋)은 버린다는 뜻이고, 심치
   (心治)란 한 사람의 마음에 따라 멋대로 다스린다는 뜻.
2) 奚仲(해중) : 옛날 우임금 때 수레 만들기로 유명한 장인(匠人)으로
   전해지는 사람.
3) 中主(중주) : '수도'에는 용주(庸主)라 했는데 평범한 임금.
4) 因攢而縫(인찬이봉) : 찬(攢)은 여러 가지 설이 있으나 바늘을 뜻하
   기도 하는데 여기서는 옷감을 잘라 그에 따라 바느질을 한다는 뜻.
5) 居明(거명) : 거는 곧 임금을 말한다는 설도 있고, 그대로 '임금에게
   현명함이 있어' 라는 말로도 마땅하다.

3. 허벅지 살을 임금에게 먹인 개자추

내 들은 바에 의하면 "일을 하는데 있어 아무런 걱정도 따르
지 않게 하는 것은 요(堯)임금도 하지 못했다."고 했다.

일찍이 일이 없었던 세상은 없었다. 임금이 작록(爵祿)을 가
볍게 여기지 않고, 부귀(富貴)를 쉽게 얻을 수 있게 하지 않는
다면 위태로워진 나라를 구할 수는 없다.

그러므로 현명한 임금은 부끄러움을 알도록 장려하고, 인의
(仁義)에 따른 행동을 높이 사는 것이다.

옛날 진(晋)나라의 개자추(介子推)는 아무런 벼슬도 없으면
서 충의(忠義)의 도를 지키기 위하여 망명길에 오른 문공(文
公)을 따랐는데, 도중에서 문공이 굶주림을 참지 못하자 그는
어진 마음에서 자기의 넙적다리 살을 베어 허기를 면하게 했
다. 그래서 임금은 그 은덕을 마음에 새겨 두었다가 뒷날 서적
(書籍)에 그의 이름을 기록하게 했다.

임금이란 민중들이 나라를 위하여 힘을 다하는 것을 기뻐하
고, 사사로운 욕심으로 임금의 권위를 빼앗으면 괴로워한다.

신하란 자기 능력에 마땅한 벼슬을 얻으면 기뻐하고, 한 사
람의 몸으로 두 가지 일을 떠맡으면 괴로워한다.

현명한 임금은 신하의 괴로움을 덜어주고, 임금이 즐거워할
일을 행하니 임금이나 신하가 함께 이로운 일이 이보다 더한
것이 없다.

그러함에도 사문(私門) 안에서 몰래 꾀하는 일을 살피지 못
하고, 중대한 일을 대수롭지 않게 보아 넘기며, 가벼운 죄를 엄
하게 처벌하고, 작은 허물을 들추어 오래도록 원망하며, 항상
순간적 쾌락만을 추구한다면 자주 덕을 베풀더라도 재앙을 초
래하게 된다. 이는 손을 잘라 버리고 옥수(玉手)로 잇는 것과
같은 것이기 때문에 세상에는 간신에 의하여 임금의 자리를 빼
앗기는 재앙이 일어나는 것이다.

聞之曰 擧事無患者 堯不得也 而世未嘗無事也 君人者不輕爵
祿 不易富貴 不可與救危國 故明主屬廉恥 招仁義 昔者介子推[1]
無爵祿 而義隨文公 不忍口腹 而仁割其股 故人主結其德 書圖[2]
著其名 人主樂乎使人以公盡力 而苦乎以私奪威 人臣安乎以能
受職 而苦乎以一負二 故明主除人臣之所苦 而立人主之所樂 上
下之利 莫長於此 不察私門之內 輕慮重事 厚誅薄罪 久怨細過
長侮[3]偸快 數以德追禍 是斷手而續以玉也 故世有易身[4]之患

1) 介子推(개자추) : 춘추시대 진(晋)나라 사람으로 여희(驪姬)의 난 때
   공자 중이(重耳)를 따라 망명했던 충신. 19년만에 고국으로 돌아와

중이가 문왕(文王)으로 즉위하자 많은 공신(功臣)을 챙기면서 개자
추를 소홀히 하자 늙은 어머니를 봉양한다는 핑계로 개산(介山)에
들어가 숨어 살았다. 이에 문왕은 잘못을 깨닫고 후세에 그의 이름이
남도록 조치했다는 이야기.

2) 書圖(서도) : 책과 도판(圖版)을 말한다.

3) 侮(모) : 탐내다와 뜻이 같다.

4) 易身(역신) : 임금의 자리가 신하에 의하여 바뀐다는 뜻인데, 역위(易
位)와 같은 말이다.

4. 신하가 임금을 배반하는 원인

임금이 민중들이 지키기 어려운 법도를 세워놓고 그에 미치
지 못한다고 민중들을 죄(罪)로 다스린다면 민중들은 임금에
대해 사사롭게 원한을 가지게 된다.

신하가 장점을 발휘하여도 그 능력으로는 해낼 수 없는 일을
떠맡게 되면 남몰래 원한을 갖게 된다.

또 신하가 있는 힘을 다하여 애쓰는데도 임금이 이를 위로하
지 않고, 걱정이 있어 슬퍼해도 임금이 불쌍하게 여겨 애처롭
게 여기지 않으며, 임금 자신이 기쁘면 하찮은 소인배(小人輩)
도 칭찬하고 현명하거나 어리석음을 가리지 않고 상을 주면서,
노하면 군자(君子)도 깔보고 청렴한 백이 숙제와 탐욕한 도척
(盜跖)을 구별하지 않고 욕보이게 되면 신하가 임금을 배반하
는 일이 일어난다.

지금 만약 연(燕)나라 임금으로 하여금 자기 나라 민중을 미
워하고 나라 밖의 노(魯)나라 민중을 사랑하게 한다면, 연나라
사람들은 마음으로 임금과 멀어져 아무 쓸모가 없게 되고 그렇
다고 노나라 사람이 진심으로 연나라 임금을 따르지도 않을 것
이다.

그것은 연나라 민중은 임금에게 미움을 받으니 힘을 다하여
일을 해 공을 세우려 하지 않을 것이고, 노나라 민중은 사랑을

받기는 하나 목숨을 버리면서까지 남의 나라 임금을 섬기려 하지 않을 것이기 때문이다.

이렇게 되면 신하들은 임금의 허점〔隙穴〕만 노려 제거할 기회를 노리기 때문에 임금은 고립되고 만다.

이와 같이 임금의 허점을 노리는 신하가 고립된 임금을 섬기는 것을 바로 위태롭다고 말한다.

　　人主立難爲 而罪不及 則私怨生 人臣失所長 而奉難給[1] 則伏怨結 勞苦不撫循[2] 憂悲不哀憐 喜則譽小人 賢不肖俱賞 怒則毁君子 使伯夷與盜跖俱辱 故臣有叛主

　　使燕王內憎其民 而外愛魯人 則燕不用而魯不附 民見憎 不能盡力而務功 魯見說 而不能離死命[3]而親他主 如此 則人臣爲隙穴 而人主獨立 以隙穴之臣 而事獨立[4]之主 此之謂危殆

　1) 而奉難給(이봉난급) : 자기 능력으로는 감당 못하는 어려운 일을 할 수 없이 봉행(奉行)한다는 말이다.

　2) 撫循(무순) : 어루만져 주는 것을 뜻한다. 순(循)은 만지다의 뜻.

　3) 離死命(이사명) : 죽고 삶을 떠나, 곧 생사 불문과 뜻이 같다.

　4) 獨立(독립) : 여기에서는 고립과 같은 뜻.

5. 임금이 편안히 잠잘 수 있는 법

활을 쏘는데 있어 과녁을 무시하고 함부로 화살을 날려 비록 물건을 맞힌다 하더라도 그것은 우연이지 활솜씨가 뛰어난 것은 아니며, 법제를 버리고 임금이 함부로 화를 낸다면 비록 살육을 일삼더라도 간사하고 교활한 사람은 두려워하지 않는다.

죄는 갑이라는 사람이 지었는데 형벌의 재앙은 을이라는 사람에게 내린다면 남몰래 원한을 품을 것이다.

그러므로 훌륭하게 나라가 잘 다스려지면 공평한 상벌(賞罰)은 있으나 기쁘고 성내는 일은 없다.

성인(聖人)은 형법을 기준하여 사람을 극형에 처하는 일은 있어도 벌레가 독(毒)으로 쏘는 것처럼 참혹하게 죽이지는 않기 때문에 간악한 사람도 이에 복종하는 것이다.

활시위를 한번 쏘았다 하면 과녁을 맞히듯이 상벌을 행하는데에도 정확하다면 그것은 요임금이 다시 살아난 것과 같고, 명궁(名弓)인 예(羿)가 다시 온 것과 다름이 없다.

이와 같이 된다면 위로는 은(殷)나라의 주왕(紂王)이나 하(夏)나라의 걸왕(桀王)과 같이 멸망하는 걱정이 없고, 아래로는 왕자비간(王子比干)이 주왕에게 바른말로 간하다가 죽음을 당한 것 같은 재앙은 없을 것이다.

임금은 베개를 높이 베고 편하게 쉬며 신하들은 맡은 업무를 즐겁게 처리하면, 도(道)는 천지에 넓게 퍼지고 덕(德)은 만세에 길이길이 오래도록 이어질 것이다.

釋儀的而妄發 雖中小不巧 釋法制而妄怒 雖殺戮而姦人不恐 罪生甲 禍歸乙 伏怨乃結 故至治之國 有賞罰而無喜怒 故聖人 極有刑法 而死無螫毒[1] 故姦人服 發矢中的 賞罰當符 故堯復生 羿復立 如此 則上無殷夏之患 下無比干之禍 君高枕 而臣樂業 道蔽天地 德極萬世矣

1) 螫毒(석독) : 독이 있는 벌레에 쏘인다는 뜻.

6. 나라 밖으로 공적을 떨칠 수 있는 일

무릇 궁궐 벽에 틈이 생겼을 때 임금이 그것을 막으려고 붉은흙이나 흰흙으로 겉만 장식하는데 힘을 쓴다면 폭풍이나 소나기가 닥칠 때 반드시 무너지고 말 것이다.

대저 바로 눈앞에 닥친 재앙을 없애지 않고 있으면서 맹분(孟賁)이나 하육(夏育)과 같은 장사가 와 죽음을 무릅쓰고 지켜주기를 바란다. 또 당장 안에서 일어나는 걱정거리를 조심하지 않으면서 먼 국경에 굳건한 성벽을 쌓는다. 또한 자기의 가장 가까이에 있는 현명한 사람의 헤아림을 듣지 않으면서 천리

밖의 만승(萬乘)의 동지와 외교를 맺는다.

한번 회오리바람이 불어닥치면 맹분과 하육같은 장사도 미쳐 구제할 겨를이 없고 먼 곳에 있는 동맹국도 구원할 틈이 없으니 한 나라의 재앙이 이보다 더 큰 것은 없을 것이다.

요즘 세상에 임금을 위하여 성실한 헤아림으로 충고할 사람은 연나라 임금이 자기의 민중이 아닌 노나라 민중을 사랑하는 따위를 하게 해서는 안 되고, 근세(近世)의 일로 하여금 옛날 성현을 흠모하게 하는 따위를 시켜서는 안 되며, 먼 월나라 사람으로 하여금 당장 물에 빠진 중원의 사람을 구출하게 하는 따위의 짓을 하게 해서는 안 된다.

이렇게만 된다면 위의 임금과 아래의 신하는 서로 친애하여 나라 안으로는 공적이 세워지고, 나라 밖으로는 이름을 떨칠 수 있다.

夫人主不塞隙穴 而勞力於赭堊[1] 暴風疾雨必壞 不去眉睫之禍[2] 而慕賁育之死 不謹蕭牆之患[3] 而固金城於遠境 不用近賢之謀 而外結萬乘之交於千里 飄風一旦起 則賁育不及救 而外交不及至 禍莫大於此 當今之世 爲人主忠計者 必無使燕王說魯人 無使近世慕賢於古 無使越人以救中國溺者 如此 則上下親 內功立 外名成

1) 赭堊(자악) : 자(赭)는 붉은 황토(赤土)를 뜻하고, 악(堊)은 흰흙(白土)을 말한다. 지금같으면 벽 겉에 칠하는 도료(페인트)와 같은 구실을 하는 흙이다.

2) 眉睫之禍(미첩지화) : 미첩(眉睫)은 눈썹과 속눈썹을 말하는데, 곧 눈앞에 닥친 재앙.

3) 蕭牆之患(소장지환) : 소장은 옛날 궁궐안에서 임금과 신하가 회담을 하는 곳. 소장지환(蕭牆之患)이란 내란을 뜻한다.

제 45 편 수 도(守道)

수도(守道)란 국가 보존 방법을 설명한 것이다.

수도(守道)란 유가(儒家)나 도가(道家)에서 쓰는 용어같지만 실제는 한비(韓非) 특유의 것으로 구체적으로는 수국지도(守國之道)를 뜻한다.

이 편의 기본 뜻은 법도를 세우고, 상은 선을 권장하는데 필요하며 위엄은 포악한 것을 징계하는데 필요하다는 것이다. 국가의 보전은 상을 두텁게 하고 형벌을 엄히 하는데 있다는 것을 다시 강조한 것이다.

1. 선행은 반드시 상을 주어야 한다

성왕(聖王)이 제정한 법률은 포상의 기준이 엄정하여 선행(善行)을 권장하기에 충분하고, 그 위엄은 포악한 것을 억제하기에 충분하고, 그 대비는 완전한 법을 갖추어 시행하기에 충분하다.

세상을 다스리는 신하중 공적이 많으면 그 지위를 높여주고, 힘껏 노력한 사람에게는 후한 상을 주며, 진정을 다 쏟은 사람은 명예를 얻도록 한다.

그러면 선(善)은 마치 봄철에 초목이 새싹을 틔우듯 생겨나고, 악(惡)은 마치 가을에 초목이 말라죽듯 사그라들 것이다. 민중은 선을 권장하고 힘을 다하여 일하고 진정을 다 쏟는 것을 즐겁게 여길 것이니 이것을 두고 위와 아래가 서로 적합하다고 말한다.

이렇듯 위 아래가 서로 적합하면 힘을 쓰는 사람은 법도의 테두리 안에서 스스로 능력을 다하여 옛날의 임비(任鄙)와 같은 역사(力士)가 되고자 애쓰고, 군사는 죽음을 무릅쓰고 옛날의 맹분이나 하육같은 용사(勇士)가 되기를 바라며, 도(道)를 지키는 사람은 모두 철석같이 굳은 마음을 품고 오자서와 같은 충절의 죽음을 바라게 된다.

힘으로 일하는 사람이 임비처럼 되고, 싸움에 임해서는 맹분과 하육처럼 되며, 도를 지키는 경우에는 철석같은 마음을 품게 되면 임금은 베개를 높이 베고 마음 편하게 쉬어도, 나라를 지키는 것은 이미 완전한 것이다.

聖王之立法也 其賞足以勸善 其威足以勝暴 其備足以完法 治世之臣 功多者位尊 力極者賞厚 情盡者名立 善之生如春 惡之死如秋 故民勸 極力 而樂盡情 此之謂上下相得 上下相得 故能使用力者自極於權衡 而務至於任鄙[1] 戰士出死[2] 而願爲賁育 守道者皆懷金石之心 以死子胥之節 用力者爲任鄙 戰如賁育 中爲金石 則君人者高枕而守已完矣

1) 任鄙(임비) : 진(秦)나라 무왕 때의 유명한 역사로 『사기』진본기에 기록되어 있다.
2) 戰士出死(전사출사) : 전사(戰士)는 군사 즉 병사(兵士)를 뜻하고, 출사(出死)는 죽을 힘을 다하다는 뜻인데, 『순자』에 보면 출사단망(出死斷亡)이란 말이 있다.

2. 큰도둑이 올바르게 되는 길

옛날 나라를 다스려 잘 지키는 임금은 무거운 형벌로써 가벼운 죄를 금했으며, 지키기 어려운 것으로써 쉽게 저지를 수 있는 허물을 그치게 했다.

그러므로 소인배(小人輩)도 군자와 더불어 바른 행동을 했

고, 도척(盜跖)같은 큰도둑도 증삼과 사어(史魚)와 더불어 청렴
했던 것이다.

어떻게 이러한 것을 알 수 있는가? 아무리 탐욕한 도둑이라
도 험한 골짜기를 타고 내려가 황금을 주으려 하지는 않는데,
그것은 골짜기에 내려가 황금을 줍다가는 그 목숨이 온전하지
못할 것이기 때문이다.

맹분이나 하육이라도 적의 병력을 헤아려 보지도 않고 무작
정 덤비면 그 용맹을 떨칠 수가 없다. 아무리 도둑질 잘하는 도
척이라도 미리 일이 잘 될 것인지를 헤아려 보지도 않고 일을
벌인다면 이익을 얻기가 어렵게 된다.

현명한 임금은 금령(禁令)을 철저하게 지키므로 맹분이나 하
육같은 용기도 법에 묶여 그 힘을 함부로 써서 남을 이기지 못
하고 도척도 법망에 걸려 함부로 남의 것을 빼앗지 못한다.

그러므로 맹분과 하육도 범할 수 없도록 금하고 도척도 빼앗
아갈 수 없이 단단하게 지킨다면 포악한 사람도 삼가함이 깊어
져 스스로 도를 지키게 되고, 사악(邪惡)한 사람도 올바르게 되
돌아온다.

이렇듯 큰 용맹(勇猛)을 삼가하는 것이 깊어지고 큰 도둑이
올바르게 된다면 세상은 공평하게 되고 모든 민중의 심정(心
情)은 바르게 된다.

古之善守者 以其所重 禁其所輕 以其所難 止其所易 故君子
與小人俱正 盜跖與曾史[1]俱廉 何以知之 夫貪盜不赴谿而掇金[2]
赴谿而掇金 則身不全 賁育不量敵 則無勇名 盜跖不計可 則利
不成 明主之守禁也 賁育見侵於其所不能勝 盜跖見害於其所不
能取 故能禁賁育之所不能犯 守盜跖之所不能取 則暴者守愿[3]
邪者反正 大勇愿 巨盜貞 則天下公平 而齊民之情正矣

1) 盜跖與曾史(도척여증사) : 도척(盜跖)은 춘추시대 노나라 유하혜(柳
  下惠)의 아우로 그 당시 세상에서 제일 큰 도둑이며 졸개가 9천명에
  이르렀다고 한다. 『장자』에 도척편(盜跖篇)이 있고 농민봉기의 선봉

자로 알려졌다. 증사(曾史)는 증자(曾子)와 사추(史鰌)를 말하는 것
인데, 증자는 공자의 제자로 이름이 삼(參)이다. 사추는 위(衛)나라
대부로 사어(史魚)로도 불렀다.

2) 掇金(철금) : 황금을 취득한다는 뜻인데 철(掇)은 줍는다와 같다.

3) 愿(원) : 성실하다, 또는 삼가하는 것이 깊다는 뜻.

3. 나라를 지키는 도(道)가 이루어진 상태

임금이 법도를 저버리고 인심을 잃으면 백이(伯夷)같은 사람
이 함부로 지위를 받지 않는 일은 면하지만 전성자(田成子)나
도척(盜跖)같은 사람이 왕위나 영토를 빼앗는 재앙은 면하지
못한다.

요즘 세상에는 백이와 같이 청렴한 사람은 한 사람도 없지만
간사한 사람은 끊어지지 않고 뒤를 잇는 형편이니 임금은 먼저
법령을 세워 일정한 기준을 정해야 한다. 그 기준〔度量〕에 믿음
이 있으면 백이(伯夷)의 선행은 없어지지 않을 것이고, 도척의
악행은 저질러지지 못하게 된다.

법이 명확해지면 영리한 사람이 어리석은 사람의 자리를 빼
앗지 못할 것이고, 강한 사람이 약한 사람을 침범하지 못하며
수가 많은 사람들이 적은 사람들에게 행패를 부리지 못할 것이
다.

세상을 요임금의 이상적인 법에 의하여 다스린다면, 충정(忠
貞)을 지키는 선비는 그 분수를 잃지 않게 되고 간사한 사람도
요행을 바라지 않을 것이다.

활의 명수인 예(羿)에게 천 금(千金)의 귀중한 재화를 지키
게 한다면 물자에 청렴한 백이도 빼앗기는 일이 없을 것이고
탐욕한 도척이라도 빼앗을 엄두를 내지 못할 것이다.

요임금의 명철(明哲)함은 간사한 사람을 놓치지 않기 때문에
세상에는 사악함이 없고, 예(羿)의 기교는 일단 화살을 쏘면 실
수가 없기 때문에 천 금을 잃지 않는다. 그래서 사악한 사람은

오래가지 못하고, 도척은 도둑질을 못하게 되는 것이다.

이와 같이 되면 도판(圖版)에는 제(齊)나라 권신인 재여(宰予)의 기록이 실리지 않고, 진(晋)나라 육경(六卿)의 일도 거명되지 않으며, 서적(書籍)에는 오자서(伍子胥)의 일도 쓰여지지 않을 것이고, 오나라 왕 부차(夫差)도 명시하는 일이 없을 것이다.

뿐만 아니라 전쟁이 없으니 손자(孫子)나 오기(吳起)의 병법 책략(策略)도 소용없고 도척의 탐욕도 그 모습을 감추게 된다.

이리하여 임금은 화려한 궁궐 안에서 호의호식하게 되고, 나라를 걱정하여 눈을 부라리고 이를 갈며 머리를 쥐어 짤 일이 없으며, 신하들은 굳게 쌓아올린 성곽 안에서 옷자락을 길게 늘어뜨린 채 아무 일도 하지 않고 앉아 있을 수 있으며, 팔을 휘두르고 입술을 깨물며 나라 일을 걱정할 필요가 없게 된다.

범(虎)을 가두는데 우리를 쓰지 않고, 간악한 짓을 금하는데 법령을 쓰지 않으며, 거짓을 막는데 증서를 쓰지 않는 것은 맹분과 하육같은 장사도 이루지 못함을 근심했고 요임금과 순임금도 어렵게 여긴 것이다.

그래서 범을 가두는 우리를 만드는 것은 쥐를 막기 위해서가 아니라 아무리 겁이 많은 사람이라도 범을 쉽게 다룰 수 있게 하기 위함이다. 법률을 제정하는 것은 증자(曾子)나 사추(史鰌) 같은 군자에 대비하는 것이 아니라 평범한 임금이라도 도척같은 악행을 막아내게 하기 위한 것이다. 증서를 작성하는 까닭은 미생(尾生)같은 약속을 잘 지키는 사람에 대비하는 것이 아니고 사람들간에 서로 속이지 못하게 하기 위해서다.

군이 왕자비간(王子比干)같이 절의(節義)를 위하여 죽는 사람을 바라지 않고 난신들이 임금을 속이는 일이 없는 요행을 바라지 않는다. 다만 겁쟁이라도 능히 남을 굴복시킬 수 있고, 평범한 임금이라도 나라를 쉽게 지킬 수 있는 법술에 의지한 것이다.

요즘 세상에 있어 임금을 위해 충성하고, 임금으로서 세상에 덕(德)을 베풀고자 하는 사람은 법술로써 다스리는 것보다 더한 이로움은 없을 것이다. 그리하여 임금은 나라를 멸망시키는 헤아림을 범하지 않을 것이며, 충신은 그 일신을 잃는 따위의 계획을 저지르지 않을 것이다.

공로가 있으면 지위가 높아지고 반드시 상이 주어진다는 것이 명확하면 사람들은 법도에 따라 힘을 다하고, 관직에 있는 사람은 순절(殉節)하게 된다.

맹분과 하육같은 용기를 이해하더라도 삶을 죽음과 바꾸는 일이 없도록 하고, 도척과 같은 탐욕이 생기더라도 목숨을 재물과 바꾸는 일이 없도록 한다면 그것으로 나라를 지키는 도(道)가 충분하게 갖추어졌다고 할 수 있다.

　　人主離法失人　則免於伯夷不妄取　而不免於田成盜跖之禍也
今天下無一伯夷　而姦人不絶世　故立法　度量　度量信　則伯夷不
失是　而盜跖不得非　法分明　則賢不得奪不肖　强不得侵弱　衆不
得暴寡　託天下於堯之法　則貞士[1]不失分　姦人不徼幸　寄千金於
羿之矢　則伯夷不得亡　而盜跖不敢取　堯明於不失姦　故天下無邪
羿巧於不失發　故千金不亡　邪人不壽　而盜跖止　如此　故圖不載
宰予　不擧六卿　書不著子胥　不明夫差　孫吳之略廢[2]　盜跖之心伏
人主甘服於[3]玉堂之中　而無瞋目切齒傾取之患[4]　人臣垂拱於金城
之內　而無扼腕聚脣嗟唶之禍[5]　服虎而不以柙　禁姦而不以法　塞
僞而不以符　此賁育之所患　堯舜之所難也　故設柙　非所以備鼠也
所以使怯弱能服虎也　立法　非所以備曾史也　所以使庸主能止盜
跖也　爲符　非所以豫尾生[6]也　所以使衆人不相謾也　不恃比干之
死節　不幸亂臣之無詐也　恃怯弱之所能服　握庸主之所易守　當今
之世　爲人主忠計　爲天下結德者　利莫長於此　故君人者無亡國之
圖　而忠臣無失身之畫　明於尊位必賞　故能使人盡力於權衡　死節
於官職　通於賁育之情　不以死易生　明於盜跖之貪　不以財易身
則守國之道畢備矣

　1) 貞士(정사): 바른길을 굳게 지키는 선비라는 뜻인데 곧 백이(伯夷)

를 말한다.

2) 孫吳之略廢(손오지략폐) : 손자와 오기(吳起)의 전략이 소용없다는
말인데 오기는 여러 차례 설명되었고, 손자(孫子)는 『사기』에 따르면
제나라에서 오나라를 섬긴 손무(孫武)와 제나라를 섬긴 손빈(孫臏)
이 있다고 기록되었다. 병서(兵書)에는 『손자(孫子)』와 『오자(吳子)』
의 두 종류가 있다.

3) 甘服於(감복어) : 몇가지 설이 있으나 여기서는 『노자』를 인용하여
감기식 미기의(甘其食美其衣)로 보아 호의호식(好衣好食)을 뜻한다.

4) 無瞋目切齒傾取之患(무진목절치경취지환) : 진목(瞋目)은 화가 나 눈
을 부릅뜬다는 말이고, 절치(切齒)는 분에 못이켜 이를 간다는 뜻.
경취(傾取)는 여러 가지 설이 있으나 여기서는 머리를 좌우로 기우
뚱거리는 표현으로 쓴다.

5) 扼腕聚唇嗟喒之禍(액완취진차차지화) : 액완(扼腕)은 팔뚝으로 짓누
른다는 말이고, 취진(聚唇)은 입을 다문다는 뜻이며, 진(唇)은 입술
[脣]의 속자로 통용되고 있다. 차차(嗟喒)는 한탄하여 한숨쉬는 것.

6) 豫尾生(예미생) : 예(豫)는 미리 대비한다는 뜻이고, 미생(尾生)은 옛
날 약속지키기로 이름난 상징적인 사람. 다리 밑에서 여자와 만나기
로 약속했는데 그를 기다리다 물이 불어 빠져 죽었다는 전설이 『장
자』 도척편과 『사기』 소진전에 실려있다. 고사성어의 미생지신(尾生
之信)이 바로 그 이야기다.

제 46 편 삼 수(三守)

삼수(三守)는 임금이 나라를 다스리는데 있어 지켜야 할 세 가지 조목을 든 것이다. 이에 따라 임금이 권력을 지탱하며, 한편으로는 세 가지 위협을 제거해야 한다는 것이다.

내용을 크게 나눠보면 삼수(三守)와 삼겁(三劫)으로 삼수는 임금이 지켜야 할 일들이고 삼겁(三劫)은 신하가 임금의 권력 침해를 어떻게 하는가를 말해 주고 있다.

또 '이병'의 내용과 취지가 흡사한 용어가 많이 인용되었고 그 내용에 있어서도 '내저설'과 그 밖의 '고분', '세난', '화씨' '간겁시신' 같은 데서 많이 인용되었다.

상벌에 대한 애증(愛憎)을 말한 점은 특히 '주도' '이병' '양각'에서 주장한 호오(好惡)를 제거하는 내용과는 서로 다른 점도 유의해야 할 것이다.

I. 임금이 지켜야 할 것 세 가지

임금에게는 꼭 지켜야 할 세 가지가 있는데 그 세 가지를 완전히 지킨다면 나라는 편안하고 일신은 영화를 누릴 수 있다. 이 세 가지를 완전하게 지키지 못하면 나라는 위태로워지고 자신도 위험해진다.

그러면 지켜야 할 세 가지는 무엇인가?

그 첫째는, 신하 가운데 나라를 걱정한 나머지 요로에 있는 사람의 과실이나 정무(政務)를 집행하는 사람의 실수나 평판이 좋은 신하의 사정을 임금에게 보고했을 때, 임금이 그 사실을 가슴속 깊이 간직해 두지 않고 총애하는 측근 신하에게 누설해 버린다면 그때부터는 신하로서 임금에게 어떤 의견을 말하고 싶어도 먼저 측근과 총신(寵臣)의 비위를 맞추지 않고는 위로 임금에게 감히 전달되지 않는다.

이렇게 되면 바른말 하고 올곧은 행동을 하는 사람은 만나보기가 어렵게 되고, 충성스럽고 정직한 사람은 나날이 멀어진다.

둘째로는, 임금이 어느 한 신하를 총애하게 될 때 혼자의 판단으로 그 사람을 칭찬하여 이롭게 하지 않고 좌우 측근의 신하들이 그를 칭찬하기를 기다렸다가 비로소 이롭게 해준다거나, 또 신하 가운데 어느 한 사람이 미울 경우에 혼자의 판단으로 그 미운 사람에게 해로운 조치를 취하지 않고 좌우 측근들의 비방을 기다렸다가 처벌하는 따위의 처사를 하게 되면, 임금의 권위는 없어지고 권력은 좌우 측근의 총신들에게 옮겨진다.

셋째로는, 임금이 스스로 나라를 다스리는 것을 번거롭게 생각하고 안일을 탐하여 여러 신하에게 대신 정무(政務)를 처리토록 하면 모든 결정권이 어느 사이엔가 신하에게로 옮겨져 신하가 정권을 장악하게 될 것이며, 그렇게 되면 사람을 죽이고 살리는 기틀이나 작위와 봉록을 주고 빼앗는 권한이 대신의 수중으로 넘어가게 된다. 이러한 경우가 되면 임금은 대신으로부터 침해당하게 된다.

위에 말한 세 가지를 일컬어 "세 가지 지켜야 될 것을 완전하게 지키지 못했다."라고 하는 것인데, 이렇게 세 가지를 완전하게 지키지 못하면 임금이 위협 당하거나 죽임을 당하게 되는 징조인 것이다.

人主有三守 三守完 則國安身榮 三守不完 則國危身殆 何謂
三守 人臣有議當途之失 用事之過 譽臣之情 人主不心藏 而漏
之近習能人 使人臣之欲有言者 不敢不下適近習能人之心 而乃

上以聞人主 然則端言直道¹⁾之人不得見 而忠直日疏 愛人 不獨
利也 待譽而後利之 憎人不獨害也 待非而後害之 然則人主無威
而重²⁾在左右矣 惡自治之勞憚 使群臣輻湊用事 因傳柄移籍 使
殺生之機 奪予之要 在大臣 如是者侵 此謂三守不完 三守不完
則劫殺之徵也

1) 端言直道(단언직도) : 단언은 바른말. 직도(直道)는 올곧은 행동.
2) 重(중) : 중(重)은 여기에서 실권을 뜻한다.

2. 신하에게 위협 당하는 세 가지 경우

무릇 임금이 신하에게 위협을 당하는 세 가지 경우가 있다.
그 하나는 명성(名聲)으로 인한 협박이며, 그 둘째는 일의 공적
에 의한 협박이고, 그 셋째는 형벌권 장악에 의한 협박이다.

예컨대 신하가 대신(大臣)의 높은 지위를 빙자하여 국정의
열쇠를 쥐고 여러 신하에게 맡겨 나라 안팎의 일을 자기를 통
하지 않고는 안 되도록 했다면, 비록 뛰어나고 선량한 사람이
라도 자기에게 거슬리면 반드시 화를 입히고 자기를 따르는 사
람은 반드시 이익을 주게 된다.

이렇게 되면 여러 신하들은 자진해서 임금에게 충성하거나
나라를 걱정하고 사직(社稷)의 이해(利害)에 대해 서로 논의하
지 않게 된다.

임금이 비록 현명하더라도 혼자서 나라 일을 도모하지는 못
하는 것으로 신하들이 임금에게 충성하지 않으면 그 나라는 곧
멸망할 것이다.

이를 일컬어 나라에 신하가 없다고 하는 것이다.

나라에 신하가 없다고 하는 것이 어찌 궁궐 복도가 텅비었다
거나 조정(朝廷)에 신하가 드문 것을 말하는 것이겠는가? 그
것은 여러 신하들이 봉록(俸祿)을 받으면서도 사사롭게 교제하
며 패거리를 양성하고 자기 중심으로 정무를 행함에 힘쓰면서
임금에게는 충성을 다하지 않는 것이다. 이러한 일을 두고 명

성으로써 위협한다고 말한다.

　둘째는 신하가 임금의 총애를 팔아 권력을 제멋대로 휘두르
고, 외국의 일을 거짓으로 임금에게 알려서 이를 이용하여 나
라 안을 제어(制御)하며, 화복(禍福)·득실(得失)의 원인이 되
는 상황을 함부로 빗대어 말하고, 그렇게 하여 임금의 성정(性
情)에 맞춰 아첨하는 것이다.

　임금이 이에 그 사람의 말을 듣게 되면 자신을 낮추고 나라
의 모든 역량을 기울여 그 신하의 하는 짓을 돕는다. 일이 실패
하면 임금은 그 신하와 함께 재앙을 나누어 갖지만 일이 성공
하면 신하 혼자 공을 독점한다.

　그래서 여러 가지 정무(政務)를 처리하는 사람들은 하나같이
뜻을 모아 입을 맞춰 그 신하의 뛰어난 점을 말하니 앞서 임금
에게 그 사람의 잘못된 점을 말했더라도 임금은 이를 믿지 않
게 된다. 이를 일러 일의 성공을 앞세워 임금을 위협한다고 말
하는 것이다.

　셋째는 관청이나 감옥, 그리고 금령(禁令)이나 형벌의 제도
에 이르기까지 신하가 제멋대로 일을 휘두르는 것으로 형벌을
앞세워 임금을 협박한다고 일컫는다.

　이렇게 위의 세 가지를 완전히 지켜나가지 못하면 세 가지의
위협이 일어나고, 세 가지 지켜야 할 일을 완전히 하면 곧 세
가지 위협은 그치게 된다.

　이 세 가지 위협이 막혀 그치게 되면 임금은 곧 천하의 왕자
(王者)가 된다.

　凡劫有三 有名劫[1] 有事劫[2] 有刑劫[3] 人臣有大臣之尊 外操國
要 以資[4]群臣 使外內之事 非己不得行 雖有賢良 逆者必有禍
而順者必有福 然則群臣直莫敢忠主憂國 以爭社稷之利害 人主
雖賢 不能獨計 而人臣有不敢忠主 則國爲亡國矣 此謂國無臣
國無臣者 豈郎中[5]虛而朝臣少哉 群臣持祿養交 行私道而不效公
忠 此謂名劫 鬻寵[6]擅權 矯外以勝內 險言禍福得失之形 以阿主

之好惡　人主聽之　卑身輕國以資之　事敗與主分其禍　而功成則臣
獨專之　諸用事之人　壹心同辭　以語其美　則主言惡者必不信矣
此謂事劫　至於守司圄圉⁷⁾　禁制刑罰　人臣擅之　此謂刑劫　三守不
完　則三劫者起　三守完　則三劫者止　三劫止塞　則王矣

1) 有名劫(유명겁) : 구본에는 명겁(明劫)으로 되어 있으나 마땅치 않고
   명(名)은 임금의 명성과 실권 곧 명실(名實)을 말한다.

2) 有事劫(유사겁) : 일의 결과 곧 성과(成果)를 바탕으로 한다는 뜻이
   고, 겁(劫)은 으름짱을 놓는다는 뜻.

3) 有刑劫(유형겁) : 형벌권을 쥐고 협박한다는 뜻이다.

4) 資(자) : 도움을 받아, 또는 부탁하여 라는 뜻.

5) 郞中(낭중) : 낭중(郞中)은 두 가지로 설명하는데, 임금이 거처하는
   궁궐의 낭하를 말하는 경우와 임금의 측근에서 여러 가지 일을 돌보
   는 시중(侍中)을 말하는 경우이다.

6) 鬻寵(육총) : 육(鬻)은 본래 음식인 '죽'을 말하는 것인데 여기서는
   팔다의 뜻으로 쓰고, 때에 따라서는 어린아이로도 쓴다. 육총(鬻寵)
   이란 임금에게 총애를 받는 것을 빙자하여 아랫사람에게 생색을 내
   거나 위세를 부리는 따위를 말한다.

7) 守司圄圉(수사영어) : 수사(守司)는 공무를 집행하는 관청이고, 영어
   (圄圉)는 죄인을 가둬두는 감옥.

제 47 편 공 명(功名)

공명(功名)은 천시(天時)·인심(人心)·기술(技術) 그리고 세위(勢位)에 대한 네 가지의 조건에 대하여 설명하고 있다.

전체를 두 부분으로 나누어 앞에서는 군주가 공을 세우고 명성을 이루는 중요한 요건으로 천시, 인심, 기능, 세위 등의 네 가지로 나눠 설명했으며 후반에는 세위(勢位)의 중요한 것에 대해 전문적으로 논하고 있다.

I. 임금이 공적을 남기는 네 가지 조건

현명한 임금이 공적을 세우고 명성을 떨치는 조건으로 네 가지가 있는데, 그 하나는 하늘의 때를 잘 타야 되고, 그 둘째는 민중의 마음을 사야 하며, 그 셋째로는 재주가 능해야 하고, 넷째로 권세와 지위가 확립되어야 하는 것이다.

만약 하늘의 때를 거슬리면 비록 요임금같은 이가 열 사람이 있을지라도 겨울에 한 포기의 이삭도 나게 할 수 없으며, 사람의 마음을 거역한다면 비록 맹분(孟賁)과 하육(夏育)같은 장사라도 사람들이 힘을 다해 일하도록 하지 못할 것이다.

하늘의 때를 얻으면 애쓰지 않아도 곡식이 저절로 나 자랄 것이고, 사람의 마음을 얻으면 억지로 독촉하지 않아도 사람들은 스스로 힘을 다하여 일할 것이다.

사람들의 기술과 능력을 믿고 맡겨 놓으면 서둘지 않아도 저절로 일이 빨리 이루어지고, 권세와 지위가 확고하면 강력하게 추진하지 않아도 명성을 떨칠 수 있게 된다.

마치 흐르는 물과 같고 또 그 물위에 떠있는 배와 같이 자연의 도를 지켜 막히는 곳 없이 그 명령이 어디에나 시행되니 현명한 임금이라 말하는 것이다.

明君之所以立功成名者四 一曰天時 二曰人心 三曰技能 四曰勢位 非天時 雖十堯不能冬生一穗[1] 逆人心 雖賁育不能盡人力 故得天時則不務而自生 得人心 則不趣而自勸 因技能 則不急而自疾 得勢位 則不進而名成 若水之流 若船之浮 守自然之道 行無窮[2]之令 故曰明主

1) 穗(수) : 벼·보리 같은 곡물의 이삭.
2) 無窮(무궁) : 막힘이 없다는 뜻.

2. 세(勢)가 없으면 사람을 통제 못한다

아무리 재능이 있더라도 세(勢)가 없으면 비록 현명한 사람이라도 어리석은 사람을 통제하지 못한다. 만약 한 자 밖에 되지 않는 얕은 나무를 높은 산 위에 세워놓으면 천 길[仞]이나 되는 깊은 골짜기를 내려다 볼 수 있는데, 그것은 나무가 높아서가 아니라 그 나무가 서있는 자리가 높기 때문이다.

포악한 걸왕(桀王)도 천자(天子)가 되었기에 세상을 지배할 수 있었는데 이것은 현명하기 때문이 아니고 권세가 컸기 때문이다.

성인인 요임금도 한낱 평범한 서민이었다면 세 채 집도 바르게 다스리지 못했을 것인데, 그것은 어리석기 때문이 아니고 지위가 낮기 때문일 것이다.

천 균(鈞)이나 되는 무거운 물건도 배에 실으면 물위에 뜨지만 좁쌀 만큼의 치수(錙銖)라도 배를 잃으면 곧 가라앉고 마는데, 그것은 천 균이 가볍고 치수가 무거워서가 아니라 세(勢)가 있고 없고에 따른 것이다.

그러므로 짧은 것이 높은 곳에서 내려다 볼 수 있는 것은 위치 때문이고, 어리석은 사람이라도 현명한 사람을 지배할 수 있는 것은 권세 때문이다.

임금은 세상 사람이 하나같이 힘을 모아 떠받드는 존재이기 때문에 안정되고, 모든 민중들이 마음을 하나로 모아 그 지위를 지켜주기 때문에 존엄한 것이다. 신하는 뛰어난 바가 인정되고 그 능력을 다할 때만 충신이 되는 것이다.

이처럼 존엄한 임금으로서 충성스러운 신하를 통제한다면 삶의 즐거움을 오래도록 누리고 공명을 이루게 된다.

명성과 실제가 서로 의지하고 부합되어 이루어지며, 형체(形)와 그림자(影)가 서로 응하여 이루어지듯 신하와 임금은 욕망은 같이 하면서 그 직분(職分)을 달리할 뿐이다.

임금의 가장 큰 걱정은 어떤 일을 하고자 할 때 그에 호응하는 신하가 없다는 일이다. 그래서 옛말에 이르기를 "한쪽 손으로는 아무리 빨리 쳐보아도 소리가 나지 않는다."고 했다.

한편 신하로서 가장 큰 근심은 한 가지 직무에만 전념(專念)할 수 없다는 점이다. 옛말에 이르기를 "오른손으로는 동그라미를 그리고, 왼손으로는 네모를 그린다면 둘 다 제대로 그릴 수가 없다."고 했다.

옛말에 이르기를 "지극히 잘 다스려진 나라의 임금은 북채와 같고, 신하는 북(鼓)과 같으며, 신하의 재주와 능력은 수레와 같고, 이것을 운용하는 직무는 말과 같다."고 했다.

사람들에게 남은 힘이 있으면 임금의 뜻에 호응하기 쉽고, 기교와 능력에 남음이 있으면 맡은 직무를 훌륭하게 행할 수 있다.

공을 세우려는 사람이 힘이 부족하고, 임금의 측근에 있는 사람이 믿음이 부족하고, 이름을 떨치려는 사람이 권세가 부족하고, 가까운 사람은 이미 친하나 멀리 있는 사람과는 맺어지지 못하면 명성만 있을 뿐 실세가 없는 것이다.

예컨대 성인(聖人)으로 요·순과 같이 덕(德)이 온전하고,

백이(伯夷)처럼 행실이 청렴하더라도 그 지위와 세력이 세상
사람으로부터 떠받들어지지 않으면 공을 세울 수가 없고, 이름
을 떨칠 수가 없다.

옛날 공명(功名)을 성취한 사람은 민중이 힘을 모아 그를 도
왔고, 측근에 있는 사람이 성의를 다하여 그를 섬겼으며, 멀리
있는 사람은 그의 명성을 칭찬하고, 신분이 높은 사람은 그를
세위(勢位)로써 추대했던 것이다.

이와 같았으므로 태산과 같이 높은 공적이 길이 나라에 세워
지고, 해와 달같이 빛나는 명성이 오래도록 세상에 드러나는
것이다.

이것이 곧 요(堯)가 남면(南面)하여 천자의 자리에서 명예를
지키고, 순(舜)이 북면(北面)하여 신하로서 요임금을 섬겨 큰
공적을 이룰 수 있었던 까닭이다.

　　夫有材而無勢 雖賢不能制不肖 故立尺材於高山之上 而下臨
千仞之谿 材非長也 位高也 桀爲天子 能制天下 非賢也 勢重也
堯爲匹夫 不能正三家 非不肖也 位卑也 千鈞得船則浮 錙銖失
船則沈 非千鈞輕而錙銖重也[1] 有勢之與無勢也 故短之臨高也以
位 不肖之制賢也以勢 人主者 天下一力以共載之 故安 衆同心
以共立之 故尊 人臣守所長 盡所能 故忠 以尊主御忠臣 則長樂
生而功名成 名實相持而成 形影相應而立 故臣主同欲而異使
人主之患 在莫之應 故曰 一手獨拍 雖疾無聲 人臣之憂 在不得
一[2] 故曰 右手畫圓 左手畫方 不能兩成 故曰 至治之國 君若桴
臣若鼓 技若車 事若馬 故人有餘力易於應 而技有餘巧便於事
立功者不足於力 親近者不足於信 成名者不足於勢 近者已親
而遠者不結 則名不稱實者也 聖人德若堯舜 行若伯夷 而位不
載於勢 則功不立 名不遂 故古之能致功名者 衆人助之以力 近
者結之以成 遠者譽之以名 尊者載之以勢 如此 故太山之功長
立於國家 而日月之名久著於天地 此堯之所以南面而守名 舜之
所以北面而效功也

1) 非千鈞輕而錙銖重也(비천균경이치수중야) : 천균(千鈞)은 아주 무거운 것을 표현하는 말인데 균(鈞)이란 지금의 30근(斤) 7,680g에 해당되는 무게이고, 치수(錙銖)는 아주 가벼운 것을 표현하는 말이다. 치(錙)는 여섯 수이고, 한 수(銖)는 한 냥(兩)의 24분의 1에 해당하는 아주 가벼운 무게 단위이다.

2) 得一(득일) : 두 가지 설이 있는데, 하나는 위의 임금과 신하가 하나(一體)되는 것을 뜻한다고 했는데, 여기서는 한 가지 직무에만 전념(專念)한다는 뜻으로 본다.

제 48 편 안 위(安危)

　안위(安危)는 법치사상을 기본으로 유가(儒家)의 사상과 도가(道家)의 사상을 혼합하여 한비(韓非) 나름대로 이론화시킨 것으로 대개는 『묵자(墨子)』·『순자(荀子)』와 같은 고전에 이미 거론됐던 것이다.

　이 편의 특징은 위에 군림하는 임금의 정치적 형태는 자의적이 아닌 객관적인 기준을 바탕으로 할 것을 요구하는 한편 아래의 신하는 삶을 즐기고 죽음을 두려워하는 상황에 있어야 된다는 것을 말하고 있다. 그 삶을 즐기고 죽음을 두려워한다는 것은 곧 굶주리면 배불리 먹고 추우면 옷을 입는 자연에 따르는 인간을 말하며, 여기에서 벗어난 정치의 효과는 향상되지 않는다고 설명했다. 또 다른 편에서도 흔히 볼 수 있는 민중의 이욕(利欲)에 따른 법치(法治)와 함께 중신(重臣)의 왕위(王位) 탈취에 대한 경계라는 두 측면을 유가·도가의 사상으로 뒤섞어 엮었다고 할 수 있다.

1. 나라를 보존하는 일곱 가지 방법

　나라를 안정시키는 방법에 일곱 가지가 있고, 위태로워지는 길에 여섯 가지가 있다.

　안정시키는 방법이란 첫째로 상벌(賞罰)은 행실의 옳고 그름에 따라야 하고, 둘째로 화복(禍福)은 그 행실의 선악(善惡)에 따라 베풀어야 하며, 셋째로 생사(生死)는 법도(法度)를 기준으로 결정하고, 넷째로 현명한 것과 우매한 것을 판단하는데 있어사사로이 좋아하고 싫어하는데 구애받지 않으며, 다섯째로 지혜로운가 어리석은가를 가림에 있어 남의 칭찬이나 비방에 좌우되지 않고, 여섯째로 객관적인 일정한 법도가 있어 주관적인 억측에 따르지 않으며, 일곱째로 믿음이 지켜져 거짓이 행해지지 않아야 한다.

위태롭게 되는 길이란 첫째로 법규를 지키지 않고 제멋대로 일을 처리하는 것이고, 둘째로 법규를 벗어나 자의적으로 일을 결정하는 것이며, 셋째로 남에게 해가 되는 것을 자기의 이익으로 삼는 것이고, 넷째로 남의 재앙을 보고 즐기는 것과 다섯째로 남의 편안한 바를 위태롭게 만드는 것이며, 여섯째로 사랑해야 할 사람을 가까이 하지 않고 미워해야 할 사람을 멀리 하지 않는 것이다.

임금이 이와 같이 한다면 사람들은 삶의 즐거움을 잃고, 죽는 것을 두려워해야 하는 까닭을 모르게 된다. 사람들의 삶이 즐겁지 못하면 임금은 존경을 받지 못하며, 죽음을 두려워하지 않으면 임금의 명령은 시행되지 못하는 것이다.

　　安術有七　危道有六　安術　一曰賞罰隨是非　二曰禍福隨善惡
三曰死生隨法度　四曰有賢不肖而無愛惡　五曰有愚智而無非譽[1]
六曰有尺寸而無意度[2]　七曰有信而無詐　危道　一曰斷削於繩之內
二曰斷割於法之外　三曰利人之所害　四曰樂人之所禍　五曰危人
之所安　六曰所愛不親　所惡不疏　如此　則人失其所以樂生　而忘
其所以重死　人不樂生　則人主不尊　不重死[3]　則令不行也

1) 非譽(비예) : 비(非)는 비방(誹謗)의 뜻. 예(譽)는 칭찬의 뜻.
2) 尺寸而無意度(척촌이무의도) : 척촌(尺寸)은 잣대, 곧 척도(尺度)를
   말함인데 여기서는 객관적인 기준(基準)을 뜻한다. 의도(意度)는 주
   관적 판단.
3) 不重死(불중사) : 죽음을 겁낸다는 뜻인데 『노자』 제74장의 민불외사
   (民不畏死)라는 말과 같다.

2. 공자도 타지 않는 수레

세상 사람들로 하여금 그 지혜와 능력을 다하여 기준을 지키고 그 역량을 다하여 법도를 따르게 할 수 있다면 임금이 군사를 일으킬 경우에는 적에게 이기고, 가만이 지키고 있을 때는 나라가 태평할 것이다.

세상을 다스림에 있어서 민중들로 하여금 삶을 즐거워하는 것이 옳고 자기 일신만을 아끼는 것은 그르다는 것을 알게 한다면 그 사회에 소인은 적어지고 군자(君子)는 많아질 것이다. 그렇게 되면 사직(社稷)은 끝없이 존립하고 나라는 오래도록 태평할 것이다.

미친듯이 달리는 수레에는 중니(仲尼)같은 성인도 타지 않을 것이며, 뒤집히려는 배안에는 백이(伯夷)같이 지조있는 선비가 있지 않을 것이다.

그러므로 법도나 호령은 나라의 배(舟)나 수레와 같아 그것이 안정되면 민중들이 지혜와 청렴으로 행동하지만 그것이 위태로우면 민중들이 서로 다투고 비열해지는 것이다.

나라를 편안하게 하는 방법은 배가 고프면 먹고, 추우면 옷을 입는 것과 같이 명령하지 않아도 저절로 그렇게 되도록 하는 것이다.

선왕(先王)들은 나라 다스리는 이치(理致)를 죽간(竹簡)이나 비단에 기록했는데, 그 방법이 이치에 맞았기 때문에 후세에도 그에 복종하는 것이다.

만약 지금 사람들에게 춥고 배고플 때 옷과 음식을 버리게 한다면 비록 맹분(孟賁)과 하육(夏育)같은 사람이라도 그 명령이 세상에 시행되게 하지 못할 것이다. 명령이 자연의 이치를 거슬리면 비록 순임금과 같은 성인이라도 확립시키지 못할 것이다.

굳세고 용감한 사람도 시행할 수 없는 법령이라면 위의 임금도 편안할 수 없다. 또 임금이 만족할 줄 모르는 욕심에 빠져 민중들의 궁색한 것을 모르는 채 더욱 짜내려고 채찍질 한다면 아래의 민중들은 이제 아무것도 없다는 대답만 할 뿐인데, 이렇게 아무것도 없게 되면 법을 업신여기게 된다.

법은 나라를 다스리는 바탕인데 이것이 경시되면 임금의 공적은 세워지지 못하고 명성은 떨쳐지지 못하게 된다.

들은 바에 따르면 옛날 명의(名醫)인 편작(扁鵲)은 중병을 치료할 때는 칼로 병자의 뼈를 찔렀다고 한다. 성인(聖人)이 위태로운 나라를 구할 때는 임금의 귀에 거슬리는 충언(忠言)을 서슴지 않았던 것이다.

뼈를 찌르므로 몸에 작은 고통은 있었겠지만 일신에는 오래도록 이로움이 있고, 귀에는 거슬리는 말이기 때문에 당장에는 마음이 언짢겠지만 나라는 오래도록 복됨을 얻게 된 것이다.

그러므로 중병을 앓는 사람은 모진 고통을 참는데에 이로움이 있고, 의지가 꿋꿋한 임금은 귀에 거슬리는 말을 듣는 것이 복(福)이 된다.

중병을 앓는 사람이 고통을 참으므로 편작은 모든 의술을 다 발휘할 수 있었고, 임금이 귀에 거슬리는 말을 참고 들어주었기 때문에 오자서(伍子胥)는 마음껏 충언을 할 수 있었던 것이니 몸이 오래 살고, 나라가 태평할 수 있었던 방법이다.

병든 사람이 치료의 아픔을 참지 못하면 편작의 의술을 발휘하지 못하게 되고, 나라가 위태로운데도 귀에 거슬리는 말은 듣기 싫어하면 성인의 뜻을 펼치지 못하게 된다.

이와 같으면 장구한 이익은 먼 후세에까지 전할 수 없고, 공명은 영원히 세울 수 없는 것이다.

使天下皆極智能於儀表 盡力於權衡 以動則勝 以靜則安 治世 使人樂生於爲是 愛身於爲非 小人少而君子多 故社稷常立 國家 久安 奔車之上無仲尼[1] 覆舟之下無伯夷 故號令者 國之舟車也 安則智廉生 危則爭鄙起 故安國之法 若飢而食 寒而衣 不令而

自然也 先王寄理於竹帛²⁾ 其道順 故後世服 今使人飢寒去衣食
雖賁育不能行 廢自然 雖舜而不立 强勇之所不能行 則上不能安
上以無厭責已盡 則下對無有 無有則輕法 法所以爲國也 而輕之
則功不立 名不成 聞古扁鵲之治甚病也 以刀刺骨 聖人之救危國
也 以忠拂耳 刺骨 故小痛在體 而長利在身 拂耳 故小逆在心
而久福在國 故甚病之人 利在忍痛 猛毅之君³⁾ 福以拂耳 忍痛
故扁鵲盡巧 拂耳 則子胥不失 壽安之術也 病而不忍痛 則失扁
鵲之巧 危而不拂耳 則失聖人之意 如此 長利不遠垂⁴⁾ 功名不久
立

1) 奔車之上無仲尼(분거지상무중니) : 분거(奔車)는 미친듯이 달리는 수
   레(狂奔之車)를 뜻하고 중니(仲尼)는 공자(孔子)를 말한다.
2) 理於竹帛(이어죽백) : 이(理)는 나라 다스리는 통치의 이치(理致)를
   말하고, 죽(竹)은 죽간(竹簡)을 뜻하며 백(帛)은 비단에 글을 써두는
   것(帛書)을 말한다.
3) 猛毅之君(맹의지군) : 의지(意志)가 강한 임금.
4) 遠垂(원수) : 먼 뒷날까지 이어지다는 뜻.

3. 큰나라가 작은나라에게 패하는 까닭

임금이 스스로 뼈를 깎는 괴로움을 다하여 요임금과 같은 성
군(聖君)이 되려고는 하지 않고, 신하에게만 오자서(伍子胥)와
같은 충신이 되기를 바라는 것은 포악한 주왕(紂王)이 은(殷)
나라의 모든 민중에게 비간(比干)과 같은 충신이 되기를 바라
는 것과 마찬가지다.

만약 모든 민중이 비간과 같은 충신이라면 임금은 나라를 잃
지 않을 것이고, 민중은 그 목숨을 잃지 않을 것이다.

임금이 신하의 능력을 저울질하지 않았던 까닭에 전성자(田
成子)와 같은 역신(逆臣)이 나타났는데도 신하들이 모두 비간
과 같은 충신이기를 바라고 있었으므로 그 나라는 조금도 편안
할 수가 없었던 것이다.

요·순(堯舜)과 같이 뛰어난 임금을 폐위하고 걸·주(桀紂)
와 같은 폭군을 세운다면 사람들은 자기의 장점을 내세워 성공
을 즐길 수 없고 단점을 반성하여 고쳐야 되겠다는 걱정도 하
지 않게 된다.

민중들의 장점을 살릴 수 없게 되면 나라의 공적은 없어지
고, 단점을 반성하여 고치지 않고 그대로 두면 민중들은 삶을
즐길 수 없는 것이다.

임금이 아무런 공적도 세우지 않은 채, 삶을 즐기지 않는 민
중들을 다스리면 민중들은 가지런히 잘 다스려 질 수 없는 것
이다.

이와 같으면 윗사람은 아랫사람을 부릴 수 없고 아랫사람은
윗사람을 섬기지 않게 된다.

나라의 안위(安危)는 옳고 그른 것을 분별하는데 있는 것이
지 나라가 강한가 약한가에 있는 것이 아니다.

나라의 존망(存亡)은 나라의 실정이 비어있는지 아니면 차있
는지에 달린 것이지 민중의 많고 적음에 있는 것은 아니다.

그러므로 제(齊)나라는 만승(萬乘)의 큰나라이면서도 명성과
실제가 일치하지 않아 위로 임금의 지위가 확고하지 않아 공허
하고 안으로 명성보다 실권이 충만하지 않았으므로 신하가 임
금을 죽이고 그 지위를 빼앗았던 것이다.

또 은(殷)나라는 천자(天子)의 나라였으나 옳고 그름의 기준
이 없었으므로, 공적없는 사람에게 상을 주고 남을 헐뜯거나
아첨하는 사람이 높은 지위를 얻게 되는 한편으로 죄없는 사람
을 처형하고, 날 때부터 꼽추인 사람의 등을 잘라 교정하려 했
다. 거짓과 속이는 것을 옳다 하고 타고난 본래의 성품을 그르
다고 했으니 작은나라에 의해 큰나라가 망하는 결과가 되었던
것이다.

人主不自刻[1]以堯 而責人臣以子胥 是幸殷人之盡如比干 盡如
比干 則上不失 下不亡 不權其力而有田成[2] 而幸其身盡如比干

故國不得一安 廢堯舜而立桀紂 則人不得樂所長 而憂所短 失所
長 則國家無功 守所短 則民不樂生 以無功御不樂生 不可行於
齊民[3] 如此 則上無以使下 下無以事上

　安危在是非 不在於强弱 存亡在虛實 不在於衆寡 故齊萬乘也
而名實不稱 上空虛於國[4] 內不充滿於名實 故臣得奪主 殷天子
也 而無是非 賞於無功 使讒諛以詐僞爲貴 誅於無罪 使傴以天
性剖背[5] 以詐僞爲是 天性爲非 小得勝大矣

1) 刻(각) : 여러 가지 설이 있는데 각고(刻苦)의 뜻인 극(克)으로 보는
　　견해도 있고, 탐구하다는 뜻으로도 본다.

2) 不權其力而有田成(불권기력이유전성) : 불권(不權)은 여기에서 헤아
　　려보지 않는다는 뜻으로 권(權)은 저울질을 말한다. 전성(田成)은 전
　　성자(田成子).

3) 齊民(제민) : 교화로 민중을 가지런히 하는 것을 뜻한다.

4) 上空虛於國(상공허어국) : 임금은 나라 안에서 실권이 없는 공허한
　　존재라는 말이다. 공허(空虛)는 허명(虛名)을 뜻한다.

5) 傴以天性剖背(구이천성부배) : 구(傴)는 곱사등이를 말하며, 부배(剖
　　背)는 등을 잘라 해부한다는 뜻인데, 여기서는 타고난 곱사등이를 억
　　지로 교정한다는 말.

4. 현명한 임금이란

　현명한 임금은 나라 안을 견고히 하기 때문에 밖으로 실패하
지 아니한다. 가까운 곳에서 실패하면서 먼 곳의 영토를 잃지
않으려고 애쓰는 것은 있을 수 없는 일이다.

　그러므로 주(周)나라가 은(殷)나라를 빼앗았던 것은 마치 마
당에 버려진 것을 줍는 것처럼 쉬운 일이었다.

　만약 은나라가 조정에서 거듭 실정(失政)하지 않았더라면 주
나라는 감히 은나라의 영토를 털끝 만큼도 넘보지 못했을 것인
데, 하물며 천자(天子)의 지위를 감히 바꿔놓을 수 있었겠는
가 ?

현명한 임금이 다스리는 방법은 법도에 충실하고, 그 법도는
사람의 마음에 충실하므로 민중에게 군림하면 잘 다스려지고
세상을 떠나면 민중이 추모(追慕)하게 된다.

요(堯)임금은 아교칠을 한 것처럼 민중과 굳은 약속을 한 바
가 없었는데도 당세(當世)에 도가 잘 행해졌고, 순(舜)임금은
송곳 하나 꽂을 만한 영토가 없었는데도 먼 후세에까지 그 은
덕은 민중들의 마음에 맺어져 끊이지 않는다.

이와 같이 먼 옛날 그 당시에 도(道)를 세우고, 그 은덕을 만
세에까지 전하는 자를 곧 현명한 임금이라고 말하는 것이다.

明主堅內 故不外失 失之近 而不亡於遠者 無有 故周之奪殷
也 拾遺於庭 使殷不遺於朝 則周不敢望秋毫於境 而況敢易位
乎

明主之道 忠法 其法忠心 故臨之而治[1] 去之而思 堯無膠漆之
約[2]於當世而道行 舜無置錐之地於後世而德結 能立道於往古 而
垂德於萬世者之謂明主

1) 故臨之而治(고임지이치) : 임(臨)은 곧 법리(法理)를 뜻하나 여기서
   는 임금의 지위에 군림하는 것을 뜻하고, 치(治)는 구본에 법(法)으
   로 썼으나 그대로 둔다.

2) 膠漆之約(교칠지약) : 아교칠과 옻칠을 하듯 굳게 맺은 약속의 뜻.

제 49 편 심 도(心度)

심도(心度)는 민중의 심리적인 준칙(準則)을 논했다.

그 편의 대강은 어지러운 것을 좋아하고 일하는 것을 싫어하는 민중의 마음을 바탕으로 한 상벌(賞罰), 곧 엄한 법으로 간사(姦邪)한 것을 미리 금해서 마음의 법도를 앞세워 사랑으로 승화시킨다는 것이다. 또한 법이란 때에 맞추면 잘 다스려지고, 밖의 세력에 의지하지 않고 스스로를 믿고 작록(爵祿)의 권위를 높이면 임금과 일치한다고 했다. 이 편도 앞의 각 편에서 인용 취집하여 편성한 것으로 보인다.

I. 빈번한 포상은 혼란의 바탕이 된다

성인(聖人)이 민중을 다스리는 이치는 근본인 법도로 헤아려 민중의 욕망에 따르지 않고 민중의 이로움이 되는 것을 목표로 한다.

민중에게 형벌을 시행하는 것은 그들이 미워서가 아니라 그것이 민중을 사랑하는 근본이기 때문이다.

형벌이 우세하면 민중의 삶은 조용하지만 포상(襃賞)이 빈번하면 간사한 일이 일어나게 마련이다. 그러므로 민중을 다스림에 있어서는 형벌을 앞세워야 비로소 편안하게 다스려지고, 포상을 빈번히 하는 것은 혼란의 바탕이 되는 것이다.

무릇 민중의 본성은 혼란을 좋아하고 그 법을 사랑하려 들지 않는다. 그러므로 현명한 임금이 나라를 다스리면 포상을 확실하게 밝혀 민중이 공을 세우도록 장려하고, 형벌을 엄중히 하여 민중이 법을 사랑하도록 만든다.

이렇게 민중이 서로 공을 세우려고 애쓰면 나라 일은 방해받지 않고, 법을 사랑하게 되면 못된 짓들이 싹을 트지 못한다.

그러므로 민중을 다스림에는 간사한 일이 일어나기 전에 미리 싹을 잘라 근절(根絶)시키고, 군사를 일으켜 전쟁을 할 경우에는 민중의 마음에 싸우려는 의지를 심어 놓아야 한다.

금령(禁令)은 그 근본을 먼저 확고하게 해놓아야 잘 다스려지고, 군사를 일으킴에는 먼저 그 마음에 싸우려는 의지를 심어놓아야 승리하는 것이다.

미리 처리해 다스리면 강성해지고, 미리 싸움에 대비하면 승리하는 것이다.

무릇 국사(國事)를 처리함에 있어 앞서야 할 일에 미리 힘쓰면 민중의 마음은 하나로 통일되고, 오로지 공정한 사람만 발탁하면 사적인 청탁이 뒤따르지 않으며 못된 짓을 고하는 사람에게 상을 주면 간사한 일이 일어나지 않고, 법령을 명확하게 드러내어 공정하게 시행하면 정치는 번거로워지지 않는다.

이 네 가지를 잘 운용하면 나라는 강해지고, 이 네 가지를 잘못 시행하면 나라는 약해진다.

무릇 나라가 강해지는 바탕은 정치에 있고, 임금의 존엄성이 지켜지는 바탕은 권력에 있는 것이다. 그러므로 현명한 임금에게도 권력이 있고 정치가 있으며 어지러운 임금에게도 권력이 있고 정치가 있다. 그것이 쌓이고 쌓인 결과가 다르기 때문에 두 임금의 처지가 달라지는 것이다.

현명한 임금은 권력을 장악하여 왕위(王位)를 소중히 하고 정치를 한결같이 하여 나라를 다스린다. 그러므로 법이라는 것은 국가의 근본이 되며, 형벌이라는 것은 민중을 사랑하는 마음에서 비롯되는 것이다.

聖人之治民 度於本[1] 不從其欲 期於利民而已 故其與之刑 非

所以惡民 愛之本也 刑勝而民靜 賞繁而姦生 故治民者 刑勝 治
之首也 賞繁 亂之本也 夫民之性 喜其亂 而不親其法 故明主之
治國也 明賞則民勸功 嚴刑則民親法 勸功則公事不犯 親法則姦
無所萌 故治民者禁姦於未萌 而用兵者服戰於民心 禁先其本者
治 兵戰其心者勝 先治者强 先戰者勝 夫國事務先而一民心 專
擧公而私不從 賞告而姦不生 明法而治不煩 能用四者强 不能用
四者弱 夫國之所以强者政也 主之所以尊者權也 故明君有權有
政 亂君亦有權有政 積而不同 其所以立 異也 故明君操權而上
重 一政而國治 故法者 王之本也 刑者 愛之自也[2]

1) 度於本(도어본) : 도(度)는 약속을 규정하다의 뜻이 있으며 헤아리다
   의 뜻. 본(本)은 법제(法制)의 뜻.

2) 愛之自也(애지자야) : 자(自)는 비롯된다. 즉 ‘…부터’라는 뜻.

2. 노동을 싫어하고 편안한 것만 찾는 민중

민중의 본성은 노동을 싫어하고 편안한 것을 좋아하는데, 편
안하면 게을러져 본업이 황폐해지고, 본업이 황폐해지면 다스
려지지 아니하며, 다스려지지 않으면 혼란에 빠지고, 이렇게 되
었는데도 민중들에게 상벌(賞罰)이 확실하게 시행되지 않으면
반드시 나라는 쇠멸하고 만다.

큰공(功)을 세우고자 하면서 온갖 힘을 다 쏟는 것을 기피하
면 큰공을 세우는 것을 기대하기 어렵다. 또 그 법으로 다스리
고자 하면서 종래의 법 고치는 것을 외면하면 민중의 혼란을
다스리는 것은 기대하기 힘들다.

민중을 다스림에는 일정한 방법이 없기 때문에 오직 법으로
다스려야 한다.

법(法)이 시대의 변화에 맞춰 함께 변하면 세상은 다스려지
고, 정치가 세상에 맞게 다스려지면 공적이 이루어진다. 그러므
로 민중이 소박(素樸)했던 시대에는 도덕적인 명예만으로도 금
령을 내리면 다스려졌는데, 세상이 슬기로워지고 교묘하게 된

지금에는 형벌로 묶어야 겨우 복종하게 됐다.

시대가 흘렀는데도 법이 바뀌지 않으면 세상은 혼란해지며, 세상이 변했는데도 금령(禁令)이 바뀌지 않으면 그 나라의 영토는 깎인다.

그러므로 성인(聖人)이 민중을 다스리면 법률은 시대의 변천에 따라 바뀌고, 금령 또한 세태의 변화와 함께 바뀌는 것이다.

夫民之性[1] 惡勞而樂佚 佚則荒 荒則不治 不治則亂 而賞刑不行於下者必塞 故欲擧大功 而難致而力者 大功不可幾而擧也 欲治其法 而難變其故者 民亂不可幾而治也 故治民無常 唯法爲治 法與時轉則治 治與世宜則有功 故民樸而禁之以名則治 世智而維之以刑則從 時移而法不易者亂 世變而禁不變者削 故聖人之治民也 法與時移 而禁與世變

1) 民之性(민지성):'궤사'에는 일하지 않고 부귀해지는 것을 바라고 '오두'에는 농사를 지으려고 애쓰지 않아도 소출은 넉넉하게 되기를 바라는 것이라 했다.

3. 민중을 잘 부릴 수 있는 길

나라가 민중의 힘을 동원하여 땅을 일구는데 쏟을 수 있게 한다면 부국(富國)이 되고, 민중의 힘을 적에게 향하여 분발시키면 그 나라는 강하게 되니, 부강(富强)하면 나라가 쇠멸하지 않고 그 임금은 천하의 왕자(王者)가 될 수 있다.

그러므로 왕자(王者)의 도(道)는 임금에게의 언로(言路)를 통하게 하는 것에 있고, 신하들의 간사(姦事)를 막는데 있으니, 신하의 못된 행위를 막을 수 있는 임금은 반드시 왕자가 된다.

왕자의 법술(法術)은 다른 나라의 힘을 빌려 자기 나라의 혼란을 막는 일을 하지 않으며, 이에 앞서 자기 나라가 혼란에 빠지지 않도록 하는 것에 의지한다. 다른 나라에 의지하여 자기 나라의 혼란을 막는 나라는 반드시 영토가 줄어들고, 자기 나

라가 혼란하지 않도록 미리 법률을 시행하여 확고히 하는 나라
는 반드시 부흥(復興)하게 된다. 그래서 현명한 임금은 나라를
다스리는데 있어 혼란에 빠지지 않도록 미리 법술을 적용하는
것이다.

벼슬을 귀하게 여기면 임금이 존중된다. 그러므로 공로에 대
해 상을 주고 중임을 맡기면 사악한 것이 관여하지 못한다.

힘을 좋아하는 자는 작위(爵位)의 가치를 높이고 작위의 가
치를 높이면 임금의 권위는 더욱 존엄해지며, 임금의 권위가
존엄하면 반드시 왕자가 되는 것이다.

나라가 노력을 장려하지 않고 사사로운 학문에만 의지하면
그 작위(爵位)의 가치는 떨어지게 되고, 작위의 가치가 떨어지
면 따라서 임금의 권위도 떨어지며, 임금의 권위가 떨어지면
반드시 그 나라의 영토는 줄어들게 된다.

나라를 보존하고 민중을 잘 부리는 길(道)은 외세가 들어오
는 길을 막고 사사로운 학문에 의지하는 사람을 막고 임금 스
스로가 믿음이 있어야 하니 이러한 자는 왕업을 성취할 수 있
다.

能趨¹⁾力於地者富 能趨力於敵者强 强不塞者王 故王道在所開
在所塞 塞其姦者必王 故王術不恃外之不亂也 恃其不可亂也 恃
外不亂而立治者削 恃其不可亂而行法者興 故賢主之治國也 適
於不可亂之術 貴爵則上重 故賞功爵任 而邪無所關 好力者 其
爵貴 爵貴則上尊 上尊則必王 國不事力而恃私學者 其爵賤 爵
賤則上卑 上卑者必削 故立國用民之道也 能閉外塞私²⁾而上自恃
者 王可致也

1) 趨(추) : 쏠려 향하게 한다는 뜻인데, 구본에는 월(越) 또는 기(起)로
   썼으나 마땅하지 않다.
2) 閉外塞私(폐외색사) : 외국의 세력을 끌어들여 나라를 혼란하게 하는
   것을 막고, 사사로운 학문에만 의지하고 노력하지 않는 사람을 못하
   도록 폐쇄한다는 뜻.

제 50 편 충 효(忠孝)

충효(忠孝)는 세상의 충신 효자를 논하는 한편 요순탕무(堯舜湯武)의 현명을 설명하면서 열사(烈士)들의 도가적인 행동을 논하는 동시에 종횡(縱橫)비판에까지 미쳐 상벌(賞罰)을 바탕으로 한 법치(法治)를 설명했다.

ɪ. 요순도 세상을 어지럽게 한 일이 있다

세상 사람은 모두 효제충순(孝悌忠順)의 도리가 옳은 것을 알면서도 효제충순의 도리를 자세히 궁구하여 알려 하지 않고 실행을 살피지 않았기 때문에 세상이 이렇게 어지러운 것이다.

사람들은 모두 요·순의 도(道)를 무조건 옳다고 여겨 이를 본받기 때문에 임금을 죽이는 사람이 생기고, 부모에게 잘못을 저지르는 사람이 나타난다.

요·순·탕·무는 혹은 군신(君臣)의 의리를 배반하고 혹은 후세의 가르침을 어지럽게 한 사람들이다.

요(堯)는 군주(君主)이면서 그 왕위를 신하인 순(舜)에게 물려주어 임금으로 섬겼고, 순은 신하였으면서도 임금의 자리를 물려받아 임금인 요(堯)를 신하로 삼았으며, 탕(湯)과 무(武)는 신하로서 그 임금을 죽이고 죽은 시체에까지 형벌을 가했는데도 세상 사람들은 그들을 칭찬한다.

이것이 세상이 지금에 이르기까지 제대로 다스려지지 않고 있는 까닭이다.

　현명한 임금이라 일컫는 사람은 자기의 신하를 잘 양성하여 복종하게 하며, 어진 신하라 일컫는 사람은 법률을 명확히 시행하고 맡은 관직을 잘 수행하여 임금을 높이 받드는 것이다.

　그런데도 요는 스스로 현명하다면서 신하인 순(舜)을 잘 양성해서 복종시키지 못했고, 순은 스스로 어진 신하라 하면서 임금인 요를 제대로 받들지 못했으며, 탕과 무는 스스로 의롭다고 하면서 자기들의 임금을 죽였다.

　이로써 보면 현명한 임금은 항상 왕위를 남에게 물려주어야 하고 어진 신하는 늘 왕위를 빼앗아야 한다. 그러므로 지금에 이르기까지 사람의 자식된 자가 자기 부모의 집을 빼앗는 일이 일어나고, 신하된 자가 자기 임금의 나라를 빼앗는 일이 나타나는 것이다.

　부모로서 자식에게 집을 물려주고 임금이 신하에게 나라를 물려주는 것이 지위를 확고히 하고 가르침을 한결같이 하는 방법은 아니다.

　내〔臣〕가 들은 바에 따르면 "신하는 임금을 섬기고, 자식은 부모를 섬기며, 아내는 지아비를 섬기는 이 세 가지가 순조롭게 행해지면 세상은 잘 다스려지지만, 만약 이 세 가지를 어기게 되면 세상은 어지러워진다."고 했다.

　이것이야말로 천하의 변하지 않는 도리다. 아무리 현명한 임금이나 어진 신하라도 바꿀 수 없는 도리로서 임금이 비록 어리석더라도 신하는 감히 침범하지 못한다. 그런데 지금, 현명한 사람을 존경하고 지혜로운 이에게 나라를 맡겨 상도(常道)를 무시하는 것은 도(道)를 어기는 것인데도 세상 사람들은 언제나 이것을 잘 다스리는 도라고 여긴다.

　그러므로 전성자(田成子)는 제(齊)나라에서 여씨(呂氏)의 왕위를 빼앗았고, 대환(戴驩)은 송(宋)나라에서 자씨(子氏)의 왕위를 빼앗았던 것이다. 그들은 모두 현명하고 지혜로운 자들이었지 어찌 어리석고 불초(不肖)한 자들이었겠는가?

　그래서 상도(常道)를 버리고 현명한 것만을 숭상하면 나라는 어지러워지고, 법도를 버리고 지혜로운 사람에게만 맡기면 나라는 위태로워진다. 그러므로 옛말에 이르기를 "법을 존중하고 현명한 것을 숭상하지 않는다."고 했다.

　天下皆以孝悌忠順之道爲是也　而莫知察孝悌忠順之道而審行之　是以天下亂　皆以堯舜之道爲是而法之　是以有弑君　有曲父[1] 堯舜湯武或反君臣之義　亂後世之敎者也　堯爲人君　而君其臣　舜爲人臣　而臣其君　湯武爲人臣　而弑其主　刑其尸　而天下譽之　此天下所以至今不治者也　夫所謂明君者　能畜其臣者也　所謂賢臣者　能明法辟[2] 治官職　以戴其君者也　今堯自以爲明　而不能以畜舜　舜自以爲賢　而不能以戴堯　湯武自以爲義　而弑其君長　此明君且常與　而賢臣且常取也　故至今爲人子者　有取其父之家　爲人臣者　有取其君之國者矣　父而讓子　君而讓臣　此非所以定位一敎之道也　臣[3]之所聞曰　臣事君　子事父　妻事夫　三者順則天下治　三者逆則天下亂　此天下之常道也　明王賢臣而弗易也　則人主雖不肖　臣不敢侵也　今夫上賢　任智　無常　逆道也　而天下常以爲治　是故田氏奪呂氏於齊　戴氏奪子氏於宋[4]　此皆賢且智也　豈愚且不肖乎　是廢常上賢則亂　舍法任智則危　故曰　上法而不上賢

1) 有曲父(유곡부) : 구본에는 유곡어부(有曲於父)로 썼는데 뜻은 같고, 곡(曲)은 여기에서 사곡(邪曲)을 뜻한다.
2) 法辟(법벽) : 법도(法度)와 죄형(罪刑)을 뜻한다.
3) 臣(신) : 한비자에 있어서는 군이 임금에 대한 신(臣)을 자칭한 것이 아니라, 흔히 자칭(自稱)으로 썼다.
4) 戴氏奪子氏於宋(대씨탈자씨어송) : 대씨(戴氏)는 송나라 재상이었던 대환(戴驩)을 말하며, 자씨(子氏)는 송나라 왕가(王家)의 성씨였다.

2. 법을 무시한 말은 미묘하고 황홀한 것

옛날 문헌의 기록에서 이르기를 "순(舜)이 천자의 지위에 올라 그 아버지인 고수(瞽瞍)를 만났을 때 그의 얼굴에 수심이 가득찼다."고 했다.

이에 공자가 말하기를 "그 당시의 세상은 위태로워 곧 쓰러질 것 같았다. 도(道)를 터득한 사람은 아버지라 할지라도 자식으로 부리지 못하고, 임금이라도 신하로 부릴 수가 없다"고 했다.

나는 말한다.

공자는 처음부터 효제충순의 도(道)를 알지 못했다고 할 수 있다. 공자가 말한대로라면 도를 터득한 사람은 밖으로 나가서는 군신(君臣)의 관계를 맺지 못하고, 안으로 들어와서는 부자(父子)의 친애(親愛)함도 주고받지 못한다는 말인가?

부모가 현명한 자식을 바라는 것은 집이 가난하면 부유하게 해주고, 부모가 고통스러워하면 편안하고 즐겁게 해주기 때문이다. 또 임금이 현명한 신하를 바라는 것은 나라가 어지러우면 잘 다스려주고, 임금이 비천해지면 존엄하게 해주기 때문이다.

그런데 지금 현명한 자식이 있으면서 부모를 위하지 않는다면 부모는 집에 거처해도 괴롭고, 현명한 신하가 있으면서 임금을 위해주지 않으면 임금은 왕위에 있어도 위태로울 뿐이다. 그렇다면 아버지에게 현명한 아들이 있고, 임금에게 현명한 신하가 있어도 모름지기 해(害)가 있을 뿐이지 어찌 이로움을 얻을 수 있겠는가?

이른바 충신이란 그 임금을 위태롭지 않게 하며, 효자란 그 부모를 비난받게 하지 않아야 하는 것이다. 그러나 지금 순(舜)은 현명하기 때문에 임금의 나라를 물려받았고, 탕과 무는 의(義)롭기 때문에 그 임금을 추방하고 죽였다. 이는 모두 현명했기 때문에 임금에게 위해(危害)를 주었는데도 세상 사람들은 그 현명한 것을 칭찬한다.

옛날의 열사(烈士)는 나가서는 신하로서 임금을 섬기지 않았고, 들어와서는 집안을 이루지 않았으니 이것은 곧 나가서는 그 임금을 위하지 않고 들어와서는 그 부모를 위하지 않은 것이다.

무릇 밖에 나가 신하로서 임금을 섬기지 않고 안에 들어와

집안을 이루지 않으면 세상이 어지러워지고 후사(後嗣)가 끊어
지는 길인 것이다. 그러한 까닭에 요·순·탕·무를 현명하다
고 칭찬하며 열사를 인정하는 것은 세상의 혼란을 불러 일으키
는 것이다.

　고수(瞽瞍)는 순의 아버지인데도 순은 그를 추방했고 상(象)
은 순의 아우인데도 순은 그를 죽였다. 아버지를 추방하고 아
우를 죽이는 일은 어질다고 말할 수 없다. 또 요임금의 두 딸을
아내로 삼고 천하를 차지한 것은 옳은 의(義)라 말할 수 없다.
인과 의를 갖추지 않았다면 현명하다고 말할 수 없는 것이다.

　『시경(詩經)』에 이르기를 "넓은 하늘 아래의 땅 임금의 땅이
아닌 곳이 없고, 모든 땅의 그 누구도 임금의 신하 아닌 사람은
없다."고 했는데, 이 『시경』의 말을 믿어 순(舜)은 밖에 나가
그 임금을 신하로 삼고, 들어와서는 그 아버지도 신하로 삼고,
그 어머니는 노비(奴婢)로 삼고, 그 임금의 딸을 아내로 삼았던
것이다.

　그러므로 열사(烈士)는 안에 들어와 집안을 돌보지 않아 세
상의 질서를 어지럽히고 후사마저 끊어지게 했으며, 밖으로는
임금을 거역하여, 부러진 뼈와 썩은 살점이 땅에 흩어지고 강
과 골짜기에 흘러내리며, 물에 빠지고 불에 타는 위험을 마다
않으면서 세상 사람들로 하여금 따르게 하니 이는 곧 세상 사
람의 목숨이 일찍 죽기를 바라는 것이다. 따라서 그들은 모두
세상을 등지고 다스림에 힘쓰지 않는 사람들이다.

　무릇 세상에서 말하는 열사는 민중을 떠나 독자적인 행동을
하고, 사람들 가운데서도 눈에 띄는 태도를 취하며, 무욕(無欲)
염담(恬淡)한 학문을 닦고, 이치가 미묘하여 남이 잘 납득하기
어려운 황홀한 말을 익힌다.

　나의 생각으로는 무욕 염담한 것은 실용성이 없는 가르침이
고 미묘하고 황홀한 것은 법을 무시하는 말이다. 그런데도 언
론이 법을 무시하고, 가르침에 실용성이 없는 것을 세상 사람
들은 그 생각하는 것이 깊고 멀다고 한다.

내가 생각하기로는 사람으로 태어나면 반드시 임금을 섬기고 부모를 봉양해야 하며, 임금을 섬기고 부모를 봉양하기 위해서는 염담해서는 안 된다. 인생에 있어서는 반드시 언론과 충신(忠信)과 법술에 의지해야 하는데 언론과 충신과 법술이 미묘하고 황홀하면 안 된다.

미묘하고 황홀한 말이나 염담한 학문은 세상 사람들을 홀리는 술책에 지나지 않는다.

효자가 부모를 섬기는 것은 부모의 재산을 빼앗자는 것이 아니며, 충신이 임금을 섬기는 것은 임금의 나라를 빼앗기 위한 것이 아니다.

사람의 자식된 자가 늘 남의 부모를 찬미하며 말하기를 "아무개의 부모는 늦게 잠들고 아침 일찍 일어나 부지런히 일하여 재산을 모아 자손(子孫)들과 노비를 먹여 살린다."고 한다면 그것은 자기의 부모를 비방하는 것이다.

또 임금의 신하된 사람이 늘 선왕(先王)의 후한 덕(德)을 칭송하고, 그것을 사모한다면 이는 자기의 임금을 비방하는 것이 된다.

자기의 부모를 비방하는 것은 불효인 줄 알면서 자기의 임금을 비방하는 것을 사람들은 현명하다고 말하니 이것이 곧 세상이 어지러워지는 까닭이다.

그러므로 신하로서 요와 순을 현명하다고 말하지 않으며, 탕과 무가 포악한 임금을 정벌했다고 칭찬하지 않으며, 열사(烈士)들의 높은 절개를 주장하지 않고, 힘을 다해 법을 지키고, 오로지 마음을 다해 임금을 섬기는 것이 곧 충신인 것이다.

記曰 舜見瞽瞍[1] 其容造焉[2] 孔子曰 當是時也 危哉天下岌岌 有道者 父固不得而子 君固不得而臣也 臣曰 孔子本未知孝悌忠順之道也 然則有道者進不爲主臣 退不爲父子耶 父之所以欲有賢子者 家貧則富之 父苦則樂之 君之所以欲有賢臣者 國亂則治之 主卑則尊之 今有賢子而不爲父 則父之處家也苦 有賢臣而不

爲君 則君之處位也危 然則父有賢子 君有賢臣 適足以爲害耳
豈得利焉哉 所謂忠臣不危其君 孝子不非其親 今舜以賢取君之
國 而湯武以義放弑其君 此皆以賢而危主者也 而天下賢之 古之
烈士[3] 進不臣君 退不爲家 是進則非其君 退則非其親者也 且夫
進不臣君 退不爲家 亂世絕嗣之道也 是故賢堯舜湯武而是烈士
天下之亂術也 瞽瞍爲舜父 而舜放之 象[4]爲舜弟 而舜殺之 放父
殺弟 不可謂仁 妻帝二女[5] 而取天下 不可謂義 仁義無有 不可
謂明 詩云 普天之下 莫非王土 率土之濱 莫非王臣 信若詩之言
也 是舜出則臣其君 入則臣其父 妾[6]其母 妻其主女也 故烈士內
不爲家 亂世絕嗣 而外矯[7]於君 朽骨爛肉 施於土地 流於山谷
不避蹈水火 使天下從而效之 是天下徧死而願夭也 此皆釋世而
不治者也 世之所爲烈士者 離衆獨行 取異於人 爲恬淡之學 而
理恍惚之言[8] 臣以爲恬淡 無用之敎也 恍惚 無法之言也 言出於
無法 敎出於無用者 天下謂之察 臣以爲人生必事君養親 事君養
親不可以恬淡 人生必言論忠信法術 言論忠信法術不可以恍惚
恍惚之言 恬淡之學 天下之惑術也 孝子之事父也 非競取父之家
也 忠臣之事君也 非競取君之國也 夫爲人子 而常譽他人之親曰
某子之親 夜寢早起 强力生財 以養子孫臣妾 是誹謗其親者也
爲人臣 常譽先王之德厚而願之 是誹謗其君者也 非其親者 知謂
之不孝 而非其君者 天下賢之 此所以亂也 故人臣毋稱堯舜之賢
毋譽湯武之伐 毋言烈士之高 盡力守法 專心於事主者爲忠臣

1) 瞽瞍(고수) : 순임금 아버지의 이름으로 두 글자가 모두 장님을 뜻한
   다. 순(舜)의 효에 대하여는 옛날 문헌에 많이 나와 있는데 특히 『상
   서(尙書)』의 요전(堯典)과 『맹자』의 만장(萬章) 상편, 『중용』같은 데
   서 볼 수 있다.
2) 造焉(조언) : 걱정스러운 모습을 말한다. '난이'에는 조연변색(造然變
   色)이란 말이 있다.
3) 烈士(열사) : 기개가 굳고 절개를 지키는 사람을 말하는데, '궤사'에
   는 '명의를 좋아하고, 벼슬에 나아가 임금을 섬기지 아니하는 것을
   열사라 한다'고 했다.

4) 象(상) : 순임금의 이복 아우로서 『맹자』 만장편 상에 보면, 순의 부
모는 그에게 창고의 지붕에 오르게 한 뒤 사다리를 떼내고 불을 질
러 죽이려 했고, 우물에 들어가게 한 뒤에 뚜껑을 닫아 죽이려고 했
는데 아우인 상(象)도 합세하여 나날이 틈을 노렸다는 이야기가 있
다. 오히려 순이 아버지와 아우를 죽였다는 기록은 이 책에서만 볼
수 있다.

5) 妻帝二女(처제이녀) : 제(帝)는 요임금을 뜻하며, 이녀(二女)는 그의
딸로 아황(娥皇)과 여영(女英)이라는 이름을 가졌는데, 둘 다 순임금
의 아내가 되었다.

6) 妾(첩) : 여기서는 노비(奴婢)를 뜻한다.

7) 矯(교) : 거역한다는 뜻.

8) 恍惚之言(황홀지언) : 황당무계하여 실용성이 없는 언론.

3. 자신의 죽음조차 잊은 도척

옛날의 민중들은 욕심이 없어 온건하고 우매(愚昧)했기 때문
에 인의(仁義)와 같은 허망한 명분만 내세워도 그들의 마음을
사로잡을 수 있었다.

요즘의 민중들은 잔재주가 많고 눈치빠른 지혜가 있어 무엇
이든 제마음대로 하고 싶어하고 위에서 하는 말을 들으려고 하
지 않는다.

임금이 반드시 상을 주면서 선(善)을 행하도록 장려한 후에
야 전진하고 또 벌로써 두렵게 한 후에야 감히 물러나지 않는
다.

세상 사람들은 모두 말하기를 "허유(許由)같은 이는 천하를
사양했으니 상으로서는 권장하기에 모자라고, 도척(盜跖)은 형
(刑)도 두려워하지 않고 위난(危難)과 맞섰으니 형벌로서는 금
하기에 부족하다."고 했다.

그러나 나는 이렇게 말하겠다.

아직 천하를 갖지도 않았으면서 천하를 지배하지 않으려 한

이가 바로 허유이고, 이미 천하를 가졌으면서 천하를 지배하지 않으려 한 이가 요와 순이다.

청렴을 버리고 재물을 구하면서 법을 어기고 이익을 추구하며 자신의 죽음조차 잊은 이가 바로 도척이다.

이 두 가지 태도는 매우 위태로운 것이다. 나라를 다스리고 민중을 부리는 방법으로 이 두 가지를 표준으로 삼아서는 안 된다.

다스린다는 것은 통상(通常)의 일을 다스리는 것이고, 도(道)란 통상적인 것을 이끌고 나가는 일이다. 위험한 일이나 미묘한 말은 다스림에 있어서는 해(害)가 되는 것이다.

세상에서 가장 뛰어난 선비는 상으로 장려하지 못하며, 세상에서 가장 못된 사람은 형벌로 금할 수 없다. 그러나 가장 뛰어난 사람이 있다고 해서 포상제도를 만들지 않고, 가장 못된 사람이 있다고 해서 형벌제도를 두지 않는다면 나라를 다스리고 민중을 부리는 도는 없어지고 말 것이다.

세상 사람들 대다수가 국법(國法)은 말하지 않고, 합종(合從)·연횡(連衡)책에 대해서만 말한다.

제후들은 나름대로 합종에 대하여 말하기를 "합종이 성공하면 반드시 패자(霸者)가 될 수 있다."고 하고 또 연횡에 대하여는 "연횡이 성공하면 반드시 천자가 될 수 있다."고 한다.

산동(山東)의 여섯 나라는 합종·연횡을 말하기를 하루도 빠진 날이 없었지만 공명(功名)은 이루지 못했고, 패자(霸者)도 왕자(王者)도 나타나지 않았으니 이것은 헛된 말이 다스림을 이룩하는 방법은 아니기 때문이다.

왕이란 자기 혼자의 힘으로 실행하는 것을 왕이라 부르는 것이다. 그래서 삼왕(三王)은 이합(離合)·집산(集散)에 힘쓰지 않았고, 오패(五霸)는 합종(合從)·연횡(連衡)책에 의지하지 않고도 나라 안의 다스림을 가지런히 하고, 나라 밖을 잘 제재했던 것이다.

古者黔首悗密蠢愚[1] 故可以虛名取也 今民儇詗[2]智慧 欲自用
不聽上 上必且勸之以賞 然後可進 又且畏之以罰 然後不敢退
而世皆曰 許由讓天下 賞不足以勸 盜跖犯刑赴難 罰不足以禁
臣曰 未有天下 而無以天下爲者 許由是也 已有天下 而無以天
下爲者 堯舜是也 毁廉求財 犯刑趨利 忘身之死者 盜跖是也 此
二者 殆物也 治國用民之道也 不以此二者爲量[3] 治也者 治常者
也 道也者 道常者也 殆物妙言 治之害也 天下太上之士 不可以
賞勸也 天下太下之士 不可以刑禁也 然爲太上士不設賞 爲太下
士不設刑 則治國用民之道失矣

故世人多不言國法 而言從橫 諸言從者曰 從成必霸 而言橫者
曰 橫成必王 山東[4]之言從橫 未嘗一日而止也 然而功名不成 霸
王不立者 虛言非所以成治也 王者 獨行謂之王 是以三王不務離
合 而五霸不待從橫 察治內以裁外而已

1) 黔首悗密蠢愚(검수면밀준우) : 검수(黔首)의 말뜻은 검은 머리 곧 관
   (冠)을 쓰지 않은 서민(庶民)을 뜻한다. 면밀(悗密)은 편안하고 조용
   하게 지낸다는 말인데 살려고 잔재주를 부리지 않고 조용히 있다는
   뜻이고, 준우(蠢愚)는 아주 어리석은 것을 뜻한다.
2) 儇詗(현형) : 교활하고 영특한 것을 뜻하는데, 현은 재주가 많고 영리
   한 것을 말하며, 형은 찾는다는 뜻.
3) 量(양) : 표준·법도(法度)의 뜻.
4) 山東(산동) : 여기에서 일반적으로 말하는 지명(地名)이 아니라, 함곡
   관(函谷關) 또는 태행산(太行山) 동쪽 지방인 전국 시대의 제초연한
   위조(齊·楚·燕·韓·魏·趙)의 여섯 나라를 가리킨다.

제 51 편 칙 령(飭令)

칙령(飭令)이란 정식 명령으로 꼭 시행해야 할 명령이란 뜻이다.

이 편의 전체 내용은 『상군서(商君書)』의 근령편(靳令篇)과 상당히 비슷하다. 또 그 내용에 비교하면 간단하다.

이것은 한비(韓非)가 상앙(商鞅)의 사상을 중요시한 것으로 이 저서의 끝부분에 실었다고 짐작된다. 그 내용에 있어서도 『상군서』에 경문적(經文的)인 글귀를 바탕으로 전문적(傳文的)인 해설을 함께 한 구성으로 되어 있는 것을 많은 부분에서 발견할 수 있다.

1. 다른 나라에 영토를 빼앗기는 이유

명령을 단단히 갖추어 엄하게 해놓으면 법률을 함부로 변경하지 못하며, 법률이 공평 무사하면 관리들의 간악함이 없어진다.

법률이 이미 확정되고 나면 교묘하게 선(善)을 말해도 법률을 훼손하지는 못한다. 공적이 있는 사람을 관리로 등용하면 민중들의 말이 적고, 교묘한 말로 덕망을 내세우는 사람을 관리로 임명하면 민중들의 말이 많아져 시끄러울 뿐이다.

법률을 시행하는 것은 악행을 단죄(斷罪)하기 위한 것인데 5리(五里) 범위 안에서 빠르게 단죄하면 왕자(王者)가 되고, 9리 범위안에서 속히 단죄하면 강국(強國)이 될 수 있지만 그 처리를 미루고 지체하면 다른 나라에 영토를 빼앗기게 된다.

형벌로써 민중을 다스리고 상(賞)을 주어 전쟁터에 나가 싸우게 한다. 벼슬과 녹봉(祿俸)을 후하게 주고 형벌을 단호하게 시행하면 나라에는 간악(姦惡)한 민중이 없어지고, 도읍에는 못된 패거리가 없어진다.

사치품이 많아지면 상인이 늘어나고 농민은 게을러져 농토는 황폐해지며, 간사한 장사치들이 이익의 폭을 넓히면 나라는 반드시 그 영토를 잃게 된다.

민중의 식량이 남아돌아 남는 곡식을 공출(供出)시켜 벼슬아치들에게 후한 녹봉을 주어야 한다. 그러면 그들은 반드시 맡은 바 일을 열심히 하게 될 것이며 그렇게 되면 농민들은 게으름을 피우지 않는다.

세 치〔三寸〕에 지나지 않는 짧은 관(管)이라도 밑이 없으면 아무리 물을 부어도 차지 않는다. 임금이 민중에게 벼슬을 수여하고 녹봉으로 이롭게 하는데 있어 그의 공적에 바탕을 두지 않으면 밑빠진 관에 물을 붓는 것과 같다.

나라가 공적을 기준으로 관직과 작록을 준다면 그야말로 지혜를 짜내 일을 도모하여 성사시키고, 있는 용맹을 다하여 싸워 이길 것이니 그러한 나라에는 감히 대항할 적이 없다.

또 나라가 공적을 기준으로 벼슬과 관직을 준다면 통치하는 사람은 수순이 생략되고, 언론을 일삼는 사람은 말수가 막힐 것이니 이렇게 되면 마땅한 다스림으로 쓸모없는 통치를 버리게 하고, 마땅한 언론으로 쓸모없는 언론을 막는다.

공적을 기준으로 관직과 벼슬을 주게 되면 나라의 힘은 넉넉하게 갖추어지고 천하에는 감히 침범하는 나라가 없어진다. 군사를 일으키면 반드시 적국을 공격하여 빼앗고, 공격하여 빼앗으면 반드시 소유하게 된다. 만약 군사를 정지시켜 공격하지 않아도 반드시 나라는 부유해진다.

　　飭令則治不遷[1]　法平則吏無姦　法已定矣　不以善言[2]害法　任功
則民少言　任善則民多言　行法由斷　以五里斷者王[3]　以九里斷者

强 宿[4]治者削

以刑治 以賞戰 厚祿以周術[5] 國無姦民 則都無姦市 物多末
衆[6] 農弛姦勝 則國必削 民有餘食 使以粟出爵 爵必以其力 則
農不怠 三寸之管無當[7] 不可滿也 授官爵 出利祿 不以功 是無
當也 國以功授官與爵 此謂以成智謀 以成勇戰 其國無敵 國以
功授官與爵 則治者省 言者塞 此謂以治去治 以言去言 以功授
官與爵 故國多力 而天下莫之能侵也 兵出必取 取必能有之 按[8]
兵不攻 必富

1) 飭令則治不遷(칙령즉치불천) : 칙령(飭令)은 명령을 갖추어 엄하게
   확립한다는 뜻이고, 치불천(治不遷)은 구본에는 치(治)를 법(法)이라
   썼는데 곧 법은 변경되지 않는다는 뜻.
2) 善言(선언) : 인의(仁義)를 내세워 도덕적인 언론을 편다는 뜻.
3) 以五里斷者王(이오리단자왕) : 좁고 가까운 범위에서 빨리 단죄(斷
   罪)하면 정치는 잘 되는 것이라는 뜻.
4) 宿(숙) : 머뭇거리다는 뜻.
5) 周術(주술) : 다른 책에는 용술(用術)이라 했는데 마땅하지 않고 주
   (周)는 주밀(周密)하다는 뜻이고, 술(術)은 법술(法術)로 곧 형벌을
   용이주도하게 다스린다는 뜻.
6) 物多末衆(물다말중) : 물다(物多)는 사치품이 많아진다는 뜻이고, 말
   중(末衆)은 상공인(商工人)이 늘어난다는 말. 말(末)이란 농경사회에
   서 농업이 본업(本業)이고 상공업은 말업(末業)이라는 뜻.
7) 三寸之管無當(삼촌지관무당) : 삼촌(三寸)은 짧은 것을 뜻하고, 무당
   (無當)은 밑이 없다는 말.
8) 按(안) : 억제한다는 뜻.

2. 실력숭상과 언론숭상의 차이

조정(朝廷)의 정무(政務)에 작은 일에도 잘못이 없으며, 공
적을 올리는 사람에게 관작을 주고, 조정안에서 좋은 의견을
말하는 일이 있어도 서로 그것을 방해하는 일이 없게 하는 것

을 법도에 따라 정치를 하는 것이라 일컫는다.

실력에 바탕을 두고 적(敵)을 공격하면 한 번 시행하여 열을 얻게 되는데, 말을 앞세운 언론을 바탕으로 적을 공격하면 열 번 시행하여 백(百)을 잃게 된다.

나라에서 실력을 숭상하고 좋아하면 그 나라는 공격하기가 어렵다고 말하며, 언론을 숭상하고 좋아하면 그 나라는 공격하기가 쉽다고 말한다.

그 사람의 능력이 관직에 알맞고, 그 맡은 임무를 충분히 감당하여 임무를 쉽게 완수하고 남은 능력을 어떻게 할까 걱정하지 않으며, 몇가지 관직을 겸하여 그 책임을 임금에게 떠맡기는 행동을 하지 않으면 나라 안에는 원망하는 일이 일어나지 않는다.

현명한 임금은 임무를 맡기되 서로 겹쳐져 간섭하는 일이 없도록 하기 때문에 서로 다투는 송사(訟事)가 일어나지 않고, 한 사람의 선비에게 여러 가지 관직을 겸임시키지 않으므로 각자의 기능(技能)이 향상되고, 사람마다 업적을 같이 하지 않도록 일을 시키므로 서로 다툼이 없게 된다.

朝廷之事 小者不毁 效功取官爵 雖有辯言[1] 不得以相干也 是謂以數治[2] 以力攻者 出一取十 以言攻者 出十喪百 國好力 此謂以難攻 國好言 此謂以易攻 宜其能 勝其官 輕其任 而莫懷餘力於心 莫負兼官之責於君 內無伏怨 使事不相干[3] 故莫訟 使士不兼官 故技長 使人不同功 故莫爭

1) 辯言(변언) : 구본에는 변(辯)을 벽(辟)으로 썼지만 교묘한 언론의 뜻으로 변론(辯論)으로 보는 것이 마땅하다.
2) 數治(수치) : 술치(術治)와 뜻이 같고, 곧 법치(法治)를 뜻한다.
3) 使事不相干(사사불상간) : 이 글귀 위에 명군(明君)이란 두 글자가 다른 구본에 있는데 마땅하다. 간(干)은 간여(干與)하다는 뜻. 곧 바라다라는 말이다.

3. 임금이 민중을 사랑하지 않는 것

형벌을 엄중하게 하고 포상(褒賞)을 적게 하면 임금이 민중을 사랑하는 것이므로 민중은 상(賞)을 받고자 목숨마저 바치게 된다. 포상을 많이 하고 형벌을 가볍게 한다면 이것은 임금이 민중을 사랑하지 않는 것이므로 민중은 상을 타기 위해 목숨을 바치지 아니한다.

포상의 이익(利益)이 임금 한 곳에서만 나오면 그 나라를 상대할 적(敵)이 없어지고, 이익이 임금과 권신(權臣)의 두 곳에서 나오게 되면 그 나라의 군세(軍勢)는 두 갈래로 갈라져 반분의 구실 밖에 못하며, 이익이 나오는 곳이 열 사람이나 되는 권신들로부터 라면 민중은 나라를 지키지 못한다.

중형(重刑)을 민중에게 명확히 하고 권위있는 제도로 사람을 부린다면 위로 임금에게 이로움이 돌아간다. 형벌을 시행하는데 있어서 가벼운 죄를 무겁게 처벌하면 사소한 죄를 범하지 않음은 물론 큰 죄도 일어나지 않을 것이니 이것을 곧 처벌을 무겁게 하여 형벌을 없애는 것이라고 말하는 것이다.

이와는 반대로 죄가 무거운데 형벌이 가볍다면 형벌이 가볍기 때문에 범죄는 꼬리를 물고 잇따라 일어나게 된다. 이것을 곧 형벌을 가볍게 함으로써 형벌을 불러 일으켰다고 말하는 것이다. 그런 나라는 반드시 영토를 빼앗겨 줄어들게 된다.

重刑少賞 上愛民 民死賞 多賞輕刑 上不愛民 民不死賞 利出
一空者[1] 其國無敵 利出二空者 其兵半用 利出十空者 民不守
重刑明民 大制使人 則上利 行刑 重其輕者 輕者不至 重者不來
此謂以刑去刑 罪重而刑輕 刑輕則事生 此謂以刑致刑 其國必削

1) 一空者(일공자) : 한 구멍 곧 한 곳을 말하는 것인데 임금을 뜻하고,
   이공(二空)은 두 곳 즉 임금과 권신(權臣)을 뜻한다.

제 52 편 제 분(制分)

제분(制分)은 상벌(賞罰)이라는 호오(好惡)를 바탕으로 민중을 지배하는 수단이기 때문에, 상벌의 제정에는 구별을 분명히 해야 한다고 설명하고 있다.

'팔경'과 서로 상통하는 내용이 많다. 통치의 주요 목표는 간사한 것을 막는데 있는 것으로 상앙(商鞅)의 사고임좌(私告任坐)가 그 구체적인 방법이라고 했다. 또 상벌의 효과를 거두기 위해서는 법률을 명확하게 규정하고 법에 따라 시행해야지 언론이나 지혜에 의지해서는 안 된다는 것을 제시하고 있다.

I. 민중의 싫고 좋은 것을 임금이 지배한다

무릇 국토(國土)가 넓고 임금의 권위가 존중되는 나라로서 법률을 엄중하게 하여 아래로 민중에게 명령을 내려 악행을 금지시키면 곧 그치지 않는 나라는 아직 없었다.

그래서 임금은 벼슬을 나누고 녹봉을 정하는데 있어 반드시 법을 엄중하게 해야 한다. 무릇 나라가 잘 다스려지면 민중은 편안하지만 정치가 어지러우면 나라는 위태로워진다. 법률이 엄중하면 민심을 얻게 되고 금령(禁令)이 가벼우면 정치의 실정을 잃게 된다.

또한 죽음을 다한 노력이란 민중이 행하는 바로써, 일반적으로 사람의 실정이란 죽을 힘을 다해 자기가 바라는 것을 구하려 하지 않는 사람은 없다. 민중의 좋아하고 싫어하는 것은 임금이 이를 지배하는 바다.

민중이란 이로운 녹(祿)을 좋아하고 형벌을 싫어한다. 위에
자리한 통치자는 민중의 싫어하고 좋아하는 것을 장악함으로써
민중의 힘을 지배하니 정치의 실제를 잃지 않는다.

금령이 가벼워 정치에 실패가 생기는 것은 형벌과 포상이 마
땅하지 않기 때문이다. 민중을 다스림에 있어 법에 의거하지
않고 선(善)을 행한다면 그것은 법이 없는 것과 마찬가지가 되
고 만다. 그래서 어지러움을 다스리는 이치로서 형벌과 포상의
구별에 애쓰는 것이 가장 급한 일이다.

나라를 다스리면서 법률을 제정하지 않는 사람은 없지만 존
속하는 나라도 있고 멸망하는 나라도 있다. 멸망하는 나라는
그 형벌과 포상의 구별이 뚜렷하지 않기 때문이다.

나라를 다스리면서 형벌과 포상을 구별하지 않는 사람은 없
다. 그러나 구별은 했지만 그 형식만 구별했을 뿐 그 구별이 분
명하지를 못했다. 분명한 구별이란 명석한 임금이 밝게 살펴
구별함으로써 비로소 독립된 구별이 되는 것이다.

이로써 민중은 법을 존중하고 금령을 두려워하며, 죄 되는
일을 바라지 않고 감히 상(賞)을 받고자 넘보지 않게 된다. 그
러므로 말하기를 "포상하지 않아도 민중들이 정도를 따른다."
고 했다.

　　夫凡國博君尊者　未嘗非法重而可以至乎令行禁止於下者也
是以君人者　分爵制祿　則法必嚴以重之　夫國治則民安　事亂則
邦危　法重者得人情　禁輕者失事實[1]　且夫死力者　民之所有者也
人情莫不出其死力以致其所欲　而好惡者　上之所制也　民者好利
祿而惡刑罰　上掌好惡以御民力　事實不宜失矣　然而禁輕事失者
刑賞失也　其治民不秉法爲善也　如是則是無法也　故治亂之理　宜
務分刑賞爲急　治國者莫不有法　然而有存有亡　亡者　其制刑賞不
分也　治國者其刑賞莫不有分　有持異以爲分　不可謂分　至於察君
之分[2]　獨分也　是以其民重法而畏禁　願毋抵罪而不敢冀賞[3]　故曰

不待賞而民從事矣[4]

1) 失事實(실사실) : 사태의 실태를 잘못 파악한다는 말인데, 여기서는
  정치의 실제를 잃는다는 뜻이다.

2) 察君之分(찰군지분) : 모든 일을 분명하게 살피는 임금.

3) 抵罪而不敢胥賞(저죄이불감서상) : 저죄(抵罪)는 죄를 짓는다와 같은
  뜻이고, 서상(胥賞)은 상을 바란다는 뜻.

4) 不待賞而民從事矣(불대상이민종사의) : 상앙(商鞅)의 정책과 같이 엄
  형(嚴刑)에 의한 상벌(賞罰)이 필요없는 단계를 가리키는 뜻.

2. 법률은 인정과 서로 통한다

훌륭하게 잘 다스려진 나라에서는 먼저 간악한 행동을 금지
시키려고 애쓰는데 어째서 그러한가? 그것은 법률이 인정(人
情)과 통하고, 다스리는 도리에 근거하기 때문이다.

그렇다면 아주 작은 간악한 행위를 없애는 법은 어찌하면 좋
겠는가? 그것은 사람마다 서로의 내정(內情)을 살피도록 하면
된다.

그렇다면 서로의 내정을 살피게 하는데는 어떻게 하면 되는
가? 그것은 마을 전체를 하나로 묶어 연좌(連坐)시키는 도리
밖에 없다.

금령(禁令)이 만약 자기에게도 연루되게 된다면 마을 사람들
은 서로를 엿보지 않을 수 없게 되고, 오직 자신이 죄에서 벗어
나지 못할까 두려워하게 된다. 이렇게 되면 못된 마음을 품은
사람이 뜻을 이루지 못하게 되는데 그것은 엿보는 사람이 많기
때문이다.

그렇게 되면 자신은 항상 몸을 삼가하게 되고, 남을 엿보게
되며, 숨겨진 간악한 일을 고발하게 된다.

남의 허물을 밀고하는 사람에게는 연좌된 죄를 면하게 하고
포상(褒賞)하며, 남의 허물을 감싸주는 사람에게는 반드시 연
좌의 처벌을 가한다. 이와 같이 하면 못된 일에 관여하는 것은

모조리 고발되어 드러나게 된다.

간악한 일은 아무리 작은 것이라도 용서되지 않는데 그것은
밀고(密告)와 연좌(連坐)에 의한 성과이다.

　是故夫至治之國　善以止姦爲務　是何也　其法通乎人情　關乎治
理也　然則徵姦之法奈何　其務令之相規其情者也　然則相關奈何
曰　蓋里相坐而已¹⁾　禁尙有連於己者　里不得不相關　惟恐不得免
有姦心者不令得志　關者多也　如此則愼己而關彼　發奸之密²⁾　告
過者　免罪受賞　失姦者　必誅連刑　如此則姦類發矣　姦不容細　私
告任坐使然也

1) 蓋里相坐而已(개이상좌이이) : 개(蓋)는 모두와 같은 뜻으로 온 마을
   이 서로 연좌하는 것 뿐이다 라는 말인데, 좌(坐)는 연좌(連坐)이고,
   이(已)는 뿐이다의 뜻.

2) 發奸之密(발간지밀) : 간(奸)은 간사(姦邪)와 같은 말이며, 발(發)은
   고발(告發), 밀(密)은 몰래 즉 밀고(密告)를 뜻함.

3. 상과 벌이 명확히 구분되지 않으면

무릇 법치(法治)에 밝으려면 법술(法術)에 의지해야지 사람
의 지혜에 맡겨서는 안 된다. 법술을 분명히 하는 나라는 칭찬
하는 말을 쓰지 않으므로 원수지는 일이 없으며, 나라가 잘 다
스려지는 것은 법술에 의지하기 때문이다.

멸망하는 나라는 예컨대 적군이 나라 안에 들어와 설쳐도 이
를 막지 못하는데 이것은 사람에게만 의지하고 법술을 적용하
지 않기 때문이다.

스스로 멸망하는 자는 사람을 잘못 등용한 때문이며 남의 나
라를 공격할 수 있는 것은 법술을 잘 운용한 때문이다. 그러므
로 법술(法術)이 확립되어 있는 나라는 언론을 물리치고 법술
에 맡긴다.

무릇 꾸며진 공적도 미리 약속에 따르기로 되어 있으면 알아

내기가 어렵고, 허물이 밖으로 드러나 있어도 언론으로 이를 변명하여 꾸미면 알아내기가 어렵기 때문에 상벌을 시행할 때, 문란하여 현혹되고 만다.

이른바 미리 약속이 되어 있어 분별하기가 어려운 것은 간악한 공적 때문이며, 신하의 허물이 분간되지 않는 것은 정치의 근원이 잘못되었기 때문이다. 이치에 따르면 허위로 꾸며진 공적은 분별하기 어렵고, 인정을 기준으로 해서 헤아리면 간악한 근본에 속는다. 그러면 시행하는 상벌의 두 가지 모두에 어찌 허물이 없다고 하겠는가?

이로써 허울좋은 공로에만 의지하는 선비는 나라 안에서 명예를 드러내고, 언설(言說)로써 행동하는 사람은 나라 밖에서 책략(策略)을 꾸민다. 그렇기 때문에 우매한 자와 겁쟁이, 협객(俠客), 그리고 변설(辯舌)의 지혜있는 선비들이 차례로 뒤를 이어 공허한 도(道)를 설하여 속인(俗人)과 결탁하고, 세간(世間)에 파고들게 된다.

그러면 법은 소용이 없게 되고 형벌도 죄인에게 적용시키지 못하게 되는데, 이와 같다면 형상(刑賞)이 어찌 그 문란한 것을 받아들이지 않을 수 있겠는가? 그래서 공로를 세우거나 죄를 범하면 실정에 맞게 상은 주면서 형벌은 내리지 않게 되어 법의 이치는 그 역량을 잃게 된다. 법이 역량을 잃은 것은 법 자체에 그러한 모순이 있어서가 아니고 법이 규정되어 있는데도 사람의 지혜에 따라 행하였기 때문이다.

법을 버리고 지혜에 의지하면 일을 맡은 사람이 어찌 그 취지를 이해할 수 있겠는가? 취지와 맡은 일이 서로 일치하지 않는데 법에 어찌 허물이 없을 것이며 형벌에 어찌 문란함이 없겠는가? 이로써 상벌(賞罰)은 뒤죽박죽 어지러워지고, 나라의 다스림은 도를 벗어나 차질을 가져오게 되는데, 그것은 형벌과 포상이 명백하게 구분되어 있지 않기 때문이다.

夫治法之至明者 任數¹⁾不任人 是以有術之國 不用譽則毋過

境內必治 任數也 亡國使兵公行²⁾乎其地而弗能圉禁者 任人而無
數也 自攻者人也 攻人者數也 故有術之國 去言而任法 凡畸功³⁾
之循約者難知 過形之於言者難見也 是以刑賞惑乎貳⁴⁾ 所謂循約
難知者 姦功也 臣過之難見者 失根也 循理不見虛功 度情詭乎
姦根 則二者安得無兩失也 是以虛士⁵⁾立名於內 而談者爲略⁶⁾於
外 故愚怯勇慧相連 而以虛道屬俗而容乎世 故其法不用 而刑罰
不加乎僇人 如此則刑賞安得不容其貳 故實有所不至 而理失其
量 量之失 非法使然也 法定而任慧也 釋法而任慧 則受事者安
得其務 務不與事相得 則法安得無失 而刑安得無煩 是以賞罰擾
亂 邦道差誤 刑賞之不分白也

1) 任數(임수) : 수(數)는 여기에서 술수(術數), 곧 도수(度數)를 뜻하는
   데 이는 법술을 말한다.
2) 公行(공행) : 공공연하게 다닌다는 뜻.
3) 畸功(기공) : 진실하지 않은 공적, 곧 거짓으로 꾸며진 공로.
4) 惑乎貳(혹호이) : 혹(惑)은 미혹의 뜻. 이(貳)는 문란하다는 말과 같
   다. 곧 하나같지 않다로도 해석한다.
5) 虛士(허사) : 허망한 공적을 올리려고 애쓰는 선비.
6) 談者爲略(담자위략) : 담자(談者)는 논객(論客)을 뜻하고, 약(略)은
   책략 또는 지략.

제 53 편 애 신(愛臣)

애신(愛臣)은 임금의 좌우 측근에서 총애(寵愛)받는 신하를 말한다. 넓은 의미로 보아 사문(私門)세력에 대한 경계와 대책을 설명한 것이 이 편의 전 내용이다.

앞부분에서는 대신(大臣)이 지나치게 부유해지고 제후가 세력이 커지면 임금이나 천자의 권력을 해치게 된다는 것을 지적했고 뒷부분에서는 역사에 드러난 몇가지 예를 들어 그 대책을 설명했다.

1. 신하에게 쫓겨나게 되는 임금

임금이 총애하는 신하를 지나치게 가까이 하면 반드시 임금의 신변이 위태롭게 되고, 측근에 있는 대신의 지위가 지나치게 고귀해지면 반드시 임금의 자리가 바뀌게 된다.

또 정실인 왕비와 첩실인 후궁의 지위에 차등이 없으면 반드시 적자(嫡子)인 세자(世子)의 자리가 위태로워지고, 임금의 형제가 왕명(王命)에 복종하지 않으면 반드시 사직(社稷)이 위태롭게 된다.

천승지국(千乘之國)의 임금이 그 신하를 경계하지 않으면 반드시 백승지가(百乘之家)의 신하가 그 측근에 있어 그 나라 민중의 마음을 자기편으로 끌어들여 나라를 기울게 한다.

만승지국(萬乘之國) 큰나라의 임금이 신하에 대해 방비가 허술하면 반드시 천승지가(千乘之家)의 대부(大夫)가 임금의 측

근에 있어 임금의 권세를 자기편으로 옮겨 그 나라를 기울게
한다. 이로써 간신은 더욱 번창하고, 임금의 기반은 점점 쇠망
하여 간다.

제후의 영토가 지나치게 넓어져 세력이 커지면 천자(天子)가
해롭게 되고, 여러 신하들이 지나치게 부유해지면 임금에게 해
가 된다.

장군이나 재상(宰相)이 되어 임금의 일은 뒷전으로 하고 자
신들의 가문(家門)만을 융성하게 하는 사람은 임금으로서 제거
하지 않으면 안 된다.

만물 가운데 임금의 몸보다 더 귀중한 것은 없고, 임금의 지
위보다 더 고귀한 것은 없으며, 임금의 권위는 막중하고, 임금
의 세력은 융성한 것이다.

이 네 가지 훌륭한 것은 밖에서 구할 수가 없고, 남에게 부
탁하여 얻어지는 것도 아니며, 오직 사리(事理)의 마땅함에 부
합될 때 얻을 수 있다.

옛말에 이르기를 "임금이 자기에게 갖추어진 네 가지 훌륭한
것을 잘 운용하지 못하면 측근의 신하에게 쫓겨나 나라 밖에서
일생을 마치게 된다."고 말했다. 이것은 임금으로서 꼭 터득해
야 할 사항이다.

愛臣太親 必危其身 大臣太貴 必易主位 主妾[1]無等 必危嫡子
兄弟不服 必危社稷 臣聞千乘之君無備 必有百乘之臣在其側 以
徙其民而傾其國 萬乘之君無備 必有千乘之家在其側 以徙其威
而傾其國 是以姦臣蕃息 主道衰亡 是故諸侯之博大 天子之害也
群臣之太富 君主之敗也 將相之後主而隆家 此君人者所外也 萬
物莫如身之至貴也 位之至尊也 主威之重也 主勢之隆也 此四美
者 不求諸外 不請於人 議之而得之矣 故曰人主不能用其富[2] 則
終於外也 此君人者之所識也

1) 主妾(주첩) : 주(主)는 주부(主婦), 곧 정실(正室)을 뜻하고 첩(妾)은
    임금에게 있어 후궁(后宮).

2) 富(부) : 갖추다(備)와 뜻이 통하는데 앞서 말한 사미(四美)를 갖췄
   다는 뜻이다.

2. 예측하지 못한 상태의 예방법

옛날 은(殷)나라 주왕(紂王)이 망하고, 주(周)나라 왕실의 위
세(威勢)가 몰락한 것은 모두 그때의 제후들의 영토가 지나치
게 넓어져 세력이 컸기 때문이다.

진(晋)나라가 분할되어 한(韓)·위(魏)·조(趙) 세 나라가
되고, 제(齊)나라가 그 주권을 빼앗긴 것은 모두 신하들이 지나
치게 부유해졌기 때문이다.

무릇 연(燕)나라와 송(宋)나라의 임금이 신하에게 죽임을 당
한 일도 모두 그러한 까닭이다.

그러므로 옛날로 거슬러 올라가 은(殷)과 주(周)나라에 비추
어 보고, 중간 무렵에는 제(齊)와 진(晋)나라의 일과, 가깝게는
연(燕)과 송(宋)나라의 예를 보더라도 임금이 공격당했던 모든
일들이 그러한 근거를 따르지 않았던 적이 없다.

현명한 임금은 신하를 양성하고 포섭하는데 있어 하나같이
법으로 통제하고, 미리 대비하여 바로잡아 놓아야 하는 것이다.

그래서 죽을 죄는 용서하지 않고, 형벌을 가볍게 해서는 안
된다. 죽을 죄를 용서하고 형벌을 가볍게 하면 임금의 세력은
그만큼 없어지고 사직(社稷)은 위태로워지며, 나라의 권위는
세력있는 신하에게 몰리게 된다.

그래서 대신의 녹봉이 비록 크다고는 하나 성시(城市)에서까
지 세금을 거두어 들이지 못하게 하고, 무리가 비록 많아도 나
라의 사졸(士卒)을 사사로운 가신(家臣)으로 부리지 못하도록
해야 한다.

신하가 나라의 정치를 한다고 해서 사가(私家)를 조정(朝廷)
삼아 회의를 하지 못하게 하고, 전쟁을 하는데 있어 장군은 사
사로이 외국과 교류하여 친분을 맺지 못하게 하며, 나라의 재

정(財政)을 맡은 관리는 제멋대로 빌려주어 사사롭게 은전을
베풀거나 유용하지 못하게 해야 한다. 이것이야말로 현명한 임
금이 사악(邪惡)을 금하는 방법인 것이다.

그러므로 아무리 중신(重臣)이라 할지라도 평소 외출할 때
네 필의 말이 끄는 수레를 타지 못하도록 하고, 정예병도 무기
를 지니지 못하도록 해야 한다.

임금의 전령이 아니고 역마를 통한 명령이 아닌데도 무기를
휴대하면 사형에 처하되 용서하지 않아야 한다. 이것이 곧 현
명한 임금으로서 예측하지 못한 사태에 대비하는 방법이다.

昔者 紂之亡 周之卑 皆從¹⁾諸侯之博大也 晋之分也 齊之奪也
皆以群臣之太富也 夫燕宋之所以弑其君者 皆此類也 故上比之
殷周 中比之齊晋 下比之燕宋 莫不從此術也 是故明君之蓄其臣
也 盡之以法 質²⁾之以備 故不赦死 不宥刑 赦死宥刑 是謂威淫³⁾
社稷將危 國家偏威 是故大臣之祿雖大 不得藉城市 黨與雖衆
不得臣士卒 故人臣處國無私朝 居軍無私交 其府庫不得私貸於
家 此明君之所以禁其邪 是故不得四從⁴⁾ 不載奇兵 非傳非遽 載
奇兵者 罪死不赦 此明君之所以備不虞者也

1) 從(종) : 때문이다, 소이(所以)와 뜻이 통한다.

2) 質(질) : 여기에서 바르다(正)는 뜻인데, 미리 방비하여 잘못을 바르
게 잡는다는 말.

3) 威淫(위음) : 위력(威力)이 흩어진다는 말인데, 음(淫)은 지나치다 또
는 제멋대로 벗어난다는 뜻도 있다.

4) 四從(사종) : 사(四)를 사(駟)로 써 네 필의 말(馬)을 뜻하고 종(從)
은 수레를 뜻한다. 곧 네 필의 말이 끄는 수레.

제 10 권

제 54 편 초현진(初見秦)

초현진(初見秦)은 처음으로 진나라 임금을 알현(謁見)하게
되면 바치려고 쓴 글로 여겨지는데, 한비(韓非)의 자작(自作)으
로 보기에는 몇 가지 문제점이 엿보인다.

본래 이 저서의 첫머리에 도론(導論)으로 실렸던 것을 '존
한'과 함께 끝으로 돌렸다. 그 까닭은 앞서 53편을 읽은 뒤에
이 편을 살핌으로써 한비사상을 채택한 진(秦)나라의 천하통일
전단계(前段階)에 있어서의 역사적·정치적 상황을 설명하는
것이 되므로 더욱 그 뜻이 클 것으로 여겨지기 때문이다.

본문의 진왕(秦王)은 대략 진소왕(秦昭王)으로 보인다.

1. 들은 것을 모두 이야기 하겠습니다

신(臣)이 듣기로는 "알지 못하면서 의견을 말하는 것은 지혜
롭지 못하고, 알면서도 의견을 말하지 않는 것은 충성스럽지
못하다."고 했습니다.

신하로 있으면서 불충하면 죽어 마땅하고, 의견을 말하여 마
땅하지 않아도 또한 죽어 마땅한 것입니다. 비록 그러하지만
신은 들은 것을 모두 말씀드리고자 하오니 오직 대왕께서는 그
죄를 결정하시옵소서.

신이 들은 바에 의하면 지금 천하는 조(趙)나라가 중심이 되
어 북쪽에는 연(燕)나라를 두고, 남쪽에는 위(魏)나라를 두고,
형(荊)나라와 연합(連合)하고, 제(齊)나라와 굳게 결속하고, 한

(韓)나라를 끌어들여 합종(合從)의 동맹(同盟)을 이루어 장차 서쪽으로 강대한 진(秦)나라와 대적하려고 하니 신이 생각하기에는 웃음을 참지 못할 일입니다.

나라가 멸망하는 길이 세 가지가 있는데, 지금의 천하는 그에 들어맞는다고 하는 것은 바로 이를 두고 말하는 것이 아니겠습니까?

신이 듣기로는 "혼란한 나라가 잘 다스려져 있는 나라를 공격하면 멸망하고, 사악(邪惡)한 나라가 바른 나라를 공격하면 멸망하며, 순리를 거역하는 나라가 순리를 따르는 나라를 공격하면 멸망한다."고 했습니다.

지금 천하의 제후(諸侯)를 보면, 국고(國庫)는 채워져 있지 않고, 곡식 창고는 비워져 있는데도 선비나 민중들을 모조리 끌어모아 수십만에서 수백만명에 이르는 대군을 편성하고 있습니다. 그 가운데는 머리가 땅에 닿도록 예를 올리며 깃달린 장식을 머리에 얹어 받들고, 장군을 위하여 목숨을 바치겠다고 결심을 나타내는 사람이 불과 천 명에도 이르지 못하는데 모두 결사를 외칩니다.

그러나 막상 적군이 휘두르는 서슬퍼런 칼이 눈앞에 번쩍이면, 뒤에서 당장 사형에 처하는 부질(斧鑕)로 위협해도 달아나며 죽으려 하지 않을 것입니다. 그것은 사졸이나 민중이 죽으려고 하지 않기 때문이 아니라 위에 있는 사람이 그러하지 못하기 때문입니다.

말로는 상(賞)을 준다고 하면서 주지 않고, 말로는 처벌을 엄하게 한다면서 실제로는 행하지 않아 상벌을 믿을 수 없으니 사민(士民)은 죽으려고 하지 않을 것입니다.

지금 진(秦)나라는 호령을 내려 상벌(賞罰)을 명확하게 시행하고, 공적이 있는 사람과 공로가 없는 사람을 그 사실에 따라 공과(功過)를 결정하십시오. 그러면 부모의 품에서 막 벗어나 아직 한 번도 적(敵)을 보지 못한 사람이라 하더라도 전쟁을 알리는 소식을 들으면 격분하여 땅을 박차고 달려와 맨몸으로

도 적군이 휘두르는 칼날속에 뛰어들고, 붉게 타오르는 숯불도 밟으며 죽음을 각오하고 앞장설 것이며 모두가 하나같이 행동할 것입니다.

무릇 죽음을 각오하는 것과 어떻게 해서라도 살려고 결심하는 것은 그 결과가 같지 않으니 민중이 죽음을 각오하는 것은 용감히 싸우다가 죽는 것을 귀중하게 여기기 때문입니다.

무릇 한 사람이 죽음을 각오하고 용감하게 싸우면 열 사람의 적군을 상대할 수 있고, 열 사람이면 백 명을 감당할 수 있으며, 백 사람이 그렇게 싸운다면 천 사람에 대항할 수 있고, 만약 천 사람이면 만 명을 이길 수 있으며, 만 명이면 천하의 모든 적을 이길 수 있습니다.

지금 진(秦)나라의 땅은 긴 곳을 잘라 짧은 곳을 메워서 방형(方形)으로 계산해 측량을 한다면 사방으로 수천리에 달하며 훌륭한 군사는 수백만명에 이르고 있습니다.

진(秦)나라의 위엄있는 호령과 공정한 상벌(賞罰)제도, 지세(地勢)의 유리한 점 등은 세상에 있는 그 어느 나라와도 비교할수가 없습니다. 이와 같으니 천하의 제후들과 다투게 되면 천하를 통일하여 영유(領有)하고도 그 힘이 남을 것입니다.

진나라는 싸워서 이기지 못한 적이 없고, 공격하여 쟁취하지 못한 적이 없으며, 대항해 패배시키지 못했던 적이 없는데 그 결과 영토를 사방 수천리가 되도록 넓혔으니 이것이 곧 큰 공적인 것입니다.

그런데 지금 군사력은 무디어졌고, 민중은 지쳤으며, 쌓아두었던 저축은 바닥이 드러났고, 농토는 황폐해졌으며, 곡식창고는 텅텅 비었으니 사방 이웃의 제후들은 복종하지 않고 패왕(霸王)이란 명성은 이루지 못하고 있습니다. 이렇게 된 까닭은 다름이 아니라 대왕(大王)을 위해 책략을 꾸며야 할 신하들이 모두 충성을 다하지 않았기 때문입니다.

臣聞[1] 不知而言 不智 知而不言 不忠 爲人臣不忠 當死[2] 言

而不當 亦當死 雖然 臣願悉言所聞 唯大王裁其罪

臣聞天下陰燕 陽魏[3] 連荊 固齊 收韓而成從 將西面以與秦强
爲難 臣竊笑之 世有三亡 而天下得之 其此之謂乎 臣聞之曰 以
亂攻治者亡 以邪攻正者亡 以逆攻順者亡 今天下之府庫不盈 囷
倉空虛 悉[4]其士民 張軍數十百萬 其頓首戴羽[5]爲將軍 斷死於前
不至千人 皆以言死 白刃在前 斧質[6]在後 而却走不能死也 非其
士民不能死也 上不能故也 言賞則不與 言罰則不行 賞罰不信
故士民不死也 今秦出號令而行賞罰 有功無功相事也 出其父母
懷衽之中[7] 生未嘗見寇耳 聞戰 頓足徒裼[8] 犯白刃 蹈鑪炭 斷死
於前者 皆是也 夫斷死與斷生也不同 而民爲之者 是貴奮死也
夫一人奮死可以對十 十可以對百 百可以對千 千可以對萬 萬可
以剋天下矣 今秦地折長補短 方數千里 名師[9]數十百萬 秦之號
令賞罰 地形利害 天下莫若也 以此與天下 天下不足兼而有也
是故秦戰未嘗不剋 攻未嘗不取 所當未嘗不破 開地數千里 此甚
大功也 然而兵甲頓[10] 士民病 蓄積索[11] 田疇荒 囷倉虛 四隣諸
侯不服 霸王之名不成 此無異故 其謀臣皆不盡其忠也

1) 臣聞(신문) : 여기의 신(臣)은 임금에게 말할 때 신하의 자칭(自稱)
   으로, 옛날 신하가 임금에게 헌언(獻言)할 때는 주로 직접적으로 자
   기 의견이라 하지 않고, 겸허하게 고어(古語)나 제3자의 의견을 인용
   하여 시작하는 것이 상례(常例)로 됨 『좌씨전』에 이러한 예가 많다.

2) 當死(당사) : 여기서는 죄에 상당(相當)하는 처형을 뜻한다.

3) 陰燕陽魏(음연양위) : 당시의 조(趙)나라가 합종(合從)의 우두머리였
   기 때문에 그를 중심으로 연나라를 북쪽에, 위나라를 남쪽에 두었다.
   곧 음(陰)은 북(北)이고, 양(陽)은 남(南)을 뜻한다.

4) 悉(실) : 모두라는 뜻이다.

5) 其頓首戴羽(기돈수대우) : 돈수(頓首)는 머리가 땅에 닿도록 조아리
   며 예를 올린다는 뜻이고, 대우(戴羽)는 새털(鳥羽)로 장식한 것을
   머리에 얹는다는 뜻인데, 깃발 위에 꽂고, 춤을 출 때도 손에 들고
   있었다고 하며 영력(靈力)이 있다고 전한다.

6) 斧質(부질) : 옛날 중국에서 극형(死刑)에 처할 때 쓰는 형틀로서 부

질(斧鑕)이라 했다.

7) 懷衽之中(회임지중) : 옷자락으로 품는다는 말로 부모의 품속.

8) 頓足徒裼(돈족도석) : 돈족(頓足)은 발을 구르며 날뛰는 것을 말하는
데 격분하는 모습. 도석(徒裼)은 벌거벗는다는 말로 도(徒)나 석(裼)
은 두 글자가 모두 벗는다는 뜻. 무기를 지니지 않은 것.

9) 名師(명사) : 훌륭한 군대 곧 정예(精銳)한 군대를 뜻한다.

10) 頓(돈) : 여기에서 허물어지다, 또는 피로하여지다.

11) 索(색) : 비었다는 뜻. 공(空)의 뜻.

2. 모든 일은 뿌리까지 뽑아야 한다

신은 이 말을 감히 드립니다.

지난날 제(齊)나라는 남쪽으로 형(荊)나라를 쳐부수고, 동쪽
으로 송(宋)나라를 격파했으며, 서쪽으로 진(秦)나라를 복종시
켰고, 북쪽으로 연(燕)나라를 공략했으며 중앙의 한(韓)·위
(魏) 두 나라에게 제나라를 섬기도록 했습니다. 영토는 넓고 군
사는 강하여 싸우면 이겼고 공격하면 탈취해 온 천하를 호령하
게 되었던 것입니다.

제(齊)나라의 지세를 이루는 맑은 제수(濟水)와 탁한 황하
(黃河)는 저절로 적을 막는 저지선으로 충분했고, 장성(長城)과
큰 제방은 그대로 요새의 구실을 하기에 충분했습니다.

제나라는 다섯 차례 싸워 모두 이긴 나라였는데 연(燕)나라
와 한 차례 싸워 이기지 못하자 제나라는 거의 멸망의 지경에
빠지고 말았습니다.

이것으로 미루어 본다면 무릇 전쟁이란 만승(萬乘)의 대국이
라도 존망(存亡)이 걸린 문제인 것입니다.

또한 신이 들은 바를 말씀드리면 "일의 흔적을 없애려면 그
뿌리[根源]를 남겨서는 안 되고, 재앙에 가까이 가지 않는다면
아예 재앙은 존재하지 않는다."고 했습니다.

진(秦)나라는 형(荊)나라 군사와 싸워 형나라를 크게 쳐부수

고 도읍인 영(郢)을 습격하고 동정(洞庭)과 오호(五湖)와 강남 (江南)땅을 탈취하자 형나라 임금은 도망하여 동쪽의 진(陳)이 란 곳에 몸을 숨기고 기회를 엿보게 되었습니다.

만약 그때 형나라 임금을 계속 추격했더라면 형나라를 완전 히 멸망시킬 수 있었을 것입니다. 형나라를 멸망시켰으면 민중 은 풍족할 수 있었고, 땅의 이로움을 얻을 수 있었을 것이니 동 쪽으로는 제와 연나라를 약화시키고, 중앙에서는 한(韓)·위 (魏)·조(趙)의 삼진(三晉)을 능멸할 수 있었을 것입니다.

그렇게 되었다면 일거에 패왕(霸王)의 명성을 이루고 사방 제후들을 조회(朝會)하게 할 수 있었을 것입니다.

그런데도 진나라의 참모들은 그렇게 하지 않고, 군사를 이끌 고 물러나 형나라 군사와 화평을 맺었기 때문에 형나라는 잃었 던 도읍을 수복(收復)하고, 뿔뿔이 흩어졌던 민중들을 모아 사 직(社稷)의 신주(神主)를 세우고, 종묘(宗廟)를 설치하고 천하 의 제후를 이끌고 서쪽으로 진(秦)나라와 대적하기에 이르러 진나라의 어려운 상대가 되었습니다.

이것이 패왕이 되는 길(道)을 잃게 된 첫번째 원인입니다.

그뒤 천하의 제후들이 다시 연합하여 진(秦)나라 화양(華陽) 성 아래까지 진군(進軍)했을 때 대왕께서는 군대에 명령을 내 려 이를 격파하고, 그 군사가 위(魏)나라 도읍인 양(梁)의 성곽 아래까지 도달했습니다. 그때 그대로 양을 수십일만 포위하고 있었으면 양을 함락할 수 있었고, 양이 함락되면 위(魏)나라를 그대로 탈취할 수 있었었으며, 위나라를 빼앗으면 형(荊)나라 와 조(趙)나라의 연합은 끊어지게 되고, 형과 조의 연합이 끊어 지면 조나라는 위태로워지며, 조나라가 위험에 빠지면 형나라 는 고립되는데, 이렇게 되면 동쪽의 제(齊)나라와 연(燕)나라를 약화시키고 중앙의 삼진(三晉)을 능멸할 수 있었던 것입니다.

그렇게 되면 일거에 패왕(霸王)의 명호를 이룩할 수 있었고 사방의 제후를 참조(參朝)시킬 수 있었습니다.

그런데도 참모를 맡은 신하들은 그렇게 하지 않고, 군사를 이끌고 물러나 위나라와 다시 화평을 맺었으니, 위나라는 다시 잃었던 영토를 수복하고, 뿔뿔이 흩어졌던 민중을 모아 사직의 신주를 세우고 종묘를 재건하여 천하의 제후를 이끌고 서쪽으로 진나라와 대적하기에 이르렀으니 이제 진나라의 어려운 상대가 되었습니다.

이것이 패왕이 되는 길(道)을 잃게 된 두번째 원인입니다.

지난날 재상 양후(穰侯)가 진(秦)나라 국정을 다스릴 때에는 한 나라의 군사를 이용하여 진나라의 영토와 함께 자신의 영지도 같이 넓히려는 공로를 이루려 했기 때문에 병졸들은 일생동안 나라 밖에서 비바람에 시달려야 했고, 사민(士民)들은 나라 안에서 괴로움에 지쳐야 했으므로 패왕(霸王)의 명호를 이루지 못했던 것입니다.

이것이 패왕이 되는 길(道)을 잃게 된 세번째 원인입니다.

臣敢言之 往者[1] 齊南破荆 東破宋 西服秦 北破燕 中使韓魏 地廣而兵强 戰剋攻取 詔令天下 齊之淸濟 濁河 足以爲限 長城[2] 巨防 足以爲塞 齊五戰之國也 一戰不剋[3]而無齊 由此觀之 夫戰者 萬乘之存亡也 且臣聞之曰 削迹無遺根 無與禍隣 禍乃不存 秦與荆人戰 大破荆 襲郢 取洞庭 五湖 江南 荆王亡走 東伏於陳 當此時也 隨荆以兵 則荆可擧 荆擧 則民足貪也 地足利也 東以弱齊燕 中以凌三晋 然則是一擧而霸王之名可成也 四隣諸侯可朝也 而謀臣不爲 引軍而退 復與荆人爲和 令荆人得收亡國 聚散民 立社稷主 置宗廟 令率天下西面以與秦爲難 此固以失霸王之道一矣 天下又比意而軍華下 大王以詔破之 兵至梁郭下 圍梁數旬 則梁可拔 拔梁則魏可擧 擧魏則荆趙之意絶 荆趙之意絶 則趙危 趙危而荆孤 東以弱齊燕 中以凌三晋 然則是一擧而霸王之名可成也 四隣諸侯可朝也 而謀臣不爲 引軍而退 復與魏氏爲和 令魏氏反收亡國 聚散民 立社稷主 置宗廟 令率天下西面以與秦爲難 此固以失霸王之道二矣 前者 穰侯之治秦也[4] 用一國之兵 而欲以成兩國之功 是故兵終身暴露[5]於外 士民疲病於內

霸王之名不成 此固以失霸王之道三矣

1) 往者(왕자) : 지나간 때라는 뜻인데, 곧 서기전 3세기 초 제(齊)나라
   민왕(閔王)이 한때 강력했던 시기를 말한다.
2) 長城(장성) : 지금의 만리장성이 아니라 그 당시 지금의 산동성 평음
   현(平陰縣)에서 제수(濟水)까지 이르는 긴 성곽이 있었다고 한다.
3) 一戰不剋(일전불극) : 제나라가 연나라와 싸울 때, 연나라 장수 악의
   (樂毅)에게 패한 것을 뜻한다.
4) 穰侯之治秦也(양후지치진야) : 양후(穰侯)는 위염(魏冉)을 말한다. 진
   나라 소양왕(昭襄王)의 모후인 선태후(宣太后)의 이부(異父) 동생이
   다. 태후와 함께 초나라에서 들어와 재상이 되었고 뒤에 양(穰)의 봉
   지에서 제후가 되었다.
5) 暴露(폭로) : 해와 비바람을 그대로 맞으며 시달린다는 뜻.

3. 세 가지 문제를 깊이 생각해야 합니다.

조(趙)나라는 연(燕)·제(齊)·위(魏)·한(韓)나라 등의 한
가운데 자리한 나라였습니다. 그러므로 여러 나라에서 흘러들
어온 민중들이 모여 사는 나라로서 그들은 경박하여 군사로는
쓰기 어려울 뿐 아니라 윗사람의 호령으로 잘 다스려지지 않
고, 상벌이 확립되지 않아 믿으려 들지 않으며, 지세(地勢)는
심히 불편하여 위에 있는 자가 그 민중의 힘을 다 발휘시킬 수
가 없었습니다.

그것은 나라가 멸망할 형세(形勢)인데도, 민중을 걱정하지
않고, 그 사민(士民)을 모조리 징발하여 장평(長平)이라는 성곽
(城郭)을 지키는 군사로 보내, 한(韓)나라의 상당(上黨)을 탈취
하려고 싸웠습니다.

이때 대왕께서는 진나라 군사에 명령을 내려 이를 쳐부수고,
무안군(武安君)이 이끄는 군사를 격파하고 항복시켰습니다. 그
때 조나라는 임금과 신하가 서로 친밀하지 못했고 귀한 이와
천한 사람들이 서로 믿지 않았기 때문에 나라의 도읍인 한단

(邯鄲)은 공격을 당하면 능히 지킬 수가 없었습니다.

한단을 점령하면 산동(山東)과 하간(河間)지방을 지배아래 둘 수 있었고 다시 군대를 뒤로 물려 서쪽으로 수무(修武)를 공격하고, 양장(羊腸)의 고개를 넘어 대(代)와 상당(上黨)지방에서 항복받았다면 대에 속한 43현(縣)과 상당에 속한 70현은 갑옷 한 벌도 쓰지 않고 사민 한 사람의 노고도 없이 그 모든 땅은 진나라의 소유가 됐을 것입니다.

이렇게 대와 상당지방이 진나라의 소유가 되었다면 한 차례 싸우지도 않고 제나라와 연나라도 가만히 앉아 남의 불구경하 듯 보고만 있지 않았을 것이기 때문에 동양(東陽)과 하외(河外)는 실제의 전쟁도 없이 제나라의 땅이 되었을 것이고, 중산(中山)과 호타(呼沱) 이북의 땅도 싸움없이 연나라의 소유가 되고 말았을 것입니다.

이렇게 되면 조나라는 모든 영토를 탈취당하게 되고, 조나라가 탈취당하면 한(韓)나라는 멸망하며, 한나라가 망하면 형(荊)나라와 위(魏)나라도 독립할 수 없게 되는데, 이 두 나라가 독립을 못하면 한 번의 공격으로도 한나라는 격파되고, 위나라는 무너지며, 형나라는 함락됩니다. 그렇게 되면 동쪽으로 제나라와 연나라는 약해지므로 그때 황하의 나룻터인 백마(白馬)의 입구를 끊고, 위나라로 물을 흘려 들이치면 한 차례의 공격으로 삼진(三晉)은 멸망하고 합종한 동맹국들은 패하고 말았을 것입니다.

그렇게 되면 대왕께서는 좋은 예복을 입고 팔짱을 끼고는 아무 일을 하지 않으셔도 천하의 제후들이 차례차례로 와서 복종하게 되고, 패왕(霸王)의 명호를 세상에 떨칠 수 있게 되는 것입니다. 그런데도 참모를 맡은 신하들은 그렇게 하지 않고 군대를 인솔하여 물러나 다시 조나라와 화평을 맺었습니다.

무릇 대왕의 현명함과 진나라 군사처럼 강한 군대가 있는데도 패왕의 성업(聖業)을 버리고 조금의 영토도 얻은 바 없이 오히려 멸망 직전에 있는 조나라에 속았다는 것은 참모를 맡은 신하들이 졸렬했던 탓입니다.

멸망했어야 할 조나라는 망하지 않고 마땅히 패자(霸者)가 됐어야 할 진(秦)나라가 패업을 이루지 못했음은 천하 제후들이 본래 진나라 모신(謀臣)의 능력 정도를 헤아리고 있었다는 것으로 그것이 첫번째 과오입니다.

이내 사졸을 모조리 징발하여 한단(邯鄲)을 공격했으나 함락하지 못하고 갑옷을 버리고 큰 활을 짊어진 채 겁에 떨면서 퇴각했는데, 그것은 천하 제후들이 진나라 무력(武力)을 헤아리고 있었다는 것으로 그것이 두번째 과오입니다.

군대를 이끌고 물러나 이성(李城) 아래에서 휴식하고 있을 때, 한편으로 대왕께서 군대를 통합하여 이끌고 오셔서 합류하여 맞서 싸웠는데도 이기지를 못하고, 또한 그대로 머무를 수도 없는 처지인데다 군사들은 지쳐 도망하여 귀환할 수밖에 없었는데 그것은 천하 제후들이 본래 진나라의 국력을 헤아리고 있었다는 것으로 세번째 과오입니다. 이는 안으로는 이쪽 참모를 맡은 신하들의 능력 정도를 헤아리게 되었고, 밖으로는 우리 무력(武力)의 한도(限度)를 내보이게 된 것입니다.

이로 미루어 본다면 신(臣)이 생각하기에 천하의 제후(諸侯)들이 합종(合從)하기는 어렵지 않을 것입니다. 나라 안에는 우리 군사가 손상되었고, 사민은 지쳐 있으며, 저축은 메말랐고 논밭은 황폐하고, 곡식창고는 비어 있으며, 밖으로는 천하의 제후들이 굳게 결속하고 있으니, 바라옵건대 대왕께서는 이러한 점을 깊이 생각하셔야 될 것입니다.

趙氏 中央之國[1]也 雜民所居也 其民輕而難用也 號令不治 賞罰不信 地形不便 上不能盡其民力 彼固亡國之形也 而不憂民萌 悉其士民 軍於長平之下[2] 以爭韓上黨[3] 大王以詔破之 拔武安[4] 當是時也 趙氏上下不相親也 貴賤不相信也 然則是邯鄲不守 拔邯鄲 筦[5]山東河間 引軍而去 西攻修武[6] 踰羊腸[7] 降代[8] 上黨 代四十三縣 上黨七十縣 不用一領甲[9] 不苦一士民 此皆秦

有也 代上黨 不戰而畢爲秦矣 東陽 河外[10] 不戰而畢反爲齊矣
中山 呼沱以北 不戰而畢爲燕矣 然則是趙擧 趙擧則韓亡 韓亡
則荊 魏不能獨立 荊魏不能獨立 則是一擧而壞韓 蠹魏 挾荊以
東弱齊燕 決白馬之口 以沃魏氏[11] 是一擧而三晋亡 從者敗也
大王垂拱以須之 天下徧隨而服矣 霸王之名可成 而謀臣不爲 引
軍而退 復與趙氏爲和 夫以大王之明 秦兵之强 棄霸王之業 地
曾不可得 乃取欺於亡國 是謀臣之拙也 且夫趙當亡而不亡 秦當
霸而不霸 天下固以量秦之謀臣一矣 乃復悉士卒以攻邯鄲 不能
拔也 棄甲負弩[12] 戰竦而却 天下固已量秦力二矣 軍乃引而退
幷於李下[13] 大王又幷軍而至 與戰不能剋之也 又不能及運 罷而
去 天下固量秦力三也 內者量吾謀臣 外者極吾兵力 由是觀之
臣以爲天下之從 幾不難矣 內者 吾甲兵頓 士民病 蓄積索 田疇
荒 囷倉虛 外者 天下皆比意甚固 願大王有以慮之也

1) 中央之國(중앙지국) : 조(趙)나라의 도읍인 한단(邯鄲)은 그 위치가
   연나라의 남쪽·제나라의 서쪽, 위나라의 북쪽·한나라의 동쪽에 있
   었기 때문에 중앙(中央)이라 했다.
2) 長平之下(장평지하) : 진나라 소양왕(昭襄王) 47년(서기전 260년)에
   진나라 장수 백기(白起)가 조나라 군사 40여 만 명을 항복시켜 생매
   장했던 곳으로 기록에 있다.
3) 上黨(상당) : 지금의 산서성 장치현 지방으로 당시 조나라와 한나라
   에 함께 속하였다.
4) 武安(무안) : 지금의 하북성 한단(邯鄲)의 서쪽 지방이며, 조괄(趙括)
   의 봉지(封地)로 그때부터 조괄을 무안군(武安君)이라 불렀다.
5) 筦(관) : 관(管)과 뜻이 통하여 곧 관할하다 또는 지배하다의 뜻.
6) 修武(수무) : 지금의 하남성 황하 북쪽에 위치하며 당시에는 위(魏)
   나라 땅이었다.
7) 踰羊腸(유양장) : 유(踰)는 넘는다는 뜻인데, 산이나 고개를 넘는다는
   말이고, 양장(羊腸)이란 꼬불꼬불한 고개길을 뜻함인데 지금의 산서
   성 진성현의 남쪽에서 태행산(太行山)을 넘는 고개길을 말한다.
8) 降代(항대) : 항(降)은 항복을 뜻하고, 대(代)는 땅 이름.

9) 一領甲(일영갑) : 한 겹으로 된 갑옷을 말한다.

10) 東陽河外(동양하외) : 동양(東陽)은 지금의 하북성 은현(恩縣) 근방
  이고, 하외(河外)는 호타강(呼沱河)의 바깥이라고 『전국책』에서 말했
  는데, 일반적으로는 황하를 기준으로 하외 또는 하내(河內)라 말함.

11) 沃魏氏(옥위씨) : 옥(沃)은 여기에서 주(注)와 뜻이 통하는데 물을
  흘려보낸다는 말이며, 위씨(魏氏)는 위나라.

12) 負弩(부노) : 활시위를 등에 짊어진다는 뜻. 전쟁을 그만둔다는 뜻.

13) 幷於李下(병어이하) : 구본에는 부병어부하(復幷於孚下)로 되어 있
  으나 고쳤고, 병(幷)은 병(屛)과 같으며, 이 말은 곧 숨을 죽이고 숨
  는다는 뜻과 같다. 이(李)는 땅 이름으로 지금의 하남성 혼현(混縣)
  이다. 하(下)는 성 아래.

4. 제 목을 베어 죄를 천하에 고하십시오.

신(臣)은 이러한 말을 들었습니다. "무서워 부들부들 떨면서
나날이 그 날을 삼가고, 진실로 그 도(道)를 삼가면 천하를 능
히 소유할 것이다."라고 한 이 말은 어째서 그렇다는 것을 알
수 있겠습니까?

옛날 은(殷)나라 주왕(紂王)이 천자(天子)의 자리에 있을 때,
천하의 군사 백만을 거느리고 출정(出征)하면서 좌군(左軍)은
기수(淇水)의 골짜기에서 물을 먹고 우군(右軍)은 원수(洹水)
의 골짜기에서 물을 먹었는데, 기수의 물이 마르고 원수의 물
도 끊어져 흐르지 않을 만큼의 군세로 주(周)나라 무왕(武王)
과 대적해서 싸웠습니다.

그때 무왕은 아버지의 상복중이라 흰갑옷을 입은 군사 3천을
이끌고 겨우 하루를 싸운 끝에 주왕의 도읍을 격파하고 그를
사로잡았으며, 그 땅을 점령하고, 그 민중을 차지해 버렸는데도
세상 사람들은 은(殷)나라를 애처롭게 여기지 않았습니다.

또 진(晉)나라의 지백(知伯)은 자기 나라와 한(韓)·위(魏)
세 나라의 군사를 이끌고 조(趙)나라 양왕(襄王)을 진양(晉陽)

에서 공격했는데 강물을 끊어 수공(水攻)하기를 3개월이 되어
서야 겨우 성을 함락하게 되었습니다.

그런데 양왕은 거북이 등에 구멍을 뚫어 점(占)을 치고 댓가
지로 길흉(吉凶)을 판단하여 어느 나라에 항복하는 것이 좋은
가를 결정한 뒤 그 신하인 장맹담(張孟談)을 사신으로 보내게
되었습니다. 이에 장맹담은 물속으로 헤엄쳐 밖으로 나와 한나
라와 위나라를 설득시켜 지백과의 약속을 배반토록 한 뒤, 두
나라 군사를 자기편으로 만들고, 지백을 공격해서 그를 사로잡
은 뒤 양왕은 본래의 지위로 되돌아 갔습니다.

지금 진(秦)나라의 땅은 넓고 넓어 긴 곳을 잘라 짧은 곳을
메꾸어 방형(方形)으로 고쳐 측량을 한다면 사방 수천리에 달
하고 훌륭한 군사는 수십만명에서 수백만명이나 될 것입니다.

진나라는 호령은 엄하고, 상벌이 공정하며, 지세(地勢)의 유
리한 것은 천하에서 이와 같은 나라가 없습니다. 이러한 상황
에서 천하의 제후와 다툰다면 천하를 능히 통일하여 소유할 수
있을 것입니다.

신(臣)이 죽기를 각오하고 바라는 바를 대왕을 뵙고 말씀드
리는 까닭은 천하 제후들의 합종(合從)을 깨고, 조(趙)나라를
취하여 한(韓)나라를 멸망시키고, 형(荊)과 위(魏)나라를 신하
로 삼으며, 제(齊)와 연(燕)나라를 가까이 하시어 패왕(霸王)의
명호를 이룩하고, 사방의 제후들을 참조(參朝)하도록 하는 방
법을 여쭙고자 하는 것입니다.

대왕께서 만약 저의 말을 들었는데도, 일거에 천하의 제후들
이 합종한 맹약이 깨어지지 않고, 조나라를 취하지 못하며, 한
나라는 멸망하지 않고, 형나라와 위나라가 신하로 복종하지 않
으며, 제나라와 연나라가 가까워지지 않아 패왕의 명호가 이룩
되지 않고, 사방의 제후들이 조회를 오지 않는다면, 대왕께서는
신(臣)을 참형(斬刑)에 처하시어 임금을 모반(謀反)한 주동자
로서 불충한 자임을 나라 안에 널리 알리도록 하십시오.

且臣聞之曰 戰戰栗栗[1] 日愼一日 苟愼其道 天下可有 何以知
其然也 昔者紂爲天子 將率天下甲兵百萬 左飮於淇溪[2] 右飮於
洹谿[3] 淇水竭而洹水不流 以與周武王爲難 武王將素甲三千 戰
一日 而破紂之國 禽[4]其身 據其地 而有其民 天下莫傷 知伯率
三國之衆 以攻趙襄主於晋陽 決水而灌之三月 城且拔矣 襄主鑽
龜數筴占兆[5] 以視利害 何國可降 乃使其臣張孟談 於是乃潛行
而出 反知伯之約 得兩國之衆 以攻知伯 禽其身 以復襄主之初
今秦地折長補短 方數千里 名師數十百萬 秦國之號令賞罰 地形
利害 天下莫如也 以此與天下 天下可兼而有也 臣昧死[6]願望見
大王 言所以破天下之從 擧趙 亡韓 臣莉魏 親齊燕 以成霸王之
名 朝四隣諸侯之道 大王誠聽其說 一擧而天下之從不破 趙不擧
韓不亡 莉魏不臣 齊燕不親 霸王之名不成 四隣諸侯不朝 大王
斬臣以徇國[7] 以主爲謀不忠者

1) 戰戰栗栗(전전율율) : 율율(栗栗)은 율율(慄慄)의 잘못인데 전체의
   뜻은 두려워 벌벌 떤다는 것.
2) 左飮於淇溪(좌음어기계) : 좌(左)는 군사의 좌군(左軍)의 뜻이고, 기
   계(淇溪)는 기수(淇水)의 골짜기를 말한다.
3) 右飮於洹谿(우음어원계) : 우(右)는 군사의 우군(右軍)을 뜻하고, 원
   계(洹谿)는 원수(洹水)의 골짜기라는 말.
4) 禽(금) : 본래 짐승을 말하는데, 여기서는 사로잡히다(擒)는 뜻.
5) 襄主鑽龜數筴占兆(양주찬구수책점조) : 양주(襄主)는 조양자(趙襄子).
   주(主)는 춘추전국시대에는 대부를 일컬음. 찬구(鑽龜)는 거북이 등
   에 구멍을 뚫고 불에 쏘여 그 구멍에 나타나는 금의 모양으로 점치
   는 것을 말하며, 책점(筴占) 또한 맷가지로 길흉을 점치는 것.
6) 昧死(매사) : 죽기를 각오하고 임금에게 상소한다는 뜻. 매(昧)는 무
   릅쓰다.
7) 徇國(순국) : 나라 안에 두루 널리 알린다는 말인데 순(徇)은 명령을
   널리 알린다는 뜻이다.

제 55 편 존 한(存韓)

존한(存韓)은 진(秦)나라가 한(韓)나라를 침략하여 멸망시키
려는 계획을 듣고 그 불리한 것을 설득하여 한나라를 존속시키
려는 의도에서 진나라 임금에게 드리는 상소문〔上奏文〕이다.

앞편의 '초현진'과 함께 이 저서에서 추가된 부분으로 보이
며 이 편의 끝에는 한비자의 상소문을 반박하는 이사(李斯)의
의견서가 자못 주목할 만하다.

이 '존한편'의 특징은 전체를 세 단계로 나눠 엮었으며 끝에
한비자의 상소문과 이사의 상소문을 따로 실은 점이다. 한(韓)
나라의 세객(說客)이 진나라 임금에게 바친 글이 한비자의 것
으로 알려진 일에 대하여는 문제가 없지 않으나 한비(韓非)와
관련이 있다고 판단하여 이 책에다 엮은 것은 어떤 의미에서든
존재가치가 있다고 생각된다.

1. 진나라 섬기느라 천하의 원망만 받은 한나라

한(韓)나라가 진(秦)나라를 섬긴 지 30여 년이 되었습니다.
그 동안 출정(出征)했을 때는 방패의 역할로 진나라를 지켰고,
안에서는 자리깔개의 역할을 다하여 진나라를 편안하게 했습니
다. 또 진나라는 단독으로 정예병을 출정시켜 영토를 취하고
한나라는 그 명령에 따랐을 뿐인데 그 결과는 한나라가 세상으
로부터 모든 원한을 사고 공적은 모두 강한 진나라로 돌아갔습
니다.

또 한나라는 공물(貢物)과 부역(賦役)을 바치고 있으니 진나라에 속한 한낱 고을〔郡縣〕과 다름이 없습니다.

그런데 요즘 신(臣)이 귀국의 신하들이 꾀하는 계획을 들은 바에 따르면, 군사를 일으켜 한나라를 토벌하려고 한다는 것입니다. 그런데 한편으로 조(趙)나라는 사졸(士卒)을 모으고, 합종(合從)한 무리들을 양성하며, 천하 제후들의 군사와 연합하고 있습니다. 진나라가 약해지지 않으면 천하의 제후는 반드시 종묘가 멸망할 것으로 알고, 서쪽의 진나라를 치고자 모의(謀議)한 지가 어제 오늘의 일이 아닙니다.

지금 만약 조나라로부터 받을 재앙을 그대로 두고 내신(內臣)과도 같은 한나라를 친다면, 천하의 제후들은 조나라의 계책이 옳다고 여길 것입니다.

한(韓)나라는 작은 나라로서 천하 제후들이 사방에서 공격하기 때문에 이에 대응하기 위하여 임금은 부끄러움을 참고 신하는 괴로움을 견디면서 위아래가 서로서로 걱정을 나누어 가진 지 벌써 오래되었습니다.

수비를 단단히 하고, 강적을 경계하며, 많은 것을 축적하여 둠은 물론, 성곽을 쌓고, 성밑에는 깊은 도랑을 파 굳게 지키고 있습니다.

지금 만약 한나라를 공격한다해도 한 해만에 멸망시킬 수는 없을 것이므로, 성곽 하나를 함락하고 물러난다면 진나라의 권위를 세상이 깔보게 될 것이며, 그렇게 되면 천하의 제후들은 진나라의 군사를 치려고 덤빌 것입니다.

한나라가 진나라를 배반하면 위(魏)나라가 이에 호응할 것이며, 또 조(趙)나라는 제(齊)나라에 의지하여 근거지를 만들 것입니다. 이렇게 되면 한나라와 위나라의 반역이 조나라를 돕는 것이 되고 제나라에 힘을 빌려주는 꼴이 되니 그 결과 제후들의 합종(合從)을 굳게 만들어 주어 진나라에 대항하게 하여 강한 것을 다투게 될 것입니다. 그것은 조나라에는 복이 되고 진나라에는 재앙이 되는 것입니다.

무릇 나아가 조나라를 공격해도 취하지 못하고, 물러나 한나
라를 공략해도 함락시킬 수가 없게 되면, 강적을 격파할 정예
병들이 들판에서의 전쟁에 지치고 보급품을 나르는 무리들은
피로에 지쳐 내공(內供)을 못하게 됩니다. 지치고 약해진 군사
들을 끌어 모아 두 강대국인 제나라와 조나라에 대적하게 되는
셈이므로, 그것은 한나라를 멸망시키려던 귀국의 당초 의도(意
圖)와는 다른 상황이 되는 것입니다.

만약 참으로 귀국의 대신이 계획하는대로 한다면 진나라는
반드시 천하 제후들의 공격 목표가 되는 것입니다. 폐하(陛下)
께서 비록 돌과 쇠처럼 허물어지지 않고 살아 계시더라도 천하
를 통일하는 날은 오지 않을 것입니다.

韓事秦三十餘年 出則爲扞蔽 入則爲蓆薦[1] 秦特出銳師取地
而韓隨之怨懸於天下 功歸於强秦 且夫韓入貢職 與郡縣無異也
今臣竊聞貴臣之計 擧兵將伐韓 夫趙氏聚士卒 養從徒 欲贅天下
之兵 明秦不弱 則諸侯必滅宗廟 欲西面行其意 非一日之計也
今釋趙氏之患 而攘內臣之韓 則天下明趙氏之計矣

夫韓小國也 而以應天下四擊 主辱臣苦 上下相與同憂久矣
修守備 戒强敵 有蓄積 築城池 以固守 今伐韓 未可一年而滅
拔一城而退 則權輕於天下 天下摧我兵矣[2] 韓叛 則魏應之 趙據
齊以爲援 如此 則以韓魏資趙假齊 以固其從 而以與爭强 趙之
福 而秦之禍也 夫進而擊趙不能取 退而攻韓弗能拔 則陷銳之
卒懃[3]於野戰 負任之旅罷於內共[4] 則合群苦弱以敵而共二萬乘
非所以亡趙之心也 均如貴臣之計 則秦必爲天下兵質矣[5] 陛下雖
以金石[6]相弊 則兼天下之日未也

1) 蓆薦(석천) : 자리깔개. 곧 방석을 말한다.
2) 摧我兵矣(최아병의) : 최(摧)는 부러뜨린다는 뜻인데, 곧 격파한다는
   말. 아병(我兵)이란 진나라 군사.
3) 陷銳之卒懃(함예지졸근) : 적의 강병을 격파하는 정예된 병졸을 뜻하
   고, 근(懃)은 정성스럽다는 말인데, 여기서는 너무 정성스러운 나머

지 지쳤다는 뜻.

4) 負任之旅罷於內共(부임지여파어내공) : 부임(負任)은 물자를 짊어지
   거나 어깨에 메는 것을 뜻하고, 여(旅)는 무리와 뜻이 통한다. 파
   (罷)는 역시 지쳐 하던 일을 그만두다는 뜻. 내공(內共)은 나라안에
   서 공급한다는 말인데 공(共)은 공(供)의 잘못이다.

5) 兵質矣(병질의) : 여기에서 공격의 표적(的)이 된다는 뜻.

6) 金石(금석) : 오래도록 허물어지지 않는 것을 상징한다.

2. 군사는 흉기

비천한 신(臣)의 어리석은 헤아림으로는 누군가를 형(荊)나
라에 사신으로 보내 요로에 있는 대신에게 후한 뇌물을 주어
지금까지 조(趙)나라가 진(秦)나라를 어떻게 속여 왔는가를 밝
히고, 한편으로는 위(魏)나라에 인질(人質)을 맡겨 안심할 수
있도록 조치한 뒤에, 한(韓)나라를 거느리고 조나라를 공격한
다면, 조나라가 비록 제나라와 하나가 되어 막더라도 걱정할
정도는 되지 못합니다.

이 두 나라 문제가 끝나면 한나라는 문서(文書) 한 장으로
평정되는 것입니다.

이렇게 되면 진나라는 한 번 행동하여 조(趙) · 제(齊) 두 나
라를 멸망시키는 형국이 되고, 형나라와 위(魏)나라도 반드시
항복하게 될 것입니다.

옛말에 이르기를 "군사는 흉기(凶器)다."라고 했으니 그것을
부림에 신중하지 않으면 안 되는 것입니다.

생각건대 진나라는 조나라와 서로 대적관계에 있는데 다시
제나라가 이에 가담하고 지금 다시 한나라 마저 등을 돌린다
면, 형나라와 위나라도 굳게 맺어져 있지 않은 상황이라 만약
한나라와 싸워 이기지 못하면 그 재앙은 오래 갈 것입니다.

계략(計略)이라는 것은 일을 성사시키는 결정적인 바탕이 되
므로 깊이 살피지 않으면 안 됩니다. 조(趙)나라와 진(秦)나라

의 강약을 정하는 일은 올 한 해 동안에 있습니다.

또한 조나라가 여러 제후와 더불어 진나라를 멸망시키려는 음모는 벌써 오래된 일인데도, 무릇 한(韓)나라를 치는 것으로 여러 제후에게 약점을 보이게 되면 위험한 모험이 아닐 수 없고, 계책을 세웠다가 여러 제후에게 진나라를 의심토록 한다면 위태롭기 이를 바 없습니다.

이와 같은 두 가지 졸책(拙策)을 내보이는 것은 제후들에게 진나라의 강한 것을 인식시키는 일이 못됩니다. 신(臣)은 폐하께서 아무쪼록 이 일을 깊이 살펴주시기를 바라고 있습니다. 무릇 한(韓)나라를 공격함으로써 합종(合從)한 여러 나라에게 틈을 보이는 빌미가 된다면 후회하지 않을 수 없는 일입니다.

今賤臣之愚計 使人使荊 重幣用事之臣¹⁾ 明趙之所以欺秦者 與魏質 以安其心 從韓而伐趙 趙雖與齊爲一 不足患也 二國事 畢 則韓可以移書定也 是我一擧 二國有亡形 則荊魏又必自服矣 故曰 兵者 凶器也 不可不審用也 以秦與趙敵衡²⁾ 加以齊 今又 背韓 而未有以堅荊魏之心 夫一戰而不勝 則禍搆矣 計者 所以 定事也 不可不察也 趙 秦强弱 在今年耳 且趙與諸侯陰謀久矣 夫一動而弱於諸侯 危事也 爲計而使諸侯有意我之心 至殆也 見 二疏 非所以强於諸侯也 臣竊願陛下之幸熟圖之 夫攻伐而使從 者間焉 不可悔也

1) 重幣用事之臣(중폐용사지신) : 중폐(重幣)는 많은 선물을 말하는데 여기서는 뇌물을 뜻한다. 사용지신(用事之臣)은 요로의 신하를 말하는데 정권을 좌우하는 중신(重臣).
2) 敵衡(적형) : 대적(對敵)하는 상황이 막상막하라는 뜻. 서로 뿔을 맞대고 으르렁거리고 있는 상황을 말한다. 이와 비슷한 말로 제형(提衡) 또는 칭형(稱衡)이 있다.

3. 이사가 진나라 임금에게 올린 상소문

부록(附錄)으로 이사(李斯)가 진(秦)나라 임금에게 올린 상소문을 싣는다.

"진(秦)나라 시황제(始皇帝)께서 명령 하시기를, 한(韓)나라에서 온 사신 한비(韓非)가 올린 상소문— 한나라를 탈취해서는 안 된다는 취지에 대하여 신(臣) 이사(李斯)에게 논의하여 보라는 뜻을 내리셨습니다.

신의 의견으로는 그것은 매우 마땅하지 않은 것입니다.

우리 진나라가 한나라를 포용하고 있는 것은 마치 사람이 내장(內臟) 안에 병을 가지고 있는 것과 같습니다. 아무 일도 하지 않고 가만히 있어도 괴로와 마치 습지에 사는 것 같고 제거하지 않은채 급하게 달려가야 할 일이 생길 경우 발작하고 말 것입니다.

무릇 한나라는 진나라에게 비록 신하로서 따르고는 있지만 지금까지 진나라의 해독이 되지 않은 적이 없었습니다.

지금 만약 갑작스러운 이변이라도 일어나면 한나라는 믿을 수가 없습니다. 우리 진나라가 조나라와 대적관계에 있어 형소(荊蘇)가 사신을 제(齊)나라에 보내 조나라와의 국교를 끊도록 설득하고 있지만 그 성패를 어찌 알 수 있겠습니까?

신이 보기에는 제나라와 조나라의 국교를 우리 사신인 형소한 사람의 힘으로는 반드시 끊기가 어려울 것입니다. 만약 끊지 못하면 진나라는 제(齊)·조(趙) 두 대국과 모두 대응하게 되는 것입니다.

한나라는 진나라에 의리로써 복종하는 것이 아니라 강한 힘에 눌려 부득이 복종하고 있습니다. 지금 만약 제나라와 조나라 두 곳에 오로지 힘을 쏟는다면 한나라는 반드시 내장 속의 어쩔 수 없는 병과 같이 큰 해독을 끼치게 될 것입니다.

한나라가 형나라와 공모(共謀)하고 제후들이 이에 동조한다

면 진나라는 반드시 다시 효새(崤塞)의 재앙을 만나게 될 것입
니다.

한비(韓非)가 진나라에 온 것은 우선 확실하게 한나라의 존
속을 보장받아 그 공로로 한나라에서 중용되고자 해서입니다.
변설(辯舌)과 미사(美辭)를 늘어 놓고, 부정을 감추고 계책을
꾸며 진나라로부터 이득을 낚고, 폐하의 틈을 엿보아 한나라에
게 유리한 것을 도모하고자 하는 것입니다.

무릇 한나라와 진나라의 국교가 친밀해지면 한비가 자기 나
라에서 중용될 것인데 이것은 자기를 생각해서 꾸며낸 간계(奸
計)에 지나지 않습니다.

신이 보기에 한비의 언론에는 사설(邪說)과 궤변(詭辯)에 가
득찬 재능이 뛰어납니다. 신은 오직 폐하께서 한비의 궤변에
홀려 그 도둑같은 욕심을 믿은 나머지 실정을 자세하게 살피지
않으실까 두려울 따름입니다.

지금 신의 어리석은 생각으로는 우리 진나라가 군사를 일으
켜 어느 나라를 칠 것인가를 밝히지 않는다면 한나라 요로에서
일하는 신하들이 진나라를 섬기는 계책을 세우게 될 것입니다.

바로 그때 신(臣) 이사(李斯)가 사신으로 가 한나라 임금을
뵙고 진나라에 입조(入朝)하여 대왕을 뵙도록 하겠습니다. 대왕
께서 그를 접견하게 되면 그대로 볼모로 잡아 보내지 않고 있
다가 얼마가 지난 뒤에 사직(社稷)을 맡은 중신을 불러 한나라
와 흥정하게 되면, 많은 영토를 쪼개 받을 수 있을 것입니다.

그 다음으로 장수인 몽무(蒙武)에게 명하여 동부(東部)의 군
사를 모아 국경지대에서 군세의 위력을 드러내면서 공격의 행
방을 밝히지 않는다면 제나라는 겁이 나서 조나라와의 국교를
끊으라고 설득하는 형소(荊蘇)의 계책에 따를 것입니다.

그러면 우리가 군사를 일으키지 않아도 한나라는 위력에 눌
려 속령(屬領)이 되고, 강국인 제나라는 의리를 내세워 복종하
게 될 것입니다. 이러한 사실이 제후들에게 전해지면 조나라는
놀라서 간담이 서늘해 질 것이고, 형나라는 자신을 잃게 되어

반드시 진나라를 섬기는 계책을 세울 것입니다.

형나라가 도와주려고 하지 않는다면 위나라는 걱정할 일이 없습니다. 제후들은 누에가 뽕나무잎을 먹듯이 천천히 침략해 들어갈 수 있으며 조나라와는 같은 힘으로 대적하게 될 것입니다.

아무쪼록 폐하께서는 어리석은 신(臣)의 계략을 깊이 살피시어 소홀히 하지 마십시오."

라고 상소했다. 진나라는 마침내 이사(李斯)를 한나라에 보냈다.

附李斯上秦王書

詔以韓客之所上書 書言韓之未可擧 下臣斯[1] 臣斯甚以爲不然 秦之有韓 若人之有腹心之病也 虛處 則恢然[2]若居濕地 著而不去 以極走則發矣 夫韓雖臣於秦 未嘗不爲秦病 今若有卒報[3]之事 韓不可信也 秦與趙爲難 荊蘇使齊[4] 未知如何 以臣觀之 則齊趙之交 未必以荊蘇絶也 若不絶 是悉秦而應二萬乘也 夫韓不服秦之義 而服於强也 今專於齊趙 則韓必爲腹心之患而發矣 韓與荊有謀 諸侯應之 則秦必復見崤塞之患[5] 非[6]之來也 未必不以其能存韓也爲重於韓也 辯說屬辭 飾非詐謀 以釣利[7]於秦 而以韓利闚陛下 夫秦韓之交親 則非重矣 此自便之計也 臣視非之言文其淫說靡辯[8] 才甚 臣恐陛下淫非之辯[9] 而聽其盜心 因不詳察事情 今以臣愚議 秦發兵而未名所伐 則韓之用事者以事秦爲計矣 臣斯請往見韓王 使來入見 大王見 因內其身而弗遣 稍召其社稷之臣 以與韓人爲市[10] 則韓可深割也 因令象武發東郡[11]之卒 闚兵於境上 而未名所之 則齊人懼 而從蘇之計 是我兵未出 而勁韓以威擒 强齊以義從矣 聞於諸侯也 趙氏破膽 荊人狐疑[12] 必有忠計 荊人不動 魏不足患也 則諸侯可蠶食而盡 趙氏可得與敵矣 願陛下幸察愚臣之計 無忽 秦遂遣斯使韓也

1) 下臣斯(한신사) : 하신(下臣)은 임금 앞에서 신하가 낮춰 지칭할 때 쓰는 말이고, 사(斯)는 이사(李斯)를 뜻하는데 그는 당시 진나라 승

상(承相)의 자리에 있었다.

2) 虛處則恢然(허처즉해연) : 허처(虛處)는 아무일 없이 조용하게 앉아 있는 모습이고, 해연(恢然)은 기분이 아주 언짢은 모습.

3) 卒報(졸보) : 아주 긴급하게 알린다는 뜻이며 졸(卒)은 여기에서 '갑작스레'의 뜻.

4) 荊蘇使齊(형소사제) : 형소(荊蘇)는 사람의 이름으로 문헌에 자세한 기록은 없으나 당시 진나라에서 제나라에 사신으로 가 조나라와의 국교를 끊도록 설득했던 사람으로 알려져 있다.

5) 復見崤塞之患(복견효새지환) : 효(崤)는 지금의 하남성 섬현(陝縣)의 동남쪽에 있는 산으로 함곡관(函谷關)과 연결된 요새인데, 동쪽으로 진나라에 들어가는 곳이기도 하다. 이곳에서 여러 차례 싸움이 있었기 때문에 진나라로서는 달갑지 않은 곳으로 부견(復見)이라는 다시 보게 된다는 뜻이 그것을 말해 준다. 환(患)은 재앙을 뜻한다.

6) 非(비) : 한비(韓非)를 뜻한다.

7) 釣利(조리) : 교묘하게 이익을 얻으려고 애쓴다는 뜻.

8) 文其淫說靡辯(문기음설미변) : 문(文)은 꾸민다는 뜻이며, 음설(淫說) 은 엉터리없는 논설을 뜻하고, 미변(靡辯)은 겉으로만 그럴듯한 변설을 말한다.

9) 淫非之辯(음비지변) : 한비의 말에 홀려서라는 말인데 비(非)는 한비, 음(淫)은 여기에서 현혹을 뜻한다.

10) 爲市(위시) : 흥정한다는 뜻.

11) 象武發東郡(상무발동군) : 상무(象武)는 『사기』 시황본기(始皇本紀) 에 몽무(蒙武)로 기록되었고, 진나라 장수 몽오(蒙驁)의 아들이며 몽염(蒙恬)의 아버지다. 진나라에서 여러번 싸워 혁혁한 공을 세운 장수. 동군(東郡)은 몽오가 탈취한 위나라의 20개 성에 설치한 진나라의 고을로 지금의 하남성 복양현 근처.

12) 狐疑(호의) : 홀려 자신(自信)을 잃는다는 뜻.

4. 시황제의 명으로 한나라에 간 이사

부록으로 이사(李斯)가 한(韓)나라 임금에게 올린 상소문을 싣는다.

이사(李斯)는 진(秦)나라 시황제의 명령을 받고 한(韓)나라 임금에게 온 뜻을 알렸으나 배알할 수가 없어 상소문을 바쳐 아뢰었다.

"옛날 진나라와 한나라는 힘을 합하고 마음을 하나로 묶었기 때문에 서로 침략하지 않았으며 천하의 제후들도 감히 침범해 오지 못했는데, 이와 같기를 여러 대를 이어왔습니다. 지난날 다섯 나라의 제후들이 연합하여 한(韓)나라를 공격했을 때도, 진나라는 군사를 일으켜 도운 일이 있습니다.

한나라는 중앙에 위치하고 있으면서 영토는 사방 천리에 미치지 못하는데도 천하의 제후들과 같은 서열에 끼어 임금과 신하가 모두 아무 탈없이 보존되는 까닭은 대대로 계율로써 진나라를 섬기도록 한 결과라 생각합니다.

그런데도 지난날 다섯 나라 제후들이 연합하여 진나라를 공격했을 때 한나라는 오히려 제후들 편에 가담하여 솔선하여 진나라를 향해 함곡관(函谷關)아래에 진(陣)을 쳤습니다. 그러나 제후들의 군사가 지치고 힘이 빠져 어찌할 수가 없어 퇴각했습니다.

그 얼마 뒤에 두창(杜倉)이 진나라의 재상이 되면서 군사를 일으켜 지난날 천하의 제후들로부터 받은 원한을 갚고자 먼저 형나라를 공격하기로 했습니다.

이 소문을 들은 형나라 재상은 말하기를 '본래 한나라는 진나라를 의리가 없는 나라라고 비방했으면서 진나라와 형제관계의 국교를 맺은 뒤 함께 천하의 제후들을 괴롭히더니, 진나라를 배반하고 솔선하여 함곡관을 공격했다. 한나라는 중국(中國)에 자리잡고 있으면서 따르다가 배반했다가 하여 뒤엎기를

잘하니 믿을 수가 없다.'고 했습니다. 그리고는 천하의 제후들
과 공모(共謀)하여 한나라 상당(上黨)땅의 10개 성곽을 쪼개
진나라에 바치면서 사과했기 때문에 진나라는 군대를 해산시켰
던 것입니다.

무릇 한나라는 일찍이 진나라를 한번 배신함으로써 나라는
협박당하여 영토는 침략되고 군세는 약해져 지금과 같이 되고
말았습니다.

이렇게 된 까닭은 못된 간신들의 엉터리없는 의견을 듣고 사
실을 제대로 헤아리지 못했기 때문인데 비록 지금에 와 간신
(姦臣) 몇사람을 처형한다고 해서 한나라가 다시 강해질 수는
없는 것입니다.

지금 조(趙)나라가 사졸을 모아 진나라를 치고자 하여 사신
을 보내 진나라를 공격하는데 필요한 길을 빌려달라고 하는 모
양인데, 진나라를 정벌하고자 하는 형세를 잘 살펴보면 반드시
한나라를 먼저 친 뒤 다음으로 진나라를 공격할 것입니다.

또 신(臣)이 들은 바에 따르면 입술이 없어지면 이가 시리다
고 했습니다. 무릇 진나라와 한나라는 걱정을 해도 함께 하여
야 됨은 상황으로 미루어 환하게 알 수 있는 일입니다.

위(魏)나라가 군사를 일으켜 한나라를 공격하려고 했을 때,
위나라에서 진나라로 사신을 보내 그 사신을 한나라로 보낸 일
이 있습니다.

지금 진나라 임금이 신(臣) 이사를 이곳으로 보냈는데도 만
나주시지 않으니, 좌우 측근 신하들이 아직도 앞서 간신들이
농간을 꾀하던 그대로를 밟고 있어, 한나라를 다시 영토를 잃
게 하는 재앙으로 몰고 가는 것이 아닌가 두려울 뿐입니다.

신(臣) 이사가 만약 임금을 배알하지 못한 채 그대로 돌아가
복명을 한다면 진나라와 한나라의 국교는 반드시 끊어지고 말
것입니다.

신이 이곳에 사신으로 온 것은 진나라 임금의 환심을 받들어
이 나라의 이익이 되는 계책을 말씀드리려고 했던 것인데 어째

서 폐하께서는 저를 맞이하는 방법이 이러한지 까닭이 무엇입
니까?

신 이사는 한번만이라도 뵙기를 원하오니 뵙게 되면 나아가
어리석으나마 신의 계책을 말씀드리고 그러한 뒤에 물러나 극
형에 처하여져도 상관없사오니, 바라옵건대 폐하께서는 잘 생
각하여 주십시오.

지금 신을 이 한나라에서 죽이더라도 대왕께서는 그로 인하
여 강해질 수 없습니다. 그러나 신의 계책을 들어주시지 않으
면 반드시 재앙을 끌어 들이게 될 것입니다. 진나라가 군사를
일으켜 진격해 올 것이니 한나라의 사직(社稷)은 위태롭게 될
것입니다.

신(臣) 이사의 시체가 한나라의 저자거리에 매달리게 된다
면, 그 때는 비록 신의 우매한 계책을 살펴보려 해도 이미 얻지
못할 것입니다. 먼 국경지대는 침범당할 것이고, 나라의 도읍은
성문을 굳게 닫고 지켜야 할 것이며, 적군의 북소리와 대령(大
鈴)소리에 귀가 따가와질 것이니 그 때에 비로소 신의 계책을
쓰려고 해도 이미 늦을 것입니다.

또 한나라의 병력이 허약하다는 것은 세상이 다 알고 있는
처지인데 그런데도 지금 다시 강국인 진나라를 배반하고 있습
니다. 무릇 성(城)을 버리고 싸움에 진다면 신변의 주위에 있는
자들이 반란 일으켜 반드시 성을 습격할 것입니다.

성이 함락되면 반드시 민중과 군졸과 무기는 흩어질 것이고,
민중과 무기가 흩어지면 군사는 없어지고 맙니다. 만약 성을
굳게 지키고 있다면 진나라는 임금이 계신 도읍을 포위할 것이
며, 길을 막아 통하지 않게 되면 계획을 수행하기가 어려우며,
그 정세로는 반드시 살아나기 어렵게 됩니다.

지금 좌우 측근에 있는 참모들의 계략은 치밀하지 못하오니
폐하의 깊은 헤아림이 있으시기 바랄 뿐입니다.

만약 신(臣) 이사의 의견이 사실과 맞지 않는 것이 있다면
아무쪼록 대왕의 어전에서 충분한 의견을 말할 수 있는 기회를

주시기 바라옵고, 그렇게 한 뒤에 처벌을 받게 해도 늦지 않을
것입니다.

지금 진나라 임금은 어떠한 음식을 먹고 마셔도 맛있다고 생
각하지 않으며 어디를 구경해도 즐거움을 느끼지 못한 채, 생
각은 오로지 조나라를 쳐 빼앗는 것 뿐입니다.

신 이사를 보내 의견을 말씀드리도록 한 것이니, 아무쪼록
가까이에서 뵙도록 허락하시어 빨리 폐하와 계책을 의논하기를
바랍니다.

만약 지금 신을 만나지 않으시면 진나라는 한나라의 신의를
믿지 못하게 됩니다. 그렇게 된다면 진나라는 반드시 조나라에
대한 문제는 버려두고, 군사를 한나라로 향할 것입니다. 그러하
오니 폐하께서는 다시 한번 지금의 일을 잘 살펴 신에게 재결
(裁決)을 내려 주시기 바랍니다.”

附李斯上韓王書

李斯往詔韓王未得見 因上書曰 昔秦韓勠力一意[1]以不相侵 天
下莫敢犯 如此者數世矣 前時五諸侯相與共伐韓 秦發兵以救之
韓居中國[2] 地不滿千里 而所以得與諸侯班位於天下 君臣相保者
以世世相敎事秦之力也 先時五諸侯共伐秦 韓反與諸侯先爲雁
行[3] 以嚮秦軍於關下矣 諸侯兵困力極 無奈何 諸侯兵罷 杜倉相
秦[4] 起兵發將以報天下之怨 而先攻荊 荊令尹聞之曰 夫韓以秦
爲不義 而與秦兄弟 共苦天下 已又背秦 先爲雁行以攻關 韓則
居中國 展轉不可知 天下共割韓上地十城 以謝秦解其兵 夫韓嘗
一背秦 而國迫地侵 兵弱至今 所以然者 聽姦臣之浮說 不權事
實 故雖殺戮姦臣 不能使韓復强 今趙欲聚兵士 卒以秦爲事 使
人來借道 言欲伐秦 其勢必先韓而後秦 且臣聞之 唇亡則齒寒
夫秦韓不得無同憂 其形可見 魏欲發兵以攻韓 秦使人將使者於
韓 今秦王使臣斯來 而不得見 恐左右襲襲[5]姦臣之計 使韓復有
亡地之患 臣斯不得見 請歸報 秦韓之交必絶矣 斯之來使 以奉
秦王之歡心 願效便計 豈陛下所以逆賤臣者邪 臣斯願得一見前

進道愚計 退就葅戮 願陛下有意焉 今殺臣於韓 則大王不足以强
若不聽臣之計 則禍必搆矣 秦發兵不留行 而韓之社稷憂矣 臣斯
暴身於韓之市 則雖欲察賤臣愚忠之計 不可得矣 邊鄙殘 國固守
鼓鐸之聲聞於耳 而乃用臣斯之計 晩矣 且韓之兵於天下可知也
今又背强秦 夫棄城而敗軍 則反掖之寇6)必襲城矣 城盡則聚散
聚散則無軍矣 城固守 則秦必興兵而圍王一都 道不通則難必謀
其勢必不救 左右計之者不周 願陛下熟圖之 若臣斯之所言 有不
應事實者 願大王幸使得畢辭7)於前 乃就吏誅 不晩也 秦王飮食
不甘 游觀不樂 意專在圖趙 使臣斯來言 願得身見 因急與陛下
有計也 今使臣不通 則韓之信未可知也 夫秦必釋趙之患 而移兵
於韓 願陛下幸復察圖之 而賜臣報決

1) 勠力一意(육력일의) : 힘을 합치고 마음을 하나로 모은다는 말인데
  육은 본래 힘쓰다는 뜻이나 여기서는 힘을 합친다는 뜻으로 쓴다.

2) 中國(중국) : 중원(中原)과 같은 뜻인데 황하의 중류지역으로 당시에
  는 천하의 중심지방이었다.

3) 先爲雁行(선위안행) : 기러기떼가 날아갈 때 언제나 우두머리가 앞장
  을 서 질서있는 것을 비유하여 안행(雁行)이라고 한다. 선(先)은 솔
  선(率先)한다는 뜻이고 안행은 앞장서다와 같은 뜻.

4) 杜倉相秦(두창상진) : 두창(杜倉)은 문헌에 자세한 기록이 없고, 오직
  『전국책』에는 토창(土倉)으로 기록되었는데 두창(杜倉)의 성문(省
  文)으로 여겨진다. 상(相)은 재상(宰相).

5) 襲曩(습낭) : 습(襲)은 여기에서 거듭하다 또는 답습과 같고, 낭은 앞
  서다와 같다.

6) 掖之寇(액지구) : 아주 가까이에 있는 적이라는 뜻인데 액(掖)은 겨
  드랑이를 말하는 것이다.

7) 畢辭(필사) : 하고 싶은 말을 충분히 다 한다는 뜻.

인 지
생 략

동양학총서 [17]
한비자(韓非子) · 하

초판 1쇄 발행 1994년 11월 30일
초판 4쇄 발행 2005년 3월 30일

해역자 : 노재욱 · 조강환
펴낸이 : 이준영

회장 · 유태전
주간 · 이덕일 / 기획 · 영업 · 한정주 / 편집 · 김경숙
조판 · 태광문화 / 인쇄 · 천광인쇄 / 제본 · 기성제책 / 유통 · 문화유통북스

펴낸곳 : 자유문고
서울 영등포구 문래동6가 56-1 미주프라자 B-102호
전화 · 2637 - 8988 · 2676 - 9759 / FAX · 2676 - 9759
홈페이지 : http://www.jayumungo.com
e-mail : jayumg@hanmail.net
등록 · 제2 - 93호(1979. 12. 31)
정가 15,000원
※ 잘못 만들어진 책은 구입하신 서점에서 바꿔드립니다.

ISBN 89 - 7030 - 910 - 1 04150
ISBN 89 - 7030 - 000 - 7 (세트)